ÜBER DEN VERFASSER

Hans Eggers, geboren am 9. Juli 1907 in Hamburg, studierte Germanistik, Geschichte und Alte Sprachen an den Universitäten Hamburg und München. Von 1931 bis zum Kriegsausbruch 1939 Höherer Schuldienst. Im Herbst 1947 Wissenschaftlicher Assistent an der Universität Hamburg, wo er sich 1953 für das Fach Germanische Philologie habilitierte. Seit 1960 bis zu seiner Emeritierung im Jahre 1975 Inhaber des o. Lehrstuhls für Germanische und Deutsche Philologie an der Universität des Saarlandes in Saarbrücken.

Mehrmals wirkte er als Gastprofessor an Universitäten in den USA, war 1964 Gastprofessor an der Universität Auckland, Neuseeland, und nach der Emeritierung zweimal an der österreichischen Universität Klagenfurt. Ausgedehnte Vortrags- und Studienreisen führten ihn wiederholt in die skandinavischen Länder, 1964 an neuseeländische und australische Universitäten und 1967 in den Fernen Osten (Japan, Taiwan, Südkorea, Hongkong).

Seine Arbeitsgebiete sind neben der Literatur des deutschen und lateinischen Mittelalters die Sprachgeschichte, Soziologie der Sprache und die elektronische Sprachbearbeitung (automatische Analyse, Synthese, Übersetzung).

Hans Eggers starb im Mai 1988 in Saarbrücken.

Buchveröffentlichungen

Symmetrie und Proportion epischen Erzählens, Stuttgart 1956 / Deutscher Wortschatz von E. Wehrle, 12., völlig neu bearb. Aufl., Stuttgart 1961 / Vollst. lat.-ahd. Wörterbuch zur ahd. Isidor-Übersetzung, Berlin 1960 / Der althochdeutsche Isidor, Tübingen 1964 / Deutsche Sprachgeschichte, Bd. I–IV, Reinbek bei Hamburg (rde) 1963–1977 / Deutsche Sprache im 20. Jh., München 1973 (ins Japanische übers. von Eijiro Iwasaki, Tokio 1975) / Althochdeutsche Grammatik v. Wilh. Braune, 13., neubearb. Aufl., Tübingen 1975 / H. E. und Mitarbeiter, Elektronische Syntaxanalyse der deutschen Gegenwartssprache, Tübingen 1969 / SALEM, ein Verfahren zur automatischen Lemmatisierung deutscher Texte, Tübingen 1980.

Wichtige *Abhandlungen* sind gesammelt in H. E., Kleine Schriften, hrsg. von H. Backes, W. Haubrichs, R. Rath, Tübingen 1982.

Zum 65. Geburtstag wurde ihm eine *Festschrift* philologischen Inhalts gewidmet, hrsg. v. H. Backes, Tübingen 1972, zehn Jahre später die Festschrift ‹Sprachen und Computer›, hrsg. v. H. Fix, A. Rothkegel, E. Stegentritt, Dudweiler 1982.

HANS EGGERS

Deutsche Sprachgeschichte

BAND 1

Das Althochdeutsche und das Mittelhochdeutsche

rororo

ROWOHLTS ENZYKLOPÄDIE

ROWOHLTS ENZYKLOPÄDIE
Herausgegeben von Burghard König

7.–9. Tausend Februar 1991

Veröffentlicht im Rowohlt Taschenbuch Verlag GmbH,
Reinbek bei Hamburg, Januar 1986
Umschlagentwurf Jens Kreitmeyer
Der vorliegende Band ist die überarbeitete und
ergänzte Neuauflage der 1963 und 1965 in der Reihe
«rowohlts deutsche enzyklopädie» erschienenen Titel
«Deutsche Sprachgeschichte I» und
«Deutsche Sprachgeschichte II»

Gesamtherstellung Clausen & Bosse, Leck
Printed in Germany
1980-ISBN 3 499 55425 9

Inhalt Band 1

Inhalt Band 2

DRITTES BUCH: DAS FRÜHNEUHOCHDEUTSCHE

VIERTES BUCH: DAS NEUHOCHDEUTSCHE

VORWORT

Die vierbändige Deutsche Sprachgeschichte (I. Das Althochdeutsche, II. Das Mittelhochdeutsche, III. Das Frühneuhochdeutsche, IV. Das Neuhochdeutsche) erschien in langen Abständen 1963 bis 1977 in *rowohlts deutscher enzyklopädie*. Sie wird in veränderter Gestalt und in allen Teilen gründlich überarbeitet in der vorliegenden Neuausgabe wieder vorgelegt. Die sprachgeschichtliche Darstellung, die Textanhänge und die Literaturhinweise der vier Bücher bleiben in alter Reihenfolge erhalten; dagegen wurden die Namen-, Sach- und Wortregister für je zwei Bücher am Ende der beiden Bände zusammengefaßt.

Die Zusammenfassung der vier Bücher zu zwei Bänden rechtfertigt sich durch den Verlauf der deutschen Sprachgeschichte selbst, die nicht geradlinig war. Vielmehr hat man zwei Epochen zu unterscheiden, die gelegentlich auch als ‹Altdeutsch› und ‹Neudeutsch› bezeichnet werden. Die deutsche Sprache entstand aus germanischen Dialekten im politischen Raum des karolingischen Ostreichs und war gegen Ende der mittelhochdeutschen Sprachperiode bereits weitgehend zu einheitlichen Sprachformen mit leicht alemannischem Einschlag (Schwäbisch als Hofsprache der Herrscher aus dem Hause der Hohenstaufen) gelangt. In den Wirren der ausgehenden Stauferzeit und des Interregnums brachte der Partikularismus der vielen großen und kleinen Fürsten auch sprachlich einen Verfall und den Rückschlag in den Gebrauch derber Lokaldialekte mit sich. Politisch gewannen dadurch die großen Territorien des deutschen Ostens auf einst slawisch besetztem Kolonialboden (Sachsen, Schlesien, Böhmen; weiterhin auch Österreich und Preußen) das Übergewicht im Reichsregiment, und die ostmitteldeutsche Schreibsprache ihrer Kanzleien wurde in frühneuhochdeutscher Zeit, besonders durch Martin Luther, der der Sprache der sächsischen Kanzlei folgte, zur Grundlage, auf der allmählich das heutige Deutsch seine Form erhielt.

Die Geschichte der deutschen Sprache beginnt mit dem Einsetzen der deutschen schriftlichen Überlieferung um das Jahr 750. Was vorausliegt, etwa Namen und Wörter in lateinischen und griechischen Texten, oder was durch Sprachvergleich erschlossen werden kann, gehört der Vorgeschichte an und wird uns hier, abgesehen von einem Rückblick auf römisch-germanische Kultur- und Sprachbeziehungen, nicht beschäftigen. Unser Interesse gilt der Entstehung der deutschen Kultursprache aus heidnisch germanischen Dialekten und ihrer weiteren Entwicklung, wie wir sie an den geschriebenen und späterhin an den gedruckten Texten ablesen können. Die gesprochene Sprache der vergangenen Jahrhunderte ist verklungen, und nur selten lassen die überlieferten Texte einen Rückschluß auf den mündlichen Gebrauch der alltäglichen Sprache zu.

Eine fest geregelte deutsche Rechtschreibung gibt es erst seit dem Ende des 19. Jahrhunderts (vgl. das Nachwort zu Bd. 2). Besonders die althochdeutsche Zeit hatte sehr viel Mühe, die deutschen Wörter mit den dafür recht ungeeigneten 24 Zeichen des lateinischen Alphabets wiederzugeben. Jede Klosterschule versuchte sich zunächst an einem eigenen Schreibsystem. Das gibt den Texten, die wir abdrucken, bis tief ins Frühneuhochdeutsche hinein ein buntscheckiges Aussehen. Bei der Erörterung altdeutscher Wörter in unserer Darstellung habe ich die Schreibung normalisiert, nicht aber in den zitierten Texten, um kein falsches Bild entstehen zu lassen. Nur die Zeichensetzung ist zur Erleichterung des Verständnisses auch dort nach modernen Grundsätzen geregelt. Außerdem ist für das Alt- und Mittelhochdeutsche die Länge der Vokale, soweit sie nicht in den ältesten Texten durch Doppelschreibung bezeichnet ist, durch das Zeichen ^, z. B. *dîn, sô,* angedeutet. Alle nicht als Längen gekennzeichneten Vokale sind ahd. und mhd. als Kürzen zu lesen, also *fătĕr, nămĕ* ‚Vater, Name'. Erst in frühneuhochdeutscher Zeit werden die kurzen Vokale in offener, betonter Silbe gedehnt, was zu *vāter* (neben *vătter*), *nāme* führt, wie wir es heute kennen.

Von sonstigen orthographischen Besonderheiten sei nur weniges hervorgehoben. Der *w*-Laut wird oft durch *uu* dargestellt, wodurch sich befremdliche Schriftbilder ergeben können, z. B. *triuuua, uuunna* für *triuwa, wunna* ‚Treue, Wonne'. Besondere Schwierigkeiten macht das Schriftzeichen *h*, das in ältester Zeit stets als *ch* (anfangs immer der *ach*-Laut, nicht der *ich*-Laut) zu lesen ist. Auch *sehan, ziohan* ist im Althochdeutschen als *sechan, ziochan* zu lesen. Nur zwischen Vokalen, wie in diesen Beispielen, wird daraus – in den Mundarten zu verschiedener Zeit – seit dem Spätalthochdeutschen der Hauchlaut *h*, den wir heute in dieser Stellung gewohnt sind. In Verbindungen wie *naht, sahs* ‚Nacht, Schwert' sind immer die Lautgruppen *cht, chs* gemeint. Erst im Frühneuhochdeutschen, und nicht ausnahmslos, wird die seitdem übliche Schreibung *nacht, sachs* eingeführt.

Überhaupt macht der im Lateinischen nicht vorkommende *ch*-Laut den deutschen Schreibern viel Kopfzerbrechen. In den Vaterunser-Texten (Buch 1, Anhang II) finden wir z. B. geschrieben *rîhhi, rîchi, rîhi,* und immer ist damit in ältester Zeit *rîch-chi*, späterhin ungedehnt *rîchi* ‚das Reich' gemeint. *Mahhôn* und *ih* stehen für *machôn* (anfangs *machchôn*) und *ich*. Wenn man ferner (nur in oberdeutschen Texten) im Anlaut *ch, kh,* wie in *chorunga, khorunka,* geschrieben findet, so ist damit die zungenbrecherische Lautverbindung (Affrikata) *kch* gemeint, die auch heute noch in den südlichsten deutschen Mundarten, z. B. im Schweizerischen, gebräuchlich ist.

Mehrdeutig ist auch das Schriftzeichen z, das, wie z. B. in *sizzan,* den heutigen z-Laut, aber z. B. in *gisezzan* das stimmlose (scharfe) *s* bedeutet. Wir geben letzteres durch das in grammatischen Schriften übliche Zeichen ȥ wieder. Steht in den ältesten Texten irgendwo noch ein *th* geschrieben, etwa in *thû, thîn*, so ist damit der aus dem Germanischen ererbte Reibelaut (wie in engl. *that*) gemeint, der in den deutschen Mundarten seit dem 9. Jahrhundert in *d* übergeht.

Wir haben in unserer Darstellung mit mancherlei alten und modernen Sprachen zu tun. Folgende *Abkürzungen* werden dabei verwendet:

abair.	altbairisch	germ.	germanisch
ae.	altenglisch	got.	gotisch
afranz.	altfranzösisch	griech.	griechisch
afries.	altfriesisch	idg.	indogermanisch
ags.	angelsächsisch	lat.	lateinisch
ahd.	althochdeutsch	mhd.	mittelhochdeutsch
alem.	alemannisch	mnd.	mittelniederdeutsch
an.	altnordisch	mnl.	mittelniederländisch
anfr.	altniederfränkisch	nd.	niederdeutsch
as.	altsächsisch	nfrk.	niederfränkisch
bair.	bairisch	nhd.	neuhochdeutsch
engl.	englisch	nl.	niederländisch
fries.	friesisch	ofrk.	ostfränkisch
frk.	fränkisch	omd.	ostmitteldeutsch
frühnhd.	frühneuhochdeutsch	rom.	romanisch
frz.	französisch	vlat.	vulgärlateinisch

Rekonstruierte, in keinem Text belegte Formen werden durch ein Sternchen gekennzeichnet, z. B. germ. **guda* ‚Gott'. Durch LH wird auf die jedem Buch angehängten Literaturhinweise verwiesen.

Schließlich noch ein Hinweis: Den Bayern soll ihr Anspruch auf das Ypsilon nicht geschmälert werden. In philologischen Untersuchungen ist es aber eine alte Gepflogenheit, im Hinblick auf Sprache und Sprachvolk *bairisch* und *Baiern* mit *i* zu schreiben. Dieser Zunftbrauch wird in unserem Buche beibehalten.

Saarbrücken, im Juni 1985 *Hans Eggers*

Erstes Buch: Das Althochdeutsche

I. SPRACHE UND GESELLSCHAFT

Die Sprache ist jedem Menschen so vertraut wie sein tägliches Brot und die Luft zum Leben. Ohne seine Muttersprache hätte er nicht teil an der menschlichen Gemeinschaft, könnte sich nicht mitteilen, seine Meinung nicht äußern, seinen Wünschen und seinen Empfindungen keinen Ausdruck verleihen. Die Sprache ist das, was den Menschen vom Tier unterscheidet, und mit Recht hat man gesagt, erst durch die Sprache werde der Mensch zum Menschen.

Was aber so selbstverständlich zum Menschsein gehört und was jedes Kind, indem es in seine menschliche Umgebung hineinwächst, so mühelos zu gebrauchen lernt, das läßt man im allgemeinen ganz unbeachtet; man nimmt es leicht hin, ohne viel darüber nachzudenken. So scheint denn auch dem naiven Betrachter die Sprache etwas Gegebenes, Unveränderliches zu sein, ein Instrument, das man eben gebraucht, wie es Menschen seit eh und je gebraucht haben. Dabei lehrt schon die einfachste alltägliche Beobachtung, daß mit der Sprache ständig Veränderungen vor sich gehen. Jeder von uns könnte bemerken, daß seine eigene Sprache anders ist als die seiner Großeltern. Wir sagen *er kommt*, wo Großmutter vielleicht noch *er kömmt* sagt, und wenn wir heute wechselweise *zu Haus* und *zu Hause* sagen, bald eine neue, bald die ältere Form verwendend, pflegt Großvater wohl noch regelmäßig das *e* des Dativs zu bewahren. Auffälliger noch als solche lautlichen Veränderungen sind die Wandlungen des Wort- und Ausdrucksschatzes. Manches Wort und manche Redewendung, die die Großeltern ständig im Munde führen, verstehen wir freilich, werden sie aber niemals selbst gebrauchen, und unser modisches *genau* für das schlichte *ja*, unser *prima*, unser *mit achtzig Sachen* und viele Ausdrücke unserer Tage werden sich die Alten unter uns nicht mehr angewöhnen. Und sprechen unsere Kinder und Enkel nicht wieder eine andere Sprache? Wir, die wir mitten im Leben stehen, werden uns nur schwer daran gewöhnen, die Sprößlinge als *Teenager* und *Twens* zu bezeichnen, und auch deren Ausdrücke für ein hübsches Mädchen, *dufte Biene* oder *steiler Zahn*, werden wir uns kaum noch zu eigen machen.

Es kommt hier nicht auf Geschmacksfragen an, auch nicht darauf, daß jedes menschliche Lebensalter, und darin wieder beide Geschlechter, seine eigene Ausdrucksweise hat. Wichtig ist nur, daß im Wechsel der Generationen sich auch die Sprache im allgemeinen wandelt. Man muß scharf hinsehen, um es zu bemerken; aber jeder, der achtgibt, kann schon an den gleichzeitig lebenden Generationen solche Wandlungen wahrnehmen. So ist es aber nicht nur in unserer Zeit und in unserem Volk. Seit es Sprachen gibt, so müssen wir annehmen, d. h.

vom Anfang der Menschheitsgeschichte an, und überall, wo Menschen zueinander sprechen, müssen wir mit solchen Wandlungen rechnen, die sich, von der Sprachgemeinschaft selbst unbemerkt, ständig vollziehen, bald langsamer, bald überstürzend rasch, wie es eben die Ruhe oder der Wirbel der Zeitläufte mit sich bringt.

Soziologische Aspekte

Indem wir eben den Begriff der ‹Sprachgemeinschaft› einführten, spielten wir auf ein anderes, äußerst wichtiges Wesensmerkmal der Sprache an. Sprache ist immer und zuerst eine soziale Erscheinung. Mag die Sprache auch, wie es die einleuchtendsten Theorien über den Sprachursprung annehmen, aus Ausdruckslauten entstanden sein, so ist doch der Laut des Schreckens, der Verwunderung, des Schmerzes, der Freude noch nicht selbst Sprache. Wenn im Tierreich die Artgenossen auf den Schreckenslaut des Leittieres reagieren, indem sie fliehen, so ist das eine Instinkthandlung, und solange der Urmensch in gleicher Weise reagiert, besitzt auch er noch keine Sprache. Erst wenn ein frühes menschliches Wesen zum ersten Male in den Schmerzenslaut ausbricht, um ‹mitzuteilen›, daß es Schmerzen hat, und wenn seine menschliche Umgebung es darin ‹versteht›, ist Sprache geboren. In der Kulturmenschheit mag Sprache auch anderen Zwecken dienen. Der Denker mag sie ohne Mitteilungsabsicht nur zur schweigenden Klärung seiner tiefsten und einsamsten Gedanken verwenden; ein moderner Dichter kann sie zum Ausdruck seiner gärenden Empfindungen machen, ohne mit dem Verständnis der Mitmenschen zu rechnen oder dieses auch nur anzustreben. Man kann in selbstgenügsamer Freude mit Worten und mit Klängen spielen. Aber das alles sind doch nur abgeleitete, sekundäre Möglichkeiten. Primär hat Sprache immer Mitteilungscharakter; sie würde nicht existieren ohne den angesprochenen Partner und ist mithin stets und zuerst ein soziales Phänomen.

Dabei ist das Verhältnis zwischen den Partnern reziprok. Auf beiden Seiten ist sowohl das Sprachvermögen wie das Sprachverständnis vorhanden. Der Angeredete kann jeden Augenblick selbst zum Sprecher werden und der eben noch sprechende Partner zum aufnehmenden Hörer. Vor allem aber ist dieses Verhältnis in der Regel multilateral. Daß eine Gemeinschaft nur aus zwei Menschen besteht, die dann auch ihre eigenen Sprachformen entwickeln kann – man denke an die besonderen Ausdrucksweisen von Liebes- oder Freundespaaren untereinander –, ist doch eine seltene Ausnahme. Im allgemeinen muß also der einzelne Sprecher immer auf die ganze Gruppe Rücksicht nehmen; denn das Gemeinschaftsleben erfordert, daß er von allen verstanden wird. So ist es nicht so sehr der einzelne Mensch als vielmehr die ganze Gruppe, die die gemeinsame Sprache formt. Zwar kann der einzelne dazu beitragen. Er kann sich in neuen Intonationsweisen, neuen Lautbildungen, neuen Ausdrücken und Wendungen versuchen: Bestandteil der gemeinsamen Sprache wird das alles nur, wenn die ganze Gruppe es sich nachahmend zu eigen macht. Zwar sind viele Sprachwissenschafter überzeugt, daß jeglicher Sprachwandel zuerst individuell im Munde eines einzelnen entsteht. Aber jedenfalls bleiben alle sprachlichen Eigenheiten jedes einzelnen Menschen so lange völlig belanglos, als sie nicht mehr und mehr Nachahmer finden. Erst wenn die überwiegende Mehrheit der Sprachgemeinschaft die Neuerung aufgenommen hat, erhält sie Bedeutung für die allgemeine Sprache, trägt zu deren Weiterentwicklung bei.

Verkehrsgemeinschaften

Man kann alle Sprachen der Menschheit, von denen wir wissen, lebende und längst verklungene, als Zeugen menschlichen Gemeinschaftslebens betrachten. Wo immer Menschen zusammen leben, bilden sie ihre Sprache aus. Insofern kann man die Sprache geradezu als eine Funktion des menschlichen Gemeinschaftslebens ansehen, und die Sprachgemeinschaft, von der wir gesprochen haben, erscheint uns dann als die notwendige Folge der ‹Verkehrsgemeinschaft›. Als solche bezeichnen wir alle Gruppen von Menschen, die zueinander in irgendeiner sozialen Beziehung stehen, die also miteinander verkehren.

In frühesten Zeiten der Menschheitsgeschichte mag es die Horde gewesen sein, die eine solche Verkehrsgemeinschaft bildete, und sie muß schon ihre eigene gemeinsame Hordensprache gehabt haben — sonst hätten wir es bei diesen Horden nicht mit Menschen zu tun, sondern mit Rudeln von tierischer Struktur. Es mag sein, daß die großen, unter sich so verschiedenen Sprachstämme der Erde ihre ersten Keimzellen in solchen Hordensprachen hatten. Wir wollen auf diese schwierigen Fragen, auf die es nur hypothetische Antworten gibt, hier nicht näher eingehen. Soviel aber steht fest: Schon, wo sich zum ersten Male in der damals noch weiten Welt zwei Horden begegneten, ohne daß die eine die andere vernichtete, wo vielmehr beide sich zusammenschlossen, müssen die sprachlichen Folgen dieselben gewesen sein, wie sie sich seither immer und überall wieder gezeigt haben. Die eine der beiden Gruppen wird ihre Sprache aufgegeben haben, und dennoch wird diese im Untergehen das überlebende Idiom in irgendeiner Weise beeinflußt haben. Ohne eine mehr oder minder tiefdringende Sprachveränderung verläuft ein so einschneidendes Ereignis niemals. Und da durch den Zusammenschluß der beiden Horden die Verkehrsgemeinschaft sich vergrößert, die sozialen Verhältnisse sich ändern, neue und größere gemeinsame Aufgaben in Angriff genommen werden können, lauter Angelegenheiten, die zu ihrer geistigen Bewältigung der Sprache bedürfen, muß notwendigerweise auch die überkommene Sprache eine neue Richtung nehmen und sich in anderer Weise als vor dem Zusammenschluß weiterentwickeln.

Aber ersetzen wir die urzeitliche Horde durch reisige Scharen historischer Zeit. Wohin die römischen Heere gelangten, brachten sie ihre lateinische Sprache mit, und noch heute erkennen wir die Stärke und den langdauernden Einfluß der (west)römischen politischen Herrschaft an dem Weiterleben der romanischen Sprachen. Dabei waren überall, in Gallien (dem heutigen Frankreich), in Spanien, auf Sardinien und Korsika, in Oberitalien und in Rumänien vor Beginn der Römerzeit andersartige und eigene Sprachen in Geltung gewesen. Aus geringen Überresten, vor allem aus Namen und sehr alten Inschriften, können wir uns gewisse Vorstellungen von diesen vorrömischen Sprachen Alteuropas machen. Mit der römischen Verwaltung und dem Militär kam das Lateinische in allen diesen Landen auf. Aber der römische Einfluß war verschieden stark, und auch die Widerstandskraft der Landessprachen muß verschieden groß gewesen sein. Ganz ohne Einfluß auf die Entwicklung des herrschenden Latein blieben sie nirgends, und so entwickelten sich überall aus der Auseinandersetzung zwischen dem Lateinischen und den verschiedenen Altsprachen zunächst provinzielle Sprachbesonderheiten, aus denen sich dann die verschiedenen romanischen Sprachen, wie z. B. das Französische, das Spanische, das Rumänische, herausbildeten. Das ganze weströmische Reich, so dürfen wir im Hinblick auf die uns hier beschäftigende Frage feststellen, wirkte als die große, übergeordnete Verkehrsgemeinschaft, die allen ihren Mitgliedern auch die gemeinsame Sprache aufzwang. In dem ganzen Gebiet wurde das Lateinische die Verkehrs-, Amts- und Kultursprache. Innerhalb dieser großen Verkehrseinheit aber bildeten die einzelnen Provinzen des Reiches geographisch geschlossene, engere Einheiten, in denen der tägliche Verkehr der Menschen viel reger und intensiver war. Daher die Ausbildung provinzieller Sprachgewohnheiten und nach dem Zerbrechen des Einheitsstaates, als jede Provinz ihr eigenes politisches Schicksal hatte, die Entstehung der romanischen Einzelsprachen.

Man sehe mir diesen Ausflug in graue Vorzeit und die alte Geschichte nach. Es kommt nur darauf an zu zeigen, daß die Grundbedingungen sprachlicher Entwicklung zu allen Zeiten die gleichen sind. Solange Menschen gelebt haben, haben sich ihre Sprachen stets im Verkehr mit anderen Menschen gebildet, und je nach den Schicksalen der menschlichen Gemeinschaften haben sich auch ihre Sprachen aus- und umgebildet. Indem wir in die Ferne vergangener Zeiten schweiften, haben wir vielleicht einige Erkenntnisse gewonnen, die uns auch die eigenen, deutschen Sprachverhältnisse besser verstehen lassen.

Wie allerorten, bildet auch bei uns die Familie die kleinste und engste Verkehrsgemeinschaft, und jedermann kann beobachten, daß sich in allen Familien kleine Sprachbesonderheiten ausbilden, an denen nur die Familienmitglieder verstehenden Anteil haben. Keine Familie aber lebt völlig abgeschlossen für sich allein. Immer ist sie zugleich Glied einer größeren Verkehrsgemeinschaft, der Nachbarschaft, des Dorfes, der Pfarrgemeinde und so fort in immer größeren Kreisen. Diese Vielfalt der Verkehrsbeziehungen spiegelt sich auch in der vielfältigen sprachlichen Gliederung wider. ‹Deutsch› ist die große sprachliche Einheit, zu der wir uns innerhalb der deutschen Grenzen (und noch weit darüber hinaus) alle bekennen. Aber wir wissen doch anderseits, daß es in Deutschland viele verschiedene Mundarten gibt. Von Dorf zu Dorf – und in größeren Städten sogar von Stadtteil zu Stadtteil – bestehen Unterschiede in der Sprache. Allerorten betonen Sprachhänseleien zwischen den Bewohnern benachbarter Siedlungen die kleinen Sprachverschiedenheiten und dienen zur allgemeinen Belustigung. Oft sind die Unterschiede gar nicht groß: Ein geringfügig abweichender Tonfall, die leicht abgewandelte Bildung dieses oder jenes Lautes, ein paar in der eigenen, engsten Umgebung ungebräuchliche Wörter und Ausdrücke reichen schon hin, die Sprache des Mannes aus dem Nachbardorf als ‹anders› zu empfinden.

Nähert man sich einer bedeutenderen Mundartgrenze, so werden auch die Unterschiede deutlicher. Im nördlichen Schwaben mag einem etwa gesagt werden: ‹Im Nachbardorf geht es schon mehr zum Fränkischen hin›, und dann werden eine Menge unterscheidender Sprachmerkmale aufgezählt. Daß endlich an einer echten Sprachgrenze, wenn in dem einen Dorf noch deutsch, im nächsten z. B. französisch gesprochen wird, eine sehr scharfe Sprachtrennung besteht, bedarf keiner besonderen Erwähnung. Es handelt sich aber in allen drei angeführten Fällen im Grunde genommen um die gleiche Erscheinung: Immer geht es um eine kleine, größere oder auch sehr große ‹Verkehrsgemeinschaft›, deren Grenzen an solchen Sprachunterschieden erkennbar werden. Im Dorf, oft auch im Stadtviertel, leben Menschen auf engem Raum beieinander; man sieht sich täglich, einer ist auf den anderen angewiesen, und diese Gemeinsamkeit prägt sich auch in der Sprache aus. Denn jeder einzelne muß sich den Sprachgewohnheiten anpassen, die sich in jeder Gemeinschaft allmählich ausbilden.

Das Dorf aber mag mit anderen Dörfern zum gleichen Kirchspiel gehören, und beim Kirchgang treffen sich die Leute aus den verschiedenen Dörfern. Es werden Ehen von Dorf zu Dorf geschlossen, man besucht sich gegenseitig, Pfarrer und Küster kommen bis ins letzte Haus. So ergibt sich wiederum eine der engen Dorfgemeinschaft übergeordnete Verkehrsgemeinschaft, und diese wirkt sich auf die Dauer ebenfalls auf die Sprache aller aus. Mehrere Kirchspiele gruppieren sich um den Marktflecken oder die Kreisstadt; das Landvolk aus der ganzen Gegend kommt dorthin zu Markt und Einkauf, zum Arzt, zum Amtsgericht und zu den Behörden des Kreises, und abermals bleibt diese nun schon weitere Verkehrsgemeinschaft nicht ohne Einfluß auf die Sprache aller Beteiligten.

Wir könnten die Beispiele, immer größere Kreise erfassend, fortsetzen. Der Gau, die Provinz, das Land, das Reich, auf kirchlichem Gebiet das Bistum und das Erzbistum: Alle diese Verwaltungseinheiten bedeuten gleichzeitig Verkehrsgemeinschaften, die immer auch kennzeichnende Besonderheiten der allen Beteiligten gemeinsamen Sprache hervorbringen. Ja, wenn wir uns späterhin vor allem mit dem christlich-lateinischen Einfluß auf die werdende deutsche Sprache beschäftigen werden, so müssen wir erkennen, daß auch die abendländische Kirche eine solche, freilich übernationale Verkehrsgemeinschaft darstellt, die im geistigen Austausch ihre eigene Sprache, das verchristlichte Latein, ausgebildet hat, und daß die verschiedenen Nationen, die dieser Gemeinschaft angehörten, die christlichen Sprachinhalte aus dem Lateinischen in ihre eigenen Nationalsprachen übertragen mußten.

Im Alltag ist es die enge Gemeinschaft der miteinander Lebenden und Werkenden, die die Gestaltung der Sprache bestimmt. Die dialektgeographische Forschung hat mit vielen überzeugenden Beispielen nachweisen können, daß sich in dem viele Jahrhunderte lang politisch zerrissenen Deutschland noch heute alte politische Grenzen kleiner Territorien, die Grenzen ehemaliger Grafschaften und Kleinfürstentümer, von Bistümern und selbständigen Stadtgebieten als Mundartgrenzen bemerkbar machen. Je länger eine Verkehrsgemeinschaft besteht, desto deutlicher prägt sie ihre sprachlichen Eigenarten aus, und in der Tat zeichnen sich heute noch die Mundarten solcher kleinen Territorien am besten ab, deren politische Grenzen vom 13. bis zum 18. Jahrhundert unverändert blieben.

Allerdings handelt es sich dabei eher um sogenannte ‹Untermundarten›, kleinere Ausgliederungen aus den großen und eigentlichen Dialekten, wie dem Bairischen, Schwäbischen oder Fränkischen. Diese

Großdialekte sind älteren Ursprungs, und ihre Entstehung geht bis in die germanische Frühgeschichte zurück. Aber auch bei ihnen dürfen wir überzeugt sein, daß sie entstanden sind als sprachlicher Ausdruck großer politischer, kultureller und religiöser Verkehrsgemeinschaften. Denn als solche müssen wir die alten germanischen Völkerschaften und Stämme ansehen, von denen später die Rede sein wird.

Wichtig ist eben auch hier die Erkenntnis, daß die kleinen Verkehrsgemeinschaften des Alltags mit ihren besonderen Ausprägungen der alltäglichen Sprache immer eingebettet sind in übergeordnete Gemeinschaften, die die höheren Fragen des menschlichen Zusammenlebens ordnen. Die Gestaltung der politischen und der wirtschaftlichen Schicksale, des religiösen Kults und überhaupt jeder Art des höheren geistigen Lebens liegt bei der Gesamtgemeinschaft und deren führenden Schichten. Was daher nicht unmittelbar dem niederen Alltag angehört, wird auch sprachlich von der höheren Gemeinschaft geprägt. In diesen größeren und gehobenen Kreisen entscheidet sich die kulturelle Höhe einer Sprache. Ein Abglanz davon mag auch die zugehörigen Mundarten und Untermundarten erreichen; aber die soziologische Zweckbestimmung der Mundarten liegt in der sprachlichen Bewältigung des Alltags.

Kultursprache und Mundarten

In allen höherentwickelten politischen Gemeinschaften, seien es alte Stämme oder moderne Staaten, wird sich immer wieder eine sprachliche Schichtung ergeben, wie sie oben skizziert wurde. Die alltägliche Sprache des einfachen Mannes hat anderen Zwecken zu dienen als die Sprache der führenden Schicht, die mit weiterem Wissen und besserer Einsicht ausgestattet ist. Will man es scharf formulieren, so darf man etwa sagen: Die alltägliche Sprache dient dem lebensnahen Heute, die gehobene Sprache der Führungsschicht dagegen dient der Bewahrung von Erkenntnissen der Vergangenheit, der Bewältigung der großen Fragen der Gegenwart und der vorausplanenden Aussicht auf die Zukunft. Daraus ergibt sich, daß zum mindesten Wortschatz und Ausdrucksmittel der Sprache führender Schichten in jeder menschlichen Gemeinschaft anders sein müssen als die der geführten Menge. Alle Erfahrung lehrt aber, daß in menschlichen Gesellschaften die Führenden meist eine feinere geistige Struktur besitzen als die große Menge. Das wirkt sich auch auf ihre Sprache aus. Überall werden gewisse Intonationen und Lautformen, bestimmte Wörter und Ausdrücke als vulgär empfunden und deshalb von der höheren sozialen Schicht gemieden. Schon der Medizinmann eines ganz primitiven, urtümlichen Volksstammes weiß, daß er sich im Verkehr mit den dämonischen Mächten einer anderen, höheren Sprachform zu bedienen hat als im Umgang mit seinen Stammesgenossen, und so ist die sprachliche Schichtung, die Unterscheidung des Gehobenen vom Gewöhnlichen, in jeder Gemeinschaft von vornherein angelegt. Das ist auch in jeder Mundart der Fall. Überall wird sich schon die Sprache des großen besitzstolzen und die Geschicke des Dorfes mitbestimmenden Bauern von der des Tagelöhners, der täglich mit der nackten Not ringt, unterscheiden. Bekannt ist ferner auf dem Gebiet deutscher Dialekte das sogenannte ‹Honoratiorenschwäbisch›, gewiß schwäbisch in Grundanlage und Sprachhaltung, aber verfeinert in Intonation, Formen- und Ausdrucksschatz gegenüber der landläufigen schwäbischen Mundart. Beispiele ähnlicher Art lassen sich aus dem Gebiet sämtlicher Kultursprachen anführen; es handelt sich eben um eine allgemein menschliche Erscheinung.

Im Deutschen kommt als besondere Eigenart hinzu, daß über den stark ausgeprägten Mundarten eine Gemeinsprache höheren Ranges steht, durch die, je kräftiger sie sich entwickelt hat, die ursprünglich selbständigen und kulturell anspruchsvollen Mundarten in die Rolle der alltäglichen, engen Verkehrssprache hinabgedrängt worden sind. Aber das ist eine Frage der sprachhistorischen Entwicklung, die späterhin ausführlicher erörtert werden muß. Im Augenblick kommt es nur auf die ganz allgemeine Tatsache an, daß die Sprache einer jeden Verkehrsgemeinschaft zu einer natürlichen Schichtung und soziologischen Gliederung neigt. Je größer die Verkehrsgemeinschaft, je höher über den baren Alltag erhoben die Geistigkeit ihrer führenden Schichten, desto deutlicher wird sich deren ‹Kultursprache› von der des gemeinen Alltags abheben.

Schriftsprache

Es kann durchaus auch in schriftloser Zeit Kultursprachen geben. Nur selten z. B. und spät sind spärliche Reste altgermanischer Dichtung auf das Pergament gelangt. Wir erkennen aber aus zahlreichen Anzeichen, daß es eine hochkultivierte, weit über den banalen Alltag erhobene germanische Dichtersprache gegeben hat, die sich zu höchster Blüte entfalten konnte und jahrhundertelang schriftlos und nur in mündlicher Tradition weiterentwickelt wurde. Daß wir dies allerdings erkennen können, verdanken wir nur dem Zufall, daß hier und da ein interessierter Mönch eine solche Dichtung niederschrieb, so daß sie unserer Zeit bewahrt blieb. Sonst ist alles nur mündlich Tradierte unwiederbringlich verklungen und verloren. Aber die großen Kulturen der Welt begannen ja überall frühzeitig, Schriften zu entwickeln und dadurch das rasch verklingende Wort dem Gedächtnis zu bewahren. Was von diesen alten Aufzeichnungen erhalten geblieben ist, dient dem Sprachforscher, Geschichte und Entwicklung der Sprachen zu erkennen. Aber man muß sich darüber klar sein, daß das schriftlich Aufgezeichnete fast immer eine Auslese darstellt; die Alltagssprache wird, von seltenen Ausnahmefällen abgesehen – man denke an gewisse Wandkritzeleien in Pompeji –, eben nicht aufgezeichnet.

Trotzdem hat die Mundartforschung auch der Alltagssprache des einfachen Mannes manche historische Einblicke abgewinnen können. Wenn z. B. heute noch in rheinischen und in geringem Maße auch in den oberdeutschen Mundarten Wörter aus dem Bereich des Wein- und Gartenbaus, aus Fischerei und Flußschiffahrt, aus Gewerbe und Kleinhandel weiterleben, die aus dem Lateinischen übernommen sind, die aber niemals in die Schriftsprache eingingen, so können diese Wörter nur in den ersten nachchristlichen Jahrhunderten, als Römer und Germanen in den Grenzgebieten nahe beieinander lebten, übernommen worden sein. Sie haben in der unliterarischen Alltagssprache fast zwei Jahrtausende überdauert (wieviel anderes mag versunken sein?) und belehren uns noch heute über das, was einst unsere Vorfahren aus dem Alltagsleben der Grenznachbarn erlernt und übernommen haben.

Aber es bleibt dabei: Solche Rückschlüsse auf frühere sprachgeschichtliche Ereignisse innerhalb der Sprache des kleinen Alltags sind nur selten möglich und bleiben immer lückenhaft. Anders steht es um die Schriftsprache. Hier handelt es sich um Zeugen eines höheren geistigen Lebens, und mag aus alter Zeit auch viel mehr verlorengegangen sein, als uns erhalten geblieben ist, so reichen die verbliebenen Reste doch aus, um ein Bild von der Entwicklung zu gewinnen. Die ältesten bewahrt gebliebenen Handschriften in deutscher Sprache wurden z. B. um das Jahr 750 geschrieben, und seitdem ist die schriftliche Überlieferung niemals ganz abgerissen. Man kann also heute zwölf Jahrhunderte der deutschen Sprachgeschichte an Hand von schriftlichen Unterlagen studieren. Selten, wie gesagt, erfaßt man dabei den Alltag des Volkes. Wohl aber lassen sich daraus der Ablauf der Geistesgeschichte ablesen, sowie die wechselnden geistigen Interessen, die in den einzelnen Epochen vorherrschten. Dabei sind es nicht allein die wechselnden Stoffe der Literatur, aus denen man solche Erkenntnisse zieht. Auch die Sprache selbst ändert sich mit den geistigen Interessen, denen sie dient. Eine Zeit kirchenfrommer Bemühung um den Glauben z. B. wird sich im Mittelalter eng an die lateinische Literatur anlehnen, eine Zeit mystischer, manchmal gar ketzerischer

Gottsuche wird in kühnen Wortbildungen um Aussage des Unsagbaren ringen, und beide Richtungen werden auch außerhalb der eigentlich religiösen Sphäre einen ganz anderen Ausdrucksschatz verwenden als eine der Welt zugewandte Epoche, die sich an ritterlicher Heldentat begeistert, oder als eine, die den schlichten praktischen Bürgersinn in den Mittelpunkt ihrer Interessen stellt.

Geistige Strömungen wie die genannten und noch manche andere ungenannte wechseln einander in den zwölf Jahrhunderten deutscher Sprachgeschichte ab. Sie laufen auch wohl nebeneinander her, und besonders aus den späteren Jahrhunderten mit ihrem sich immer mehr differenzierenden geistigen Leben ist eine sehr vielschichtige Literatur auf uns gekommen. Gleichwohl darf man behaupten, daß in dem Konzert der vielen Geistesstimmen in jeder Epoche eine einzige dominiert und daß sich darin das Hauptinteresse der Zeit kundtut.

So gesehen, gewinnt aber auch die Geschichte der Schriftsprache sehr lebhafte und wechselnde Farben. Wenn man nicht auf die ganz äußerliche Anwendung von Lautbildern (Orthographie) und geregelten grammatischen Formen abzielt, kann man nur sehr bedingt von einer kontinuierlichen Entwicklung der deutschen Schriftsprache durch die zwölf Jahrhunderte ihrer Geschichte reden. Freilich, ein gewisser Standardwortschatz bleibt durch die Jahrhunderte erhalten, Wörter wie *Herr* und *Knecht*, *gut* und *schlecht*, *kommen* und *gehen*, wiewohl auch diese im Laufe der Zeit ihre Bedeutung ändern. Das wäre ein kontinuierlicher Vorgang, den man mit wissenschaftlichen Methoden nachzeichnen kann. Aber oft setzt schon ein solcher Bedeutungswandel, wie etwa der von *schlecht* = ‚einfältig' zu *schlecht* = ‚übel, verwerflich' Beurteilungsweisen voraus, die nur in einer bestimmten Epoche möglich sind. Viel mehr noch ist aber der Bestand an ‹Fahnen- und Programmwörtern› davon abhängig, welche Geistesrichtung gerade in der Literatur vorherrscht. Damit ist aber gleichzeitig gesagt, daß auch die literarisch Tätigen sich einem bestimmten Hauptinteresse verpflichtet haben und sich an ein bestimmtes Publikum gleichen Interesses richten. Zum mindesten im Mittelalter ist solches Interesse aber auch von dem Stande des Schreibenden abhängig. So gilt in althochdeutscher Zeit das Hauptinteresse der Aneignung des christlichen Glaubens und damit zusammenhängend der Auseinandersetzung mit der lateinischen theologischen Literatur. Träger solcher Interessen kann nur der gelehrte Geistliche sein. In frühmittelhochdeutscher Zeit wird der stubengelehrte Theologe abgelöst von dem volkstümlichen Lehrer, der der gläubigen Gemeinde die Heilswahrheiten verkündet und die biblischen Geschichten erzählt. Daran schließt sich eine Epoche vorwiegend weltlicher Interessen an, in der weltliche Dichter einer höfischen Gesellschaft von Glanz und Ruhm des Rittertums singen. So geht die Entwicklung in buntem Wechsel weiter, und in jeder Epoche gehören die Hauptbeteiligten einer anderen soziologischen Gruppe an. Dementsprechend aber ist auch ihre Sprache verschieden, und daher ist es nicht möglich, von einer kontinuierlichen Entwicklung der deutschen Schriftsprache zu reden. Die Entwicklung vollzieht sich vielmehr sprunghaft, mit wechselnden Schwerpunkten. Oder sagen wir besser: Für den heutigen, rückblickenden Betrachter wird bald diese, bald eine andere Sphäre der Sprachentwicklung von einem hellen Scheinwerferlicht angestrahlt, während andere Partien im Dunkeln bleiben. Denn wenn auch manche Spracherscheinung nur auf die eine Epoche, die ihrer bedarf, beschränkt bleibt und mit ihr untergeht, so leben doch andere über wechselnde Epochen hinweg sozusagen unterschwellig weiter und tauchen erneut in der Schriftsprache auf, manchmal erst nach Jahrhunderten, wenn eine neue Zeit mit neuen Interessen ihnen günstig ist.

Diskontinuierliche Schwerpunktbildung über einer kontinuierlich fortlaufenden Unterströmung: das scheint die angemessenste Formel für den historischen Verlauf der schriftsprachlichen Entwicklung zu sein. Außerdem darf man auch nicht die Wechselbeziehungen zwischen der Schriftsprache und der Umgangssprache des Alltags übersehen. Beziehungen bestehen immer, wiewohl die Kluft zwischen beiden manchmal nur eng, manchmal auch sehr weit sein kann. Beherrscht der esoterische Gelehrte die Literatur, wird kaum etwas von der Alltagsrede in die Schriftsprache seines Kreises eingehen; hat der volkstümliche Prediger das Wort, so öffnet er der Umgangssprache Tür und Tor, auch wenn er schreibt. Kündet ein Dichter der verfeinerten Hofgesellschaft die Ideale des Rittertums, so wird er Worte wählen, die in zarten Ohren lieblich klingen; wird aber die Ritterdichtung zum bloß unterhaltenden Abenteuerroman, so verleiht der Dichter seinem Werk derbe und grelle Farben durch Aufnahme drastischer Alltagsrede in seine Schriftsprache.

Sprachgeschichte

Man kann Sprachgeschichte auf vielerlei Weise betreiben. Es ist z. B. interessant und für die Wissenschaft wichtig zu wissen, wie sich ein indogermanisches Urwort, wie idg. * *pətar̥* über germ. * *fădar* zu ahd. *făter*, mhd. *văter*, nhd. *Vāter* entwickeln konnte und wie und warum eine volltönende germanische Form wie got. *habaidêdum* über ahd. *habêtum* zu nhd. *(wir) hatten* abschleifen konnte, wie ahd. *neman* zu *nehmen*, ahd. *nimit* zu *nimmt* wurde und warum einmal ein *ĕ*, das andere Mal ein *i* den Stammvokal bildet. Die sprachgeschichtliche Forschung weiß auf solche Fragen Auskunft zu geben, und wir wollen sie auch in unserer Darstellung nicht gänzlich vernachlässigen. Aber wir werden ihnen doch nur geringen Raum gewähren. Denn wichtiger scheint uns die geistige Seite der Sprachgeschichte zu sein. Wie die deutsche Sprache aus germanischen Dialekten hervorging und wie sich dann in ihrer Entwicklung die Geistesgeschichte spiegelt, das scheint uns ernsterer Mühe wert zu sein. Dann aber dürfen wir uns um Laute und Formen nicht allzuviel kümmern. Spiegel der geistigen Entwicklung ist in allererster Linie der sprachliche Bedeutungsträger, also das sinnerfüllte Wort, und im Zusammenhang damit die Verknüpfung der Wörter zum Satz, also die Art und Weise der syntaktischen Verbindungen. Von letzteren wird allerdings weniger die Rede sein als vom Wortschatz.

Da wir auf schriftliche Überlieferung angewiesen sind, wollen wir im wesentlichen die Entwicklung der Schriftsprache verfolgen. Dabei soll uns aber stets ihr loseres oder engeres Verhältnis zur gesprochenen Alltagssprache beschäftigen, und vor allem wollen wir uns bemühen, die Schriftsprache jeder Epoche als eine Funktion der jeweiligen soziologischen Stellung ihrer Gestalter zu erkennen und darzustellen.

Was den Gang unserer Darstellung betrifft, so werden wir uns äußerlich an die herkömmliche Einteilung halten, die auch unter veränderten Gesichtspunkten einen brauchbaren Rahmen abgibt. Wie schon erwähnt, entstand das erste uns erhaltene deutsche Buch um das Jahr 750, also kurz vor dem Regierungsantritt Karls des Grossen. Was vor diesem Zeitpunkt liegt, gehört einer Zeit an, in der unsere Sprache noch schriftlos war. Nur zufällige und bruchstückhafte Überlieferung kündet uns davon. Man erhält dadurch willkommene Einblicke in frühe Vorgänge der germanisch-deutschen Sprachentwicklung, aber sie fügen sich nicht zu einem geschlossenen Bild. Unser Wissen von der Vorgeschichte der deutschen Sprache bleibt lückenhaft. Trotzdem werden wir uns auch in unserer Darstellung in großen Zügen mit dieser Vorgeschichte zu befassen haben.

Erst mit dem Einsetzen der schriftlichen Überlieferung beginnt die eigentliche Sprachgeschichte im engeren Sinne. Auf zwölf Jahrhunderte deutscher Sprachgeschichte zurückblickend, hat es sich als praktisch erwiesen, diese lange Zeitspanne in einzelne Perioden einzuteilen, die man dann isoliert und nach bestimmten angemessenen Gesichtspunkten untersuchen und darstellen kann. Wir übernehmen die herkömmliche Einteilung und unterscheiden:

I.	Althochdeutsche Zeit (Ahd.)	von 750 bis 1050
II.	Mittelhochdeutsche Zeit (Mhd.)	von 1050 bis 1350
III.	Frühneuhochdeutsche Zeit (Frühnhd.)	von 1350 bis 1650
IV.	Neuhochdeutsche Zeit (Nhd.)	seit 1650.

Dabei gelten die angegebenen Jahreszahlen nur als ungefähre Anhaltspunkte. Sprachliche Übergänge vollziehen sich in sehr langsamen, den Zeitgenossen unmerklichen Abläufen. Erst im Rückblick aus weitem zeitlichen Abstand werden die Unterschiede deutlicher erkennbar.

Jede Einteilung hat etwas Gewaltsames an sich, aber man kann sie nicht entbehren. Auch die herkömmliche Einteilung unserer Sprachgeschichte in vier Perioden ist gewiß nicht der Weisheit letzter Schluß, und wir wollen nicht verschweigen, daß daran berechtigte Kritik geübt worden ist (vgl. z. B. HUGO MOSER, LH 65). Vor allem ist sie nach rein lautlichen Gesichtspunkten vorgenommen worden; die Abschwächung der in althochdeutscher Zeit noch volltönenden Vokale der Mittel- und Endsilben (z. B. ahd. *lobôta,* mhd. *lobete,* nhd. *er lobte*) und gewisse Veränderungen der Stammsilbenvokale (z. B. mhd. *hûs, mîn, guot,* nhd. *Haus, mein, gut*) sind für diese Einteilung entscheidend gewesen. Das ist ein recht äußerliches Einteilungsprinzip. Aber es empfiehlt sich nicht, an diesen letztlich auf JACOB GRIMM und damit auf die Anfänge der deutschen Philologie zurückgehenden und überall verwendeten Einteilungen zu rütteln. Dies ist um so weniger erforderlich, als auch eine Sprachgeschichtsschreibung nach anderen, inneren Gesichtspunkten, z. B. im Hinblick auf die Kultur- oder Geistesgeschichte oder, wie wir es vorhaben, in soziologischer Betrachtungsweise, mit dem herkömmlichen Einteilungsprinzip recht wohl auskommen kann.

Wir haben die Gesichtspunkte angegeben, unter denen wir die Geschichte der deutschen Sprache zu erörtern gedenken. Natürlich sind vielerlei andere Wege der Sprachgeschichtsschreibung denkbar und auch beschritten worden. In den Literaturhinweisen haben wir unter Nr. 1 bis 12 eine Reihe von Gesamtdarstellungen nachgewiesen. Manche Frage, auf die wir um unserer besonderen Zielsetzung willen die Antwort schuldig bleiben, wird der Leser dort beantwortet finden.

II. DIE VORGESCHICHTE DER DEUTSCHEN SPRACHE

Germanische Sprachen

Deutsch ist, wie jedermann weiß, eine germanische Sprache. Als solche ist sie nächstverwandt mit dem Holländischen, dem Englischen und Friesischen und mit den skandinavischen Sprachen Dänemarks, Schwedens, Norwegens und Islands. Freilich ist heutzutage die Verwandtschaft des Deutschen mit den anderen germanischen Sprachen nicht mehr allzu deutlich erkennbar; das liegt daran, daß sie alle viele Jahrhunderte hindurch ihren eigenen Entwicklungsweg gegangen sind und sich voneinander entfernt haben. Vergleicht man aber die ältesten Sprachzeugnisse miteinander, so erkennt man leicht, wieviel näher die germanischen Sprachen einander damals noch standen. So sind sich z. B. althochdeutsche und altniederdeutsche (altsächsische) und altenglische Literaturdenkmäler des 8./9. Jahrhunderts (die friesische und die nordische handschriftliche Überlieferung setzt erst mehrere Jahrhunderte später ein) sprachlich noch verhältnismäßig ähnlich, obwohl die Eigenentwicklung schon begonnen hatte. Auch dem noch älteren Gotisch, das wir aus der im 4. Jahrhundert geschaffenen Bibelübersetzung des WULFILA kennen, und sogar dem Ur- oder Runennordischen, das schon seit dem 2. Jahrhundert durch Runeninschriften bezeugt ist, stehen das älteste Altenglisch, Althochdeutsch und Altsächsisch noch nicht allzu fern (vgl. die Sprachproben im Anhang II, 1—9). Je weiter man in die sprachliche Vergangenheit zurückgeht, desto deutlicher wird die anfangs noch sehr enge Verwandtschaft der germanischen Sprachen erkennbar. Man führt sie daher auch alle auf eine gemeinsame Grundstufe, das sogenannte Urgermanisch, zurück. Wir brauchen hier die Frage nicht ausführlich zu erörtern, ob es in dieser ältesten Sprache unserer germanischen Vorfahren auch schon Dialekte gegeben habe. Nach allem, was wir über die sprachbildende Wirkung auch kleinerer Verkehrsgemeinschaften heute wissen, dürfte die Antwort bejahend ausfallen. Aber die Dialektunterschiede können nicht groß gewesen sein, und man darf sich das Urgermanische, das wir bis zu einem gewissen Grade rekonstruieren können, als eine recht einheitliche Sprachform vorstellen.

Indogermanische Sprachen

Auch das Urgermanische oder, wie wir im Hinblick auf andere Sprachen sagen, ohne eine bestimmte Zeitstufe im Auge zu haben: das

Germanische steht nicht allein. Es gehört in die große Familie der indogermanischen Sprachen, die seit alters weithin über den eurasischen Kontinent verbreitet waren und sich in der Neuzeit auch über die anderen Erdteile ausgedehnt haben (Englisch in Nordamerika und in Australien, Spanisch und Portugiesisch in Lateinamerika, Französisch an verschiedenen Stellen Nordamerikas und Afrikas, Holländisch – in der Sonderform des Kapholländischen oder Afrikaans – in Südafrika usw.). Ein sehr großer Teil der Bevölkerung unserer Erde spricht heute indogermanische Sprachen. Zu dieser großen Gruppe gehören von altüberlieferten Sprachen: das Indische (Altindisch, Sanskrit), das Iranische (Awestisch), die slawischen und die baltischen Sprachen (unter denen das heutige Litauisch bei weitem die altertümlichste ist), das Altarmenische, das Griechische, die italischen Sprachen mit der Sprache des alten Rom, aus der die modernen romanischen Sprachen hervorgingen, die verschiedenen keltischen Sprachen, von denen Überreste noch heute in Irland und Schottland, in Wales und in der Bretagne fortleben, und nicht zuletzt die germanischen Sprachen. Wir legen in dieser Übersicht keinen Wert auf Vollständigkeit und übergehen insbesondere alle die vielen ausgestorbenen Altsprachen, wie Tocharisch und Hettitisch, Thrakisch, Illyrisch und Messapisch, deren Zugehörigkeit zur indogermanischen Sprachfamilie die Wissenschaft nachweisen kann.

Durch Vergleich der verschiedenen zu dieser Familie gehörenden Sprachen, ihrer Wörter und Formen, kann man gewisse Rückschlüsse auf die gemeinsame Grundlage aller ziehen, und optimistische Forscher des 19. Jahrhunderts haben es sogar gewagt, kleine Erzählungen in der von ihnen erschlossenen urindogermanischen Sprache zu schreiben. Man stellte sich damals die Entstehung der indogermanischen Sprachen unter dem Bilde eines Stammbaumes vor, und da diese Vorstellung auch heute noch in manchen Lehrbüchern, Lexika und volkstümlichen Darstellungen geistert, muß ausdrücklich davor gewarnt werden. Man glaubte also, die indogermanische Ursprache habe sich zunächst in zwei Gruppen, eine ost- und eine westindogermanische, gespalten, die man auf Grund gewisser Lautentwicklungen voneinander unterschied, und aus diesen beiden Gruppen seien in immer weitergehender Spaltung schließlich die vielen indogermanischen Einzelsprachen entstanden.

In dieses Bild mußte sich dann auch die Entwicklung der germanischen Sprachen einfügen. Man stellte sich vor, daß das Urgermanische im Wege mehrerer Abspaltungen aus dem Indogermanischen entstanden sei und daß dann auch das Germanische den Weg immer weiterer Aussonderung gegangen sei. Zunächst seien aus dem Urgermanischen das Nord-, Ost- und Westgermanische hervorgegangen, wobei es umstritten blieb, ob man zunächst gegenüber der westlichen eine nordostgermanische Einheit anzunehmen habe, die sich erst später auflöste, oder ob von vornherein drei voneinander unabhängige Zweige aus dem Urgermanischen entsprossen seien. Aus dem Nordgermanischen sollten sich dann durch weitere Besonderung die nordischen Sprachen entwickelt haben, aus dem Ostgermanischen das Gotische und die Sprachen etlicher anderer Germanenstämme, die in der Zeit der Völkerwanderung zugrunde gingen und von deren Sprachen nur geringfügige Reste, vornehmlich Namenmaterial, spärliche Kunde geben. Der westgermanische Ast, so nahm man an, hätte sich zunächst in die anglo-friesische und die deutsche Gruppe gegabelt, und daraus seien durch immer weitere Teilung einerseits das Englische und Friesische mit ihren Dialekten, anderseits das Hoch- und Niederdeutsche hervorgegangen, und daraus erst seien in noch speziellerer Besonderung die einzelnen deutschen Dialekte entstanden. Auf die Spitze getrieben wurde diese bis vor wenigen Jahrzehnten noch weitverbreitete ‹Stammbaumtheorie› von Ernst Förstemann (LH 67), dessen Darstellung man daher auch besonders gut entnehmen kann, wie abwegig und weltfremd diese Theorie ist.

Sprachvolk und Sprachgeschichte

Wir brauchen hier nicht die Wege der Forschung und die schrittweise Überwindung dieser älteren Auffassungen zu verfolgen (vgl. LH 69). Eine aussondernde Verzweigung, wie die Stammbaumtheorie sie annahm, wäre nur denkbar in einem anfangs völlig menschenleeren Raum, in dem das indogermanische Urvolk von seinen ältesten Stammsitzen aus (deren geographische Lage immer noch umstritten ist) sich ausgebreitet hätte, überall engere, nach außen hin abgeschlossene Verkehrsgemeinschaften bildend, in denen die Einzelsprachen sich hätten entwickeln können. Nun lehrt aber die Vorgeschichtsforschung, daß selbst in ältester Vorzeit mit so weiten menschenleeren Räumen, wie sie für eine solche Sprachentwicklung vorausgesetzt werden, unter keinen Umständen gerechnet werden kann. Gab es wirklich einmal ein verhältnismäßig großes Indogermanenvolk (was sich nicht erweisen läßt), das sich in Stammeswanderungen und Kriegszügen ausgebreitet hätte, so mußten die Eroberer bei jeder Ausdehnungsbewegung immer und überall auf andere und anderssprachige Volksstämme stoßen, mit denen sie sich politisch, aber auch sprachlich auseinanderzusetzen hatten. Selbst wenn bei solchem feindlichen Zusammentreffen die wehrfähige Mannschaft der Unterlegenen etwa ausgerottet wurde, so fielen doch die Frauen den Siegern als willkommene Beute anheim, und man ist geneigt, für diesen Extremfall einer solchen Auseinandersetzung der ‹Sprache der Mütter› erheblichen Einfluß auf die sprachliche Entwicklung der folgenden Generationen einzuräumen. Verläuft die Verschmelzung zweier Völkerschaften in friedlichen Bahnen, so hat man den Einfluß der unterliegenden Sprache sogar noch höher zu veranschlagen.

Es ist im übrigen gar nicht immer gesagt, daß die Sprache des Siegers sich durchsetzen müsse. So wissen wir z. B. aus einer Epoche, die bereits im Frühlicht der Geschichte liegt, daß die germanischen Normannen, als sie sich siegreich an den Küsten Frankreichs festsetzten, die dortige altfranzösische Mundart ihrer Untertanen übernahmen, was freilich nicht ohne tiefgreifende Veränderung dieser Mundart abging. Und als sie dann später von Nordfrankreich aus die britische Insel eroberten, wo bis dahin seit der angelsächsischen Landnahme eine rein germanische Sprache geherrscht hatte, da wurde diese zwar durch das Französisch der normannischen Eroberer stark beeinflußt, bewahrte aber doch ihren germanischen Grundcharakter. Aus derartigen sprachlichen Vorgängen, die sich im Lichte der Geschichte abgespielt haben, darf man den Schluß ziehen, daß auch in prähistorischer Zeit bei der Entstehung, der Entwicklung und dem Untergang von Sprachen ganz ähnliche Verhältnisse in Rechnung zu stellen sind. Bei Sprachveränderungen, die in irgendeiner Weise auf Volkswanderungen, Eroberungszüge und andere Ausdehnungsbewegungen zurückgeführt werden müssen, hat man immer die ‹Substratwirkung›, d. h. die Einwirkung fremder Sprachen auf die Entwicklung, mit in Betracht zu ziehen.

Das gilt insbesondere auch für die Entstehung der urgermanischen Sprache aus dem Indogermanischen. Die gelegentlich vertretene Auffassung, das Germanische stehe dem Indogermanischen ganz besonders nahe, ist irrig. Im Gegenteil: das Germanische zeigt eine so charakteristische Eigenentwicklung, z. B. in der starren Festlegung der Betonung, in der radikalen Vereinfachung des Verbalsystems und in vielen anderen Zügen, immer in der Richtung von der Vielfalt der Ausnahmen zu schematischer Regelmäßigkeit, daß hier der Schluß besonders naheliegt, das reich entfaltete Indogermanisch sei in den Mund einer vorher anderssprachigen Bevölkerung geraten, die die Regeln erfaßt, die Ausnahmen aber nicht berücksichtigt habe. Auch läßt sich der germanische Erbwortschatz zu einem großen Teil – nach Schätzungen zu einem Drittel – nicht auf indogermanische Wurzeln zurückführen. Auch das legt es nahe, die Einwirkung einer anderen, nichtindogermanischen Sprache zu vermuten. Da eine solche aber nicht überliefert ist, kommt man über Vermutungen in dieser Frage nicht hinaus.

Wann das germanische Volkstum und seine Sprache entstanden sind, läßt sich ebenfalls nicht genau ermitteln. Gewisse Anhaltspunkte weisen auf das Ende der Jungsteinzeit hin, also in das dritte vorchristliche Jahrtausend. Die Wohnsitze der Germanen dürften zu dieser Zeit rund um die westliche Ostsee, zwischen Oder und Elbe, in Jütland und auf den dänischen Inseln und in Südskandinavien gelegen haben. Dieser Raum ist groß genug, daß er sich in Einzelgebiete mit engeren Verkehrsgemeinschaften gliedern konnte, und viele Jahrhunderte hindurch scheint es auch nicht zu wesentlichen Ausdehnungsbewegungen gekommen zu sein, so daß die Sprachbesonderheiten dieser Verkehrsgemeinschaften Zeit zu ruhiger Ausbildung fanden. Aber sehr erheblich können die Unterschiede dennoch nicht gewesen sein; denn die Sprache der urnordischen Runeninschriften des 2. bis 4. Jahrhunderts unterscheidet sich nur geringfügig von der, die man für die Westgermanen des gleichen Zeitraumes erschließen kann. Dagegen weicht die Sprache der ostgermanischen Goten im 4. Jahrhundert schon weiter von der des Nordens und Westens der gleichen Zeit ab. Aber das bestätigt nur unsere Ansicht über die bei Sprachveränderungen wirksamen Kräfte. Denn die Goten, einst wohl von Skandinavien südwärts abwandernd, hatten ein großes Reich zwischen Ostsee und Schwarzem Meer auf vorher nicht germanischem Boden gegründet, und ihre Sprache, wie sie uns durch WULFILA überliefert ist, muß als eine Kolonialsprache angesehen werden, die durch die Vorbevölkerung der neuen Wohnsitze beeinflußt wurde. Und wieder, wie schon beim Urgermanischen, bestehen die Neuerungen zum Teil in der Beseitigung von Unregelmäßigkeiten, z. B. des sogenannten ‹Grammatischen Wechsels›. Diese Beobachtung kann uns nur in der oben begründeten Annahme bestärken, daß auch bei der Entstehung des Urgermanischen aus dem Indogermanischen ein fremdes Sprachvolk im Spiele war.

Wichtiger aber als die meist unlösbare Frage, ob Substratwirkung bei der Ausbildung von Spracheigenheiten eine Rolle spielt, ist die sichere Erkenntnis, daß die Sprachbildung immer abhängig ist von den Umständen, unter denen sich das öffentliche Leben des Sprachvolkes abspielt. Man muß also die politischen Verhältnisse, im weitesten Sinne des Wortes, in Betracht ziehen, um die Geschichte der Einzelsprachen zu begreifen. Die politisch-öffentlichen Gemeinschaften der Menschen sind aber nichts ewig Dauerndes. Sie nehmen ihren Anfang, haben ihre Entwicklung und finden ihr Ende, und dem genau entsprechend haben auch die Sprachen nur endliche Dauer; sie beginnen, entwickeln sich und gehen unter. Gewiß, das Sprachvermögen ist ein unerläßliches Attribut des Menschseins, und solange es Menschen gibt, haben sie gesprochen. Insofern ist Sprache als

Allgemeinerscheinung ein kontinuierliches Phänomen. Daß aber aus dem Kreise der selbst schon historisch bedingten indogermanischen Sprache sich das Germanische herausentwickeln konnte, ist nur als historischer Vorgang zu verstehen. Weil die Umstände zur Bildung einer besonderen politischen Einheit führten, die wir germanisch nennen, mußte sich in dieser Verkehrsgemeinschaft auch die besondere, nur ihr eigene germanische Sprache entwickeln.

Dieses Urgermanisch ist aber keineswegs bereits identisch mit dem Deutschen, dem Englischen oder etwa dem Schwedischen. Zwar gehen diese wie alle germanischen Sprachen aus dem Urgermanischen hervor, aber in jedem Falle nur auf Grund ganz besonderer, einmaliger und unverwechselbarer historischer Konstellationen. Die Einzelsprachen haben ihre ganz bestimmte Entstehungszeit, und wir werden zu erörtern haben, zu welchem Zeitpunkt die deutsche Sprache entstanden ist.

Vordeutsche Verkehrsgemeinschaften

Halten wir uns zunächst an die Tatsache, daß die ältesten Schriftzeugnisse, die wir als ‹deutsch› bezeichnen, aus der zweiten Hälfte des 8. Jahrhunderts stammen. Wir nennen sie ‹althochdeutsch› und meinen damit den ältesten für uns erfaßbaren Zustand der hochdeutschen Sprache. Wenig später wurden auch die ältesten erhalten gebliebenen niederdeutschen Texte geschrieben. Aber mit gutem Grund wird ihre Sprache noch nicht als niederdeutsch, sondern als ‹altsächsisch› bezeichnet.

Vor allem aber: Dieses älteste Deutsch tritt uns in einer bemerkenswert starken Besonderheit seiner Hauptmundarten entgegen. Man kann gerade in den ältesten Texten deutlicher als in späteren Denkmälern die beiden oberdeutschen Mundarten, das Bairische und das Alemannische, voneinander abheben. Gleichwohl stehen diese beiden Dialekte sich einigermaßen nahe, während eine breitere Kluft sie von der dritten althochdeutschen Hauptmundart, dem Fränkischen, trennt. Dabei nimmt das Ostfränkische in den Mainlanden eine vermittelnde Stellung ein und wird oft als oberdeutsch betrachtet (s. S. 36). Das Oberdeutsche und das Fränkische wiederum zeigen sich relativ nahe verwandt, wenn man sie mit der sehr eigenartigen altsächsisch-niederdeutschen Sprache vergleicht.

Daß hier die alte Stammbaumtheorie, welche die Mundarten als Abspaltungen aus einem angeblichen ‹Urdeutsch› erklären wollte, eine ausgesprochen geschichtsfremde, falsche Hypothese verfochten hat, läßt sich leicht beweisen. Nehmen wir das Jahr 768 zum Ausgangspunkt, den Regierungsantritt Karls des Grossen, dessen Politik für die im engeren Sinne ‹deutsche› Geschichte und die Entstehung der deutschen Sprache von nachhaltiger Wirkung war. Lange vor seiner Zeit schon hatten die germanischen Stämme der Alemannen, Baiern, Franken und Altsachsen als eigenständige politische Gemeinschaften bestanden. Als solche haben sie aber auch lange Zeit hindurch, ebenso wie der politisch im Jahre 531 zugrundegegangene Altstamm der Thüringe, enge Verkehrsgemeinschaften gebildet, und als unumgängliche Folge müssen sie daher auch je ihre eigenen sprachlichen Besonderheiten entwickelt haben. Genauso nun, wie sie historisch aus einer Epoche politischer Selbständigkeit in eine neue politische Existenz im Rahmen des fränkischen Großreiches eintraten, haben sie natürlich auch ihre eigene, bis dahin selbständig entwickelte Sprache in die neue größere Verkehrsgemeinschaft eingebracht. Wir haben es also nicht mit einem sprachlichen Spaltungsprozeß zu tun, sondern müssen im Gegenteil die Entstehung der deutschen Sprache als einen Integrationsprozeß betrachten, insofern als die neue und größere politische Gemeinschaft nun auch zu einer neuen Sprachgemeinschaft werden mußte, in der die älteren Sprachbesonderheiten der Altstämme allmählich abgebaut und in eine neue, höhere Spracheinheit integriert wurden. In der Tat kann man daher, wie es bei Hugo Moser (LH 10) erstmalig deutlich anklingt, die gesamte deutsche Sprachgeschichte als einen Weg von der Vielfalt zur Einheit auffassen, einer Einheit, die aber selbst heute, nach zwölf Jahrhunderten, noch nicht vollständig erreicht und neuerdings durch neue politische Konstellationen sogar ernstlich bedroht ist.

Um nun den Weg der genannten Stammesmundarten zur späteren deutschen Sprache genau beurteilen zu können, dürfen wir einen kurzen Rückblick auf die frühere Germanengeschichte nicht scheuen, und da wir die sprachbildende Funktion der Verkehrsgemeinschaften hoch veranschlagen, halten wir uns an die überlieferten altgermanischen Völkernamen, in der Annahme, daß damit solche Verkehrsgemeinschaften bezeichnet sind. Nun überliefern uns Caesar, Tacitus und andere antike Autoren aus den beiden Jahrhunderten um Christi Geburt mehr als zweihundert Namen von germanischen ‹Völkern›. In späteren Jahrhunderten ist die Zahl der überlieferten Namen erheblich geringer. Das bedeutet jedoch nicht, daß viele der älteren Völker ausgestorben wären. Sie sind zum Teil von benachbarten Stämmen unterworfen und assimiliert worden, haben sich auch freiwillig stärkeren Nachbarn angeschlossen, und weiterhin wissen wir auch von Kampfverbänden der kriegerischen Wanderzeit, zu denen sich die Kleinstämme unter Preisgabe ihrer alten Namen zusammenschlossen. So taucht im 3. Jahrhundert der neue Name

‹Alamanni›, d. h. ‹alle (freien) Männer›, als Name eines Kampfverbandes auf, und bald danach wird zum ersten Male der Name der Franken (‹die Kühnen›) erwähnt, der damals noch einen Verband niederrheinischer Kleinstämme bezeichnete, den Römern bei weitem nicht so furchtbar wie die kriegerischen Alemannen.

In frühgeschichtlicher Zeit beobachtet man also bei den Germanen eine Entwicklung von kleinen zu immer größeren Einheiten, und diese setzt sich im hellen Licht der Geschichte weiter fort, bis der Partikularismus des Mittelalters auf deutschem Boden die großen Gruppen wieder zerschlägt. THEODOR FRINGS, dem die historische Mundartforschung wichtigste Erkenntnisse verdankt, hat den Einfluß der Verkehrsgemeinschaft auf die Sprache systematisch untersucht. Er kommt auf die folgende, speziell auf die deutsche Sprachgeschichte zugeschnittene Reihe historisch-politischer Ordnungen: ‹Völkerschaft — Stamm — Stammesherzogtum — Territorium›. Als Völkerschaften bezeichnet er die frühgermanischen Kleinstämme. Sie gehen in den Stürmen der Völkerwanderung in den Stämmen auf, von denen FRINGS sagt: ‹Ursprünglich waren das Kampfverbände zum Zwecke der Landnahme, kriegerische Siedlerverbände, gebildet aus Angehörigen mehrerer und verschiedener Völkerschaften. Eine Völkerschaft mochte Mittelpunkt und Führer des Verbandes sein. Grundbestand dieser Verbände sind Großfamilien, Sippen. Die ursprünglich lockere Verbindung festigte sich mit der Seßhaftigkeit, nach Abschluß der Landnahme... Gefestigt erscheinen die Stämme vor allem nach außen, gegen andere. *Allmähliche Festigung im Innern bedeutet keine Einheitlichkeit.*› (LH 85, S. 55 f; Hervorhebung von mir).

Mit dieser knappen Charakteristik des historischen Geschehens ist auch bereits ausgedrückt, was man über die Sprache dieser Stämme vermuten darf. Bildeten sie im Innern noch keine Einheit, also keine geschlossene Verkehrsgemeinschaft, so kann man bei der verschiedenartigen Herkunft der einzelnen Gruppen auch keine festgefügte Stammesmundart erwarten. Man darf sich daher nicht durch Bezeichnungen wie ‹bairisch, alemannisch, fränkisch› eine völlige Einheit der so bezeichneten Mundarten vortäuschen lassen. Denn die feste Organisation der späteren Stammesherzogtümer, die auf die innere Einheit der Stämme und mithin auch auf die Vereinheitlichung der Stammesmundart einwirken konnte, hat sich erst in Abwehr der zentralen Reichsgewalt in der ausklingenden Karolingerzeit durchgesetzt. Sie kommt also für den uns beschäftigenden Zeitraum kaum in Betracht. Nur in Baiern hatte sich schon früh eine starke herzogliche Gewalt herausgebildet, freilich mit wechselndem politischen Gewicht, und in der Tat ist die bairische Mundart der am meisten einheitliche unter den altdeutschen Dialekten. Das Alemannische, besonders aber das Fränkische und das Altsächsisch-Niederdeutsche sind niemals zu einer wirklichen Einheit gelangt.

Nun deutet die Vielzahl der Völkerschaftsnamen aus alter Zeit gewiß darauf hin, daß unsere Vorfahren damals in recht kleinen Verbänden lebten. Man darf sich trotzdem – Unterschiede zugegeben – ihre Mundarten nicht allzu verschieden vorstellen. Denn germanisch sprechen sie alle, und was sie an sprachlichen Sonderprägungen entwickeln, wird sich etwa mit dem vergleichen lassen, was wir heute von Dorfschaft zu Dorfschaft oder von Landkreis zu Landkreis an Dialektunterschieden beobachten können. Jedoch weiß TACITUS auch von größeren, die einzelnen Völkerschaften übergreifenden Gemeinschaften zu berichten. Er nennt in seiner ‹Germania› die Ingwäonen, Istwäonen und Erminonen und spricht an anderer Stelle von dem Bund der Semnonen. Man hat sich unter diesen Gliederungen große Kultverbände vorzustellen, in denen die einzelnen Völkerschaften zusammengeschlossen waren. Man muß mit allgemeinen, jährlich wiederkehrenden Festversammlungen zur kultischen Verehrung der Götter rechnen und darf annehmen, daß während der festlichen Thing-Versammlung auch andere, den gesamten Verband betreffende Fragen des öffentlichen Lebens erörtert wurden. Da nun eine Gliederung des Altgermanischen in verschiedene Dialekte nicht zu leugnen ist, nimmt man an, daß diese Kultverbände als große, geschlossene Verkehrsgemeinschaften bei der Entstehung und Festigung der germanischen Mundarten eine sehr bedeutende Rolle gespielt haben. Freilich stammen die Nachrichten über solche Verbände frühestens aus der Zeit um Christi Geburt. Auf welches Alter sie schon zurückblicken konnten, bleibt – wie überhaupt die damals immerhin schon zweitausendjährige Vorgeschichte der Germanen – im Dunkel der Vergangenheit verborgen. Was außerdem die sprachliche Gliederung angeht, so hat man zu bedenken, daß die schriftliche Überlieferung der germanischen Sprachen erst 700 bis 1000 Jahre später einsetzt. Nur rückschließend kann man von dieser Überlieferung her versuchen, die späteren Dialektunterschiede in diese frühe Zeit zu projizieren. Hält man also fest, daß für die Jahrtausende vor Christi Geburt überhaupt keine bündige Aussage über die Gliederung der germanischen Sprachen möglich ist, so darf man sich nicht wundern, daß auch über die sprachliche Gliederung des Germanischen in der Zeit um Christi Geburt unter den Sprachhistorikern keine Einhelligkeit der Ansichten erreicht ist, wenn sich auch alle in der Ablehnung der veralteten Stammbaumtheorie einig sind.

Viel Zustimmung hat die Auffassung von FRIEDRICH MAURER (LH 73) gefunden, der um die Zeitwende fünf große germanische Kultur- und Sprachgruppen annimmt:

1. Die Nordgermanen in Skandinavien.
2. Die Nordseegermanen, zu denen die Friesen gehören und aus denen später unter anderen Stämmen die nach England abziehenden Angeln und Sachsen sowie die Festlandsachsen hervorgingen.
3. Die Weser-Rhein-Germanen. Sie stellten einen Teil des Sachsenstammes, und aus ihnen erwuchs der Hauptteil des Frankenstammes.
4. Die Elbgermanen, eine schon um die Zeitwende sehr große und ausgedehnte Gruppe, aus der neben vielen während der Völkerwanderung verschwundenen Völkerschaften die Langobarden sowie der Kern des Baiern- und des Alemannenstammes entstanden.
5. Die Oder-Weichsel-Germanen, jene große, früher als ‹Ostgermanen› bezeichnete Gruppe, in der die Goten das historisch bedeutungsvollste Volk gewesen sind.

Gab es um Christi Geburt diese fünf germanischen Gruppen und hatten sie, was man annehmen darf, eine längere Dauer, dann muß man auch mit einer entsprechenden Gruppierung der germanischen Sprachen rechnen. Dabei kann man die Gruppen 2–4 als Unterabteilungen der Westgermanen betrachten. Die ältere, sprachlich einigermaßen gesicherte Einteilung des Germanischen in Nord-, Ost- und Westgermanisch bildet also auch für MAURER die Grundlage, wird aber den neuen wissenschaftlichen Erkenntnissen gemäß verfeinert.

Aber selbst wenn die großen politischen und kulturellen Verbände dauerhaft genug waren, um auch sprachliche Prägekraft auszuüben, sind doch nicht die vielen germanischen Völkerbewegungen zu übersehen, die das Ordnungsgefüge stören. Schon aus vorchristlicher Zeit kennt man den kriegerischen Wanderzug der Kimbern und Teutonen, denen sich unterwegs eine Reihe von kleineren Gruppen anschloß, sowie die linksrheinischen Unternehmungen des Sweben ARIOVIST. Solche Bewegungen müssen immer auch die sprachliche Gliederung in Mitleidenschaft gezogen haben, und vollends die Völkerwanderung hat auch sprachlich zu fortwährenden Umschichtungen geführt. Erst mit der Begründung der fränkischen Vormachtstellung durch den Merowinger CHLODWIG (482–511) wurden die Grundlagen für eine neue, dauerhaftere politische Gruppierung geschaffen, die auch sprachlich eine ruhigere Entwicklung einleitete. Bis dahin hatten aber die Stämme der Alemannen, Baiern und Franken und Sachsen, die es um Christi Geburt noch gar nicht gab, überhaupt erst entstehen müssen, und ihre Schicksale waren während der Wanderzeit so unterschiedlich gewesen, daß auch ihre Sprachen sich jeweils nach eigenen Bedingungen entwickeln mußten.

Schon tief in prähistorischer Zeit hatten die Germanen begonnen, sich nach Westen über die Weser und nach Süden gegen die mitteldeutschen Gebirge auszubreiten. Im Frühlicht der Geschichte drangen sie dann in heftigen Stößen gegen den Rhein und die Donau vor in Gegenden, die im Westen und Südwesten von Kelten, im Südosten von Illyrern besiedelt waren. Bald gerieten sie auch in kriegerische Verwicklungen mit den Römern und setzten sich seit dem 3. Jahrhundert in zunehmendem Maße auf römisch kolonialisiertem Boden fest. Da die Vorbevölkerung, die sie überall antrafen, im allgemeinen nicht vertrieben wurde, muß es weithin zu gemischter Ansiedlung gekommen sein. Diese Siedlungsverhältnisse blieben auch auf die Entwicklung der Sprache nicht ohne Einfluß. Darauf weist HERMANN HIRT (LH 5) hin, indem er schreibt: ‹Das Deutsche hat sich im wesentlichen auf eroberten Räumen entwickelt, vielleicht auch ganz und gar› (S. 85), und zwar werde ‹das Niederdeutsche auf dem ältesten von den Deutschen besiedelten Gebiet› gesprochen, während ‹Hochdeutsch nur gesprochen wird, wo einst Kelten saßen› (S. 90). Letzteres ist nicht ganz richtig; wir wissen heute, daß die vorgermanische Bevölkerung des weiten deutschen Raumes nicht so einheitlich keltisch war, wie es HIRT noch erschien. Aber die Sonderstellung des Deutschen im Kreise der übrigen germanischen Sprachen wird wenigstens zum Teil auf die Einwirkung nichtgermanischer Sprachen zurückgehen. Insbesondere wird vielfach angenommen, daß die hochdeutsche Lautverschiebung durch Umformung der germanischen Sprache im nichtgermanischen Munde verursacht sei. Beweisen läßt sich das freilich nicht.

Die alten Ordnungen der germanischen Völkerschaften und ihre kultischen und politischen Großverbände wurden in den Jahrhunderten der Völkerwanderungszeit von Grund auf erschüttert. Trotzdem waren die ererbten Traditionen stark genug, um auch in den neuen Verhältnissen mitbestimmend auf die Gestaltung allen öffentlichen Lebens und mithin auch der Sprache einzuwirken. Das zeigt sich – worauf es uns hier allein ankommt – auch bei der Herausbildung der Großstämme, die sich später zum deutschen Volk vereinigen sollten. Sehr stark durch elbgermanische Traditionen geprägt sind die Alemannen, Thüringe und Baiern, ebenso wie die Langobarden. Daraus erklären sich die späteren Gemeinsamkeiten der drei oberdeutschen Dialekte (und des unzulänglich bekannten Langobardischen, das wir hier außer Betracht lassen).

Die Alemannen sind der zuerst erfaßbare dieser Stämme. Seit Anfang des 3. Jahrhunderts sind sie gefürchtete Feinde der Römer, weshalb in römischen Quellen viel von ihnen die Rede ist. Sie siedeln damals am oberen Main und um den Neckar und berennen von dort aus das römische Zehntland im Winkel zwischen Rhein und Donau. Entstanden sind sie in der Hauptsache aus Völkerschaften, die aus elbgermanischem Gebiet aufgebrochen waren und sich mit Überresten der Sweben ARIOVISTS vereinigt haben mögen. Aber aus Nachrichten bei PTOLEMAEUS ist zu erschließen, daß sie schon früh auch Zuzug von Usipiern, Tenkterern und anderen Völkerschaften erhielten, die wir für Weser-Rhein-Germanen halten. Im 5. Jahrhundert ist ferner der ostgermanische Stamm der Juthungen in ihnen aufgegangen. So verstärkt brachen die Alemannen bald zu neuer Besitzergreifung über den Rhein gegen das Elsaß vor, wo sie schon germanische Siedler antrafen, und gegen das Alpenland, die heutige Schweiz, die damals noch im Besitz vornehmlich keltischer Völkerschaften war. Zu Kriegszügen kräftig vereint, haben die Alemannen doch im Innern anscheinend nur in lockerer Verbindung gelebt. Eine umfassende Verkehrsgemeinschaft entstand nicht, und das prägt sich bis heute in der Dreiteilung der alemannischen Mundarten aus, in der sich drei Stadien der Landnahme spiegeln. Wir bezeichnen die alemannischen Untermundarten, allerdings stark vereinfachend, als schwäbisch, elsässisch und hochalemannisch (schweizerisch). Aber schon ehe diese Dreiteilung entstand, und noch in den alten schwäbischen Wohnsitzen, muß die elbgermanische Mundart des Kernvolkes durch den Zuzug der anderen Völkerschaften in einer allerdings nicht genau erfaßbaren Weise beeinflußt worden sein.

Elbgermanischer Herkunft ist seinem Kern nach auch der Baiernstamm. Über seine Geschichte schweigen die lateinischen Quellen, da er erst um die Wende des 5./6. Jahrhunderts seine Sitze in der von den Römern schon aufgegebenen Provinz Noricum und im östlichen Raetien, d. h. im heutigen Bayern östlich des Lech, im Land Salzburg, Ober- und Niederösterreich, einnahm. Der Stamm muß sich aber viel früher und, wie sein Name verrät, im Lande der keltischen Bojer gebildet haben. Als ihr Kernvolk pflegt man die schon von CAESAR erwähnten Markomannen anzusehen, die bald nach CAESARS Zeit vom oberen Main nach Böhmen einwanderten. Allerdings ist die Entstehungsgeschichte unsicher, und neuerdings wird vermutet, daß die Hauptmasse des Stammes aus Sweben bestanden habe und daß der Stamm erst gegen Ende des 5. Jahrhunderts in Pannonien entstanden sei. Jedenfalls ist an dem elbgermanischen Ursprung nicht zu zweifeln. Im übrigen fließen die historischen Quellen allzu spärlich, um uns hinlängliche Sicherheit des Urteils zu verschaffen. Nur soviel ist gewiß, daß die Baiern bei der Landnahme in ein von den Römern geräumtes, fast menschenleeres Gebiet eindrangen und daß sie dort unter starker zentraler Gewalt ihrer Herzöge standen. Beides wirkte sich sprachlich dahin aus, daß das Bairische unter den altdeutschen Dialekten eine ganz besondere Geschlossenheit und ausgeprägte Eigenart besitzt. Erst bei späterer Ausdehnung nach Süden und Osten überschichteten die Baiern die dort schon ansässige Vorbevölkerung, und in diesen Gebieten sind zahlreiche bairische Untermundarten entstanden.

Über den Stamm der Thüringe genügt die Feststellung, daß er im 4. und 5. Jahrhundert zwischen Harz, Mittelelbe und dem oberen Main saß. Hervorgegangen ist er in seinem Kernteil wohl aus der schon von TACITUS erwähnten Völkerschaft der Hermunduren, die damals den nördlichen Teil der späteren thüringischen Stammessitze innehalten. Über die Expansion nach Süden ist nichts Gewisses zu ermitteln. Im 5. Jahrhundert mögen die Thüringe in ihrem südlichen Grenzsaum beiderseits des Maines in Streusiedlung mit den Alemannen gelebt haben; eine klare Grenzscheide ist jedenfalls weder aus den spärlichen historischen Quellen noch durch Sprachmerkmale zu gewinnen. Im Jahre 531 wurde ihre Selbständigkeit durch einen gemeinsamen Angriff der Franken und Sachsen vernichtet. Das Maingebiet wurde von den Franken kolonisiert.

Die Franken entfalteten die stärkste politische Wirkkraft unter den später deutschen Germanenstämmen. Auch ihr Stamm ist aus kleinen Anfängen erwachsen. Der Frankenname wird erstmals um 240 erwähnt und bezeichnet ein Bündnis von vornehmlich weserrheingermanischen Völkerschaften, zu denen die Sigambrer und Chamaven und Teile der Brukterer gehören. Das war einer jener Kampfverbände, von denen die Wanderzeit so viele kennt. Aber dieser Verband der Franken, erwachsen in einem schon zur Römerzeit hochentwickelten Gebiet und dessen östlichem Vorfeld, hatte den Vorteil, von der heimatlichen Basis aus operieren zu können, und er gewann nach ersten überzeugenden Kriegserfolgen wahrscheinlich durch freiwilligen Anschluß benachbarter Völkergemeinschaften rasch an Kraft und Einfluß. Die von Nordseegermanen besiedelten niederrheinischen Küstengebiete, zivilisatorisch bereits durch die Römerherrschaft erschlossen und in alter Verkehrsverbindung mit den Franken, wurden bald in ihr Einflußgebiet einbezogen, und in wiederholten Vorstößen besetzte und besiedelte der junge Frankenstamm nach und nach Nordgallien bis an die Seine und südlich bis an die mittlere Loire. Nach dem Zusammenbruch des weströmischen Reiches im Jahre 476 konnte dann der Frankenkönig CHLODWIG in den folgenden Jahrzehnten auch das südliche Gallien seiner Herrschaft unterwerfen, zum Teil in schweren Auseinandersetzungen mit den dort schon ansässigen Germanenstämmen der Westgoten, Burgunder und Alemannen. Mehrere Jahrhunderte mußten vergehen, bis überall die fränkische Herrschaft gesichert war.

Im Hinblick auf die deutsche Geschichte und Sprache ist die fränkische Expansion rheinaufwärts von besonderer Bedeutung. In breitem Siedlerstrom dringen die Franken rhein- und moselaufwärts nach Süden vor, rücken jenseits der Hunsrück-Taunus-Schranke den abziehenden Burgundern nach und ertrotzen sich in beständigen Kämpfen mit den Alemannen ein bis in das nördliche Elsaß reichendes geschlossenes Siedlungsgebiet. Ihre politische Herrschaft konnten sie später auch über die Alemannen und Baiern (und die noch nicht erwähnten Sachsen) ausdehnen, und vorher hatten sie schon durch den Sieg von 531 die oberen Mainlande in ihre Gewalt gebracht. Aber hier verebbte ihre Kraft zu geschlossener Siedlung. Die Herrschaft über die Thüringe bedeutete keine Landnahme, jedenfalls keine auch nur annähernd völlige Verdrängung der Vorbevölkerung. So ist es zu verstehen, daß in diesen Gebieten rund um Würzburg bis heute die Sprache zwar mancherlei Frankonismen aufgenommen hat, in ihrem Grundcharakter aber doch elbgermanisch bestimmt ist. Wir rechnen daher das ‹Ostfränkische›, das hier gesprochen wird, zu den oberdeutschen Mundarten. Es ist eine fränkische Kolonialmundart und nimmt eine Mittelstellung zwischen den oberdeutschen Dialekten Alemannisch und Bairisch und den mitteldeutschen, z. T. sogar niederdeutschen Dialekten des fränkischen Rheinlandes ein.

Der nördlichste der späteren deutschen Stämme sind die Sachsen. Aus kleinen nordalbingischen Anfängen sind sie entstanden, haben sich später in Kämpfen gegen Thüringe und Franken, dann auch gegen die Slawen, zu einem mächtigen Kampfverband entwickelt, haben aber nach innen die Formen eines lockeren Bündnisses gewahrt. Sie kannten – wie vielleicht auch die Alemannen – nicht einmal die gemeinsame Volksversammlung des Gesamtbundes und beugten sich nur in schweren kriegerischen Verwicklungen, und stets nur auf kurze Zeit, einem als Herzog (d. h. ‹Heerführer›) gewählten gemeinsamen Oberhaupt. Von einer den ganzen Stamm erfassenden Verkehrsgemeinschaft kann hier kaum die Rede sein, und so konnte es auch nicht zur Ausbildung einer umfassenden Stammesmundart kommen. Im Kerngebiet des Stammes dürften nordseegermanische Mundarten den Vorrang gehabt haben, am Südostsaum ist mit elbgermanischen, im südwestlichen Gebiet mit weser-rheingermanischen Mundarten zu rechnen.

Die historischen Verhältnisse können also, abgesehen vielleicht von den Baiern, bei den späteren deutschen Stämmen nirgends völlig einheitliche Mundarten hervorgebracht haben. Zahlreiche Unterdialekte, zum Teil aus der Werdezeit, zum Teil durch die verschiedenen Bedingungen der Landnahme, dürfen wir überall vermuten. Anderseits waren aber doch die Stämme in ihrem Gesamtumfang politisch recht dauerhafte Gebilde, und wenn wir auch die einstigen Stammesgrenzen zum großen Teil historisch nicht feststellen können, so darf man doch behaupten, daß die heutige sprachliche Gliederung Deutschlands, was die Hauptmundarten anbelangt, auf die in der Völkerwanderung erworbenen Stammesgebiete zurückgeht.

Das Frankenreich

Unsere knappe Übersicht läßt jedenfalls deutlich erkennen, daß die Stämme der Franken, Sachsen, Thüringe, Baiern und Alemannen ganz verschiedener Herkunft waren, ganz und gar ihre eigene Geschichte hatten und voneinander unabhängige Verkehrsgemeinschaften mit eigener, wenn auch überall germanischer Sprache bildeten. Die frühe Geschichte weiß mehr von Kämpfen der Stämme gegeneinander als von gemeinsamem Wirken. Ein übergreifendes Gemeinschaftsbewußtsein konnte nicht vorhanden sein, eine Verkehrsgemeinschaft über die Stammesgrenzen hinaus gab es nicht, und mithin gab es auch keine bewußt gemeinsame Sprache. Die Stämme sprachen verschiedene germanische Mundarten, aber nicht ‹deutsch›. Es bleibt daher noch darzustellen, unter welchen historisch-politischen Bedingungen eine größere, die Stämme übergreifende Verkehrsgemeinschaft entstehen und aus den verschiedenartigen Stammesmundarten die deutsche Sprache erwachsen konnte.

Der politische Raum, in dem das geschah, ist das Frankenreich, und zwar genauer gesagt der östliche Teil des fränkischen Großreiches, der von den später deutschen Stämmen besiedelt war und der sich in mancherlei Reichsteilungen schließlich ganz vom westfränkischen Herrschaftsgebiet löste. Dieses mächtige Frankenreich war, nachdem mehrere Jahrhunderte harter Kämpfe vorausgegangen waren, um das Jahr 500 von Chlodwig, dem großen König aus dem Hause der Merowinger, auf ehemals römischem Boden in Gallien, dem heutigen Frankreich, gegründet worden. In einem jahrhundertelangen Ringen wußten Chlodwig und seine Nachfolger die anderen germanischen Stämme der fränkischen Herrschaft gefügig zu machen. Wir beschränken uns auf die Angabe einiger Daten: Thüringen wurde 531, Alemannien 746, Baiern 794, Sachsen 804 endgültig unterworfen, nachdem die einzelnen Stämme sich jahrzehntelang, die Alemannen sogar mehrere Jahrhunderte hindurch, hartnäckig gegen die fränkische Vorherrschaft zur Wehr gesetzt hatten. Erst

Karl dem Grossen (768–814) gelang es zu vollenden, was Chlodwig dreihundert Jahre vorher begonnen hatte.

Unterwerfung der germanischen Stämme: das bedeutete Beseitigung der einheimischen Herzöge und Einführung der zentralen, vom fränkischen Hof mit starker Hand gelenkten Grafschaftsverfassung mit fränkischen Grafen und Beamten, die die Verwaltung der unterworfenen Stammesgebiete übernahmen. Da sie nach Lehnsrecht für ihre Dienste durch Grundleihe belohnt wurden, entstanden fränkisch besetzte oder jedenfalls fränkisch geleitete Gutshöfe, soweit die zentrale Reichsverwaltung reichte. Es blieb nicht aus, daß auch die Großen anderer Stämme in den Reichsdienst eintraten, hier und dort im weiten Reich ihre Lehen empfangend, und daß sie mit den anderen Verwaltungsinstanzen und mit dem fränkischen Hof in enge Kontakte traten. So wurden die politischen Bedingungen geschaffen, unter denen die neue, über die Einzelstämme weit hinausgreifende Verkehrsgemeinschaft entstehen konnte.

Die weitere historische Entwicklung braucht hier nicht dargestellt zu werden. Nur das ist zu betonen, daß nach dem Zerfall des Großreiches unter den Nachfolgern Karls des Grossen das Westreich und das Ostreich ihre eigenen politischen Wege beschritten. Die wechselvollen Schicksale des Mittelreiches Lotharingien, die zum Teil dadurch verursachten Auseinandersetzungen um die Grenzgebiete zwischen Deutschland und Frankreich, auch Verlauf und Verschiebungen der germanisch-romanischen Sprachgrenze dürfen hier außer Betracht bleiben. Für die deutsche Sprachgeschichte ist allein die eine historische Tatsache wichtig, daß in der germanisch sprechenden östlichen Hälfte des fränkischen Großreiches der politische Raum geschaffen wurde, in dem das Deutschtum, ein deutsches Geschichts- und Kulturbewußtsein und eine deutsche Sprache entstehen sollten.

Fassen wir noch einmal die Vereinigung der verschiedenen germanischen Stämme im ostfränkischen Reichsteil ins Auge, so ist es in sprachlicher Hinsicht bemerkenswert, daß die alten Stammesmundarten mit Ausnahme des Altthüringischen auch in der neuen Verkehrsgemeinschaft sich recht kräftig behaupten konnten. Die Thüringe, Grenznachbarn der Franken, die sich rhein- und mainaufwärts vorgeschoben hatten, waren derjenige Stamm, der mit geringem Kraftaufwand und über zwei Jahrhunderte früher als die anderen Stämme unterworfen wurde. Seine angestammte Sprache, die nach unserer Vermutung dem Schwäbischen einigermaßen nahegestanden haben könnte, wurde in der fränkisch-thüringischen Verkehrsgemeinschaft seit dem 6. Jahrhundert so stark umgebildet, daß man, obwohl ihre oberdeutschen Elemente bis heute vorwiegen, doch mit Recht den fränkischen Sprachanteil durch die Dialektbezeichnung ‹Ostfränkisch› als bemerkenswert anerkennt. Wegen dieser die Extreme ausgleichenden Verbindung oberdeutscher mit fränkisch–mitteldeutschen Sprachelementen wird übrigens das Ostfränkische in der philologischen Erörterung, vorab in der grundlegenden ‹Althochdeutschen Grammatik› von Wilhelm Braune, gern als die ‹Normalform› des Althochdeutschen betrachtet und als ‹Normalalthochdeutsch› bezeichnet. Das mag unter didaktischen Gesichtspunkten berechtigt sein, ist aber historisch gesehen falsch. Es gibt kein Normalalthochdeutsch, jedenfalls nicht in dem Sinne, daß eine bestimmte Sprachform als allgemeingültige Norm gesetzt und alle Abweichungen davon als mundartlich erklärt werden dürften. Es gibt keine allen gemeinsame althochdeutsche Schriftsprache, sondern nur althochdeutsche Dialekte, und jeder uns überlieferte althochdeutsche Text trägt seine besonderen Dialektmerkmale.

Nur das Altthüringische also ist, infolge besonders enger Verkehrsgemeinschaft, der Mundart des obsiegenden Frankenstammes stark angenähert worden. Das Bairische und das Alemannische (sowie auch das Altsächsische, bei dem allerdings besondere Bedingungen gelten) zeigen sich von fränkischem Einfluß nur oberflächlich berührt. In den altbairischen und altalemannischen Schriftdenkmälern sind es vor allem nur gewisse Lautformen (z. B. die zur Vereinheitlichung tendierende Entwicklung der Stammsilbenvokale), die man auf fränkischen Einfluß zurückführt. Die Alltagssprache ist davon aber, wie die heutigen Mundarten ausweisen, nur wenig beeinflußt worden. Aus dieser Selbstbehauptung der alten Dialekte darf man schließen, daß die neue politische Wirklichkeit des ausgehenden 8. Jahrhunderts, die großfränkische Verkehrsgemeinschaft, den Alltag des Stammeslebens nur wenig beeinflußte. Dort blieben die hergebrachten Ordnungen und Verkehrsgemeinschaften in Kraft, und dementsprechend wandelte sich auch die Sprache nur wenig. Daher konnte der Alltag des fränkischen, des alemannischen, des bairischen Bauern und Werkmannes auch nichts zur Herausbildung einer gemeinsamen deutschen Sprache beitragen. Die Ursachen für die Entstehung der deutschen Sprache müssen an anderer Stelle und auf höherer Ebene gesucht werden.

III. DIE ENTWICKLUNG DER DEUTSCHEN SPRACHE

Nicht von unten her, nicht aus dem werktäglich schaffenden Zusammenleben der vordeutschen Stämme ist die deutsche Sprache erwachsen, und als ‹vordeutsch› dürfen wir diese germanischen Stämme und ihre verschiedenen germanischen Mundarten überhaupt nur im Hinblick auf das ihnen bevorstehende politische Schicksal bezeichnen. Dieses sollte sie in einem Staatsverband vereinigen, dem es bestimmt war, ‹deutsch› zu werden. Denn in der Zeit der Merowinger gab es ganz gewiß noch kein Deutschtum. Es konnte nur ein fränkisches, bairisches, alemannisches Stammesbewußtsein geben, das bestenfalls – da alle Stämme aus germanischen Traditionen lebten – durch ein gewisses Gefühl für gemeinsame Art und Herkunft überwölbt werden mochte. Selbst bei KARL DEM GROSSEN darf man füglich zweifeln, ob er schon in großer politischer Konzeption und visionär erschauen konnte, was dereinst zum Inhalt des Deutschtums werden sollte. Soviel aber ist sicher, daß dieser größte Sohn des Karolingerhauses die großen geistigen Leitlinien entwarf, nach denen das werdende Deutschtum sich entwickelte. Allerdings: KARL selbst war noch nicht ein ‹Deutscher›. Er fühlte sich als Franke und den stolzen Traditionen seines Stammes verpflichtet, der in harten Auseinandersetzungen zu immer größerer Macht gelangt war und endlich das Erbe des weströmischen Reiches angetreten hatte. Aber der große Kaiser war sich auch seiner germanischen Art bewußt, und von der hohen Warte, auf der er als Lenker seines gewaltigen Reiches stand, mußte er die tiefen Unterschiede zwischen dem von römischer Geistigkeit geprägten romanischen und dem eigenwüchsigen germanischen Wesen sehr deutlich erkennen. Auch seine germanischen Völker in das geistige Erbe Westroms einzusetzen, war das Grundanliegen seiner Kulturpolitik, ihr Ergebnis die Entstehung des Deutschtums.

Entwicklung des Volks- und Sprachbegriffs ‹Deutsch›

Bevor wir uns aber auf das staatsmännische Werk KARLS DES GROSSEN einlassen, ist es nützlich, durch Erörterung der Entstehungsumstände des Wortes und Begriffs ‹deutsch› das Verständnis für KARLS Wirken vorzubereiten. Erinnern wir uns, daß mit der Gründung des fränkischen Großreiches der politische Raum für die Entstehung des Deutschtums geschaffen war, bedenken wir aber auch, daß die in den Reichsverband gezwungenen Stämme den fränkischen Eroberern gewiß noch auf lange Zeit hinaus nur Abneigung und Opposition entgegenbrachten. Auch war das Reich nicht allgemein germanisch, sondern fränkisch bestimmt. Als der östliche Reichsteil seit der letzten Teilung von 840 endgültig seinen eigenen politischen Weg zu gehen begann, wurde er doch noch auf lange Zeit hinaus offiziell als Francia Orientalis, d. h. ‹östliches Frankenreich› bezeichnet. Fränkisch ward es genannt, und fränkisch wurde es regiert. Solange das der Fall war, konnten Baiern, Alemannen und Sachsen das Reich nicht ernstlich als das ihre ansehen. Viele gemeinsame politische Schicksale mußten die vier Stämme erleben, bis ein alle verbindendes Staatsbewußtsein erwachsen konnte, bis auch das Bewußtsein einer gemeinsamen, alle verbindenden Sprache sich durchsetzte. An der Entstehungsgeschichte des Wortes ‹deutsch› läßt sich ablesen, wie aus dem Ostfrankenreich allmählich ein ‹Deutschland› wurde.

Wir besitzen ein wertvolles Zeugnis, das uns den sprachlichen Zustand der beiden Reichshälften um die Mitte des 9. Jahrhunderts erkennen läßt. Am 14. Februar 842 schworen zwei Söhne Kaiser Ludwigs des Frommen, Ludwig der Deutsche, der das Ostreich beherrschte, und Karl der Kahle, Herrscher des Westreichs, die ‹Straßburger Eide› (s. Anhang I). Sie verbündeten sich darin gegen ihren ältesten Bruder, den Kaiser Lothar, dem das Mittelreich zugefallen war. Er wird in der Eidesformel als der gemeinsame Gegner erwähnt. Ludwig und Karl erscheinen in Straßburg, jeder an der Spitze eines Heeres, und in gemeinsamer Heeresversammlung werden die Eide ausgetauscht. Die beiden Brüder schwören sich treues Zusammenhalten gegen Lothar, und die beiden Heervölker werden durch einen Schwur zum Abfall vom eigenen Herrn verpflichtet, falls dieser seinen Eid brechen sollte. Bemerkenswert ist nun für unsere Untersuchung der sprachliche Befund: *Lodhuuicus romana, Karolus vero teudisca lingua iuraverunt*, heißt es in dem überlieferten Bericht, ‹Ludwig schwur in romanischer, Karl aber in deutscher Sprache›. Jeder der beiden Herrscher leistet also den Eid in der Sprache des andern, natürlich um sich dessen Heer verständlich zu machen. Vorher aber haben beide, wie der Chronist berichtet, ihr eigenes Heer in der eigenen Sprache angeredet, um es über die Bedeutung der feierlichen Staatshandlung zu unterrichten. Und nachher schwören auch die beiden Heere in ihrer eigenen Sprache. Deutlich haben sich also bis 842 in den beiden Reichsteilen zwei eigene Sprachen entwickelt (der romanische Text wird als das erste Denkmal in altfranzösischer Sprache bezeichnet), die jedenfalls der gemeine Mann im anderen Reichsteil nicht verstehen kann. Die Herrscher, und wohl überhaupt die führenden Schichten, sind beider Landessprachen mächtig, und daher wechseln sie die Sprache, je nachdem, welches der beiden Heere sie anzureden haben.

Bei der Übersetzung des Ausdrucks *teudisca lingua,* der uns in den Straßburger Eiden begegnet, sind wir in einiger Verlegenheit. Wenn wir ihn als ‹deutsche› Sprache übersetzen, so eilen wir den historischen Ereignissen weit voraus. Denn die ‹Straßburger Eide› sind nicht in einem allgemeinen ‹Deutsch›, sondern in dem damaligen rheinfränkischen Dialekt abgefaßt, in jener Mundart, die unseres Wissens in karolingischen Hofkreisen gesprochen wurde. Dieses Rheinfränkisch wurde von Alemannen, Baiern und Sachsen gewiß hinlänglich gut verstanden, nicht aber selbst gesprochen. Wenn der Chronist hier trotzdem von der *lingua teudisca* spricht, so muß uns die Geschichte des Wortes ‹deutsch› darüber aufklären, was er zu seiner Zeit darunter verstanden haben kann.

Es ist seltsam und hat der Sprachwissenschaft viel Kopfzerbrechen bereitet, daß das Wort ‹deutsch› in lateinischen Quellen mehr als zwei Jahrhunderte vor dem ersten Beleg in einem deutschen Text auftaucht. Im Jahre 786 berichtet der päpstliche Nuntius Georg von Ostia dem Papst Hadrian I. über zwei Synoden, die er in England abgehalten hatte. In der zweiten Versammlung hatte er die Beschlüsse der ersten vorlesen lassen *tam latine quam theodisce, quo omnes intellegere potuissent* (‹sowohl lateinisch wie in der Volkssprache, damit alle es verstehen könnten›). Das ist der älteste Beleg unseres Wortes, und ist es auch in England aufgezeichnet worden, so ist doch seine Lautform mit dem *eo* sicher nicht englisch, sondern westfränkisch. Der Italiener Georg von Ostia war seit 753 wiederholt im Frankenreich gewesen und spätestens 768 zum Bischof von Amiens ernannt worden. Wenn er also das Wort ‹deutsch› auch verwendet, um damit die englische Volkssprache zu bezeichnen, so lehren die Umstände, daß er es als Bezeichnung für die germanische Volkssprache im Frankenreich kennengelernt haben muß. In diesem Zusammenhange ist ein sehr ähnlicher Beleg aus dem Jahre 813 bemerkenswert. Auf der Synode von Tours tauchte das Problem der Zweisprachigkeit in der dortigen Diözese auf, und Karl der Grosse ließ den Geistlichen einschärfen, sie sollten nicht nur lateinisch predigen, sondern die Predigten auch übersetzen *in rusticam Romanam linguam aut theotiscam, quo facilius cuncti possint intellegere, quae dicuntur* (‹in die romanische Vulgärsprache oder die des germanischen Volksteils, damit alle um so leichter verstehen, was gesagt wird›). Da die Begründung für die Anwendung der Volkssprache bis in die Formulierung hinein identisch ist mit dem 25 Jahre früher geschriebenen Brief des fränkischen Bischofs Georg von Ostia, wird man annehmen dürfen, daß Georg wie auch die Synodalen von Tours sich einer amtlichen Ausdrucksweise bedienen, in der sich die Kulturpolitik Karls des Grossen widerspiegelt.

Wie aber kam es überhaupt zu der Entstehung dieses mittellateinischen Wortes? Im Lateinischen ist es ein Lehnwort aus dem Germanischen, und seine Bildung ist völlig durchsichtig. Es ist von germ. * *theudō* ‚das Volk' abgeleitet, und das Adjektiv * *theudiskaz* bedeutet also ‚zum Volk gehörig, völkisch'. LEO WEISGERBER (LH 80) hat gezeigt, daß dieses Wort nur in der Grenzsituation entstehen konnte, im Westen des germanischen Siedlungsraumes, wo germanisches und romanisches Volkstum aufeinandertrafen. Das Fremde, was die Germanen dort täglich beobachteten, erfaßten sie unter dem alteingebürgerten Wort *walhisk* (‚welsch'). Dem so bezeichneten fremden Volkstum und seinen Gebräuchen, Einrichtungen und Sprachgewohnheiten setzten sie das eigene als * *theudisk* (‚zu unserem, zum eigenen Volk gehörig') gegenüber. THEODOR FRINGS (LH 81) gelang dann auf Grund der Lautentwicklung der Nachweis, daß das vom lateinischen Lehnwort vorausgesetzte * *theodisk* genau dem westfränkischen, zwischen Maas und Schelde gesprochenen Dialekt entspricht.

Im westlichen Grenzland also ist das Wort im Munde der dort lebenden Franken entstanden. Die romanische Bevölkerung aber muß es sich rasch zu eigen gemacht haben. Denn der Frankenname, mit dem sie ursprünglich wohl ihre germanischen Nachbarn bezeichnete, war infolge der sozialen Entwicklung als Volksbezeichnung in ihrem Munde untauglich geworden. Als *Franci* bezeichneten sie schon längst die freigeborenen, hochgestellten und bevorrechteten Mitglieder beider Volksteile. So mußte den Romanen das neue Wort * *theodisk* zur Bezeichnung ihrer germanischen Nachbarn willkommen sein, das in ihrem Munde nun die Bedeutung ‚nichtromanisch' oder ‚zum germanischen Volksteil gehörig' annahm. Wirklich hat es im Nordwestfranzösischen in der Form *tiedeis, tieis, tiois* bis ins 13. Jahrhundert bestanden und lebt noch heute in den wallonischen Dialekten Belgiens weiter. Auch in Ortsnamen hat es sich erhalten, so z. B. in frz. *Thionville,* d. i. deutsch *Diedenhofen,* das also auf die Siedlung eines germanisch-fränkischen Besitzers hindeutet.

So war die sprachliche Situation, als KARL DER GROSSE im Jahre 768 die Herrschaft über das Frankenreich antrat. Das Wort des Grenzlandes war damals weder im romanischen noch im germanischen Landesinnern bekannt oder gar volkstümlich verbreitet. Aber KARL DER GROSSE, seine Ratgeber und Mitarbeiter bemächtigten sich sofort des neuen Wortes. In der germanischen Osthälfte seines Reiches war es das energisch betriebene Ziel der kaiserlichen Innenpolitik, die auseinanderstrebenden und selbstbewußten germanischen Stämme zur Einheit zusammenzuschließen. Die Verwandtschaft der Stämme äußert sich am augenfälligsten in der Gemeinsamkeit ihrer

Sprache, die man am Gegensatz zum Romanischen erfahren kann. Es ist daher kein Zufall, daß KARL der Pflege und Rangerhöhung dieser Sprache seine ganz besondere Aufmerksamkeit zuwandte, und das latinisierte *theodiscus* wird in den Verlautbarungen seiner Regierung zum Programmwort dieser Politik.

Was das Wort in dieser Beziehung leistet, wird aus einem frühen Beleg vom Jahre 788 deutlich. Damals fand eine Reichsversammlung statt, an der *Franci et Baioarii, Langobardi et Saxones* teilnahmen. Die Versammlung verurteilte den Baiernherzog TASSILO zum Tode wegen eines Verbrechens, *quod theodisca lingua harisliz dicitur* (‹das in der gemeinsamen Sprache der Stämme *hari-sliz* – ‚Heerspaltung, Fahnenflucht' – genannt wird›). Die überregionale Bedeutung des Wortes ist hier deutlich erkennbar, und offensichtlich ist es als Programmwort klug gewählt. Es betont die sprachliche Gemeinsamkeit aller im Reiche vereinigten Germanenstämme, zeigt das große Ziel der karolingischen Kulturpolitik und schont dennoch die partikularistischen Empfindlichkeiten der anderen Stämme, indem es den Frankennamen vermeidet und die anderen Stämme mit den Franken auf die gleiche Stufe stellt.

Statt lat. *theodisce* kommt im Verlauf des 9. Jahrhunderts in Schwaben und Ostfranken, zuerst und vor allem aber in bairischen Textzeugen, die ebenfalls lateinische Form *diutisce* auf, die lautlich dem erst später belegten ahd. *diutisk* genau entspricht. In Baiern hatte LUDWIG DER FROMME im Zuge der Reichsordnung seinen Sohn LUDWIG DEN DEUTSCHEN als Unterkönig eingesetzt. Erst nach dem Tod des Vaters (840) sicherte sich dieser im Vertrag von Verdun (843) den gesamten rechtsrheinischen Reichsteil, dazu linksrheinisch das Gebiet der Diözesen Mainz, Worms und Speyer. Neueste Forschung nimmt deshalb an, daß das Wort ‹deutsch› aus den eben genannten Gründen im bairischen Hofkreise des jungen Karolingers besonders gepflegt worden sei (LH 85a). In dieser Lautform sei das Wort dann in die Volkssprache eingedrungen.

Dafür, daß es noch längerer Zeit bedurfte, bis das Wort volkstümlich wurde, liefert der Mönch OTFRID VON WEISSENBURG durch sein Schweigen ein beredtes Zeugnis. Das Kloster Weißenburg im nördlichen Elsaß, in dem OTFRID um 870 sein ‹Evangelienbuch› vollendete, war erst kürzlich dem Reichsteil LUDWIGS DES DEUTSCHEN eingegliedert worden. OTFRID verwendet in den lateinischen Teilen seines Werks ungehemmt das westliche *theodisce* in der Bedeutung ‹die gemeinsame Sprache des Reichsvolks›. In seiner eigenen rheinfränkischen Mundart steht ihm dagegen immer nur die Bezeichnung *in frenkisgon, in frenkisga zungun* zur Verfügung. Das Kunstwort *diutisk* der Kulturpolitik ist ihm also noch nicht geläufig.

Der erste, bei dem das Wort in deutscher Sprache vorkommt, ist Notker von St. Gallen. Sechsmal taucht das Wort in seinen Schriften auf, in der Formel *in diutiscun* ‚auf deutsch'. Aber fünf von diesen Belegen finden sich auf engem Raum beisammen in Notkers ‹Aristoteles›-Übersetzungen, und dabei hätte dieser geniale Übersetzer hundertfach Gelegenheit gehabt, es zu verwenden. Es scheint daher, als habe er – gewiß unter dem Einfluß der gelehrten Tradition – in einer bestimmten Periode seines Schaffens das lateinische *diutisce* ins Deutsche zurückübersetzen wollen; wenn er aber davon alsbald wieder abläßt, so darf man daraus entnehmen, daß dem feinhörigen und sprachgewaltigen Manne die Formel *in diutiscun* doch allzu ungewohnt erschien (LH 83). Auch in seiner alemannischen Mundart wird also das Wort um das Jahr 1000 noch nicht lebendig gewesen sein.

In den lateinischen Quellen, bei Otfrid und bei Notker taucht das Wort nur als Sprachbezeichnung auf. Das entspricht genau dem, was wir von dem offiziellen Programmwort der Kulturpolitik erwarten. Denn vom hohen Standort der großen Politik aus erkennt man am deutlichsten den Gegensatz der Sprachen in der westlichen und östlichen Reichshälfte. Nur im Alltagsleben des Grenzlandes dagegen bemerkt man die Unterschiede von Dorf zu Dorf, nicht nur in der Sprache, sondern auch in den Bräuchen und in allen Lebensgewohnheiten. Kein Wunder, daß im Landesinnern die neue Gemeinbezeichnung ‹deutsch› so lange ungewohnt blieb. Nur im Norden des Sprachgebiets scheint sich das Wort im Volksmunde von Schelde und Maas aus ganz langsam nach Osten ausgebreitet zu haben. Um 1090 ist im Kloster Siegburg, rechtsrheinisch in der Nähe von Bonn gelegen, das ‹Annolied› entstanden, ein Gedicht zum Preise des Bischofs Anno von Köln. Darin wird zum ersten Male unbefangen das Wort ‹deutsch› gebraucht, und zwar nicht nur als Sprachbegriff wie im Karolingerlatein und bei Notker, sondern in der ganzen Anwendungsbreite, die das Wort bei seiner Entstehung im westlichen Grenzsaum gehabt haben muß. Neben dem Sprachbegriff *diutischin sprechin* (Vers 318) wird hier auch von den Menschen gesprochen: *diutischi liute* (474) und *diutschi man* (479); und auch das Land wird ‹deutsch› genannt: *in diutischemi lande* (112; ähnlich 274, 406).

Der Abt Kuno des Klosters Siegburg wurde im Jahre 1126 Bischof von Regensburg. Diese Stadt war damals unter der eben beginnenden Herrschaft des Kaisers Lothar, der sich auf die bairischen Welfen stützte, zwar nicht die offizielle Hauptstadt, wohl aber der politische und geistige Mittelpunkt des Reiches. Man horchte auf das, was in Regensburg getan, gesagt und geschrieben wurde. Hierhin nun brachte Bischof Kuno das ‹Annolied› mit. So wenigstens ist zu vermuten; denn den Schöpfern der eben in Regensburg entstehenden, berühmten ‹Kaiserchronik› wurde das ‹Annolied› bekannt. Und in dieser Dichtung wird das Wort *diutisk* nun abermals reichlich und in seinem ganzen Bedeutungsumfang verwendet. Um 1150 wird die ‹Kaiserchronik› abgeschlossen und ist bald in zahlreichen Handschriften über das gesamte Sprachgebiet verbreitet. Ob das Wort ‹deutsch› damals endlich auch volkstümlich geworden ist, läßt sich nicht nachprüfen, aber jedenfalls ist der literarische Durchbruch nunmehr vollzogen. ‹Annolied› und ‹Kaiserchronik› bezeugen uns, daß – wenn noch nicht im Munde des Volkes, so doch jedenfalls in der Vorstellungswelt der Dichter – das Bewußtsein eines gemeinsamen, die Stämme verbindenden Deutschtums lebendig geworden ist. Im ‹Annolied› wird zum ersten Male in einer deutschen Dichtung von der deutschen Sprache geredet, und das ist gewissermaßen die Geburtsurkunde unserer Sprache, das erste sichere Zeugnis, daß deutschsprechende Menschen ihre Sprache nicht mehr als fränkisch, bairisch, alemannisch oder sächsisch empfanden. Jetzt hatten sie das Gemeinsame erkannt und konnten es bezeichnen. Damit befinden wir uns aber bereits in der zweiten Periode unserer Sprachgeschichte, in der mittelhochdeutschen Zeit. Es zeigt sich, eines wie langen Weges es bedurfte, daß ein Gemeinsamkeitsgefühl der deutschen Stämme seinen sprachlichen Ausdruck fand.

Die Kulturpolitik Karls des Großen

Das im Volksmunde entstandene Wort *deutsch* mußte in der Tat Karl dem Grossen und seinem Hofkreise hochwillkommen sein. Denn dem Kaiser lag sehr viel daran, die eben erst endgültig unterworfenen Germanenstämme seines östlichen Reichsteils zu versöhnen und, die ehemaligen Gegner zu Genossen und Freunden machend, zur Mitarbeit an seinem großen politischen Werk zu gewinnen. Dazu war das neue Wort, das das allen Stämmen aus germanischem Erbe Gemeinsame betonte, gerade recht, und so wurde es – in der gelehrten lateinischen Form der offiziellen Amtssprache – zum Programm- und Fahnenwort der deutschen Politik des großen Herrschers. Er war sich seiner und seiner Getreuen Herkunft aus germanischem Stamme mit Stolz bewußt, und wenn er die Abfassung einer deutschen Grammatik forderte, die allerdings nicht zur Ausführung gelangte, und die Sammlung der germanischen Heldenlieder veranlaßte (ein unschätzbarer Verlust, daß sie nicht erhalten blieb), so war er gewiß nicht so engherzig, dabei nur an eine fränkische Grammatik und die Sammlung fränkischer Lieder zu denken. Ihm lag es vielmehr am Herzen, zu bewahren, zu pflegen und auszubauen, was *theotisce,* das heißt in den Sprachen aller in seinem Reiche vereinigten Germanenstämme, überliefert war. Als dem Lenker des riesigen germanisch-romanischen Reiches mußte ihm und dem führenden Kreise seiner Staatsmänner das unter dem Begriff *theotiscus* erfaßte alle Stämme Verbindende und Gemeinsame durch den Kontrast gegen alles Romanische viel deutlicher hervortreten als das Provinzielle und oft Egoistische, das Franken und Baiern und Alemannen und Sachsen voneinander unterschied. Dies Gemeinsame aber allen Stämmen bewußt zu machen, oder jedenfalls ihren führenden Schichten, war im Interesse des Gesamtreiches ein dringendes Erfordernis.

Aber mit der Erkenntnis des Gemeinsamen allein, mochte sie auch lebhaft gefördert werden, war es nicht getan. Nicht in beschaulicher Betrachtung, sondern in tätigem Wirken sollte sich die neue große Gemeinschaft festigen und bewähren. Man darf insbesondere den Wert und die Würde der germanischen Traditionen in dem Großreich der Merowinger und der Karolinger nicht übermäßig in den Vordergrund stellen. Die germanischen Völker, immer noch einem heimlichen Heidentum ergeben und eben noch von den Romanen als barbarische Zerstörer einer alten Kultur verachtet, sollten nach dem Willen des großen Herrschers nicht nur durch die bewußte Pflege gemeinsamer Überlieferung, sondern vor allem in der Bewältigung neuer, gemeinsamer Aufgaben geeint werden. KARL DER GROSSE war sich dessen voll bewußt, und darin lag seine Größe, daß seine Germanen nach der Zerstörung des gewaltigen römischen Kulturstaates nun auch die verpflichteten Erben des Römischen Reiches und römischer Kulturgesinnung geworden waren. Die Großen des Reiches, die leitenden Beamten, sollten von römischer Staats- und Verwaltungskunst lernen, die Gelehrten sollten sich, z. B. in KARLS berühmter Akademie und an den großen klösterlichen Kulturstätten des Landes, nacheifernd um die Aneignung antiken und christlichen Geistesguts bemühen. Das waren aber Aufgaben, die nur den führenden und hochgebildeten Schichten gestellt werden konnten und die im übrigen die Beherrschung der lateinischen Kultursprache erforderten. Zur Förderung der Studien sorgt KARL für die Errichtung von Gelehrtenschulen in Klöstern und an Bischofssitzen, und er versichert sich zu diesem kulturellen Aufbauwerk der Mithilfe des hochgelehrten Angelsachsen ALKUIN, der vorher Leiter der berühmtesten Schule in England, der Domschule in York, gewesen war. Zur Ausbildung der deutschen Sprache konnten diese Bestrebungen zunächst allerdings nur indirekt beitragen, wiewohl sie dafür unerläßlich waren. Denn man mußte im Lateinischen firm sein, mußte sich die poetischen und die gelehrten Werke der lateinischen Literatur zu eigen gemacht haben, mußte sich in der antiken und christlichen Tradition frei bewegen können, um den Versuch zu wagen, ihre Inhalte auch in deutschem Denken und in deutscher Sprache zu bewältigen.

Karls des Grossen Kulturprogramm war aber von vornherein auf noch viel weitere Ziele ausgerichtet. Auch der letzte Mann sollte dem Reiche gewonnen werden und sollte darin an seinem bescheidenen Platz seine kulturelle Aufgabe erfüllen. Grundpfeiler aller Reichskultur war das Christentum, und darum wurde jedem einzelnen die Aneignung und gläubige Pflege des Christentums zur Aufgabe gestellt, übrigens den Bewohnern der romanischen Gebiete ebenso wie denen des germanischen Reichsteils. Immer wieder schärft der Herrscher in seinen Erlassen allen Untertanen ein, *ut symbolum et orationem dominicam pleniter discant et memoriter teneant* (‹daß sie das Glaubensbekenntnis und das Gebet des Herrn gründlich erlernen und auswendig können sollen›). Es ist hier nicht ausdrücklich gesagt, aber gemeint ist, wie sich aus anderen Zusammenhängen ergibt, die Kenntnis der Glaubensformel und des Vaterunsers in der Muttersprache, und die vielen althochdeutschen Übersetzungen des ‹Vaterunsers› (vgl. Anhang II) beweisen, daß die gelehrte Geistlichkeit sich bemühte, in Erfüllung des kaiserlichen Willens das Gebet in die Volkssprache einzubürgern. (Über die Schwierigkeiten, die dieser Aufgabe entgegenstanden, vgl. die Analyse der Übersetzungen des ‹Vaterunsers›, S. 86 f und S. 194 ff.)

Denn die Geistlichen macht Karl der Grosse für die strenge Durchführung der großen volkserzieherischen Aufgabe verantwortlich. In der großen *‹Admonitio Generalis›* von 789 (Monumenta Germaniae, Capitularia I, Hannover 1881, S. 52–62), dem wichtigen Gesetz über Lebens- und Amtsführung der Geistlichen und über die kirchliche Volkserziehung, heißt es (S. 60): *Unusquisque sacerdos orationem dominicam et symbolum populo sibi commisso curiose insinuet ac totius religionis studium et christianitatis cultum eorum mentibus ostendat* (‹Ein jeglicher Priester soll das Gebet des Herrn und das Glaubensbekenntnis der ihm anvertrauten Gemeinde sorgfältig einprägen und soll den Eifer für den Glauben und die Pflege des Christentums ihrem Verständnis eröffnen›). In diesem religiösen Grundgesetz, das für das ganze Reich gilt, ist nichts darüber gesagt, aber aus vielen anderen Erlassen geht eindeutig hervor, daß Predigt und Christenlehre sich der Volkssprache bedienen sollen, und wiederholt werden die Geistlichen verpflichtet, an jedem Sonn- und Festtag zu predigen.

Aber nicht nur den Geistlichen, sondern jedem einzelnen Untertanen werden in der *‹Admonitio Generalis›* und in vielen anderen Erlassen immer erneut ihre christlichen Verpflichtungen eingeschärft.

Jeder wird zur strengen Einhaltung der Sonntagsruhe und zu regelmäßigem Kirchenbesuch an Sonn- und Feiertagen verpflichtet. Auch zu fleißigem Gebrauch der Beichte wird ermahnt. Vor allem aber erwächst den Taufpaten aus ihrer religiösen Verantwortung für den Täufling die Pflicht zu christlicher Unterweisung. Wie ernst nach dem Willen des Kaisers gerade diese Pflicht genommen wurde, geht auch daraus hervor, daß ihre Vernachlässigung in mehreren Beichtformularen der karolingischen Zeit als Unterlassungssünde aufgezählt wird. So heißt es in der sogenannten ‹Reichenauer Beichte›: *Ih gihu, daz ih mine funtdivillola so nelerda, sose ih in dar antheizo uuard* (‹Ich beichte, daß ich meine Taufkinder – lat. *fontis filioli* – nicht so belehrt habe, wie ich es als Bürge für sie gelobt hatte›).

Die Christenpflichten, die dem Laien durch solche Vorschriften des Kaisers auferlegt wurden, und die Verpflichtung zur christlichen Volkserziehung, die dem Klerus oblag, waren ohne eine Entwicklung der Volkssprache zur Vermittlerin des christlichen Gedankengutes überhaupt nicht zu erfüllen. Im Rückblick aus heutiger Zeit fordert es ein sehr starkes Einfühlungsvermögen, die unerhörte Schwierigkeit der Forderungen zu ermessen, die der Kaiser damit an seine Untertanen stellte. Es kann hier außer Betracht bleiben, daß in den germanischen Landen des Reiches das Heidentum noch keineswegs überall überwunden war. Noch mehrere Jahrhunderte lang müssen die deutschen Herrscher immer wieder mit harter Strafandrohung gegen Aberglauben und heidnischen Brauch einschreiten. Aber selbst für den Gutwilligen, dem christlichen Glauben schon Gewonnenen: welche Schwierigkeit, die Glaubenslehren verstehend zu begreifen. Man denke nur an das ‹Vaterunser›, wie es einer jung bekehrten Gemeinde nahegebracht werden soll. Es beginnt mit der Vorstellung eines Vaters im Himmel, die zwar mit germanischen Worten ausgedrückt werden kann, für die es aber in der germanisch-heidnischen Vorstellungswelt kaum ein Äquivalent gibt. Und wie soll eine junge Gemeinde das ‹*Geheiligt* werde Dein Name. Dein *Reich* komme› verstehen? Wie soll sie ferner die christlichen Begriffe der Schuld und Vergebung, der Versuchung und Erlösung auffassen? Bietet aber das schlichte Gebet des Herrn schon soviel Schwierigkeiten, wie unermeßlich schwierig muß es dann gewesen sein, das Glaubensbekenntnis – befrachtet mit viel dogmatischer Begrifflichkeit aus dem Geiste frühchristlicher Theologen – zu verstehen? Und wieviel anderes christliches Gedankengut galt es aufzunehmen!

Die Geistlichen und die gelehrten Theologen des Reiches waren selbstverständlich imstande, das Christentum und seine Lehren, die Bibel und die Schriften der Kirchenväter zu verstehen. Sie konnten sie auch auslegen und konnten mit eigenen Werken zur Förderung des Christentums beitragen. Aber die Sprache der Kirche und überhaupt der abendländischen Gelehrsamkeit war das Lateinische, und lateinisch war selbstverständlich auch die karolingische Geistlichkeit gebildet. Nicht darin lag die Schwierigkeit, sondern in der Vermittlung der Glaubenstatsachen und der Grundlagen des Christentums an die breite Menge des Volkes, das an der lateinischen Bildung keinen Anteil hatte. Wie ungewohnt den Geistlichen dieser Gebrauch der Volkssprache (im östlichen Reichsteil natürlich der *lingua theotisca*) war, ersieht man aus den wiederholten scharfen Ermahnungen des Kaisers. Trotzdem ist uns durch zahlreiche Zeugnisse bekannt, daß viele Geistliche vor dieser Aufgabe versagten. Es war eben unendlich schwierig, die christlichen Gedanken in der heimischen Sprache auszudrücken.

Die eben noch heidnischen Germanen kamen ja aus einer Sphäre handfest bäuerlicher Kultur und eines unbekümmerten Kriegertums. Sie hatten ihre eigenwüchsige öffentliche Ordnung gehabt, ihre nach Volksrechten gehandhabte Gerichtsbarkeit, ihre gewiß hochstehende, aber heidnisch geprägte Sittlichkeit. Mit der Eingliederung in das fränkische Reich traten sie in eine völlig andere Welt ein. Hier wirkten antike Institutionen, vor allem auch antike Bildungsgrundlagen nach, und das Vorstellungs- und Gedankengut des Christentums mußte anfangs unerhört und fremdartig erscheinen. Hunderte und Tausende von Begriffen der christlichen Glaubenslehre und darüber hinaus der philosophischen Abstraktion mußten neu erworben werden, für die die angestammte Sprache überhaupt keine Ausdrücke hatte.

Sich das antike und christliche Bildungsgut anzueignen, und mehr als das: es in der eigenen Muttersprache zu meistern, das war die kulturpolitische Aufgabe, die der Kaiser seinem Volke stellte. Er muß erkannt und gewußt haben, daß sie nicht von heute auf morgen zu bewältigen war. Sein Programm wies in eine ferne Zukunft, und jahrhundertelang haben die besten Köpfe der Nation darum gerungen, es auch nur einigermaßen zu erfüllen.

Von der Höhe des Erreichten und des in langem geistigen Ringen Gesicherten aus ist es sehr schwer, sich die rechte Vorstellung von der unendlichen, qualvollen Mühsal der Anfänge zu machen. Wenn heute ein nur einigermaßen begabter Primaner seinen Cicero ohne viel Schwierigkeiten übersetzt, wenn der junge Theologiestudent den griechischen und lateinischen Bibeltext leicht in die Muttersprache überträgt, so verdanken sie diese (relative) Mühelosigkeit der unermeßlich schwierigen Arbeit an der Entwicklung der deutschen Sprache, die die Gelehrten der althochdeutschen Zeit auf sich nahmen. Wir werden die Mühsal der Anfänge noch sorgsam zu erörtern haben (s. unten S. 86 f und Kap. XI) und greifen jetzt nur ein Beispiel aus tausenden heraus: Für den Gebildeten von heute ist die Übersetzung von *misericordia* durch ‚Barmherzigkeit' oder ‚Erbarmen' eine Selbstverständlichkeit. Ohne viel nachzudenken lernt man die ‹Vokabel› in der Schule und hat sie dann für alle vorkommenden Fälle zur Verfügung. Aber in der heidnischen Vorstellungswelt der Germanen fehlte der Begriff *misericordia,* und die frühen christlichen Übersetzer mußten schwer darum ringen, ihn angemessen in deutscher Sprache auszudrücken. *Miltida, miltnissa* (vgl. nhd. *Milde*), *ginâda* (nhd. *Gnade*), *êregrehtî* (Bedeutung etwa ‹ehrbare Rechtlichkeit›), *armherzîn, irbarmherzî, irbarmherzida, irbarmida, gabarmida:* das ist eine noch unvollständige Liste der althochdeutschen Versuche, des Begriffes *misericordia* in deutscher Sprache habhaft zu werden. Man erkennt leicht, was es mit diesem ‹Übersetzen› auf sich hat. Nur *ginâda* ist (so kann man wenigstens vermuten) ein altererbtes Wort, das aber ursprünglich etwa ‚Schutz, Hilfe' bedeutet hat. *Miltida* und *miltnissa* sind Ableitungen (Substantivierungen) des Adjektivs *milti,* das eigentlich ‚gütig, freundlich' bedeutet, und die Substantivierung muß althochdeutschen Ohren anfangs so fremd geklungen haben, wie wenn wir zum Adjektiv *milde* das Substantiv *Mildheit* bilden wollten. Noch künstlicher und fremdartiger mußten alle die anderen Übersetzungsversuche wirken. Man sah sich also gezwungen (und das bei Tausenden von lateinischen Wörtern), um den lateinischen Vorstellungsgehalt wiederzugeben, in manchen Fällen deutsche Wörter in einer neuen Bedeutung zu gebrauchen (*ginâda, milti*). Sehr viel häufiger aber war man zugleich auch zu ganz neuen künstlichen Wortbildungen gezwungen, was dieser damaligen Übersetzungssprache einen von uns kaum noch nachzuempfindenden papiernen Ton gegeben haben muß. Allerdings macht im sprachlichen Leben die Gewohnheit sehr viel aus, und im täglichen Gebrauch verliert das Neue rasch seine Fremdartigkeit und klingt bald altvertraut. Gleichwohl ist oft jahrhundertelang um die Eindeutschung lateinischer Begriffe gerungen worden. Man erprobt und verwirft und erprobt aufs neue, bis sich endlich in einem glücklichen, wortschöpferischen Augenblick diejenige Übersetzung einstellt, die dem lateinischen Vorbild am besten gerecht wird und die gleichzeitig dem deutschen Sprachgefühl angemessen ist.

Die große Aufgabe konnte nicht im ersten Anlauf gelöst werden; auch die späteren Jahrhunderte des Mittelalters haben noch fortwährend um ihre Bewältigung gerungen, und erst mit MARTIN LUTHER kam die Entwicklung zu einem gewissen Abschluß. Aber LUTHER, vielleicht der sprachgewaltigste Übersetzer, den Deutschland hervorgebracht hat, brachte mit all seiner sprachschöpferischen Kraft doch eigentlich nur die Ernte ein, die in althochdeutscher Zeit ausgesät und in der mittelhochdeutschen Periode in ihrem langsamen Weiterwachsen pfleglich gefördert worden war. Schon das Mittelhochdeutsche allerdings hatte die Freiheit erlangt, neben der weiteren Arbeit an der Eindeutschung lateinischer und christlicher Sprachinhalte sich neuen Interessen und anderen sprachlichen Aufgaben zuzuwenden. Diese Entlastung aber dankt die mittelhochdeutsche Sprachperiode der ungeheuren Anstrengung, mit der in den ersten drei Jahrhunderten der deutschen Sprachgeschichte an der sprachlichen Rezeption der lateinischen Begriffs- und Gedankenwelt gearbeitet wurde. In allererster Linie besteht die Literatur der althochdeutschen Zeit aus Übersetzungen lateinischer Werke, und nur mit Ehrfurcht kann man auf diese zum Teil großartigen, immer aber ungemein ernsthaften Leistungen zurückblicken. Die besten Köpfe einer jugendfrischen Nation hatten sich, von unbezähmbarem Drang nach geistiger Eroberung beseelt, ans Werk gemacht, sich die höchsten Werte der römisch-christlichen Kulturwelt zu eigen zu machen.

Werdendes Deutsch

Wir denken nicht gering von der Trefflichkeit, Ausdruckskraft und herben Schönheit der altgermanischen Sprachen, und wir sind gern bereit, den vordeutschen Stammesdialekten dieselben edlen Eigenschaften zuzubilligen. Aber sie waren ihrer Herkunft nach ganz unberührt von der in Hellas und Rom erblühten Geisteskultur und von den großen monotheistischen Glaubensvorstellungen des Orient und des daraus erwachsenen Christentums. Darum bedeutet die Aneignung der antiken und christlichen Traditionen nicht nur eine wahrhaft unermeßliche Erweiterung der muttersprachlich erfaßten Welt; sie bedeutet vor allen Dingen die gemeinsame Europäisierung der vordeutschen Dialekte, ganz ähnlich wie die auf den gleichen germanischen Grundlagen erwachsene englische Sprache schon ein Jahrhundert früher den Weg in das abendländische Europa eingeschlagen hatte. Wir dürfen nicht übersehen, daß Antike und Christentum an der Wiege des gesamten Abendlandes gestanden haben, und wie die anderen europäischen Völker hat auch das deutsche erst durch die Aneignung der antiken und der christlichen Bildungsgüter seinen Weg in die *Roma Christiana*, d. h. in das Abendland gefunden. Daß seine Sprache es auf diesem Wege begleitet hat, ist nicht zum wenigsten das Verdienst der althochdeutschen Übersetzer. Es ist nicht selbstverständlich, daß es so kam. Die keltischen Völker Galliens und die Iberer der Pyrenäenhalbinsel haben, allerdings unter ganz anderen historischen Voraussetzungen, ihren Eintritt in das abendländische Europa mit der Preisgabe ihrer angestammten Sprachen erkauft. Den Westgoten in Spanien und Südwestfrankreich, den Burgunden in Südostfrankreich und den Langobarden in Oberitalien ist es nicht anders ergangen. Den im ostfränkischen Reich vereinigten Stämmen dagegen blieb die Muttersprache erhalten.

Den historischen Weg von den Stämmen zum deutschen Volk können wir hier nicht nachzeichnen. Es sei nur betont, daß außer vielerlei Umständen der äußeren politischen Geschichte diese den Stämmen gemeinsam aufgetragene Aneignung des antiken und christlichen Bildungsgutes Wesentliches zur Volkwerdung beigesteuert hat. Untrennbar damit verbunden ist aber auch der Entwicklungsweg der Sprache. Keiner der alten Dialekte, weder das Fränkische noch das Alemannische noch das Bairische, erwies sich als stark genug, die anderen zu überlagern und zu verdrängen. Sie bestanden nebeneinander fort. Aber sie alle erfuhren durch die neue gemeinsame Aufgabe einen starken Wandel, viel Neuerung und Ausweitung und geistige Vertiefung. Daran nahmen sie alle gemeinsam teil, und die neuen sprachlichen Errungenschaften wurden Gemeingut aller. Die äußerlichen Unterschiede, vor allem in Intonation und Lautbildung, auch wohl im Wortschatz und den gängigen Ausdrucksweisen, blieben zwar zu einem Teil erhalten und machen bis heute die Dialektunterschiede aus. Aber das Unterscheidende verlor immer mehr an Bedeutung und wurde gar zu nichts gegenüber der einen entscheidenden Tatsache: An der Aneignung der neuen Geistesbildung waren alle hochdeutschen Dialekte gleichmäßig beteiligt, und indem sie diese Kulturaufgabe gemeinsam bewältigten, wuchsen sie zu der deutschen Sprache zusammen. In der sprachlichen Aneignung der abendländischen Kultur entstand aus den verschiedenen Dialekten, die wir — ohne sie damit herabsetzen zu wollen — als Bauernmundarten charakterisieren dürfen, etwas Neues, sie alle Überwölbendes und Einbeziehendes: die deutsche Sprache.

Ein Wort ist noch über den Entwicklungsweg des Altsächsischen erforderlich. Es stand den hochdeutschen Dialekten beträchtlich fern. Der Unterschied war wohl nicht so groß wie der zwischen dem heutigen Deutsch und dem Holländischen, aber doch so bedeutend, daß die meisten Germanisten geneigt sind, das Altsächsische nicht als einen Dialekt, sondern als eine eigene germanische Sprache anzusehen. Sie hatte sich auch auf nordseegermanischer Grundlage in den langen Jahrhunderten der trotzigen sächsischen Selbständigkeit ganz anders entwickeln müssen als die Mundarten der hochdeutschen Stämme. Erst als Karl der Grosse die Sachsen unterwarf, wurden die Voraussetzungen für eine neue, viel weitere politische und kulturelle

Verkehrsgemeinschaft geschaffen. Reichlich dreißig Jahre nach diesem Ereignis, um das Jahr 840, entstand der ‹Heliand›, das große altsächsische Bibelepos. Wo er gedichtet und niedergeschrieben wurde, ist nicht sicher ermittelt, seine Mundart hat sich in dem weiten sächsischen Raum nicht lokalisieren lassen. Seine Sprache zeigt, besonders in der einen der beiden Haupthandschriften, kräftige Einflüsse der fränkischen Mundart, vor allem in der Verwendung nichtsächsischer Vokale. Aber das ist ein Versuch ohne Folgen geblieben, die späteren niedersächsischen Dialekte verraten nichts mehr von diesem lautlichen Einfluß. Aber der Dichter des ‹Heliand› war im Kloster Fulda erzogen worden, der Hochburg und dem Zentrum der deutschen Bildung karolingischer Zeit; das verraten seine Gedankenwelt und sein christlicher Wortschatz. So wird auch das Altsächsische von derselben Integrationsbewegung ergriffen, die die hochdeutschen Dialekte einem neuen höheren Ziel entgegenlenkt. Im ‹Heliand›, der noch sehr viel Sächsisch-Eigenwüchsiges enthält, sind nur erst die Anfänge dieser Entwicklung wahrnehmbar, und danach verstummen zunächst die altsächsischen Sprachzeugnisse. Als drei Jahrhunderte später die Quellen wieder zu fließen beginnen, hat sich die Sprache entscheidend gewandelt. Die Integration ist fortgeschritten, der deutsche Charakter ihres Wort- und Ausdrucksschatzes tritt nun viel auffälliger hervor. Mit Recht wird dieser neue Sprachzustand nicht mehr als Sächsisch, sondern als Mittelniederdeutsch bezeichnet. Offensichtlich ist die fremde, wenn auch nahe verwandte germanische Sprache der Altsachsen in der Zwischenzeit eingedeutscht worden.

Dies ist nicht nur ein besonders deutliches Beispiel für die sprachbeeinflussende Wirkung der Verkehrsgemeinschaften, d. h. des großen politischen Verbandes des ostfränkischen Reiches. Es beweist zugleich, daß auch der nördlichste deutsche Stamm sich an der kulturellen Aufgabe, die allen gestellt ist, beteiligt und daß dadurch auch seine Sprache an dem großen Integrationsgeschehen teilnimmt.

Wollten wir sehr genau sein, so müßten wir das Fränkische, Alemannische und Bairische des 8.–10. Jahrhunderts, und erst recht das Altsächsische, noch als ‹vordeutsche› germanische Dialekte bezeichnen. So weit wollen wir nicht gehen; denn wir müßten dann auch die gewohnte zusammenfassende Bezeichnung ‹Althochdeutsch› opfern. Man braucht auch nicht so rigoros zu verfahren, wenn man die weitere Entwicklung im Auge hat; denn die Bewegung der Dialekte auf ein gemeinsames Ziel hin hat ja schon begonnen. Aber auch unter diesem Gesichtspunkt müssen wir, solange wir uns mit der althochdeutschen Zeit beschäftigen, von ‹werdendem Deutsch› reden. Das große historische Ereignis unserer Sprachgeschichte ist eben dieses, daß die alten, noch dem heidnischen Germanentum verbundenen Dialekte unter dem Zwang der politischen Entwicklung einander angenähert und unter dem Einfluß von Antike und Christentum gemeinsam europäisiert werden. In diesem Integrationsvorgang schließen sie sich zu der neuen deutschen Kultursprache zusammen. Der Augenblick, in dem von den Stämmen diese neue Gemeinsamkeit erkannt und anerkannt wird, ist nicht nur die Geburtsstunde eines deutschen Volksbewußtseins, sondern auch die der deutschen Sprache. NOTKERS *in diutiscun* wirkt wie ein Vorklang, eine aufdämmernde und wieder preisgegebene Erkenntnis. Erst im ‹Annolied› und in der ‹Kaiserchronik› ist ‹deutsch› zu einem festen, bleibenden Begriff geworden.

IV. DAS ALTHOCHDEUTSCHE IM KREISE DER GERMANISCHEN SPRACHEN

Der eigentlich erregende, historisch bedeutsame Vorgang ist die innere Geschichte der deutschen Sprachwerdung, eben die sprachliche Aneignung von Antike und Christentum und damit der Eintritt des Deutschen in den Kreis der europäischen Kultursprachen. Bevor wir uns aber dieser Entwicklung zuwenden, scheint es erforderlich, doch wenigstens in Umrissen auch ein äußeres Bild von der Eigenart des Althochdeutschen und seiner Stellung im Rahmen der anderen germanischen Sprachen zu skizzieren.

Gotisch und Westgermanisch

In Nr. II des Anhangs sind der gotische, je ein altenglischer und altsächsischer und sechs verschiedene althochdeutsche Texte von Übersetzungen des ‹Vaterunsers› abgedruckt. Sie sollen als Grundlage dienen, um Gemeinsamkeiten und Unterschiede in diesen vier germanischen Sprachen festzustellen. Unschwer entdeckt man im gotischen Text eine Reihe von Wörtern, die ganz ähnlich im Altenglischen (Ae.), Altsächsischen (As.) und Althochdeutschen (Ahd.) wiederkehren.

Unter den Hauptwörtern kommt *namo* im Got., Ahd. und As. vor, und ae. *nama* gleicht dem Wort der anderen Sprachen bis auf die Endung. Ebenso gleichen sich auch got. *airthai,* ahd. *erthu, erdu, erdo,* as. *erdo,* ae. *erthan.* Auch got. *wilja,* ahd. *willeo, willo,* as. *willeo,* ae. *willa* sind einander ziemlich ähnlich. Das got. *skulam* findet sich wenigstens im altbair. *scolom* (II, 5) wieder, und got. *hlaif* in ae. *hláf.* Dieses Wort ist zufällig nicht in den altdeutschen ‹Vaterunser›-Texten überliefert, es ist aber auch im Deutschen heimisch und lebt noch heute weiter in unserem *‹ein Laib Brot›.*

Auch die gotischen Zeitwörter kommen zum Teil in den anderen Texten wieder vor, vor allem got. *qimai* und *wairthai* in ahd. *qhueme, queme, chome* und *werdhe, werde,* as. *cuma, werda, ae.* (mit besonderen Vorsilben) *tóbecume* und *geweorthe.* Got. *gif* ist identisch mit as. *gef,* ahd. *gib, kib, kip* und dem an anderer Stelle stehenden ae. *forgyf.* Got. *aflêt* gehört zum Infinitiv got. *lêtan,* as. *lâtan,* ahd. *lâzan* ‚lassen'; das Wort kommt, wenn auch mit anderen Vorsilben, überall in den deutschen Texten vor und fehlt nur zufällig im Ae. Got. *lausei* ist dasselbe Wort, das uns im Ahd. als *lôsi, arlôsi,* im Ae. als *âlŷs* begegnet, und got. *briggais* kehrt im ‹altbairischen Vaterunser› (Nr. 5 a) als *princ* wieder.

Die Pronomina ‚wir, uns, unser, dein' zeigen ebenfalls Verwandtschaft in allen vier Sprachen, wenn auch Unterschiede vorhanden sind, und das got. *ak* ‚sondern' findet sich zwar nicht im Ahd., wohl aber im As. und Ae. In allen diesen Übereinstimmungen haben wir es mit altgermanischem Spracherbe zu tun, das aus alter Zeit überkommen in allen Sprachen weiterlebt.

In anderen Fällen ist die Verwandtschaft spürbar, aber die Dialekte zeigen doch eine eigene Entwicklung. Die zweite Silbe von got. *himinam,* Nominativ *himins,* weicht ab von ahd. as. *himil;* und as. *heban,* ae. *heofon* zeigen wieder eine andere Bildung. Daß got. *himma daga* ‚an diesem Tag' mit ahd. *hiutu, hiuto* verwandt ist, kann nur der Etymologe erkennen, und im ae. *tó daeg* ist zwar wie im Got. das Wort ‚Tag' erkennbar, aber der erste Bestandteil fehlt dem Got. und dem Ahd. Das got. *weihnai* ‚geheiligt werde' ist zwar im Stamm mit ahd. as. *giwîhit sî* verwandt, ist aber in der Form ganz anders gebildet. Trotz spürbarer Verwandtschaft steht hier also das Gotische den westgermanischen Sprachen doch einigermaßen fern.

Deutlicher noch zeigt sich die Sonderstellung des Gotischen in einigen Wörtern und Wortbildungen. Wo im As. Ae. Ahd. *rîki, rîce, rîhhi* steht, hat das Got. einmal *thiudangardi* ‚Königreich' und einmal das Abstraktum *thiudinassus,* das man etwa mit ‚Königtum' wiedergeben kann. Zwar kommt das Grundwort got. *thiudans* ‚König' als *théoden* auch im Ae. vor, aber die Weiterbildungen fehlen im Ae., und im Ahd. und As. ist auch das Grundwort nicht belegt. Auch das got. *fraistubnjai,* Nominativ *fraistubni* ‚Versuchung' ist ein im germanischen Westen unbekanntes Wort. In unseren westlichen Denkmälern wird es durch ahd. *korunga, kostunga,* ae. *costnung* daneben *costung*) ersetzt, die mit ‚küren, kiesen, kosten' verwandt sind. Auch das got. *sinteins* ‚immerwährend' (in der ersten Silbe mit lat. *semper* ‚immer' verwandt) kommt im Westen nicht vor. Daß in den althochdeutschen Texten das lat. *cotidianus* teils durch *tagalîh,* teils durch *emezzîg* ‚immerwährend' (in unserem *emsig* fortlebend) übersetzt wird, bezeichnet keinen Dialektunterschied, sondern geht auf unterschiedliche gelehrte Auslegung des lateinischen Textes zurück.

Wir könnten, selbst anhand unserer kurzen Textproben, noch auf manche weitere Unterschiede hinweisen. Nur ein lehrreiches Beispiel sei noch angeführt. Wenn die vollen gotischen Endungen im Westgermanischen geschwächt erscheinen oder gar geschwunden sind (got. *unsaraim*: ahd. *unsarêm, unseren,* ae. *ûrum,* got. *qimai, wairthai*: ahd. *queme, werde,* ae. *cume, weorthe,* got. *lausei*: ahd. *lôsi, lôse,* ae. *lŷs*), so haben wir das einer allgemeinen Entwicklungstendenz der germanischen Sprachen zuzuschreiben. Da das Germanische den im

Indogermanischen beweglichen Akzent stets auf die erste Silbe zurückzieht und da diese Silbe durch starken Nachdruck vor den unbetonten hervorgehoben wird, werden die Mittel- und Endsilben vernachlässigt und verfallen allmählich. Am radikalsten hat sich diese Entwicklung im Englischen durchgesetzt, wo die germanischen Erbwörter heute zum größten Teil einsilbig geworden sind. Aber nicht alle Unterschiede der ahd., as. und ae. Endungen vom Gotischen lassen sich auf diese Weise erklären. Aus dem *a* in got. *wilja* kann nach den uns bekannten Lautgesetzen nicht das *o* von ahd. as. *willeo, willo* werden (wohl aber aus diesem das ae. *willa*), und nie könnte eine Abschwächung von got. *airthai* zu ahd. as. *erthu, erdo* führen. In einer Form wie ahd. *furlâzemês* statt got. *aflêtam* ist sogar ein Zuwachs festzustellen. Fälle solcher Art weisen genau wie die vorher erwähnten Unterschiede des Wortschatzes und der Wortbildung darauf hin, daß das Gotische und die westgermanischen Sprachen verschiedene Entwicklungswege gegangen sind, und der Sprachvergleicher erkennt aus der Fülle gleichartig gelagerter Fälle, daß das Gotische zu der als ostgermanisch bezeichneten Sprachgruppe, das Deutsche aber zu der westgermanischen gehört.

Westgermanische Spracheinheit

Wir haben eben auf die Sonderentwicklung einiger Flexionsendungen in den westgermanischen Sprachen hingewiesen. Vollständigkeit ist dabei nicht beabsichtigt; aber die auffälligste Erscheinung dieser Art muß doch kurz erörtert werden, obwohl sie an ‹Vaterunser›-Übersetzungen nicht zu beobachten ist. Das Indogermanische verfügte über ein sehr reich entwickeltes Formensystem beim Zeitwort (das Altgriechische spiegelt diese Verhältnisse einigermaßen deutlich wider), darunter auch mehrere Zeitformen der Vergangenheit. Die germanischen Vergangenheitsformen sind nun im allgemeinen aus dem idg. Perfekt entwickelt worden. Die entsprechenden Formen in der 2. Person der Einzahl lauten dementsprechend im Gotischen und Altnordischen auf *-t* aus, z. B. got. *halft*, an. *halpt* ‚du halfst'. Während nun in den anderen Vergangenheitsformen die westgermanischen mit den ost- und nordgermanischen Sprachen übereinstimmen, bilden sie diese 2. Person aus einer alten idg. Aoristform: ahd. *hulfi*, as. *hulpi*, ae. *hulpe, hylpe*. Das ist eine unerklärte Unregelmäßigkeit, die alle westgermanischen Sprachen gemeinsam haben, um so merkwürdiger, als sie nur bei den starken Verba vorkommt, während die sogenannten Präteritopräsentia das *-t* im Westgermanischen genauso wie der Osten und Norden bewahrt haben: ‚Du magst' z. B.

heißt im gesamten germanischen Sprachgebiet *maht*, ‚du sollst' *scalt*, ein Zeichen, daß diese regelmäßige Endung auch im Westen bekannt war.

Wichtiger und charakteristischer ist eine andere Erscheinung, die alle westgermanischen Sprachen gegenüber dem Osten und Norden verbindet, die sogenannte westgermanische Konsonantendehnung. Sie läßt sich in vielen Hunderten von Wörtern nachweisen, wenn auch der Text unserer Übersetzungen zufällig nur ein einziges Beispiel bietet. Got. *wilja* erscheint im An. in der Form *vilja*, *vili* (*v* ist wie *w* zu lesen); sämtliche ahd., as. und ae. Texte zeigen dagegen Formen mit *ll*, nämlich *willeo*, *willo*, *wille*, und im Altfriesischen lautet das Wort wie im Ae. *willa*.

Das Lautgesetz, das aus Beobachtungen wie dieser abgeleitet wird, besagt, daß in den westgermanischen Sprachen vor unmittelbar folgendem *j* jeder Konsonant außer *r* gedehnt wird; in beschränkterem Umfang können auch unmittelbar folgende *w*, *r*, *l* und vermutlich auch *m* und *n* dieselbe Wirkung haben. Da aber gerade das *j* in der germanischen Wort- und Formenbildung eine sehr wichtige Rolle spielt, bildet diese Konsonantendehnung ein sehr wichtiges gemeinsames Charakteristikum der westgermanischen Sprachen. So lautet z. B. unser heutiges Wort *bitten* ahd. *bitten*, as. *biddian*, ae. *biddan*, dagegen got. *bidjan* und an. *bidia*. Ein altes *j* im Präsens ist für den Konsonantenunterschied im heutigen *sitzen*, *gesessen* verantwortlich (vgl. as. *sittian*, *gisetan*), und ebenso lassen sich heutiges *heiß* – *hitzig*, *biegen* – *bücken*, *schöpfen* – *geschaffen* und viele andere Paare mit ungleichen Konsonanten durch Fehlen oder Vorhandensein eines alten *j* erklären.

Diese gemeinsamen Neuerungen der westgermanischen Sprachen, von denen hier nur die beiden auffälligsten erwähnt wurden, lassen mit Sicherheit darauf schließen, daß zwischen den westlichen Germanenstämmen längere Zeit hindurch eine Verkehrsgemeinschaft bestanden haben muß, an der der Norden und Osten Germaniens keinen Anteil hatten.

Nordseegermanisch

Stehen also in den genannten Erscheinungen die westgermanischen Sprachen geschlossen dem Gotischen und Nordischen gegenüber, so lassen doch schon unsere knappen Textproben erkennen, daß innerhalb des Westgermanischen das Altenglische und Altsächsische gegenüber dem Hochdeutschen gemeinsame Züge aufweisen und enger beieinanderstehen. Am auffälligsten sind in unseren Textproben die mancherlei Formen mit Nasalschwund im Ae. und As. Wo die ahd. Texte übereinstimmend mit dem Gotischen *uns* bieten, heißt es im Ae. und As. *ûs*, und für got. ahd. *unsar* steht im As. *ûsa*, im Ae. *ûre* nebst *ûrne* und *ûrum* (aus älteren *ûsre*, *ûs(a)rne*, *ûsrum*). Die Etymologie beweist durch die Verwandtschaft mit lat. *nos*, *noster*, daß das *n* in diesen Formen alt ist. Während also das Got. und Ahd. den ererbten Bestand bewahren, sind im Ae. und As. (dazu im Afries.) gemeinsame Neuerungen eingetreten.

In unserem as. Text können wir die gleiche Erscheinung noch an dem Wort *ôdrum* ‚anderen' beobachten; dies fehlt zwar in der ae. Textprobe, aber man braucht nur an das heutige engl. *other* zu erinnern, um auch hier die as. ae. Gemeinsamkeit festzustellen. Ebenso steht dem got. ahd. Zahlwort *fimf*, *finf* ‚fünf', das as. ae. afries. *fîf* gegenüber. Diese wenigen Beispiele reichen hier zur Demonstration der Lautregel aus, daß in den westgermanischen Küstenmundarten *n* (und *m*) vor den stimmlosen Reibelauten *f*, *th* und *s* ausgefallen ist, wobei der vorhergehende Vokal gelängt wurde (Ersatzdehnung). Nur vor dem vierten stimmlosen Reibelaut, dem *h* (zu sprechen wie unser *ch*) ist der *n*-Ausfall unter Ersatzdehnung in allen germanischen Sprachen durchgedrungen; daher steht noch im heutigen Deutsch die *n*-lose Form *dachte* neben *denken*: got. *thagkjan* (*gk* = *nk*) — *thâhta*, an. *thekkia* — *thâtta* (aus *thenkia* — *thâhta*) ahd. as. *thenken*, *denken* — *thâhta*, *dâhta*, ae. *thenkean* — *thôhte*. Man kann somit feststellen, daß eine Lautentwicklung, die in den anderen germanischen Sprachen nur durch das *h* bewirkt wird, also in den Anfängen steckengeblieben ist, in den Küstenmundarten konsequent weitergeführt wurde.

Als weitere Gemeinsamkeit beobachten wir an unseren ae. und as. Texten eine Pronominalform ohne *-r*: as. *wî*, ae. *wê*, wo das Ahd. *wîr* hat, entsprechend dem got. *weis*, dessen *s* sich lautgesetzlich später zu *r* wandeln mußte. Ebenso heißt ‚ihr' im As. Ae. *gi*, *ge* ohne *r*, und das Pronomen ‚er', got. *is*, ahd. *er*, wird im Ae. und As. von einem anderen Wortstamm gebildet und lautet dort *he*.

Man könnte noch viele weitere Übereinstimmungen zwischen dem Altsächsischen, Altenglischen und Altfriesischen anführen, und in vielen Fällen schließt sich auch das Niederfränkische in den Mündungsgebieten von Rhein, Maas und Schelde diesem Kreise an. Entscheidend ist dabei, daß es sich um gemeinsame Neuerungen und Abweichungen vom Ererbten handelt. Wir haben es also, genau wie bei den früher erörterten Neuerungen des Westgermanischen, gewissermaßen mit sprachlichen Moden zu tun, die sich über ein bestimmtes Gebiet ausbreiten. Das setzt aber voraus, daß dieses Gebiet in einer Verkehrsgemeinschaft vereinigt war, bis zu deren Grenzen die sprachlichen Neuerscheinungen sich ausbreiten konnten. Man wird auch leicht einsehen, daß zur Feststellung einer derartigen Gruppierung die Bewahrung des ererbten Alten nichts beiträgt; denn das Alte kann natürlich überall und unabhängig von der Nachbarschaft bewahrt werden. Nur gemeinsame Neuerungen lassen den sicheren Schluß auf sprachliche Gruppenbildung zu, und da die hier erwähnten Neuerungen deutlich auf die an den Küsten der Nordsee gesprochenen germanischen Mundarten beschränkt sind, sprechen wir heute von einer nordseegermanischen Verkehrsgemeinschaft und Sprachgruppe. FERDINAND WREDE (L H 71), der 1919 als erster auf diese Gemeinsamkeiten aufmerksam machte, nannte diese Sprachen ‚ingwäonisch', indem er sie für jüngere Zeugen der Sprache des von TACITUS erwähnten Ingwäonen-Bundes hielt. Inzwischen hat man aber, wie oben in Kapitel II erörtert, gelernt, die jüngeren, historisch nachweisbaren Völkerbewegungen als sprachbildende Faktoren zu erkennen, und wir können nicht mehr annehmen, daß sich in den oben skizzierten Neuerungen noch die Verhältnisse aus der Zeit um Christi Geburt widerspiegeln. Daher die neue Bezeichnung ‹Nordseegermanisch› und die historisch begründete Ansicht, daß diese Verkehrsgemeinschaft etwa in der Zeit vom 3. bis zum 8. Jahrhundert zu den gemeinsamen Neuerungen in den Küstensprachen führte. Wir halten also das Nordseegermanische für jünger als die westgermanische Verkehrs- und Sprachgemeinschaft, für eine Ausgliederung also. Es läßt sich allerdings nicht leugnen, aber auch nicht nachweisen, daß uralte Sonderformen, die dann wohl ingwäonisch genannt werden dürften, in den Küstenmundarten auch während der engeren westgermanischen Gemeinschaft bewahrt geblieben sein könnten.

Noch das heutige Niederdeutsch hat alte nordseegermanische Züge, z. B. die erwähnten *r*-losen Pronomina, zäh bewahrt, in vielen anderen Fällen aber sind nordseegermanische Spracheigentümlichkeiten, die das Altsächsische noch zeigt, seither ausgemerzt worden. Als etwa drei Jahrhunderte nach der Niederschrift des ‹Heliand› die Texte wieder einsetzen, hat die Mundart sich stark gewandelt. Die Formen *ôthar, ôdrum* des ‹Heliand› z. B. finden sich nirgends mehr, überall heißt es *ander, anderen.* Viele Beispiele ähnlicher Art sind Anzeichen, daß das Niederdeutsche sich aus der nordseegermanischen Gemeinschaft gelöst hat. Formen wie *ander* können nur aus hochdeutschem Bereich stammen und beweisen, wie weit in der Zwischenzeit die Eindeutschung fortgeschritten ist. Die sprachlichen Auswirkungen des Überganges aus einer Verkehrsgemeinschaft in die andere werden hier deutlich wahrnehmbar.

Der bisherige Vergleich hat gezeigt, daß das Hochdeutsche viele Erscheinungen mit allen germanischen Sprachen gemeinsam hat; ferner sind im Hochdeutschen Neuerungen zu erkennen, die in sämtlichen westgermanischen Sprachen durchgedrungen sind. Von der nordseegermanischen Gruppe innerhalb des Westgermanischen sahen wir es dagegen ausgeschlossen. Es fragt sich nun, ob das Hochdeutsche nur konservativ die westgermanischen Traditionen fortsetzt, oder ob es nicht auch spezifische Neuerungen gibt, die die Gruppe der hochdeutschen Mundarten deutlich aus dem Kreis der übrigen westgermanischen Sprachen herausheben.

Derartige Neuerungen sind in der Tat vorhanden. Wir sehen davon ab, daß das germanische Wort *fadar, fader,* got. as. *fadar,* ae. *fæder* in allen unseren ahd. Textproben als *fater* erscheint, germ. *d* also zu *t* geworden ist, und von einigen anderen Konsonanten- und Vokalveränderungen, die in anderem Zusammenhang erwähnt werden sollen. Nur eine einzige Lauterscheinung ist von grundsätzlicher Bedeutung, und sie genügt vollauf, dem Althochdeutschen eine Sonderstellung innerhalb der westgermanischen wie überhaupt der germanischen Sprachen zuzuweisen.

In allen abgedruckten Probetexten des althochdeutschen ‹Vaterunsers› kommt das Wort *rîhhi, rîchi, rîche* vor. Im As. lautet es *rîki,* im Ae. *rîce* (*c* ist hier wie *k* zu sprechen), und im Got. heißt es *reiki* (in unserer got. Textprobe nicht bezeugt). Wo also die anderen germanischen Sprachen den Verschlußlaut *k* bieten, hat sich im Ahd. ein Reibelaut (Spirans) entwickelt; denn die ahd. *hh, ch,* oft auch nur *h,* wie in der Probe 5 b, bezeichnen den heutigen Laut *ch,* und zwar den velaren *Ach*-Laut, nicht den palatalen *Ich*-Laut. Für diesen Lautübergang ist zwar in den Textproben *rîhhi* zufällig das einzige überall vorkommende Beispiel; aber dieser Übergang vom Verschluß- zum Reibelaut tritt lautgesetzlich fast überall ein, wo die anderen germanischen Sprachen ein altes *t, p* oder *k* bewahren, und gibt dem Hochdeutschen bis heute sein besonderes und unverwechselbares Gepräge. Es handelt sich dabei um ein Lautgesetz, das in seinen Grundzügen von Jacob Grimm aufgedeckt und als ‹zweite› oder ‹hochdeutsche Lautverschiebung› bezeichnet wurde.

Althochdeutsche Rechtschreibung

Bevor wir allerdings darauf eingehen, muß ein Problem wenigstens angedeutet werden, das dem philologisch nicht geschulten Leser erhebliche Schwierigkeiten bereitet, nämlich die Frage der althochdeutschen Orthographie. Alle im Anhang abgedruckten Textproben lassen erkennen, wie uneinheitlich die althochdeutsche Rechtschreibung ist. Die altdeutschen Schreiber standen vor der unüberwindlichen Schwierigkeit, sich der 24 Zeichen des lateinischen Alphabets bedienen zu müssen, die ganz ungeeignet waren zur Wiedergabe des völlig anders gearteten altdeutschen Lautsystems, und gerade die neuen, durch die zweite Lautverschiebung entstehenden Laute widersetzten sich besonders hartnäckig der eindeutigen schriftlichen Fixierung. Daher die vielfältigen Schreibungen für das Wort *rîchi*. In den ‹Straßburger Eiden› (Anhang I) kommt die orthographisch auffällige Form *forbrihchit* vor. Im As. würde sie *farbrikid* heißen; ahd. *hch* ist also Zeugnis für einen Vorgang der Lautverschiebung, und der Schreiber hat sich bemüht, einen Doppellaut wiederzugeben, den wir etwa durch *ch-ch* wiedergeben müßten, wenn er in unserer heutigen Sprache noch vorhanden wäre. Aber in anderen Texten könnte man auch die Schreibungen *bricchit, brihhit, brichit* finden, und immer wäre dieser Doppellaut gemeint. Man muß schon geschulter Philologe sein, um zu wissen, daß diese *hh, ch* in *brihhit* einen anderen Lautwert bezeichnen als in *rîhhi,* wo nach den Lautgesetzen (Aufgabe der Dehnung nach Langvokal, s. S. 67) nur ein einfaches *ch* gemeint sein kann. Und wenn *khorunka, chorunka* geschrieben wird, so lehren die Verschiebungsgesetze, daß in diesem Fall der Laut *kch,* eine Verbindung von Verschluß- und Reibelaut (Affrikata) gemeint ist.

Auch das Zeichen z unserer Texte ist vieldeutig. In *emezzîg, ûzzan* und *lâzzemês* ist ein gedehntes stimmloses *s* damit gemeint (etwa wie unser *ß, ss* in *Schloß, Schlösser,* aber von längerer Zeitdauer). Ungedehnt liegt dieses stimmlose *s* auch in *lâz* und *tagalîhhaz* vor. Unser heutiger z-Laut (Verbindung von *t* mit stimmlosem *s*, also eine Affrikata) ist dagegen in ahd. *zuhti* (Nr. 8) gemeint. Zur Verdeutlichung verwendet man in grammatischen Schriften, und so auch in den folgenden Beispielen, das Zeichen z zur Wiedergabe der Affrikata, zz oder *tz* zur Bezeichnung der gedehnten Affrikata (etwa = *t-ts*), dagegen ȥ und ȥȥ, um den einfachen und den gedehnten Reibelaut (unser *ß, ss*) wiederzugeben. Dagegen bezeichnet das *s* im Ahd. einen hinter der Zahnreihe (postdental) gebildeten Laut (zwischen heutigem *s* und *sch* stehend), den unsere heutige Sprache nicht mehr hat. Der Unterschied zwischen den beiden *s*-Lauten *s* und ȥ muß aber im Althochdeutschen deutlich wahrnehmbar gewesen sein; denn bei sorgfältigen Schreibern kommen niemals Verwechslungen zwischen beiden vor.

Die althochdeutsche Rechtschreibung stellt den Philologen noch vor zahlreiche weitere Probleme. Es gab eben noch keine einheitliche

Regelung, und oftmals mußten sogar die gleichen lateinischen Zeichen dazu dienen, in den einzelnen Dialekten ganz verschiedenartige Laute zu bezeichnen. So kann z. B. das Zeichen *b* je nach Dialekt bald einen Reibelaut (*v*), bald eine stimmhafte Media, bald auch eine stimmlose Lenis bezeichnen. In solchen Fällen hilft auch dem Fachmann nur die vorsichtige Anwendung von Erkenntnissen der modernen Mundartforschung auf jene längst vergangene Zeit, und vor Irrtümern ist man dabei nicht immer sicher. In jedem Kloster, wo überhaupt deutsch geschrieben wurde, entwickelten sich in althochdeutscher Zeit eigene Schreibtraditionen. Da aber die Mönche oft aus weiter Ferne kamen, brachten sie nicht selten auch ihre Schreibgepflogenheiten von weither mit. Wenn außerdem Handschriften, die man aus fremden Klöstern entliehen hatte, abgeschrieben wurden, so entstanden oft die seltsamsten Mischungen zwischen der eigenen Orthographie und der der Vorlage, wobei man natürlich auch noch etwaige Dialektunterschiede zwischen Vorlage und Abschrift zu berücksichtigen hat. Um die Ergebnisse der hochdeutschen Lautverschiebung einigermaßen verständlich zu machen, bedienen wir uns daher im Folgenden einer normalisierten Schreibung, wie sie in dieser Regelmäßigkeit in keiner einzigen althochdeutschen Handschrift verwirklicht ist.

Die hochdeutsche Lautverschiebung

Nur drei Konsonanten sind von der ahd. Lautverschiebung betroffen, nämlich die germanischen stimmlosen Verschlußlaute *p, t, k*. Daraus entstehen im Althochdeutschen regelmäßig gedehnte Konsonanten, und zwar je nach der Stellung im Wort entweder gedehnte Reibelaute (Spiranten) nämlich *ff, ʒʒ* (= nhd. *ss*) und *hh* (d. h. *ch-ch*) oder die Verbindungen von Verschluß- und Reibelaut (Affrikaten) *pf*, z (= *ts*) und *kh, ch* (= *kch*).

Steht germ. *p, t, k* im Inlaut eines Wortes nach Vokal, so entstehen die gedehnten Spiranten. Aus systematischen Gründen ist anzunehmen, daß auch im Wortauslaut nach Vokal zunächst gedehnte Reibelaute entstanden. Doch müssen diese schon vor Beginn der schriftlichen Überlieferung gekürzt worden sein; das zeigt sich orthographisch in der von Anfang an herrschenden Einfachschreibung der Spiranten im Auslaut.

Folgende Beispiele zeigen das Ergebnis der Lautverschiebung (1. im Inlaut, 2. im Auslaut nach Vokal):

germ. *p* wird zu ahd. *ff*:		1. as. *opan*	ahd. *offan* ‚offen'
		2. as. *skip*	ahd. *skif* ‚Schiff'
t	*ʒʒ*:	1. as. *etan*	ahd. *eʒʒan* ‚essen'
		2. as. *hwat*	ahd. *hwaʒ* ‚was'
k	*hh*:	1. as. *makôn*	ahd. *mahhôn* ‚machen'
		2. as. *ik*	ahd. *ih* ‚ich'

Gegenüber der Verschiebung der germ. *p, t, k* zu gedehnten Spiranten (gesprochen: *of-fan, ez-zan, mach-chôn*) sieht die Verschiebung zu Affrikaten unfertig aus. Man kann sich vorstellen, daß z. B. germ. *p* in einem langwierigen Prozeß über *ph* (behauchtes *p*, wie es heute in Norddeutschland gesprochen wird) allmählich zu *pf* und erst im Endergebnis zu *ff* geworden ist. Unter dieser Sicht darf man die Verschiebung, die nur bis zur Affrikata führt, als eine unvollständige ansehen. Sie wäre also auf halbem Wege stehengeblieben. Für diese Auffassung spricht, daß die Verschiebung von *p, t, k* zur Affrikata überall dort eintritt, wo die Stellung des Lautes im Wort der vollen Verschiebung gewisse Hindernisse entgegensetzt, nämlich im Anlaut (1), im In- und Auslaut nach Konsonant (2, 3) und in dem Sonderfall der Doppelkonsonanz (4). Wir führen folgende Beispiele an:

germ. *p* wird zu ahd. *pf*:		1. as. *plegan*	ahd. *pflegan* ‚pflegen'
		2. as. *kempio*	ahd. *kempfo* ‚Kämpfer, Kämpe'
		3. as. *gelp*	ahd. *gelpf* ‚Hohn'
		4. as. *skeppian*	ahd. *skeppfen* ‚schöpfen'
t	*z*:	1. as. *tehan*	ahd. *zehan* ‚zehn'
		2. as. *herta*	ahd. *herza* ‚Herz'
		3. as. *holt*	ahd. *holz* ‚Holz'
		4. as. *sittian*	ahd. *sitzen* ‚sitzen'

k *kh, ch*: (Diese Verschiebung ist nur im Süden des hochdeutschen Sprachgebiets eingetreten. Unsere heutige Schriftsprache zeigt hier überall unverschobenes *k*)

1. as. *korn*	ahd. *khorn, chorn* ‚Korn'
2. as. *dunkar*	ahd. *tunchal* ‚dunkel'
3. as. *folk*	ahd. *folch* ‚Volk, Schar'
4. as. *akkar*	ahd. *acchar* ‚Acker'

Daß die Verschiebung von germ. *t, p, k* in den Lautverbindungen *st, sp, sk* und in *ht, ft, tr* unterbleibt, sei ohne Angabe weiterer Beispiele als Ausnahme notiert.

In vielen grammatischen und sprachgeschichtlichen Darstellungen ist es üblich, auch die Veränderungen der germanischen stimmhaften Reibelaute *ƀ, đ, g* im Althochdeutschen unter dem Gesichtspunkt der zweiten Lautverschiebung zu betrachten. Diese Laute können im Althochdeutschen, je nach dem Dialekt, in sehr verschiedener Gestalt auftreten, das alte *ƀ* (dem *v* in *Vase* ähnlich) als *b, p, v* oder *f*, das *đ* (wie *th* in engl. *that) als d* und *t*, das *g* (stimmhafter *Ach*-Laut) als *g, k* und *ch*. Aber einerseits gehen parallele Lautentwicklungen weit über das hochdeutsche Sprachgebiet ins Westgermanische hinaus, anderseits sind einige dieser Lautwandlungen auf das Bairische und Alemannische beschränkt und haben selbst in diesen Dialekten nur zeitweise Gültigkeit gehabt. Es ist daher vorteilhafter, diese untypischen und schwankenden Lautänderungen nicht unter dem Begriff ‹Lautverschiebung› mitzuerfassen. Man betrachtet sie besser unabhängig davon als Erscheinungen eigener Art.

Überhaupt ist die gemeinsame Behandlung der germ. *p, t, k* und der mißverstandenen germ. *b, d, g* (statt *ƀ, đ, g*; der spirantische Charakter dieser Laute wurde erst spät erkannt) nur aus der Geschichte der germanistischen Wissenschaft zu erklären. Denn die Tenues *p, t, k* und die Mediae *b, d, g* (aber nicht nur diese beiden indogermanischen Lautreihen) wurden schon von der ersten germanischen Lautverschiebung betroffen. Daher glaubte man, unter dem von Jacob Grimm geprägten Begriffswort ‹erste und zweite Lautverschiebung› zweimal einen gleichartigen Vorgang erkennen zu sollen.

Aber schon die Bezeichnung ‹Lautverschiebung› ist unglücklich. Zahlreich sind die Lautveränderungen in der Geschichte aller Sprachen. Dagegen erweckt der nur auf die germanischen Sprachen und hier nur auf eine einzige von vielen Veränderungen angewandte Ausdruck ‹Verschiebung› den Anschein, als handle es sich um eine ganz einzigartige Erscheinung. Vor allem aber behindert die gemeinsame Bezeichnung die Einsicht, daß die germanische und die althochdeutsche Lautverschiebung ihrem Wesen nach zwei völlig verschiedene Erscheinungen sind. In der germanischen Lautverschiebung, einschließlich der durch Verner's Gesetz erklärten Ausnahme, wird immer ein indogermanischer Konsonant durch einen einzigen germanischen ersetzt, und zwar unabhängig von der Stellung des Konsonanten im Wort. In der althochdeutschen Lautverschiebung dagegen entstehen aus dem einfachen germanischen Konsonanten regelmäßig gedehnte oder gedoppelte Konsonanten, noch dazu in zwei durch ihre Artikulationsart klar geschiedenen Reihen. Man kann diesen wesentlichen Unterschied zwischen der ersten und der zweiten Verschiebung nicht deutlich genug betonen, um der romantischen Vorstellung entgegenzuwirken, daß eine urgermanische

Entwicklung sich am konsequentesten im Althochdeutschen fortgesetzt habe. Will man die althochdeutsche Lautverschiebung überhaupt in einen größeren Zusammenhang stellen, so darf man eher an die westgermanische Konsonantendehnung erinnern. Wenigstens im Ergebnis, der Entstehung gedehnter Konsonanten, stimmen ja die beiden Erscheinungen überein. Trotzdem darf man auch in diesem Fall höchstens die Neigung zu gedehnten Konsonanten als westgermanische Gemeinsamkeit betrachten. Denn die westgermanische Erscheinung ist immer abhängig von dem folgenden Laut; sie tritt nur ein, wenn ein *j* (*w, r, l, m, n*) folgt, und die Artikulationsart des gedehnten Konsonanten bleibt unverändert. Die ahd. Dehnung erfolgt dagegen unter gleichzeitiger Änderung der Artikulationsart spontan bei allen alten *p, t, k,* soweit diese nicht durch die oben als Ausnahmen erwähnten Lautverbindungen (*st* usw.) geschützt sind.

Wenn man allerdings Gleichungen wie as. *slâpan, lâtan* mit ahd. *slâfan, lâȥan* betrachtet, erkennt man auch auf der ahd. Seite keine gedehnten Konsonanten. Aber der Schein trügt. Die ältesten althochdeutschen Sprachdenkmäler überliefern noch reichlich genug Formen wie *slâffan, louffan, lâȥȥan, heiȥȥan,* die den gedehnten Konsonanten beweisen, und in unseren ältesten Textproben (Nr. 5 a und b, Nr. 6) finden sich noch *flâȥȥamês, farlâȥȥêm,* während in dem – freilich sehr alten – ‹St. Galler Paternoster› (Nr. 4) und in den jüngeren Texten (Nr. 7–9) *-lâȥamês, -lâȥêm, -lâȥen* vorkommen. Der Befund ist klarer, als die knappen Proben erkennen lassen: Erst sekundär in weiterer Entwicklung wurde der gedehnte Konsonant nach Langvokal und Zwielaut (Diphthong) gekürzt; ausreichende Belege beweisen, daß auch hier durch die althochdeutsche Lautverschiebung zunächst gedehnte Konsonanten entstanden waren. Das Ergebnis der althochdeutschen Lautverschiebung war also zunächst durchaus einheitlich.

Nicht ebenso einheitlich allerdings ist ihre geographische Verbreitung über das hochdeutsche Sprachgebiet. Die Lautbewegung entstand im Süden, und zwar, wie Walther Mitzka neuerdings mit sehr einleuchtenden Gründen behauptet hat, bei den Alemannen. Was er als Ursache ansieht, ‹ein sprachliches Selbstbewußtsein›, nämlich ‹die Emphase der Kriegersprache in erfolgreicher Landnahmezeit› (LH 88, S. 2), bleibe unerörtert. Einleuchtender als solche ‹affektische Lautänderung› scheint doch die Annahme einer Substratwirkung, d. h. Umwandlung der germanischen Laute im Munde einer im Lande verbliebenen Vorbevölkerung. Dafür, daß Eroberer sich später solchem Wandel anbequemen, gibt es mehr Beispiele, und auch diese Substrattheorie würde auf Entstehung der Lautverschiebung bei den Alemannen deuten (die Langobarden scheiden nach

Mitzkas guten Gründen als Urheber aus); denn die Baiern sind ja erst spät und dann in menschenleere Räume eingerückt, in denen kein Substrat auf ihre Sprache einwirken konnte. Jedenfalls betont Mitzka mit Recht, daß der alemannisch-bairische Gesamtraum viel zu groß sei, als daß die Lautverschiebung darin überall gleichzeitig und spontan hätte entstehen können. Sie hat sich früh im alemannischen Kerngebiet ausgebildet und ist von dort, wofür Mitzka Beweise bringt, in die alemannischen Randgebiete, zu den Baiern und nur teilweise zu den Langobarden vorgedrungen.

Die weite fränkische Landschaft verhielt sich uneinheitlich. Sicher ist, daß die Lautverschiebung von Süden her aufgenommen wurde und sich in langsam abnehmenden Wellen nach Norden ausbreitete, bis sie an der ‹Benrather Linie› zum Stillstand kam. Das ist die Linie, oder besser ein bald schmälerer, bald breiterer Grenzgürtel, der die nördliche, unverschobene Form *maken* von der südlichen, verschobenen *machen* trennt. Mit der Grenze für *maken/machen* fallen auch die Grenzlinien für *lopen/laufen* und *Water/Wasser* nahezu zusammen. Da also die drei wichtigsten Merkmale der Lautverschiebung hier auslaufen, gilt die Benrather Linie als die Scheide zwischen Hoch- und Niederdeutsch; denn das besondere Charakteristikum des Niederdeutschen ist es, daß es an der Lautverschiebung nicht teilnimmt. In dieser Hinsicht ist also die Eindeutschung des Sächsischen nicht erfolgt. Die Linie verläuft (alle genannten Orte liegen südlich von ihr auf hochdeutschem Sprachgebiet) von Eupen über Aachen, Linnich, Grevenbroich, Benrath, Siegen, Kassel, Nordhausen, Dessau, Wittenberg, Frankfurt an der Oder, Birnbaum an der Warthe, Elbing; auf niederdeutschem Boden, nördlich der Linie liegen Erkelenz, Neuß, Düsseldorf, Solingen, Magdeburg, Küstrin und Königsberg.

Bei der Diskussion dieser Sprachscheide bewährt sich die Annahme einer einstigen nordseegermanischen Sprachgruppe. Fragt man nämlich nach den Gründen, warum die Lautverschiebung gerade an dieser Benrather Linie auslief, so ist trotz gewisser Einwendungen, die erhoben werden, die einleuchtendste Erklärung die, daß hier die alte Stammesgrenze der Sachsen verlaufen sei und daß die Sachsen sich der Lautverschiebung widersetzt hätten. Diese Erklärung ist allerdings nicht umfassend genug; denn in ihrem westlichen Teil durchtrennt die Linie altes fränkisches Stammesgebiet, das niemals sächsisch war. Bedenkt man jedoch, daß die Franken des Rheinmündungsgebiets nordseegermanischer Herkunft waren, so darf man für ihre Nichtbeteiligung an der Lautverschiebung ähnliche Ursachen wie bei den Sachsen vermuten.

Freilich stehen die alten Stammesgrenzen nicht fest, und erst recht nicht die der hypothetisch erschlossenen Nordseegemeinschaft. Aber man kann auch an anderen Stellen nicht umhin, diese alten Grenzen als bis heute wirksame Mundartscheiden anzusehen, und ungefähr jedenfalls scheint der Verlauf der Benrather Linie mit der alten Sachsengrenze zusammenzufallen (wobei der ostelbische Verlauf der Linie auf später erworbenem Kolonialboden außer Betracht bleibt). Daß sich in Einzelfällen ein Vorschieben der Linie nach Norden noch in relativ neuer Zeit nachweisen läßt, ist kein Gegenbeweis; hier haben wir es mit sekundären Einwirkungen der spätmittelalterlichen Territorien zu tun. Das gilt z. B. von der sogenannten ‹Ürdinger Linie›, der *ik/ich*-Linie, die heute nördlich von Krefeld, Ürdingen und Solingen verläuft, bis sie sich bei Olpe mit der Benrather Linie vereinigt. Hier ist aus territorialen Gründen eine vereinzelte hochdeutsche Wortform im späten Mittelalter weit in das niederdeutsche Gebiet hinein vorgeprellt.

Nur südlich der Benrather Linie zeigten sich also die fränkischen Mundarten aufnahmebereit für die Lautverschiebung. Ziemlich rückhaltlos wurden die neuentstandenen Reibelaute *ch*, *(f)f*, (ʒ)ʒ aufgenommen, wenn sich auch nach Norden hin die Ausnahmen, d. h. die Bewahrung unverschobener Formen, mehren. Von den Affrikaten dagegen fand nur das *z (ts)* allgemeine Verbreitung. Man erklärt das damit, daß die Laute *ch*, *f*, ʒ und z im Fränkischen auch vorher schon vorhanden waren, es also lautlich keine Mühe machte, sie auch in neue Wortzusammenhänge einzuführen. Die Affrikaten *pf* und *kch* (letztere von geringerer Wichtigkeit, da selbst für das Alemannische und Bairische nicht durchaus typisch) kamen dagegen im Fränkischen nicht vor, und daher wurden sie auch nicht vom Süden her aufgenommen. Hier gibt es allerdings eine wichtige Ausnahme: Der ostfränkische Dialekt zaudert nicht, auch das *pf* zu übernehmen. Die *appel/apfel*- und die *pund/pfund*-Linie trennt das Alemannische und Bairische mit dem Ostfränkischen von den fränkischen Mundarten an Rhein und Mosel. Die *appel/apfel*-Linie verläuft heute etwa an der Nordgrenze des Elsaß, überschreitet hart südlich von Speyer den Rhein, bei Heidelberg den Neckar und unterhalb von Miltenberg den Main; dann zieht sie sich nach Norden auf den Thüringer Wald zu. Mag sie sich auch im Laufe der Jahrhunderte um ein weniges nach Norden vorgeschoben haben, so galt doch in dem weiten Gebiet am oberen Main rund um Würzburg auch schon in althochdeutscher Zeit das verschobene *pf*. Die rheinfränkische Mundart in Speyer, Worms und Mainz hat dagegen bis heute das unverschobene *p* bewahrt. Daß also das Ostfränkische in der Lautverschiebung mit dem Alemannischen und Bairischen geht, kann man als einen der Beweise dafür betrachten, daß diese Kolonialmundart zwar fränkisch überschichtet, nach Ursprung und Anlage aber oberdeutsch ist. Wie die Benrather Linie das Hoch- und Niederdeutsche voneinander trennt, so scheidet im hochdeutschen Bereich die *appel/apfel*-Linie das Mitteldeutsche vom Oberdeutschen. Auch hier bewähren sich uralte Stammes- und Verkehrsgrenzen, deren Verlauf im einzelnen wir freilich nicht kennen, als Mundartscheiden. Denn Bairisch, Alemannisch und Thüringisch (Ostfränkisch) sind alte Stammesmundarten, alle drei aus elbgermanischer Tradition erwachsen. Mögen sie sich auch deutlich voneinander unterscheiden, was aus der besonderen Geschichte jedes einzelnen Stammes zu erklären ist, so haben sie doch aus sehr alter Zeit gemeinsame Eigentümlichkeiten zäh bewahrt, die sie bis heute vom Fränkisch-Mitteldeutschen trennen.

Ob in der sprachlichen Gliederung des alten fränkischen Stammesgebietes noch uralte Dialektunterschiede aus der Entstehungszeit des Stammes nachwirken, bleibe dahingestellt. Die Absonderung des Niederfränkischen z. B. darf man wohl auf diese Weise erklären. Für die deutlichen Mundartunterschiede zwischen dem Mittelfränkischen um Köln und Trier und dem Rheinfränkischen um Mainz, Worms und Speyer könnten aber auch andere historische Zusammenhänge verantwortlich gemacht werden. Gewiß hat bei der Ausbildung dieser Mundarten auch die Landschaftsgestalt mitgewirkt, vornehmlich die engen, eigene Verkehrseinheiten bildenden Flußtäler und die quer zum Rhein verlaufenden Gebirgszüge, die sich als Verkehrsscheiden und damit auch als Mundartgrenzen geltend machen.

Althochdeutsche Texte als Zeugen der Mundart

Mundartforscher, die sich mit der heutigen Gliederung der deutschen Sprachlandschaften befassen, gewinnen die Grundlagen für ihre Arbeit gewöhnlich durch Fragebogen, in denen nach bestimmten Spracherscheinungen gefragt wird und die in großer Zahl an Lehrer, Pfarrer, Bürgermeister und andere Gewährsleute in dem zu untersuchenden Gebiet geschickt werden. So legt man ein möglichst engmaschiges Netz über die Sprachlandschaft. Diese indirekte Methode wird dann durch die sogenannte ‹Feldforschung› ergänzt, indem der Forscher selbst in den einzelnen Dörfern und Höfen des ihn interessierenden Gebietes Nachfrage hält. Auf diese Weise gelingt es, die Grenzlinien einzelner Spracherscheinungen zu ermitteln und in Landkarten einzutragen. Insbesonders die ‹Lautgeographie›, d. h. die Verbreitung der einzelnen Lauterscheinungen, und die ‹Wortgeographie›, also die landschaftliche Verbreitung verschiedener Wörter für die gleiche Sache (z. B. *Treppe, Stiege* und *Staffel* oder *Brunnen, Born, Pütz* und *Soot*), lassen sich sehr gut kartographisch darstellen. Auch die *maken/machen*-Linie und die *appel/apfel*-Linie, die oben erörtert wurden, sind unter Anwendung solcher Methoden festgestellt worden.

Wie diese und viele andere Trennungslinien in althochdeutscher Zeit verlaufen sind, kann man im allgemeinen nicht wissen. Aber es kommt ja nicht nur auf die Grenzen an. Mögen auch die Ränder nur unscharf erkennbar sein, so liegen doch die Kerngebiete der einzelnen Mundarten fest, und man kann die mundartlichen Spracherscheinungen auch einigermaßen sicher charakterisieren. Soweit es möglich ist, überträgt man dazu die modernen dialektgeographischen Methoden auch auf die althochdeutsche Zeit. So lehrt die Wortgeographie, daß auch damals bestimmte Wörter nur landschaftsgebunden vorkommen. Zum Beispiel ist in den im Anhang abgedruckten Übersetzungen des ‹Vaterunsers› das lat. *temptatio* ‹Versuchung› in einigen Texten durch *khorunka, chorunka, chorunga* (4, 5, 9), in anderen durch *costunga* (6, 7; vgl. ags. *costnunge* in Nr. 2) wiedergegeben. *costunga* ist ein Wort des Nordens, *corunga* ein Wort des Südens. In anderer Verteilung, aber ebenfalls zwischen Süd und Nord unterschieden, finden wir *sanctificetur* durch *giwîhit* und *giheilagôt* übersetzt.

Aber nicht jeder Text enthält Wörter, die eine geographische Unterscheidung ermöglichen, und einfacher ist es auf jeden Fall, die Mundart aus lautlichen Erscheinungen abzulesen. Denn da es eine einheitliche Rechtschreibung noch nicht gab, lassen auch die geschriebenen Texte oft die Mundart ihrer Schreiber gut erkennen. So ist in *chorunga* und *costunga*, die beide von ahd. *kiosan* ‚wählen, erproben' (vgl. unser altertümlich feierliches *erkiesen*) abgeleitet sind, nicht nur ein Unterschied der Wortbildung zu erkennen. Die Rechtschreibung verrät vielmehr auch lautliche Unterschiede. Wir betrachten nur den Anlaut. Beide Wörter beginnen mit germ. *k*, wofür im Ahd. nach lateinischem Muster oft *c* geschrieben wird. Die *kh* und *ch* einiger Texte müssen nun als *kch* verstanden und gesprochen werden, und diese Verschiebung des Verschlußlautes *k* zur Affrikata kommt nur im Alemannischen und Bairischen vor. Die Texte 4, 5 und 9 müssen also schon aus diesem Grunde oberdeutsch sein unter Ausschluß des Ostfränkischen, während die unverschobenen *k* in 6 und 7 auf fränkisch-mitteldeutsche Herkunft (in diesem Falle einschließlich des Ostfränkischen) weisen. Übrigens wird die Verschiebung zur Affrikata *kch* auch durch die uns seltsam anmutende Schreibung *qhueme* in 4 und 5 a ausgedrückt, was etwa wie *kchweme* auszusprechen ist. Die Verschiebung ist nicht vorhanden in den fränkischen Texten 6–8. Wenn allerdings der altbairische Text 5 b ebenfalls *queme* bietet, so folgt der Schreiber entweder einer fremden, fränkischen Vorlage oder er ist mit der schwierigen Orthographie nicht fertig geworden. Das Verb *queman* hat sich später zu *koman*, unserem ‚kommen', entwickelt. In den Texten 9 a und 9 b ist diese Veränderung schon eingetreten; aber wiederum beweist die Schreibung *chome*, daß *kch* gemeint ist, die Texte also oberdeutsch sind. Sonstige Unterschiede im Verhalten der einzelnen Dialekte zur Lautverschiebung, etwa die Bewahrung des germ. *p* bzw. die Verschiebung zur Affrikata *pf*, lassen sich an unseren geringfügigen Textproben nicht beobachten, sind aber – wo vorhanden – natürlich ebenfalls Hinweise auf den Dialekt des Schreibers.

Aufschlußreich ist auch die Behandlung der Konsonanten *b* und *g* in den verschiedenen Texten des ‹Vaterunsers›. In den fränkischen Fassungen 6–8 liest man z. B. *gib*, in den alten oberdeutschen Texten 4, 5 a und 5 b *kip*, in der späteren Fassung 9 b allerdings wieder *gib*. Hier haben wir es mit der sogenannten Schärfung der Medien *b* und *g* zu tun, die im Bairischen und Alemannischen vom 8. bis zum 10. Jahrhundert zu beobachten ist, später aber allmählich wieder zurücktritt. So heißt es in 5 a auch *princ* gegenüber got. *briggais* (Nr. 1; lies *bringais*), während man in fränkischen Texten nur *bringan, bring* finden würde. Das *kib* bei NOTKER (9 a) darf uns nicht täuschen. Auch seine Normalform ist *gib*. In diesem besonderen Falle ist das anlautende *k* durch ‹Notkers Anlautgesetz› bewirkt, weil nämlich am Ende des vorhergehenden Wortes ein stimmloser Laut steht. Es ist eine Besonderheit der St. Galler Rechtschreibung, und NOTKER hatte dafür ein besonders gut geschultes Ohr, daß man dort die geringfügigen Lautunterschiede in der Aussprache der *d, b, g* zu erfassen trachtete. Nach einem stimmhaften Laut klingen sie etwas weicher als nach einem stimmlosen oder im Satzanfang, und die härtere Aussprache wird gern durch *t, p, k* wiedergegeben. Vornehmlich in seinen frühen Schriften hat NOTKER, der später darauf nicht mehr besonderes Gewicht legte, diese feinen Unterschiede der Aussprache sehr sorgfältig bezeichnet. So heißt es in seinem ‹Boethius› in einer Betrachtung über die Jahreszeiten:

Taʒ er dia erda geziere mit pluomon ... Unde uuer daʒ kebe daʒ ter herbest chome geladenêr mit rîfen beren ...

(... daß er, der Lenz, die Erde mit Blumen ziere. ... Und wer das gebe, daß der Herbst beladen mit reifen Trauben komme).

Hier sehen wir die *d* und *t* (*dia, daʒ* gegenüber *ter, taʒ*) und die *b* und *p* (*beren*, aber *pluomon*), *g* und *k* (*geziere, geladenêr, aber kebe*) in strenger Regelung wechseln. Es ist dies freilich kein eigentliches Dialektmerkmal, denn so fein unterscheiden die althochdeutschen Schreiber im allgemeinen nicht. Aber es ist, wo es auftritt, ein deutlicher Hinweis auf die St. Galler Schreibtradition.

Es kann hier nicht darauf ankommen, die Dialektunterschiede oder gar die individuellen Eigentümlichkeiten von Autoren und Schreibern in allen Einzelheiten darzustellen. Nur auf gewisse Merkmale, die als Beispiele dienen mögen, sei die Aufmerksamkeit gelenkt. Da ist die Entwicklung des germ. *th* (als Reibelaut zu sprechen wie in engl. *thing*) lehrreich. Die *thu, thein, airthai, wairthai* des gotischen, bzw. des altenglischen und des altsächsischen ‹Vaterunsers› zeigen in den ahd. Textproben recht charakteristische Entwicklungen. Der Reibelaut *th* ist erhalten geblieben in *thu* des altalemannischen Textes Nr. 4, während dort *dîn, werde, erdu* schon mit *d* geschrieben werden. Nur *d* haben die altbairischen Texte 5 a und 5 b, ebenso auch der jüngere alemannische Text 9 a. Von den fränkischen Texten hat der älteste (Nr. 6) noch durchaus den Reibelaut *thu, thîn, werdhe, erthu;* so übrigens auch die ‹Straßburger Eide› (Anhang I). Der ostfränkische ‹Tatian› (Nr. 7) hat im Anlaut noch *th,* nämlich in *thu* und *thîn,* dagegen inlautend in *erdu* den Verschlußlaut; ebenso verhält sich der südrheinfränkische Otfrid (Nr. 8). Am Ende ist in allen deutschen Dialekten, auch im Niederdeutschen, der Reibelaut *th* zum Verschlußlaut *d* übergegangen. Man sieht aber an den Textproben, daß das nicht überall zur gleichen Zeit geschieht. Das Bairische hat schon in den ältesten Texten fast ausnahmslos *d,* im Alemannischen kommt in Texten des 8. Jahrhunderts noch ziemlich häufig *th* vor. Die Probe Nr. 4 ist ein gutes Beispiel aus der Übergangszeit, in der der Laut schon zum *d* geworden ist (*dîn, werde, erdu*), wo aber aus älterer Schreibgewohnheit gelegentlich noch ein *th* (wie in *thu*) auftaucht. Im Ostfränkischen ist um 825 (Nr. 7) ein deutlicher Unterschied zwischen Anlaut *th* und Inlaut *d* festzustellen, aber im Laufe des 9. Jahrhunderts setzt sich das *d* in allen Stellungen durch. An den rheinfränkischen Texten Nr. 6 und 8, die etwa 60–70 Jahre auseinanderliegen, bemerkt man deutlich den Übergang von dem noch überall geltenden Reibelaut (Nr. 6) zu einer dem Ostfränkischen ähnlichen Unterscheidung (Nr. 8). Allerdings vollzieht sich im Rheinfränkischen diese Entwicklung erst 30 bis 50 Jahre später als im Ostfränkischen, das also auch hierin dem Oberdeutschen nähersteht, und erst im 10. Jahrhundert haben die rheinfränkischen Denkmäler überall das *d,* wo einst ein germanisches *th* stand.

Diese Beispiele zeigen, wie früher schon die Behandlung der *b* und *g* im Oberdeutschen, daß man bei der Bestimmung des Dialekts oft auch die Abfassungszeit der Texte in Rechnung zu stellen hat.

So kann z. B. *thu* im 8. Jahrhundert alemannisch und fränkisch, aber kaum noch bairisch sein, von etwa 800—850 kann es ost- oder rheinfränkisch sein, nach 850 nur noch rheinfränkisch. Nach 900 haben dann alle Dialekte *du;* der Laut *d* kann fortan nicht mehr zur Unterscheidung dienen. Umgekehrt können Formen wie *kip, princ* stets nur oberdeutsch sein, aber diese Lauterscheinung tritt nur während einer verhältnismäßig kurzen Zeit auf.

Ähnliche Zeitverhältnisse lassen sich auch bei der Entwicklung der Vokale beobachten. Besonders die germanischen Langvokale und die Diphthonge erleiden im Althochdeutschen charakteristische Veränderungen. Zwar geben die aus den verschiedenen Dialektgebieten stammenden Übersetzungen des ‹Vaterunsers› zu dieser Frage kein Beobachtungsmaterial her, aber die Probe aus dem ‹Abrogans› (Anhang III) kann aushelfen. Dieser sehr alte, von einem alemannischen Schreiber aus bairischer Vorlage abgeschriebene Text zeigt z. B. noch das germanische lange *o* in *aotmot, ungafori,* hat daneben aber auch schon den Diphthong *oa* in *samftmoat, moatscaffi, witharzoami, cahroarit.* In den fränkischen Dialekten würden diese Wörter schon im 8. Jahrhundert meistens, im 9. Jahrhundert regelmäßig mit *uo* erscheinen: *ungifuori, ôd-, sanftmuot, muotsceffi, gihruorit.* Dagegen ist das *oa* des ‹Abrogans›, der noch im 8. Jahrhundert geschrieben wurde, damals Kennzeichen beider oberdeutscher Dialekte. Im Alemannischen tritt dafür im 9. Jahrhundert *ua* ein (so auch in Otfrids südrheinfränkischem Dialekt: *guato, gimyato,* Anh. II, 8), während das Bairische noch viel länger beim *oa* bleibt, das dann zu *uo* übergeht, wie im 10. Jahrhundert auch das alemannische *ua.* Im *uo* stimmen dann alle hochdeutschen Dialekte überein, während im Niederdeutschen das alte germanische *ō* erhalten bleibt.

Hier ist nicht der Raum, alle die Lautwandlungen auch nur zu erwähnen, die sich in den ersten drei Jahrhunderten der damals recht stürmisch verlaufenden deutschen Sprachgeschichte vollzogen haben, und auch auf das unterschiedliche Verhalten der einzelnen Dialekte können wir nicht weiter eingehen. Wichtig aber ist es zu betonen, daß es sich bei den meisten Lautveränderungen, wie auch bei Änderung der syntaktischen Formen und des Wortschatzes, um ‹Sprachbewegungen› handelt. Von einer bestimmten Landschaft nehmen die neuen Spracherscheinungen ihren Ausgang, und sie verbreiten sich dann allmählich weiter, wobei die wichtigeren Änderungen vor den Dialektgrenzen nicht haltmachen. Als Faustregel kann gelten: Konsonantenveränderungen treten zuerst in den oberdeutschen Mundarten auf und breiten sich nach Norden aus. Umgekehrt stellen sich Wandlungen der Vokale zuerst im Fränkischen ein, greifen im Lauf der Zeit zunächst auf das Alemannische über, und das Bairische wird davon zuletzt ergriffen. So ist es jedenfalls in der althochdeutschen Periode, im Mittelhochdeutschen liegen später die Verhältnisse verwickelter.

Oft verlieren die Neuerungen bei solchem allmählichen Vorrükken an Wirkkraft, was wir ja bereits oben S. 68 ff an der Lautverschiebung festgestellt haben, die sich nur im südlichsten Teil des hochdeutschen Sprachgebiets voll auswirkt und im Vordringen nach Norden mehr und mehr verebbt, bis sie an einer äußersten *ich/ik*-Linie überhaupt zum Stillstand kommt. Am Beispiel des *i*-Umlauts läßt sich darstellen, daß es solche Sprachbewegungen auch in nord-südlicher Richtung gibt und daß auch diese im immer weiteren Vorrücken an Stoßkraft einbüßen. Wenn wir heute zu *Gast* den Umlaut-Plural *Gäste* bilden, so geht das darauf zurück, daß in voralthochdeutscher Zeit der Singular *gast*, der Plural aber *gasti* lautete. Das *i* der Pluralendung bewirkte den Umlaut des kurzen *a* in der Stammsilbe, und so lautet die Form im Ahd. *gesti*. Durch dieses Umlautgesetz ist es auch zu erklären, wenn heute noch bei starken Verba Umlautformen neben nicht umgelauteten stehen. Es heißt *ich fahre*, aber *er fährt*, ahd, *faru* und *ferit*, welches wegen des folgenden *i* aus *farit* umgelautet wurde. Diese Umlautbewegung nun dringt von Norden nach Süden vor, und in der Textprobe aus dem ‹Abrogans› (Nr. III) finden wir noch die Endung *-scaffi* und das Partizip *analacgente* (aus *analagjante*; das *j* hat dieselbe Umlautwirkung wie das *i*). Das sind sicher noch Spuren der altbairischen Vorlage, die der alemannische Schreiber nicht beseitigte. Daraus hat sich freilich selbst im Bairischen noch im 8. Jahrhundert *-sceffi* und *analecgente* entwickelt, was dann die gemeinsame Form aller deutschen Dialekte war. Aber wir finden im ‹Abrogans› auch *farsahhit*, und in diesem Falle, vor *hh* aus germanisch *k*, tritt im Altbairischen der Umlaut niemals ein. Im fränkischen ‹Tatian› dagegen lautet das bekannte ‹Dreimal wirst du mich verleugnen› der Bibel (Matth. 26, 34) *thriio stunt forsehhis mih*, wo das gleiche Verbum den Umlaut zeigt. Es gibt im Oberdeutschen und besonders im Bairischen noch viele weitere umlauthindernde Konsonantenverbindungen, z. B. *l* und *r* mit Konsonant, und wenn es im Fränkischen *heltit* ‚er hält' und *kelbir* ‚die Kälber' heißt, so lauten die Formen im Alemannischen oft, im Bairischen stets *haltit* und *chalbir*, und in südbairischen Mundarten ist dieser Zustand bis heute bewahrt geblieben. Wie also die Lautverschiebung auf ihrem Wege von Süden nach Norden, so verliert die Umlautbewegung im Vorrücken von Norden nach Südosten an Kraft, und bis heute hat keine der beiden Sprachbewegungen das gesamte hochdeutsche Sprachgebiet völlig durchdringen können. Sucht man nach Zusammenhängen zwischen Sprache und

Geschichte, so kann man im allgemeinen sagen, daß in der althochdeutschen Periode das politische und kulturelle Übergewicht der Franken im karolingischen Reich die Ausbreitung fränkischer Spracherscheinungen auch über die anderen Mundartgebiete begünstigt hat. In späterer Zeit haben dann durch den Wechsel der Einflußzentren auch andere deutsche Sprachlandschaften ihre Wirkung auf die allmähliche Herausbildung einer allgemeinen deutschen Sprache ausgeübt. Von solcher Allgemeinheit und Einheit der deutschen Sprache ist aber die althochdeutsche Periode, in der die Stämme gerade erst beginnen, zur Nation zusammenzuwachsen, noch sehr weit entfernt.

Es scheint also ganz einfach zu sein, im Besitz der erforderlichen Sprachkenntnisse den Dialekt althochdeutscher Sprachdenkmäler zu bestimmen. Wie das aber in der Praxis oft aussieht, sei abschließend an einem instruktiven Beispiel dargestellt. In einer auf das Jahr 821 datierbaren und in Regensburg geschriebenen Handschrift findet sich unter anderem ein kleines deutsches Gebet, so kurz, daß wir es ganz hier einrücken können:

> *Truhtin god, thû mir hilp indi forgip mir gauuitzi indi guodan galaupun, thîna minna indi rehtan uuilleon, heilî indi gasuntî indi thîna guodûn huldî.*
> (Herr Gott, hilf du mir und verleih mir Verstand und guten Glauben, Liebe zu dir und rechten Willen, Heil und Gesundheit und deine gute Gnade.)

Wer die althochdeutschen Dialekte kennt, stutzt schon bei den ersten beiden Wörtern. Sie stimmen nicht zusammen. *truhtin* ist bairisch, aber *god* kann nur rhein- oder mittelfränkisch sein. In Baiern müßte man um 820 *cot* oder allenfalls *got* erwarten. Bairisch sind auch die Vorsilben *for-* und *ga-* und die *p* in *forgip* und *galaupun.* Diese Wörter müßten im Fränkischen um 820 *firgib* (ostfränkisch *forgib*) und *giloubon* lauten. Sicher fränkisch sind dagegen die *thu* und *thina,* die *d* in *god, guodan, guodun* und in *indi,* wohingegen das *t* in *gasunti* wieder nicht zum Fränkischen stimmt. Die Entscheidung zwischen Rhein- oder Ostfränkisch bringt schließlich die Form *hilp,* die mit ihrem unverschobenen *p* auf das Rheinfränkische weist. Freilich könnte diese Form auch mittelfränkisch sein, aber mittelfränkische Herkunft des Gebets kann man aus anderen Gründen ausschließen.

Was ist hier also geschehen? Sicher war es ein bairischer Schreiber, der das Gebet in Regensburg aufschrieb, und er brachte die bairischen Formen in den Text. Er begann z. B. gleich mit dem ihm vertrauten Wort *truhtin,* das im Fränkischen *drohtin* lauten würde. Aber ganz offensichtlich schrieb er aus einer Vorlage ab, und schon vom zweiten Wort an versuchte er, die Orthographie dieser Vorlage zu kopieren. Bei den Vorsilben gelang ihm das nicht, sie schienen ihm in der fränkischen Lautform wahrscheinlich gar zu fremd, und geriet er dann an ein vertrautes Wort, das er vermutlich schon oft geschrieben hatte, so verfiel er sofort in seine heimische Orthographie. Dadurch entstanden aus *giloubon* und *gisundi* seine *galaupun* und *gasunti.* Übrigens machte er beim Abschreiben wohl auch andere Fehler, wenn nicht die Vorlage bereits fehlerhaft war. Denn eigentlich müßte es heißen *rehtan giloubon* und *guodan uuilleon;* im Text sind also die Attribute vertauscht worden. Wir haben es also in dem kleinen Gebet mit der bairischen Abschrift aus einem rheinfränkischen Original zu tun, oder jedenfalls aus rheinfränkischer Vorlage. Denn auch diese kann natürlich bereits Abschrift gewesen sein.

Nur ganz wenige Originalhandschriften sind aus althochdeutscher Zeit erhalten geblieben. Von Otfrid wird ein eigenhändig korrigiertes Manuskript des Evangelienbuches in der Wiener Nationalbibliothek verwahrt. Aber auch er, der so stolz auf sein Fränkisch war, beklagt sich doch in seiner lateinischen Zuschrift an den Erzbischof Liutbert von Mainz bitter über *huius linguae barbaries,* was mit ‹die Unkultiviertheit dieser Sprache› nur unzulänglich zu übersetzen ist. Denn aus dem Folgenden geht deutlich hervor, daß Otfrid nur den Mangel einer festgeregelten Orthographie, wie der Gelehrte sie im Lateinischen und Griechischen gewohnt ist, als barbarisch empfindet. Er setzt dem Erzbischof die Schwierigkeiten auseinander, die er mit der Rechtschreibung gehabt habe, und bekennt, daß er ihrer nicht immer Herr geworden sei. Was aber ihm trotz ernster Bemühungen und sehr bewußten Strebens nicht gelang, das konnte dem großen Heer der Schreiber, wenn sie auch gelehrte Leute waren, erst recht nicht glücken. So geraten schon die Originaltexte oft recht kraus, besonders aber die Abschriften oder gar Abschriften von Abschriften, und das vor allem, wenn es dabei von einem Dialekt in den andern geht. Für diese Schwierigkeiten gibt es ein recht amüsantes Beispiel. In einer heute in Heidelberg verwahrten Otfrid-Handschrift versuchte um das Jahr 1000 ein Alemanne auf einigen frei gebliebenen Pergamentblättern ein Loblied auf den Heiligen Georg niederzuschreiben. Aber fast jedes Wort geriet ihm falsch. Mit unendlichen Mühen und unzähligen Verbesserungen quälte er sich durch 60 Langverse hindurch; dann brach er mitten im Gedicht die mühselige Arbeit mit dem Schlußvermerk *ihn nequeo Uuisolf* ab. Nach der langen Qual mit dem deutschen Text begann er hier noch einmal in deutscher Sprache. *Ih ne kan,* ‹ich kann nicht›, wollte er wohl schreiben. Aber sowie er die Vorlage verlassen hatte, kehrte er doch zu seinem viel vertrauteren Latein zurück, und das lateinische *nequeo*, das ihm offenbar ganz ungesucht in die Feder kam, ist ungefähr das einzige richtig geschriebene Wort in diesem ganzen Opus des Schreibers WISOLF. Offensichtlich machte es ihm keine Mühe, in seiner lateinischen Schul- und Klostersprache zu schreiben, dagegen stellte ihn ein Text in seiner Muttersprache vor unüberwindliche Schwierigkeiten. Das ist nun ganz gewiß ein extremer Fall; er läßt aber doch die Mühsal ahnen, unter der die frühen deutschen Texte entstanden sind. Man darf sich daher nicht wundern, wenn uns althochdeutsche Schreiber in ihrer Unbeholfenheit manchmal vor schier unlösbare Rätsel stellen.

V. ZUR SPRACHLICHEN STRUKTUR DES ALTHOCHDEUTSCHEN

Zwar geht es in diesem Buch vor allem um die innere Entwicklung der deutschen Sprache. Dennoch scheint es vorteilhaft, wenigstens ein gewisses Bild von der sprachlichen Struktur des Althochdeutschen zu geben; desto leichter wird es gelingen, auch für die innere Sprachgeschichte Verständnis aufzubringen.

Als Ausgangspunkt mögen ein paar Zeilen aus dem im Jahre 881 oder 882 gedichteten ‹Ludwigsliede› dienen. König Ludwig III., Herrscher im Westreich, fordert seine Getreuen zum Kampf gegen die Normannen auf:

Trôstet hiu, gisellion, mîne nôtstallon.
Hera santa mih god ioh mir selbo gibôd,
ob hiu rât thûhti, thaz ih hier gevuhti,
mih selbon ni sparôti, uncih hiu gineriti.
Nû willih thaz mir volgôn alle godes holdon.

Dieser Text, der allerdings leichter verständlich ist als sehr vieles in althochdeutscher Zeit Geschriebene, läßt sich fast Wort für Wort ins Neuhochdeutsche übertragen: ‹Tröstet euch, Gesellen, meine Notgefährten. Gott sandte mich her, und er selbst gebot mir, sofern es euch rätlich dünkte, daß ich hier fechten sollte und mich selbst nicht schonte (sparte), bis ich euch gerettet hätte. Nun will ich, daß mir alle Holden Gottes folgen.›

Man erkennt: Es ist ‹deutsch›, was der Dichter schreibt, nicht allzu sehr verschieden von der deutschen Sprache heutiger Zeit. Allerdings haben wir einzelne Wörter nicht mehr, die der Dichter verwendet (*nôtstallon*), oder wir gebrauchen sie in anderer Bedeutung (*gineriti* führt mit Bedeutungswandel zu heutigem *nährte, ernährte*). Auch einzelne Formen sind uns ungewohnt geworden: *gevuhti* lebt in *föchte* weiter, aber diesen Konjunktiv verwenden wir kaum noch, und *deuchte*, aus dem ahd. *thûhti* entstanden, ist völlig veraltet. Stärker ist schon der Unterschied im Gebrauch der Vorsilben zwischen damals und heute, und daß das ahd. *gi-, ge-* in Verbformen wie *gevuhti, gineriti* den Abschluß der Handlung oder auch ihren Anfang ausdrücken kann (‹daß ich zu fechten *beginne* und mich nicht schone, bis ich euch *endgültig* gerettet habe›), ist unserer heutigen Sprache fremd geworden. Sieht man aber von diesen Unterschieden ab, so ist es vor allem die schöne Klangfülle, die das Althochdeutsche aus altem Erbe noch auszeichnet. Man muß einmal Verse wie den Eingang des ‹Hildebrandliedes› voll auf sich wirken lassen (ich bezeichne die jedem Halbvers zukommenden Tonsilben durch Akzente, um das wuchtige Pathos des schwerschreitenden, gemessenen Vortrages anzudeuten):

Ik gihṓrta dat séggen
dat sih úrhḗttun aénon múotîn,
Híltibrant enti Hádubrant untar hériun twḗm.

(‹Ich hörte das sagen, daß sich Herausforderer einzeln trafen, Hildebrant und Hadubrant, zwischen zwei Heeren›). Über eine so stark verdichtete Sprachgewalt gebietet der Dichter des ‹Ludwigsliedes› nicht mehr; aber ein Abglanz davon liegt doch auch über seinem Schaffen und überhaupt über der Sprache der althochdeutschen Zeit.

Im Mittelhochdeutschen würden die oben zitierten Verse, Wort für Wort übertragen, wie folgt lauten:

Troestet iuch, gesellen, mîne nôtgestallen.
Her sante mich got joh mir selbe gebôt,
ob iu rât diuhte, daz ich hier gevühte,
mich selben ne sparete, unz ich iuch generete.
Nû wil ich daz mir volgen alle gotes holden.

An den Stammsilbenvokalen hat sich nicht allzuviel geändert; dagegen sind im Mittelhochdeutschen die Vokale aller Endungen und überhaupt nahezu aller unbetonten Silben zu einem farblosen, unbetonten *e* verblaßt. Das führt dann, da auf diese Weise viele Endungen lautlich zusammenfallen, im Mittelhochdeutschen auch zu einer gewissen Eintönigkeit des grammatischen Formensystems, von der das Althochdeutsche noch weit entfernt ist.

Aus der Formenlehre

Wie noch die heutige deutsche Sprache hat auch das Althochdeutsche ein Deklinationssystem der Substantiva mit Singular und Plural und je vier Kasus (dazu noch Überresten älterer, indogermanischer Kasus, vor allem des Instrumentalis), hat die starke und die schwache Deklination der Adjektiva und verfügt über starke und schwache Verba mit den beiden Zeitformen Praesens und Praeteritum (ahd. *quimu, quam,* nhd. *ich komme, ich kam*), die auch das heutige Deutsch und alle anderen germanischen Sprachen besitzen. Die zusammengesetzten Zeiten (Futur, Perfekt usw.) beginnen dagegen gerade erst, sich zu entwickeln, und auch die Bildung des Passivs ist bei den althochdeutschen Autoren sozusagen noch in einem Experimentierstadium, nachdem ein uraltes indogermanisches Passiv, von dem im Gotischen noch geringfügige Reste bewahrt sind, in den westgermanischen Sprachen völlig verlorengegangen war. Die Entfaltung eines neuen Systems zusammengesetzter Zeiten geschieht unter dem starken Einfluß der lateinischen Sprachstruktur, behält aber im Deutschen lange den Beigeschmack des fremdartig Ungewohnten und gelangt erst im späten Mittelalter zu der systematischen Ausgewogenheit, deren sich das Neuhochdeutsche rühmen kann.

Beim Substantiv sind im Althochdeutschen die aus dem Indogermanischen ererbten Deklinationsklassen noch deutlich an ihren verschiedenen Endungen erkennbar. Einige Beispiele sollen wenigstens einen geringen Eindruck von der Fülle geben. Zu *tag* ‚der Tag' (*a*-Deklination) lauten die Formen der vier Fälle im Plural *taga, tago, tagum, taga,* zu *gast* ‚der Gast, der Fremdling' (*i*-Deklination) *gesti, gesteo, gestim, gesti,* zu *geba* ‚die Gabe' (*ô*-Deklination) *gebâ, gebôno, gebôm, gebâ,* zu *hôhî* ‚die Höhe' (*î*-Deklination) *hôhî* oder *hôhîn, hôhîno, hôhîm, hôhî (hôhîn).* In Formen wie *sunu* ‚der Sohn' oder *fridu* ‚der Friede' sind noch Überreste der alten *u*-Deklination bewahrt, in *friunt* ‚der Freund' und *fîant* ‚der Feind' leben uralte Partizipia (‹der Liebende, der Hassende›) weiter, und die im Mittelhochdeutschen ganz eintönig gewordene schwache oder *n*-Deklination bewahrt noch deutlich in den Endungen den Unterschied der drei Geschlechter: *namon, herzun, zungûn* ‚die Namen, die Herzen, die Zungen'.

Ähnlich farbig wie die Substantiva sind auch die Adjektiva in ihren Endungen. Schon die endungslosen Formen zeigen allerhand Abwechslung, die sich aus alten Unterschieden mehrerer Deklinationsklassen erklärt, z. B. *guot* ‚gut' (*a*-Dekl.), *festi* ‚fest' (*ja*-Dekl.), *garo* ‚bereit, gar' (*wa*-Dekl.). Auch die Ableitungssilben haben noch einen vollen Klang, z. B. bei *irdîn* ‚irden', *heilag* ‚heilig', *mahtîg* ‚mächtig', *manlîh* ‚männlich'. Die starken Formen (nhd. *ein alter Mann, eine alte Frau, ein altes Buch*) lauten *altêr, altiu, altaȥ,* die schwachen (nhd. *der alte Mann* usw.) *alto, alta, alta,* und so geht es weiter in farbiger Fülle durch die vier Kasus im Singular und Plural. Für die Steigerung gibt es zwei Reihen: *lioht — liohtôro — liohtôsto* ‚hell, licht' und *suoȥi — suoȥiro — suoȥisto* ‚süß'. Das *i* der Mittelsilbe kann Umlaut bewirken, wie in *lang — lengiro — lengisto* ‚lang', und an nhd. Formen wie *länger, älter, jünger* erkennt man noch heute die Nachwirkungen der alten Steigerungsreihe mit *i.* Beide Reihen sind z. B., um dieses noch einmal zu zitieren, im ‹Hildebrandlied› verwendet. Hildebrand wird darin *degano dechisto* ‚der Liebste der Helden (Degen)' genannt, und an anderer Stelle *hêrôro man, ferahes frôtôro* ‚der ältere Mann, der Lebenserfahrenere'.

Äußerst vielfältig sind auch die Verba im Althochdeutschen gestaltet; von der ganzen Fülle der Formen auch nur annähernd einen Begriff zu geben, ist auf engem Raum unmöglich. Beim starken Verbum weisen schon die Stammformen eine viel größere Mannigfaltigkeit auf als im Neuhochdeutschen: *biotan, ih biutu, ih bôt, wir butun, gibotan* lauten sie im Althochdeutschen, wo im Neuhochdeutschen drei knappe Formen *bieten, bot, geboten* vorliegen. Viel farbiger sind auch die Personalendungen, z. B. im Präsens *faru, feris, ferit* (da das *i* Umlaut bewirkt, heißt es noch heute *ich fahre*, aber *du fährst, er fährt*), *faramês, faret, farant*. Hinzu kommt dann die Fülle der reichlich gebrauchten Konjunktivformen mit ihren *ê*- und *î*-Klängen. Durch volle Vokalklänge unterscheiden sich auch die drei Reihen der schwachen Verba sehr deutlich voneinander, etwa in *frummen* ‚fördern', *dionôn* ‚dienen' und *lernên* ‚lernen' mit den Praeterita *frumita, dionôta, lernêta*. Auf weitere Unterschiede einzugehen, fehlt hier der Raum.

Es ist eine überwältigende Vielzahl der Formen, über die das Althochdeutsche verfügt, eine Fülle, die durch die starken Dialektunterschiede bis zur Verwirrung gesteigert und deren man nur durch ein sehr sorgfältiges Studium Herr wird. Es wäre aber ein Irrtum zu glauben, daß die Vielfalt nur durch die Menge der vollen Nebensilbenvokale und ihre zahlreichen Kombinationsmöglichkeiten verursacht würde. Der übergroße Formenreichtum ist vielmehr eine Erbschaft aus indogermanischer Zeit und ist im Altenglischen, im Altsächsischen und im Altnordischen nicht weniger verwirrend als im Althochdeutschen. Nicht ganz so reichhaltig ist der Formenschatz des Gotischen, obwohl es aus älterer Zeit überliefert ist als die westgermanischen Altsprachen. Das liegt einerseits daran, daß uns im Gegensatz zu den anderen Sprachen vom Gotischen nur ein einziger Dialekt, strenggenommen sogar nur die Schriftsprache eines einzigen Mannes, nämlich des Bibelübersetzers Wulfila, überliefert ist. Wichtiger ist aber, daß das Gotische als Kolonialsprache sehr früh Vereinfachungen und Angleichungen erlebt hat, zu denen die anderen Sprachen erst sehr viel später gelangt sind.

Man muß nämlich sehen, daß sprachliche Systeme immer wieder von jüngeren Entwicklungen durchkreuzt werden und daß es oft lange dauert, bis so entstandene Unregelmäßigkeiten in neuer Systematik ausgeglichen werden. Als Beispiel diene das nhd. Verb *heben, hob, gehoben*, heute als starkes Verb mit geregeltem Ablaut und auch sonst regelmäßig gebildet. Es ist verwandt mit lat. *capere* ‚nehmen, greifen' und hat ursprünglich wie dieses ein sogenanntes *j*-Praesens (lat. *capio*, das auch als *capjo* gesprochen werden kann). Völlig regelmäßig entsteht daraus ein germanischer Infinitiv *hafjan*, wie er im Gotischen bezeugt ist. Nun muß aber nach einem bekannten Lautgesetz, dem alle germanischen Sprachen unterliegen (Verner's Gesetz) im Plural des Praeteritums statt *f* ein *b* (ursprünglich *ƀ*) eintreten, also germ. * *hôƀum*, ahd. *huobun*. Im Westgermanischen ruft ferner das *j* Konsonantendehnung hervor, dazu noch Umlaut, so daß der Infinitiv zu ahd. *heffen* wird. Die 2. und 3. Person des Praesens hat aber kein *j*, sondern ein *i*, das keine Dehnung hervorruft, wohl aber Umlaut. So entsteht dann ahd. *heffju*, *heffu* ‚ich hebe,' aber *hefis*, *hefit* ‚du hebst, er hebt'. Und nicht nur das: Das ungedehnte germ. *f* wird in althochdeutscher Zeit zu einem schwächeren Laut, geschrieben *v*. So stehen dann *heffen*, *heffu* und *hevis*, *hevit* und *huobun* als Formen des gleichen Verbs nebeneinander. Das ist in der Rückschau äußerst verwirrend, war aber der althochdeutschen Zeit selbst offenbar ganz vertraut. Dagegen hatte das Gotische schon vier Jahrhunderte vorher die Einheitlichkeit des Systems durch analogischen Ausgleich wiederhergestellt, indem dort nach dem Muster von *hafjan* auch *hôfum* mit *f* gebildet wurde.

Bei diesem Wort hat sich auch im Neuhochdeutschen die Regelmäßigkeit wieder durchgesetzt, indem der Konsonant *b* in alle Formen eingeführt wurde. Ähnliches geschah auch bei nhd. *werden*, *wurden*, wo ahd. *werdan*, *wurtun* noch unterschiedliche Konsonanten haben. Dutzende derartiger Unregelmäßigkeiten, der sogenannte ‹grammatische Wechsel› (den der dänische Sprachforscher VERNER als lautgesetzlich erklären konnte), sind im Neuhochdeutschen ausgeglichen worden, aber in *schneiden* – *schnitten*, *waren* – *gewesen* besteht die Unregelmäßigkeit bis heute. Die Folgen der westgermanischen Dehnung, die aus germ. **skapjan* – **skôpum* im Althochdeutschen *skepfen*, aber *skuofun* entstehen ließen, sind neuhochdeutsch dadurch ausgeglichen, daß zwei regelmäßige Verba entstanden, nämlich *schöpfen* – *schöpften* und *schaffen* – *schufen*, aber in nhd. *sitzen* – *saßen* aus germ. **sitjan* – **saetum*, ahd. *sitzen* – *sâzun*, besteht die Unregelmäßigkeit fort. Nach einem anderen Lautgesetz entstand ahd. *senten* – *santa*, heute noch in *senden* – *sandte* erhalten. Dagegen wurde bei dem identisch gebildeten ahd. *setzen* – *sazta* der Unterschied des Stammvokals in nhd. *setzen* – *setzte* beseitigt.

Manchmal erhalten sich demnach solche durch Lautentwicklungen verursachten Unregelmäßigkeiten durch lange Zeiträume, manchmal werden sie früher oder später beseitigt. Wann und ob überhaupt ein Ausgleich erfolgt, läßt sich niemals voraussagen. Soviel aber ist sicher: Im Gegensatz zu späteren deutschen Sprachperioden zeigt sich das Althochdeutsche fast unempfindlich gegen solche Unregelmäßigkeiten. Auch das trägt sehr viel zu seiner erstaunlichen Formenfülle bei.

Der befremdliche Eindruck einer fast undurchschaubaren Vielfalt des Althochdeutschen wird noch erheblich verstärkt durch die ungemessene Zahl neuer, kühner Wortbildungen, die allenthalben in den überlieferten Texten auftauchen. So wird die Beschäftigung mit jedem einzelnen Sprachdenkmal stets von neuem zu einem philologischen Abenteuer, und die Wissenschaft ist noch weit entfernt von der Lösung aller sprachlichen Probleme, die die althochdeutsche Überlieferung ihr aufgibt. Es sei nur an die oben S. 51 erwähnten neun verschiedenen Übersetzungen des lateinischen Wortes *misericordia* erinnert und daran, daß dies nur eine Auswahl aus einer noch größeren Zahl von Übersetzungsversuchen ist. Die Bildungen auf *-î, -în, -ida, -nissa,* die darin vorkommen, sind formal erklärbar, obwohl auch in dieser Beziehung Erkenntnislücken noch zu schließen sind. *Miltida* z. B. ist ganz regelrecht von dem Adjektiv *milti* gebildet. Man nennt das eine Ableitung. Wie aber kommt es zu *gabarmida?* Hier besteht kein Adjektiv, von dem es abgeleitet sein könnte. Die Geschichte derartiger Sprachentwicklungen läßt sich freilich erforschen. In diesem Falle z. B. muß eine analogische Übertragung der Ableitungssilbe auf neue Gruppen von Stammwörtern oder von Wortstämmen vorliegen, und durch sorgfältige Einzeluntersuchung kann man sich über den Gang der Entwicklung Klarheit verschaffen. Anders steht es um die Ermittlung der durch solche Wortbildungen ausgelösten Empfindungswerte. Wie reagiert das althochdeutsche Sprachgefühl auf Bildungen wie *miltida* und *miltnissa*? Neu gebildet sind beide Formen. Klang etwa die eine vertrauter, ‹deutscher› als die andere? Oder waren beide dem unverfälschten Sprachgefühl gleich fremd? Waren es papierene, gelehrte Wörter, nur entstanden unter dem Zwang, einen lateinischen Begriff in deutscher Sprache wiedergeben zu müssen, oder lag ihre Schaffung so nahe, daß niemand sie beanstanden konnte? Auf den ersten Blick scheint die Übersetzung von *misericordia* durch das schon eingebürgerte Wort *ginâda* ungezwungener. Aber die Sprachentwicklung ist auch darüber hinweggegangen. Diese scheinbar glücklichere Übersetzung scheiterte vermutlich daran, daß das alte Wort zum Ausdruck der neuen Bedeutung nicht hinlänglich geeignet war. Weshalb sich schließlich die im Althochdeutschen überhaupt noch nicht vorkommende Wortbildung *Barmherzigkeit* und der substantivierte Infinitiv *Erbarmen* durchgesetzt haben, ist schwer zu erkennen. In diesem und in jedem ähnlich gelagerten Fall ist einerseits an Auswahlvorgänge innerhalb der alltäglichen Volkssprache zu denken, worüber die schriftliche Überlieferung nur in den seltensten Fällen Aufschluß gibt. Soweit es sich um Wörter christlichen Gehalts handelt, darf insbesondere auch an den sprachbildenden Einfluß bedeutender Prediger gedacht werden. Anderseits muß man die literarische, also schriftsprachliche Wirkung besonders weit verbreiteter Werke in Erwägung ziehen. Doch ist es in den seltensten Fällen möglich anzugeben, warum die Entscheidung gerade so und nicht anders ausfiel.

Mit den *Misericordia*-Übersetzungen haben wir nur ein vereinzeltes, willkürliches Beispiel herausgegriffen. Es kann aber ohne Übertreibung gesagt werden, daß Tausende von lateinischen Wörtern im Althochdeutschen nicht ihr genaues Äquivalent hatten und daher neue deutsche Wortbildungen herausforderten. Jeder beliebige althochdeutsche Übersetzungstext ist voll davon. Es ist nicht erforderlich, die unübersehbare Zahl der Wortbildungsversuche und -möglichkeiten systematisch darzustellen; doch wird eine auswählende Übersicht über besonders häufig vorkommende Typen der ahd. Wortbildung willkommen sein.

Wenig auffällig, ja fast nicht als Neuerung in Erscheinung tretend, ist die Bildung von neuen Komposita. Wenn z. B. zu dem Substantiv *rîhhi* ‚das Reich' ein Kompositum *erdrîhhi* längst eingebürgert ist, so kann eine Neubildung von *himilrîhhi* zur Übersetzung von lat. *regnum caelorum* ‚das Reich der Himmel' niemand befremden. Die zwanglose Bildung von Zusammensetzungen ist ein aus dem Indogermanischen ererbter Zug, den die germanischen Sprachen z. B. mit dem Altindischen und Altgriechischen gemeinsam haben und der vor allem im Deutschen bis heute ein ungemein beliebtes Mittel zur Bildung neuer Ausdrücke ist. Schon die germanische Dichtersprache und dann zu allen Zeiten die Sprache der deutschen Dichter hat gern von diesem Mittel Gebrauch gemacht. Kein Wunder, daß gerade auch gute, sprachempfindliche althochdeutsche Übersetzer gern Komposita verwenden. Es macht keinen Unterschied, ob lat. *oratorium* durch ahd. *betahûs* ‚Bethaus' (eigentlich ‚Bittehaus'), ein vielleicht schon länger eingebürgertes Wort, oder graeco-lat. *thus* durch *wîhrouch* ‚Weihrauch' (eigentlich ‚heiliger Rauch'), eine sichere Neubildung, übersetzt wird. Beide Wörter entsprechen dem deutschen Sprachgefühl und fügen sich unauffällig in den Wortschatz ein. Wenn lat. *orbis terrarum* ‚Erdkreis' durch *mittingart* oder *mittilgart* wiedergegeben wird, so ist das keine genaue Übersetzung; hier wird ein altgermanisches Wort, welches das Mittelreich zwischen Himmel und Unterwelt bezeichnet, umgemünzt. Es ist aber seiner Bildung nach ein Kompositum und eignet sich daher formal recht gut zur Wiedergabe des komplexen lateinischen Ausdrucks. NOTKER versucht anstelle des mit heidnischen Vorstellungen belasteten Wortes die Neubildungen *erdring* und *werltring*, heutigem Sprachgefühl befremdlich, weil wir *orbis* nicht mehr mit *Ring*, sondern mit *Kreis* übersetzen, einem mit *kritzeln* verwandten Wort, das in althochdeutscher Zeit noch ‚Umriß' bedeutet. Bei NOTKERS Zeitgenossen um das Jahr 1000 dagegen konnten *erdring* und *werltring* ‚Weltkreis' als ganz natürliche Wortbildungen nicht den mindesten Anstoß erregen.

Selten freilich fügt es sich, daß lateinische Ausdrücke auf eine so elegante Weise übertragen werden können. Im Gegensatz zu den germanischen Sprachen hat das Lateinische mit seinen romanischen Tochtersprachen die andere im Indogermanischen bereits angelegte Möglichkeit der Wortbildung durch Ableitung sehr stark ausgebaut. Das eben erwähnte lat. *oratorium* ist abgeleitet von dem Verbum *orare* ‚beten, reden'. Ableitungen davon sind aber auch *oratio* ‚das Gebet, die Rede' und *orator* ‚der Redner'. Da diese Substantiva von Verba stammen, werden sie in der Philologie als Verbalabstrakta bezeichnet. Ebenso heißt *dignitas* ‚Würde', weil vom Adjektiv *dignus* ‚würdig' abgeleitet, ein Adjektivabstraktum. Das Wort ‚abstrakt, Abstraktum' wird also philologisch nicht in dem gleichen Sinne wie im philosophischen Sprachgebrauch als Gegensatz zu ‚konkret' verwendet. Aber es fügt sich, daß sehr viele lateinische Wörter auch in diesem letzteren Sinne Abstrakta sind, und daran war das Althochdeutsche wie alle germanischen Altsprachen ausgesprochen arm. Daher die ungeheure Schwierigkeit, lateinische Vorstellungen und Begriffe angemessen ins Deutsche zu übertragen.

Ein gutes Beispiel findet sich in den im Anhang II abgedruckten Übersetzungen des ‹Vaterunsers›. Da war das Wort *debitor* ‚Schuldner' zu übersetzen, im Lateinischen abgeleitet von dem Verbum *debere* ‚sollen, schulden', wozu auch *debitum* ‚die Schuld' (eigentlich ‚das Geschuldete') gehört. *Sicut et nos dimittimus debitoribus nostris* (‚Wie auch wir unseren Schuldnern vergeben') heißt es in der ‹Vulgata›. Recht bezeichnend ist nun das Verhalten der beiden poetischen, frei nachschaffenden Texte. Im ‹Heliand› (II, 3) steht *al sô wê ôdrum mannum doan* (‚ganz wie wir andern Menschen tun'), und OTFRID (II, 8) läßt den Hinweis auf die *debitores* ganz beiseite: *sô wir ouh duan wollen* (‚wie wir auch tun wollen'). Am Rande sei bemerkt, daß beide Dichter die Wiederholung des *dimitte*: *âlât* (Hel.), *bilâz* (Otfr.) ‚vergib' vermeiden, indem sie das Verb durch *duan* ‚tun' wiederaufnehmen, wie es heute noch üblich ist. Darin setzen wir also eine sehr alte Ausdrucksgewohnheit fort. Wichtiger ist in unserem Zusammenhang, daß in beiden Texten *debitor* nicht übersetzt wird. Die sprachempfindlichen Dichter scheuen sich vor einem künstlich gebildeten Wort. Die Übersetzer dagegen sind eng an ihre Vorlage gebunden; sie sind gezwungen, für lat. *debitor* einen angemessenen Ausdruck zu finden. Die Texte 5 a, b und 6 verwenden dazu das Wort ahd. *scolo*, das auch schon in got. *skula* (II, 1) vorliegt und von *sculan* ‚sollen' abgeleitet ist. Die Texte 4, 7 und 9a substantivieren lieber das Adjektiv *sculdîg*, sagen also ‚den uns Schuldigen' (4) oder ‚unseren Schuldigen' (7, 9a). Seltsam mutet das *scolâre* in 9b an. Hier ist das alte *scolo* in die modernere Ableitung auf ahd. *-âri*, mhd. *-aere*, nhd. *-er* umgewandelt und seiner Bildung nach müßte man *scolâre* durch *der Soller* nachahmen, d.h. ‚einer der soll, der schuldet'.

Man könnte vermuten, daß ahd. *scolo* ein schon veraltendes und deswegen von manchen Übersetzern gemiedenes Wort wäre. Daß es aber auch in dem sehr alten St. Galler Text (II, 4) fehlt, spricht gegen solchen Verdacht. Eher ist es ein neu gebildetes Wort der gotischen Bibelsprache, das in den oberdeutschen Dialekten bekannt, aber nicht recht heimisch wurde. Jedenfalls lehrt der Gesamtbefund, daß die Übersetzung durch ein substantiviertes Adjektiv dem althochdeutschen Sprachempfinden angemessener schien, obwohl auch *sculdîg* ein erst neu gebildetes Wort ist. Ganz Ähnliches beobachtet man nämlich, um nur noch dieses eine Beispiel anzuführen, bei der Wiedergabe des vom Verbum *peccare* ‚sündigen' abgeleiteten Substantivs *peccator* ‚Sünder': *suntîg man* ‚sündiger Mensch' oder die substantivierten Formen von *suntîg* ‚sündig', bei Dichtern auch *unwerd* ‚unwürdig' oder *firdân* ‚verworfen', müssen zur Übersetzung von *peccator* dienen. Die erste Bildung eines Substantivs, nämlich *sundâre* (es müßte ahd. **suntâri* lauten), mhd. *sündaere*, nhd. *Sünder*, taucht erst an der Wende zur mittelhochdeutschen Zeit in deutschen Glossen zu Notkers ‹Psalmen› auf, während der äußerst sprachbewußte Notker selbst nur *sundig* und *sundig man* verwendet.

Man darf sich durch die sehr große Anzahl von althochdeutschen Substantiva auf *-âri* (z.B. *scrîbâri* ‚Schreiber', *trinkâri* ‚Trinker', *huotâri* ‚Wächter, Hüter', *gartâri*, *gartenâri* ‚Gärtner') nicht irreführen lassen. Sie sind alle durch lateinische Vorbilder provoziert. Sogar das Suffix *-âri* selbst ist nach vorherrschender Ansicht aus lat. *-arius* entlehnt; es wird aber auch schon im Gotischen zur Bildung neuer Wörter benutzt (z.B. got. *laisâreis* ‚Lehrer', *bôkâreis* ‚Buch-, Schriftgelehrter'). Im Althochdeutschen wird es zunächst mit Zurückhaltung verwendet, aber bald produktiv, d.h. in zunehmendem Maße zur Bildung neuer Wörter herangezogen. Umgekehrt veraltet die Bildungsweise auf *-o* wie in *scolo*. Sie wird unproduktiv, nachdem in älterer Zeit sehr viele Substantiva so gebildet worden waren. *Skenko* ‚(Mund)schenk', *ferio* ‚Ferge, Fährmann', *boto* ‚Bote' und manche andere Wörter dieses Typs haben sich bis heute erhalten. Andere wie *forasago* ‚Prophet (Vorhersager)', *êwarto* ‚Priester', *manslago* ‚Totschläger' sind untergegangen, wieder andere, wie *hloufo* ‚Läufer', *trinko* ‚Trinker', *widarsacho* ‚Widersacher', haben wie *scolo*, das durch *scolâre* ersetzt wurde, schon in spätalthochdeutscher Zeit das modernere Suffix *-âri* angenommen. Aber so altertümlich die Wörter auf *-o* wirken mögen: man darf sich auch hier nicht täuschen lassen und hat in jedem einzelnen Fall zu prüfen, ob es nicht doch erst unter lateinischem Einfluß neu gebildet worden ist.

Dasselbe gilt auch für andere, seltenere und noch altertümlichere Bildungsweisen. Wörter wie *tregil* ‚Träger', *grebil* ‚Gräber', *butil* ‚Bote, Büttel' können ererbt, können aber auch nach altheimischem Muster zur Übersetzung lateinischer Wörter neugebildet sein. Das hochaltertümliche *leitid* ‚Leiter, Führer' scheint einheimisch zu sein, aber das genauso gebildete *sceffid* ‚Schöpfer' ist erst unter Einfluß von lat. *creator* entstanden.

Vielfältig sind auch die Möglichkeiten zur Bildung von Adjektivabstrakta. Die einfachste und im Althochdeutschen weitverbreitete Art ist die Substantivierung durch *-î* (in ältester Zeit *-în*), das an den Stamm des Adjektivs gefügt wird. Zu *hôh, breit, milti* entstehen so die Substantiva *hôhî, breitî, miltî*, die heute noch als *Höhe, Breite, Milde* vorhanden sind. Aber auch mit dem Suffix *-ida* werden Adjektivabstrakta gebildet. Zu *frao* (Stamm *fraw-*) ‚froh' entsteht *frawida* oder mit Umlaut *frewida*, das heutige *Freude*, das also — um eine vergleichbare Wortbildung anzuwenden — etwa als ‹Frohheit› zu deuten ist. Nicht ganz so beliebt, doch häufig genug ist auch die Substantivierung durch *-nissa* (mit den Nebenformen *-nissi, -nessi, -nussi* und — in Kombination mit *-ida* — *-nussida*). Das oben erwähnte *miltnissa* ist in dieser Weise aus dem Adjektiv *milti* gebildet. Zu *berht, beraht* ‚hell, glänzend' entsteht nach dem Vorbild von lat. *clarus: claritas* ein Substantiv *berahtnissi* ‚Glanz'. Aber auch *berhtî* kommt vor, wie zum Adjektiv *milti* alle drei Bildungsmöglichkeiten, nämlich *miltî, miltida* und *miltnissa* verwirklicht worden sind. Eine Regel, wann die eine, wann die andere vorgezogen wird, ist nicht zu entdecken. Neubildungen sind diese Substantiva fast alle, und für die Wahl des einen oder des anderen Ableitungs-Suffixes scheint neben dem Sprachgefühl des Übersetzers die Tradition der Schreibstube, in der er arbeitet, und der Klosterschule, die er besucht hat, maßgebend zu sein.

Berufs- und Täterbezeichnungen (Nomina agentis), mit denen wir uns eingangs beschäftigten, scheinen im Germanischen wenig üblich gewesen zu sein; man bevorzugte anscheinend die verbale Ausdrucksweise. Adjektivabstrakta waren wenigstens mit germanischen Sprachmitteln leicht zu bilden und können germanischen Ohren kaum fremd geklungen haben, wenn auch der stärkste Strom dieser

Neubildungen erst unter lateinischem Druck zu fließen begann. Eine dritte Gruppe von Ableitungen endlich, die aus Verba gebildeten Handlungssubstantiva (Nomina actionis) waren im Germanischen fast ebenso beliebt wie im Lateinischen. Besonders häufig sind die von starken Verba abgeleiteten Substantiva auf *-t*, also der Typ ahd. *fart* zu *faran* (,Fahrt, fahren'), *gift* zu *geban* (,Gabe, geben', vgl. *Mitgift*), *fluht* zu *fliohan* (,Flucht, fliehen'). Diese Substantiva gehören zur *i*-Deklination und wurden im Germanischen mit dem im Althochdeutschen nicht mehr erkennbaren Suffix *-ti* gebildet; man bezeichnet sie daher als *ti*-Abstrakta. Ob diese Bildungsweise im Althochdeutschen noch produktiv war, ist schwer zu entscheiden. Vermutlich war eine Produktivität hier gar nicht mehr erforderlich, weil die starken Verba schon seit germanischer Zeit ihr Substantiv auf *-ti* neben sich hatten. Ein ahd. *ginist* ,Heil, Rettung' könnte zu *ginesan* gebildet sein, um lat. *salvatio* zu übersetzen; aber es hat schon eine Parallele in got. *ganists*. Sind also Wörter dieser Art neugebildet, so fügen sie sich doch reibungslos dem heimischen Sprachgebrauch ein.

Anders steht es mit den Abstraktbildungen zu schwachen Verba; sie sind in germanischer Zeit kaum üblich gewesen und werden im Althochdeutschen fast immer erst unter dem Zwang des Lateinischen neugebildet. So entstehen zahlreiche Substantiva auf *-unga*, wie *bredigunga* ,Predigt' zu *bredigôn* ,predigen' nach dem Muster von lat. *praedicare: praedicatio*. Aus den althochdeutschen Übersetzungen des ‹Vaterunsers› gehören *korunga* und *kostunga* ,Versuchung' hierher, die von *korôn* und *kostôn* abgeleitet sind wie das lateinische Vorbild *temptatio* von *temptare*. In aller Regel werden diese Substantiva auf *-unga* nur von schwachen Verba gebildet. Ob sie althochdeutschen Ohren vertraut oder ungewohnt klangen, ist nicht zu ermitteln. Wenn aber die meisten dieser Bildungen bald in Vergessenheit gerieten (ahd. *manunga*, unser *Mahnung*, ist eine seltene Ausnahme), so werden sie nicht gerade volkstümlich gewesen sein. Man konnte sie jedoch bei Bedarf, wie es heute noch der Fall ist, jederzeit leicht bilden. Wo aber gar unter dem Zwang des Lateinischen solche Bildungen von starken Verba versucht werden, wie *participatio: teilnemunga* ,Teilnahme' oder *resurrectio: irstantunga* ,Auferstehung', da handelt es sich um gelehrte Notlösungen, die sprachfremd blieben. Das Papierdeutsch des Stubengelehrten ist nicht erst eine Unart unserer Tage, ist damals aber anders begründet (s. u. S. 201 f).

Nicht nur Substantiva, auch Verba müssen im Althochdeutschen in großer Zahl neu gebildet werden, um das Lateinische möglichst genau zu übersetzen. Während aber im Lateinischen sehr oft das

Substantiv aus dem Verbum stammt, wie *peccatum* ‚Sünde' aus *peccare* ‚sündigen', ist es in der althochdeutschen Übersetzersprache oft gerade umgekehrt. Da ist z. B. das Substantiv *sunta* zuerst da (auch dieses, jedenfalls in der christlichen Bedeutung, eine Neuerung), und dann erst wird um der Entsprechung zum Lateinischen willen das Verbum neu gebildet: *suntôn*. In der weitaus überwiegenden Mehrzahl aller Fälle richten sich die Neubildungen nach der schwachen Konjugation. Von deren drei Klassen ist die erste auf *-jan* (das ahd. zu *-en* wird) trotz ihrer großen Beliebtheit im älteren Germanischen im Althochdeutschen fast gar nicht mehr produktiv. Die Neubildungen richten sich zumeist nach der zweiten oder dritten Klasse auf *-ôn* und *-ên*. Aber auch hier ist keine Regel zu erkennen. Das Verbum *volgên* — so die üblichere Form — erscheint in dem obigen Zitat aus dem ‹Ludwigslied› (s. S. 79) als *volgôn*. Es gibt viele Beispiele solcher Unsicherheit, und daß das Fränkische die *ôn-*, das Bairische eher die *ên*-Formen bevorzuge, ist nicht mehr als eine Faustregel, die mancherlei Ausnahmen erleidet. Im allgemeinen kann man allerdings feststellen, daß die *ôn*-Klasse für Neubildungen bei weitem bevorzugt wird.

Systematik des Wortschatzes

Wo ein so starker Einfluß des Lateinischen auf die deutsche Sprache — oder ganz allgemein ausgedrückt: einer Sprache auf eine andere — zu beobachten ist, muß der Sprachwissenschaft daran gelegen sein, den Wortschatz seiner Herkunft nach zu sondern und zu ordnen. Nach altem philologischen Herkommen pflegt man den Wortschatz in Erbwörter, Lehnwörter und Fremdwörter einzuteilen. Es ist an dieser Stelle nicht zu erörtern, ob nicht die Einführung einer weiteren Kategorie ‹Neuwörter› zweckmäßig wäre. Es gibt genügend Beispiele dafür, daß zu jeder Zeit völlig neue Wörter entstehen können, insbesondere solche lautnachahmender Art, wie *Töff-Töff* ‚Auto' und ähnliche. Auch Lallwörter der Kindersprache wie *Papa* und *Mama* oder gotisch *atta* ‚Vater' entstehen zum Teil spontan und lassen sich nicht immer als Entstellungen aus schon vorhandenen Wörtern etymologisieren. Was allerdings die neugebildeten Wörter des Althochdeutschen angeht, so sind sie immer aus bereits vorhandenem Sprachmaterial gebildet, sei es nun wie bei *miltnissa* und *manunga* aus ererbten germanischen Elementen, oder sei es wie bei *bredigunga* aus einem Lehnwort, dem ein germanisches Suffix angehängt ist. Man kann also *miltnissa, manunga* und viele andere zu den Erbwörtern rechnen, wenn man nur darauf reflektiert, daß der Wortstamm germanischer Herkunft ist. Den Begriff des ‹Erbes› noch weiter zu treiben, empfiehlt sich nicht. Denn es sind zwar nachweisbar sehr viele Wortstämme (seltener die Wörter selbst) aus dem Indogermanischen durch das Germanische hindurch bis in das Deutsche gelangt. Es gibt aber auch eine beträchtliche Menge Wörter, die sicher schon germanisch sind, im Deutschen also zum ererbten Bestand gehören, die aber trotzdem nicht an indogermanisches Wortgut angeknüpft werden können. Im Sinne der oben S. 13 f skizzierten Substrattheorie muß man zum mindesten mit der Möglichkeit rechnen, daß sie einer nichtindogermanischen Altsprache entstammen. Wenn also im folgenden zu rascher Verständigung der Begriff ‹Erbwort› gelegentlich verwendet wird, so möge man bedenken, daß er schlecht definiert ist und daß in unserem Zusammenhang immer nur die Herkunft aus germanischem Bestand gemeint ist.

Mit den Termini ‹Fremdwort› und ‹Lehnwort› steht es nicht viel besser. Jedes fremde Wort in einer Sprache ist aus irgendeiner anderen entlehnt oder aus entlehnten Bestandteilen gebildet, und jedes Lehnwort kommt ursprünglich aus sprachlicher Fremde. Nur Gradunterschiede trennen Fremd- und Lehnwörter voneinander. Die Einverleibung beginnt in dem Augenblick, da das fremde Wort in die eigene Sprache übernommen wird. Schon die geringste Veränderung der Intonation, des Lautbestandes, eine Modifikation der Endung, der leiseste Wandel der Bedeutung sind Anzeichen, daß das Wort in seine neue sprachliche Umgebung hineinwächst. Die Grenze zwischen noch fremd und schon angeeignet ist daher nur mit Willkür zu ziehen. Vorsichtiger, als von Erb-, Lehn- und Fremdwörtern zu reden, ist es daher, nur heimisches und entlehntes Wortgut zu unterscheiden. Aber man geht besser noch einen Schritt weiter. Auch unter den Wortbildungsmitteln und sogar unter den Mitteln der syntaktischen Verknüpfung findet sich entlehntes Gut; besser also unterscheidet man zunächst einmal heimisches und entlehntes Sprachgut, wozu dann als Untergliederung neben anderem auch das Wortgut gehört.

Die Bereicherung der altdeutschen Sprache durch Übernahme sehr mannigfacher Anregungen aus dem Lateinischen hat in den vergangenen Jahrzehnten ein lebhaftes sprachwissenschaftliches Interesse gefunden, und im Verlauf der Erörterungen ist der Begriff der Entlehnung tiefer durchdacht und beträchtlich weiter gefaßt worden. Die Diskussion wurde vorerst zum Abschluß gebracht durch Werner Betz (LH 90), dessen Systematik und Terminologie wir uns zu eigen machen, ohne auf die für unseren Darstellungszweck unerheblichen feineren Unterteilungen einzugehen.

Wie groß der Anteil der Entlehnungen aus dem Lateinischen in althochdeutschen Texten sein kann, mögen einige Zeilen aus dem ‹Fränkischen Taufgelöbnis› erkennen lassen, das um das Jahr 800 entstanden ist:

Gilaubistû einan got almahtîgan in thrînissa
inti in einnissa? Ih gilaubu.
Gilaubistû heilaga gotes chirichûn? Ih
gilaubu.
Gilaubistû thuruh taufunga sunteôno forlâz-
nessi? Ih gilaubu.

(‹Glaubst du den einzigen allmächtigen Gott in der Dreiheit und in der Einheit? Ich glaube. –
Glaubst du die heilige Kirche Gottes? Ich glaube. –
Glaubst du Vergebung der Sünden durch die Taufe? Ich glaube›).

Hinter jedem Wort spürt man in diesem althochdeutschen Text die lateinische Vorlage, und doch ist nur ein einziges Wort darin mit Sicherheit unmittelbar der fremden Sprache entlehnt: *chirichûn*, Akkusativ zu *chiricha (kirihha)* ‚Kirche' ist ein graeco-lateinisches Wort (s. u. S. 118), das an dieser Stelle lat. *ecclesia* (ebenfalls griechischer Herkunft) übersetzt. Daß es zur Übersetzung, das heißt doch zur Verdeutschung, eines anderen fremden Wortes dienen kann, beweist, wie fest es schon eingebürgert ist; *kirihha* ist also ein echtes Lehnwort. Unsicher ist ein zweites Zeugnis. Das Wort *suntea, sunta* ‚Sünde' wird gern mit lat. *sons*, Akkusativ *sontem* ‚schuldig' in Verbindung gebracht. Doch ist es umstritten, ob *sunta* wirklich daraus entlehnt ist, oder ob es nicht doch ein Erbwort ist. Wäre es also nicht Lehnwort, so hätte es jedenfalls unter christlich-lateinischem Einfluß eine neue Bedeutung angenommen. Es gehörte dann in die große, reich gegliederte Gruppe der Lehnprägungen.

So nämlich ist nach Betz' Terminologie das *Lehngut* einzuteilen: Was nicht in der fremden Lautgestalt, also als *Lehnwort*, übernommen wird, ist *Lehnprägung*. Lehnprägungen liegen immer dann vor, wenn eine fremde Sprache dem heimischen Sprachmaterial ihr Gepräge aufdrückt.

Lehnprägungen beeinflussen nicht nur den Wortschatz, sondern die Ausdrucksmittel der Sprache insgesamt. Außerhalb des Wortschatzes liegen die *Lehnwendungen* und die *Lehnsyntax*. Dafür bietet das ‹Fränkische Taufgelöbnis› keine Beispiele, aber sie finden sich andernorts. Das *Fünklein Wahrheit*, von dem man auch heute noch redet, findet sich im Deutschen zuerst bei Notker in der ahd. Form *funcho dero wârheite*. Aber auch Notker entzündete diesen Funken nicht; seine Wendung ist übersetzt aus lat. *scintilla veritatis*. Hier haben wir es also mit einer Lehnwendung zu tun, und zwar in diesem besonderen Falle mit einer aus dem Lateinischen entlehnten metaphorischen Ausdrucksweise.

Als eines von vielen Beispielen für Lehnsyntax sei das Bibelwort *aedificaturus est domum tibi dominus* (‚der Herr wird dir ein Haus bauen') zitiert, das im althochdeutschen ‹Isidor› übersetzt wird durch *druhtin dhir ist huus zimbrendi.* Dieses ‹ist zimmernd› wird offenbar zur möglichst genauen Wiedergabe der zusammengesetzten lateinischen Verbform gewählt. Der Versuch hat sich allerdings wie sehr vieles, was die althochdeutsche Zeit an Nachahmung der lateinischen Syntax wagte (Partizipialkonstruktionen, Akkusativ mit Infinitiv), auf die Dauer nicht durchsetzen können.

In den Bereich des Wortschatzes, aber nicht in den der Wortbildung gehört die dritte, sehr wichtige Untergruppe der Lehnprägungen, die *Lehnbedeutungen* oder *Bedeutungslehnwörter.* Deren enthält die Stelle aus dem Taufgelöbnis mehrere. Es handelt sich um echte ererbte Wörter, die unter dem Einfluß des christlichen Lateins eine neue Bedeutung erhalten. *Gilauben* z. B. bedeutet nach seinem etymologischen Zusammenhang mit *liob* ‚lieb' ursprünglich ‚sich etwas lieb machen, sich vertraut machen mit etwas'. Damit es lat. *credere* übersetzen konnte, mußte es also seine Bedeutung wandeln. (Es sei bemerkt, daß sich auch im Lateinischen unter christlichem Einfluß sehr starke Bedeutungsveränderungen vollzogen.) Auch das Erbwort *got* wurde christlich umgedeutet (s. u. S. 112), ebenso *heilag* ‚heilig', das ursprünglich ‚der Gottheit eigen' bedeutete. Ahd. *taufen, toufen,* wovon *taufunga* des Textes abgeleitet ist, hatte, ehe es die Lehnbedeutung annahm, die Allgemeinbedeutung ‚untertauchen' (s. u. S. 150 f).

Taufunga zeigt aber zugleich eine besondere Art der Wortbildung, und das führt uns auf die auffälligste Untergruppe der Lehnprägungen, die Betz *Lehnbildungen* nennt. Dazu gehören alle unter fremdem Einfluß, aber aus heimischem Bestand neu gebildeten Wörter, und zwar kann man, von strikter Gebundenheit der nachahmenden Wortbildung zu größerer Freiheit fortschreitend, drei Arten von Lehnbildung unterscheiden, die *Lehnübersetzung,* die *Lehnübertragung* und die *Lehnschöpfung.* Was die Wörter, die zu einer dieser Untergruppen gehören, gemeinsam kennzeichnet, ist, daß sie ohne den fremden Einfluß gar nicht gebildet worden wären.

Lehnübersetzungen sind im ‹Fränkischen Taufgelöbnis› z. B. die Wörter *drînissa* und *einnissa.* Sie sind genau nach lat. *trinitas* und *unitas* gebildet, so wie in anderen Texten *wârnissa* zu *wâr* nach dem Vorbild von *veritas: verus* gebildet wird. Notkers oben zitiertes Wort *wârheit* ist eine jüngere Bildung, aber ebenfalls zur Wiedergabe von *veritas* entstanden, also Lehnübersetzung. Auch *forlâz-*

nessi: remissio ‚Vergebung' des Taufgelöbnisses gehört in diese Kategorie. Daß *remissio* zum Verbum *remittere* ‚vergeben' gehört, erkennt der Übersetzer natürlich, und wie das Verbum durch *forlâzan* lehnübersetzt wird, so wird nun dazu auch das Substantiv entsprechend übersetzt, d.h. neu geschaffen. Auch *almahtîg* ist höchstwahrscheinlich kein germanisches Erbwort, sondern als Lehnübersetzung von *omnipotens* entstanden. Die Zahl der althochdeutschen Lehnübersetzungen geht in die Tausende. Es sind vor allem deshalb so viele, weil diesen rein formal bestimmten Neubildungen in ganz besonderem Maße papierdeutsche Künstlichkeit anhaftet und die Übersetzungsversuche immer erneut wiederholt werden, bis einmal eine annehmbare Bildung gelingt. Es ist daher kein Zufall, daß von allen eben erörterten Lehnübersetzungen nur die eine wirklich gelungene *omnipotens: almahtîg* die althochdeutsche Zeit überdauert hat. Aber irgendwann einmal gelingt die lehnübersetzende Eindeutschung, und so ist auch das heutige Deutsch voll davon. *compassio: Mitleid* (erst im 17. Jahrhundert, mhd. *mitelîdunge, mitelîden*), *conscientia: Gewissen* (ahd. bei NOTKER *giwizzanî*), *saecularis: weltlich* (schon ahd. *weraltlîh*, zu *saeculum: weralt*) sind nur ein paar Beispiele. Aber auch so unscheinbare Wörter wie *ankommen* und *umgeben* sind als Lehnübersetzungen von *advenire* und *circumdare* entstanden.

Lehnübersetzung bedeutet ängstlich gewissenhafte Nachbildung des fremden Vorbildes. Lehnübertragungen pflegen demgegenüber einen etwas freieren Umgang mit der Vorlage. Sie setzen mehr Geistesfreiheit voraus und sind daher in einer Zeit, die zunächst nur aufnehmen und lernen will, ziemlich selten. Das ‹Fränkische Taufgelöbnis› bietet kein Beispiel. Wir greifen daher zum ‹Weißenburger Katechismus›, der zu Beginn des 9. Jahrhunderts im Kloster Weißenburg im Elsaß geschrieben wurde. Er stellt eine hochstehende Übersetzerleistung dar (vgl. auch Anhang II, 6). Dort war im Credo der folgende Satz über die zwei Naturen Christi zu verdeutschen: *perfectus deus, perfectus homo, ex anima rationali et humana carne subsistens, aequalis patri secundum divinitatem, minor patre secundum humanitatem* (‹vollkommener Gott, vollkommener Mensch, aus vernunftbegabter Seele und menschlichem Leibe bestehend, gleichartig dem Vater in seiner Göttlichkeit, geringer als der Vater in seiner Menschlichkeit›). Das wird wie folgt übersetzt:

Thuruhthigan got, thuruhthigan man, fona sêlu
redhihafteru endi mannisgînimo fleisge untar uuesenter.
Ebanêr fatere after gotcundnisse,
minniro fatere after mennisgî.

Die einzige streng dem Lateinischen nachgebildete Lehnübersetzung in diesem Text ist *humanitas: mennisgî*, Adjektivabstraktum zu *humanus: mennisk* ‚menschlich'. Die sonstigen Nachbildungen, die vorkommen, sind Lehnübertragungen. *Perfectus* (zu *facere* ‚tun' und sonst wohl durch *duruhtân, foltân* lehnübersetzt) wird hier mit *duruhdigan* wiedergegeben, einer Partizipialbildung zu *dîhan* ‚gedeihen'. ‚Ganz gediehen' ist also etwa die Bedeutung des althochdeutschen Wortes. Formal kommt darin das *per-* des lateinischen Vorbildes und auch dessen Bildung als Partizip zum Ausdruck, aber statt der wörtlichen Übersetzung wird eine freiere Übertragung gewählt. Lat. *ratio* heißt ahd. *redia*, und das davon abgeleitete *rationalis* wird von sklavischen Übersetzern z. B. durch *redilîh* nachgeahmt. Der Weißenburger wählt dagegen ein Kompositum. *haft* bedeutet ‚behaftet', *redihaft* also ‚mit Vernunft behaftet, vernunftbegabt'. *Divinitas* ist abgeleitet von *divinus* ‚göttlich', und dieses wird im Althochdeutschen lehnübersetzt mit *gotelîh*, freier wiedergegeben durch *gotcund*, was etwa ‚göttlichen Geschlechts, göttlicher Herkunft' bedeutet. Davon ist *gotcundnissa* eine formal genaue Ableitung. Die Beispiele zeigen, daß auch die Lehnübertragungen dem lateinischen Vorbild nahebleiben und daß sie dessen Formalia nachzuahmen suchen. Aber mehr als die Lehnübersetzungen tragen sie auch den Erfordernissen der eigenen Sprache Rechnung.

Sehr viel seltener als Lehnübersetzung und Lehnübertragung kommt die Lehnschöpfung, die formal völlig unabhängige Nachahmung eines fremden Vorbildes vor. Betz (S. 116) entnehme ich das Beispiel *findunga* zur Wiedergabe von *experimentum* im Sinne von ‚Erfahrung'. Es wird sonst meistens durch Ableitungen von *suochen* und *kostôn* ‚erproben' wiedergegeben. Mit dem Wort *findunga* hat der Übersetzer der lateinischen Vorstellung einen völlig eigenen, spontan erfundenen Ausdruck gegeben. Aber das deutsche Wort wäre ohne die Anregung des Lateinischen vermutlich gar nicht erst entstanden. Wortschöpfung also unter fremder Anregung, und daher die Bezeichnung *Lehn*schöpfung. Im übrigen haben die drei Arten der Lehnbildung dies eine gemeinsam: Die so entstehenden Wörter wären niemals geschaffen worden, wenn nicht der Zwang, ein fremdes Wort wiederzugeben, ihre Bildung veranlaßt hätte. Es sind Neubildungen nach fremdem Muster, und dieser fremde Anstoß wird dadurch anerkannt, daß man diese scheinbar eigensprachlichen Wörter als Lehnbildungen bezeichnet.

Das Dilemma, vor das sich Übersetzer immer wieder gestellt sehen, war in der althochdeutschen Zeit, da die Entwicklung des Deutschen zur christlichen Literatursprache eben erst begonnen hatte, besonders drückend: Oft und oft hält die eigene Sprache keinen

Ausdruck zur Übersetzung des lateinischen Wortes bereit. Entweder muß dann der Übersetzer den Weg der umschreibenden Wiedergabe wählen, um einigermaßen im Rahmen des muttersprachlich Üblichen zu bleiben; dann entfernt er sich aber vom Grundtext. Oder er bleibt so nahe wie möglich bei der lateinischen Vorlage; dann muß er seiner Muttersprache befremdliche und gewaltsame neue Wortbildungen aufzwingen. Beide Wege sind in althochdeutscher Zeit beschritten worden (vgl. u. S. 194 ff), aber die Mehrzahl der Übersetzer ging den zweiten, den beschwerlicheren und wenig volkstümlichen Weg. Es war der Weg in das christlich-lateinische Abendland.

VI. KULTUR- UND SPRACHEINFLÜSSE DER RÖMERZEIT

Die deutsche Sprache geht aus der Integration der vordeutschen Mundarten in die aus antiken Wurzeln genährte christlich-lateinische Tradition hervor, und diesen Entwicklungsweg sehen wir in seinen entscheidenden Zügen als ein literarisches Ereignis an. In der sprachlichen Aneignung der Bibel und der liturgischen Texte des christlichen Kultes, in der Nachschöpfung christlicher Poesie und in der Auseinandersetzung mit der theologischen Literatur vollzieht sich diese Sprachwerdung. In geistiger Auseinandersetzung entwickelt, ist das werdende Deutsch der Nachwelt nur in schriftlicher Überlieferung erhalten geblieben. Als Schriftsprache präsentiert es sich in seiner geistigen Höhenlage, auch wohl in seinen gelegentlichen papierenen Entgleisungen, die doch aus abstraktem Denken und der Bemühung um die Bewältigung lateinischer Denkinhalte erklärlich sind. Das Althochdeutsche ist freilich nicht Schriftsprache im modernen Sinne einer äußerlich streng geregelten, einheitlichen Sprachform. Vielmehr besteht hier, aufsteigend aus der farbigen Fülle der Mundarten, das Charakteristikum der Schriftsprache in dem unalltäglichen abstrakten Wortschatz, der keiner einzigen Mundart angehört. Er ist auf hoher Warte geschaffen und keineswegs volkstümlich. Im Schriftbilde aber und in der Lautform können diese neuen schriftsprachlichen Wörter nur immer in der Gestalt auftreten, die ihnen die Mundarten in den verschiedenen Landschaften verleihen. Man vergleiche etwa das althochdeutsche Wort für ‚Versuchung' in den ‹Vaterunser›-Übersetzungen (Anhang II): *khorunka, chorunka, chorunga* sind die mundartlich gefärbten Erscheinungsformen des Wortes, und wenn man heute gern die ostfränkische Form *corunga* als ‹Regelform› bezeichnet, so ist das eine Abstraktion moderner Grammatiker. Im Althochdeutschen war dies nur eine mundartliche Form neben den anderen.

Man kann die Intensität der lateinisch-deutschen Sprachbeziehungen und ihre Folgen für die Entstehung einer gemeindeutschen Sprache nicht stark genug betonen. Dennoch darf nicht übersehen werden, daß die werdende Schriftsprache durch Predigt und Christenlehre nicht nur in die Alltagssprache des Volkes hineinwirkt. Sie empfängt vielmehr von dort auch viel Gutes und Wertvolles. Es ist ja kein völlig neuer Anfang, vor dem die althochdeutschen Interpreten des Christentums stehen. Längst weiß man in deutschen Landen vom Christenglauben. Missionare haben die Heilslehre verkündet und bereits so manchen Heiden bekehrt. Schon gibt es Klöster und Kirchen und christliche Gemeinden, und wo Menschen sich zum Glauben an CHRISTUS bekennen, müssen auch die Anfänge eines christlichen Wortschatzes in der Volkssprache bereits vorhanden sein. Zwar kann man im Rückblick die vorschriftlichen Anfänge eines religiösen Ausdrucksschatzes nur noch bruchstückhaft erkennen, und dies nur so weit, wie spätere schriftliche Überlieferung davon zufällige Kunde gibt. Was aber überliefert ist, ist auch philologischer Untersuchung zugänglich. Man kann unter anderem auch mittels philologischer Methoden die Altersschichten des Wortschatzes voneinander abheben. Nicht nur gelingt es, das voralthochdeutsche Sprachgut von dem zu sondern, was erst durch althochdeutsche Übersetzerleistung neu geschaffen wurde. Man erkennt, jedenfalls in großen Zügen, auch die zeitliche Abfolge der vorschriftlichen Sprachneuerungen. Um die spätere Entwicklung recht zu verstehen, insbesondere auch, um die Andersartigkeit der schriftsprachlichen Schöpfungen althochdeutscher Zeit richtig einzuschätzen, ist es förderlich, wenigstens einen Blick auf die frühen Fremdeinflüsse zu werfen, die auf die germanischen Sprachen und später auf die vordeutschen Mundarten eingewirkt haben.

Älteste germanische Lehnbeziehungen

Solange es Sprachen gibt, gibt es auch zwischensprachliche Beziehungen. Wenn Völker nicht in abgeschlossenen Landschaften leben, etwa in Hochtälern unzugänglicher Gebirge oder inmitten unwegsamer Urwälder oder auf verkehrsfernen Inseln, haben sie immer auch Berührung mit anderssprachigen Nachbarn. Irgendwelche Beziehungen, seien sie auch feindlich, sind stets vorhanden, und irgend etwas gibt es immer, was man von den anderen lernen und übernehmen kann. Mit der fremden Sache wird meistens auch die fremde Bezeichnung übernommen, und so zeigen sich die Sprachen verkehrsoffener Gemeinschaften zu allen Zeiten zur Aufnahme von Lehnwörtern bereit. Davon machen weder die altgermanischen noch ihre Nachbarsprachen eine Ausnahme. Auch die Germanen hatten Kulturgüter zu geben, und daher hat auch ihre Sprache auf andere ausgestrahlt. Es gibt germanische Lehnwörter in den klassischen Sprachen des Altertums, auch im Keltischen und sehr zahlreich in den slawischen Sprachen, die im Mittelalter und in der Neuzeit aus germanischen Sprachen und vor allem aus dem Deutschen sehr viel Lehngut aufgenommen haben. Wegen ihrer hohen Altertümlichkeit sind vor allem die vielen Entlehnungen aus dem Altgermanischen in das Finnische für die philologische Wissenschaft von großer Wichtigkeit. Denn die ältesten germanischen Lehnwörter sind schon vor oder doch während der ersten Lautverschiebung dort eingedrungen, und da das Finnische eine im höchsten Grade konservative Sprache ist, kann man noch aus der heutigen Lautform seiner Lehnwörter willkommene Aufschlüsse über die frühesten Lautentwicklungen des Germanischen erhalten.

So bemerkenswert die kulturelle und damit verbunden die sprachliche Expansionskraft der Germanen ist, muß doch in unserem Zusammenhang der umgekehrte Vorgang, die Aufnahme fremden Gutes in die germanischen Sprachen, das größere Interesse beanspruchen. Schon in den ältesten Zeiten haben die Germanen Sachen und Wörter nicht nur gegeben, sondern auch von fremden Nachbarn empfangen. Etwa gleichzeitig mit den Entlehnungen in das Finnische hat das Germanische auch die ersten nachweisbaren Wörter aus östlichen Sprachen aufgenommen. Das Wort *Hanf*, ahd. *hanaf*, as. *hanap*, ae. *henep*, anord. *hanpr* gehört zu dieser ältesten Schicht. Als *kánnabis* kommt es auch im Altgriechischen vor, ist aber auch dort nicht heimisch. Es wurde sowohl von den Griechen wie von den Germanen aus einer unbekannten Sprache des Ostens entlehnt, und das bedeutet natürlich, daß beide Völker auch die Sache von dort übernahmen. Ähnliches gilt von dem heute noch im Bairischen lebendigen Wort *Pfeid* ‚Hemd', das schon im Gotischen in der Form *paida* und ferner auch im Althochdeutschen, Altsächsischen und Altenglischen vorkommt. Wieder steht daneben ein griechisches *báitē* ‚Hirtenkleid', und auch dieses Wort drang von Osten her in beide Sprachgruppen ein. Da in der ersten, germanischen Lautverschiebung *k* zu *h* und *b* zu p (dieses weiter zu ahd. *pf* bzw. *ff*) wird und da die Belege in allen germanischen Sprachen diese Entwicklung des alten *k* und *b* (vgl. die griechischen Belege) erkennen lassen, müssen beide Wörter schon vor der ersten Lautverschiebung in das Germanische eingedrungen sein und dann den germanischen Lautwandel mitgemacht haben.

Von Illyrern – so wird heute angenommen – entlehnten Germanen und Kelten mit der Sache auch das Wort für ‚Eisen', *urkelt.* **isarno-*, urgerm. **îsarna-*, got. *eisarn*, ahd. *îsarn* usw. Das muß in der Hallstattzeit (ca. 800–500 v. Chr.) geschehen sein. Späterhin, aber noch tief in prähistorischer Zeit, hat man mit lebhaften Kulturbeziehungen zwischen Germanen und Kelten zu rechnen. Aus dem Keltischen stammen die in allen germanischen Sprachen vorhandenen Wörter *Reich* (ursprüngliche Bedeutung: ‚Herrschaft, Macht'), *reich* (ursprünglich ‚mächtig') und *Amt* (ahd. *ambaht*, *ambahti* ‚Dienst, Amt', *ambaht* ‚Diener'), vermutlich auch *Eid* und *Geisel*. Es sind also Wörter aus dem Staats- und Rechtsleben, die die Germanen von den Kelten entlehnt haben. Zu irgendeiner frühen Zeit war also wohl das öffentliche Leben bei den keltischen Nachbarn höher entwickelt als bei den Germanen. Diese haben dann, selbst nach staatlicher Ordnung strebend, keltische Staatseinrichtungen und mit ihnen auch die dafür geltenden Bezeichnungen übernommen.

Einwirkungen der römischen Profankultur

Jünger, aber viel nachhaltiger und folgenreicher als die angedeuteten prähistorischen Sprachbeziehungen sind die Kulturberührungen zwischen Römern und Germanen und ihre Wirkung auf die germanischen Sprachen. Schon im ersten und zweiten nachchristlichen Jahrhundert angeknüpft, haben diese Beziehungen sogar den Untergang des Weströmischen Reiches überdauert. Denn in den Berührungen zwischen den romanischen Tochtervölkern Roms und den germanischen Stämmen, insbesondere in dem engen Neben- und Miteinander der Galloromanen und der Franken, haben diese Beziehungen sich fortgesetzt bis zu der Zeit, da die fränkischen Reichsteile auseinanderbrachen. Der Austausch zwischen den beiderseitigen Grenzmundarten hat auch späterhin nicht aufgehört. Aber er steht fortan im Schatten der schriftsprachlichen Entwicklung und ist kaum erforscht.

Wir suchen einen zusammenhängenden Text, um einen Eindruck von den ältesten Entlehnungen aus der Sprache der Römer zu geben, und wenden uns zunächst einer frühmittelhochdeutschen Dichtung zu. Der althochdeutsche Zeitraum muß also übersprungen werden, doch wird diese scheinbare Abschweifung alsbald ihre Rechtfertigung finden. In einer poetischen Nacherzählung des ersten Buches Mose, in der sogenannten ‹Wiener Genesis›, die um 1060 von einem unbekannten Geistlichen im bairisch-österreichischen Dialekt abgefaßt wurde, schildert der Dichter das Paradies. Obst gedeiht dort, Lilien und Rosen blühen und herrliche Bäume von allerlei Art. Wer deren Duft einatmet, bedarf keiner weiteren Nahrung. Von den Wohlgerüchen des Paradieses sucht der Dichter nun einen Eindruck zu erwecken, indem er eine Menge stark duftender Kräuter, Gewürze und Aromata aufzählt (Vers 487 ff):

Sinamin unt zitawar,
galgan unt pheffar,
balsamo unt wirouch,
timiam wahset der ouch
(‚auch Thymian wächst dort'),

mirrun also vile,
so man da lesen wile
(,soviel Myrrhen, wie man nur pflücken mag'),
crocus unt ringele,
tille iouch (,und') *chonele,*
mit dem fenechele
diu suoze lavendele,
peonia diu guota,
salvaia unt ruta,
nardus unt balsamita,
der stanch wahset so wita
(,deren Duft breitet sich sehr weit aus'),
minz unte epphich,
chres unt lattouch,
astriza unt wichpoum
habent ouch suozen toum
(,süßen Duft').

Einen recht bemerkenswerten Katalog hat der gelehrte Dichter hier zusammengestellt. Das Paradies liegt, so versichert er, im fernsten Osten *an der werlte orte,* ,am Ende der Welt'. Darauf stimmt er seine Hörer oder Leser gleich durch die Nennung der indischen Gewürze *Zimt* und *Pfeffer* ein, die einen Hauch der Paradiesesdüfte bis in unsere nüchterne Welt tragen. Gleichzeitig mit diesen seit alters bekannten Gewürzen nennt er auch die orientalischen *Zitwer* und *Galgant*. Das sind aromatische Pflanzenwurzeln, die erst jüngst durch arabische Händler unter ihrem arabischen Namen als Arzneimittel bekannt geworden waren. Auch die Pflanzennamen der Bibel entstammen der Wunderwelt des Orients und dürfen in diesem geistlichen Paradiesesgarten nicht fehlen. Die Narde nennt der Dichter mit ihrem lateinischen Namen *nardus,* wie er auch andere Pflanzennamen ursprünglich griechischer Herkunft, *crocus, balsamita, peonia* und *ruta* (nhd. *Raute* ist Lehnwort!) lateinisch benennt. Er wird diese Namen aus den vielen lateinischen Kräuter- und Arzneibüchlein oder wohl eher aus der Fachsprache der Gärtner gekannt haben. Ein innigeres Verhältnis als zu der Narde hat der Dichter zu Myrrhen und Weihrauch, die er daher nicht lateinisch zu benennen braucht. Sie sind allen Christen bekannt und vertraut durch die biblische Erzählung von den Heiligen Drei Königen, die dem Christuskinde *aurum, thus et myrrham* ,Gold, Weihrauch und Myrrhen' darbrachten (Matth. 2, 11). *Brâhtun imo gold inti uuîhrouh inti myrrûn,* heißt es schon um 825 im althochdeutschen ‹Tatian›. Schon dort zeigt sich das Wort *myrra* mit seiner deutschen Endung als ein eingebürgertes Lehnwort. Noch besser ist es gelungen, das graecolateinische Wort *thus* einzudeutschen. Es bezeichnet das duftende Harz, das als Räucherwerk im Gottesdienst verwendet wird, und schon im 8. Jahrhundert ist dafür in der süddeutschen Kirchensprache die deutsche Bezeichnung *wîhrouh* ‚heiliger Rauch' vorhanden. Das Wort ist eine Lehnschöpfung (s. o. S. 95) und eine besonders glückliche Leistung volkstümlichen Sprachschaffens.

Der Genesisdichter nennt weiter den *wîchpoum* (ahd. *wîhboum*). Obwohl aber das Wort gänz ähnlich wie *wîhrouh* gebildet ist, stammt es doch nicht aus volkstümlichem, sondern aus gelehrtem Bereich. Es ist auch gar kein eigentlicher Pflanzenname, sondern eine Umschreibung. Dahinter verbirgt sich die *casia* oder *cassia* der Bibel (z. B. Ps. 44, 9), mit der das Mittelalter keine rechte Vorstellung verbindet. So erläutert man *casia* durch *wîhboum*, d. h. ‚ein heiliger (weil in der Bibel erwähnter) Baum'.

Auf andere Pflanzennamen des Textes, wie auf die Lehnwörter *lavendele* aus lat. *lavendula* und *salvaia* aus lat. *salvegia* oder auf die einheimischen *tille* ‚Dill' und *ringele* ‚Ringel-' oder ‚Sonnenblume' brauchen wir nicht einzugehen. Nur die Gruppe *pheffar, fenechele, minz, epphich* und *lattouch* bedarf einiger Erörterung. Auch hier liegen lateinische Bezeichnungen zugrunde, nämlich *piper, feniculum, menta, apium* und *lactuca*, aber das lateinische Grundwort ist in den deutschen Lehnwörtern nicht mehr ganz leicht zu erkennen, denn sie sind lautlich stark verändert. Die *p*-Laute in *piper, apium*, das *t* in *menta*, die *k* in *feniculum* und *lactuca* (lat. c = k) haben an der althochdeutschen Lautverschiebung teilgenommen, deren Beginn man in das 6. Jahrhundert setzt. Die Wörter müssen also schon vor dieser Zeit ihr Heimatrecht in der deutschen Sprache erworben haben. Die Beteiligung an der Lautverschiebung ist aber nicht das einzige Kriterium für die Datierung. In *apium* ist das *p* z. B. nicht zu *ff* geworden, wie es die Regeln der Lautverschiebung bei Stellung des einfachen *p* zwischen Vokalen verlangen. Unser Text zeigt vielmehr die Schreibung *pph*, was man als *ppf* oder jedenfalls als *pf* zu lesen hat. Es entstand hier also durch die Lautverschiebung eine Affrikata, und das ist ein sicherer Hinweis, daß das Wort von der Lautverschiebung auch noch die westgermanische Konsonantendehnung erlebt haben muß. Es wird anfangs in germanischem Munde etwa wie **apjum* gelautet haben, und *j* (nicht aber *i*) ruft in allen westgermanischen Sprachen die Dehnung des vorhergehenden Konsonanten hervor. So mußte also zunächst **appi*, dann **apfi* und schließlich mit Umlaut als Regelform ahd. *epfi* entstehen. Daneben gibt es auch die Form *eppi*, und im Mittelhochdeutschen stehen *epfich* und *eppich* (mit der

Endung *-ich* nach Analogie von *Lattich, Rettich*) nebeneinander. Darin erkennt man leicht die Wirkung der *apfel-* / *appel*-Grenze, und wenn es heute *Eppich* heißt, so hat sich in der Schriftsprache die nördlichere, mitteldeutsche Form des Wortes durchgesetzt.

Sehr alte Lauterscheinungen zeigen sich auch in *piper* : *pfeffar* mit dem Übergang des *i* zu *e* vor folgendem *a*, und in *menta* : *minza* mit *e* zu *i* vor Nasalverbindung. Auch daß alle diese Pflanzennamen nicht nur im Hochdeutschen vorkommen, sondern ebenso auch im Niederdeutschen, Niederländischen und Altenglischen, zum Teil auch im Friesischen und Nordischen, ist ein Zeichen hohen Alters. Besonders wenn das Englische beteiligt ist, kann man argumentieren, daß solche Wörter vor dem Abzug der Angelsachsen vom Festland, also spätestens im 4. Jahrhundert, aus dem Lateinischen in die germanischen Sprachen eingedrungen sind. Bei diesen in allen germanischen Sprachen heimisch gewordenen Pflanzennamen besteht aber die Vermutung, daß sie bereits lange vor dem 4. Jahrhundert aus dem Lateinischen entlehnt wurden. Denn Römer und Germanen waren ja entlang des Niederrheins schon vor Christi Geburt Grenznachbarn geworden, und spätestens seit dem 2. nachchristlichen Jahrhundert gestalteten sich die nachbarlichen Beziehungen für längere Zeit so friedlich, daß man mit einem lebhaften Kulturaustausch zwischen den beiden Völkern rechnen darf. Späterhin entstanden durch die germanische Expansion weitere Kontaktzonen am Mittelrhein, entlang des römischen Limes und in beschränktem Umfange auch an der Donaugrenze.

Wie stark die nachbarlichen Beziehungen gewesen sein müssen und wieviel sich die Germanen von den Kulturerrungenschaften der Römer zu eigen gemacht haben, erkennt man leicht an der großen Zahl der Lehnwörter, die in die germanischen Sprachen aufgenommen wurden. Etwa 400 Lehnwörter aus dem Lateinischen sind gleichermaßen bei den Festlandgermanen und den Angelsachsen verbreitet, und will man diese große Zahl recht würdigen, so hat man zu bedenken, daß Weiteres (es wird nicht wenig gewesen sein) in den schriftlosen Jahrhunderten vor dem Einsetzen der altenglischen und, etwa ein Jahrhundert später, der althochdeutschen Literatur wieder untergegangen sein dürfte.

Was in den ältesten Zeiten entlehnt wurde, sind vor allem die Ausdrücke des praktischen, alltäglichen Lebens. Aus Garten- und Feldbau, besonders dem Anbau von Gemüse, Wein und Obst, aus Jagd und Fischerei, aus der Flußschiffahrt, aus Handwerk und Kleinhandel, aus dem Bauwesen des Alltags, dem Errichten steinerner Häuser mit Speichern und Ställen, aus der Haushaltung mit Haus- und Küchengerät, aus dem Bereich der Kleidung und eines bescheidenen Luxus stammen diese Lehnwörter. Die Germanen lernten im täglichen Verkehr mit ihren höher zivilisierten römischen Nachbarn viele neuartige Dinge, Einrichtungen und Arbeitsweisen kennen, und mit den neuen Sachen, die sie übernahmen, entlehnten sie bereitwillig auch die neuen Bezeichnungen dafür. Waren diese aber einmal eingebürgert, so wurde das fremde Sprachgut wie das eigene behandelt. Es wurde in Betonung und Lautform, besonders auch in den Flexionsendungen, den eigenen Sprachgewohnheiten mundgerecht angepaßt und machte fortan alle die Laut- und Formveränderungen mit, denen auch das angestammte Sprachgut unterworfen war. Die Lehnwörter, deren fremde Herkunft man alsbald vergaß, wurden wie echte, eigene Wörter behandelt.

Um von Art und Umfang dieser frühen Entlehnungen einen Begriff zu geben, sei hier eine Auswahl derjenigen uralten Lehnwörter genannt, die in der heutigen Sprache noch weiterleben. Aus dem Gebiet des Bauwesens stammen *Schindel, Ziegel, Kalk, Mörtel; Mauer, Wall, Estrich, Pflaster, Pfeiler, Pfosten, Pfahl; Fenster, Pforte, Küche, Keller, Kammer, Stube, Speicher, Söller.* Gerätenamen lateinischer Herkunft sind *Kelter, Presse, Torkel, Trichter, Spund, Kufe; Tisch; Fackel, Kerze;* dazu die Bezeichnungen für Gefäße *Bottich, Bütte, Schüssel, Kessel, Pfanne, Becken; Becher, Kelch; Kiste.* Aus dem römischen Gartenbau stammen außer den oben schon erwähnten Pflanzennamen z. B. *Pflanze; Kohl, Kappes, Rettich, Beete, Zwiebel, Kürbis, Pilz; Borretsch, Kerbel, Kümmel, Senf; Baldrian, Enzian; Frucht, Feige, Birne, Kirsche, Pflaume, Pfirsich; Wein, Most.* Römischer Herkunft sind auch die Bezeichnungen *Winzer, Müll(n)er, Pfister, Koch,* dazu die Verba *kochen* und *pflanzen* und ahd. *orzôn* ‚Gartenbau treiben', gebildet aus lat. *hortus* ‚Garten'. Vom Handelsverkehr berichten u. a. ahd. *koufo* ‚Kaufmann' (aus lat. *caupo* ‚Schankwirt, Marketender'), *Münze, Pfund, Sechter* (ein Hohlmaß), *eichen, kaufen, Sack, Schrein, Kette, Zoll, Straße.*

Man könnte noch mancherlei Wörter aus verschiedenen Gebieten des öffentlichen und des wirtschaftlichen Lebens nennen; aber es kommt nicht auf Vollständigkeit an. Viele hier nicht genannte Lehnwörter sind bis heute nur mundartlich, vor allem im Westen und Südwesten Deutschlands verbreitet und nicht zu schriftsprachlicher Geltung gelangt. Dazu gehören weitere Ausdrücke aus dem Garten- und besonders dem Weinbau, Fisch- und Gerätenamen der Fischerei, die Bezeichnungen von Fahrzeugen und Einrichtungen der Flußschiffahrt und vieles andere mehr.

Im praktischen Leben und im täglichen Verkehr zwischen germanischen und römischen Nachbarn wurde das Kulturgut übernommen, und im Gespräch von Mund zu Mund wurden die zugehörigen Bezeichnungen weitergegeben. Es ist beiderseits die Schicht der Bauern und Werkleute mit ihren Familien, unter denen sich dieser Austausch vollzieht. Vom Vulgärlatein (s. u. S. 108) gehen die Wörter in die Alltagsmundart der Germanen über. Zwar gab es auch in diesen für die Germanen noch schriftlosen Zeiten schon eine germanische ‹Literatur›. Man weiß von uralter germanischer Götter- und Heldendichtung, von Weissagung, Weisheits- und Zaubersprüchen und von allerhand Kleindichtung. Aber in der Dichtung hatten die Alltagswörter keinen Platz, weder heimische noch entlehnte. Ebensowenig ist ihnen die geschriebene althochdeutsche Literatur günstig, welche die germanische Dichtung ablöst. Gewiß schafft der Zufall hie und da Gelegenheit, ein Alltagswort niederzuschreiben, wo etwa eine Bibelstelle von Haus und Hof und Acker redet. Aber das bleiben Ausnahmen. Das Bildungsstreben nach Aneignung der christlichen Lehre und ihrer gedanklichen Gehalte bietet nur selten Raum für den volkstümlichen Alltag und seinen Wortschatz. Dieser beginnt erst in die Literatur einzugehen, als die Dichter Freude daran finden, die heiligen Geschichten der Bibel so zu erzählen, als hätten sie sich mitten im Alltag der eigenen Zeit und des eigenen Volkes ereignet. Dazu kommt es aber erst in frühmittelhochdeutscher Zeit. Da kann um die Mitte des 11. Jahrhunderts ein Geistlicher behaglich und in volkstümlicher Anschaulichkeit die Genesis nacherzählen, und dem Umstand, daß sein klösterlicher Kräutergarten ihm das Muster für die Schilderung des Paradieses liefert, verdanken wir die frühe Aufzeichnung einer Gruppe alltäglicher Pflanzennamen neben den vornehmeren Wundergewächsen des Orients und der Bibel (s. o. S. 100f).

Es ist eine bemerkenswerte Tatsache, daß uraltes Sprachgut – und nicht nur Lehnwörter – sich viele Jahrhunderte lang in der Volkssprache, d. h. in den Alltagsmundarten, von Generation zu Generation und abseits aller literarischen Traditionen forterbt. Die Mundartforschung hat erst seit etwa 80 Jahren durch sorgfältige Bestandsaufnahme ermitteln und nachweisen können, wieviel Uraltes in den Mundarten treu bewahrt ist, ohne jemals schriftlich aufgezeichnet zu sein. Da lebt ein hochaltertümlicher, farbiger Ausdrucksschatz im täglichen mündlichen Sprachgebrauch weiter und liegt jederzeit bereit, wenn die Schriftsprache sich seiner bedienen will. Für die Geschichte der Schriftsprache ist das nicht unwichtig. Es gibt volksnahe und volksferne Epochen der Geistesgeschichte und entsprechende Literaturperioden, und besinnt sich eine Zeit auf die Kräfte des Volkstums, so dringt auch Volkssprachliches in größerem Umfang in die Schriftsprache ein. Nach allem bisher Dargestellten leuchtet aber ein, daß die Literatur der althochdeutschen Zeit sich zu ihrem größten Teil in der Volksferne bewegt. Sie ist daher wenig geneigt, volkstümliches Sprachgut aufzunehmen, so daß dessen schriftliche Bezeugung in dieser ersten Periode deutscher literarischer Bemühungen kaum zu erwarten ist.

Erst aus späteren Literaturperioden, zum Teil sogar erst durch die heutige Mundartforschung, ist der größere Teil der Entlehnungen aus dem Lateinischen bekannt geworden. Angesichts der reichen Gliederung des Lehnguts, wie sie im systematischen Überblick (s. o. S. 91 ff) erörtert wurde, könnte es auffallen, daß von den frühesten Kulturberührungen zwischen Römern und Germanen nur Lehnwörter, Wörter lateinischer Herkunft also, Kunde geben. Aber gerade das ist der Weg volkstümlich-alltäglicher Sprachaneignung. Man lernt die fremde Sache kennen, und es ist ein ganz natürlicher Vorgang, sich mit der Sache zugleich auch den fremden Namen zu eigen zu machen. Dagegen gehört das ganze Gebiet der Lehnbildungen, also Lehnübersetzungen, Lehnübertragungen und Lehnschöpfungen, in andere Bereiche von höherer Geistigkeit. Dort würde es ein bequemes Ausweichen bedeuten – was gleichwohl oft genug vorkommt –, wollte man das fremde Wort einfach übernehmen. Seinen begrifflichen Inhalt zu erfassen und ihn anderen mitzuteilen, verlangt in solcher Sphäre, sich ihn auch sprachlich zu eigen zu machen. Zwar hatten wir in unseren Beispielen neben lauter Lehnwörtern auch eine einzige Lehnschöpfung, nämlich *thus* : *wîhrouch*, zu erörtern. Aber auch der mit der Sprachgeschichte nicht Vertraute spürt, daß man sich da in einer anderen Zeit und in einer anderen geistigen Umgebung bewegt als bei den *pfeffar*, *epfich* und *lattûch*. In der Tat kann die Lehnschöpfung *wîhrouch* kaum vor dem 8. Jahrhundert entstanden sein, und sie wurde geschaffen von einer christlichen Gemeinde, die nicht mehr mit Römern oder Romanen in unmittelbarer nachbarlicher Berührung stand. Im Gottesdienst lernte sie den Weihrauch kennen als etwas verwunderlich Fremdes und Namenloses. Die Gemeinde kannte nicht den fremden Namen, und sie fragte nicht danach; aus Eigenem schuf sie die angemessene Bezeichnung. Nicht von dem fremden Wort, sondern von der Sache selbst geht hier die Anregung aus.

Anders als mit den Lehnbildungen steht es mit Lehnwendungen und Lehnsyntax. Nach Analogie moderner Grenzmundarten, die überreich an derartigen Lehnprägungen sind, darf angenommen werden, daß diese Spracherscheinungen in der römisch-germanischen Berührungszone ebenfalls in nicht geringem Maße vorhanden waren. Aber was und wie man damals redete, ist unwiederbringlich verklungen, und sollte die eine oder andere Lehnwendung aus frühesten Zeiten noch in heutiger Mundart weiterleben, so wäre sie nicht zu erkennen, weil das Vergleichsmaterial aus der schriftlosen Frühzeit fehlt.

Viele Jahrhunderte hat der römische Einfluß auf die germanischen Sprachen angedauert, er ist aber in den einzelnen Landschaften verschieden stark gewesen. Auch darüber hat die Wissenschaft manches ermitteln können. Die kulturgeographische Sachforschung und die dialektgeographische Untersuchung der Sprache haben vereint tiefe Einblicke in Zeit und Landschaft der sprachlichen Entlehnungen getan.

Ganz besonders lebhaft und nachhaltig war, wie diese Forschungen erkennen lassen, der Kulturaustausch zwischen Römern und Germanen in der rheinischen Tiefebene. Zahlreiche stark besetzte Truppenlager schützten das weite, fruchtbare Land, Wasserwege und Heerstraßen erschlossen es dem Verkehr. So siedelte sich schon im 1. Jahrhundert der christlichen Ära eine immerfort durch neuen Zuzug wachsende Bevölkerung an, und sie entfaltete rasch ein blühendes und vielseitiges Wirtschaftsleben. Reger Austausch verband die Siedler mit dem gallischen Hinterland, das selbst bald völlig romanisiert wurde, und so entstanden große Wirtschafts- und Kulturräume, die auf die benachbarten Germanen eine starke Anziehungskraft ausübten. Auf deren frühzeitiges Einsetzen darf man von der Sprache her immer dann schließen, wenn römisches Lehngut in vielen germanischen Sprachen gleichmäßig verbreitet ist. Was sich im Hoch- und Niederdeutschen, im Friesischen und Altenglischen gleichmäßig findet, muß sich immerhin im germanischen Sprachschatz schon gefestigt haben, bevor die Angelsachsen nach den britischen Inseln abwanderten. Sind aber die Lehnwörter zugleich auch im Gotischen und im Altnordischen nachweisbar, so ist eine besonders frühe Entlehnung zu vermuten, wobei freilich im Altnordischen stets zu prüfen ist, ob das Lehnwort nicht erst sekundär durch angelsächsische oder niederdeutsche Vermittlung bekannt wurde. Was sich also auch bei den Goten und genuin im Norden nachweisen läßt, gehört zu einer ältesten Schicht von Entlehnungen, die spätestens aus dem 2. Jahrhundert stammen dürften; was bei Festlandgermanen und Angelsachsen verbreitet ist, wird in der Regel bis zum 4. Jahrhundert in die germanischen Sprachen aufgenommen sein. Was aber in so früher Zeit eindrang, kann schon deshalb nur in den unteren Rheinlanden übernommen worden sein, weil die germanische Ausdehnung nach Süden und damit die Erweiterung der Kontaktzonen mit den Römern vorher noch kaum begonnen hatte.

Lateinisches Lehngut, das sich außer im Hochdeutschen nur im Niederfränkischen, Niederdeutschen und Friesischen oder gar nur in einzelnen dieser Sprachen findet, ist im allgemeinen nicht ebenso hohen Alters. Muß man nicht mit zufälligem Verlust im Angelsächsischen rechnen oder ergeben sich aus der kultur- und wirtschaftshistorischen Forschung keine Gegenargumente, so rechnet man in solchen Fällen mit Entlehnungen frühestens vom Ende des 4. Jahrhunderts an. Bleibt dabei das Hochdeutsche ausgeschlossen, was nicht selten vorkommt, so hat man wegen der geographischen Beschränkung auf die nördlichen Festlandstämme abermals mit Entlehnung im niederrheinischen Gebiet zu rechnen.

Zwischen dem 1. und dem 4. Jahrhundert hat sich aber auch die lateinische Sprache erheblich verändert. Überhaupt stammen die entlehnten Alltagswörter auch in den früheren Jahrhunderten meistens aus dem Vulgärlatein, der Alltagssprache der römischen Siedler, die sich von Landschaft zu Landschaft sehr verschieden ausprägt und die in Laut-, Formen- und Wortschatz vom klassischen Latein sehr stark abweichen kann. Das Vulgärlatein entwickelt sich in den einzelnen römischen Provinzen in Auseinandersetzung mit den vorgefundenen Volkssprachen. In Frankreich entstand auf dem Wege, der endlich zum Altfranzösischen führen sollte, eine Übergangsstufe, die man als galloromanisch bezeichnet, die auch ihrerseits keineswegs einheitlich war, sondern in dem weiten Lande sehr verschiedenartige Dialektausprägungen erfuhr. Der galloromanische Sprachzustand ist nicht direkt bezeugt, ist aber durch Rückschlüsse aus den modernen dialektgeographischen Verhältnissen Frankreichs und Belgiens teilweise rekonstruierbar. Durch Verbindung der dialektgeographischen Methode, die neben vielen anderen Gelehrten auf romanistischer Seite besonders von Jakob Jud (LH 93 und 121), auf germanistischer von Theodor Frings (LH 92) zu bewundernswürdigen Ergebnissen geführt wurde, ist es gelungen, für einen großen Teil des lateinischen und des galloromanischen Lehngutes nicht nur die ungefähre Zeit der Entlehnung, sondern auch die Landschaft, in der die Übernahme erfolgte, zu ermitteln. Auf gewisse Einzelheiten wird bei der Erörterung des christlichen Wortschatzes einzugehen sein. Zunächst genügt die Feststellung, daß die niederrheinische Ebene freilich das weitaus einflußreichste und stärkste Ausstrahlungsgebiet römischer Kultureinflüsse war, aber doch nicht das einzige blieb.

Ein weiteres römisches Einflußzentrum entwickelte sich in Stadt und Siedlungsraum Trier. Der breite römische Kulturstrom, der sich von Italien her auf der Rhone-Maas-Straße in die nördlichen Ebenen um Köln und Utrecht ergoß, verzweigte sich in Gallien und gelangte von Süden her auf der Moselstraße auch in das weite Trierer Bekken. Besonders zu der Zeit, als Trier die Machtstellung einer Hauptstadt des Römischen Reiches genoß, und in der Nachwirkung noch lange nachher, strahlten von hier starke Kulturanregungen zum Mittelrhein und wohl auch in das Maintal aus. Köln im Norden und Trier in der Mitte waren außerdem schon in früher christlicher Zeit bedeutende Bischofssitze, und anscheinend riß die Kontinuität der christlichen Traditionen auch in Not und Drang der germanischen Landnahmezeit niemals ganz ab. So waren die beiden Städte die bedeutendsten Mittelpunkte der römischen Einflußnahme auf die Germanen, und sie sollten es selbst dann noch bleiben, als das römische Gallien längst dem Ansturm der Franken erlegen war.

In den sprachlichen Auswirkungen viel schwerer zu erfassen und bei weitem nicht so bedeutend wie die beiden anderen Ausstrahlungsgebiete ist der römische Kultur- und Sprachimport, der auf der alten Völkerstraße durch die Burgundische Senke zum Bodensee und an den Oberrhein gelangte. Einerseits wurden diese Landschaften am nördlichen Alpenrand erst spät von germanischen Völkerschaften in Besitz genommen, und anderseits hatte hier auch in Römerzeiten nicht dasselbe intensive Kultur- und Wirtschaftsleben geherrscht wie an der Mosel um Trier und vor allem in den Rheinniederungen. Sehr spät erst werden auch die Alpenpässe zu wirksamen Verkehrswegen zwischen Süd und Nord, und das Lehngut, das auf diesem Wege zu den Germanen kam, muß der Entlehnungszeit wegen eher romanisch als römisch genannt werden. Auch entlang der Donaugrenze waren die kulturellen Berührungen nicht sehr stark. Ihre von Süden her schwer zugänglichen Landschaften waren für Rom vornehmlich von militärischer Bedeutung. Festungen und Truppenlager, dazu Veteranensiedlungen charakterisieren dieses kulturell nicht besonders hoch entwickelte Randgebiet. Auf der germanischen Nordseite der Grenze aber scheinen weite Räume zeitweise unbesiedelt geblieben zu sein oder doch wandernden Stämmen nur vorübergehend eher zur Rast als zu fester Ansiedlung gedient zu haben. Unter solchen Umständen kann die kulturelle Berührung, die auch zu sprachlichen Entlehnungen geführt hätte, nicht sonderlich wirksam gewesen sein. Wirklich gibt es kaum römischen Sprachimport in den Donaulanden, der sich über die Merowingerzeit zurückdatieren ließe. Manches ist gar erst karolingisch, später Nachklang der Römerzeit, deren Traditionen sich nur an wenigen bevorzugten Plätzen, z. B. in der alten Bischofsstadt Augsburg, so lange hatten halten können.

Fassen wir zusammen, was über die lateinischen und romanischen Einflüsse auf die germanischen Sprachen ermittelt worden ist, so hat der rheinische Norden sowohl zeitlich wie auch seinem kulturellen Gewicht nach den Vorrang vor den südlich anschließenden Landschaften. Zu Köln und Utrecht, um mit den Ortsnamen die ganze Landschaft zu bezeichnen, gesellen sich nacheinander Trier, die Gebiete um den Oberrhein und die Donaulande. Das liegt einerseits an den kulturgeographischen Verhältnissen des Weströmischen Reiches, anderseits auch, wie mehrfach angedeutet, an der von Norden nach Süden gerichteten Völkerbewegung der Germanen, die in den nordwestlichen Ebenen zuerst und am nachhaltigsten in Beziehungen zu den Römern traten.

Es ist nicht unwichtig, im Hinblick auf die intensive Auseinandersetzung des Althochdeutschen mit dem Lateinischen die früheren römisch-germanischen Kultur- und Sprachbeziehungen im Auge zu behalten, obwohl sie oder gerade weil sie – soziologisch und sprachhistorisch gesehen – von ganz anderer Art sind. Man hat auch zu bedenken, daß die um die Zeitwende beginnenden und sich in der Folgezeit verstärkenden Kulturberührungen fortdauerten, als aus Römern längst Romanen geworden waren und als die Festlandgermanen nach und nach dem jungen fränkischen Reiche eingegliedert wurden. Die Kontinuität der volkssprachlichen Beziehungen zwischen beiden Völkern reicht bis an die Schwelle der althochdeutschen Zeit und dauert in den Grenzmundarten sogar weiterhin an. Es ist daher nichts grundsätzlich Neues, was in der althochdeutschen Zeit sprachlich geschieht; aber es vollzieht sich auf einer ganz anderen soziologischen Ebene.

Erörtert man die römisch-germanische Kulturberührung und ihre romanisch-fränkische Fortsetzung, so darf man die ältesten Berührungen mit dem Christentum nicht unberücksichtigt lassen. Auch sie beginnen schon in der Spätantike, und käme es allein auf die zeitliche Gliederung an, so wäre der älteste christliche Lehnwortschatz der Germanen zugleich mit dem der Profankultur zu erörtern gewesen. Es sind aber im Bereich des christlichen Wortschatzes mancherlei Probleme eigener und besonderer Art zu behandeln. Auch die zeitliche und räumliche Gliederung ist hier in unserem Zusammenhang sorgfältiger zu prüfen, als es beim Profanwortschatz notwendig war. Wir ziehen es daher vor, der Berührung mit dem Christentum und seiner Sprache ein eigenes Kapitel zu widmen.

VII. ÄLTESTE BERÜHRUNGEN MIT DEM CHRISTENTUM

Mit den Worten *trohtîn got almahtîgo, dir uuirdo ih suntîgo pigihtic* (‹Herr allmächtiger Gott, dir werde ich Sündiger in der Beichte geständig›) beginnt die ‹jüngere bairische Beichte›, niedergeschrieben nach einer viel älteren Vorlage im 10. Jahrhundert. Etwa aus der gleichen Zeit stammt die ‹Würzburger Beichte›, an deren Anfang es heißt: *Trohtîne gote almahtîgen bigiho mîna sunta* (‹Dem Herrn allmächtigen Gotte beichte ich meine Sünden›). Ohne das Attribut *almahtîg* fanden wir die Anfangsworte *truhtîn god* auch bereits in dem Rheinfränkischen Gebet (s. o. S. 76), und schon im althochdeutschen ‹Isidor›, der noch im 8. Jahrhundert entstand, wird lat. *deus et dominus* durch ahd. *got joh druhtîn* wiedergegeben. Damit steht das Althochdeutsche nicht allein; genauso häufig ist die Verbindung der beiden Gottesbezeichnungen auch im Altsächsischen und im Altenglischen, ein sicherer Beweis für ihr hohes Alter. Im altsächsischen ‹Heliand› wird die Bibelstelle Matth. 6, 26 von den Vögeln unter dem Himmel frei wiedergegeben: *Thoh gibid im drohtîn god dago gehuuilikes helpa uuidar hungre* (‹Doch gibt ihnen der Herr Gott jeglichen Tag Hilfe gegen den Hunger›). Im Lateinischen heißt es *Et pater vester caelestis pascuit illa* (‹Und euer himmlischer Vater ernährte sie›). Hier ist also *drohtîn god* nicht durch den lateinischen Text gefordert, und wenn der ‹Heliand›-Dichter die Worte dennoch verwendet, so müssen sie ihm aus eigenem, volkstümlichem Sprachgebrauch ganz vertraut sein. Dasselbe ließe sich auch an althochdeutschen und altenglischen Belegen nachweisen. Die beiden Gottesbezeichnungen und ihre Verbindung wurden demnach schon in der Zeit der westgermanischen Verkehrsgemeinschaft fester Besitz der Volkssprache.

Im Gegensatz zu den vielen Lehnwörtern aus römisch-germanischer Kulturberührung, die im vorhergehenden Kapitel erwähnt wurden und die auch im ältesten christlichen Wortschatz eine große Rolle spielen (s. u. S. 117 ff), sind die beiden Bezeichnungen des Christengottes *deus* und *dominus* nicht als Lehnwörter übernommen worden. Aus heimischem Sprachmaterial sind die germanischen Bezeichnungen entstanden. Das ist nicht selbstverständlich, und es verdient auf dem Ruhmesblatt germanischen Geistes verzeichnet zu stehen, daß er sich die Grundlage des Christentums, den monotheistischen Gottesbegriff, sprachlich ganz zu eigen machte. Wir haben auf die Geschichte dieser beiden Wörter etwas ausführlicher einzugehen.

Alle germanischen Sprachen besitzen das Wort *Gott* in seiner christ lichen Bedeutung. Diese lückenlose Verbreitung beweist, daß die Germanen sich schon sehr früh mit dem neuen, ihnen noch fremden Glauben beschäftigt haben. Das ist freilich kein Anzeichen für eine ebenso frühe Bekehrung, läßt aber doch erkennen, wie nachdenklich man den einen Herrn Himmels und der Erden mit dem eigenen Vielgötterhimmel verglich. Man setzte nicht etwa den Christengott mit dem eigenen obersten Gott gleich, so wie man in den Wochentagsnamen die römischen mit den heimischen Göttern identifizierte (s. u. S. 136 ff), und darin prägt sich die ahnende Erkenntnis aus, daß dieser Gott, den die Christen verehrten, mit den hergebrachten heidnischen Begriffen nicht zu erfassen war.

Das Wort *Gott* selbst allerdings stammt aus uraltem germanischen Spracherbe, und es muß daher eine andere Bedeutung gehabt haben, bevor es sich mit christlichem Inhalt füllte. In seiner christlichen Bedeutung ist es also ein Bedeutungslehnwort (s. o. S. 93). Aber die christliche Lehnbedeutung ist hier schon in so früher Zeit geprägt, daß sie alle Spuren einer älteren heidnischen Bedeutung völlig verwischt hat. Nur aus dem etymologischen Vergleich mit anderen indogermanischen Sprachen kann man versuchen, die ursprüngliche Bedeutung zu ermitteln. Aber auch das führt gerade hier zu keinem sicheren Ergebnis. Das Wort, dessen germanische Grundform als * *gudam* anzusetzen ist, ist neutralen Geschlechts und seiner Bildung nach ein Partizip, also eine Verbform. Je nachdem, an welche indogermanische Wurzel es anzuknüpfen ist, kann es bedeuten ‹das Angerufene› oder ‹das (Wesen), dem man Opfer bringt› oder endlich — freilich weniger wahrscheinlich — ‹das (in Erz) Gegossene›. Von der erstgenannten Bedeutung her wäre die spätere Verwendung im christlichen Bereich am ehesten zu verstehen. Jedenfalls hat das Wort aber auch in seiner heidnischen Bedeutung bereits der numinosen Sphäre angehört. Daß * *gudam* ein Neutrum war, deutet an, daß es ein Unnennbares und Unfaßbares bezeichnete. Es mag, wie das Schicksal, hinter und über den Göttern gestanden haben, die man zu kennen glaubte und mit Namen anrufen konnte. Ist das richtig, so hätten die Germanen schon in der Bezeichnung, die sie wählten, ausgedrückt, wie unbegreiflich fern und hoch für sie der eine Gott der Christen über der vertrauten Welt der eigenen Götter stand. Zwar nehmen manche Forscher an, das Wort sei von Missionaren zur Bezeichnung des Christengottes ausersehen worden. Aber das hat wenig Wahrscheinlichkeit. In der frühen Zeit, in der die christliche Bedeutung des Wortes entstanden sein muß, um sich über alle germanischen Sprachen ausbreiten zu können, ist von einer Missionstätigkeit noch nichts bekannt. Wie sollte sie auch, wenn wirklich schon früh hie und da einsetzend, so weite Kreise gezogen haben? Und wie hätten Missionare, die man doch als Sprachfremde zu betrachten hat, aus der Fülle von möglichen Ausdrücken gerade ein mehr verhüllendes als ein deutlich bezeichnendes Wort auswählen sollen, dabei die christliche Vorstellung des persönlichen Gottes, wie die Wahl eines Neutrums beweist, zunächst aufgebend? Die Übertragung des *deus*-Begriffs ins Germanische kann vielmehr nur als eine germanische Leistung verstanden werden.

Vom unbegreiflichen, fernen Es geht der Weg des Verständnisses zum Er. Erst in engerer Berührung mit dem Christentum rückt den Germanen auch der christliche Gott näher. Sein Bild wandelt sich zu dem des persönlichen Gottes und Herrn der Schöpfung. Sprachlich drückt sich das darin aus, daß das einst sächliche Wort sich in allen germanischen Sprachen zum männlichen wandelt. Nur in Spuren ist der ältere grammatische Sachverhalt noch zu erkennen. So entbehrt das Wort im Gotischen, obwohl als Maskulinum gebraucht, der Endung der Maskulina, und im Althochdeutschen heißt das Kompositum, das den Götzen oder Heidengott bezeichnet, *daz abgot.* Aber auch dies war nicht eine Leistung der Missionare, sondern die Umprägung kann nur im Volke selbst durch immer engere Vertrautheit mit dem Wesen des Christengottes entstanden sein. Im Munde der Missionare (eines oder gar aller?) wäre eine solche Änderung des grammatischen Geschlechts ein Akt sprachlicher Willkür gewesen, und unmöglich könnten alle germanischen Sprachvölker sich gleichmäßig einer solchen Willkür gebeugt haben. Entwicklungen solcher Art gehen nur in langen Zeiträumen und auf ganz ungezwungene Weise vor sich.

Lat. dominus: ahd. frô, truhtîn, hêrro

Von den drei Wörtern, die im Althochdeutschen zur Wiedergabe von lat. *dominus* verwendet werden, kann nur ahd. as. *frô*, ae. *fréa*, got. *frauja* von etwa gleichem Alter wie die Übersetzung von *deus* durch *Gott* sein. Den noch lange heidnischen Norden hat das Wort in seiner christlichen Verwendung allerdings nicht mehr erreicht; doch ist *frô* identisch mit dem altnordischen Götternamen *Freyr*, der eigentlich ein Appellativum ist und ‚Herr' bedeutet. Jünger ist ahd. *truhtîn*, as. *drohtîn*, ae. *dryhten* (ins Nordische ebenfalls erst spät als christliche Entlehnung aus dem Altenglischen eingedrungen).

Die Goten haben an dieser Bezeichnung keinen Anteil mehr; das Wort hat also nur westgermanisches Alter. *Hêrro* endlich ist die jüngste der drei Bezeichnungen, die sich in weiter Verbreitung nur im Althochdeutschen und Altsächsischen findet. Sporadisches *hearra* im Altenglischen ist aus dem Althochdeutschen entlehnt, und noch später gelangt das Wort in der Form *herra* aus dem Englischen in den Norden.

Anders als *deus: got*, das immer unangefochten im religiösen Bereich steht, haben *dominus* und seine Übersetzungen stets zugleich eine weltliche Bedeutung, und das Sprachgeschehen wird hier von dem alltäglichen profanen Gebrauch bestimmt, dem der religiöse sich anpaßt. Das zeigt sich deutlich schon in der Abfolge der germanisch-deutschen Übersetzungen. Das Wort *frô*, in ältester Zeit überall verbreitet, ist im Deutschen schon in althochdeutscher Zeit außer Gebrauch gekommen und schließlich untergegangen. Nur in erstarrten Resten ist es im Neuhochdeutschen noch vorhanden, in *Fronleichnam* mit religiöser Bedeutung, im weltlichen Bereich nur noch in veraltenden Wörtern wie *Fronvogt* und *Frondienst*. Etwas lebendiger sind noch die Wörter *Fron* ‚harte Arbeit (für einen Herren)' und *frönen* ‚(einem Herren) Dienst leisten'. *Frô* bedeutet ‚Herr, Gebieter, Machthaber' ohne Rücksicht auf den Stand des Untergebenen; dieser mag frei oder unfrei sein.

Das jüngere Wort *truhtîn* ist anderer Art. Es gehört zu einem Wortstamm, der auch in ahd. *truht* ‚Kriegerschar, Gefolge' vorliegt, und bedeutet demnach ‚Herr der Gefolgschaft', wohl auch ‚Kriegsherr', weil sich in Krieg und Kampf das Gefolgschaftsverhältnis und die Treue zwischen dem Herrn und dem Gefolgsmann am deutlichsten bewähren. Der Gefolgsmann und Krieger aber ist freien Standes. In freiwilliger Unterordnung schließt er sich seinem *truhtîn* an. Man hat aus der Wahl dieses Wortes geschlossen, daß die Westgermanen ihre Stellung zu Gott unter dem Bilde eines Gefolgschaftsverhältnisses, sich selbst als die streitbare Kriegsschar des Himmelsherrn angesehen hätten. Sehr weitgehende Folgerungen über die besondere Art des germanischen Christentums sind aus dieser vermeintlichen Bedeutung des Wortes *truhtîn* gezogen worden. Gleichwohl müssen erhebliche Bedenken gegen diese Auffassung angemeldet werden. Lange, ehe *truhtîn* als Gottesbezeichnung verwendet wurde, muß das Wort schon im weltlichen Bereich gegolten haben, und man hat nicht genügend beachtet, daß es schon hier einen entscheidenden Bedeutungswandel erlebt haben kann. *Truhtîn* übersetzt lat. *dominus*, und *dominus* war Bezeichnung und Anrede des Kaisers im spätantiken Westrom. Sehr wohl können die Tausende von germanischen Söldnern im römischen Heeresdienst ihren kaiserlichen *dominus*, der zugleich ihr oberster Feldherr war und häufig im Heerlager weilte, in ihrer eigenen Sprache als *truhtîn* bezeichnet haben, heimische Vorstellungen auf den Kaiser übertragend. Von der Gefolgstreue germanischer Krieger zu ihrem kaiserlichen römischen Herrn, die oft genug mit dem Tode besiegelt wurde, künden viele Zeugnisse. Der Kaiser war aber kein Gefolgsherr im germanischen Sinne, nicht *primus inter pares*, sondern er war Herr schlechthin, unumschränkter Gebieter über Freie und Unfreie. Wurde nun *truhtîn* auf den kaiserlichen *dominus* angewandt, so mußte das Wort allmählich in die weitere Bedeutung einrücken, die in den germanischen Sprachen vorher nur dem Worte *frô* zukam.

Wir werden in unserer Auffassung durch das gotische Wort *gadrauhts* ‚Soldat' bestärkt. (Got. *au* ist hier wie kurzes *o* zu sprechen; das Wort gehört zu dem gleichen Stamm wie ahd. *truht* und *truhtîn*). Auch *gadrauhts*, das ursprünglich nur ‚das (freie) Mitglied einer Gefolgschaft' gemeint haben kann, bezeichnet in der gotischen Bibel den rechtlich und ethisch ganz anders gestellten Söldner der römischen Heere. Auch hier liegt also die Wandlung von der germanisch-kriegerischen zur römisch-militärischen Wortbedeutung vor. Man darf deshalb annehmen, daß das Wort *truhtîn* in den römischen Truppenlagern seine alte und edlere, aber engere Bedeutung einbüßte und in den ganzen weiten Bedeutungsbereich von lat. *dominus* eintrat. Als dann der Dominus des Römerreiches zeitweilig in Trier residierte, mag die neue Übersetzung sich bei den westgermanischen Völkerschaften weiter ausgebreitet haben, zunächst in weltlicher Bedeutung. Dann aber mußte das Wort auch späterhin, als es im religiösen Bereich auf den Herrn im Himmel angewandt wurde, seine neue breitere Bedeutung beibehalten. Weil es also mit *frô* gleichbedeutend geworden war, konnte es auch diesen älteren Ausdruck allmählich verdrängen. Denn zwei völlig gleichbedeutende Wörter erträgt keine Sprache; eines wird gewöhnlich abgestoßen, und meistens ist es das jüngere, das ‹modernere› Wort, das den Sieg behält.

Noch einmal wiederholt sich der Vorgang, daß für *dominus* im weltlichen Bereich ein neues Wort aufkommt, das später auch als religiöse Bezeichnung dient. In den romanischen Sprachen wird es seit dem 6. Jahrhundert Mode, nicht mehr die alte lateinische Anrede *dominus* zu gebrauchen, sondern statt dessen *senior* ‚der Ältere' zu sagen (vgl. frz. *seigneur*, ital. *signore*, span. *señor* usw.). Dieser romanische Brauch pflanzt sich im Frankenreiche auch zu den Germanen fort, und spätestens seit dem Einsetzen der althochdeutschen Schriftquellen im 8. Jahrhundert, vermutlich aber schon viel früher, gilt auch im Althochdeutschen und im Altsächsischen die Anrede und Bezeichnung *hêrro.* Dies ist grammatisch ein Komparativ zu ahd. *hêr* ‚hehr, erhaben, durch Alter ehrwürdig', und *hêrro* ist zu *hêr* gebildet wie der lat. Komparativ *senior* zu *senex* ‚alt'. Das Altenglische nimmt, wie oben erwähnt, an dieser festländischen Entwicklung nicht mehr teil. Im Frankenreich, zum mindesten in dessen zweisprachigen Gebieten, weiß man natürlich, daß lat. *dominus* und das neue romanische *senior* bedeutungsgleich sind, und so kann die germanische Neubildung *hêrro* nicht nur *senior* übersetzen, sondern auch überall dort eintreten, wo ein lat. *dominus* zu übersetzen ist.

Hier ergeben sich allerdings in der althochdeutschen Übersetzersprache bemerkenswerte und aufschlußreiche Unterschiede. In dem sehr altertümlichen althochdeutschen ‹Isidor›, wo *dominus* nur in religiöser Bedeutung zu übersetzen war, herrscht *truhtîn. Hêrro* kommt kein einziges Mal vor. Dabei muß der Schöpfer dieser vor dem Jahre 800 im westlichen Reichsteil oder jedenfalls nahe der Sprachgrenze entstandenen Übersetzung das neue Wort *hêrro* gekannt haben. In der etwa gleichaltrigen ‹Monseer Matthäus›-Übersetzung, die in der Schule des ‹Isidor›-Übersetzers entstand, steht neben mehr als 40 Belegen des Wortes *truhtîn* ein einziges *dominus: hêrro* (Matth. 18, 34), und da ist ein weltlicher Herr gemeint. Nicht anders ist es in dem um 825 in Fulda entstandenen althochdeutschen ‹Tatian›. Bei etwa 160 Belegen für die Übersetzung *dominus : truhtîn* ist fast immer Gott oder Christus und nur achtmal ein weltlicher Großer gemeint, letzte Spuren eines älteren, umfassenderen Gebrauchs des Wortes. Dagegen kommt nahezu fünfzigmal die Übersetzung *dominus : hêrro* für irdische Herren vor. Ähnlich liegen die Dinge bei Otfrid, dessen ‹Evangelienbuch› um 870 vollendet wurde. Der Befund redet eine deutliche Sprache. Wo es um Herren auf Erden geht, nehmen die Übersetzungen keinen Anstoß an dem neuen Wort *hêrro,* das sie sogar gern gebrauchen. Im göttlichen Bereich dagegen halten sie an *truhtîn* fest. Die Sprache der Kirche ist konservativ, und offenbar hat sie sich in fränkischen Landen schon gefestigt, so daß die Übersetzer eine klare Richtschnur haben; für die göttlichen Personen bleiben sie bei dem älteren Wort. Dennoch ist es mühselig, stets die beiden Bedeutungsbereiche von lat. *dominus* auseinanderzuhalten, und wo die Aufmerksamkeit erlahmt, kommt drei- oder viermal auch die Übersetzung *hêrro* in Anwendung auf Gott vor. Diese setzt sich im Laufe der Zeit weiter durch. Am Ende der althochdeutschen Sprachperiode, bei Notker, herrscht zwar immer noch *truhtîn* vor, das aber niemals mehr auf weltliche Gestalten angewandt wird, doch wird nicht selten *hêrro* verwendet, und zwar unterschiedslos in beiden Bereichen. Die konventionelle Kirchensprache ist drauf und dran, vor der lebendigen Kraft der Sprache des Volkes zu kapitulieren, und in der Volkssprache ist *truhtîn* durch das weithin gleichbedeutende *hêrro* verdrängt worden, wie jenes vorher das noch ältere *frô* verdrängt hatte.

Anders als die althochdeutschen Texte verhält sich der altsächsische ‹Heliand›. Auch hier überwiegt *drohtîn,* wobei gewiß auch die stilistische Höhenlage und die poetische Würde des Wortes eine Rolle spielen. Aber der ‹Heliand›-Dichter scheut auch den Gebrauch des Wortes *hêrro* nicht und nennt ganz unbefangen und ziemlich oft Gott und Christus mit diesem Namen. Er legt sich darin keine Zurückhaltung auf. Die Erklärung liegt nahe. In dem eben erst bekehrten Sachsenlande hat die Sprache der Kirche noch keine Tradition, hat noch keinen durch älteres Herkommen gefestigten und gesicherten Ausdrucksschatz. Sie ist noch offen für die Sprache des Volkes. Das Volk aber, leicht dem Reiz des Neuen nachgebend, zieht offenbar das frische Wort *hêrro* dem alten gravitätischen *drohtîn* vor.

Frühe christliche Lehnwörter

Es gibt aus der Frühzeit der vordeutschen Sprachentwicklung nur wenige Beispiele, daß übernommene Vorstellungen mit eigenen Wörtern bezeichnet werden. Daß sie mit Lehnbedeutung übersetzt werden, wie *deus* und *dominus,* bleibt eine seltene Ausnahme. Die Schöpfung eines eigensprachlichen Ausdrucks, wie das Wort *Gott* ihn darstellt, mag es sich auch erst langsam mit seinem vollen christlichen Gehalt füllen, setzt doch von Anfang an eine einfühlende geistige Beschäftigung mit dem Christentum voraus, und die christliche Verwendung der drei *dominus*-Übersetzungen ist überhaupt nur innerhalb einer christlichen Gemeinde denkbar. Was dagegen der noch heidnische germanische Nachbar zunächst vom römischen Christentum wahrnahm, unterschied sich für ihn nicht von der römischen Profankultur. Er brauchte sich den neuen, fremden Glauben noch gar nicht zu eigen machen; aber übersehen konnte er nicht, was bei dem anderssprachigen Volke vorging. Was aber die Aufmerksamkeit erregte, darüber sprach man auch, und zwar mit den Ausdrücken, die die fremde Sprache dafür anbot. Das Kirchengebäude, die Geistlichen, Kultgegenstände und öffentliche Kulthandlungen, kurz alles, was auch der Außenstehende mit Interesse wahrnimmt, sind daher in den westgermanischen Sprachen mit Lehnwörtern aus dem Lateinischen bezeichnet. Nur sind in dieser kirchlichen Lehnwortschicht auch die ältesten Lehnwörter jünger als die frühen profanen Entlehnungen. Denn das Christentum mußte sich zuerst im Römerreich selbst ausbreiten, ehe die Germanen etwas davon wahrnehmen konnten, und erst im 4. Jahrhundert wurde es Staatsreligion. Bis dahin war aber auch schon mancher Germane Christ geworden, und der Ruf des neuen Glaubens muß bereits zu vielen germanischen Völkerschaften gedrungen sein.

Nicht vor dem 4. Jahrhundert können die ältesten kirchlichen Lehnwörter aufgenommen sein. Sie stammen aus dem weströmischen Kulturbereich und aus denselben Kontaktzonen, die auch den profanen Lehnwortschatz vermittelten. Die ostgermanischen Goten wurden von dieser Welle neuer christlicher Ausdrücke längst nicht mehr erreicht. Sie waren schon vorher in den griechisch sprechenden Kulturbereich Ostroms eingedrungen und hatten sich dort zum Christentum bekehrt. Im Westen nehmen die Angelsachsen nur noch kurze Zeit an der neuen Entwicklung teil. Ihre Wanderbewegung nach England hat schon begonnen, und auf dem Festland werden sie nur noch von den ersten der neuen kirchlichen Lehnwörter erreicht. Späterer Lehnworterwerb bleibt auf das Hoch- und Niederdeutsche einschließlich des Niederfränkischen beschränkt, und manches andere kommt überhaupt nicht über regionale Verbreitung hinaus.

Eines der ältesten kirchlichen Lehnwörter ist das Wort *Kirche* selbst. Es ist bei allen westgermanischen Völkern verbreitet und später mit der Mission auch nach Skandinavien gedrungen. Entlehnt ist es aus einem griechischen Wort *kyriakón* oder eher aus dessen Vulgärform *kyrikón,* die beide ‚das dem Herrn gehörige (Haus)', also ‚Haus des Herrn' bedeuten. Hier ist nun auf der gebenden Seite ein ähnliches Nacheinander zu beobachten wie bei der Übersetzung von *dominus* auf der empfangenden. Die älteste Bezeichnung für das Kirchengebäude ist *basilica.* Diese wurde später verdrängt durch *ecclesia,* was ursprünglich ‚Versammlung, Gemeinde' bedeutete, dann aber auch auf das Versammlungsgebäude übertragen wurde. Das jüngste der drei Wörter ist *kyrikon.* Alle drei sind griechischer Herkunft, mindestens die ersten beiden wurden aber auch in die Sprache der lateinisch sprechenden Kirche entlehnt. *Basilica,* eigentlich ‚Königshalle', bezeichnet im weltlichen Sprachgebrauch auch die ‚Markthalle'. Wohl wegen dieser lästigen Profanbedeutung wurde das Wort im kirchlichen Sprachgebrauch und in den meisten vulgärlateinischen Dialekten schon sehr früh durch *ecclesia* verdrängt (vgl. frz. *église*). Dagegen hat sich *kyrikon* in den romanischen Sprachen nicht durchgesetzt. Es war ein zeitlich und landschaftlich beschränkter Ausdruck. Im 4. Jahrhundert – so nimmt man an – wurde es zum Modewort in dem von Griechen stark durchsetzten kaiserlichen Trier. Aber auch in Köln und am Niederrhein gab es damals Griechen genug, auch griechische Gemeinden, und man braucht sich den Gebrauch von *kyrikon* nicht auf Trier beschränkt zu denken; die Angelsachsen z. B. konnten es eher von Köln oder Utrecht aus empfangen. Jedenfalls aber war das 4. Jahrhundert die Zeit, in der die westlichen Germanen sich für das Christentum und seine äußeren Erscheinungen zu interessieren begannen. So entlehnten sie das in ihrer Nachbarschaft gerade moderne Wort, dem auf romanischem Boden nur eine kurze Dauer beschieden war. Ahd. *kirihha,* as. *kirika,* ae. *cirice* sind die sprachlichen Zeugen dieser Entlehnung. Sie hat dieselbe westgermanische Verbreitung wie *dominus: truhtîn,* und beide dürften gleichen Alters sein.

Schon zu derselben Zeit könnte auch die Amtsbezeichnung *Bischof* entlehnt worden sein, die sich ebenfalls über das ganze westgermanische Sprachgebiet ausbreitete. Auch dieses Wort stammt aus dem Griechischen und war als Lehnwort in der Form *episcopus* in das kirchliche Latein übernommen worden. In altromanischen Mundarten entstand daraus ein **piscopu* und weiterhin **biscopu,* und von dieser vulgären Ausgangsform sind as. afries. *biscop,* ae. *bisceop* und mit Lautverschiebung ahd. *biscof* herzuleiten. Und noch ein drittes Wort griechischen Ursprungs gehört zeitlich in diese Reihe. Unser Wort *Almosen,* ahd. *alamuosa,* as. *alemosa,* ae. *aelmesse,* kann nicht auf das kirchenlateinische Lehnwort *eleemosyna* zurückgeführt werden, sondern nur auf eine daraus entstellte mündliche Sprachform vulgärlateinischer Dialekte. In mündlicher Rede, im nachbarlichen Gespräch also, sind diese Wörter aus dem Lateinischen ins Germanische übertragen worden, nicht anders, als es mit den Lehnwörtern aus der Profansphäre zu geschehen pflegte.

Der offiziellen Kirchensprache gehören die lateinischen Wörter *offerre* und *signare* an, die – nach ihrer ebenso weiten Verbreitung zu schließen – zu etwa derselben Zeit wie die obengenannten Wörter entlehnt sein müssen. Wenn ersteres auch keine vulgärlateinischen Merkmale trägt, ist doch auch hier die Entlehnung von Mund zu Mund sicher. *Offerre* bedeutet im kirchlichen Sprachgebrauch ‚Gott etwas darbringen' und ‚den Armen etwas darbringen', d. h. ‚Almosen geben'. Mit diesen beiden Bedeutungen wurde das Wort in die westgermanischen Sprachen übernommen als ahd. *profferôn*, as. *offrôn,* ae. *offrian.* Dem lat. *offerre* erwuchs später in einigen Gegenden eine Konkurrenz in dem Wort *operari,* das eigentlich ‚arbeiten' bedeutet, aber eine Zeitlang in der Bedeutung von *offerre* als Modewort Geltung hatte. Es wurde in der Form *opfarôn* ins Althochdeutsche entlehnt und daraus das Substantiv *opfar* zurückgebildet; es sind die heutigen Wörter *opfern* und *Opfer.* Da das althochdeutsche Wort noch an der Lautverschiebung teilgenommen hat, muß es spätestens im 6. Jahrhundert entlehnt worden sein. Es blieb aber lange Zeit auf den Süden des hochdeutschen Sprachgebiets beschränkt. Daher kann es, wie die Dialektgeographie lehrt, nicht über die Kontaktzonen von Köln oder Trier eingewandert sein, sondern muß aus dem Süden oder Südwesten kommen.

Signare und seine vulgäre Nebenform *segnare,* zu lat. *signum* ‚Zeichen' gehörig, bedeutet im kirchenlateinischen Sprachgebrauch ‚das (Segens)zeichen des Kreuzes machen'. In die westgermanischen Sprachen ist das Wort als ahd. *seganôn,* as. *segnôn,* ae. *segnian* eingegangen und lebt in nhd. *segnen* fort. Erst auf germanischer Seite ist daraus das Substantiv *Segen,* ahd. as. *segan,* ae. *segn,* zurückgebildet worden, ähnlich wie *opfar* aus *opfarôn.* Das Verb mußte aber schon fest eingebürgert sein, damit das Sprachgefühl eine solche Rückbildung zulassen konnte. Darüber vergeht Zeit, und trotzdem findet sich schon um das Jahr 600 auf einer langobardischen Runeninschrift das Wort *segun* ‚Segen'. Auch dies spricht neben der weiten westgermanischen Verbreitung für das Alter der Entlehnung von *segnen.*

Man braucht aus diesen Lehnwörtern noch nicht zu schließen, daß die Germanen zur Zeit der Übernahme, d. h. doch wohl: im 4. Jahrhundert, selbst schon Christen waren. Das Kirchengebäude, der hohe Geistliche in seinem Ornat, das Segenszeichen der Christen mußten auch dem heidnischen Nachbarn auffallen, und das Almosen kannte der Empfänger, auch wenn er Heide war, ebensogut wie der christliche Spender. Diese ältesten Lehnwörter beweisen also nur die Berührung mit dem Christentum; sie lassen noch nicht auf Bekehrung schließen.

Was die Frage der Bekehrung angeht, so stellt uns dagegen das Wort *Sünde* vor ein schwieriges und noch ungelöstes Problem. Das Wort tritt in den Formen ahd. *suntia, suntea, sunte,* as. *sundia,* afries. *sende,* ae. *synn* auf, ist also über die ganze Westgermania verbreitet und muß demnach spätestens im 4. Jahrhundert in seiner christlichen Bedeutung entstanden sein. Keiner der vielen Versuche, Sünde als germanisches Erbwort nachzuweisen, ist überzeugend gelungen. Eher scheint es aus lat. *sons,* Akk. *sontem* ‚schuldig' entlehnt. Aber auch das ist unsicher. Denn die lateinischen Kirchenwörter für ‚Sünde' sind *delictum* und vor allem *peccatum.* Bei *sons* hätte man also an altromanischen, vulgären Sprachgebrauch zu denken, der aber nicht nachweisbar ist. Auch ist *sons* Adjektiv, *suntea* usw. dagegen sind Substantiva. Ein solcher Wechsel der Wortart ist bei Entlehnung ganz ungewöhnlich. Wichtiger noch als die ungelöste Frage nach der Etymologie ist aber das geistes- und religionsgeschichtliche Problem: Wie konnten die Germanen den christlichen

Begriff und das Wort *Sünde* kennenlernen, solange sie selbst noch Heiden waren? Kann die Gruppe *Kirche, Bischof, Almosen, segnen, offerôn* nichts für ein frühes germanisches Christentum beweisen, so steht es hier doch anders. Man muß das Wort in eine Linie mit *deus: Gott* und *dominus: frô, truhtîn* stellen. Zwar sagten wir, das Wort *Gott* könne auch von Heiden in geistiger Auseinandersetzung mit dem Christentum geschaffen sein. Aber schon die Anwendung des *dominus* und seiner Übersetzungen konnten wir uns nicht außerhalb, sondern nur innerhalb der christlichen Gemeinde vorstellen, und das muß erst recht von Begriff und Wort der *Sünde* gelten. Es kann nur von germanischen Christen geschaffen sein, und wenn das Wort alle westgermanischen Völker erreichen konnte, so muß es bei ihnen allen schon früh mehr als ein nur sporadisches Christentum gegeben haben. Das Wort gibt also einen starken Hinweis für die Annahme, daß wenigstens der Kern von germanischen Christengemeinden schon im 4. Jahrhundert vorhanden gewesen sein muß.

Christliche Lehnwörter des 6. Jahrhunderts

Hatten wir auch mit dem relativ jungen Wort *hêrro* bereits die älteste Schicht christlicher Wörter in den westgermanischen Sprachen verlassen, so bestand doch bei allen anderen bisher erörterten die berechtigte Vermutung, daß sie nicht nach dem Ende des 4. Jahrhunderts aufgenommen sein können. Was im Folgenden zusammenzustellen ist, läßt sich vielfach nicht genau datieren; einiges mag später, anderes auch schon früher in die vordeutschen Dialekte eingedrungen sein. Zum Teil aber verlangen die Lauterscheinungen, insbesondere die Teilnahme an der althochdeutschen Lautverschiebung, eine Datierung spätestens in das 6. Jahrhundert. Zum Teil sind es auch die historischen Bedingungen, die die Entlehnung in dieser Zeit wahrscheinlich machen. Vor allem beginnt das Klosterwesen sich erst im 6. Jahrhundert über das ganze Abendland auszubreiten, und wir datieren danach eine Reihe von hierher gehörigen Wörtern auf diese Zeit.

Hier ist in erster Linie das Wort *Kloster* selbst zu erörtern. Es kommt von lat. *claustrum* oder vielmehr von der vulgärlateinischen Nebenform *clostrum,* ist also wie früher schon *Kirche, Bischof* usw. durch die mündliche Alltagsrede vermittelt. Im Englischen, wo das Wort erst spät auftaucht, heißt es *cloister,* und dies geht auf afranz. *cloistre* zurück, welches nicht aus *clostrum,* sondern einer anderen Vulgärform *clostrium* stammt. Demnach muß das Wort ins Altfranzösische und weiterhin ins Englische aus einem anderen altromanischen Dialektgebiet eingedrungen sein als das deutsche Lehnwort. Deutsch und Englisch gehen hier anders als bei den Lehnwörtern des 4. Jahrhunderts getrennte Wege, und das ist bei den Lehnwörtern aus jüngerer Zeit die Regel. Wir dürfen daher fortan die englische Entwicklung außer Betracht lassen.

Als *clostrum*, ahd. *klôstar*, wurde anfangs nur der abgeschlossene Teil des Klosters bezeichnet, der allein den Mönchen und Geistlichen vorbehalten war. Es ist jener Bezirk, den man heute mit einem Fremdwort *die Klausur* nennt. Die Gesamtanlage mit allen ihren Gebäuden heißt lateinisch *monasterium*. Daraus entstand ahd. *munistri*, nhd. *Münster*. Dieser Bedeutungswandel von ‚Kloster' zu ‚Klosterkirche' kann nur im Munde christlicher Laien entstanden sein. Die Mönche hatten keinen Anlaß, das Wort *monasterium* in diesem eingeschränkten Sinne zu verwenden. Suchte aber der gläubige Christ, der selbst nicht Mönch war, das Kloster auf, so geschah es zum öffentlichen Gottesdienst in der Klosterkirche. Für ihn waren also der Gang ins Kloster und der Kirchgang gleichbedeutend, und wenn er vom *Kloster* sprach, so meinte er nur die *Kirche* des Klosters. Das althochdeutsche Wort erlebte späterhin in seinem neuen Geltungsbereich eine Bedeutungserweiterung. Denn jede größere Kirche, an der mehrere Geistliche im Konvikt zusammenlebten, wurde dann als Münster bezeichnet. Übrigens ist auch ahd. *munistri* wieder im mündlichen Umgang mit den romanischen Nachbarn entlehnt worden. Es kann nämlich nicht auf die schriftsprachliche Form *monasterium*, sondern nur auf eine Vulgärform *munisterium* zurückgehen. Mit dem vornehmlich im Süden und Südwesten gebrauchten Wort *Münster* konkurriert schon in ahd. Zeit das Wort des Nordwestens *Dom*, ahd. *tuom* (vgl. Ulmer, Straßburger Münster, aber Kölner, Bremer Dom). Ahd. *tuom* ist eine abkürzende Entlehnung aus *domus ecclesiae* ‚Haus der Kirche', womit eigentlich ein Gemeindehaus, vor allem die gemeinsame Wohnung der Geistlichen bezeichnet ist. Auch hier ist also, wie bei *Münster*, das besondere Merkmal, daß mehrere Geistliche derselben Kirche dienen, was bei kleineren Pfarrkirchen nicht der Fall ist. Ob *tuom* ebenso früh entlehnt wurde wie *munistri*, läßt sich nicht ermitteln. Jedenfalls ist das Wort so alt, daß es noch die althochdeutsche Lautentwicklung von *d* zu *t* und von *ō* zu *uo* mitgemacht hat. Die heutige Form *Dom* ist eine gelehrte Neubildung der Humanistenzeit nach lat. *domus*.

Auch *Nonne* und *Mönch*, ahd. *nunna* und *munih*, wurden schon in der Anfangszeit des Klosterwesens entlehnt aus lat. *nonna* und *monicus*, einer vulgären Nebenform des kirchenlateinischen *monachus*. Auch ahd. *klîrih* ‚der Kleriker' und *knunih* ‚der Kanoniker' müssen ihrem Lautbilde nach schon früh aus Vulgärformen von lat. *clericus* und *canonicus* entstanden sein. Beide Wörter sind allerdings nur je einmal in sehr alten südwestdeutschen Handschriften bezeugt und sind früh ausgestorben. Sie hatten vermutlich nur eine regional sehr beschränkte Verbreitung. Nicht ganz so früh wird die Bezeichnung für den Vorgesetzten der Mönche und Kanoniker entlehnt worden sein. Aus dem kirchenlateinischen *praepositus* ‚Vorgesetzter' entstand ein vulgäres *propostus*, und daraus stammt ahd. *prôbôst;* unser *Propst.* Die Entwicklung des zweiten *p* zu *b* ist romanisch; befremdlich ist aber, daß das erste *p* in keinem deutschen Beleg die ahd. Verschiebung zu *pf* zeigt. Entweder ist daher die Entlehnung relativ jung, etwa dem 7. oder gar 8. Jahrhundert zuzuweisen, oder aber das Wort wurde im Nordwesten des hochdeutschen Sprachgebiets entlehnt, der an der Verschiebung zu *pf* keinen Anteil hat. Letzteres ist wahrscheinlicher; das Wort dürfte in der Kölner Kirchenprovinz aufgekommen sein. Jedenfalls ist ahd. *prôbôst* eine volkssprachliche Entlehnung aus mündlicher Rede. Der Name des *Abtes* hingegen, ahd. *abbât* aus lat. *abbatem,* Akkusativ zu *abbas* — auch dieser nicht an der Lautverschiebung des *t* beteiligt — wurde anscheinend in anderen Bereichen entlehnt. Die kirchenlateinische Lautform ist hier so treu bewahrt, daß man an den offiziellen Sprachgebrauch des Klosters bei der Entlehnung und Tradierung des Wortes zu denken hat.

Der Aufseher über eine kleinere Gruppe von Mönchen, sozusagen ihr ‹Stubenältester›, heißt lat. *decanus.* Daraus wird ahd. *techan,* heutiges *Dechant.* Das Wort hat also an der Lautverschiebung teilgenommen und ist demnach ebenfalls etwa im 6. Jahrhundert entlehnt worden. Unter dem Einfluß der Kirchensprache steht freilich immer die lateinische Form daneben, und sie lebt bis heute in unserer Bezeichnung *Dekan* weiter. In althochdeutscher Zeit hat es nun nicht an Versuchen gefehlt, das fremde Wort durch Lehnübersetzung verständlicher zu machen. Daß *decanus* ‚der Aufseher über zehn Leute' von lat. *decem* ‚zehn' abgeleitet ist, weiß man natürlich, und so werden Lehnbildungen wie ahd. *zehaning* und *zehaningâri* versucht. Aber das sind künstliche Papierwörter, und sie können sich gegen den im Volksmunde längst gebräuchlichen *techan* und den gelehrten *decan(us)* nicht durchsetzen. Der Fall ist lehrreich, denn es gibt viele Hunderte von Übersetzungsversuchen ebenso künstlicher Art. Wo auf diese Weise ein in der deutschen Sprache noch nicht vorhandener Begriff erworben wird, ist man auf die künstliche Neubildung angewiesen, und indem man sich an ihren Gebrauch gewöhnt, verliert sich die Fremdheit. Steht aber für den gleichen Begriff bereits ein vom Volksmunde angenommenes Wort zur Verfügung, dann hat die Neubildung kaum Aussicht, sich durchzusetzen.

Die älteste Bezeichnung eines Geistlichen ist der schon erörterte Name des *Bischofs*, der ganz besonders früh entlehnt wurde. Es ist aber bemerkenswert, daß ahd. *biscof* nicht ausschließlich den Inhaber eines bestimmten Ranges in der kirchlichen Hierarchie bezeichnet, sondern daneben den geweihten Priester überhaupt meinen kann. Ja, in der althochdeutschen Übersetzungsliteratur werden auch jüdische und sogar heidnische Priester nicht selten als *biscof* bezeichnet. Diese umfassende Bedeutung des Wortes gibt einen weiteren sicheren Hinweis darauf, daß es schon früh und durch den Volksmund entlehnt wurde, und zwar zu einer Zeit, als die Germanen das Wort von romanischen Christen hörten, ohne zu erkennen, daß nicht jeder Geistliche Anspruch auf den Titel habe.

Ein Wort wie ahd. *jacuno* oder *jachono*, entlehnt aus lat. *diaconus*, verrät dagegen schon tiefere Einsicht. Es konnte erst von Christen entlehnt werden, die am Gottesdienst teilnahmen und bemerkten, daß der Bischof am Altar von einem geistlichen Helfer unterstützt wurde. In der Lautform *jacuno, jachono* kommt das Wort allerdings nur in bairischen und alemannischen Glossen des 8. Jahrhunderts vor und ist später ausgestorben. Die Lautform beweist, daß das Wort aus romanischen Dialekten Oberitaliens stammen muß, wie übrigens vielleicht auch das oben erwähnte *klîrih*. In der fränkischen Kirche waren beide Bezeichnungen anscheinend unbekannt. Für den *diaconus* galt dort vielmehr ein Lehnwort in der Form *diacan*, die bald nach 800 in Texten aus Fulda auftritt und auch im Mittelniederländischen und Mittelniederdeutschen als *diaken* oder ähnlich weiterlebt.

Sowohl die Südform *jacuno* wie die Nordwestform *diacan* sind jünger als das Wort *Bischof*, das anfangs offensichtlich allein zur Bezeichnung jedes zum Priester geweihten Geistlichen dienen mußte. Mit der Bekehrung zum Christentum und der wachsenden Einsicht in die kirchliche Organisation wurden jedoch andere, unterscheidende Bezeichnungen erforderlich. Hier gehen nun, wie beim *Diakon*, die oberdeutschen Dialekte und das Fränkische getrennte Wege, und das beweist, daß die Aneignung unterschiedlicher Benennungen für die Geistlichkeit jedenfalls schon vor der Errichtung einer starken fränkischen Zentralgewalt vonstatten ging. Sie mag zwischen dem Ende des 6. und der Mitte des 8. Jahrhunderts erfolgt sein. Im Bairischen und im Alemannischen wird der Priester mit der ehrwürdigen heimischen Bezeichnung *êwart* oder, schwach dekliniert, *êwarto* benannt. Das Wort bedeutet eigentlich ‚Wahrer des Gesetzes'. Das Gesetz aber steht nach germanisch-heidnischer Auffassung in engem Zusammenhang mit dem Willen der Götter, mit geheiligtem Brauch und kultischer Handlung. Der *êwart* ist daher in erster Linie der Hüter des religiösen Gesetzes und des unverbrüchlichen Kultbrauches. Er steht neben oder eher über dem *êsago*, dem ‚Gesetzessprecher', der die weltliche Aufgabe hat, der Volksversammlung den Gesetzestext zu künden.

Das Wort *êwart* stammt, wie wir meinen, aus heidnischer Zeit und Vorstellungswelt. Ob alle Westgermanen die Einrichtung eines priesterlichen Gesetzeshüters hatten, steht dahin. Das in den oberdeutschen Mundarten überaus reich bezeugte Wort taucht im deutschen Norden erst spät und nur spärlich auf, und auch die wenigen angelsächsischen Belege (ae. *aeweweard*) sehen nach deutschem Import aus. Sind Sache und Wort alt (manche Forscher halten es für eine erst unter christlichem Einfluß entstandene Neubildung), so hat man jedenfalls zuerst im alemannischen oder im bairischen Mundartgebiet begonnen, die Priester des neuen, fremden Glaubens mit demselben Wort zu benennen, mit dem man vorher den heidnischen Priester bezeichnete. Allerdings ist das Wort, das in der oberdeutschen Literatur bis in das 13. Jahrhundert kräftig fortlebt, anscheinend niemals recht volkstümlich gewesen. Anders als *Bischof* und das noch zu erörternde *Pfaffe* (s. u. S. 150) hat es in Volksmundarten und in Ortsnamen nicht die geringste Spur hinterlassen. Nun sind in der gehobenen Sprache der germanischen Dichtung und auch des Rechts Zusammensetzungen mit *ward*, ahd. *wart*, sehr beliebt. Im ‹Heliand› wird z. B. Gott als *hebanes ward* ‚Hüter des Himmels' bezeichnet. So wird auch *êwart* aus der Sprache des Kults, des Rechts und der Dichtung stammen. In seiner Bedeutung wird es ebenso weit gefaßt wie das Wort *biscof*; es geht sogar darüber noch hinaus. Noch im 12. Jahrhundert wird im Eingangsgebet des ‹Rolandsliedes› Gott selbst als *oberister êwart* angeredet. Das ist möglich, weil sich auch das Wort *ê* oder *êwa* ‚Gesetz' mit christlichem Inhalt gefüllt hat und das göttliche Gesetz bezeichnet. (Das Alte und das Neue Testament heißen *diu alte ê* und *diu niuwe ê*). Gott wird daher als der oberste und eigentliche Wahrer seines Gesetzes angesprochen.

Mag dies eine spätere Entwicklung sein, so wird doch das Wort für den christlichen Priester schon sehr früh gegolten haben, jedenfalls bevor die Bezeichnung *Bischof* (unseres Erachtens ein Westwort, das zuerst bei den Franken gebraucht wurde) bei Alemannen und Baiern bekannt wurde. Denn *êwart* und *biscof* haben beide anfangs die gleiche Bedeutungsbreite, werden unterschiedslos auf christliche, jüdische und heidnische Priester angewandt, und im Oberdeutschen kann auch der Bischof *êwart* genannt werden. Dieses Nebeneinander zweier gleichbedeutender Wörter läßt sich aus den kulturgeographischen Bedingungen erklären. Im germanischen Westen lernt man die christliche Kirche der Römer unmittelbar kennen, und man übernimmt dort auch die christlichen Bezeichnungen aus romanischem Munde. Im deutschen Süden dagegen hat man nicht diese enge tägliche Berührung mit dem neuen Glauben. Man erfährt davon durch Hörensagen, die fremden Bezeichnungen bleiben unvertraut, und man schafft sich die erforderlichen Wörter durch Umdeutung aus dem eigenen Sprachschatz. Später setzt sich unter dem zentralistischen fränkischen Einfluß auch in den oberdeutschen Gebieten die Bezeichnung *biscof* durch, und das alte, edle Wort *êwart* kann sich nun wieder in den esoterischen Kreis der Dichtersprache zurückziehen.

Je mehr nun die hierarchische Gliederung erkannt und *biscof* als Bezeichnung eines bestimmten geistlichen Ranges benutzt wurde, desto notwendiger wurde eine Allgemeinbezeichnung für den Geistlichen. Diese schuf sich die fränkische Kirche in dem Wort *Priester*. Es entspricht einem graecolateinischen Kirchenwort *presbyter*, aus dem zwei vulgärlateinische bzw. altromanische Dialektformen entstanden, nämlich *preste* und *prestre*. Beide sind durch Entlehnung auch in das Althochdeutsche gelangt, als *prêst* und *prêstar*, wobei das *ê* sich gesetzmäßig über *ia* zu *ie* entwickelte, so daß die althochdeutschen Regelformen *priest* und *priestar* lauten. Beide wurden erst so spät aus romanischen Mundarten entlehnt, daß sie sich der Verschiebung des *p* zu *pf* entzogen, frühestens also im 7. Jahrhundert. Die kürzere Form *priest* scheint vom Südwesten aus, vom südlichen Rheinfränkischen, durch Alemannien nach Baiern vorzudringen, während *priestar* von Nordwesten kommt. Es verbreitet sich den Rhein aufwärts und allmählich über das ganze deutsche Sprachgebiet, wodurch *priest* schließlich ganz verdrängt wird.

Die fränkischen Kirchenwörter wie *Kirche, Bischof, Priester* setzen sich offenbar unter dem Zugriff der fränkischen Obrigkeit ohne viel Schwierigkeit im ganzen deutschen Sprachgebiet durch. Kirchliche Wörter aus dem vorfränkischen Sprachschatz der Alemannen und Baiern hatten dagegen einen schweren Stand und mußten nicht selten unterliegen. Die früh untergegangenen *klîrih* und *jacuno* sind Beispiele dafür, und auch das in die literarische Sprache abgedrängte *êwart*. Wo aber ein wirklicher Bedarf bestand, konnten sich auch oberdeutsche Volkswörter durchsetzen. Dafür zunächst zwei Beispiele aus den Bezeichnungen für den Geistlichen. Im Spätalthochdeutschen taucht zum ersten Male in den Schriftquellen das Wort *pfarrâri*, unser *Pfarrer*, auf. Es ist abgeleitet von *pfarra* ‚der Pfarrbezirk', und dieses geht auf eine vulgärlateinisch verstümmelte Form von griech. *paroikía*, kirchenlat. *parochia* zurück. Auch *pfarra* ist wieder wie die meisten der bisher erörterten Wörter von Mund zu Mund aus dem Altromanischen übertragen und muß, wie seine Lautform erkennen läßt, aus einer Mundart Tusciens oder Umbriens stammen, kam also von Süden her über die Alpen, vermutlich zuerst zu den Alemannen. Dabei zeugt die Lautverschiebung von *p* zu *pf* für das hohe Alter der Entlehnung. Der *pfarrâri* ist der *presbyter plebanus*, der ‚Landgeistliche' im Gegensatz zum städtischen Bischof. Diesen Stand hatte man im Fränkischen als *gawipriestar* ‚Gaupriester' zu bezeichnen versucht. (Die ältesten Belege für dieses Wort stammen zufällig aus Baiern, aber die fränkische Herkunft ist deutlich). Da aber Gau und Kirchengemeinde sich nicht decken, setzte sich endlich das soviel geeignetere Südwort *pfarra* und damit auch der *pfarrâri* durch. Es ist aber doch bezeichnend, daß diese Wörter, die im oberdeutschen Volksmund jahrhundertelang tradiert sein müssen, erst nach langem Zögern, im 10. Jahrhundert, erstmalig auf das Pergament gelangten.

Auch das Wort *Pfaffe*, ahd. *pfaffo*, gehört hierher. (Zur Wortgeschichte vgl. u. S. 150.) Es bezeichnet den Geistlichen im allgemeinen, ohne seine besondere Stellung in der Rangordnung der Kirche zu berücksichtigen, und auch dieses Wort muß, da es an der Lautverschiebung teilgenommen hat, sehr alt sein. Trotzdem hat sich die fränkische Kirche seinem Gebrauch offenbar widersetzt; es müßte sonst viel häufiger und lange vor dem 10. Jahrhundert in der althochdeutschen Literatur auftauchen. Aber andere Versuche, den Geistlichen zu bezeichnen, wie *klîrih*, blieben lokal beschränkt, klangen auch wohl zu gelehrt, und althochdeutsche Klostererfindungen wie *heithaft man*, etwa ‚Mann von (geistlichem) Stande', *kirchman, gotes man, gotes scalch* (‚Knecht'), *gotes boto* (‚Bote, Diener') waren zu wenig bezeichnend und zu umständlich. So konnte schließlich das oberdeutsche Volkswort *pfaffo* gegen alle Widerstände auch in die Schriftsprache eindringen.

Um endlich noch den Namen des *Papstes* zu erörtern, müssen wir nochmals in den fränkischen Sprachbereich zurückkehren. Das lateinische *pāpa*, ursprünglich eine Anrede für hochgestellte Geistliche, war im 5. Jahrhundert zur Bezeichnung des Bischofs von Rom geworden. In der deutschen Literatur taucht allerdings auch dieses Wort erst im 10. Jahrhundert in der Form ahd. *bâbes* auf. (Im Mittelhochdeutschen heißt es dann meist *bâbest*, wobei das *t* in Erinnerung an Superlative wie *höchst, best* eingedrungen sein mag. Die heutige Schreibung und Aussprache *Papst* ist eine Kompromißform zwischen *pāpa* und *bâbest* und geht auf gelehrte Einflüsse des 17. oder 18. Jahrhunderts zurück.) Die *b* für *p* in ahd. *bâbes* weisen auf romanische Vermittlung, und auf nordfranzösische Dialekte geht die Endung *-es* zurück. Das Wort ist also vom Niederrhein aus vorgedrungen, aber wohl auch dort im Nordwesten kaum vor dem 8. Jahrhundert gebräuchlich geworden. Im deutschen Süden dagegen hat bis zum Ende der althochdeutschen Zeit nur das Fremdwort *pāpa* gegolten.

Frühe Bezeichnungen des Kultgerätes

Mit Vorbedacht verweilten wir länger bei den Bezeichnungen für die Geistlichkeit, weil sich hier an einem Musterfall sowohl das zeitliche Nacheinander wie das räumliche Gegen- und Nebeneinander bei der Übernahme christlicher Bezeichnungen deutlich machen ließ. Auch die sprachliche Schichtung, Kulturwörter heidnischer Herkunft *(êwart)*, kirchensprachliche Gebrauchswörter (Entlehnungen wie *Bischof* und *Priester*) und volkstümliches Sprachgut *(Pfaffe)*, ließ sich hier an einleuchtenden Beispielen beobachten. Die Methodik, wie man Ort und Zeit der Entlehnung ermitteln kann, ist damit im Grundsätzlichen bereits klargestellt worden, und es bedarf keiner umfänglichen Erörterungen mehr, wenn wir zu einer anderen großen Gruppe von christlichen Lehnwörtern aus voralthochdeutscher Zeit übergehen, den Bezeichnungen für das Kultgerät und überhaupt für die Einrichtungsgegenstände des Kirchengebäudes.

Das Symbol des Christentums, das Kreuz, mußte den noch heidnischen Germanen als äußeres Zeichen gewiß zu allererst auffallen. Die altertümlichste Bezeichnung dafür ist ahd. *galgo* ‚Galgen', die noch im 10./11. Jahrhundert bei NOTKER vorkommt und selbst im Mittelhochdeutschen nicht ganz selten ist. Das Wort ist auch bei Goten und Angelsachsen verbreitet und hat demnach bereits sehr früh zur Bezeichnung des Kreuzes CHRISTI gedient. Viel jünger ist unser Wort *Kreuz* ahd. *crûci*. Es ist vielleicht erst im 8. Jahrhundert entlehnt worden, und jedenfalls erst, nachdem im Lateinischen aus dem *k*-Laut *c* vor hellen Vokalen ein Zischlaut geworden war. Früher schon wurde ahd. *kelih* aus lat. *calix*, Akkusativ *calicem*, ‚Kelch' entlehnt. Wieder bestätigt sich, was früher schon zu beobachten war. Das christliche Kreuz sieht auch der heidnische Germane. Er macht sich seine eigenen Gedanken darüber und benennt es mit einem heimischen Wort, das freilich später der kirchlichen Bezeichnung weichen muß. Den Kelch und seine Bedeutung lernt erst der bekehrte Christ kennen, und mit dem Gerät auch seinen fremden Namen, den er sofort übernimmt.

Der *Altar*, lat. *altare*, ist im Althochdeutschen nur als Lehnwort *altâri* oder stärker eingedeutscht *alteri* bezeugt. Im Gotischen heißt er *hunslastaths* ‚Opferstätte' und im Altenglischen *wíhbeod* ‚Tempeltisch'. Beide Sprachen verwenden also heimisch-heidnische Elemente (*hunsl* ‚Opfer', *wíh* ‚Heiligtum, Tempel') zur Bildung der christlichen Bezeichnung. Sollten auch im Vordeutschen ähnliche Bezeichnungen vorgekommen sein, so sind sie jedenfalls nicht belegt. Sicher ist *altâri* das offizielle Wort der fränkischen Kirche; denn auch der Altarraum in der Apsis des Kirchengebäudes wird als *altârhûs* ‚Altarhaus' bezeichnet, mit einem Wort freilich, das erst im 11. Jahrhundert schriftlich bezeugt ist. Aus dem Lateinischen stammt auch das Wort *Kanzel*, ahd. *kanzella*. Der Sache nach war damit ursprünglich ein Lesepult gemeint, das an den Chorschranken (lat. *cancelli*) stand. Das Lesepult selbst hieß lateinisch *lectorium*, althochdeutsch mit deutlich noch fremdem Klang *lector*. Diese drei Wörter sind, wie ihr Lautstand beweist (unverschobenes *t* in *altâri*, unverschobenes *k (c)* in *lector*, lat. *k (c)* zu z in *kanzella*) erst spät entlehnt, und sie sind offensichtlich im innerkirchlichen Sprachgebrauch der Geistlichkeit entstanden. Dafür sprechen die Herkunft aus dem Schriftlatein und der sorgfältig bewahrte lateinische Lautstand. So wird vor allem *altâri* der gepflegten amtlichen Sprache der Geistlichkeit angehören. In der Sprache des Volkes entsteht daraus schon früh in althochdeutscher Zeit die Form *alteri*, die sich weiter vom lateinischen Vorbild löst. Ähnlich steht es mit lat. *ampulla*. In seiner vollen Form, aber mit deutschen Endungen (also ahd. *ampulla, ampullûn* usw.) wird das Wort in der offiziellen Sprache der Kirche in der Bedeutung ‚Ölkrug' und ‚Salbgefäß' verwendet. Daneben kommt in gleicher Bedeutung die volkstümliche Form *ampla* vor, aus der nhd. *Ampel* (ursprünglich ‚die Öllampe') hervorgeht. Wieder weist das unverschobene *p* auf eine Entlehnung nicht vor dem 7. Jahrhundert hin.

Die Lehnschöpfung *wîhrouh* ‚Weihrauch', die sicher im Volksmunde, und zwar im Gebiet der süddeutschen Kirche aufkam, wurde schon oben S. 106 erwähnt. Danach wird das Räuchergefäß, lat. *incensarium*, im Althochdeutschen als *wîhrouhfaʒ* bezeichnet. Aber auch dieses Wort hat volkstümlichen Klang. Daneben findet sich einmal bei OTFRID die Bezeichnung ahd. *ʒinseri*, die natürlich aus *incensarium* entlehnt ist. Aber dieses Wort klingt mit seiner Vernachlässigung der lateinischen ersten Silbe nicht eben ‹offiziell›. Es kann kaum dem amtlichen Sprachgebrauch der Kirche entstammen. Viel eher ist es ein Wort aus der internen täglichen Verkehrssprache der Geistlichkeit, sozusagen ‹Klosterjargon›.

Weiteres Wortgut aus der älteren Kirchensprache

Wir sind bereits auf verschiedene Sprachschichten gestoßen, die an der entlehnenden Übernahme der lateinischen Bezeichnungen beteiligt waren, auf die Volkssprache, auf die offizielle Amtssprache der Kirche und zuletzt auch auf die nicht eben sorgfältige Umgangssprache der Geistlichkeit im inneren alltäglichen Verkehr. Mag hier auch die Irrtumsgefahr groß sein, so ist es doch unter soziologischem Gesichtspunkt notwendig, solche Unterscheidungen wenigstens zu versuchen. Eine Anzahl von weiteren frühen Entlehnungen ermöglicht einen Vorstoß auf diesem Wege. Da ist zunächst das lateinische Wort *infernum* mit seiner kirchlichen Bedeutung ‚Hölle', und *Hölle* ist das Wort, das alle germanischen Sprachen zur Übersetzung verwenden: got. *halja*, ahd. *hellia, hella*, as. *hellja*, afries. *helle*, ae. *hell*. In heidnischer Zeit wurde damit ‚das Reich der Hel, die Unterwelt' bezeichnet. Die früher verteidigte Ansicht, das germanische Wort sei von den Goten christlich umgedeutet und von dort in der neuen Bedeutung in alle anderen germanischen Sprachen gelangt, läßt sich nicht aufrechterhalten. Die Dreiteilung Himmel — Erde — Unterwelt, der heidnischen Antike ebenso vertraut wie den Germanen, wenn auch die Vorstellungen sich im einzelnen unterscheiden, liegt so nahe, daß auch das christliche *Infernum* zwangsläufig mit der germanischen Unterwelt gleichgesetzt werden mußte, so wie lat. *orbis terrarum* mit dem germanischen *mittilgart* identifiziert wird (s. o. S. 85). Die Übersetzung *infernum: Hölle* ist gewiß sehr alt, mag sie sich auch erst im Laufe von Jahrhunderten bei wachsender Einsicht mit dem vollen christlichen Bedeutungsgehalt gefüllt haben.

Es scheint aber, als sei *halja, hella*, noch lange Zeit mit heidnischen Vorstellungen belastet, allzu indifferent erschienen, um die Billigung kirchlicher Kreise zu finden. Zuerst im Süden des Sprachgebiets findet sich für *infernum* auch die Übersetzung *bech, pech*, ein Lehnwort aus romanischen Nachfolgern von lat. *pix*, Akkusativ *picem*, ‚Pech', und zwar eine Entlehnung hohen Alters, wie die *k*-Verschiebung beweist. Wenn die Hölle als *Pech* bezeichnet wird, so ist das ein bildhafter Ausdruck. Es ist dabei an brennendes Pech gedacht, in das die Verdammten zu ewiger Qual gestoßen werden. Daneben kommt, ebenfalls zuerst im Süden, auch der Ausdruck *wizzi* oder verstärkt *hellawizzi* vor. *Wizzi* heißt Strafe und steht hier als abgekürzte Chiffre für den ‚Ort der ewigen Strafe'. Beide Wörter, *pech* und *wizzi*, scheinen von Missionaren zuerst in der Bedeutung ‚Hölle' gebraucht worden zu sein, von eifernden Predigern, die nicht kraß genug die ewige Pein des Unbekehrten zu schildern wußten. Diese bildhaften Ausdrücke wurden in der gesamten althochdeutschen Zeit gern gebraucht, doch konnten sie trotz ihres Pathos das nüchternere *hellia* nicht völlig verdrängen.

Eine weitere eigentümliche Bezeichnung findet sich im ‹Heliand›, der oft und gern das Wort *hellia*, daneben auch poetische Umschreibungen wie *êwîg fiur* ‚ewiges Feuer', *bittar lôgna* ‚beißende Lohe' u. ä. verwendet. Mehrmals gibt er lat. *infernum* aber auch durch as. *fern* und *infern* wieder. Auf dem Boden der altsächsischen Volkssprache können diese beiden Lehnwörter kaum entstanden sein. Sie schmecken wie ahd. *zinseri* nach Klosterjargon. Es ist schon eine gewisse zutrauliche Gewöhnung an den Umgang mit dem Heiligen, auch mit seinen Tabus und seinen Schrecknissen nötig, ehe ein Wort aus diesen Bereichen einen so familiären, nachlässigen Klang annehmen kann. Der Mönch, dem das *incensarium* im täglichen Gebrauch zu einem Topf wie jeder andere wird und für den das *infernum*, vor dem er sich durch seinen Eintritt ins Kloster gesichert glaubt, durch die ständige Erwähnung viel von seinen Schrecken verliert, kann wohl im leichtfertigen Alltag solche verstümmelten Lehnwörter verwenden, die etwas unbekümmert Formloses an sich haben. In der jungen sächsischen Kirche kann – nur eine Generation nach der endgültigen und gewaltsamen Bekehrung – ein Wort wie *fern* oder *infern* nicht entstanden sein. Eher wird es die alltägliche Umgangssprache der Mönche in dem alten Kloster Fulda widerspiegeln, wo der ‹Heliand›-Dichter seine Ausbildung empfing, ebenso wie OTFRID, dessen *zinseri* aus derselben Umgebung stammen könnte. Man könnte sogar noch einen Schritt weitergehen und annehmen, der niedersächsische Dichter des ‹Heliand› habe kein ganz sicheres Gefühl für Gewicht und Würde der hochdeutschen Wörter gehabt. Wie er arglos das Wort *hêrro* auf die göttlichen Personen anwendet, was im Hochdeutschen noch nicht geduldet wird (s. o. S. 117), so scheint er auch guten Glaubens die *fern* und *infern* zu gebrauchen, die merkwürdig unpoetisch und allzu lockeren Tones in seiner sonst von hohem Pathos getragenen altepischen Dichtersprache stehen.

In Fulda ist auch der althochdeutsche ‹Tatian› entstanden, und darin findet sich zweimal lat. *apostolus* durch ahd. *postul* wiedergegeben. Das entspricht einem altenglischen *postol* und könnte von dort übernommen sein, klingt aber mit seiner Unterdrückung der ersten Silbe ebenfalls nach dem lockeren Sprachgebrauch mönchischer Umgangssprache. Üblicher ist im althochdeutschen ‹Tatian›, wie auch sonst im Althochdeutschen, die Übersetzung *boto* ‚Bote', und auch *zwelifboto* ‚Zwölfbote' kommt vor. Beide Wörter sind in die althochdeutsche Volkssprache eingegangen, können aber nicht wohl im Volksmund entstanden sein. Die Übersetzung *boto* setzt die Kenntnis der Grundbedeutung von graecolateinisch *apostolus*, nämlich ‚Abgesandter', voraus. Es wird sich also um eine Lehnübertragung aus dem Kreise von Missionaren handeln. Die Dichtersprache endlich kann den Apostel auch als ahd. *degan* ‚Gefolgsmann' oder *kneht* ‚Knecht, Diener' oder auch als *hold* und *trût* ‚Vertrauter' bezeichnen. Aber das sind keine Übersetzungen, sondern poetische Umschreibungen, die das Verhältnis der Apostel zum Herrn zu erfassen suchen.

In der lateinischen Bibel werden die Apostel oft als *discipuli,* d. h. ‚Schüler' CHRISTI, bezeichnet. Das lateinische Wort hängt mit *discere* ‚lernen' zusammen und wird daher in der altenglischen Übersetzersprache durch die Lehnübersetzung *leornere* oder die Lehnübertragung *leorningcniht* ‚Lernknappe' wiedergegeben. Ganz andere Wege geht hier das Althochdeutsche. Fast ausschließlich wird *discipuli* durch ahd. *jungirun* übersetzt. Diese Übersetzung kann nur entstanden sein im zweisprachigen Grenzland, wo der Gegensatz zwischen Meister und Schüler, dem Älteren und dem Jüngeren, galloromanisch durch *senior* und *iunior* ausgedrückt wurde, und zu einer Zeit, als die germanische Übersetzung *senior: hêrro (hêriro)* noch deutlich als Komparativ ‚der Ältere' und nicht als Substantiv ‚der Herr' verstanden wurde. Die Übersetzung *discipulus: jungiro* (eigentlich ‚der Jüngere', Mehrzahl ahd. *jungirun*) kann also nur im Bereich der westfränkischen Kirche, und dort wohl spätestens im 7. Jahrhundert entstanden sein.

Es ist abschließend darauf hinzuweisen, daß auch eine Reihe von christlich gefärbten Vorgangswörtern früh entlehnt wurde. *Seganôn,* das in der Kirchen- wie in der Volkssprache entstanden sein kann, sowie *offerôn* und *opfarôn,* die beide wohl kirchlich-geistlicher Herkunft sind, wurden schon erwähnt. Recht alt und, wie der Anlaut beweist, durch romanischen Mund vermittelt ist auch ahd. *bredigôn* ‚predigen' aus lat. *praedicare.* Seiner Lautform nach wird es am ehesten in der internen Umgangssprache der Geistlichkeit entstanden sein. Das gilt auch für *increbôn* ‚schelten', das sich im althochdeutschen ‹Tatian› findet und aus lat. *increpare* entlehnt ist. Für dieses lateinische Wort stehen mehrere gute althochdeutsche Übersetzungen zur Verfügung, und das halblateinische *increbôn* kann eigentlich, wie *zinseri, fern* und *postul* nur in einer Umgebung gebraucht und verstanden werden, wo täglich gesprochenes Latein sich mit der Muttersprache vermischt. Auch die Entlehnung aus lat. *scrutari* ‚suchen, erforschen' wird aus demselben Grunde ein Klosterwort sein. Sie kommt im althochdeutschen ‹Tatian› als *scrûtôn,* bei NOTKER als *scrodôn* und in der Wiener Notker-Bearbeitung in der Iterativbildung *scrudelôn* vor. Die Form des althochdeutschen ‹Tatian› richtet sich korrekt nach dem Schriftlatein, die beiden süddeutschen Formen sehen mehr nach klösterlicher Umgangssprache aus. Und im Kloster mit seiner strengen Zucht, die ständige Gewissenserforschung (lat. *scrutatio*) verlangt und häufige Schelte der Oberen (lat. *increpatio*) hervorruft, konnten diese Lehnwörter am ehesten entstehen, die durch ihren fast humoristischen Klang den Anschein erwecken, als sei es nicht allzu schwer, der harten Disziplin ein Schnippchen zu schlagen.

Auf anderem Stamm gewachsen ist das Wort *Pein*, ahd. *pîna*, das ebenfalls die Klosterdisziplin widerspiegelt. Es ist entlehnt aus lat. *poena* ‚Strafe', vulgärlat. *pena*. Dazu wird ein Verbum ahd. *pînôn* ‚strafen, peinigen' gebildet. Da im Oberdeutschen gelegentlich auch die verschobene Form *pfînôn* vorkommt, dürfte das Wort recht alt sein und schon aus dem 6. Jahrhundert stammen. Der *p*-Anlaut der meisten Belege wäre dann unter dem Einfluß von lat. *poena* wiederhergestellt worden. Möglich wäre es auch, daß das Wort zweimal, an verschiedenen Orten und zu verschiedener Zeit, entlehnt worden wäre. Aber es ist später weit verbreitet und wird stets mit vollem Ernst und Gewicht gebraucht. Hier ist keine Spur von Leichtfertigkeit und nachlässiger Gewöhnung zu bemerken. Das spricht sehr entschieden für das Alter des Wortes. Denn in den ältesten, oft von sehr strengen irischen Mönchen gegründeten Klöstern auf deutschem Boden werden die religiöse Pflicht und die Mönchsdisziplin äußerst ernst genommen; da ist kein Platz für Humor und Leichtigkeit junger Mönche und Pennäler. So sind denn *pîna* und *pînôn, pfînôn* immer sehr ernste, gewichtige Wörter geblieben.

Das Nebeneinander verschiedener Formen der Entlehnung wie bei *pînôn* und *pfînôn* läßt sich auch sonst beobachten. Der Kirchenzins, der sogenannte ‹Zehnte› (eine Lehnübersetzung) heißt lateinisch *decimae*, ‹den Zehnten einheben› heißt *decimare*. Dem entsprechen ahd. *tehmo* und das Verbum *tehmôn*, zwei sehr alte Lehnwörter, wie das *h* (= *ch*) beweist, das durch Lautverschiebung aus der alten lateinischen Aussprache des *c* = *k* entstanden ist. Im althochdeutschen ‹Tatian› lauten die beiden Wörter allerdings *dezemo* und *dezemôn*, sind also erneut aus den nunmehr seit langem lautlich veränderten lateinischen Wörtern entlehnt. Die gleichen Formen begegnen nun auch in zwei fränkischen Beichtformularen, der ‹Lorscher› und der ‹Reichenauer Beichte›. Man muß sie daher als offizielle Neubildungen der fränkischen Kirchensprache ansehen, als möglichst enge Anlehnungen an die lateinischen Fachausdrücke. Der volkstümliche Klang von *tehmo* und *tehmôn*, die trotzdem noch lange unvergessen blieben, mochte die älteren Entlehnungen als kirchenrechtliche Termini ungeeignet erscheinen lassen.

Noch manche alte Entlehnung könnte erörtert werden, aber es kam hier nur darauf an, die erste Aufnahme christlichen Sprachgutes in die germanischen Sprachen an einer hinlänglichen Anzahl von Beispielen zu zeigen und auf die verschiedenen Kräfte hinzuweisen, die dabei wirksam waren. Volkssprachliches Wortgut war dabei von dem

Sprachschaffen der Kirche zu trennen, und innerhalb des letzeren ließ sich eine gehobene Sprache des geistlichen Amtes von der alltäglichen Umgangssprache der geistlichen Gemeinschaft unterscheiden. Diese klösterliche Umgangssprache hat, wie leicht verständlich, vieles mit der Volkssprache gemein und läßt sich daher in vermutlich sehr vielen Fällen gar nicht von ihr unterscheiden. Sie sondert sich aber von der Volkssprache ab, indem sie eine Vorliebe für die Übernahme lateinischen Lehnguts aus den Bezirken des geistlichen Lebens zeigt, woran die Volkssprache naturgemäß keinen Anteil nehmen kann. Man hat es hier also mit dem frühen Beispiel einer Gruppensprache zu tun, d. h. der Sprache einer bestimmten engeren Gemeinschaft, wie es später Gruppensprachen der Bergleute, der Handwerker, der Schiffer, der Studenten, der Pennäler, der Soldaten und anderer Gemeinschaften gibt. Im übrigen war im Verlauf der Darstellung auf gewisse landschaftliche Unterschiede hinzuweisen, gelegentlich zwischen fränkisch, süddeutsch und altsächsisch zu unterscheiden. Auch sprachliche Beeinflussung durch germanische Nachbarvölker wie Goten oder Angelsachsen mußte hie und da schon angedeutet werden. Die damit verbundenen Fragen bedürfen aber noch besonderer Erörterung.

VIII. DIE NAMEN DER WOCHEN- UND FESTTAGE ALS BEISPIELE VERWICKELTER SPRACHGESCHICHTLICHER VORGÄNGE

Solange vom Einfluß der lateinischen Antike auf die germanisch-deutsche Sprachwerdung die Rede war, konnte es den Anschein haben, als sei die Entwicklung sehr geradlinig verlaufen: Auf der einen Seite die anfangs heidnische, später christliche Antike, und die Römer abgelöst von den romanischen Nachfolgevölkern; auf der andern Seite die Germanen, nach Süden vorstoßend, landnehmend und in immer engere Berührung mit Römern, dann Romanen tretend; aus der Anonymität einer Vielzahl germanischer Völkerschaften endlich der Großstamm der Franken hervortretend und eine deutliche Volksphysiognomie gewinnend; die Nachbarstämme von den Franken unterworfen und aus allen zusammen in einem großen Integrationsvorgang das deutsche Volk enstehend.

Dieses Bild wäre, sowohl was die historische wie die sprachliche Entwicklung betrifft, nicht ganz und gar unrichtig. Aber es wäre allzu stark vereinfacht und sehr einseitig. Bei weitem vielfältiger, als es darin erscheint, sind die geschichtlichen Kräfte, die am Aufbau des mittelalterlichen Abendlandes mitgewirkt haben, und auch die sprachlichen Kräfte sind mit einem so einseitigen Schema nicht hinlänglich zu erfassen. Es ist nicht unsere Aufgabe, auf die historischen Entwicklungen weiter einzugehen, als es zum Verständnis der Sprachgeschichte unerläßlich ist. Dem Werden der germanisch-deutschen Sprache dagegen muß alle Aufmerksamkeit gewidmet werden, und wir haben wenigstens zu skizzieren, wie verschlungen die Wege der sprachgeschichtlichen Entwicklung verlaufen. Aus der verwirrenden Fülle des sprachhistorischen Materials greifen wir zwei Gruppen von Bezeichnungen heraus, die — in sehr alter Zeit entstanden — sich geschlossen bis auf den heutigen Tag fortgeerbt haben: die Bezeichnungen für die Wochentage und diejenigen für die großen Feste der Christenheit. Die eine Gruppe ist antik-heidnischer Herkunft, die andere — ohne Ansehung ihrer viel älteren Wurzeln — christlichen Ursprungs. An der Vielfalt der einwirkenden Kräfte, die zu den heute gültigen sprachlichen Bezeichnungen beitrugen, mag man beispielhaft erkennen, daß die Sprachgeschichte niemals in gerader Linie verläuft, daß vielmehr ihre Entwicklung von vielerlei verschiedenen geistigen Einflüssen gelenkt wird, auf welche die Sprache als ein sehr feines Instrument reagiert. Zugleich wird man ermessen, wie schwierig auch die Erforschung der sprachlichen Zusammenhänge sein kann und wie die historische Sprachwissenschaft nur langsam und Stück um Stück die Erkenntnis zu fördern vermag. Dabei haben die Festtagsnamen, obwohl weniger alt, der Philologie noch mehr Rätsel aufgegeben als die Bezeichnungen der Wochentage.

Die Wochentagsnamen

Es gibt kaum eine andere Gruppe von Bezeichnungen, in denen eine so hochaltertümliche Vorstellungswelt bis heute erkennbar geblieben ist wie in einem Teil unserer Bezeichnungen der Wochentage. Macht man es sich auch nur selten klar, so sind doch in den Bezeichnungen *Donnerstag, Freitag* und weniger deutlich in *Dienstag* altheidnische germanische Götternamen bewahrt geblieben. Diese Namen der Wochentage haben eine lange Vorgeschichte. Im alten vorchristlichen Orient war die Einteilung des Jahres in Wochen und die der Wochen in sieben Tage entstanden, und schon seit alters war jeder Tag einem Gott geweiht. Bei den Babyloniern genossen die sieben Planeten der altorientalischen Astronomie und Astrologie, zu denen auch Sonne und Mond gerechnet wurden, göttliche Verehrung, und die Babylonier scheinen es gewesen zu sein, die zuerst die sieben Wochentage den sieben Planetengöttern zuordneten.

Auf verschiedenen Wegen gelangte die siebentägige Woche in das Abendland. Sie kam nach Griechenland durch die unmittelbare Kulturberührung mit dem Orient im Alexanderreich und seinen alexandrinischen Nachfolgestaaten, in das kaiserliche Rom vor allem durch eine Unzahl von chaldäischen Astrologen, auf deren Kunst man große Stücke hielt. Da aber auch das Judentum und ihm folgend das frühe Christentum die Siebentagewoche übernommen und zur Grundlage des religiösen Kults gemacht hatten (regelmäßige Wiederkehr des Gott geweihten Ruhetages), setzte sich die Wocheneinteilung überall durch, wo das Christentum seinen Einzug hielt, und blieb dort erhalten, wo die Woche schon in heidnischer Zeit gegolten hatte.

Noch aus dem Heidentum stammen im Abendland auch die Namen der Wochentage. Zwar war in dieser Beziehung schon der alte Orient nicht einheitlich gewesen, und in Griechenland z. B. gab es nach hebräischem Vorbild eine einfache Zählung der Wochentage (der *erste, zweite Tag nach dem Sabbat* usw.). Aber volkstümlicher und weiter verbreitet war doch in Griechenland und überall sonst im Abendland die Bezeichnung durch die Götternamen. Dabei wurden die orientalischen Namen gegen einheimische ausgetauscht. So wurde aus dem babylonischen Tag des Merodach (Marduk) in Griechenland der Arestag, in Rom der Tag des Mars (vgl. noch heute frz. *mardi*), und aus dem Tag der Astarte der Tag der Aphrodite bzw. der Venus (vgl. frz. *vendredi*, was aus lat. *Veneris dies* ‹Venustag› entstanden ist). Als die Germanen mit den Römern in Berührung kamen und deren Wocheneinteilung kennenlernten, setzte man die germanische Göttin Freia (ahd. *Frîa*) der römischen Venus gleich und nannte ihren Tag den *Freitag*, ahd. *frîatag*, ae. *frîgedaeg*. In ahd. *donarestag*, ae. *thunresdaeg*, dem heutigen Donnerstag wurde der germanische Gott Donar an die Stelle des römischen Jupiter gesetzt (lat. *Iovis dies* ,Tag des Jupiter', frz. *jeudi*).

Gemeinhin wird ohne rechte Begründung angenommen, daß die Ausbildung der germanischen Wochentagsnamen nach römischem Muster erst im 4. Jahrhundert erfolgt sei. Das wäre aber jedenfalls der allerletzte Termin. Denn beide Völker können bei so unbefangenem Austausch heidnischer Götternamen vom Christentum noch nicht tief berührt gewesen sein, und vor allem das germanische Heidentum muß noch in voller Kraft gestanden haben, als die Namen aufkamen. Auch die Verbreitung der germanischen Bezeichnungen gerade im Nordseegebiet, bei Alt- und Angelsachsen, Niederfranken und Friesen läßt an eine relativ frühe Entstehung der germanischen Wochentagsnamen denken. Wegen der geographischen Verbreitung kommt wieder in erster Linie die niederrheinische Kontaktzone zwischen Römern und Germanen in Betracht, und archäologische Funde unterstützen diese Vermutung. Denn nirgends im weiten Römerreich sind die sogenannten Wochengöttersteine in so großer Zahl gefunden worden wie gerade in der römischen Provinz Untergermanien. Es handelt sich dabei um Weihegaben, um Altarsteine, die zu Ehren der sieben Planetengötter gesetzt wurden. Die Spender glaubten sich dadurch des Schutzes der so bedachten Götter zu versichern, und was konnte wirksamer schützen als die Hilfe derjenigen Götter, die jahraus, jahrein in regelmäßigem Wechsel jeden einzelnen Tag regierten? In der mit Truppenlagern dicht besetzten Provinz, wo im Schutze der Waffen ein lebhafter Handelsfleiß blühte, mochte das stets bedrohte Leben der Soldaten und die von ständiger Gefahr für Leib und Gut bedrohte Existenz des fahrenden Kaufmannes dem astrologischen Aberglauben Vorschub leisten. Jedenfalls wurde in den niederrheinischen Ebenen der Kult der Planeten- und Wochengötter wie nirgends sonst gepflegt. So konnte es gar nicht ausbleiben, daß die germanischen Nachbarn damit bekannt und unter gleichen Lebensumständen, vor allem wohl als Soldaten im römischen Heer, auch selbst davon ergriffen wurden. Mit dem Beginn dieser Entwicklung hätte man also schon im 2. Jahrhundert zu rechnen.

Wurden Jupiter und Venus mit Donar und Freia verglichen, so fand man Mercurius, den römischen Gott des Handels und Wandels, der Reisenden und der wandernden Kaufleute, in dem göttlichen Wanderer Wodan wieder. Daher erhielt der Merkurtag (vgl. frz.

mercredi) die germanische Bezeichnung **Wodanesdag*, die im Englischen als *wednesday*, bei den Niederländern als *woensdag* und in Westfalen (mit verhüllender Lautänderung) als *Gudendag* bis heute weiterlebt. Für den römischen Saturn fand man keine Entsprechung, und daher wurde dieser Tagesname, lat. *Saturni dies*, sogar unübersetzt angenommen: engl. *saturday*, nl. *zaterdag*, westf. *Saterdag*.

Lehrreich ist die Namensgeschichte des Marstages. Dem römischen Kriegsgott wurde der germanische **Tîwaz*, ahd. *Zîo*, gleichgestellt. Das Wort ist verwandt mit griech. *Zeus*, lat. *Diespiter, Iupiter* ‚Vater Zeus'. Dieser alte Himmelsgott hatte bei den Germanen wildere Züge angenommen und wurde deshalb mit dem griechischen Ares und dem römischen Mars verglichen. Sein Tag heißt noch heute in Südwestdeutschland *Ziestag*, ahd. *zîostag*, und in England *tuesday*, ae. *tiwesdaeg*. Diese geographische Verbreitung sichert die Auffassung, daß der Name wie die andern bisher erörterten in Untergermanien entstanden ist. Desto auffälliger ist es, daß gerade am Niederrhein und von dort ausstrahlend nach Westen in das Niederländisch-Flämische und nach Osten ins Nieder- und Mitteldeutsche hinein ein anderer Name verwendet wird. Es ist das Wort *Dienstag*, niederländisch (mundartlich) *dingsdag*; in älterer Zeit war die Form *dinxendag* in Holland und Nordwestdeutschland weit verbreitet. Das kann nur auf einen ursprünglich germanischen Beinamen des Kriegsgottes zurückgehen. Er wird auf zahlreichen von Soldaten gesetzten Altären im Niederrheingebiet als *Mars Thinxus* bezeichnet, was ihn als den Schützer des Ding- oder Thingfriedens, also der Volksversammlung, ausweist. Es ist nicht ermittelt, ob Thinxus ein anderer Gott als Tiwaz-Ziu war, oder ob es sich nur um einen Beinamen handelt, der eine besondere Seite seines göttlichen Wesens benennt. Jedenfalls aber müssen Kult und Name des Thinxus am Niederrhein den des Tiwaz-Ziu verdrängt haben, aber offenbar nur auf beschränktem Raum, da im weiteren Umkreis die ältere Bezeichnung beibehalten wird. Auch dieser Vorgang ist eine willkommene Stütze für unsere Datierung der ältesten Wochentagsnamen. Denn auch der Name *dinxendag* konnte nur im 3. oder spätestens im 4. Jahrhundert entstehen. Dann aber muß die im gleichen Raum entstandene Bezeichnung *Tîwesdag* erheblich älter sein.

Gerade die Bezeichnungen des Dienstags haben die Sprachforschung aber noch vor weitere Fragen gestellt. In bairisch-österreichischen Mundarten heißt dieser Tag bis heute *Erchtag* oder *Ertag*, älter *Erntag*, altbairisch *erintag*. Auch darin verbirgt sich ein Göttername, und zwar ein unübersetzter wie in *Saterdag*. Nur ist es nicht der römische Mars, sondern seine griechische Entsprechung Ares, die in diesem bairischen Dialektwort erhalten geblieben ist. Wir fügen gleich noch weiteres aus griechischer Quelle hinzu. Der Donnerstag heißt in bairischen Mundarten noch heute *Pfinztag*, was aus griech. *pémpte heméra* (d.h. ‚der fünfte Wochentag') in seinem ersten Teil entlehnt, im zweiten übersetzt worden ist. Für den Freitag gilt altbairisch *pferintag*, und das ist eine Entlehnung aus griech. *paraskeué* ‚Rüsttag, Vorbereitungstag' (nämlich auf den Sabbat). Die Baiern haben aber niemals unmittelbare Berührung mit den Griechen gehabt, und auch die Lautform der bairischen Wörter läßt erkennen, daß sie nicht aus dem Griechischen selbst entlehnt sein können. Sie müssen auf einem Umweg von den Griechen zu den Baiern gelangt sein, und man verdankt FRIEDRICH KLUGE (LH 107) den unumstößlichen Nachweis, daß es die Goten waren, die diese Bezeichnungen von den Griechen übernahmen und sie später an die bairischen Nachbarn weitergaben.

Wenigstens zwei der aus dem Gotischen stammenden drei Wochentagsnamen gehören einer jüngeren Schicht an. In ihnen haben wir es mit Anschauungen und Ausdrücken einer neuen, schon christlichen Zeit zu tun. Die römisch-rheinischen Wochentagsnamen waren noch durchaus vom heidnischen Geist geprägt. In *Pfinztag* und *pferintag* dagegen sehen wir die Namen der heidnischen Planetengötter verdrängt und durch unverfängliche Ausdrücke ersetzt. Zeus, das Oberhaupt des altgriechischen Götterhimmels, ist den griechischen Christen unerträglich geworden; der Tag wird nicht mehr nach ihm genannt, sondern nur noch als ‹Fünfter› gezählt. Die Liebesgöttin Aphrodite muß es sich gefallen lassen, daß auch ihr Tag enteignet und christlich als Vorbereitung auf den Sabbat bezeichnet wird. Erst in christlicher Zeit also können die Goten diese neuen griechischen Wochentagsnamen übernommen haben, und von ihnen gelangen sie, kaum vor dem 6. Jahrhundert, zu den Baiern. Heidnisch benannt blieb allerdings bei Griechen und Goten und demzufolge auch bei den Baiern der Arestag. Wie das kam, ist schwer zu sagen. Wahrscheinlich waren die Gottheiten des Himmels und der Liebe den griechischen Christen sehr viel anstößiger als der Kriegsgott, und in der Entwicklung der Sprachen geht es selten nach festen Regeln und nie nach den strengen Gesetzen der Logik zu. Im übrigen ist zu den vielen Namen des Dienstags, dem Ares-, Mars-, Ziu-, Thinxustag, noch ein weiterer hinzuzufügen. Im Bereich des alten schwäbischen Bistums Augsburg, und nur dort, gilt dafür schon im Althochdeutschen und bis heute die Bezeichnung *Aftermontag* ‚Nachmontag'. Offenbar haben der Augsburger Bischof und sein Klerus einst diese neue Bezeichnung geschaffen, um die Erinnerung an den Heidengott auszutilgen. Demnach wird vorher auch in Schwaben das alte *zîostag* gegolten haben und nicht das *erintag* der östlichen Nachbarlande. Denn daß hierin ein alter griechischer Göttername verborgen sei, kann kaum ein Germane gewußt haben; *erintag* hätte also keinen Anstoß erregen können. Dagegen war die Erinnerung an den heimischen Ziu noch lange nicht erloschen.

Verwickelt ist die Geschichte des Wortes *Samstag*, ahd. *sambaztag*. Das hebräische Sabbat-Wort war in der Form *sabbaton* ins Griechische gelangt, wo sich eine volkssprachliche Nebenform *sambaton* entwickelte. Diese muß, obwohl die gotische Bibel nur das korrekte *sabbato* überliefert, auch im Gotischen (und ähnlich im Altslawischen) etwa in der Form **sambatdags* gegolten haben. Von dort wird sie zu den Baiern gelangt sein, wie die anderen griechisch-gotischen Wochentagsnamen. Aber auch im Westen des deutschen Sprachgebiets und sogar in Frankreich, dessen *samedi* ebenfalls auf vulgärgriechisch *sambaton* zurückgeht, ist das Wort bekannt, und so weit nach Westen konnte sich der späte gotische Import unmöglich ausdehnen. Man muß daher mit einem zweiten, westlichen Einwanderungsweg rechnen, und dieser war wirklich gegeben. Denn im unteren Rhonetal um Marseille, aber auch in Lyon und – wie oben schon erwähnt – selbst in Trier gab es große, einflußreiche griechische Christengemeinden. Von diesen Zentralen aus muß sich das Sambat-Wort über Frankreich und den deutschen Südwesten ausgebreitet haben.

Neben dem Wort *Samstag*, das den deutschen Süden und Südwesten völlig durchdrungen hat, findet sich, wie schon erwähnt, in den küstengermanischen Mundarten die viel ältere Bezeichnung *Saterdag*. Aber ein viel ernsthafterer Konkurrent erwächst dem Südwort in der noch jüngeren Bezeichnung *Sonnabend*. Dialektgeographische Untersuchungen von THEODOR FRINGS (LH 92) haben ergeben, daß das Wort *Sonnabend* anfangs nur in zwei engen Bereichen, nämlich in Westfriesland und in Hessen-Thüringen vorkam, von wo aus es sich dann später weit über Nieder- und Mitteldeutschland verbreitet hat. Friesland und Hessen aber waren die beiden bevorzugten Missionsgebiete der Angelsachsen im 8. Jahrhundert. Da nun im Altenglischen neben dem alten *saeternesdaeg* auch die christliche Prägung *sunnanaefen* bezeugt ist, kann es nicht anders sein, als daß ahd. *sunnûnâband* ‚Sonnabend' nach diesem Muster geschaffen ist. Gemeint war damit zunächst nur die kirchliche Feier (Vigilia) am Vorabend des Sonntags. Aber bald wurde der ganze Tag mit dem Namen bezeichnet, der eigentlich nur seinem Ausklang galt.

Mit der Bezeichnung *Sonnabend* sind wir sprachgeschichtlich bereits hart an die Schwelle der althochdeutschen Periode gelangt, und ein weiterer Wochentagsname führt mitten in diese Zeit hinein. Der Wodanstag, der den Namen des meistverehrten Gottes der Westgermanen bewahrte, mußte christlichen Ohren besonders anstößig klingen. Trotzdem fand man dafür lange Zeit hindurch keinen geeigneten Ersatz. Die heutige Bezeichnung *Mittwoch* ist anfangs nur im Süden greifbar, schriftlich zuerst bei NOTKER VON ST. GALLEN, also erst gegen das Ende der althochdeutschen Periode bezeugt, aber doch wohl schon länger im mündlichen Gebrauch. Dieses *mittawecha* ist eine genaue Übersetzung des kirchenlateinischen, griechisch beeinflußten *media hebdomas* ‹Wochenmitte›, eine Bezeichnung, die noch heute in norditalienischen und rätoromanischen Mundarten als christlicher Ersatz für *Mercurii dies* vorkommt. Es ist daher sicher, daß die Bezeichnung von Süden her in das deutsche Sprachgebiet gelangte. Ob allerdings über Augsburg, wie *Aftermontag*, oder über eines der Schweizer Bistümer oder gar auf breiter Front, das läßt sich nicht sicher ermitteln. Die Art der Wortbildung freilich, eine Glied-für-Glied-Übersetzung, sieht nach gelehrter Schöpfung aus. Am ehesten wird *mittawecha* daher in einer bestimmten geistlichen Kanzlei entstanden sein. Das neue Wort hat sich dann rasch über den Süden und weiter fast über das gesamte deutsche Sprachgebiet ausgedehnt und das alte *Wodanestag* auf die nordwestlichen Randgebiete abgedrängt.

Unerschüttert stehen von Anfang an die Namen *Sonntag* und *Montag*, ahd. *sunnûntag, mânatag*, ae. *sunnandaeg, mónadaeg*. Auch sie sind natürlich den lateinischen Vorbildern *Solis dies* und *Lunae dies* (frz. *lundi*) nachgebildet und gehören zur ältesten Namensschicht. Da aber Sonne und Mond von den Germanen nicht als Götter verehrt wurden, klangen die Namen unverfänglich und blieben auch, als das Christentum an anderen Bezeichnungen Anstoß nahm, unangefochten in Geltung. Beim *Sonntag* ist das insofern bemerkenswert, als sich in romanischen Ländern unter christlichem Einfluß dafür die Bezeichnung *dies dominica* (‹Tag des Herrn›, frz. *dimanche*) einbürgerte. Daß solche Versuche auch im deutschen Sprachgebiet vorkamen, beweist ahd. *frôntag* ‹Herrentag›, das durch NOTKER bezeugt ist. Aber diese Tagesbezeichnung kann höchstens landschaftliche Geltung gehabt haben, und ‹Tag des Herrn› wurde auf den Sprachgebrauch der Kanzel und gehobener Literatur zurückgedrängt. Im Volksbewußtsein war seit vielen Jahrhunderten die Bezeichnung *sunnûntag* offensichtlich so fest verankert, daß sich keine Neuerung dagegen durchsetzen konnte.

Es ist nicht ganz überflüssig, die Wochentagsnamen in die Kategorien des Lehnguts einzuordnen, die oben S. 90 ff erörtert wurden. Zum Lehngut gehören sie natürlich alle, da kein einziger dieser Namen spontan entstanden ist. Lehnübersetzungen sind Wörter wie *Sonntag, Montag*, insofern als es sich beim Übergang von lat. *sol, luna* zu *Sonne, Mond* um einfache Wortgleichungen handelt.

(Hätten etwa die Germanen, die diese Bezeichnungen schufen, gleichzeitig in ihren religiösen Vorstellungen nach orientalischen Mustern Sonne und Mond zu Göttern erhoben, so wäre das ein Vorgang, der die vergleichende Religionsgeschichte, aber nicht die Sprachwissenschaft angeht.) Anders steht es mit Bildungen wie *Wodans-*, *Freitag*, in denen germanische Götternamen enthalten sind. Das sind, auch sprachlich gesehen, keine einfachen Übersetzungen, weil zu ihrer Bildung die fremde Vorstellung geistig durchdrungen und mit Heimischem verglichen werden muß. Am ehesten wird man diese Gruppe zu den Lehnübertragungen rechnen können, obwohl sonst bei Übertragungen nicht so verwickelte geistige Vorgänge im Spiele zu sein pflegen.

Eine Fügung wie *Saterdag* wird man am besten unter die Lehnwörter einordnen, obwohl hier gewisse Bedenken bleiben. Streng genommen ist nur der erste Teil des Kompositums, das sogenannte Bestimmungswort, ein Lehnwort im eigentlichen Sinne, der zweite Teil, das Grundwort, dagegen ist übersetzt. Um derartigen Sonderfällen ganz gerecht zu werden, bedürfte die Klassifizierung des Lehnguts noch weiterer Verfeinerung, was allerdings der Übersichtlichkeit und Brauchbarkeit des Systems nicht zugute kommen würde. In der gleichen Zwischengruppe befinden sich auch die gotischen Wochentagsbezeichnungen **areinsdags*, **pintdags*, **pareinsdags* und **sambatdags* gegenüber den griechischen Vorbildern; auch hier ist der erste Bestandteil entlehnt, der zweite übersetzt. Dagegen sind die bairischen Namen echte Lehnwörter aus dem Gotischen.

Ahd. *sunnûnâband* ist eine Lehnübersetzung aus dem freilich nahe verwandten ae. *sunnanaefen*, wie die ahd. Genitivendung in *sunnûn* und das nicht nach englischem Muster gebildete *âband* zeigt. Das englische Wort wurde also nicht so, wie es war, entlehnt, sondern mit deutschen Sprachmitteln nachgebildet. Lehnübersetzung ist schließlich auch *mittawecha* nach dem Muster von lat. *media hebdomas*. Das führt uns noch auf ein anderes Gebiet: Denn wenn das Wort *Mittwoch* uns auch völlig vertraut geworden ist, so fügt es sich doch, genau besehen, nicht in das System der deutschen Wochentagsbenennung. Die anderen Wochentagsnamen sind mit dem Grundwort *-tag* zusammengesetzt, und sogar der *Sabbat*, der dieses erläuternden Zusatzes gewiß nicht bedurfte, hat sich dieser Systematik fügen müssen. (Daß der *Sonnabend* abweicht, liegt an der anfangs eingeschränkten Bedeutung des Wortes, führt aber sekundär ebenfalls zu einer Durchbrechung des Bezeichnungssystems.) Man muß sich diese systematische Regelmäßigkeit der Bezeichnungen vor Augen halten, um zu ermessen, daß die Kanzleibildung *Mittwoch* anfangs ganz gewiß Befremden erregt hat. Wenn sie sich trotzdem durchsetzen konnte, so wegen des Dilemmas, in dem man sich befand. Sicherlich war es mißlich, zwischen dem verfemten Wodansnamen und dieser papierdeutschen Ersatzbezeichnung wählen zu müssen. Da mochte dann wohl klerikale Sprachregelung die Annahme des Kunstwortes schließlich erzwingen. Im übrigen gilt damals wie heute die gleiche sprachpsychologische Erfahrung: Ungelenke Neubildungen, die gegen das Sprachgefühl verstoßen, erhalten sich nicht, wenn sprachgerechtere Ausdrücke mit ihnen konkurrieren. Haben sie aber keine Nebenbuhler, so ist das Unbehagen bald beschwichtigt. Man gewöhnt sich an das neue Wort, und was eben noch fremd anmutete, wird nach kurzer Zeit als sprachüblich hingenommen. Sprachgefühl, sofern es nicht durch eine ästhetische Erziehung geschärft und verfeinert wird, ist im wesentlichen eine Sache der Gewöhnung.

Die Bezeichnungen der Festtage

Von den drei großen Kirchenfesten *Weihnachten, Ostern* und *Pfingsten* tragen die beiden ersten germanische, das dritte einen aus dem Griechischen entlehnten Namen. Es steckt darin das griechische Zahlwort *pentēkostḗ (hēméra)* ‚der fünfzigste (Tag nach Ostern)'. Im weströmischen Christentum galt anfangs dafür die Übersetzung *quinquagesima;* erst im 6. oder 7. Jahrhundert drang auch in der lateinischen Kirche die griechische Bezeichnung durch. Wäre das griechische Wort aber danach erst ins Deutsche entlehnt, so könnte es kaum noch die Lautverschiebung von *p* zu *pf* mitgemacht haben, welche mhd. *pfingesten* zeigt. (Im Althochdeutschen ist das Wort zufällig nur ein einziges Mal in einer abweichenden Form belegt, s. S. 144). Die Nordseemundarten nehmen an der Lautverschiebung nicht teil, aber as. *pinkoston* und afries. *pinkostra* stimmen jedenfalls in der starken Vereinfachung des griechischen Wortes mit dem Mittelhochdeutschen überein, gehen also auf die gleiche Ausgangsform zurück und beweisen trotz Fehlens der Lautverschiebung nichts gegen das Alter des Wortes. Anders steht es mit ae. *pentecosten,* das die griechische Lautform unversehrt bewahrt hat, mit frz. *pentecôte* zusammengeht und aus dem späten Kirchenwort erklärt werden muß. Die deutschen und friesischen Formen sprechen dagegen für Entlehnung aus dem Gotischen. Wieder freilich, wie beim Sabbat-Wort, findet man im Bibelgotischen nur die korrekte Entlehnung *paintekuste;* aber die gotische Volkssprache wird den Festtagsnamen ebenso umgewandelt haben wie die Namen der Wochentage. (Man vergleiche griech. *paraskeuḗ* mit got. **pareins-dags*).

Der einzige althochdeutsche Beleg des Festtagsnamens findet sich in einer alemannischen Glossenhandschrift vom Anfang des 9. Jahrhunderts in der merkwürdigen Form *fimfchustim*. Das ist zweifellos keine volkstümliche Bezeichnung, sondern eine gelehrte Spielerei. Der Übersetzer wußte, daß griech. *pente* ‚fünf' bedeutet und setzte das althochdeutsche Zahlwort *fimf* dafür ein; daß aber die griechische Bezeichnung im ganzen nur ein Zahlwort sei, war ihm nicht bekannt, und so entlehnte er den Rest des Wortes lautgerecht. Man kann im übrigen fragen, woher ihm überhaupt die griechischen Kenntnisse kamen, und es liegt nahe, im alemannischen Gebiet an irische Mönche als Lehrmeister zu denken. Aber das bleibt unsichere Vermutung.

Wie bei dem Wort *Pfingsten* hat man auch bei dem Namen des Osterfestes an gotische Herkunft gedacht. Zwar heißt das Fest in der gotischen Bibel *paska*, aber das brauchte kein Hindernis zu sein, da die Volkssprache erwiesenermaßen andere Wege ging. Wohl aber steht die sehr weite geographische Verbreitung einer Herleitung des Wortes aus dem gotischen Christentum entgegen. Es ist als ahd. *ôstarûn*, ae. *éastron* bezeugt, und es gibt kein einziges gesichertes Beispiel, daß ein gotisches Wort England erreicht hätte, es sei denn spät durch gelehrte deutsche Vermittlung. (Aus dem 9. Jahrhundert gibt es einzelne Beispiele wie got. *armahairts*, das zu ahd. *armherz* führte – s. u. S. 153 – und weiter zu ae. *earmheort* wurde. Aber solche Wörter tauchen in England stets nur in wenigen gelehrten Schriften auf und sind niemals in volkstümlichem Gebrauch.) Engl. *Easter*, ae. *éastron*, ist aber viel älter, so daß es nicht durch deutsche Vermittlung nach England gekommen sein kann. Schon BEDA VENERABILIS, der 735 gestorbene erste große Kirchenlehrer Englands, erwähnt das Fest und leitet es von einer angeblichen germanischen Frühlingsgöttin her, die er *Eostrae* nennt. Daher wurde seit WILHELM BRAUNE (LH 117) die Ansicht vertreten, der Name des Festes sei bei den Angelsachsen entstanden und mit deren Missionstätigkeit nach Deutschland gelangt. Aber auch diese Auffassung ist kaum mit den dialektgeographischen Tatsachen in Einklang zu bringen. Denn ‚Ostern' heißt altsächsisch und altfriesisch *pascha*, im älteren Niederländisch (jetzt *pasen*) und westfälisch *paschen*. Wie sollte aber die Bezeichnung *Ostern*, stammte sie wirklich von den Angelsachsen, gerade im Kerngebiet der angelsächsischen Mission ganz verdrängt worden sein, während sie im ganzen übrigen Deutschland volkstümlich wurde? Denn gerade aus diesen Gegenden müßte das Wort doch bei angelsächsischer Vermittlung seinen Siegeszug durch Deutschland angetreten haben. Außerdem hat die These, die Bezeichnung hänge mit dem Namen einer germanischen Frühlingsgöttin und des ihr geweihten Festes zusammen, auch eine bedenkliche etymologische Schwäche. **Austrô* (so müßte der Name der Göttin und ihres Festes germanisch lauten; daraus wird ein nicht bezeugtes ahd. **Ostara* konstruiert) ist nächst verwandt mit lat. *aurora*, altindisch *usra*, die beide ‚Morgenröte' bedeuten, und es gibt eine Reihe etymologisch zugehöriger Wörter in den indogermanischen Sprachen, deren Bedeutung ebenfalls auf die Morgenfrühe hinweist. Kein einziges Beispiel ist dagegen vorhanden für den Bedeutungsübergang von ‚Tagesanfang' zu ‚Jahresanfang', den die Deutung des Oster-Wortes als alte Bezeichnung eines Frühlingsfestes voraussetzt. Im übrigen ist der verehrliche BEDA, der einzige Zeuge für diese angebliche Herkunft der christlichen Festbezeichnung, gerade in dieser Beziehung nicht zuverlässig. Er hat auch einen anderen Götternamen nachweislich selbst erfunden, um damit einen ihm befremdlichen Ausdruck zu erklären.

Aus diesen Schwierigkeiten hat erst in allerjüngster Zeit JOHANN KNOBLOCH (LH 105) den Ausweg gewiesen. In der frühmittelalterlichen Kirche war Ostern das hohe Fest, an dem die Neubekehrten getauft wurden. Mit der Gemeinde durchwachten sie, in weiße Gewänder gekleidet, mit Gebet und Gottesdienst die Osternacht in der Kirche, bis der Tag und damit der Beginn des feierlichen Taufaktes heranbrach. Das Tagesgrauen aber heißt lateinisch *albae* (eigentlich ‚das Weiß-' oder ‚Hellwerden'; vgl. frz. *aube* ‚Tagesanbruch, Morgengrauen'). Danach scheint in der volkstümlichen Sprache altromanischer Christengemeinden das ganze Fest *albae* genannt worden zu sein, und ahd. *ôstarûn*, ae. *éastron* mit der Grundbedeutung ‚Morgenröte, Tagesanbruch' wäre davon eine ganz genaue Lehnübersetzung. Verhält es sich so, dann müßte das Wort *Ostern* in der Frühzeit der Kirche und wohl im Trierer Umkreis, wie *Kirche, Bischof, Almosen,* entstanden sein und sich von dort über das deutsche und englische Sprachgebiet verbreitet haben. Freilich bleibt auch dann die nordwestliche Bezeichnung *Paschen* aus dem kirchenlateinischen *pascha* zu erklären. Dies ist aber seinem Ursprung nach ein gelehrtes oder wenigstens ein kirchenamtliches Wort, und es war anfangs allein auf die Erzdiözese Köln beschränkt. Man darf daher annehmen, daß im Erzbistum Köln eine andere ‹Sprachregelung› galt als im Erzbistum Trier, dem sich späterhin auch das jüngere Erzbistum Mainz anschloß. Der Kölner Klerus wird das Eindringen des volkstümlichen Trierer Wortes verhindert haben. Das konnte aber nur in der Frühzeit geschehen. Hätten angelsächsische Missionare das Wort *Ostern* bereits populär gemacht, so wäre die Geistlichkeit, wie zahlreiche andere Beispiele lehren, kaum noch mit einer amtlich gewünschten Neuerung durchgedrungen.

Ist *Pfingsten* auf die Goten, *Ostern* auf die frühfränkische Gemeinde zurückzuführen, so stammt *Weihnachten* aus der volkstümlichen Sprache Altbaierns. Man könnte hier an eine Einwirkung der Goten insofern denken, als das Wort ahd. *wîh* ‚heilig', das in *Weihnachten* steckt, möglicherweise von dort zu den Baiern gelangt ist. Es gibt aber nicht die Spur eines Beweises, daß die Goten auch das Fest selbst schon so bezeichnet hätten. In Niederdeutschland, bei den Angelsachsen und bei den Nordgermanen gilt die Bezeichnung *Jul* (mnd. *jûl*, ae. *géol*, anord. *jól*), und daß die Goten sie auch gekannt haben, geht aus ihrem Monatsnamen *jiuleis* ‚Julmonat' hervor. *Jul* kann man etwa als ‚Zeit der Schneestürme' übersetzen, und es war der Name eines germanischen Mittwinterfestes. Aus dem Althochdeutschen ist keine Bezeichnung des Festes überliefert, doch scheinen spätere Mundartausdrücke wie *Christnacht* oder *Christtag* hohes Alter zu haben. Der heutige Name des Festes taucht jedenfalls erst gegen Ende des 12. Jahrhunderts in bairischen Handschriften auf, anfangs in der Form *ze wîhen naht* ‚in der heiligen Nacht'. Diese Ausdrucksweise muß aber sehr alt sein und sich im Volksmund zäh gehalten haben. Denn im offiziellen Sprachgebrauch der Kirche galt schon seit dem Anfang des 9. Jahrhunderts nur das Wort *heilag* ‚heilig', und *wîh* war, wie es scheint, in kirchlichen Kreisen verpönt (s. u. S. 152 f). Bei diesem Festnamen ist also auf die zähe Beharrlichkeit volkstümlicher Sprache und ihr endliches Eindringen in den schriftsprachlichen Gebrauch hinzuweisen, einen Vorgang, der noch wiederholt zu erwähnen sein wird.

Die Geschichte der Wochentagsnamen beginnt, wie die Darstellung gezeigt hat, bereits mit den ältesten Berührungen zwischen Römern und Germanen, ist schon in heidnischer Zeit gewissen Wandlungen unterworfen (vgl. *Ziestag – Dienstag*), erlebt dann in christlicher Zeit Einwirkungen von vielen Seiten her (fränkische Kirche, Goten, Baiern, Angelsachsen) und gelangt erst in althochdeutscher Zeit (Mittwoch), wenigstens was die Festlegung der Bezeichnungen angeht, zum Abschluß. Wollte man freilich die ‹Sprachbewegungen› verfolgen, das Vordringen und Zurückweichen der synonymen Bezeichnungen (*Dienstag – Ertag; Samstag – Sonnabend – Satertag*), so wäre die Geschichtsschreibung dieser Wortgruppe bis auf den heutigen Tag fortzuführen.

Die Namen der christlichen Feste reihen sich erst viel später der sprachhistorischen Entwicklung ein. Aber ihre Geschichte verläuft nicht minder ereignisreich. Auch hier haben Franken, Goten und Baiern ihren Anteil, und sogar die Iren waren einmal fragend zu erwähnen. In der Form, wie sie heute üblich sind, liegen die Festbezeichnungen erst Jahrhunderte nach den Namen der Wochentage vor. Zu allerletzt festigt sich der Name des Weihnachtsfestes, und dieser hat bis heute in Bezeichnungen wie *Christfest* und *Christtag* seine Nebenbuhler. Sie sind freilich auf vereinzelte Mundartgebiete oder auf den variierenden Stil gehobener Schriftsprache beschränkt, verdienen aber doch Erwähnung. An beiden Bezeichnungsgruppen wird jedenfalls klar, daß der Verlauf der deutschen Sprachgeschichte und ihrer Vorgeschichte nicht einfach unter dem Gesichtspunkt ‹Römer — Germanen; Lateinisch — Deutsch› betrachtet werden kann. Wir müssen deshalb nunmehr auch den anderen Kräften nachgehen, die schon in vor- und frühdeutscher Zeit auf die Entwicklung der deutschen Sprache Einfluß genommen haben.

IX. GOTEN, IREN, ANGELSACHSEN UND DER ALTHOCHDEUTSCHE WORTSCHATZ

Indem wir den sprachgeschichtlichen Weg der Wochen- und Festtagsbezeichnungen verfolgten, waren erste Andeutungen über die sprachliche Mittlerrolle von Kräften zu machen, die sich außerhalb der Zone unmittelbarer römisch-vorfränkischer Kontakte entfaltet hatten. Zu den germanischen Völkern der Goten und der Angelsachsen und zu den keltischen Iro-Schotten war das Christentum auf anderen Wegen als zu den Franken gelangt, hatte sich bei ihnen früher als bei den germanischen Völkerschaften des Frankenreiches innerlich gefestigt und war, wenigstens bei Iren und Angelsachsen (die arianischen Goten dürfen in dieser Beziehung außer Betracht bleiben), auch schon zu festen kirchlichen Organisationsformen gelangt, die der fränkischen Kirche noch abgingen. Bekehrer, Organisatoren und Reformer aus diesen drei Völkern fanden daher in dem jungen Reich der Merowinger und bei den deutschen Nachbarstämmen ein dankbares Feld für ihren christlichen Glaubenseifer, und es konnte nicht ausbleiben, daß ihr Wirken sich auch in sprachlichen Einflüssen niederschlug.

Gotisches im althochdeutschen Wortschatz

Daß für den Dienstag und den Donnerstag in bairischen Mundarten noch heute die Bezeichnung *Ertag* und *Pfinztag* üblich sind, wurde bereits erwähnt. Sie haben allerdings nur mundartliche Verbreitung, und auch das untergegangene ahd. *pferintag* ‚Freitag' war auf Baiern beschränkt. Am Freitag besteht aber ein kirchliches Interesse, und es ist sehr wohl denkbar, daß aus diesem Grunde das altbairische *pferintag* so früh vor dem *frîatag* der zentralistischen fränkischen Kirche weichen mußte. (Daß darin der Name einer heidnischen Göttin steckte, war anscheinend längst vergessen. Volksetymologisch wurde und wird der Tagesname mit dem Adjektiv *frei*, ahd. *frî*, in Verbindung gebracht. Das war nicht gerade sinnvoll, konnte aber selbst bei strengen Christen keinen Anstoß erregen.) Kirchlich wichtig war natürlich auch der *Samstag*, aber diese Tagesbezeichnung gelangte, wie oben erörtert, auf zwei verschiedenen Wegen in das deutsche Sprachgebiet, und an den anderen beiden Tagesnamen, dem *Ertag* und dem *Pfinztag*, konnte die Kirche kein sonderliches Interesse haben. Es ist daher auch nicht anzunehmen, daß die gotischen Tagesbezeichnungen durch Missionare oder Prediger zu den Baiern gelangt sind. Sie werden vielmehr im Kontakt von Volk zu Volk, zwischen Grenznachbarn also, übertragen worden sein. Als Entlehnungszeit kommt deshalb am ehesten das 5. Jahrhundert in Betracht, als die Goten noch in Pannonien, dem heutigen Ungarn, saßen. Nur durch volkstümliche Kontakte kann auch ein Wort wie got. *môta* ‚Zoll' ins Altbairische als *mûta,* heute *Maut,* entlehnt worden sein. Daß das Wort nicht etwa durch ‚Zoll' und ‚Zöllner' der Bibelsprache angeregt ist – was dann auf geistliche Vermittlung schließen ließe – geht daraus hervor, daß *mûta* schon sehr früh in bairischen Ortsnamen auftaucht. Das ist immer ein Zeichen für volkstümlichen Sprachgebrauch. Auch ist got. *môtareis* ‚der Zöllner' nicht ins Deutsche übernommen worden, und dieses Wort ist in der Bibelsprache weitaus wichtiger als *môta.* Für volkssprachlich möchte ich auch die Entlehnung des gotischen Wortes *dulths* ‚Fest' zu altbairisch *tuld* halten. Das Wort lebt heute noch im Bairischen und ist vielen bekannt durch die *Auer Dult,* das Münchner Marktfest in der Au. Das Wort wird allerdings auch religiös bezogen, und noch im 13. Jahrhundert findet man in einem bairischen Text *die ôstirn, ein grôzer dulttac* ‚Ostern, ein großer Festtag'. Aber deshalb braucht man nicht an kirchliche Vermittlung zu denken. Ein Wort für ‚Fest' überträgt sich leicht im nachbarlichen Verkehr. Übrigens sind *mûta* und *tuld* wie manche andere Wörter gotischen Ursprungs über Baiern hinaus auch bei Alemannen und in Spuren im Rheinfränkischen verbreitet. Sie hatten also eine gewisse Expansionskraft. Wenn diese den gotisch-bairischen Wochentagsnamen versagt blieb, so wohl deshalb, weil bei den anderen vordeutschen Stämmen schon ältere Bezeichnungen dafür im Schwange waren, man ihrer also nicht bedurfte.

Neben den genannten Wörtern, die man auf volkstümliche Kontakte zurückführen darf, gibt es aber auch eine Reihe von Wörtern der christlich religiösen Sphäre, die aus dem Gotischen entlehnt sind. Auch diese sind im allgemeinen im Bairischen und Alemannischen verbreitet und strahlen ins Rheinfränkische aus. Einige besonders wichtige Wörter haben sich sogar über das ganze hoch- und niederdeutsche Sprachgebiet verbreitet. Die Forschung sieht sich dadurch vor ein sehr schwieriges Problem gestellt. Denn in den Geschichtsquellen findet sich nicht die mindeste Spur einer gotischen Mission bei den oberdeutschen Stämmen. Auch ist nirgends etwas darüber ausgesagt, daß Baiern oder Alemannen anfangs Arianer gewesen wären, was man doch anzunehmen hätte, wenn arianische Goten ihnen das Christentum gebracht hätten. Hier klafft also eine breite Erkenntnislücke, die weder die Geschichts- noch die Sprachwissenschaft hat schließen können. Von der Sprache her muß jedenfalls ein sehr kräftiger christlich gotischer Einfluß festgestellt werden, und wenn nicht die Goten selbst als Missionare diese Einflüsse ausübten, dann müssen sich andere Kräfte die bei den Goten offenbar besonders früh und stark ausgebildete Sprache eines volkstümlichen Christentums zu eigen gemacht haben. Aber alle Vermutungen, die man darüber etwa äußern könnte, bleiben beim gegenwärtigen Stand der Forschung unbeweisbare Spekulation.

Das erste Wort, das hier zu erwähnen ist, mag freilich noch aus volkstümlichen Bereichen stammen. Es ist das althochdeutsche Wort *pfaffo*, nhd. *Pfaffe*, das auf got. *papa* zurückgeht. Das gotische Wort aber ist entlehnt aus griech. *papās*, das etwa ‚Väterchen' bedeutet und als Bezeichnung und Anrede für jeden niederen Geistlichen gebraucht wurde. Das Wort *pfaffo* muß, wie die Teilnahme an der Lautverschiebung beweist, im 5. oder spätestens im 6. Jahrhundert entlehnt worden sein, und das konnte so gut in der Volkssprache geschehen wie im Westen die Entlehnung des Wortes *Bischof*. Von Baiern aus hat sich *pfaffo* rasch über das ganze deutsche Sprachgebiet verbreitet. Es kommt in allen Volksmundarten vor und taucht schon im 8. Jahrhundert in Ortsnamen auf. Der älteste Beleg des Wortes in einer Urkunde aus dem Jahre 739 nennt den Ort *Pfaffenhofen* im Elsaß. Ein weiter Weg aus der gotisch-bairischen Kontaktzone bis dorthin! Und das Wort mußte auch im Westen dem Volksmund ganz vertraut sein, bevor es zur Bildung von Ortsnamen benutzt werden konnte. Das Wort hat im übrigen während des Mittelalters keine geringschätzige Nebenbedeutung. Es bezeichnet den Mann von geistlichem Stande (auch die Mönche werden, nicht ganz korrekt, dazu gerechnet), und mhd. *pfaffen unde leien* ist ein ganz unanstößiger, gängiger Ausdruck für ‚Geistliche und Weltliche'. Obwohl aber gerade für den Sammelbegriff ‚alle Geistlichen' im Althochdeutschen ein bequemer Ausdruck fehlt (s. o. S. 127), wird *pfaffo* erst im 10. Jahrhundert der schriftlichen Aufzeichnung gewürdigt. Die Kirche hat sich seinem Gebrauch anscheinend lange widersetzt, vielleicht, weil die gotische Herkunft unvergessen war und dem Wort der Geruch arianischer Ketzerei anhaftete. Die Assoziation mit dem Arianertum mußte sich allerdings allmählich verlieren, und das mag es der Kirche erlaubt haben, das Wort schließlich zu dulden. Seit dem 10. Jahrhundert wird es auch im schriftsprachlichen Gebrauch rasch üblich. Doch ist an diesem Wort die ungeheure Durchschlagskraft volkstümlichen Sprachgebrauchs zu ermessen. Fünf Jahrhunderte lang konnte es unterschwellig fortleben, bis es sich endlich einen Platz in der Schriftsprache erkämpfte.

Viel gewichtiger, weil in das Zentrum christlicher Überzeugungen und sakramentalen Kultbrauchs vorstoßend, ist die gotische Herkunft des Wortes *taufen*, got. *daupjan*, ahd. *toufen*, as. *dôpian*, afries.

dêpa. In seiner ursprünglichen Allgemeinbedeutung ,eintauchen' ist das Verb auch im anord. *deypa* erhalten geblieben. Got. *daupjan* dient zur Übersetzung von griech. *baptízein*, das ebenfalls ursprünlich ,eintauchen' bedeutet, aber in der Sprache des Neuen Testaments und der Kirche nur in seiner christlichen Sonderbedeutung verwendet wird. In dieser Bedeutung ging es auch als Lehnwort *baptizare* in das Kirchenlatein ein. Im Lateinischen war aber die alte Grundbedeutung des Wortes nicht bekannt. Nur die Goten konnten daher durch ihre Berührung mit dem griechischen Kulturkreis ein gleichbedeutendes germanisches Wort zur Übersetzung wählen und ihm nach griechischem Vorbild die christliche Lehnbedeutung geben. Wortgeschichtlich wichtig ist auch die Tatsache, daß ahd. *toufen*, as. *dôpian* sich gegen die Konkurrenz anderer Wörter durchsetzen mußten. Ein spätlateinisches **christianizare* (das Wort ist nicht belegt, kann aber aus seinen Abkömmlingen erschlossen werden), das eigentlich ,zum Christen machen' bedeutet, ergab afranz. *chrestiener*, ae. *cristnian* und lebt als *kerstenen* auch im Mittelniederdeutschen und im Niederländischen weiter. Das Verbreitungsgebiet stimmt mit dem der ältesten Schicht christlicher Lehnwörter überein, und es ist nicht auszuschließen, allerdings auch nicht zu beweisen, daß es das älteste Tauf-Wort der fränkischen Kirche war. Wäre es so, dann müßte die Durchsetzungskraft des gotischen Lehnworts *taufen* um so mehr betont werden.

Auch die Herkunft des Wortes *fasten* aus dem Gotischen wird oft behauptet, und wäre das richtig, dann hätten die Goten auch eines der Kernwörter für die Forderung eines christlich disziplinierten Lebenswandels geliefert. Aber dem stehen doch erhebliche Bedenken entgegen, vor allem die Ausbreitung über das angelsächsische Sprachgebiet, das gemeinhin von Wörtern gotischer Herkunft nicht erreicht wird. Das Wort ist bezeugt als got. *fastan*, ahd. *fastên*, ae. *faestan.* Es kommt hinzu, daß dazu ein sehr altertümlich gebildetes Substantiv ,das Fasten' besteht, got. *fastubni*, as. *fastunnia*, ae. *faesten*, das also auch im Altenglischen vorkommt, im Althochdeutschen aber durch *fasta* ersetzt ist. Der Gesamtbefund, Wortbildung wie Verbreitung, spricht gegen Entlehnung aus dem Gotischen. Eher wird es sich, da das Wort über alle germanischen Sprachen verbreitet ist (vgl. auch das anord. Verb *fasta*) um ein altes heimisches Kultwort handeln, das überall christlich umgedeutet wurde; denn rituelles Fasten ist ja auch aus dem Heidentum bekannt.

Ebenso unsicher und nicht eben wahrscheinlich ist es, daß der *Heide* seine religiöse Bedeutung ,Nichtchrist' von den Goten erhielt. Auch dieses in der philologischen Literatur vielumstrittene Wort ist in allen germanischen Sprachen verbreitet. Nicht einmal seine

Etymologie ist völlig sicher. Am ehesten ist es von dem Femininum *die Heide* ‚Wildnis, unbebautes Land' abzuleiten. Die ahd. Form *heidano* würde dann etwa ‚der in der Wildnis Lebende' bedeuten, und das wäre eine genaue Lehnübersetzung von lat. *paganus*. Auch dieses ist ein substantiviertes Adjektiv (zu *pagus* ‚Gau, offenes Land im Gegensatz zur Stadt'), bedeutet also ebenfalls zunächst ‚auf dem Lande lebend'. Im kirchlichen Sprachgebrauch hat es dann die Sonderbedeutung ‚heidnisch' angenommen, die dann auch auf das germanische Wort übertragen wurde. Das konnte wohl an vielen Stellen unabhängig geschehen, und es bedurfte kaum der gotischen Vermittlung. Zu bemerken ist freilich, daß got. *haithnô* (zufällig ist im Gotischen nur dieses Femininum ‚die Heidin' belegt) und ahd. *heidan(o)* übereinstimmend anders gebildet sind als die as., ae. und an. Wörter, die eine alte Endung *-ina* voraussetzen (as. *hêthin*, ae. *haeden*). Das althochdeutsche Wort könnte daher allenfalls aus dem Gotischen entlehnt sein, nicht aber die in den anderen Sprachen vorkommenden Wörter.

Unwahrscheinlich ist auch, entgegen älterer Auffassung, daß die Wörter *Engel* und *Teufel* durch gotische Vermittlung in die deutsche und die anderen germanischen Sprachen gelangten. Gewiß sind beide Wörter griechischen Ursprungs, aber sie wurden als *angelus* und *diabolus* auch in die lateinische Bibel- und Kirchensprache übernommen. Sie kommen sehr häufig in der lateinischen Bibel vor und dementsprechend oft gewiß auch in der Predigt. Man kann daher allerorten und zu jeder Zeit mit Entlehnung in die germanischen Sprachen rechnen. Zudem gibt es im Gotischen, im Althochdeutschen und im Altenglischen starke Hinweise darauf, daß der Teufel in volkstümlicher Sprache anfangs nur mit dem germanischen Hüllwort *Unhold* (ahd. *unholdo*, *unholda* ‚der, die Unholde') bezeichnet wurde. Auch das spricht für Mitwirkung der Geistlichkeit bei der Einbürgerung des gelehrten Lehnwortes *Teufel*, und eher noch als eine gotische könnte es daher eine Schöpfung der fränkischen Kirche sein.

Mit viel weniger Berechtigung wird die Herkunft des althochdeutschen Adjektivs *wîh* ‚heilig' aus got. *weihs* bestritten. Es konkurriert mit ahd. *heilag* (s. u. S. 168), das sich schließlich durchsetzt. Beide Wörter waren ihrer heidnischen Bedeutung nach nicht unbedingt geeignet, den christlichen Begriff *sanctus* wiederzugeben. Dazu mußten beide eine Lehnbedeutung annehmen, und es ist wahrscheinlich, daß eine solche Entwicklung von einem einzigen Punkte ausgeht. Auch die Ausbreitung von *wîh*, die der von *pfaffo* in althochdeutscher Zeit entspricht, und die Tatsache, daß es am festesten im Bairischen verankert ist, läßt doch die Herkunft aus dem Gotischen nahezu zur Gewißheit werden. Auch dieses Wort war früh volkstümlich, wie die bairischen Ortsnamen *Weihenstephan, Weihmichl* (d. h. ‚beim heiligen Stephan, heiliger Michael') und andere beweisen. Auch in alten rheinfränkischen Texten findet sich *wîh* mit seinen Ableitungen. Aber ähnlich wie dem *pfaffo* mag die fränkische Kirche dem *wîh* Widerstand entgegengesetzt haben (was wiederum für eine gotisch-arianische Herkunft des Wortes sprechen könnte), und in diesem Falle hatte sie Erfolg, weil in *heilag* ein gutes und eingängiges Ersatzwort zur Verfügung stand.

Eine gelehrte gotische Bildung ist die Übersetzung von lat. *misericordia* ‚Erbarmen' durch got. *armahairtei.* Dieser für die christliche Ethik der Nächstenliebe so wichtige Begriff, der in den germanischen Sprachen fehlte, wurde durch eine Glied-für-Glied-Übersetzung gewonnen (lat. *miser* ‚elend', *cor, cordis* ‚Herz', entsprechend got. *arms, hairtô*). Dazu gehört das Adjektiv lat. *misericors,* got. *armhaiṛts.* Auch in den ältesten süddeutschen Quellen kommen das Substantiv *armherzî* und das Adjektiv *armherz* vor, und diese Wortbildungen sind so auffällig, daß man nur an Übernahme aus dem Gotischen denken kann. Schwierigkeiten macht allerdings das zugehörige Verbum lat. *misereri* ‚sich erbarmen', das im Gotischen durch *arman,* schon im ältesten Deutsch aber durch *irbarmên* wiedergegeben wird. Darin steckt zwar dasselbe Grundwort wie im Gotischen, das im Althochdeutschen aber mit zwei Vorsilben, ursprünglich * *ir-ab-armên,* verbunden wird. Auch ahd. *barmên,* entstanden aus * *ab-armên,* kommt vor, und dem entspricht genau das altenglische *of-earmian,* ferner mit zwei Vorsilben mnl. *ont-f-ermen.* Wegen ihrer geographischen Verbreitung und der vom Gotischen abweichenden Bildung ist anzunehmen, daß diese Verba einem anderen Ursprungsgebiet entstammen als die sicher gotischen *armherz* und *armherzî,* nämlich der westfränkischen Kirchensprache. Aus dieser mag auch die Übersetzung von *misericordia* durch ahd. *irbarmida* und *gibarmida* stammen, die sich – offenbar von Westen her – den aus dem Gotischen entlehnten Wörtern entgegenstellen. Seit dem 10. Jahrhundert setzt sich dann von Süden her *barmherzî* bzw. *irbarmherzî* durch, eine sogenannte Kompromißform, gemischt aus *armherzî* und *irbarmida.* Vom 12. Jahrhundert an taucht auch *(er-)barmherzekeit* auf, ebenfalls von Süden nach Mitteldeutschland vordringend. Wieder bemerkt man, wie zäh sich die von der fränkischen Kirche offenbar nicht gestützte Entlehnung aus dem Gotischen erhält. Dabei ist in diesem Falle zu erwähnen, daß vom alemannischen Raume her die Übersetzung *misericordia* : *ginâda* (unser *Gnade*) eine Zeitlang starken Einfluß gewinnt, das von den Goten kommende *armherzî* also zweifach bedrängt wird.

Es gibt noch eine ganze Reihe von Wörtern aus dem Bereich des

Christentums, bei denen mit mehr oder weniger Recht gotische Herkunft vermutet wird. Das gilt zum Beispiel für ahd. *anst* ‚Gnade', das nur in sehr alten bairischen und bairisch beeinflußten Quellen zur Übersetzung von lat. *gratia* benutzt wird und genau dem got. *ansts* entspricht, seine christliche Lehnbedeutung also doch wohl von dort empfangen hat. Auch got. *ganists*, ahd. *ginist*, ‚Heil, Rettung' für lat. *salus* könnte in diese Gruppe gehören. Aber die Geschichte dieser und vieler anderer Wörter ist nicht hinlänglich aufgeklärt, um mit Sicherheit über Entstehung und Herkunft ihrer christlichen Verwendung urteilen zu können.

Die Anzahl der Lehnwörter, deren gotischer Ursprung feststeht, mag nicht groß sein. Aber so wichtige Begriffe wie *taufen* und *Barmherzigkeit*, ein Festname wie *Pfingsten* und so gebräuchliche Bezeichnungen wie *Pfaffe* gehören dazu, höchstwahrscheinlich auch das später untergegangene *wîh*, das aber immerhin in *Weihnachten* und in *Weihrauch* nachlebt. Abgesehen von *Pfaffe*, das nachbarlichem Verkehr zu verdanken sein könnte wie *mûta* und *tuld*, sind es Wörter, die eine starke innere Beschäftigung mit dem Christentum voraussetzen. Sie zeugen von einer eindringlichen Verkündung des Christentums, und zwar müssen es volksnahe und volkstümliche Missionare gewesen sein, die sie mitbrachten, wenn sich auch bei dem Schweigen der Geschichtsquellen nicht nachweisen läßt, daß es Goten waren. Die Sprachgewalt dieser unbekannten Glaubenskünder ersieht man am besten daraus, daß die von ihnen mitgebrachten gotischen Wörter alsbald ihre feste Stellung in den bairischen Mundarten erhielten und sich im Volksmunde weit über Baiern hinaus verbreiten konnten. Auch das zähe Überleben dieser Wörter, die zum Teil erst nach Jahrhunderten schriftsprachliche Geltung erringen konnten, bekundet ihre sehr feste Verankerung in der Volkssprache.

Die süddeutsche Kirchensprache und die Iren

Bei Erörterung des aus dem Gotischen entlehnten Wortschatzes war wiederholt hervorzuheben, daß die süddeutschen Mundartgebiete sich willig dem gotischen Einfluß öffneten. Überhaupt aber ist dieser südliche deutsche Sprachraum durch die sehr frühe Ausbildung einer christlichen Sprache ausgezeichnet. Schon um das Jahr 750, als die ältesten Schriftquellen Zeugnis geben, muß sie sehr fest gefügt gewesen sein. Zu ihrem besonderen Wortschatz gehören insbesondere Ausdrücke aus dem Bereich des Gefühlslebens, Wörter für *dulden*, *klagen*, *trauern*, *sich freuen* und für *zweifeln*. Sie bezeichnen Gefühle, die im christlichen Leben in rechter Haltung und mit Ergebung in Gottes Willen gemeistert werden müssen. Das mit ihnen ausdrückbare Ethos einzuschärfen, ist Aufgabe der Prediger und Lehrer; über den allerersten Bedarf der Mission geht solcher Wortschatz schon weit hinaus. Man muß daher schon mit einigermaßen anspruchsvollen Gemeinden und mit eindringlicher, christliche Lebenslehre vermittelnder Predigt rechnen, damit ein solcher Wortschatz sich ausbilden konnte.

Zum ersten Male in der deutschen Sprachgeschichte zeichnet sich hier ein geschlossenes Sprachgebiet ab, das auf einem besonderen Feld des geistigen Lebens seine eigene, festgefügte Terminologie entwickelt. Den sprachlichen Rahmen, in dem das geschieht, bezeichnet man als die ‹Süddeutsche Kirchensprache›. Bei den genannten Ausdrücken aus dem Empfindungsleben steht es nun fest, daß sie eine ältere Sprachschicht verdrängen, die weniger christlich determiniert ist. Das Ältere läßt sich stellenweise noch in süddeutschen Texten fassen, vor allem aber in nördlichen Sprachbereichen, die von der süddeutschen Kirchensprache nicht oder erst allmählich erreicht werden. Vor allem der althochdeutsche ‹Tatian›, in Fulda geschrieben, und zum Teil auch der ‹Heliand› bewahren ein älteres Sprachgut, das im Süden bereits durch Neubildungen verdrängt ist.

Ein bezeichnendes Beispiel liefern die Ausdrücke für ‚dulden'. Ein sehr altes Wort, ahd. *druoên* ‚Schmerzen ertragen', ist schon zu Beginn der schriftlichen Überlieferung fast ausgestorben und kommt nur noch im ‹Tatian› häufiger vor. Weit verbreitet ist dagegen im ganzen deutschen Sprachgebiet ahd. *dolên* ‚ertragen', das auch im Mittelhochdeutschen noch bekannt und beliebt ist. Es ist aber kein eigentlich kirchlicher Ausdruck. Bei Notker findet man z. B. auch *uuehsal dolên* ‚einen Wandel durchmachen'. Das Wort kann also ganz allgemein menschliches Erleben, Erfahren und Erleiden bezeichnen. Die christliche Tugend der *patientia* ‚Geduld' dagegen wird im Althochdeutschen durch *gidult* ausgedrückt, und dazu gibt es eine nur im Alemannischen übliche Nebenform *dult*. Wenn nun von diesem Substantiv das Verbum *dultên* ‚christliche Geduld üben, dulden' neu gebildet wird, so kann das nur im alemannischen Mundartgebiet geschehen sein. Mit guten Gründen hat man das Kloster Reichenau als Entstehungsort, die Jahre um 750 als Entstehungszeit angenommen. Nun ist *dultên* ein ausgesprochen christliches Programmwort, und es hat sich rasch auch im bairischen Sprachraum, im fränkischen aber erst im Verlauf von Jahrhunderten verbreitet. Lange Zeit freilich blieb es überall ein Wort der gehobenen, kirchlich beeinflußten Sprache. Noch um 1200 verwenden Dichter, die der Volkssprache nahestehen, lieber *dolên* als *dultên*.

Während bei *dultên* die alemannische Herkunft feststeht, fehlt es bei den folgenden Wörtern an genaueren Untersuchungen. Aus dem süddeutschen Raum kommen sie alle, ob aber aus dem alemannischen Südwesten, das kann nicht immer mit Bestimmtheit gesagt werden. Die unchristliche Sünde des Schwankens im Glauben wird im althochdeutschen Süden durch *zwîval* ‚Zweifel' und *zwîvalôn* ‚zweifeln' ausgedrückt. Das steht nahe bei dem gleichbedeutenden got. *tweifls* und könnte von dort übernommen sein. Es verdrängt ein älteres *zweho, zwehôn,* das sich nach Norden zurückzieht. Im ‹Tatian› sowie im Alt- und Angelsächsischen ist es bewahrt geblieben. Beide Wortsippen hängen etymologisch mit dem Zahlwort *zwei* zusammen und drücken die Zwiespältigkeit aus. Man darf wenigstens vermuten, daß *zwîval, zwîvalôn* in der süddeutschen Kirchensprache bevorzugt wurde, weil dieses fremde, wie ein terminus technicus wirkende Wort besser geeignet schien, den speziell christlichen Inhalt auszudrükken als das hergebrachte *zweho, zwehôn,* das wohl für alle menschlichen Zwiespalt-Situationen gelten konnte. Dann muß aber eine starke geistliche Kraft hinter dem Wort gestanden haben, die es durchsetzte, eine Kraft zudem, die (wenigstens anfangs) auf den Süden beschränkt blieb, und, wie der ‹Tatian› beweist, Mitteldeutschland um 825 noch nicht erreicht hatte.

Ähnliches gilt von *trûrên* ‚trauern', eigentlich ‚das Haupt, die Augen gesenkt halten'. Auch dieses Wort ist zuerst auf der Reichenau belegt und hat sich bald ins Bairische, nur zögernd dagegen ins Fränkische ausgebreitet. Es verdrängt ein älteres *mornên* ‚in Sorge, seelisch belastet sein', das auch im Gotischen als *maurnan,* im Altenglischen als *murnan* (engl. *to mourn*) vorkommt. Wieder mag der allgemeinere Ausdruck *mornên* bewußt durch *trûrên* ersetzt worden sein, weil die Geste der gesenkten Augen den christlichen Ernst, Sammlung und Gefaßtheit, zugleich auch Demut auszudrücken vermag.

Unerklärlich ist es bislang, weshalb das Wort ahd. *klaga* ‚Wehklage' und das davon abgeleitete Verb *klagôn* die älteren Wörter ahd. *wuoft* und *wuofen* ‚Jammer, jammern' verdrängen konnte. Auch im Gotischen kommt *wopjan* vor, und als *to weep* ‚weinen' lebt es bis heute im Englischen. Ahd. *klaga,* das anfangs nur ein Wort der Rechtssprache gewesen zu sein scheint, ist in keiner anderen germanischen Sprache belegt. Wegen seiner juristischen Bedeutung wäre es nicht ausgeschlossen, daß es die berechtigte und mithin im christlichen Sinne allein zulässige Wehklage (z. B. über Passion und Tod Christi, über die menschliche Sündhaftigkeit und ähnliches) bezeichnen sollte, während *wuoft, wuofen* für jeden menschlichen Jammer galten. Beweisen läßt sich das aber nicht. Jedenfalls ist auch dieses Wort zuerst im Alemannischen nachweisbar und hat dieselbe Ausbreitungsgeschichte wie die vorher erwähnten.

Im althochdeutschen ‹Tatian› leben auch noch sehr alte Ausdrücke für ‚Freude' weiter, die sich aus dem Süden dorthin zurückgezogen haben, vor allem *gifeho* ‚Freude', *gifehan* ‚sich freuen'. (Vgl. got. *faheths* ‚Freude', ae. *geféa, geféon* ‚Freude, sich freuen'.) Von Süden her verbreiten sich statt dessen die Wörter *frawida* und *sih frawen*. Der genaue Ursprungsort ist nicht zu erkennen. Beide Wörter sind aber im 8. Jahrhundert entstanden, und beide sind von ahd. *frao* ‚froh' abgeleitet. Es sind also künstliche Neubildungen, die an die Stelle altererbter Wörter treten, und wieder darf man vermuten, daß diejenigen, die diese Wörter bildeten, damit christlich spezialisierte Ausdrücke schaffen wollten gegenüber den alten *gifeho, gifehan,* die heidnisch belastet waren und allzu stark die irdische Lust betonen mochten.

In diesen Zusammenhang gehören auch ahd. *trôst,* eigentlich ‚Vertrauen, Zuversicht' als Übersetzung von lat. *consolatio* ‚Tröstung' und ahd. *trôsten ‚trösten', eigentlich ‚zuversichtlich machen'*. In dem heutigen Adjektiv *getrost,* ahd. *gitrôst,* lebt die ursprüngliche Bedeutung ‚zuversichtlich, vertrauensvoll' noch weiter. Eine ältere Übersetzung von *consolatio* ist auf hochdeutschem Boden wieder nur noch im ‹Tatian› bewahrt, nämlich ahd. *fluobra,* as. *frôbra,* ae. *frófor,* was eigentlich ‚Hilfe' bedeutet. Wieder erkennt man, worauf die süddeutsche Neuerung abzielt: *fluobra* kann jede Art von Hilfe bedeuten, *trôst* dagegen drückt die seelische Hilfe für den Christen aus, die in der Stärkung der Glaubenszuversicht besteht.

Deutlich hebt sich die soeben erörterte Gruppe süddeutscher Wörter von den Entlehnungen aus dem Gotischen ab. Während es sich dort vor allem um Elementarbegriffe des Christentums handelt, sollen die neuen süddeutschen Wörter einer verinnerlichten, bewußt christlichen Haltung Ausdruck geben. Es sind Programmwörter einer vertieften Christenlehre, als solche von Geistlichen geschaffen und daher wenigstens anfangs auch bei weitem nicht so volkstümlich wie die gotische Schicht. Wenn sie sich trotzdem sogar gegen im Volksmunde schon eingebürgerte Wörter wie *dolên, zwehôn, wuofen, gifehan* durchsetzen konnten, im oberdeutschen Gebiet sogar ziemlich rasch, so muß starker christlicher Wille dahinter gestanden haben. Von der fränkischen Kirche können diese Wirkungen nicht ausgegangen sein. Denn die Wörter stammen eindeutig aus nichtfränkischem Bereich, und sie sind viel älter als die karolingischen Kulturbestrebungen, die erst einen fränkischen Einfluß bewirkt haben könnten. Es ist also nach einer anderen Kraft zu suchen, die stark genug war, den neuen verinnerlichten Wortschatz zu prägen. In Auswertung historisch nachweisbarer Tatsachen muß man annehmen, daß irische Mönche und die durch sie ausgelöste Bewegung dieses Werk vollbrachten. Ihr Glaube hatte die Inbrunst, die sich in diesen Wörtern ausdrückt, und ihre eifervolle Mission die herzergreifende, das Innerste aufwühlende Kraft, die auch den Neubekehrten die christliche Ethik, ausgedrückt in den neuen Wörtern, einzuhämmern vermochte.

Auf der Grünen Insel war im Laufe des 5. und 6. Jahrhunderts ein sehr eigenwüchsiges, in Leben, Lehre und Organisation von Rom unabhängiges Christentum entstanden. Eine Diözesanverfassung mit Kirchenprovinzen und Bistümern gab es in Irland nicht. Die Grundlage der kirchlichen Organisation bildeten mächtige Klöster, die zugleich auch politische und geistige Hochburgen der einflußreichsten Sippenverbände, der Clans, waren. Die Äbte dieser Klöster stammten oftmals Generationen lang aus der gleichen Familie. Sie konnten gleichzeitig Bischöfe sein. Bekleideten sie aber nicht selbst das Amt, so wurde einer der ihnen unterstellten Mönche dazu ausersehen. So weit Macht und Einfluß des Klosters reichten, übte auch der Bischof sein geistliches Amt aus; andere Grenzen hatte sein Bistum nicht.

Trotz des weltlich politischen Wirkens der Klöster, wozu auch die Jagd und selbst Kriegszüge gehörten, lebten die irischen Mönche in strenger Disziplin nach äußerst harten Klosterregeln. Schon der leiseste Verstoß gegen die geistliche Zucht wurde mit schwersten Strafen geahndet. Gerade die äußerste Strenge aber, mit der den Mönchen Abkehr von allen Freuden dieser Welt auferlegt wurde, zog in einer religiös tief erregten Gesellschaft immer wieder die bedeutendsten Männer an, sich in klösterlicher Gemeinschaft mit Gleichgesinnten der Nachfolge Christi hinzugeben. Zu den strengen Forderungen der Askese, die viele Mönche sich noch weit über das von der Klosterregel geforderte Maß selbst auferlegten, gehörte auch die *peregrinatio pro Christo*, die Pilgerschaft in fremden Ländern, verbunden mit dem für die heimatliebenden Iren besonders schmerzlichen Verzicht auf ihr Geburtsland. Aber ihre Pilgerfahrten arteten nicht in zielloses Vagantentum aus, das es unter den frühen abendländischen Mönchen oft genug gegeben hat. Der irische Pilger entschließt sich leicht, in heimatferner Einöde zu einem Gott geweihten Einsiedlerleben ansässig zu werden. Dann beginnt er aber alsbald, mit Werken christlicher Nächstenliebe und mit christlichem Bekehrungseifer in der neuen Umgebung zu wirken, und oft zieht er andere irische Pilger nach, so daß im fernen Land neue irische Klöster entstehen. Oft bricht man auch nach dem Vorbild der Apostel bereits in kleinen Scharen aus dem Heimatkloster auf, wie denn von dem wirkungsmächtigsten der irischen Mönche, von Columban, berichtet wird, daß er mit zwölf Gefährten die Pilgerfahrt angetreten habe.

Dieser COLUMBAN – um seinen Weg als Beispiel für den vieler anderer irischer Mönche zu skizzieren – war um 550 in Leinster geboren und wurde Mönch in dem weitberühmten Kloster Bangor. Dort erhielt er eine vortreffliche humanistische Ausbildung, wurde aber vor allem zu einem christlichen Leben in strengster Askese erzogen. Die Forderungen der Askese verschärfte er später, als er selbst zu Ansehen und Einfluß gelangt war, noch sehr erheblich und legte sie in einer Klosterregel nieder, die alles Bisherige an Härte weit übertraf und die in den von ihm gegründeten Klöstern zur Richtschnur des mönchischen Lebens wurde. Um das Jahr 590 brach er von Bangor auf, durchwanderte das Frankenreich und ließ sich mit seinen zwölf Gefährten in Burgund nieder, wo er das Kloster Luxovium (Luxeuil) und später noch weitere Klöster gründete. Da seine herbe Kritik an unchristlicher Sittenlosigkeit auch vor dem königlichen Hof nicht Halt machte, wurde er im Jahre 610 vertrieben, gelangte auf abenteuerlichen Fluchtwegen an den Bodensee und entfaltete in der Gegend von Bregenz erneut seine Missionstätigkeit. Abermals mußte er der weltlichen Gewalt weichen, ging in die Lombardei und gründete dort das nachmals hochberühmte Kloster Bobbio. Streitbar bis an sein Ende, nach Zerwürfnissen mit den arianischen Langobarden und sogar mit dem Papst, starb er dort am 21. November 615.

Viele glaubensstarke irische Mönche haben in ähnlicher Weise gelebt und gewirkt. Schon im Frankenreich, wohin sie gemeinhin zuerst ihre Schritte lenkten, fanden sie fruchtbaren Boden für die militante Glut ihres Glaubens. Die fränkische Kirche war im 6. Jahrhundert verwildert, der Glaube ausgehöhlt und verflacht. Mit dem Wirken der Iren begann eine Welle religiöser Erneuerung. Ihre Klöster, durch Zuzug aus der Heimat ständig aufgefrischt, hatten sehr starken Zulauf von Franken, Burgundern, Westgoten und anderen Germanen, denen es, aufgerüttelt durch Predigt und Beispiel der Iren, um ihr Christentum ernst war. So schlossen sich auch viele germanische Männer den weiteren Pilger- und Missionsfahrten der Iren an, die sich besonders nach Alemannien und weiter auch nach Baiern-Österreich und nach Ostfranken richteten. Überall, wo man in den Anfangszeiten des deutschen Christentums Klosterbischöfe antrifft oder wo man zwischen der Gründung des ersten Klosters und des Bistums nicht unterscheiden kann (z. B. in Würzburg, Regensburg und Salzburg), muß man den Einfluß der durch die Iren ausgelösten großen Missionsbewegung vermuten. Über unmittelbar irische Klostergründungen auf später deutschem Boden fließen freilich die Nachrichten spärlich. Schon im 6. Jahrhundert soll ein Ire FRIDOLIN das Kloster Helera (Eller) zwischen Zell und Cochem an der Mosel gegründet haben, und ihm wird auch die Klostergründung auf einer Rheininsel bei Säckingen zugeschrieben. Sicher wurde von Iren im Jahre 721 das Kloster Honau auf der Rheininsel Hohe Aue bei Straßburg gegründet, und daß der Ire KILIAN, der um 689 mit zwei Gefährten den Märtyrertod erlitt, in Würzburg ein Kloster gegründet habe, ist zum mindesten sehr wahrscheinlich.

Was aber die irische Bewegung angeht, so ist in dieser Beziehung die Gründungsgeschichte des Klosters St. Gallen lehrreich. GALLUS war einer der irischen Begleiter COLUMBANS, der krank in der Bregenzer Gegend zurückblieb, als sein Meister sich in die Lombardei wandte. In seiner Klause im Steinachtal ist er 630 gestorben. Die GALLUS-Zelle wurde alsbald zum Kultort, wo irische Traditionen lebendig geblieben sein müssen, bis drei Menschenalter später der christliche Alemanne AUDOMAR (OTMAR) an dieser Stätte das Kloster St. Gallen gründete. Daß dort auch nachher noch das irische Wesen weiterwirkte, geht unter anderem aus einem St. Galler Bibliothekskatalog vom Anfang des 9. Jahrhunderts hervor, der nicht weniger als 31 *libri scottice scripti* ‚schottisch (d. h. irisch) geschriebene Bücher' aufzählt.

Wie dieser AUDOMAR von der irischen Bewegung ergriffen war, so auch viele andere Germanen, die sich der klösterlichen Askese, aber auch der Mission mit dem gleichen Eifer wie ihre irischen Lehrmeister hingaben. Der Westgote PIRMIN gründete 724 das Kloster Reichenau. Franken waren die ersten Klostergründer in Baiern, EMMERAM in Regensburg, CORBINIAN in Freising und RUPERT in Salzburg. Daß aber RUPERTS erster Nachfolger als Salzburger Bischof der Ire VIRGIL war, ein als Bischof, Missionar und Gelehrter gleich bedeutender Mann, dazu ein streng asketischer Mönch, beweist am besten, wie stark diese Missionsbewegung mit den Iren verbunden war, auch wo Germanen als ihre Träger erscheinen.

Diese glaubensstarke, aufrüttelnde Bewegung nun muß durch ihre intensive Missionstätigkeit auch auf die sprachliche Entwicklung einen gewaltigen Einfluß gehabt haben, und daß ihr die Ausbildung der süddeutschen Kirchensprache zu verdanken ist, hat höchste Wahrscheinlichkeit. Man wird freilich in erster Linie an die von der irischen Bewegung ergriffenen Germanen als ihre Schöpfer zu denken haben. Doch hat man sich auch bemüht, einen unmittelbaren irischen Einfluß nachzuweisen. So geht z. B. unser Wort *Glocke*, ahd. *glokka* auf ein irisches Wort zurück, und es ist wohl kein Zufall, daß noch heute die Herdenglocken des Alpenviehs den rechteckigen Querschnitt zeigen, der den alten irischen Glocken eigen war. Sache und Wort wurden von den irischen Missionaren in ihrem Missionsgebiet eingeführt.

Am sorgfältigsten hat LEO WEISGERBER (L H 111) das Für und Wider irischer Beeinflussung erwogen, und er ist geneigt, für die von uns früher schon erwähnten Lehnwörter *clericus*: *clîrih*, *poena*: *pîna* mit dem zugehörigen Verb *pînôn*, *pfînôn* irische Vermittlung anzunehmen. Auch ahd. *fîra* ‚Feier' aus lat. *feriae*, ahd. *spîsa* ‚Speise' aus lat. *expensa*, vulgär-lat. *spēsa*, ahd. *fers* ‚Vers' aus lat. *versus* führt er aus lautlichen Gründen auf irischen Einfluß zurück. Das alles bleibt einstweilen unsicher, aber den genannten Wörtern wird man im Hinblick auf die süddeutsche Kirchensprache und ihren Wortschatz der Innerlichkeit ohnehin keine allzu große Bedeutung beimessen. Wichtiger wären die Lehnübersetzungen. Aber auch, was auf diesem Gebiet bisher beobachtet wurde, kann nicht viel beweisen. Zwar gibt es Glied-für-Glied-Übersetzungen aus dem Lateinischen im Irischen wie im Althochdeutschen. So wird graeco-lateinisch *eu-angelium* genau nachgebildet im Altirischen durch *so-scélae* ‚guter Bericht', ahd. auf der Reichenau durch *cuat-chundida* ‚gute Kunde' in St. Gallen durch *kuot-ârende* ‚gute Botschaft'. Das setzt Verständnis für die griechische Herkunft des kirchenlateinischen Wortes voraus, und die Iren konnten Griechisch! Aber eine einigermaßen sichere Kunde über die graecolateinischen Kirchenwörter war auch anderweit zu erlangen, und sind auch die Klöster St. Gallen und Reichenau im 8. Jahrhundert Zentren der Irenmission, so läßt sich eben doch der irische Einfluß auf die deutsche Wortbildung nicht bündig beweisen.

Dennoch kann man wohl durch Vergleich der beiderseitigen Wortbildungen ein Stück weiterkommen. Es gibt nämlich althochdeutsche Übersetzungen, die nicht zum Lateinischen, wohl aber zum Altirischen passen, und dafür soll ein Beispiel wenigstens zur Diskussion gestellt werden. Die lateinischen Wörter *tristis* ‚traurig', *tristitia* ‚Traurigkeit', (*con*)*tristare* ‚sich betrüben' und sinnverwandte Ausdrücke können im Althochdeutschen durch sehr verschiedene Wörter übersetzt werden. Nun ist *tristitia*, als Auflehnung gegen Gottes Willen verstanden, eine der schwersten Sünden, die der Christ begehen kann. Dafür findet sich im alemannischen Sprachraum, also in einem der Kerngebiete irischen Einflusses, die befremdliche Übersetzung ahd. *unfrao*, *unfrô* ‚traurig', eigentlich ‚unfroh', *unfrawida* ‚Traurigkeit' und *unfrawen*, *gaunfrawen* ‚(sich) betrüben'. Befremdlich sind diese Übersetzungen deshalb, weil sie nicht in das althochdeutsche Übersetzungssystem passen. Es sind deutlich neugebildete Wörter, und es entspricht ganz und gar nicht der Technik althochdeutscher Übersetzer, ein lateinisches Wort durch die Negation des Gegenteils (Trauer = Nichtfreude) wiederzugeben, besonders da *morna* ‚Traurigkeit', *mornên* ‚trauern' zur Verfügung standen. Natürlich soll mit den Neubildungen, wie wir es vorher bei den anderen Neuwörtern erkannt haben, der besondere christliche Aspekt der Traurigkeit hervorgekehrt werden, und das entspricht ganz der irischen, verinnerlichten Frömmigkeit. Hier gibt es nun auch genaue irische Wortentsprechungen. Im Altirischen wird *tristis* durch *anfáilid* ‚unfroh', *tristitia* durch *an-fáilte* ‚Unfreude' wiedergegeben, die irischen Wörter sind demnach genau wie ahd. *un-frô, un-frawida* gebildet. Diese Übereinstimmungen sind außerordentlich bemerkenswert, weil die althochdeutsche, aus dem System fallende Neubildung hier ihre Erklärung durch die gleichartigen irischen Vorbilder finden könnte.

Wir können sogar noch einen Schritt weitergehen. Die irischen Ausdrücke für Trauer sind als Negationen der Freude-Wörter gebildet. Diese stehen im Altirischen in folgender Reihe: *fáilid* ‚froh', davon abgeleitet das Substantiv *fáilte* ‚Freude' und das Verbum *fáiltigid* ‚sich freuen'. Genau so verhält es sich im Althochdeutschen: Ausgangspunkt ist das Adjektiv *frao*, davon sind abgeleitet das Substantiv *frawida* und das Verbum *frawen*. (Zu vergleichen ist allerdings auch lat. *laetus* — *laetitia* — *laetari*.) Der Ursprungsort der althochdeutschen Wörter ist nicht genau festzustellen, liegt aber im süddeutschen Raum, und sicher sind auch diese Wörter befremdliche Neubildungen, weil es bereits althergebrachte Ausdrücke der Freude gab. Es liegt daher nahe anzunehmen, daß die Iren, denen an einer christlichen Terminologie für Freude und Trauer liegen mußte, diese Neubildungen des Althochdeutschen nach dem Muster ihrer eigenen Sprache anregten. Man darf freilich aus einer einzigen irisch-deutschen Übereinstimmung keine weittragenden Schlüsse ziehen; auch ist die altirische Kirchensprache noch nicht systematisch untersucht. Sollten sich aber weitere Übereinstimmungen finden, so gewönne die Hypothese des irischen Einflusses auf die Ausbildung der süddeutschen Kirchensprache erheblich an Überzeugungskraft. Man hat aber auch die einheimischen und überhaupt die germanischen Kräfte dabei in Rechnung zu stellen, die von der irischen Bewegung mitgerissen wurden. Manches mag im Süden schon seit alter Zeit vorhanden gewesen sein. Die Bewahrung der gotischen Sprachanteile durch die Irenzeit hindurch läßt außerdem darauf schließen, daß die Iren und ihr Anhang gern von dem Sprachgut Gebrauch machten, das sie bereits vorfanden. So muß man in der süddeutschen Kirchensprache mit Wortgut verschiedenen Alters und verschiedener Herkunft rechnen. Aber nur bei besonders günstiger Überlieferungslage läßt sich darüber Sicheres ermitteln.

Gern wüßte man auch Genaueres über die sozialen Umstände, unter denen die neuen Wörter aufgekommen sind. Gerade die interessanteste Gruppe, die Wörter aus dem Gefühlsleben, gehört gewiß weder zum volkstümlichen Sprachgut, noch sind diese Wörter von Missionaren geschaffen, die dem Volke erstmals das Christentum predigten. Aber sie sehen auch nicht nach gelehrter Schreibtischarbeit aus. Darf man moderne Beobachtungen zum Vergleich heranziehen, so erinnern Neuprägungen wie *dultên* statt *dolên*, *frawida* statt *gifeho*, ein von Goten entlehntes Wort *zwîfal* statt des heimischen *zweho* an das sprachliche Geschehen in Diskussionsgruppen, in denen man oft neue Wörter prägt, um einen ganz bestimmten, gemeinsam erörterten Sachverhalt terminologisch zu fixieren. Ein solches gemeinsames, diskutierendes Ringen um die christliche Ethik wäre der religiös tief erregten irischen Bewegung wohl zuzutrauen, und so sprechen auch innere Gründe dafür, diese Neubildungen den Iren und ihrer gleichgesinnten Anhängerschaft zuzuschreiben. Allerdings bewegt man sich mit solchen Vermutungen weit außerhalb der Grenzen des strikt Beweisbaren.

Angelsächsische Einflüsse

Als die Irenmission um das Jahr 700 ihrem Höhepunkt zustrebte, begann die Mission der Angelsachsen auf dem Festlande sich gerade erst zu regen. Mit Bischof Wilfrid von York (ca. 635–710), der auf einer Romreise im Jahre 678 die ersten Versuche zur Bekehrung der Friesen machte, beginnt das Jahrhundert der angelsächsischen Mission. Wilfrids Unternehmen wurde von dem berühmteren Willibrord (657–739) fortgesetzt, der seit 690 sein Leben der Friesenmission widmete und Utrecht zu seinem Bischofssitz wählte. Die Basis seiner Missionstätigkeit wurde das von ihm gegründete Kloster Echternach im heutigen Luxemburg, das von den fränkischen Großen mit reichen Gütern ausgestattet wurde, die sich bis nach Hessen und Thüringen erstreckten. Nachhaltiger als diese Vorgänger hat der Angelsachse Winfrid (ca. 675–754) gewirkt, der vom Papst zugleich mit dem Auftrag zur Heidenmission und zur Organisation der Kirche bei den germanischen Stämmen im Mai 719 den Kirchennamen Bonifatius erhielt. Nach anfänglicher Mission in Friesland wandte er sich der Bekehrungsarbeit unter Hessen und Thüringern zu. Dabei diente ihm vermutlich der Echternacher Klosterbesitz in Thüringen als Basis und Ausgangspunkt, und dort waren wohl schon vorher wenigstens die Anfänge des Christentums begründet worden.

Die politischen und religiösen Verhältnisse im Frankenreich und der päpstliche Auftrag, eine kirchliche Ordnung aufzurichten, zwangen Bonifatius dann jahrzehntelang, sich vor allem den Fragen der Kirchenorganisation zu widmen. Seit 739 ordnete er zunächst in heftigen Auseinandersetzungen mit den nach irischem Vorbild eingesetzten Klosterbischöfen die kirchlichen Verhältnisse Baierns und begründete danach die kirchliche Ordnung Mitteldeutschlands, indem er die Bistümer Würzburg, Erfurt und Büraburg bei Fritzlar stiftete, von denen allerdings nur das erste Bestand haben sollte. Nach welchen politischen Auseinandersetzungen er endlich in die Diözese Mainz eingesetzt wurde (damals noch ein Bistum, wenn BONIFATIUS selbst auch alle Ehren eines Erzbischofs zugestanden wurden, wozu ihn der Papst bereits 732 erhoben hatte), braucht hier nicht erörtert zu werden. Erst in seinen letzten Lebensjahren konnte BONIFATIUS sich der politisch-organisatorischen Kirchenarbeit wieder entziehen. Noch einmal wandte er sich der Mission in Friesland zu und wurde am 5. Juni 754 mit seinen Gefährten bei Dokkum von heidnischen Friesen erschlagen.

Die Beseitigung der Klosterbischöfe ohne festen Amtsbezirk und die Errichtung der Diözesanverfassung waren der bleibende Erfolg von BONIFATIUS' Wirken als Organisator. Die Einteilung der ostfränkischen Reichshälfte in die drei Erzbistümer Köln, Trier und Mainz wurde von ihm festgelegt. Salzburg, Hamburg-Bremen und Magdeburg kamen später als Erzbistümer hinzu. Für die Sprachgeschichte ist diese Einteilung nicht unwichtig. Denn wie bereits früher erwähnt, bilden die Erzbistümer und innerhalb ihrer Grenzen die einzelnen Bistümer Verkehrsgemeinschaften, in denen sich sprachliche Sonderentwicklungen herausbilden konnten, so daß ihre Grenzen als Mundartscheiden zu wirken vermögen. Sprachgeschichtlich bei weitem wichtiger ist dennoch des BONIFATIUS Missionstätigkeit. Durch die Stärke seiner Persönlichkeit wurden bis an sein Lebensende immer von neuem Helfer und Schüler aus seiner angelsächsischen Heimat angezogen. So konnte er zahlreiche Klöster gründen, deren Äbte und erste Insassen zum größten Teil Angelsachsen waren. In den noch unerschlossenen Gebieten Mitteldeutschlands wurden diese Klöster die ersten Pflanzstätten christlicher Lehre und Bildung. Bald erhielt BONIFATIUS auch starken Zuzug von Einheimischen, nämlich aus dem ständig wachsenden Kreis der Neubekehrten. Besonders vertraute ihm auch der christlich gewordene Adel Baierns und Mitteldeutschlands seine Söhne zur Erziehung an, und es scheint, daß vor allem der Bischofssitz in Fritzlar zu einer ersten Pflanzstätte angelsächsischer Bildung im Missionsbereich des BONIFATIUS ausgebaut wurde. Als die bedeutendste seiner Gründungen stiftete er im Jahre 744 das Kloster Fulda, mitten in seinem Missionsgebiet gelegen, das er sich als Alterssitz ausersehen hatte und wo auch sein Leib die letzte Ruhestätte fand. Sein Lieblingsschüler, namens STURM, den er in Fritzlar hatte erziehen lassen, wurde der erste Abt von Fulda. Er war kein Angelsachse, sondern stammte aus edlem bairischen Geschlecht.

Auf die kulturelle und sprachgeschichtliche Bedeutung des Klosters Fulda soll im nächsten Kapitel näher eingegangen werden. Hier ist zunächst zum Vergleich mit Goten und Iren nur auf die angelsächsische Mission und ihre Wirkung auf die Ausbildung der deutschen Sprache einzugehen. Bei der intensiven Missionstätigkeit des Kreises um Bonifatius sollte man einen recht starken Einfluß der Mission auf die Volkssprache erwarten. Aber das ist nicht der Fall. Zwar findet man in der nahezu einzigen Quelle, dem althochdeutschen ‹Tatian›, als einem gelehrten Werk ohnehin nur verhüllte und mittelbare Auskunft über die Sprache, deren sich Bekehrer und Prediger bedient haben mögen. Aber soweit der ‹Tatian› überhaupt den volkstümlichen Wortschatz benutzt, findet sich darin nur sehr wenig Angelsächsisches, woran doch, wie sich zeigen wird, sein gelehrter Wortschatz überaus reich ist.

Daß die angelsächsische Missionssprache so wenig augenscheinliche Wirkungen ausgeübt hat, wird vornehmlich an dem besonderen Charakter der in der angelsächsischen Kirche gepflegten Sprache liegen. Sie ist ganz aus germanischem Geist erwachsen und liebt es, alte, heimische Wörter mit neuem christlichen Gehalt zu füllen. So heißt ‚taufen' im Altenglischen *fulwian*, eigentlich ‚vollständig weihen', der ‚Altar' heißt *wîhbeod*, daraus später *wéofod*, eigentlich ‚Tempeltisch'; das Altarsakrament *húsl* (vgl. got. *hunsl* ‚das Opfer') bedeutet ursprünglich die dargebrachte Opfergabe. Das Kreuz Christi wird als *gealga* oder *rod*, ‚Galgen' oder ‚Rute' bezeichnet. Diese und viele andere Bezeichnungen sind altheidnische Kultwörter, die bei den Angelsachsen während ihrer eigenen Bekehrungszeit eine neue christliche Bedeutung erhielten. Aber davon findet sich keine Spur auf deutschem Boden im angelsächsischen Missionsbereich. Da gelten die Wörter *crûzi* und *altâri*, Entlehnungen also aus dem Lateinischen, *toufen*, das aus dem Gotischen übernommen war, und das Sakrament heißt *wizzôd*, was ursprünglich ‚Gesetz, Gebot' bedeutet, aber im kirchlichen Sprachgebrauch zur Übersetzung von *eucharistia* dient. Es ist anzunehmen, daß diese und alle die vielen anderen deutschen Wörter des Christentums schon durch frühere Missionsbemühungen, z. B. von Echternach aus, bekannt waren oder daß die deutschen Mitarbeiter des Bonifatius sie in seinem Missionsgebiet einführten. Jedenfalls erwiesen sich die Angelsachsen der Sprache ihrer Missionskinder gegenüber ebenso tolerant, wie sie sich früher in ihrer heimischen Sprache den altheidnischen Ausdrücken gegenüber gezeigt hatten. Sie bemühten sich nicht, ihre eigenen christlichen Wörter durchzusetzen. Manche Wörter, wie die oben S. 155 ff erwähnten *druoên, dolên, zwehôn, mornên, wuofen, gifehan, fluobra* kamen zwar auch in ihrer eigenen christlichen Sprache vor; sie waren aber in

Deutschland schon vor der Ankunft der Angelsachsen in Geltung und wurden nicht erst von ihnen eingeführt. Sie wurden nur, wie vieles andere, das im Angelsächsischen überhaupt nicht vorkam, im angelsächsischen Missionsgebiet, d. h. sprachlich im Mitteldeutschen, aber weiterhin auch im Altsächsischen und im Niederfränkisch-Niederländischen, durch das konservative Verhalten der Missionare geschützt und weiterhin gebraucht. Im Bereich der süddeutschen Kirchensprache dagegen waren viele dieser altüberkommenen Ausdrücke durch den festen Zugriff der irischen Missionsbewegung gegen neue, eindeutig christliche Wörter ausgetauscht worden. Da viele der Missionsgefährten des BONIFATIUS aus Baiern und dem übrigen Süddeutschland stammten, müßten ihnen die neuen Ausdrücke der süddeutschen Kirchensprache wohlbekannt gewesen sein, und man kann es nur als bewußten Verzicht betrachten, wenn die *dultên, trûren, zwîfalôn, frawen* und *trôst* im Bereich der angelsächsischen Mission zunächst keine Verwendung fanden. Zugleich wird damit der wenig volkstümliche Klang der süddeutschen neuen Wörter noch einmal von anderer Seite her bestätigt. Die Sprache der angelsächsischen Mission begnügt sich mit dem Herkömmlichen, Volkstümlichen und Allgemeinverständlichen und lehnt das Befremdende, Neue ab.

Vornehmlich in der konservativen Bewahrung altererbten Sprachgutes macht sich also der Einfluß der angelsächsischen Missionare geltend. Was sie hingegen an eigenen Ausdrücken mitbrachten, hat sich mit wenigen Ausnahmen nicht lange gehalten. Auch darin scheint sich die sprachliche Toleranz der Angelsachsen auszudrücken, die offenbar keinen Nachdruck auf die Durchsetzung ihrer eigenen Missionssprache legten. Als Beispiel diene die angelsächsische Übersetzung von *evangelium* durch ae. *gôdspell* ‚gute Kunde', was schon im Altenglischen selbst volksetymologisch zu *godspell* ‚Kunde von Gott' umgedeutet wurde. Dieses Wort wird im althochdeutschen ‹Tatian› und einigen anderen Denkmälern in der Form *gotspel* verwendet und dazu das Verbum *gotspellôn* ‚das Evangelium verkünden', lat. *evangelizare,* gebildet. Dabei sichert die etymologisch falsche Übereinstimmung ae. *god-*, ahd. *got-* die Übernahme aus dem Angelsächsischen. (Bei selbständiger deutscher Neubildung wäre *guot-* zu erwarten.) Aber schon OTFRID, der doch aus Fulda dieses gute englische Wort kennen mußte, gebraucht nur das Fremdwort *evangêljô.* Für die Sippe *misericors, misericordia, misereri* findet sich im althochdeutschen ‹Tatian› *miltherzî, miltida* und *milten,* ganz im Einklang mit dem angelsächsischen Sprachgebrauch. Für *gratia* ‚Gnade' hat er *geba,* entsprechend ae. *giefa,* mit der Grundbedeutung ‚Gabe'. Es sollte aber nicht lange dauern, bis diese Wörter durch die süddeutschen *irbarmida, barmherzî, ginâda* usw. verdrängt waren. Eine gewisse Ausnahme ist nur bei dem Wort für ‚Demut', lat. *humilitas*, zu beobachten, das im ‹Tatian› nach angelsächsischem Muster *ôdmuoti* laut. Erst spät im Mittelalter ist es auf deutschem Sprachgebiet durch *deomuoti*, die alte süddeutsche Form, ersetzt worden. Im Niederländischen dagegen, also ebenfalls im Bereich der einstigen angelsächsischen Mission, hat es sich bis heute erhalten.

Betrachtet man die hier erörterten Wörter in ihrer Gesamtheit, so gewinnt man den Eindruck, daß die Angelsachsen bei Aufnahme ihrer Missionstätigkeit in Deutschland einen gewissen Bestand an einfachen Ausdrücken für kirchliche Einrichtungen und christliches Leben bereits vorfanden und daß sie diesen nicht antasteten. Christliche Ethik, wie sie sich in ‚Demut' und ‚Barmherzigkeit' ausprägt, und die Einsicht in Gottes Gnadenfülle hatten sie dagegen erst zu lehren, und dafür verwendeten sie, ohne besonderes Gewicht darauf zu legen, ihre eigenen kirchlichen Ausdrücke. Nachdem aber die angelsächsische Missionsbewegung gegen Ende des 8. Jahrhunderts abgeebbt war und die fränkische Kirche sich gefestigt hatte, setzten sich dann allmählich auch in Mitteldeutschland und im niederdeutschen Norden die im Süden längst eingebürgerten Wörter durch und verdrängten mit dem älteren deutschen Wortgut, das die Angelsachsen konserviert hatten, auch die geringfügigen angelsächsischen Elemente in der mitteldeutschen Kirchensprache.

Nur wenig Angelsächsisches hat sich auf die Dauer erhalten können. Von den drei im Althochdeutschen üblichen Übersetzungen für *(Christus) salvator* ‚der Erlöser' ist got. *nasjands*, ahd. as. *neriand*, ae. *nergend* die älteste und weitest verbreitete. Diese Übersetzung, ‚der Rettende' bedeutend, muß ihrer weiten Verbreitung wegen für sehr alt gehalten werden. Im Alemannischen, auf dem Boden der irischen Mission, ist *haltant* ‚der Erhaltende, Bewahrende' weit verbreitet; doch tritt das Wort erst ziemlich spät auf. Im angelsächsischen Missionsgebiet dagegen herrscht ahd. *heilant*, as. *hêliand*, mnl. *heiland*. Das Wort ist mit größter Wahrscheinlichkeit dem ae. *haelend* nachgebildet. Denn dieses Wort, ein Partizip wie die vorhergenannten, das eigentlich ‚heilend' bedeutet, hat in unaufgeklärter Bedeutungsentwicklung den Inhalt ‚zum Heil führend' angenommen, und das kann nicht unabhängig voneinander mehrmals geschehen sein. Die Angelsachsen werden es also in seiner spezialisierten Bedeutung aus ihrer Heimat mitgebracht haben. Auch Otfrids kühne Neubildung *heilâri*, wörtlich ‚der Heiler', aber ebenfalls als ‚der zum Heil Führende' gebraucht, kann nur unter angelsächsisch – fuldischem Einfluß entstanden sein.

Das Wort *Heiland* ist im Deutschen niemals recht volkstümlich geworden und vornehmlich ein Ausdruck der gehobenen Sprache geblieben. Daß es sich überhaupt erhielt, liegt an seiner etymologischen Beziehung zu *heilig*, ahd. *heilag*, anfr. *heilig*, as. *hêlag*. Dieses Wort ist nun sicher aus ae. *hálig* entlehnt und hat sich vom angelsächsischen Missionsgebiet aus rasch über alle deutschen Dialekte verbreitet. Einer der Gründe mag gewesen sein, daß die fränkische Kirche dem gotisch-süddeutschen *wîh* Widerstand entgegensetzte (s. o. S. 152 f). Aber entscheidend war doch wohl das Vorkommen des Wortes in der festen Verbindung lat. *spiritus sanctus*: ae. *sé hálga gást*, das in der Form *der heilago geist* ins Althochdeutsche übernommen wurde. Das in Süddeutschland dafür geltende und ältere *der wîho âtum* mußte der neuen Formel weichen, die sich rasch durchsetzte. Die Gründe dafür kann man vermuten. Die wörtliche Übersetzung von *spiritus* durch *âtum* ‚Atem' gibt ständig zu Verwirrungen Anlaß. Die Alltagsbedeutung ‚Hauch, Atem' drängt sich irritierend vor, und es ist höchst ungeschickt, ein so vielgebrauchtes Alltagswort in christlicher Terminologie in einem völlig anderen, sehr prägnanten Sinne zu verwenden. Das Wort ahd. *geist* dagegen ursprünglich ‚Gespenst, Geist, übersinnliches Wesen' bedeutend und, wie es scheint, in den vordeutschen Dialekten fast nicht mehr gebraucht, konnte desto leichter nach angelsächsischem Vorbild die christliche Bedeutung annehmen. Es war dem mißverständlichen *âtum* weit überlegen, und sein Erfolg ist daher nicht verwunderlich. Das süddeutsche *wîh* hielt sich zwar in der Volkssprache zäher als *âtum*; da aber *heilag* in der Formel *spiritus sanctus* seinen festen Platz behauptete und überall gebraucht wurde, mußte auch das ahd. *wîh* endlich dem angelsächsischen Konkurrenzwort weichen.

Vom angelsächsischen Einfluß auf die deutsche Gelehrtensprache wird noch die Rede sein (s. u. S. 175 ff). Die Sprache der angelsächsischen Mission dagegen hat nur geringe Spuren hinterlassen. Weit stärker war der gotische und der von der Irenbewegung kommende Einfluß. Erwägt man weiterhin, daß vorher schon unter lateinisch-romanischen Einflüssen der Grund zu einer christlichen Volkssprache gelegt war und daß diese Grundlage sich bis in die Karolingerzeit hinein ständig verstärkte, so kommt man zu dem Schluß, daß der volkstümliche christliche Ausdrucksschatz schon gegen Ende der voralthochdeutschen Zeit weitgehend ausgeprägt und gefestigt war. Die angelsächsischen Missionare kamen daher sozusagen zu spät, um auf dem Gebiet der christlichen Volkssprache noch Wirkungen ausüben zu können. Das wenige, was sie noch neu einführen konnten, erlag bald dem Vordringen der im Süden und Südwesten schon gefestigten Tradition eines christlichen Ausdrucksschatzes, und es blieb letztlich bei der einen glücklichen Übersetzung von *spiritus sanctus*, durch die sie die deutsche Kirchensprache für die Dauer bereichern konnten.

X. KLÖSTERLICHE BILDUNGSSTÄTTEN UND DIE ALTHOCHDEUTSCHE LITERATUR

Bislang war es uns in der Hauptsache um die allmähliche Herausbildung einer christlichen deutschen Volkssprache zu tun. Sie entwickelte sich, wie gezeigt wurde, in jahrhundertelangen Kontakten mit dem römischen, später romanischen Christentum. Dazu kam dann noch die kräftige Mitwirkung glaubenseifriger Bekehrer. Was nun den Einfluß der Missionsbewegungen angeht, so war schon bei Erörterung der irischen Mission auf sprachliche Entwicklungen hinzuweisen, die nicht oder nicht allein die Volkssprache betrafen. Wir fanden eine Gruppe von zentralen neuen Wörtern, die scharfe begriffliche Diskussion voraussetzten und nur in einem inneren Kreise geistig bemühter, in die ethischen Forderungen des Christentums bereits tief eingedrungener Menschen entstanden sein konnten. Mit einer Sprache der Bildung, wenn auch nicht notwendigerweise einer gelehrten Bildung, hat man es hier sicherlich zu tun. Zwar läßt sich nicht abstreiten, daß es unter den irischen Glaubensstreitern auch ausgesprochene Gelehrte gab, wie jenen oben erwähnten Virgil von Salzburg. Aber Förderung der Wissenschaft war nicht das eigentliche Anliegen der irischen Missionsbewegung. Ihr ging es um ein praktisch gelebtes Christentum, das mit innerster Seele ergriffen und mit Mitteln des Verstandes durchdrungen wurde. Soweit die theologische Wissenschaft diesem Ziele dienen konnte, wurde sie aufgegriffen, aber sie wurde nicht um ihrer selbst willen gefördert. Die im christlichen Sinne richtige Auffassung von Tugenden und Lastern, von Freude, Trauer, Klage, Zweifel (um nur einige Beispiele zu nennen), überhaupt die christliche Lebensführung in strenger Zucht mit Abtötung der leiblichen Begierden und irdischer Vorbereitung auf die wahre Heimat des Christen im Jenseits: das sind die bewegenden Antriebe der irischen Mission. Im Zusammenhang damit werden den Iren Sünde und Sündenstrafe, Zerknirschung und Reue zum Problem, und man hat nicht ohne Grund vermutet, daß die Beicht- und Bußpraxis der abendländischen Kirche durch die Iren die stärksten Impulse empfangen habe. Es muß angenommen werden, daß diese Seite der irischen Missionsbewegung auch ihre sprachlichen Auswirkungen gehabt hat; aber der strikte Beweis dafür hat sich nicht erbringen lassen. ‚Beichten' z. B. heißt ahd. *jehan* oder *bijehan*, wörtlich ‚offen erklären, öffentlich bekennen', und das ist auch die Grundbedeutung von lat. *confiteri* ‚beichten'. Entsprechend wird das Substantiv lat. *confessio* mit ahd. *jiht* oder *bijiht* übersetzt, was zu mhd. *bîht* und weiter zu nhd. *Beicht(e)* führt. *Bijiht* ist als *ti*-Abstraktum eine recht altertümliche Bildung und wird auch im Sinne von ‚Versprechen, Anerkenntnis' gebraucht, ist also nicht auf die christliche Bedeutung beschränkt. WERNER BETZ (LH 90, S. 48) schließt daraus, daß das Wort nicht erst von Christen geschaffen wurde, sondern nur eine christliche Lehnbedeutung empfing. Die Angelsachsen können ihm diese nicht verliehen haben, denn in ihrer Sprache fehlt das nur im Althochdeutschen, Altsächsischen und Altfriesischen vorkommende Wort. Es könnte also naheliegen, an irische Mitwirkung bei der christlichen Umdeutung von *bijehan* und *bijiht* zu denken, und diese Vermutung hat vieles für sich. Mit manchen anderen Wörtern aus dem Bereich des praktischen Christentums der frühalthochdeutschen Zeit geht es ebenso: Irischer Einfluß ist sehr oft nicht auszuschließen, aber auch nicht beweisbar.

Darf man überall, wo es um frühe Bezeugung eines tief erfaßten Christentums geht, irische Anstöße wenigstens in Betracht ziehen, so nimmt die deutsche Geistes- und Sprachgeschichte im Gefolge der angelsächsischen Mission und all dessen, was damit zusammenhängt, eine neue Richtung. Fortan ist auch eine intensive Beschäftigung mit den theoretischen Grundlagen des Christentums festzustellen. Diese wissenschaftliche Tätigkeit bleibt zunächst noch rezeptiv. Man ist um die verstehende Aneignung der Bibel und der theologischen Literatur bemüht, wozu unter anderm auch die Übersetzung ins Deutsche gehört. Im Rahmen einer sprachgeschichtlichen Darstellung verdient gerade diese Seite der neuen Bestrebungen besondere Aufmerksamkeit.

Wie sich die angelsächsischen Anregungen auswirken, auch wie sie umgestaltet, zu eigenem deutschen Tun entwickelt werden, läßt sich am deutlichsten am Beispiel jener Bildungsstätte darstellen, die mehr als alle andern das angelsächsische zugleich mit dem sich erst entwickelnden deutschen Element erkennen läßt. Wir meinen die bedeutendste, zukunftsreichste der Gründungen des BONIFATIUS, das Kloster Fulda. Zugleich ist aber auch jenes Mannes zu gedenken, unter dessen Leitung das Kloster zur hervorragendsten Bildungsstätte des karolingischen Ostreiches emporwuchs. Das war der *praeceptor Germaniae*, ‚der Lehrer Deutschlands', HRABANUS MAURUS.

Hrabanus Maurus und das Kloster Fulda

HRABANUS MAURUS, der berühmte Leiter der Klosterschule und spätere Abt des Klosters Fulda, stammte aus vornehmer fränkischer Familie. Er war im Jahre 784 in Mainz geboren und schon in kindlichen Jahren dem Kloster Fulda zur Erziehung anvertraut worden. Seine wissenschaftliche Ausbildung fand dann ihren Abschluß bei dem hochgelehrten Angelsachsen ALKUIN im Kloster St. Martin in Tours. Vielleicht war ALKUINS Tod am 19. Mai 804 der Anlaß, daß HRABANUS seine Studien in Tours beendete und nach Fulda zurückkehrte. Jedenfalls gründete er noch in demselben Jahre im Kloster Fulda die erste planmäßig aufgebaute Gelehrtenschule auf deutschem Boden, die sich unter seiner Leitung bald zu höchster Blüte entwikkelte. Von 804 bis 822 blieb HRABANUS Oberhaupt der Schule, dann stieg er zu der höheren Würde eines Abtes von Fulda auf, die er nach zwanzig Jahren, im Jahre 842, freiwillig niederlegte. Einige Jahre lebte er in einsiedlerischer Zurückgezogenheit, wurde dann aber zu hohen kirchlichen Ehren berufen und hatte von 847 bis zu seinem Tode im Jahre 856 das Mainzer Erzbistum inne.

In HRABANUS MAURUS erwuchs dem deutschen Geistesleben der Mann, der sich am stärksten für die praktische Verwirklichung von KARLS DES GROSSEN deutschem Kulturprogramm einsetzte. Dafür aber war seine Begegnung mit ALKUIN von entscheidender Bedeutung. In England hatte sich bereits seit einem Jahrhundert ein gelehrtes kirchliches Bildungswesen entfaltet (nicht ohne Mitwirkung und Einfluß der Iren), und unter anderen berühmten englischen Schulen genoß vor allem die Domschule zu York das allerhöchste Ansehen. Ihr Schüler war der um 735 geborene ALKUIN gewesen, bevor er im Jahre 758 selbst zum Leiter dieser bedeutendsten Bildungsstätte Englands berufen wurde. Für die Bildungsgeschichte des Frankenreiches sollte es die wichtigsten Folgen haben, daß er im Jahre 781 auf einer Romreise mit KARL DEM GROSSEN zusammentraf. Nur zögernd folgte der Angelsachse dem Ruf des Herrschers, der ihn als den geistigen Lenker seines Kulturprogramms – man möchte sagen: als Kultusminister – in seinen Dienst zog. Als solcher hatte ALKUIN den größten Anteil an der Entwicklung des karolingischen Bildungs- und Erziehungswesens. Dennoch fühlte er sich, soviel Unvergängliches er darin auch leistete, nicht zum öffentlichen, organisatorischen Wirken berufen. Immer zog es ihn mehr in die Stille des Klosterfriedens, in die Studierstube des Gelehrten und zum Umgang mit wenigen ausgesuchten Schülern. Nach 790 verbrachte er wieder einige Jahre in York, ließ sich abermals von KARL zum Eingreifen in staatliche Angelegenheiten bewegen und zog sich dann in das St. Martins-Kloster in Tours zurück. Als Abt des Klosters gründete er dort eine Gelehrtenschule nach dem Muster von York. Sie blieb mehrere Jahrhunderte lang ein Hauptsitz der mittelalterlichen Wissenschaft im Frankenreich.

Es konnte nicht ausbleiben, daß mit ALKUINS Wirken eine zweite starke Welle angelsächsischen Bildungseinflusses beide Teile des Frankenreichs durchflutete, nachdem die Vorgänger des BONIFATIUS vornehmlich Kontakte mit dem Westfrankenreich gehabt und BONIFATIUS selbst und seine Mitarbeiter vor allem im Ostreich angelsächsische Bildungsgüter verbreitet hatten. Den Anteil dieser beiden Einflußströme zu sondern, ist nicht immer möglich und für unseren Zweck auch nicht erforderlich. Es genügt, den angelsächsischen Einfluß überhaupt festzustellen. Sehr viele gegen Ende des 8. Jahrhunderts in deutschen Klöstern entstandene Handschriften, lateinische und deutsche, zeigen die sogenannten ‹insularen›, d. h. angelsächsischen Schriftzüge. Angelsächsische Mönche hatten also Anteil und Einfluß in den klösterlichen Schreibstuben. Das bedeutet aber auch Anteil an der Klostergelehrsamkeit; denn Schreiben ist damals immer auch gelehrtes Tun. In manchen deutschen Texten der damaligen Zeit kommen auch angelsächsische Wörter vor, teils lautlich eingedeutscht, zum Teil sogar in der ursprünglichen Form.

Mag aber auch der angelsächsische Einfluß gerade in den Handschriften des ausgehenden 8. Jahrhunderts fast überall zu spüren sein, am deutlichsten tritt er doch in Fulda in Erscheinung. Dort ist schon um das Jahr 775 ein lateinisch-althochdeutsches Wörterbuch entstanden, die sogenannten ‹Deutschen Hermeneumata›. Es wurde umgeschaffen aus einem spätantiken griechisch-lateinischen Wörterbuch, in dem die griechischen Stichwörter außer acht blieben und zu den lateinischen die althochdeutschen Übersetzungen hinzugefügt wurden. Vorher schon waren die ‹Hermeneumata› in England bearbeitet worden, und angelsächsische Elemente sind deutlich in die fuldische Arbeit eingegangen. Diese selbst ist nicht erhalten geblieben, läßt sich aber wenigstens teilweise rekonstruieren aus einer bearbeitenden Abschrift, dem sogenannten ‹Vocabularius Sancti Galli›, einer Handschrift, die in St. Gallen verwahrt wird, aber vermutlich im Kloster Reichenau entstand. In dem verlorenen fuldischen Original wurde also eine angelsächsische Arbeit unmittelbar nachgeahmt, und so läßt diese erste für das Kloster Fulda nachweisbare gelehrte Arbeit, wie nicht anders zu erwarten, den insularen Einfluß ganz besonders deutlich erkennen. Er läßt sich auch in anderen fuldischen Arbeiten nachweisen. Besonders wichtig ist in diesem Zusammenhang der althochdeutsche ‹Tatian›, die große Evangelienübersetzung, die um das Jahr 825 in Fulda entstand. Er verrät sehr starke angelsächsische Beeinflussung (s. u. S. 176 ff), die durch das Wirken des englisch gebildeten HRABANUS MAURUS allein nicht erklärt werden kann, sondern vielmehr auf die im Kloster gepflegte Gelehrtensprache zurückgeführt werden muß. Daß diese aber um 825 noch so ungemein stark die englischen Züge erkennen läßt, ist um so erstaunlicher, als nach dem Jahre 800 mit einer zweifelhaften Ausnahme kein einziger angelsächsischer Mönch mehr im Kloster Fulda nachzuweisen ist. Die sprachliche Tradition, die ein Menschenalter später noch so stark nachwirkt, muß also schon im 8. Jahrhundert in Fulda begründet worden sein.

Den angelsächsischen Einfluß wird freilich auch HRABANUS MAURUS, dessen Bildung unter ALKUIN vollendet wurde, nicht verleugnet haben. Mit dem besten geistigen Rüstzeug seiner Zeit ausgestattet, begann er im Jahre 804 seine gelehrte Tätigkeit in Fulda. Sein wissenschaftliches Werk, weltliche wie theologische Gegenstände umspannend, beeindruckt allerdings mehr durch seinen erstaunlichen Umfang als durch seine Tiefe. Alles ist lateinisch geschrieben. Denn die Behauptung, daß er selbst eine Partie des althochdeutschen ‹Tatian› übersetzt habe, steht auf schwachen Füßen und läßt sich jedenfalls nicht beweisen. Seine Arbeiten bestehen zum größten Teil aus Kompilationen und Exzerpten älterer Werke, so seine Kommentare zur Genesis und zum Evangelium des Matthäus, die in der Hauptsache auf AUGUSTIN und BEDA VENERABILIS beruhen, oder eine Schrift ‚de Universo', d. h. ‚Über das Weltall' und etliche andere Werke, zu denen ISIDOR VON SEVILLA das Beste hergeben mußte. Immerhin schuf HRABAN damit sehr brauchbare Handbücher des weltlichen und geistlichen Wissens, die jahrhundertelang in Ansehen und Geltung blieben. Denn er hatte einen sicheren Blick für das praktisch Notwendige und Brauchbare in einer noch jungen Kulturgemeinschaft, die sich zunächst die Grundlagen der christlich abendländischen Bildung aneignen mußte und große Reichtümer altüberkommener Gelehrsamkeit zunächst summarisch kennenzulernen hatte.

Praktischen Zwecken dient auch sein im Jahre 819 vollendetes Werk ‚De Institutione Clericorum' (‚Über die Erziehung der Geistlichen'), und darin zeigt sich dieselbe Sorge um die umfassende Ausbildung der Geistlichkeit, wie sie KARL DEM GROSSEN am Herzen gelegen hatte. Ob HRABANUS den großen Kaiser persönlich gekannt hat, ist ungewiß. Mit seinen kulturpolitischen Bestrebungen mußte er durch ALKUIN jedenfalls voll vertraut sein, und er ist derjenige von ALKUINS Schülern, der sie am energischsten und — wie man sagen darf — voller Idealismus für das große deutsche Vorhaben des Herrschers in die Tat umgesetzt hat. Neben kleineren fuldischen Arbeiten wie der ‹Fuldaer Beichtformel› und vielleicht dem ‹Fränkischen Taufgelöbnis› ist vor allem die ‹Tatian›-Übersetzung die unmittelbare Frucht von HRABANS deutschem Wirken. Bei diesem Werk handelt es sich um eine sogenannte Evangelienharmonie, d. h. eine Zusammenstellung von Ausschnitten aus den vier Evangelien zu einem fortlaufenden Bericht über CHRISTI Leben und Wirken. Der Syrer TATIAN soll sie im 2. nachchristlichen Jahrhundert geschaffen haben. Im 6. Jahrhundert wurde sie ins Lateinische übersetzt. Vollständige Bibeln waren damals sehr selten, und selbst Handschriften des Neuen Testaments oder nur aller vier Evangelien waren rar und sehr teuer. Selbst die ‹Evangelienharmonie› war schon eine Kostbarkeit, und BONIFATIUS selbst – so will es die Klosterfama – soll die wertvolle lateinische ‹Tatian›-Handschrift nach Fulda mitgebracht haben. Dieses Werk also wurde auf Veranlassung HRABANS von einer Gruppe fuldischer Mönche in das Althochdeutsche übersetzt. Wir werden uns mit dieser Übersetzung noch unter verschiedenen Gesichtspunkten zu befassen haben. Es ist ein gelehrtes Werk, für den internen Gebrauch des Klosters und seiner Schule bestimmt. Daß aber hier ein umfangreiches Stück des Neuen Testaments in die deutsche Sprache übertragen wurde, stimmt ganz mit KARLS DES GROSSEN Bemühungen um die Erhebung des Deutschen zur christlichen Kultursprache überein. HRABAN hatte also die Anregungen des Herrschers aufgegriffen, und es ist zu bewundern, mit welcher Tatkraft er die schwierige und umfangreiche Übersetzung als Gemeinschaftsleistung fuldischer gelehrter Mönche ins Werk setzte und zu Ende führte. Aber HRABAN tat mehr. Zwei weitere Arbeiten stellen sich der gelehrten ‹Tatian›-Übersetzung an die Seite, beide das gleiche Thema behandelnd und beide zur christlichen Belehrung eines größeren Publikums bestimmt. Die eine ist der altsächsische ‹Heliand›, der sich altgermanischer epischer Formen bedient, allerdings zum Buchepos ausgeweitet, und in klangvollen, heimischen Stabreimen das Christusleben in seiner Heilsbedeutung kündet (vgl. Anhang IX). Den ‹Heliand› kann man etwa auf die Zeit um 840 datieren. Ungefähr ein Menschenalter später, kurz vor 870, legte OTFRID VON WEISSENBURG die Feder aus der Hand, nachdem er in einer wohl mehrere Jahrzehnte währenden Arbeit sein ‹Evangelienbuch› vollendet hatte. Auch er stellt, wie der ‹Heliand›, das Christusleben nach Art einer Evangelienharmonie dar, aber er wählt für sein neuartiges Vorhaben auch eine neue äußere Form, die gereimte Langzeile (vgl. die Probe im Anhang II, Nr. 8 und Anhang VIII). Er kann zuweilen farbig und anschaulich erzählen, wirkt aber weniger poetisch als der altsächsische Dichter. Das liegt einerseits an der neuen Form mit ihren Endreimen, die dem Dichter viele Schwierigkeiten bereiten. Vor allem aber nimmt OTFRID als Erzähler eine viel stärker reflektierende Haltung ein als der ‹Heliand›-Dichter. Es kommt ihm auf dogmatisch genaue Auslegung an; er zieht viele gelehrte Bibelkommentare zu Rate und legt großes Gewicht auf die geistliche oder allegorische Deutung des biblischen Berichts. Zwar wendet auch er sich an ein nichtgelehrtes Publikum. Aber anders als der ‹Heliand›-Dichter, der die biblische Erzählung für sich selbst sprechen läßt, möchte OTFRID erziehen und belehren. Beide Dichter aber greifen, jeder auf seine Art, Anregungen auf, die nur von Fulda ausgegangen sein können. Von Otfrid ist bezeugt, daß er ein Schüler Fuldas war. Über den ‹Heliand›-Dichter, dessen Name nicht bekannt ist, fehlen alle biographischen Angaben. Aber nach dem ganzen Charakter seines Werkes muß es als sicher gelten, daß auch er in Fulda ausgebildet wurde. So wird hinter beiden Dichtungen die anregende Persönlichkeit des Hrabanus Maurus sichtbar. Es war offenbar sein Programm, zunächst in der gelehrten ‹Tatian›-Übersetzung die Grundlage für eine Aneignung der Evangelien in deutscher Sprache zu schaffen und dann nach der Lösung dieser Aufgabe auch für die Verbreitung der biblischen Kunde im weiten Kreise der christlichen Gemeinde zu sorgen. So ist durch Hrabans Wirken das Kloster Fulda mehr als irgendein anderes deutsches Kloster der Karolingerzeit als die Pflanzstätte der aufblühenden deutschen Kultur in Erscheinung getreten.

Gelehrte angelsächsische Einflüsse

Unmittelbarer noch als aus den beiden Dichtungen erfaßt man den Geist der fuldischen deutschsprachigen Gelehrsamkeit im althochdeutschen ‹Tatian›. Denn dieses umfangreiche Werk will nichts anderes sein als eine sorgfältige, gelehrte Arbeit. Es dient dem Bibelstudium und einem möglichst genauen Verständnis des lateinischen Grundtextes. Zum Gebrauch im gelehrten Unterricht und bei der Ausbildung angehender Geistlicher ist es bestimmt, und nicht etwa zu erbaulicher Belehrung der christlichen Gemeinde. Dementsprechend enthält der Text auch sehr viel ausgesprochen gelehrtes Wortgut, freilich nur als eine Wortschicht neben vielen anderen. Daß man aus dem althochdeutschen ‹Tatian› verhüllte Auskunft über die Sprache der Missionare und Prediger, ja selbst über die unter Mönchen übliche Umgangssprache erhalten kann, über recht verschiedenartige Sprachschichten also, wurde bereits erörtert. Auch über die kirchliche Amtssprache finden sich Aufschlüsse, und selbstverständlich auch über die allgemeine Sprache des Volkes. Denn natürlich ist die Sprache der Gelehrten, wie jede andere Fachsprache, eingebettet in die gemeinübliche Verkehrssprache. Sie muß viele Hunderte von Ausdrücken verwenden, die auch der einfältigste Sprachgenosse kennt und gebraucht. Der gelehrte Ausdrucksschatz kommt immer nur zu dem allgemeinen als fachbestimmte Besonderheit hinzu. Es ist auch nicht etwa ‹Kirchensprache›, was uns im ‹Tatian› (und allen anderen Werken) entgegentritt, obwohl hier die Evangelien übersetzt werden. Denn selbst, wenn man den gesamten religiösen Wortschatz als kirchensprachlich betrachten wollte, so ist doch auch dieser wieder nur verstreut in einen viel weiteren, allgemeinsprachlichen Kontext eingelagert. Suchen wir also nach den Spuren einer Gelehrtensprache, so haben wir genauso eine Auswahl aus einem viel umfangreicheren Ganzen zu treffen wie bei der Herauslösung jeder anderen Sprachschicht. Im übrigen tun wir gut, in diesem Falle unter ‹Gelehrtensprache› nicht eine ausgesprochen fachlich gebundene Terminologie zu verstehen, sondern alles das, was nicht durch unmittelbare mündliche Übertragung von Mund zu Mund weitergegeben wird, solche Wörter und Wendungen also, die entweder zur Übersetzung des Lateinischen offensichtlich erstmalig geschaffen werden oder aber nur aus schriftlichen Vorbildern, d. h. aus schon vorliegenden gelehrten Arbeiten, übernommen sein können.

Im übrigen soll uns die Sprache der fuldischen Gelehrten im Augenblick nur so weit beschäftigen, als darin angelsächsische Traditionen bemerkbar werden. Wir stützen uns dabei auf die sehr gründliche Untersuchung des ‹Tatian›-Wortschatzes von Erich Gutmacher (L H 116) und wählen aus der von ihm aufgedeckten Fülle fuldisch-angelsächsischer Übereinstimmungen nur wenige instruktive Beispiele aus. Auf Gleichungen wie lat. *vespera hora* ‚abendliche Stunde': ahd. (Tat.) *âbandzît*, ae. *áefentíd* oder lat. *rex terrae* ‚König der Erde': Tat. *erdcuning*, ae. *eorthcyning* ist nicht allzuviel Gewicht zu legen, wenn sie auch innerhalb des Althochdeutschen nur im ‹Tatian› belegt sind. Das kann an den Zufällen der Überlieferung liegen, und Komposita dieser Art lassen sich aus germanischem Sprachgefühl überall leicht bilden. Solche Wörter könnten überall im Althochdeutschen vorkommen, und die Übereinstimmung des ‹Tatian› mit der englischen Überlieferung würde für sich allein in diesen Fällen noch nicht auf angelsächsische Beeinflussung schließen lassen. Schwerer wiegt schon lat. *domus orationis* ‚Haus des Gebets', das ae. durch *gebedhús* und genau so im ‹Tatian› durch *gibethûs* wiedergegeben wird. Andere deutsche Texte verwenden nicht dieses Wort, sondern *betabûr* (mit demselben Grundwort, das heute noch in Vogelbauer vorkommt und ‹Haus, Bau› bedeutet) und *betahûs*. Beide Wörter machen einen altertümlicheren Eindruck als das Wort des ‹Tatian›, vor allem weil sie noch das Bestimmungswort *beta* ‚Bitte' benutzen, das im ältesten Althochdeutsch auch den Bedeutungsbereich ‚Gebet' decken muß, bevor die Neubildung *gibet* geschaffen wird. Die ältesten Belege dieses Wortes finden sich im ‹Tatian›, im ‹Heliand› und bei Otfrid, also nur in den Denkmälern des Fuldaer Kreises; es wird also sowohl das Wort ahd. *gibet* zur Bezeichnung des religiösen Begriffes wie auch das Kompositum *gibet-hûs* aus angelsächsischen Anregungen stammen. Es wäre demnach *Gebet* schon unter den oben S. 165 ff erörterten Bereicherungen des deutschen allgemeinen Wortschatzes durch angelsächsische Einflüsse zu erwähnen gewesen, machte das Wort nicht einen ausgesprochen gelehrten Eindruck. Wir ziehen es daher vor, es nicht unter dem dort behandelten Wortschatz der Missionare, sondern an dieser Stelle unter den gelehrten Beeinflussungen zu erwähnen (wobei sich im übrigen zeigt, wie schwierig es ist, zwischen beiden Sprachsphären zu unterscheiden, so daß willkürliche Einteilungen nicht immer zu vermeiden sind).

Ahd. *âbanzît, erdcuning* und *gibethûs* sind Komposita, und diese lassen sich wie gesagt überall im germanischen Sprachbereich sehr leicht bilden. Trotzdem fanden wir bei *gibethûs* sichere Hinweise auf den angelsächsischen Ursprung, und das ist auch in den folgenden Beispielen der Fall. Nirgends im Althochdeutschen außer im ‹Tatian› kommt die Übersetzung lat. *pecunia*: ahd. *mietscaz* in der Sonderbedeutung ‚Bestechungsgeld' vor. Gerade diese Bedeutung hat aber auch ae. *médsceath*. Hier hat die Überlegung, daß es sich nicht um eine gewöhnliche Geldzahlung (lat. *pecunia*: ahd. *scaz* = nhd. *Schatz*, ae. *sceath*) handelt, zu der besonderen Übersetzung geführt. Daß diese aber unabhängig an zwei Stellen gefunden worden wäre, ist durchaus nicht anzunehmen, so daß hier der angelsächsische Einfluß auf den ‹Tatian› sicher ist.

In Lucas 21, 25 ist lat. *confusio* zu übersetzen, das an dieser Stelle ‚Aufruhr (der Elemente)' bedeutet. Dazu wählt der fuldische Übersetzer die gute Neubildung *githuor*, die nur aus ae. *gethweor* stammen kann. Beide Wörter gehören zu einem starken Verbum, das ahd. *dweran* lautet und ‚umrühren' bedeutet. Ein weiteres Beispiel ist das graecolateinische *parasceue*, das mehrmals im ‹Tatian› durch *frigetag* ‚Freitag' übersetzt wird, wie es auch in anderen althochdeutschen Texten üblich ist. An einer Stelle im ‹Tatian› heißt es aber *garotag* (zu ahd. *garo* ‚bereit'), und das entspricht in der möglichst genauen Wiedergabe der griechischen Wortbedeutung ‚Vorbereitung(stag zum Sabbat)' einem ae. *gearwung-daeg*. Die Wortbildung des althochdeutschen ‹Tatian› weicht freilich vom Englischen ab, trotzdem aber ist die angelsächsische Anregung zu dieser im Althochdeutschen sonst nicht versuchten Übersetzung nicht zu leugnen. Dasselbe gilt für die Übersetzung des graecolateinischen *paracletus* ‚Tröster'. Die Angelsachsen haben hier die Übersetzung ae. *frófregást* gefunden, und diese ist in das Althochdeutsche des ‹Tatian› genau als *fluobargeist* übertragen worden. Dabei beweist die selbständige Wortbildung in ahd. *garotag* und *fluobargeist*, daß es sich keineswegs um einfache Entlehnung von englischen Wörtern handelt. Sie wurden vielmehr auf englische Anregung hin aus deutschem Sprachmaterial neu gebildet. Der eigene geistige Anteil der Fuldaer Mönche bei der Übernahme dieser Ausdrücke ist also nicht zu verkennen.

Alle althochdeutschen Übersetzer sehen sich zu künstlicher Neubildung von Wörtern gezwungen, vor allem wegen der sehr zahlreichen Abstrakta des Lateinischen, denen die germanischen Sprachen nur wenig Hergebrachtes entgegenzusetzen haben. Neue Wörter auf *-î* (lat. *misericordia:* ahd. *armherzî*), *-ida (laetitia : frawida)*, *-unga (temptatio : korunga,kostunga)*, Bildungen auf *-heit* und *-tuom* und viele andere müssen diesen Dienst leisten (vgl. o. S. 84 ff). Im Kloster Fulda werden nun in weit größerem Umfange als in jeder anderen sprachschöpferisch tätigen deutschen Bildungsstätte zum Zwecke der Abstraktbildung neue Wörter auf *-nessi* geschaffen (nhd. *-nis*, z. B. in lat. *tenebrae* : nhd. *Finsternis*, ahd. im ‹Tatian› und einigen anderen fränkischen Denkmälern *finstarnessi*, sonst meist ahd. *finstrî*). Dieser fuldische Brauch entspricht genau einer angelsächsischen Wortbildungsgewohnheit. Wenige Beispiele genügen: lat. *tristitia* ‚Traurigkeit' : ae. *gedréfnes*, Tat. *gitruobnessi*, sonst ahd. *gitruobida, unfrawida* und andere; lat. *redemptio* ‚Erlösung', ae. *álýsnes*, Tat. (mit anderer Vorsilbe) *arlôsnessi*, ahd. sonst *urlôsida, urlôsî, irlôsunga* und viele andere Übersetzungsversuche; lat. *magnitudo* ‚Größe' : ae. *micelnes*, Tat. *mihhilnessi*, sonst ahd. *mihhilî, mihhilida*; lat. *pulchritudo* ‚Schönheit' : ae. *faegernes*, Tat. *fagarnessi*, ahd. sonst selten *fagarî*, meist *scônî, scônida;* lat. *immunditia* ‚Unreinheit' : ae. *unsýfernes*, Tat. *unsûbarnessi*, sonst ahd. *unsûbrî, unsûbrida, unsûbarheit.* Mehrere Dutzend gleichartiger Beispiele ließen sich anführen, und bei vielen anderen Arten der Wortbildung liegen die Verhältnisse ähnlich. Immer wieder geht die ‹Tatian›-Übersetzung in ihrer Wortbildung mit dem Altenglischen gegen die sonstige althochdeutsche Überlieferung zusammen.

Am sinnfälligsten wird das durch ein paar Einzelbeispiele erwiesen, die GUTMACHER gefunden hat. Die alten Übersetzer mußten sich weidlich mit so schwierigen Begriffen wie lat. *iustificare* ‚rechtfertigen' und *vivificare* ‚beleben' plagen. Es gibt interessante freie Übersetzungsversuche wie *iustificare*: ahd. *gibezzirôn* ‚bessern' und *giwirden* ‚in würdigen Zustand versetzen'. *Vivificare* wird, ausgehend von den Adjektiva lat. *vivus*: ahd. *queck* ‚lebendig', von ungezwungenen Übersetzern durch *irquicken* ‚lebendig machen' wiedergegeben, was aber wohl auch damals schon eher in der Bedeutung ‚erfrischen' verstanden wird und daher zur Wiedergabe des christlichen Inhalts nicht recht geeignet ist. Künstlich gebildet, aber den lateinischen Bedeutungen Rechnung tragend, sind ahd. *garehtsamôn, rehthaftôn, rehthaftigôn* für *iustificare*, und *lîbhaftôn, lîbhaftigôn* für *vivificare*, wobei man wissen muß, daß ahd. *lîb* nicht nur den ‚(lebendigen) Leib', sondern vor allem auch ‚Leben' bedeutet. Adjektiva auf *-haft*, Verba auf *-haftôn, -haftigôn* sind bei den althochdeutschen Übersetzern zur Wiedergabe gewisser Gruppen von Abstrakta weit verbreitet. Nur Fulda macht auch hier eine Ausnahme. Im althochdeutschen ‹Tatian› werden vielmehr *iustificare, vivificare* durch *rehtfestigôn* und *lîbfestigôn* wiedergegeben, was in keinem anderen althochdeutschen Text vorkommt, aber sein genaues Vorbild an ae. *líffaestan* hat. Diese fuldisch-angelsächsische Übereinstimmung ist um so auffälliger, als im ‹Tatian› die zu dieser Gruppe gehörenden Adjektiva nicht nach angelsächsischer Weise auf *-festi*, sondern in Übereinstimmung mit den sonstigen deutschen Übersetzungen auf *-haft* gebildet werden. Im ‹Tatian› kommen vor *heithaft* (‚priesterlich', lat. *sacerdos, sacerdotalis*), *nôthaft* (‚gebunden', lat. *vinctus*), *namahaftô* (‚namentlich', lat. *nominatim*), *skînhaft* (‚glänzend' zu *skîn* ‚Schein, Glanz', lat. *splendens*) und *unliumunthaft* (‚verleumdet', lat. *diffamatus*). Das sind lauter Neubildungen nach deutschem Übersetzerbrauch; dieser war den fuldischen Mönchen also gut bekannt. Man muß daher annehmen, daß *iustificare*, ein theologisch schwieriger Begriff, dazu *iustificatio*: Tat. *rehtfestî* (sonst ahd. *reht, rehtunga*) wie auch *vivificare* in der gelehrten Disputation Fuldas eine Rolle gespielt haben und daß man sich dafür die altenglischen Fachwörter zu eigen gemacht hat.

Spuren der angelsächsischen Mitwirkung an der Schaffung einer deutschen Übersetzungskunst, das heißt aber: an der Aneignung der lateinischen Bibel- und Bildungssprache, lassen sich auch andernorts feststellen, z. B. in Würzburg, dessen Bischofssitz von Bonifatius begründet wurde, aber auch in bairischen und alemannischen Klöstern. Jede Hilfe bei der schwierigen Aufgabe der Eindeutschung lateinischer Sprachinhalte muß um die Wende des 8. zum 9. Jahrhundert hochwillkommen gewesen sein, und Brauchbares hat sich rasch verbreitet, wie ja auch die sehr schnelle Aufnahme von *der heilago geist* (s. o. S. 168) beweist. Nirgends aber ist der angelsächsische Einfluß so stark und so eindeutig nachweisbar wie in Fulda. Es kann nicht anders sein, als daß er sich dort seit den Tagen des Bonifatius und des ersten Abtes Sturm gefestigt und dann lange fortgewirkt hat, auch nachdem der Zustrom angelsächsischer Mönche versiegt war. Wieviel an neuen Impulsen dann von Hrabanus Maurus aus seinem vertrauten Umgang mit Alkuin in die fuldischen Schul- und Schreibstuben mitgebracht wurde, wird sich niemals ermitteln lassen. Was er aber etwa brachte, kann doch nur die bereits vorhandene angelsächsische Tradition verstärkt haben. Jedenfalls wurde diese nicht erst durch Hraban begründet.

Was soeben an dem besonders deutlichen Beispiel des Klosters Fulda gezeigt wurde, gilt auch für viele andere Klöster und Bischofssitze. Gelehrte Bemühungen um die Aneignung lateinischer Bildung lassen sich an sehr vielen Stellen nachweisen, und keineswegs allein unter angelsächsischem Einfluß. Man muß auch an ein Weiterwirken der irischen Bestrebungen, in Baiern vor allem auch an langobardische Einflüsse denken, und zur Zeit Karls des Grossen gibt es auch schon eine recht eigenständige Ausbildung des deutschen gelehrten Tuns, woher immer die ersten Anstöße dazu gekommen sein mögen. Bildungsstätten innerhalb der Mainzer Kirchenprovinz fanden sich in Mainz selbst, dem Sitz des Erzbischofs, ferner auch an den Bischofssitzen Konstanz, Augsburg und Würzburg, die zur Erzdiözese Mainz gehörten. Für die Arbeit an deutschen Texten sind in dieser Kirchenprovinz außer Fulda noch die Klöster Lorsch, Weißenburg im Elsaß, wo Otfrid wirkte, dazu die hochberühmten alemannischen Klöster St. Gallen und Reichenau und weiter im Bistum Augsburg das Kloster Wessobrunn zu nennen. Auch das Kloster Murbach im Elsaß, das seiner Lage nach zur Kirchenprovinz Besançon gehörte, aber engste Beziehungen zur Reichenau unterhielt, muß hier erwähnt werden. In der Kirchenprovinz Salzburg waren die Bischofssitze Salzburg, Regensburg und Freising Stätten frühen literarischen Strebens, dazu die Klöster Tegernsee und Mondsee sowie St. Emmeram in Regensburg. Aus den Erzdiözesen Köln und Trier sind aus althochdeutscher Zeit nur vereinzelte Zeugnisse einer Bemühung um die deutsche Sprache auf uns gekommen, und das muß uns daran erinnern, daß unsere Kenntnisse über die althochdeutschen Bildungsstätten im allgemeinen nur spärlich sind und daß gewiß an vielen Orten wichtige gelehrte Arbeit geleistet wurde, von der die Nachwelt mangels schriftlicher Überlieferung nichts mehr weiß. In späterer Zeit traten zu den genannten Stätten viele weitere Bischofssitze und Klöster in den gelehrten Wettbewerb ein; sie hier zu erwähnen, ist nicht erforderlich, da sie in der althochdeutschen Zeit noch keine nachweisbare Rolle spielten.

Es ist sehr schwierig, sich von der gelehrten Tätigkeit der klösterlichen Schreibstuben und von ihren Beziehungen zueinander ein zutreffendes Bild zu machen. Besonders für die Anfangszeit der deutschsprachigen Literatur ist man fast ganz auf Rekonstruktionen und Vermutungen angewiesen. Die gelehrten Mönche begannen um das Jahr 750 ihre Arbeit an der deutschen Sprache mit der Schaffung lateinisch-deutscher Wörterbücher, sogenannter Glossare. Von einem derartigen Werk, den ‹deutschen Hermeneumata›, war oben S. 172 schon die Rede. Diese Arbeit muß in Fulda entstanden sein, und sie wird auf angelsächsische Anregung zurückgehen, weil auf der Insel schon vorher dasselbe Wörterbuch ins Altenglische übertragen worden war. Aber die Sprache zeigt bairische Dialektmerkmale, die man wohl auf die mit dem ersten Abt gekommenen bairischen Mönche zurückzuführen hat. Das Originalwerk ist nicht erhalten geblieben. Nur Teile davon finden sich in einer Abschrift, die bald nach dem Jahre 800 in Fulda entstand, die aber nach dem Aufbewahrungsort der Handschrift als ‹Kasseler Glossen› bezeichnet wird. Mehr von der ursprünglichen Arbeit ist in den oben S. 172 schon erwähnten Vocabularius Sancti Galli› eingegangen, eine Glossenbearbeitung, die höchstwahrscheinlich im Kloster Reichenau vorgenommen wurde, aber dann in die St. Galler Klosterbibliothek geriet. Dieser Vocabularius hat aber, von selbständigen Zutaten abgesehen, auch andere Glossenhandschriften als Vorlagen benutzt, und keineswegs alles, was auf der Reichenau bearbeitet wurde, stammte aus angelsächsischem Einflußbereich. Auch bairische Quellen, die letztlich auf langobardische Ursprünge zurückgehen, waren in der Reichenau bekannt.

In der gleichen Kasseler Handschrift, die die Hermeneumata-Glossen enthält, findet sich auch ein recht altertümlicher Text, den man als ‹Exhortatio ad plebem Christianam›, eine ‹Mahnrede an das christliche Volk›, bezeichnet. Darin wird die Gemeinde aufgefordert, das Glaubensbekenntnis und das Vaterunser zu erlernen und zu behalten. Danach wird vor allem den Taufpaten ans Herz gelegt, auch ihre Patenkinder in diesen Stücken zu unterweisen und so zur Befestigung des Christentums beizutragen. So entspricht diese Mahnrede ganz genau dem von Karl dem Grossen entworfenen christlichen Kulturprogramm, und auch der lateinische Text wird auf fränkischem Boden, wenn auch nicht notwendig auf später deutschem Gebiet entstanden sein. In der Kasseler Handschrift, die wie gesagt aus Fulda stammt, ist der althochdeutsche Text neben den lateinischen auf die in zwei Spalten geteilten Seiten geschrieben. Eine zweite Handschrift, ebenfalls aus dem Anfang des 9. Jahrhunderts, wurde in Freising geschrieben; hier stehen der lateinische und der althochdeutsche Text links und rechts auf den gegenüberliegenden Seiten des Pergamentbandes. Beide Handschriften enthalten übereinstimmende Fehler, und das beweist, daß sie aus der gleichen schon fehlerhaften Vorlage abgeschrieben sein müssen. Auch in diesem Falle muß das uns verlorene Original schon vor dem Jahre 800 in Fulda entstanden sein, und auch dieses hatte schon bairische Dialektmerkmale, die nur von den frühen Fuldaer Mönchen herrühren können.

In Freising, dessen gelehrte Beziehungen zu Fulda durch diese Handschrift bewiesen werden, entstand aber noch vor der Anknüpfung dieser Verbindungen das überhaupt älteste Werk, von dem wir Kunde haben, der sogenannte althochdeutsche ‹Abrogans› (vgl. die Textprobe im Anhang III). Auch dieser ‹Abrogans› ist ein Wörterbuch. Die Vorlage war ein spätantikes lateinisches Synonymenwörterbuch zum Gebrauch der auf Abwechslung in ihrem Stil bedachten Rhetoren. Unter einem Stichwort sind hier gleichbedeutende seltene, poetische oder altertümliche Wörter gesammelt, die zum Schmuck der lateinischen Rede dienen konnten. Es war ein seltsames Unternehmen, solche feinen Bedeutungsunterschiede in ein Deutsch zu übertragen, das noch kaum geeignet war, auch nur die Hauptbegriffe sinnrichtig nachzubilden. Schon das erste lateinische Stichwort dieses Wörterbuches (nach dem es seinen heutigen Titel hat), nämlich *abrogans* in der spätlateinischen Bedeutung ‚um Verzeihung bittend, reumütig' ist durch ahd. *aotmot* ‚demütig' nur ungefähr sinnrichtig wiedergegeben, und danach fehlt dem deutschen Bearbeiter zur Wiedergabe von lat. *humilis* ‚demütig' dieses deutsche Wort, so daß er mit *samftmoat* ‚sanftmütig' wieder zu einem nur annähernd richtigen Notbehelf greifen muß. Das letzte lateinische Stichwort unserer Textprobe, *clandestinum,* bedeutet hier eindeutig, wie die Synonyma beweisen, ‚heimlich'. Dem bairischen Mönch aber war die Heimlichkeit, das heimliche Tun als Sünde und als Verstoß gegen Mönchsregel und Klosterdisziplin bekannt. Daher übersetzt er es mit *uuitharzoami* ‚unziemlich', wozu dann die Synonyma natürlich nicht mehr passen. Unter den Synonyma findet sich hier lat. *occultum,* das freilich als Substantiv gebraucht werden kann, aber hier, wie die Umgebung beweist, als Adjektiv ‚dunkel, verborgen' gemeint ist. Das erkannte der Bearbeiter nicht, und anstatt des Adjektivs *tunkal* ‚dunkel' wählte er daher das Substantiv *tunclî* ‚Dunkelheit' zur Übersetzung. Es wäre allzu billig, über solche Unzulänglichkeiten zu spotten. Man muß daran vielmehr die ungeheure Schwierigkeit ermessen, mit der diese Pioniere einer deutschen Literatursprache zu kämpfen hatten. Sicher war der deutsche Bearbeiter des ‹Abrogans› ein kluger und gelehrter Mann; aber seine Muttersprache war noch so wenig entwickelt, daß sie den Spitzfindigkeiten einer spätantiken, raffinierten und manchmal schwülstigen Stilkunst unter gar keinen Umständen gewachsen sein konnte. Desto bemerkenswerter ist der zähe Eifer des Mannes, der sich nicht daran genügen läßt, etwa vorkommende lateinische Texte schlecht und recht in sein Althochdeutsch zu übersetzen, sondern der sich sagt, wer übersetzen wolle, müsse die Wörter dazu haben, und sich deshalb daran macht, diesen Wortschatz als Grundlage des Übersetzens zu schaffen. Die Anregung zu dieser Arbeit geht, wie Georg Baesecke (LH 126) nachgewiesen hat, auf den Bischof Arbeo von Freising (Bischof von 764 bis 783) zurück, der für seine lateinischen Schriften, um seinen Stil zu schmücken, selbst den lateinischen ‹Abrogans› zu Rate gezogen hat. ARBEO, in einem langobardischen Kloster erzogen, stand sichtlich unter südlichem Kultureinfluß. Es ist aber nichts von langobardischen Glossenarbeiten oder überhaupt von einer gelehrten Bemühung um die langobardische Sprache bekannt. Trotzdem kann es derartiges gegeben haben. Gingen also der bairischen Arbeit entsprechende langobardische Vorbilder voraus? Oder kamen die Anregungen zum althochdeutschen ‹Abrogans› letztlich doch auch von den Angelsachsen? BONIFATIUS hatte, schon bevor der ‹Abrogans› entstand, auch in Baiern die kirchlichen Verhältnisse geordnet, und STURM war nicht sein einziger Schüler, der aus Baiern stammte. Gab es also irgendeine gemeinsame geistige Grundlage, die in Freising zum ‹Abrogans› und in Fulda zu den ‹Hermeneumata› führte?

Solche Fragen lassen sich, jedenfalls beim heutigen Stande der Forschung, nicht beantworten. Nur daß weithin zwischen den Klöstern Beziehungen bestanden, ist gewiß. Aus der Mitte des 9. Jahrhunderts sind durch glückliche Umstände sogar einmal die Träger solcher Beziehungen bekannt. In Fulda wurde unter HRABAN der Niedersachse ausgebildet, der den ‹Heliand› dichtete. Man denkt sich den Dichter als Mönch in irgendeinem sächsischen Kloster (genauere Lokalisierungsversuche sind fehlgeschlagen) an seinem poetischen Werk. Auch der Rheinfranke OTFRID war in Fulda erzogen worden; in sein Heimatkloster Weißenburg zurückgekehrt, schrieb er das ‹Evangelienbuch›. Das fertige Werk widmete er neben anderen zwei einstigen fuldischen Mitschülern, den Alemannen HARTMUT und WERINBERT in St. Gallen, deren erster als Abt von St. Gallen hohes wissenschaftliches Ansehen genoß und der die Bibliothek seines Klosters nach Kräften mehrte. Mancher fuldische Codex mag für die St. Galler Bibliothek abgeschrieben worden sein. WALAHFRID STRABO kam aus dem Kloster Reichenau, wo er erzogen war, zu weiterer Ausbildung zu HRABANUS MAURUS nach Fulda. Ob er in den Jahren 826 bis 829, während deren er in Fulda studierte, die Vorgenannten kennengelernt hatte, bleibt unsicher. Aber auch er kehrte, reich an gelehrtem Wissen, aus Fulda zurück. Nach einer Zwischenzeit als Prinzenerzieher am Kaiserhofe nahm ihn das Kloster Reichenau wieder auf, dessen Abt er bis zu seinem Tode im Jahre 849 war. Sein kurzgefaßter Kommentar zur gesamten Bibel, die sogenannte ‹Glossa Ordinaria›, stand während des ganzen Mittelalters in hohem Ansehen und war weit verbreitet. Und auch er, der zu schöpferischer Arbeit befähigt war wie kaum einer seiner Zeitgenossen, hat es nicht verschmäht, sich mit der Abfassung althochdeutscher Glossen abzugeben.

Damit zollte WALAHFRID der Tradition seines alemannischen Klosters den schuldigen Tribut. Denn um nochmals auf den ‹Abrogans› zurückzukommen: Diese altbairische Glossenarbeit ist nicht im Original erhalten. Sie muß aus drei alemannischen Bearbeitungen rekonstruiert werden, deren eine in St. Gallen, deren zweite auf der Reichenau entstand. Die dritte, jetzt in Paris verwahrt, hat sich bislang nicht lokalisieren lassen. Ferner lieferte der ‹Abrogans› viele Bausteine zu einem um das Jahr 790 in Regensburg geschaffenen Glossar, das als ‹Samanunga› bezeichnet wird. Auch diese Sammlung ist im Kloster Reichenau und seinem Tochterkloster Murbach weiterbearbeitet worden. Denn in diesen beiden Klöstern fand die Glossenarbeit ihre ganz besondere Pflegestätte. Reichenauer und Murbacher Arbeiten gingen dann auch wieder nach Baiern zurück und wurden z. B. in den Klöstern Tegernsee und Mondsee fruchtbar. Die wichtigsten dieser Austauschbewegungen vollziehen sich aber schon im 8. und zu Beginn des 9. Jahrhunderts, und wir kennen aus dieser frühen Zeit kaum Namen wie die späteren der HRABANUS-Schüler, an die man diesen Austausch anknüpfen könnte. Nur daß die deutschen Bildungsstätten schon sehr früh in lebhaftem geistigen Verkehr untereinander standen, ist sicher.

Schwieriger noch als Verkehrsbeziehungen zu entwirren, ist es, den geistigen Anteil der an der deutschen Bildung beteiligten Mächte zu sondern. Was entspringt eigenem Antrieb, und wozu kommt der Anstoß von außen? Angelsächsische Antriebe sind wenigstens zum Teil bekannt. Aber auch die Iren hatten eine schon hochentwickelte Wissenschaft, und auch sie werden Anregungen gegeben haben, die weiterwirkten. Langobardische Impulse, in denen von fernher Gotisches nachklingen mag, sind ebenfalls festzustellen. Und sicher haben nicht zuletzt, obwohl von der Forschung weniger als die fremden Einflüsse beachtet, auch die Anstöße aus den germanisch sprechenden Teilen des Westfrankenreichs ihre Rolle gespielt, ganz abgesehen von der lateinischen Gelehrsamkeit und der lateinischen Tradition der Schulen, die das ganze Abendland verbindet. In dem regen geistigen Austausch zwischen den einzelnen deutschen Bildungsstätten, von dem die Überlieferungsgeschichte der althochdeutschen Sprachdenkmäler Kunde gibt, erhalten sie alle ihren Anteil an den mannigfachen Bildungs- und Geistesgütern, die auf so verschiedenen Wegen erworben wurden.

Die Klöster und die althochdeutsche Literatur

Hier ist nicht der Ort, ausführlicher auf die Geschichte der althochdeutschen Literatur einzugehen. Statt dessen sei auf die ausgezeichnete Literaturgeschichte von Helmut de Boor (LH 124) und auf das unentbehrliche, umfangreiche Werk von Gustav Ehrismann (LH 123) hingewiesen. Wohl aber ist es erforderlich, den Blick auf den Anteil zu lenken, den die Klöster daran haben. Allerdings bleibt die Zuordnung mancher Literaturwerke zu bestimmten Klöstern unsicher oder ist gar unmöglich. So ist z. B. das ehrwürdigste Denkmal altgermanischer Stabreimdichtung, das ‹Hildebrandlied›, zwar in Fulda auf zwei leere Seiten eines lateinischen Codex eingetragen worden; aber natürlich ist diese heroische Dichtung nicht dort, noch überhaupt in irgendeinem Kloster entstanden. Sie wurde von einem Dichter germanischer Prägung und nicht von einem Geistlichen geschaffen. Vielleicht ist sie langobardischen Ursprungs, aber auch das steht nicht fest.

Fuldische Entstehung hat man dagegen für zwei sehr alte Stabreimdichtungen christlichen Inhalts angenommen, den Anfang eines Schöpfungsgedichtes, das irreführend als ‹Wessobrunner Gebet› bezeichnet wird, und das Bruchstück einer Dichtung vom Weltuntergang, ‹Muspilli› genannt. Das erste hat sicher, das andere vermutlich angelsächsische Vorbilder; beide sind nicht Originale, sondern Abschriften in bairischer Mundart. Wurden sie etwa in Freising abgeschrieben, und entstanden die Originaldichtungen wirklich in Fulda? Viele Vermutungen sind darüber angestellt worden, aber nachzuweisen ist beides nicht. Daß allerdings der altsächsische ‹Heliand› zwar nicht in Fulda entstand, wohl aber aus dem fuldischen Geiste stammt, ist sicher. Mit den vorgenannten beiden Gedichten hat er die Form des germanischen Stabreims gemein, und eben dies ist auch die Form der ältesten christlichen Dichtung der Angelsachsen, zu der die beiden kleineren Gedichte zudem auch deutliche Inhaltsbeziehungen haben. Stammt also der schöpferische Gedanke, die heidnisch-heimische Form mit neuem christlichen Inhalt zu erfüllen, von den Angelsachsen? Oder fanden deutsche Dichter selbständig den Weg zu christlicher Dichtung in heimischem Gewande? Vieles spricht für die angelsächsische These und damit auch für fuldische Vermittlung. Denn was sonst noch an althochdeutscher Stabreimdichtung erhalten ist, sind außer dem ‹Hildebrandlied› nur die beiden ‹Merseburger Zaubersprüche›. Sie atmen noch heidnischen Geist und sind kostbare Überreste einer Vergangenheit, die in christlicher Zeit nicht weiter gepflegt werden konnte. Von hier führen keine Brücken zum Weltschöpfungs- und Weltuntergangsgedicht noch auch zu dem altsächsischen Heilandsleben.

Es kommt hinzu, daß diese christlichen Stabreimdichtungen im deutschen Sprachgebiet ganz ohne Nachfolge blieben. Auch das spricht gegen eine feste Verwurzelung in der heimischen Tradition. Die althochdeutsche Epoche sah sich vor ganz andersartige, noch nie erprobte Aufgaben gestellt und beschritt zunächst, fern aller Poesie, äußerst mühselige Wege, die nur langsam in lichtere Höhen führten, in denen auch die Dichtung wieder schüchtern die Schwingen regen konnte. Die ersten Anfänge dieser Entwicklung haben wir soeben dargestellt, die Übertragungen eines griechisch-lateinischen Wörterbuchs und einer lateinischen Synonymensammlung. Die Hartnäckigkeit, mit der dabei alle Widerstände mißachtet wurden, zeugt von dem tiefen Ernst dieser Arbeiten. Um sich des lateinischen Bildungsgutes zu bemächtigen, mußte man es übersetzen, und um das zu können, bedurfte man der Wörter und der hinter ihnen stehenden Begriffe, die im Deutschen meistenteils noch gar nicht vorhanden waren. Sie zu schaffen, war die erste Aufgabe, die sich deutsche Gelehrte setzten.

Weniger grundsätzlich werden ähnliche Aufgaben in den etwa gleichzeitig beginnenden ältesten Glossierungen angefaßt. Sie dienen unmittelbar praktischen Zwecken und stehen in engstem Zusammenhang mit den lateinischen Texten, mit denen sich die Geistlichkeit in Wissenschaft und Lehre zu befassen hatte. Es sind deutsche Übersetzungswörter, die in die lateinischen Codices eingetragen wurden. Seltener stehen sie am Rande als Marginalglossen (lat. *margo, marginis* ‚der Rand'), in der Regel sind sie als Interlinearglossen über das lateinische Wort geschrieben, das sie übersetzen sollen; sie stehen dann *inter lineas*, ‚zwischen den Zeilen'. Vor allem ist es der Text der Bibel, der auf solche Weise deutsch glossiert wird. Viele Glossen gibt es auch zu den sogenannten Canones, den Konzilsbeschlüssen der alten Kirche, wodurch das Interesse an kirchenrechtlichen Fragen bewiesen wird. Der kirchlichen Praxis dienen unter anderen die Glossen, die den Predigten GREGORS DES GROSSEN und der ‹Cura Pastoralis›, seinem Seelsorge-Handbuch, zu deutschsprachigem Verständnis verhelfen sollen. Früh schon werden auch die in den Schulen studierten lateinischen Schriftsteller deutsch glossiert, vor allem VERGIL, ARATOR, PRUDENTIUS und der Philosoph BOETHIUS. Manchmal werden dabei sogar Geheimschriften verwendet, damit der Schüler, der mit seinem Lehrer denselben Codex benutzt, keine Übersetzungshilfe erhält. Das Geheimsystem ist freilich recht einfach; meistens besteht es nur darin, daß anstatt der Vokale eines Wortes jedesmal der nächstfolgende Konsonant gesetzt wird. Das kann zu sehr merkwürdigen Schriftbildern führen. So steht z. B. geheimschriftlich *xxbbb* für *uuâba* ‚die Wabe'. Aber die Schüler werden damals nicht weniger pfiffig gewesen sein als heutzutage und haben vermutlich das System rasch durchschaut.

Daß die Glossenarbeiten während des ganzen Mittelalters fortgesetzt wurden und daß sich von den ältesten Wörterbüchern, die teils alphabetisch, teils nach sachlichen Gesichtspunkten geordnet waren, eine ungebrochene Traditionskette bis zu unseren heutigen Wörterbüchern und Lexika spannt, sei nur am Rande erwähnt. Aus der Fülle der althochdeutschen Glossen gehen wenigstens die Canones- und die Gregorglossen wieder auf angelsächsische Anregung zurück. Damit ist aber noch nicht bewiesen, daß sie ihren deutschen Ursprung in Fulda gehabt hätten. Wir erwähnten ja bereits den Anteil mancher anderer Klöster an den ältesten Glossenarbeiten. Es ist nur nochmals zu betonen, daß von allen deutschen Bildungsstätten das Kloster Reichenau mit seiner Tochtergründung Murbach am eifrigsten und am längsten an der Sammlung, Bearbeitung und Neuschaffung von Glossen und Glossensammlungen tätig war.

Um gleich beim Kloster Reichenau zu bleiben: Wenn die Glossierungen sich zu einer Übersetzung jedes einzelnen Wortes verdichten, so entstehen die sogenannten Interlinearversionen, zwischenzeilige Übersetzungen, die also einen fortlaufenden Begleittext über dem lateinischen Grundtext darstellen. Die älteste Interlinearversion, die erhalten geblieben ist, besteht in umfangreichen Bruchstücken einer althochdeutschen ‹Benediktinerregel›, und diese Übersetzung ist wohl noch vor dem Jahre 800 auf der Reichenau entstanden (vgl. Anhang V). Auch eine interlineare Übersetzung ambrosianischer Hymnen entstand bald nach der ‹Benediktinerregel› im Kloster Reichenau. Man bezeichnet sie nach dem Fundort der Handschrift als ‹Murbacher Hymnen›; aber dort wurde die ursprüngliche Reichenauer Sammlung von 21 Hymnen nur noch um sechs weitere Stücke vermehrt.

Von vielen wird Murbach auch als die Heimat der althochdeutschen ‹Isidor›-Übersetzung angesehen; doch ist diese eher im angelsächsisch beeinflußten Hofkreise Karls des Grossen entstanden. Es handelt sich um eine Übersetzung der von Bischof Isidor von Sevilla († 636) verfaßten Streitschrift ‹Über den christlichen Glauben gegen die Juden›, ein stilistisch schwieriges theologisches Werk, das mit bewundernswerter Sprachgewandtheit ins Althochdeutsche übertragen wurde. Die Übersetzung muß etwa zur gleichen Zeit wie die der ‹Benediktinerregel› geschaffen worden sein, atmet aber einen anderen Geist (s. u. S. 202 ff). Hier ist der deutsche Text völlig frei und fast unabhängig vom lateinischen Vorbild gestaltet worden. Es handelt sich auch nicht um eine Interlinearversion, sondern der deutsche Text ist in einer besonderen Spalte neben den lateinischen gestellt.

Im Kreise dieses großen Übersetzers entstanden – vermutlich als Schülerarbeiten – auch die Originalübersetzungen, deren bairische Abschriften in den Monseer Fragmenten erhalten geblieben sind. Sie enthalten neben kleineren theologischen Stücken vor allem eine Übersetzung des ‹Matthäus-Evangeliums› (vgl. Anhang VI), nicht von gleicher Sprachbeherrschung zeugend, aber doch eine sehr anerkennenswerte Leistung freier Übersetzerkunst. Ob die Abschrift (das Original ist verloren) im Kloster Mondsee oder an anderer Stätte in Baiern gefertigt wurde, ist nicht ermittelt. Der althochdeutsche ‹Isidor› und die ‹Monseer Fragmente› sind wichtige Zeugnisse dafür, daß schon in der Zeit um 800 der Versuch gemacht wurde, gelehrte theologische Schriften in deutscher Sprache zu verbreiten, was ganz gewiß im Einklang mit dem Kulturprogramm Karls des Grossen stand.

Im übrigen sind in der Zeit um die Jahrundertwende in erster Linie Texte für den praktischen kirchlichen Gebrauch geschaffen worden, auch diese durch Übersetzung lateinischer Vorlagen. Taufgelöbnisse, Glaubensbekenntnisse, Übersetzungen des ‹Vaterunsers› (Anhang II) und anderer Gebete sowie Beichtformulare entstanden in dieser Zeit. Die Klöster Fulda, Lorsch, Weißenburg, Reichenau, St. Gallen, St. Emmeram sowie die Bischofssitze Mainz, Würzburg, Regensburg und Freising sind an diesen frühen Arbeiten beteiligt. Auf Einzelangaben müssen wir hier verzichten. In Mainz könnte auch die verlorene Vorlage einer sehr alten altsächsischen ‹Psalmen›-Übersetzung verfaßt sein, die in Bruchstücken erhalten geblieben ist. Daneben gibt es auch altalemannische Psalmenbruchstücke (vgl. Anhang VII). Ob auch diese auf eine Mainzer Vorlage zurückgeführt werden dürfen oder ob sie unabhängig davon in einem alemannischen Kloster entstanden sind, ist nicht aufgeklärt.

Das vierte der größeren Werke, nach der ‹Benediktinerregel›, dem ahd. ‹Isidor› und der ‹Monseer Matthäusübersetzung›, führt wieder in das Fulda des Hrabanus Maurus. Es ist der schon wiederholt erwähnte althochdeutsche ‹Tatian›, um 825 geschaffen, auch dieser eine einigermaßen strenge Interlinearversion. Daß die fuldischen Bemühungen um die ‹Evangelienharmonie› auch die Anregung zum ‹Heliand› und zu Otfrids ‹Evangelienbuch› gaben, wurde ebenfalls bereits dargestellt.

Otfrids Werk, im elsässischen Kloster Weißenburg kurz vor 870 vollendet, ist die letzte Frucht des karolingischen, von Hraban tradierten Geistes. Otfrid schuf sich eine neue christliche Ausdrucksform, indem er in seinem großen Werk von mehr als 7400 Langzeilen den Endreim zum Formprinzip machte. Man pflegt die umstürzende Neuerung des Endreims, der hier zum ersten Male in einer großen deutschen Dichtung als Kunstmittel verwendet wurde, auf gereimte lateinische Hymnenverse zurückzuführen. Doch mag außerdem auch an irische Einwirkungen zu denken sein. Denn auch in sehr alter irischer Dichtung kommt der Endreim vor, und die irischen Traditionen waren in Südwestdeutschland zur Zeit Otfrids noch lange nicht erloschen. In OTFRIDS Feder, reichlich hundert Jahre nach dem Einsetzen der christlichen althochdeutschen Literatur, ist die junge Sprache des deutschen Christentums erstmalig reif und reich genug geworden, um wieder einer Dichtung dienen zu können, einer theologischen Dichtung freilich, die schwer befrachtet mit Wissensgut und mit dem heißen Bemühen um eindringliche Belehrung gravitätisch einherschreitet. Sie enthält aber doch nicht wenige Stellen, an denen der poetische Geist sich frei entfaltet.

Es mag wohl sein, daß, wie DE BOOR (LH 124, S. 77 ff) neuerdings wieder stark betont, die Reihe von kleineren Dichtungen, die zwischen 870 und 900 zu datieren sind und die den Endreim verwenden, unter formaler Einwirkung OTFRIDS gestanden hat. Da ist vor allem das ‹Ludwigslied› (s. o. S. 79) zu nennen, das 881/882 gedichtet wurde, ein Preislied auf den damals regierenden Herrscher des Westfrankenreiches. Es dürfte eher in Westfranken als in Rheinfranken entstanden sein, und obwohl es stark christlich geprägt ist, läßt sich nicht behaupten, daß der Verfasser ein Geistlicher war. Klösterlicher Herkunft dagegen und wohl im mittelfränkischen Kloster Prüm entstanden ist das ‹Lied auf den Heiligen Georg› (LH 128). Dem Kloster Reichenau pflegt man das bald nach dem ‹Georgslied› geschaffene kleine biblische Gedicht von CHRISTUS und der Samariterin zuzuschreiben. Auch eine poetische Übersetzung des 138. Psalms könnte ins Alemannische, und dann wohl nach St. Gallen weisen; aber die allein erhaltene Abschrift wurde im bairischen Freising gefertigt, und es ist nicht unmöglich, daß die schwachen alemannischen Spuren täuschen und auch das Original schon nach Freising gehört.

Die Literaturdenkmäler, die hier natürlich nur ganz knapp erwähnt werden konnten, lassen erkennen, daß in den ersten anderthalb Jahrhunderten des schriftlichen Gebrauchs der deutschen Sprache die Übersetzungsliteratur das Feld beherrscht. Die Übersetzungen, zu allererst nur in einzelnen Glossen bestehend, entwickeln sich rasch weiter zu vollständigen Interlinearversionen. Nebenher geht eine freiere Übersetzerkunst, die in der isidorischen Gruppe einen frühen Höhepunkt erreicht, dann aber bald der Interlineartechnik weichen muß. Aber auch diese endet, sofern man nur die größeren Werke im Auge hat, schon um das Jahr 825 mit dem althochdeutschen ‹Tatian›. (Immerhin sei angemerkt, daß Interlinearversionen auch in mittelhochdeutscher Zeit noch vorkommen.) Die Dichtung der zweiten Jahrhunderthälfte zeigt dann, welcher poetisch freien Entfaltung die junge deutsche Sprache schon fähig ist, wirkt aber in ihrer geistigen Haltung wie späte Ernte und Nachklang einer schon untergegangenen Zeit. Denn nach den kräftigen Anregungen KARLS DES GROSSEN, die zu der ersten Blüte geführt hatten, verstummte die deutsche Sprache noch einmal vollständig. Schon unter LUDWIG DEM FROMMEN (814 bis 840) hatte sich wieder die strengere geistliche Richtung durchgesetzt, die nur das geheiligte Latein gelten ließ. In dieser dem karlischen Streben genau entgegengerichteten Kulturströmung wirken das Werk OTFRIDS und die kleineren Dichtungen vom Ende des 9. Jahrhunderts unzeitgemäß als letzte Regungen einer großen, schon vergangenen Zeit, und danach wird die deutsche Literatur noch einmal für fast ein ganzes Jahrhundert zum Schweigen gebracht.

Aus diesem Schweigen werden Literatur und Sprache erst durch NOTKER VON ST. GALLEN erlöst, der – kaum vor dem Jahre 970, also hundert Jahre nach OTFRID – zum ersten Male wieder in deutscher Sprache zu schreiben wagt. Er ist ein hochgelehrter Schulmann und schreibt zum Nutzen seiner Zöglinge. Werke aus dem Schulunterricht, die ‹Bucolica› des VERGIL, eine Komödie des TERENZ, des MARCIANUS CAPELLA Lehrbuch der Sieben Freien Künste, lateinische Aristotelesübersetzungen des BOETHIUS, auch dessen ‹Trost der Philosophie› hat er ins Deutsche übersetzt, dazu die Psalmen und das Buch Hiob mit GREGORS DES GROSSEN Kommentar. Nicht alles ist erhalten geblieben. Aber was wir besitzen, zeigt deutlich NOTKERS Methode. Er gibt keine einfache Übersetzung, sondern fügt – aus Kommentaren schöpfend – fortlaufend auch inhaltliche Erklärungen zu den übersetzten Stellen, wobei oftmals Übersetzung und Erklärung zu unauflösbarer Einheit verschmelzen (s. Anhang X). Oftmals läßt er auch die lateinischen Begriffe, die seinen Schülern schon bekannt sind oder die als Fachausdrücke gelten, unübersetzt. So entstehen eine Mischprosa und ein Stil, der dann auch weiterhin in frühmittelhochdeutscher Zeit noch weiter geflegt wird.

Nachdem die deutsche Sprache nach OTFRID noch einmal völlig verstummt war, erscheint NOTKERS Schaffen wie ein neuer Anfang. Und so hat es der große Pädagoge auch selbst empfunden. In einem Brief an den Bischof HUGO VON SITTEN, geschrieben kurz vor 1017, dem Jahre, in dem der Bischof starb, begründete NOTKER sein Unternehmen. (Wir geben sein schwieriges Latein in der Übersetzung von GUSTAV EHRISMANN, LH 123, S. 412 f): ‹... Denn es müssen die kirchlichen Bücher, und diese in erster Linie, in der Schule gelesen werden... Da ich wollte, daß unsere Schüler Zugang zu diesen hätten, wagte ich etwas bis dahin fast Unerhörtes *(rem paene inusitatam)* zu unternehmen. Nämlich lateinische Schriften versuchte ich in unsere Sprache zu übersetzen und... aufzuhellen.› Für die Schule also hat er nach seinem eigenen Zeugnis geschrieben und bezeichnet dies als etwas ganz Neuartiges. Aber er erkennt doch auch den Vorteil, der für den voll ausgebildeten Gelehrten im Gebrauch der Muttersprache liegt. Er empfiehlt dem Bischof einige seiner Werke zur Lektüre und fährt fort: ‹Ich weiß, daß Ihr am Anfang davor zurückschrekken werdet als vor etwas Ungewohntem. Aber nach und nach werden sie (die Bücher) Euch wohl annehmbar werden, und Ihr werdet eher imstande sein, sie zu lesen und zu verstehen, da man in der Muttersprache schneller begreift, was man in einer fremden Sprache entweder kaum oder nicht völlig begreifen kann.› Hier hat NOTKER am Ende der althochdeutschen Zeit klar ausgesprochen, was auch die vorhergehenden Jahrhunderte schon empfunden haben: Latein, wiewohl die Verkehrssprache der geistlichen Gelehrten, bleibt doch immer eine Fremdsprache, und immer besteht die Gefahr, das in ihr Ausgesagte ‹nicht völlig zu begreifen›. Um sich die fremde Geisteswelt ganz zu eigen zu machen, muß man sie der eigenen Muttersprache einbilden. Solange man sich in der fremden Sprache bewegt, die niemandem gänzlich vertraut werden kann, bleibt man immer auf verhältnismäßig schmalen Pfaden des Verständnisses. Erst in der eigenen Sprache, in die man hineingeboren ist und die man daher voll beherrscht, weiten sich die Felder des Verständnisses. Da ruft ein Gedanke mühelos den anderen hervor, klingen bei jedem Wort die Assoziationen und Beziehungen an, können das Sprechen und das Denken wirklich aus dem Vollen schöpfen. Das hat selbst der große NOTKER, wie gelehrt er auch war und wie vorzüglich er auch das Lateinische beherrschte, doch deutlich empfunden und in seinem Brief an den gelehrten Freund zum Ausdruck bringen wollen.

NOTKER VON ST. GALLEN, geboren um das Jahr 950, Mönch und Schulhaupt im Kloster St. Gallen und dort am 29. Juni 1022 gestorben, ist der hervorragendste Meister der deutschen Sprache, den die althochdeutsche Zeit zu den Ihren zählt. Ausgestattet mit einer umfassenden Bildung, mit scharfem Verstand und mit künstlerischem Feingefühl, hat er seine deutsche Sprache auf eine Höhe gehoben, wie sie bis dahin nicht erreicht worden war. Alles, was er geschaffen hat, entstand in tiefgründiger Auseinandersetzung mit der lateinischen Literatur, sei es nun mit der klaren, sehr differenzierten Sprache eines Philosophen wie BOETHIUS, mit dem trockenen, aber in einem oft schwülstigen, asianischen* Stil vorgetragenen Lehrbuchwissen des MARCIANUS CAPELLA oder mit der in ihrer frommen Ungelenkheit oft sehr schwer verständlichen Sprache der lateinischen Bibel. NOTKER besitzt ein höchst entwickeltes Unterscheidungsvermögen für die leisesten Bedeutungsnuancen der lateinischen Wörter, die sich ja – wie in

* Der in hellenistischer Zeit in Kleinasien entstandene asianische Stil steht im Widerstreit gegen den älteren, klassischen Attizismus. Im späten Rom wird er als modern besonders geschätzt.

jeder anderen Sprache — immer erst aus dem Zusammenhang ergeben, in dem sie geäußert werden. Was aber mehr ist: Mit einer bewundernswerten, auch in späteren Jahrhunderten nur ganz selten und nur von den besten Köpfen erreichten Treffsicherheit weiß er diese Bedeutungsunterschiede auch in seinem Deutsch feinfühlig zum Ausdruck zu bringen (vgl. LH 158—161). Kein anderer althochdeutscher Autor verfügt über einen so umfangreichen und so differenzierten Wort- und Ausdrucksschatz wie der St. Galler Gelehrte. Er ist in seiner vollkommenen Sprachbeherrschung der eigenen Zeit um Jahrhunderte voraus, und erst auf der Höhe der höfischen Literatur um das Jahr 1200 finden sich — auf anderem sprachlichen Felde — wenige hervorragende deutsche Dichter, deren Ausdrucksfähigkeit sich mit NOTKERS Werk messen kann.

Gern macht NOTKER von dem ererbten deutschen Wortschatz Gebrauch, wo dieser für seine Aussageabsichten ausreicht. Aber er scheut sich auch nicht, wie es Gelehrte von Anfang an getan hatten, neue Wortbildungen zu wagen, wo er nur auf diesem Wege zu angemessener Wiedergabe der lateinischen Wortinhalte gelangen kann. Seiner Neubildungen sind sogar sehr viele. Sie unterscheiden sich aber von mancherlei gelehrtem Machwerk dadurch, daß sie immer aus einem sicheren Gefühl für die Möglichkeiten der deutschen Sprache geschaffen werden. Niemals beleidigen sie das Sprachgefühl. Daher wirken sie im allgemeinen so echt, daß ein unbefangener Beobachter sie kaum als Neuwörter erkennt. Zur gleichen Zeit sind sie aber auch begrifflich so scharf gefaßt und so eindeutig definierbar, daß man hier zum ersten Male von der Schaffung einer klaren wissenschaftlichen Terminologie in deutscher Sprache reden darf, selbst wenn man einräumt, daß in NOTKERS Mischprosa viele lateinisch schon bestimmte Termini unübersetzt bleiben. Es blieben doch nur allzu viele abstrakte Begriffe übrig, die NOTKER mit neu geschaffenen deutschen Wörtern zu bezeichnen hatte.

Man muß freilich anerkennen, daß NOTKERS außerordentliche sprachschöpferische Leistung nicht aus dem Nichts hätte entstehen können. Dazu gehörten Jahrhunderte der Vorbereitung. In harter Mühsal und schweren Schrittes hatten seit 750 Missionare und Gelehrte, Glossatoren und Übersetzer den Ackerboden bereitet, hatten die Furchen gezogen, hatten die Saat gelegt, die NOTKER pflegen und deren reiche Frucht er ernten konnte. In seinem Werk erweist sich, daß die Qual der Anfänge nicht umsonst gewesen war. Auf einem langen, schweren Wege war die Muttersprache in den Stand gebracht, das aufzunehmen und auszudrücken, ‹was man in einer fremden Sprache entweder kaum oder nicht völlig begreifen kann›. Darum die Wörterbücher, darum die Glossen, darum die Interlinearversionen! Darum auch die Mühen und Mahnungen Karls des Grossen und seiner Ratgeber, und darum alle die emsige Arbeit vieler geistlicher Gelehrter, die die Enge der Klosterstuben mit der weiten Welt des Geistes füllten.

XI. ALTHOCHDEUTSCHE ÜBERSETZUNGEN

Da die althochdeutsche Literatur zu ihrem größten und wichtigsten Teil in Übersetzungen besteht oder doch, wie etwa Otfrid, der Übersetzung sehr nahe kommt und jedenfalls den Zusammenhang mit lateinischen Vorlagen niemals verleugnet, ist aus der Beobachtung der Übersetzungstechnik mancherlei Einblick in das Sprachgeschehen zu gewinnen. Noch einmal wenden wir uns unter diesem neuen Gesichtspunkt den im Anhang II abgedruckten Übersetzungen des ‹Vaterunsers› zu.

Die Übersetzungen des Vaterunsers

Eine wie schwierige Aufgabe das Übersetzen anfangs war, ersieht man schon aus etlichen Ungeschicklichkeiten und dem fehlerhaften *sanctificetur* : *wîhi* unseres ältesten Textes (Nr. 4). Denn als Fehler muß die Wiedergabe des lateinischen Passivs *sanctificetur* ‚geheiligt werde' durch das althochdeutsche Aktiv *wîhi* ‚heilige (deinen Namen)' doch wohl gelten, obwohl erst kürzlich wieder ein Rettungsversuch unternommen wurde (LH 154). Man kann dem frühen St. Galler Übersetzer nicht soviel Geistesfreiheit zutrauen, daß er den Text des heiligsten der Gebete, gelehrte Kommentare heranziehend und selbständig auslegend, willentlich geändert hätte. Er hat vielmehr einfach die lateinische Form, die möglicherweise in seiner Vorlage mit einer Abkürzung für *-ur* oder *-tur* geschrieben war, nicht richtig erkannt. Das darf man um so sicherer behaupten, als sich auch in dem zugehörigen, doch wohl von dem gleichen Übersetzer geschaffenen ‹St. Galler Credo› unzweifelhafte Fehler finden. Da ist zum Beispiel *creatorem* ‚den Schöpfer' mit *kiscaft* ‚Schöpfung, Geschöpf' übersetzt, also mit *creaturam* verwechselt, und *sub Pontio Pilato* ‚unter Pontius Pilatus' wird durch *in kiuualtiu Pilates* ‚in der Gewalt des Pilatus' wiedergegeben; der Übersetzer hat also irgendwie an lat. *potentia* ‚Macht, Gewalt' gedacht. Auch übersetzt der St. Galler Mönch *remissio peccatorum* ‚Vergebung der Sünden' durch *urlâz suntîkero* ‚Vergebung der Sündigen', setzt also einen Nominativ *peccator* ‚Sünder' voraus, während hier natürlich von *peccatum* ‚Sünde' auszugehen ist. Solche Fehler, die man heute einem Lateinschüler nicht verzeihen würde, kommen in der Frühzeit des Übersetzens überall vor, und man darf nicht einmal nur die schlechten Lateinkenntnisse dafür verantworlich machen. Die Fehler können auch durch Ratlosigkeit gegenüber der eigenen Sprache erklärt werden. Ein Passiv wie *sanctificetur* war im damaligen Deutsch gar nicht üblich, und nicht wenige Übersetzer haben Schwierigkeiten mit der Wiedergabe solcher Formen. Den Begriff ‚Schöpfer' gab es im Deutschen nicht. Von gewandteren Übersetzern wurde er durch Neubildungen wie ahd. *scepho* oder *scephâri* wiedergegeben, aber man kann es dem noch unerfahrenen St. Galler Bearbeiter der frühen Zeit nicht verübeln, wenn er froh war, durch *kiscaft* wenigstens ein Wort gefunden zu haben, das in die Sphäre des lateinischen Vorbildes hineinreichte. Immer wieder muß man sich die unendliche Mühsal dieser Anfänge klarmachen und hat zu bedenken, daß Übersetzungsfehler überall vorkommen. Nicht wenige finden sich im althochdeutschen ‹Tatian›, der doch der besten deutschen Schule entstammt, und selbst der souveräne Schöpfer der ‹Isidor›-Übersetzung kann gelegentliche Fehler nicht ganz vermeiden. Sie sind in einigen wenigen Fällen sogar noch NOTKER unterlaufen.

Im übrigen ist es nicht immer fehlerhaft, wenn der St. Galler Übersetzer des ‹Vaterunsers› vom lateinischen Text abweicht. Wenn er den lateinischen Plural *in coelis* durch den Singular *in himile* wiedergibt, so folgt er seinem deutschen Sprachgefühl, ebenso wie der ‹Tatian›-Übersetzer und NOTKER es tun, während die anderen Texte nach lateinischem Muster bei dem undeutschen Plural verharren. (An der zweiten Stelle *sicut in coelo* hat auch der lateinische Text den Singular.) Das *debita nostra,* das LUTHER mit dem Singular ‚unsere Schuld' übersetzt, wird nur in dem poetischen Text OTFRIDS durch den Singular wiedergegeben. Das erlaubt die Frage, ob der Plural aller anderen deutschen Texte gutes Deutsch ist oder unter dem Zwang des lateinischen Vorbildes steht. Es ist in diesem Zusammenhang nicht zu übersehen, daß im gotischen ‹Vaterunser› entgegen dem griechischen und dem lateinischen Wortlaut an dieser Stelle ein Nebensatz eingeführt wird: *thatei skulans sijaima* ‚daß wir Schuldner sind'. WULFILA ist hier offenbar gutem germanischen Sprachgebrauch gefolgt und hat sich gescheut, das schlichte Gebet des Herrn mit einer künstlichen Abstraktbildung zu verunstalten. Dagegen haben wie die althochdeutschen auch die altenglische und die altsächsische Version den Plural ‚Schulden', und man darf annehmen, daß in den westgermanischen Sprachen dieses Wort und sein Gebrauch nach dem lateinischen Vorbild neu eingeführt wurden.

Auch das *(libera nos) a malo* gab den Übersetzern Probleme auf. Denn im Althochdeutschen war es noch nicht sprachüblich, Adjektiva zu substantivieren (‚übel – das Übel'). Trotzdem beugen sich die Texte 4, 6, 7 und 9 dem lateinischen Vorbild. Die beiden altbairischen Texte 5 a und 5 b folgen dagegen ihrem deutschen Sprachgefühl, indem sie frei übersetzen: *fona allêm suntôm.* Auf andere Weise hilft sich der Dichter des ‹Heliand›, der mit seinem *widar allun ubilon dâdiun* zwar das *a malo* berücksichtigt, es aber als Adjektiv verwendet. OTFRID endlich entgeht der Schwierigkeit durch die poetische Lizenz freier Übertragung.

Auch die lateinische Syntax macht den Übersetzern zu schaffen. Ganz regelmäßig werden die lateinischen Imperative *da, dimitte, libera* auch althochdeutsch als Imperative wiedergegeben. Es gibt aber im Lateinischen keinen negierten Imperativ, dieser muß vielmehr konjunktivisch umschrieben werden; daher lat. *ne inducas nos* ‚du mögest uns nicht (hinein)führen'. Im Deutschen ist diese Umschreibung nicht üblich, und ihrem eigenen Sprachgefühl folgend übersetzen die Texte 4 bis 6 mit dem Imperativ *ni unsih firleiti* o. ä. Der althochdeutsche ‹Tatian› und NOTKER haben dagegen *ni gileitêst unsih, ne leitest dû unsih* und verwenden den Konjunktiv wie die lateinische Vorlage. Der Wiener Notker-Bearbeiter (Nr. 9 b) scheint diesen Konjunktiv nicht mehr verstanden zu haben; sein *leitist* dürfte als Indikativ aufzufassen sein und ist dann fehlerhaft.

Bei dem Relativsatz *qui es in coelis* bereitet den Übersetzern die Beziehung auf die zweite Person Schwierigkeiten. Bei dem mit ahd. *dû* eingeleiteten Satz wird in 4 und 5 a nicht einmal durch die Wortstellung das Nebensatzverhältnis angedeutet, was in 6 und 9 geschehen ist. Der ‹Tatian› (Nr. 7) ist in der glücklichen Lage, durch eine im nördlichen Sprachbereich mögliche Verbindung des Pronomens mit *thar* das Relativverhältnis auszudrücken, ähnlich wie es im altenglischen und im altsächsischen Text durch *the* geschieht. OTFRID umgeht auch hier die Schwierigkeit, und der jüngere bairische Text (Nr. 5 b) wendet den Relativsatz in die dritte Person, was wohl dem damaligen deutschen Sprachgefühl am besten entspricht. Es bedeutet aber ein Abweichen von der lateinischen Grundlage, und man darf sich die Überlegungen und Gewissensbedenken nicht gering vorstellen, denen ernsthafte Übersetzer eines so wichtigen Textes angesichts solcher Schwierigkeiten gegenüberstehen.

Die Übersetzung des *sanctificetur* durch *giwîhit (giheilagôt) sî* oder *werde* steht auf einem anderen Blatt. Hier handelt es sich um die erst im Entstehen begriffene Bildung eines deutschen Passivs. Die Zusammensetzung mit *werde* (Nr. 5 b, 9 a, b) ist die jüngere Form, die sich nur langsam durchsetzt. Wenn aber der Dichter OTFRID die Passivumschreibung an dieser Stelle meidet und wenn das nicht etwa nur aus metrischen Gründen geschieht, so wäre es denkbar, daß auch die ältere Zusammensetzung mit *sî* für ein feines Gehör noch einen befremdlichen Klang hat.

Auch die Wortwahl macht in der frühen Zeit große Schwierigkeiten. Wir haben dabei nicht den Unterschied zwischen Südwörtern wie *giwîhit, korunga* und Nordwörtern wie *giheilagôt, kostunga* im

Auge, sondern z. B. die Übersetzung von lat. *panem* ‚Brot'. Mit ahd. *brôt* übersetzen Nr. 4, 6, 7 und 9. Aber das Wort wird damals noch nicht leicht in dem erweiterten Sinne von ‚Nahrung' verstanden. Gerade erst durch die Vaterunserübersetzungen erhält es allmählich diese Nebenbedeutung. Weil aber *brôt* von einem naiven Sprachverständnis nur in seiner eigentlichen, engen Bedeutung aufgefaßt wird, wählt der ‹Heliand› lieber *râd* ‚Vorrat, Bedarf', OTFRID *zuht* ‚Nahrung' und die beiden bairischen Texte (5 a, b) *bilîbi*. Das gehört zu *lîb* ‚Leib, Leben' und bedeutet etwa ‚das zum Leben Notwendige'. Die Übersetzer sehen sich bei *panem* vor der Schwierigkeit, entweder wörtlich zu übersetzen, damit aber den übertragenen (metaphorischen) Gebrauch des lateinischen Wortes auch der eigenen Sprache abzuverlangen, oder aber hinter der lateinischen Metapher die eigentliche Meinung aufzusuchen und diese in der Übersetzung durch ein angemessenes Wort wiederzugeben. Dann müssen sie aber vom lateinischen Wortlaut abgehen.

Beide Möglichkeiten werden erprobt, wie die Texte zeigen. Dabei fällt es auf, daß NOTKER, der ungewöhnlich feinfühlige Übersetzer, doch in den meisten Fällen sehr nahe bei dem lateinischen Vorbild bleibt. Man darf aus seinem Verhalten den Schluß ziehen, daß viele der erörterten Schwierigkeiten in den ersten drei Jahrhunderten der Übersetzertätigkeit schon überwunden sind. Da frühere Übersetzer in ihrer weit überwiegenden Mehrzahl die Nähe zum lateinischen Wortlaut jeglichem freien Übersetzen vorgezogen haben, hat sich das deutsche Ohr allmählich an die anfangs noch fremden Klänge gewöhnt. Man empfindet *fone ubele* und *brôt* in seiner übertragenen Bedeutung nicht mehr als fremd. Sonst hätte gerade NOTKER diese Übersetzungen gewiß nicht gebilligt. Auch an unseren geringen Proben ist daher schon recht deutlich zu erkennen, wie einschneidend das lateinische Vorbild das altdeutsche Sprachgefühl beeinflußt haben muß.

Aber die Wandlungen des Denkens, die schon dieses schlichte Gebet erfordert, gehen noch viel tiefer. Die Aufgabe ist mit der angemessenen Übertragung lateinischer Wörter und syntaktischer Formen bei weitem nicht erfüllt. Eine Revolution der ganzen germanischen Vorstellungswelt war erforderlich, damit das ‹Vaterunser› (das wir hier stellvertretend für alle christliche Verkündigung betrachten) überhaupt nur verstanden werden konnte. Allerdings hat sich diese Revolution in den langen Jahrhunderten germanischer Berührung mit dem Christentum bereits vorbereitet und zum großen Teil auch schon vollzogen. Aber überall, wo heidnischen Germanen das Christentum neu gepredigt wurde, auf deutschem Boden also z. B. durch die irische und die angelsächsische Mission, mußte sich dieses revolutionierende Umdenken erneut ereignen. Was bedeutet es allein, das vorher nur irdisch bezogene Wort *Vater* auf den Herrn der Schöpfung anwenden und ihn als *unser Vater* anreden zu dürfen! Denn die Vorstellung eines Vatergottes, eines himmlischen Vaters aller Menschen, war dem Germanen völlig fremd gewesen. Und dann dieses *in coelis* : *in himile*! In der germanischen Mythologie hatte es über Midgard, dem Schauplatz menschlichen Lebens und Wirkens, nur Asgard gegeben, den Bereich der Götter (Asen), einen ‹Lebensraum›, aber kein ‹Reich›. Als *Himmel* dagegen hatte man nur das gewölbte, sichtbare Sternenzelt bezeichnet. Welchen Bedeutungswandel muß also das ahd. Wort *himil* durchmachen, um — nach lateinischem Vorbild — zugleich auch den Himmel der Christen bezeichnen zu können, und welcher tief einschneidende Wandel der Vorstellungen steht dahinter, wenn jetzt *himil* und *erda* (einst nur ‚der feste Erdboden') als Komplemente verstanden werden sollen wie vorher Asgard und Midgard! Danach sagt das Gebet: *veniat regnum tuum: queme rîhhi dîn*, und man muß lernen, dieses Himmelreich nicht mehr als einen Bezirk *(gard)* aufzufassen, sondern als ein mächtiges, geordnetes, von einem Herrscher gelenktes Staatswesen *(rîhhi)* nach Analogie des irdischen christkaiserlichen Imperiums, dessen Wesen selbst zu verstehen schon schwierig genug war.

Konnte man hier aber noch an sinnliche Vorstellungen und an eigene Erfahrungen anknüpfen, und konnte man, wie oben am Beispiel *panis : brôt* gezeigt, den übertragenen Wortgebrauch durch Gewöhnung verstehen lernen, so häuften sich die Schwierigkeiten bei Begriffsbezeichnungen, für die es gar keine Anknüpfungen in der eigenen Vorstellungswelt gab. Wie schwer mußte es sein, verbale Vorstellungen wie lat. *dimittere* ‚vergeben' (eigentlich ‚entlassen, wegschicken') oder gar *sanctificare* richtig aufzufassen und angemessen wiederzugeben. Ebenso steht es mit *peccatum* ‚Sünde' und *debitum* ‚Schuld', und wenn lat. *temptatio* ‚Versuchung' durch *korunga, kostunga* wiedergegeben wird, so sind das neugebildete, ungewohnte Ableitungen von *korôn, kostôn*, die beide ‚prüfen, erproben' bedeuten. Der altdeutsche Hörer mußte also zunächst *temptatio* als ‚Erprobung' begreifen. Das kann aber ebenso ‚Bewährung' wie ‚Verleitung' bedeuten, und es bedarf genauer Belehrung, damit der neu eingeführte Begriff richtig verstanden wird. Mit dem einfachen ‹Übersetzen› ist es also weder hier noch sonst irgendwo getan. Das ist nur der Anfang; es stellt die deutschen Wörter bereit, alte und viele neu gebildete, deren christlichen Inhalt man erst in mühsamer, zäher Geistesarbeit erfassen und anderen vermitteln kann. Hinter dem Übersetzen steht in der althochdeutschen Periode zu jeder Zeit, besonders aber am Anfang, die viel schwierigere Aufgabe einer umwälzenden Neuorientierung des gesamten Denkens.

Was in jenen frühen Jahrhunderten an der deutschen Sprache geschah, kann man nur voll erfassen, wenn man die alten Übersetzungen mit demselben Ernst zu würdigen versucht, mit dem sie einst geschaffen wurden. Da mußte anfangs um jedes einzelne Wort gerungen werden, und erst ganz allmählich entsteht auf diese Weise eine Tradition, die dem Späteren die Aufgabe erleichtert — solange er in gewohnten Bahnen bleibt. Nachdem das ‹Vaterunser› zweieinhalb Jahrhunderte lang wieder und wieder übersetzt worden war, mochte es NOTKER nicht mehr schwerfallen, einen eingängigen Wortlaut zu finden, und mit seiner ‹Psalmen›-Übersetzung mag es ihm ähnlich ergangen sein. Denn auch hier konnte er sich auf die Erfahrungen von zwei Jahrhunderten stützen. Neuland betrat er aber mit der Übersetzung des MARCIANUS CAPELLA oder von BOETHIUS' ‹Trost der Philosophie›, und hier war erst er selbst es, der mit der philosophischen Fachsprache, die er im ‹Boethius›, und der philologischen, die er im ‹Marcianus› entwickelte, kommenden Generationen neue muttersprachliche Bereiche erschloß. Wie NOTKER, baute aber auch vor ihm schon jeder Übersetzer auf bereits Vorhandenem auf und fügte Neues hinzu, was dem nächsten wieder eine breitere Grundlage gewährte.

Es wäre auch allzu einfach, von der Höhe des durch die Mühen vieler Generationen heute Erreichten aus die ersten, mühseligen Anfänge zu bespötteln, etwa die Unbeholfenheit des althochdeutschen ‹Abrogans›, die wir bereits oben S. 182 f charakterisiert haben. Natürlich erkennen wir heute auf den ersten Blick, daß jenes *clandestinum* nur ‚heimlich' bedeuten kann, aber wir werden auch nicht durch den Sprachgebrauch der mittelalterlichen Mönche abgelenkt, die das Wort nur in der Bedeutung ‚ungebührlich' verwendeten. Und Überlegung steckt auch in den anderen Übersetzungen. Man weiß z. B., daß *remotum* zu *movere* ‚bewegen' gehört, und das heißt ahd. *ruoren.* Auch das Partizip ist erkannt und mit *cahroarit* ‚gerührt, bewegt' formal richtig wiedergegeben. Die Zusammensetzung *re-motum* ‚fort-bewegt' weiß dieser älteste Übersetzer mit den ihm verfügbaren sprachlichen Mitteln allerdings noch nicht auszudrücken, und wer *clandestinum* mit ‚ungebührlich' übersetzt, kann natürlich nicht erkennen, daß lat. *remotum* ein Synonym zu ‚heimlich' ist und daher an dieser Stelle die Sonderbedeutung ‚entfernt, abgelegen (und daher verborgen)' haben muß.

In einem Wörterbuch, wo der erhellende Textzusammenhang fehlt, sind Mißverständnisse, Schiefheiten und Fehler selbst beim heutigen Stande des sprachlichen Wissens kaum zu vermeiden. Wer wollte sich also anmaßen, den Schöpfer des allerersten deutschen Wörterbuches zu tadeln? Wo aber der Grundtext gegeben ist, da wissen auch die alten Glossatoren und Übersetzer recht wohl ihre Ausdrücke zu wählen. Gleich das *latens* des ‹Abrogans› kann das beweisen. Es gehört als Partizip zu lat. *latere* ‚verborgen sein', und dieses Wort kann verschiedene Bedeutungen haben. Der Verfasser des althochdeutschen ‹Abrogans›, der es mit *caporgan* ‚geborgen, verborgen' übersetzt, bringt darin das Geschütztsein in der Verborgenheit zum Ausdruck (zu ahd. *bergan* ‚bergen, schützen'). Aber im Textzusammenhang ergeben sich Bedeutungsschattierungen. So wird *latere* Gen. 35,22 und Num. 5,13 von einer Sünde gebraucht, die verborgen bleibt, und das wird von althochdeutschen Glossatoren, die ihre Übersetzung über das lateinische Wort im Bibeltext schreiben, sinnrichtig durch *ward farholan* ‚wurde verheimlicht, blieb verhohlen' wiedergegeben. In diesem Sinne wird *firholan wesen* auch von Otfrid (zu Luc. 8,47) und frühmittelhochdeutsch von Williram (zu Cant 4,1 und 3) gebraucht. Dagegen bedeutet *latere* in Jos. 2,8 und 10,17 ‚auf der Lauer liegen', und dies wird in zwei althochdeutschen Glossenhandschriften einmal als *losghêdon* ‚sie lauschten' und einmal als *lûzênde* ‚lauernd, horchend' genau sinnrichtig übersetzt. Man begnügt sich also keineswegs mit einer ‹Standardübersetzung›, etwa mit dem einmal gefundenen *giborgan wesan* für *latere,* so wie wir in der Schule *virtus : Tugend* lernten und dann überall, wo *virtus* vorkam, in unserer Unerfahrenheit *Tugend* setzten, unbekümmert darum, ob es in den Zusammenhang paßte oder nicht. Wo ein Textzusammenhang es erlaubte, den genauen Wortsinn zu erkennen, waren vielmehr die althochdeutschen Übersetzer auch schon vor Notker redlich bemüht, durch die Wahl des passenden Ausdrucks dem Sinnzusammenhang gerecht zu werden. Auch hier ist Notker nur Vollender, nicht etwa Schrittmacher auf einem erst von ihm entdeckten Wege.

Greifen wir aus der Fülle von Beispielen, die uns die althochdeutschen Glossen gewähren, noch eines heraus. Von *latere* ‚verborgen sein' gelangen wir zu *proponere,* das in der Sonderbedeutung ‚offenlegen' ungefähr das Gegenteil besagt. Aber diese Zusammensetzung von lat. *pro* ‚vor' mit einem Verbum sehr allgemeiner Bedeutung, *ponere* ‚setzen, stellen, legen' ist sehr vieler Bedeutungsschattierungen fähig. In Esther 16, 19 heißt es: ‹Unser Edikt soll in allen Städten vorgelegt werden (*proponatur*)›, und ganz sinnrichtig übersetzt eine Glosse *gichundit werde* ‹werde verkündet›. An anderen Bibelstellen, z. B. Dan. 1,8 und Act. Ap. 19,21 bedeutet *proponere* ‚sich etwas vornehmen, sich zum Ziele setzen', und dieser geistige Vorgang wird durch die Glosse *bimeinen* ‚seine Gedanken auf etwas richten' (nhd. *meinen* ‚denken') ausgezeichnet wiedergegeben. Im III. Reg. (bei Luther I. Könige) 2,15 hat *proponere* eine sehr besondere Bedeutung. In der Lutherbibel heißt es: ‹Ganz Israel hatte sich auf mich gerichtet, daß ich König sein sollte› *(me proposuerat Israel sibi in regem)*, und das ist mit hervorragendem Verständnis in einer Glosse durch *foragimarchôta* wiedergegeben, was ‚hatte mich im voraus bezeichnet' bedeutet (vgl. nhd. *vormerken*, das ähnlich gebildet ist). Im Gegensatz zu *kunden* und *bimeinen*, althergebrachten Wörtern, liegt in *fora(gi)markôn* eine neue Zusammensetzung alter Wörter vor, und diese Neubildung wird dem Sinn der Stelle ebenso gerecht wie dem deutschen Sprachgefühl. Endlich kann *proponere* auch noch die Sonderbedeutung ‚Rätsel vorlegen, aufgeben' haben, und dafür gibt es anscheinend im Althochdeutschen kein besonderes Verbum. Daher wird dieses *proponere*, z. B. in III. Reg. 10, 3 und Ezech. 17, 2 in Glossen schlicht und für die Aussage genügend durch *sagên* ‚(Rätsel) sagen' übersetzt. Die Übersetzer folgen hier, so darf man annehmen, der üblichen althochdeutschen Ausdrucksweise und lassen sich daran genug sein, ohne nach einer wortwörtlichen Übersetzung zu suchen.

Gehen wir von den Glossen zu zusammenhängenden deutschen Texten über, so finden wir bei NOTKER Ps. 53,5 für *non proposuerunt sibi deum ante conspectum suum* ‚sie hielten sich nicht Gott vor Augen' mit *gaganwertôn* ‚gegenwärtig halten, vergegenwärtigen' eine kühne, freie Übersetzung, die den sehr konkreten, bildhaften Ausdruck des Lateinischen dem Sinn der Stelle angemessen durch abstrakte Wiedergabe in die geistige Sphäre erhebt. Dagegen klingt zu Matth. 13, 24 *parabolam proposuit illis* (‚er legte ihnen ein Gleichnis vor' LUTHER) die Übersetzung *bifore sezzen* im ‹Monseer Matthäus› und *furisezzen* im ‹Tatian› einigermaßen unfrei, und wenn in der ‹Benediktinerregel› die Forderung *mandata Domini verbis proponere* ‚die Gebote des Herrn auszulegen' durch *furikisezzan*, und an anderer Stelle das Gebot ‚ein Freigeborener soll dem Knecht nicht vorgezogen werden' (*non proponatur*) ebenfalls durch *ni furi sî kesezzit* verdeutscht wird, so wirkt das hölzern und ungelenk.

Auch das zugehörige Substantiv *propositio* wird bald als *gibot* ‚Gebot', bald als *râtissa* o. ä. ‚Rätsel' sinnrichtig übertragen, und zu III. Reg. 18, 24 *optima propositio* ‚(das ist) der beste Vorschlag' bietet eine Glosse die ausgezeichnete Übersetzung *rât*. (Vgl. nhd. ‹Das ist ein guter Rat›.) Wenn zu genau derselben Bibelstelle dagegen eine andere Glosse *forakisezzida* bietet, wobei man das Papier rascheln hört (so, als wollten wir etwa bilden ‹das ist die beste Vorgesetztheit›), so steht hinter einer so steifen Übersetzung eine besondere Absicht. Die ‚Schaubrote', *panes propositionis*, werden in einer Glosse gut deutsch, aber das Lateinische nur ungenau wiedergebend, durch *heilagiu brôt*, ‚heilige Brote', umschrieben. Der althochdeutsche ‹Tatian› schreibt dagegen *brôt fore gote gesaztu* ‚vor Gott gesetzte Brote'; das klingt hart, besonders auch in der dem Lateinischen angeglichenen Wortstellung, beweist aber ein sehr genaues Textverständnis.

Vergleichen wir die althochdeutschen Glossen und Texte, so finden wir nebeneinander in großer Anzahl Beispiele für beides: Übersetzungen, die von bewundernswertem Sinnverständnis und hervorragender Geschicklichkeit in der deutschen Wiedergabe zeugen, und andere, denen eine befremdlich papierene Künstlichkeit an die Stirn geschrieben ist. Aber *foragisezzida* gegen *rât, furigisezzen* gegen *kunden* oder *sagên*: das ist keine Frage von Begabung oder Unfähigkeit des Übersetzers. Wenn gute Übersetzungen gefunden werden, so werden sie auch bekannt, bilden Tradition und müßten – gerade in der Frühzeit des Übersetzens – von Generation zu Generation zu einer merklichen Verbesserung der Übersetzerkunst führen. Die tatsächliche Überlieferung dagegen zeigt ein ganz anderes Bild, und hölzerne Wortgebilde vom Typus *foragisezzida* sind auch noch in Bibelübersetzungen des späten Mittelalters, im 14. und 15. Jahrhundert, gar nicht selten, zu einer Zeit also, die über eine immerhin 500 bis 600 Jahre alte Erfahrung verfügt.

Es liegt also System in dieser Art des Übersetzens, und der Unterschied zwischen freier, sinnrichtiger und der vermeintlich ungeschickten, am lateinischen Vorbild klebenden Übersetzung offenbart zwei völlig verschiedene geistige Haltungen angesichts der gestellten Aufgabe. Die sich so eng wie möglich an den lateinischen Text halten, tun das mit voller Absicht. Wäre es wirklich Mangel an Können, dann müßte man mehr als drei Viertel aller althochdeutschen Übersetzungen als Stümperei erklären, allen voran den althochdeutschen ‹Tatian›, der als Gemeinschaftsleistung fuldischer Mönche (man glaubt, sieben bis acht Übersetzer unterscheiden zu können) gerade an jener Stätte entstand, der wir die höchste Bedeutung für die frühe deutsche Bildung beimessen. Das Phänomen bedarf aber weiterer Erörterung, bevor wir endgültige Schlüsse ziehen.

Im Anhang IV ist eine sehr knappe Probe aus dem althochdeutschen ‹Isidor› gegeben. (Die beigefügte moderne Übersetzung lehnt sich, um ein genaues Textverständnis zu vermitteln, möglichst eng an den althochdeutschen Text an. Was aber in modernem Deutsch stilistisch plump erscheint, entspricht im althochdeutschen Originaltext gutem Sprachstil.) Man erkennt beim Vergleich mit der lateinischen Vorlage fast in jeder Zeile, wie der Übersetzer um Verdeutlichung bemüht ist. Ein paar Beispiele sollen das unterstreichen: *Filius* wird durch *Christ, gotes sunu, a patre* durch *fona dhemu almahtîgin fater, arcana* durch *sô daucgal fater chirûni, angelus* durch *angil gotes* genauer bestimmt. Der Übersetzer weiß, daß er für ein theologisch noch ungeschultes Publikum in einer noch nicht erprobten Sprache schreibt. Dabei schreibt er ein gutes, flüssiges Deutsch, das nahezu ganz frei ist von künstlichen, neugeschaffenen Ausdrücken. In unserer Probe sind *hêrduom* und *chiscaft* die jüngsten Wörter, aber auch sie wurden kaum erst von dem ‹Isidor›-Übersetzer geschaffen, sondern waren vermutlich schon vorher in Gebrauch. Auch im Satzbau geht der Übersetzer eigene, deutsche Wege. Er ersetzt gern die lateinischen Infinitivkonstruktionen durch Daß-Sätze und bricht die langen lateinischen Sätze in kürzere Kola auf. Besonders auffallend ist der Einschnitt, den er nach *arcana : chirûni* macht. Dadurch gewinnt die ganze Stelle an Klarheit und auch an Lebendigkeit. Überhaupt ist sein Deutsch viel temperamentvoller, eindringlicher, fester zupakkend als die etwas langweilige, pedantische Gelehrtensprache der lateinischen Vorlage. Was er schafft, ist eine keineswegs wortgetreue, aber durchaus sinnrichtige Wiedergabe des lateinischen Textes. Nur, wo es um Bibelzitate geht, hält sich auch dieser ausgezeichnete Übersetzer enger an die Vorlage. Über eine so geringfügige Änderung wie *praeparabat : garawi frumida*, also die Übersetzung einer Verbform durch einen komplexen Ausdruck geht er in den Bibelstellen selten hinaus. Hier erkennt auch er Grenzen der Übersetzerfreiheit an.

Von ganz anderer Art ist die Übersetzung der ‹Benediktinerregel› (Anhang V), die ungefähr gleichzeitig mit der ‹Isidor›-Übersetzung, aber in anderer geistiger Umgebung entstand. Hier ist der lateinische Text Wort für Wort in ganz genauer Folge übernommen, ohne jede Rücksicht auf die Erfordernisse des deutschen Satzbaus. Zum großen Teil (man vergleiche die Schlußpartie) wäre der deutsche Text ohne den lateinischen überhaupt nicht zu verstehen. Zwar macht dieser Übersetzer wirklich schlimme Fehler, so wenn er lat. *elatio* mit *latus* ‚breit' in Verbindung bringt und *contentio* als ‚Streben' deutet. Aber die ganze Anlage seiner Arbeit ist davon nicht berührt. Er will dem Lateinischen möglichst nahebleiben, und dazu bedarf er einer Menge von Neuwörtern, die entweder von ihm selbst oder schon vorher von gleichgesinnten Kreisen geschaffen sind. Lat. *adimplere* wird anfangs durch *erfullen* übersetzt, ein schon übliches Wort, aber an der zweiten Stelle wird durch *zua-er-fullen* das lat. Kompositum *ad-implere* noch genauer wiedergegeben. Da in lat. *discors* das Substantiv *cor* ‚Herz' steckt, wird die Neubildung *ungaherz* gewagt, und wer die Typen der althochdeutschen Wortbildung kennt, kann sie nicht als schlecht empfinden. Zwar kann der Übersetzer das lat. *dis-* ‚auseinander, entzweit' mit deutschen Sprachmitteln nicht direkt wiedergeben, aber er findet eine geschickte Umschreibung. Denn *ga-* gibt hier die Gemeinsamkeit an, die durch *un-* negiert wird; das Wort bedeutet also etwa ‚nicht eines Herzens seiend'. Der Übersetzer weiß auch, daß lat. *re-* zwei Bedeutungen haben kann, nämlich ‚abermals' und ‚zurück'. Darum unterscheidet er *re-con-signare : avur-ge-zeihhan* ‚wieder bezeichnen' von *recompensare : widarmezzan* ‚zurück-, gegenmessen'. In seiner Genauigkeit übertreibt er auch zuweilen. Lat. *promittere* ‚versprechen' ist durch *giheizan* ‚verheißen' hinlänglich übersetzt. Aber er möchte das *pro-* eigens wiedergeben und bildet daher *fora-giheizan* ‚vorher verheißen', eine Art von Pleonasmus wegen der ohnehin in die Zukunft weisenden Bedeutung des Verbs.

Im übrigen verrät auch dieser Übersetzer den Einfluß der Schule. Nicht jedes Wort wird dem lateinischen genau nachgebildet. Man hat schon gelernt, daß *castitas, zelus, invidia, merces* durch ganz bestimmte deutsche Wörter übersetzt werden können, und daß dem *occasus* (‚Niederfall') *solis* das deutsche *sedalgang* ‚Gang zum (Ruhe)sitz' entspricht. Das sind in der Schule gelernte ‹Vokabeln›, deren Gültigkeit nicht erneut überprüft zu werden braucht. Und da das Kloster Reichenau, wo die ‹Benediktinerregel› übersetzt wurde, im Gebiet der süddeutschen Kirchensprache liegt, lernte man dort auch deren gelehrte Übersetzungen wie *armiherzida* und *âtumlîh* in der Schule kennen. Schulerfahrung ist es wohl auch, wenn der Übersetzer lat. *instrumentum* nicht in der antiken Bedeutung ‚Werkzeug' versteht, sondern als mittellateinische Ableitung von *instruere* ‚lehren'. Jedenfalls ist er ein in der Schule gut ausgebildeter Mann, und wenn er so übersetzt, wie er es tut, Wort für Wort und mit sehr vielen dem Lateinischen abgesehenen Neubildungen, so ist genau das seine wohlüberlegte Absicht.

‹Isidor› und ‹Benediktinerregel› beleuchten die ganze Spannweite, deren die althochdeutsche Übersetzungsliteratur fähig ist. Ganz frei im Wortlaut, aber genau den Sinn der lateinischen Vorlage wiedergebend das eine Denkmal, geradezu fanatisch wortgetreu das andere. So zeigen die beiden ältesten der größeren althochdeutschen Übersetzungswerke, als sollten sie ein Programm erklären, die beiderseits möglichen Extreme. Daß es dazwischen mancherlei Übergangsstufen gibt, können wir hier nur noch an zwei weiteren Beispielen zeigen. Wir haben dazu eine Stelle gewählt, an der die ‹Monseer Matthäusfragmente› und der althochdeutsche ‹Tatian› den gleichen Bibeltext übersetzen (Anhang VI). Es wurde schon erwähnt, daß selbst der althochdeutsche ‹Isidor› sich bei der Übersetzung von Bibelstellen viel enger an den lateinischen Wortlaut hält als in dem umgebenden Text. Es kann daher nicht überraschen, daß der Schöpfer des ‹Monseer Matthäus›, der aus der Schule des ‹Isidor›-Übersetzers stammt, weil er einen Bibeltext zu übersetzen hat, bei weitem nicht so frei schaltet wie sein Lehrmeister. Vielmehr entfernt er sich nirgends allzu weit vom Latein der Vorlage und nähert sich dadurch in seiner Übersetzungstechnik dem althochdeutschen ‹Tatian›, obwohl dieser zu den strengeren Interlinearversionen gerechnet wird. Dennoch gibt es zwischen beiden Versionen gewisse Unterschiede. Zunächst sind es solche der Sprachlandschaft. Wenn man den ‹Monseer Matthäus› auch nicht ohne weiteres zu den Denkmälern der süddeutschen Kirchensprache rechnen darf, so gehört er doch jedenfalls in eine westfränkisch-süddeutsche Traditionslinie. Hierauf weist in unserer Textprobe vor allem sein *misereri : gnâdic werdan* und das nur im Süden verbreitete Wort *vocare : harên.* Der ‹Tatian› hat dagegen für *misereri* das Nordwort *milten,* das aus dem Angelsächsischen stammt wie auch die Übersetzung *heilant* für den Jesusnamen (s. o. S. 166 ff). Außerdem findet sich hier das *increpare : increbôn,* in dem wir oben S. 132 eine Spur des Mönchsjargons zu fassen glaubten.

Es kommt hier aber mehr auf grammatische Gleichheiten und Unterschiede an. Wie eng sich beide Versionen an den lateinischen Text halten, lehren gleich die einleitenden Worte, in denen beiderseits der lateinische Ablativus absolutus durch einen absoluten Dativ nachgeahmt wird, eine papierene Gelehrtenkonstruktion. Überhaupt sind beide Texte in der Beibehaltung der lateinischen Partizipia (vgl. *sizzente* und *quedante*) konservativer als der althochdeutsche ‹Isidor›. Im übrigen hält sich der ‹Tatian› etwas enger an das lateinische Vorbild als der Monseer Text, so z. B. in seinem Konjunktiv *furifuori,* der an dieser Stelle nicht dem deutschen Sprachgefühl entspricht, und vor allem mit dem Akkusativ (*folgêta*) *inan* = lat. *eum*, wo im Deutschen der Dativ erforderlich wäre. Etwas genauer als der andere Text übersetzt der ‹Tatian› *misereri* durch ein einziges Wort und gibt das Passiv *aperiantur* auch im Deutschen passivisch wieder. Die Übersetzung *transire : faran* Mons. klingt ungezwungener als das *furifaran* Tat., welches das lat. *trans-* berücksichtigt. Im allgemeinen hat der Monseer Text die farbigere, volkstümlichere Ausdrucksweise. Man halte z. B. *folc* ‚Leute' Mons. gegen *menigî* Tat., ein Abstraktum zu *manag* ‚viel', also eigentlich ‚Vielheit' bedeutend. (In 31 haben allerdings beide Texte dieses Wort.) Wesentlich besser den Sinn verdeutlichend wirkt in 31 *diu mêra* ‚desto mehr' Mons. gegenüber der wörtlichen Übersetzung *mêr* Tat. Anderseits hat der ‹Tatian› in 30 und 31 den verdeutlichenden Zusatz *sus* (*quedante*) ‚folgendermaßen (sprechend)', setzt in 31 das verbindende *thô* (wo beide Texte das lat. *at* ‚aber' ihrem deutschen Sprachgefühl folgend beiseitelassen), und leitet 33 mit ‚Da sagten sie ihm' in leichterem Erzählton ein, als es lat. *dicunt illi* vorschreibt. Der Monseer Text läßt hier das *illi* unberücksichtigt. Wenn aber seine Satzeinleitung steifer als die des ‹Tatian› erscheint, so ist doch zu bedenken, daß sein *Quâtun sie* und ebenso 32 *Quad* statt lat. *et ait* einem wohlbekannten, altertümlichen Lapidarstil entspricht, der gut althochdeutsch ist. In 30 klingt *bî wege* Mons. ungezwungener als *nâh themo wege* Tat., das dem etwas gespreizten lat. *secus* Rechnung trägt.

Oftmals verbindet sich mit der Erklärung, die ‹Monseer Fragmente› seien Arbeiten aus der Schule des ‹Isidor›-Übersetzers, der Nebengedanke, daß der oder die Schüler ihrem Lehrer an Übersetzungskunst nicht gleichkämen. Das wäre, soweit es die homiletischen Stücke in den Fragmenten betrifft, erneut zu überprüfen. Wenn aber die Evangelienübersetzung dem lateinischen Text sehr nahebleibt, so steht dahinter die gleiche planvolle Absicht wie in der Übersetzung des ‹Tatian›. Grundlage ist der geheiligte lateinische Bibeltext, und es steht dem Übersetzer nicht an, sich weit davon zu entfernen. Jeder Übersetzer hat – auch heutzutage – immer wieder zwischen den zwei Möglichkeiten zu wählen, entweder sinngemäß und frei zu übertragen, wie es der ‹Isidor›-Übersetzer außerhalb der Bibelzitate tut, oder die fremde Vorlage wörtlich zu übernehmen wie die ‹Benediktinerregel›, der es allein darauf ankommt, dem lateinischen Wort zu seinem Recht zu verhelfen. In Übersetzungen der letzteren Art wird das Deutsche ganz und gar auf eine dienende Funktion eingeschränkt. Alles Gewicht ruht auf dem Lateinischen. Das Deutsche ist in solchen Fällen nicht Selbstzweck; es soll gar kein ‹guter› deutscher Text entstehen, sondern die Übersetzung soll nur dazu dienen, das Lateinische auch dem Ungeübten so genau wie möglich verständlich zu machen.

Jener Glossator, der *propositio* nicht durch *rât,* sondern durch *furigisezzida* verdeutschte, tat nicht so, weil ihm nichts Besseres einfiel, sondern weil er erklärlich machen wollte, welche Grundvorstellung in dem lateinischen Wort enthalten ist. Er wollte zeigen: ‹Lat. *pro* entspricht einem deutschen *furi,* und *positio* gehört zu *ponere,* das wir durch *sezzan* wiedergeben; *positio* könnten wir also etwa durch *gisezzida* ‚Gesetztheit' übertragen.› War dies die Meinung, so sollte *furigisezzida* gar nicht als neues, selbständiges Wort aufgefaßt werden, der Übersetzer wollte damit gar nicht sprachschöpferisch die Muttersprache bereichern, sondern er wollte mit Mitteln der deutschen Sprache nur Einblick in den Bau der lateinischen geben. Ähnliches haben auch der Übersetzer der ‹Benediktinerregel› mit seinem *foragiheizan* und der des ‹Tatian› mit *furifuori* beabsichtigt, und die dem Lateinischen folgende undeutsche Wortstellung der ‹Monseer Fragmente› in *folc manigiu* entspringt derselben Absicht: man will dem Lateinischen, der ‹heiligen Sprache›, nahebleiben. Wird dieses Prinzip streng durchgeführt, wie es dem Übersetzer der ‹Benediktinerregel› gelang, so muß das eigene deutsche Sprachgefühl völlig ausgeschaltet werden. Wirklich ist in der ‹Benediktinerregel› jedes einzelne deutsche Wort ganz in den Dienst des lateinischen Partners gestellt. Daß das aber kein Einzelfall ist, mögen die beiden kurzen Proben aus ‹Psalmen›- und ‹Cantica›-Übersetzungen beweisen, die im Anhang VII abgedruckt sind. Es ist nicht erforderlich, sie hier im einzelnen zu erörtern.

Die beiden Matthäusübersetzer, deren Arbeiten wir miteinander verglichen haben, sind von einer solchen völligen Unterordnung des Deutschen dagegen doch recht weit entfernt. Man fragt sich nach den Gründen. Ein streng interlineares, dienendes Übersetzen verlangt Entsagung und sehr viel Selbstdisziplin. Es ist an vielen Stellen so einfach, den geläufigen und guten deutschen Ausdruck einzuführen. Viel schwieriger ist es oft, dem lateinischen Wortlaut dienend treu zu bleiben. Beherrschten also die beiden Matthäus-Interpreten ihre deutsche Muttersprache zu gut? Störte ihr natürliches deutsches Sprachempfinden immer wieder die Absicht, ganz eng beim Lateinischen zu bleiben? Aber man sollte von Angehörigen der besten deutschen Schulen dieselbe Disziplin einer Aufgabe gegenüber erwarten, die geringere Geister, wie der ‹Psalmen›- und der ‹Cantica›-Übersetzer des Anhanges VII, ziemlich vollkommen lösten.

Anderseits kann man auch nicht glauben, daß Schüler des ‹Isidor›-Übersetzers und des Hrabanus Maurus nicht hätten imstande sein sollen, die Evangelientexte in einem viel besseren, eingängigeren Deutsch wiederzugeben. Das muß vor allem für die ‹Tatian›-Übersetzung in Fulda gelten. Wenn irgendwo, so wurde doch dort das deutsche Programm Karls des Grossen, zu dem auch Ausbildung und Pflege der Muttersprache gehören, lebendig ergriffen. Wozu Fulda sprachlich fähig war, das zeigen Otfrid und der ‹Heliand› (vgl. Anhang VIII und IX), die von demselben Hrabanus Maurus angeregt wurden, der auch die ‹Tatian›-Übersetzung veranlaßte. Daraus wird es nun ganz klar: Daß der althochdeutsche ‹Tatian› sich oftmals noch viel enger an die lateinische Vorlage bindet, als es in unserer Textprobe der Fall ist, ist keine Frage des Könnens, sondern des Wollens. Die ‹Tatian›-Übersetzer und auch der Schöpfer des ‹Monseer Matthäus› hatten den Auftrag, eine Mittellinie zu halten. Sie sollten ein möglichst gutes Deutsch schreiben, dabei aber trotzdem dem lateinischen Text soweit nur irgend möglich treu bleiben. Daß auf einem so schmalen Pfade zwischen lateinischer Worttreue und muttersprachlichem Ausdrucksvermögen die Grenze bald nach der einen, bald nach der anderen Seite überschritten wird, ist nahezu selbstverständlich. Die mittlere Linie zu halten, war gewiß viel schwieriger, als Wort für Wort dem lateinischen Text zu folgen, wie es in der ‹Benediktinerregel› und anderen Interlinearversionen geschah, oder als dem deutschen Wort seinen ungehemmten Lauf zu lassen, wie beim ‹Isidor›-Übersetzer außerhalb der Bibelzitate, gar nicht zu reden von den frei nachschaffenden, an das Lateinische viel weniger gebundenen Evangelienerzählungen des ‹Heliand›-Dichters und Otfrids.

Sprachgeschichtliche Wirkungen

Am althochdeutschen ‹Isidor› läßt sich studieren, wohin die Entwicklung hätte gehen können, wenn seine Übersetzungsmethode sich durchgesetzt hätte und wenn nicht die Ehrfurcht vor dem Bibelwort zum sprachlichen Zwang geworden wäre. Dem ‹Isidor›-Übersetzer gelang es, schwierige lateinische Gedankengänge in gutem Deutsch flüssig auszudrücken und dabei mit sehr wenig neugebildeten Wörtern auszukommen. Einzelne Fachausdrücke wie *trinitas : dhrînissa* kann auch er nicht vermeiden; er muß sie neu schaffen oder aus der Sprachschöpfung von Zeitgenossen übernehmen. Wo es aber der Zusammenhang möglich macht, kann er den Ausdruck auch umschreiben: *dhea dhrii heida gotes* ‚die drei Personen Gottes'. Oder er übersetzt *divinitas* ein paar Mal, indem er ein neues Wort bildet, durch *gotnissa* ‚Göttlichkeit', sonst aber auch einfach durch *got* oder *gotes gheist*. Aus solchen Beispielen wird die Gefahr des freien Übertragens ersichtlich. *Trinitas, divinitas* und viele andere Wörter bezeichnen theologisch genau festgelegte Begriffe. Man wird ihres definierten Inhalts nicht habhaft, wenn man sie umschreibt. Es wäre also auf diesem Wege recht schwierig geworden, den Anschluß an die lateinisch-christliche Theologie zu finden.

Aber auch in jeder anderen Beziehung wäre eine freie Entfaltung der deutschen Sprache, selbst wenn es viele so hervorragende Sprachmeister gegeben hätte wie den ‹Isidor›-Übersetzer, sehr teuer erkauft worden. Die neuen abendländischen, christlichen Denkinhalte wären bei freier Entwicklung der deutschen Sprache ihr einverwandelt worden, aber die Sprache selbst und was hinter ihr steht, das Denken, wären eigenwillig isoliert geblieben. Es war auf die Dauer gesehen vorteilhaft, daß die deutsche Sprachentwicklung den umgekehrten Weg beschritt. Indem die deutsche Sprache, jedenfalls die der Gelehrten, ein paar Jahrhunderte lang ganz streng in den Dienst des Lateinischen gestellt, ja in eine lateinische Zwangsjacke gepreßt wurde, fand sie den Anschluß an die christliche und antike lateinisch-romanische Geistigkeit. Sie wurde fähig, dieselben Begriffe zu erfassen und in derselben Weise auszudrücken, dieselben Denkbeziehungen aufzunehmen, die in der lateinischen Christenheit geistiges Gemeingut waren. Am Leitseil des Lateinischen wurde sie in den Bereich der abendländischen Kultursprachen eingeführt, wurde der deutsche Geist dem des christlichen Abendlandes integriert.

Es war ein folgenreicher Entschluß, daß man die enge Anlehnung an das Lateinische suchte, und der Weg, der zu beschreiten war, führte durch dornige Schwierigkeiten. Aber gerade, weil man strenge daran festhielt, kam auch früh die Zeit, da man sich wieder in Selbständigkeit und Freiheit auf den neuen Pfaden bewegen konnte. Das leuchtende Beispiel für diese neu errungene Freiheit ist NOTKER, nach dem ‹Isidor›-Übersetzer wieder einer der ganz großen Sprachmeister und Sprachschöpfer. Schon bei der Erörterung der ‹Vaterunser›-Übersetzungen (o. S. 194 ff) erkannten wir, daß Wendungen wie *unser tagelîcha brôt kib uns hiuto* und *lôse unsih fone ubele* seinen Ohren ganz vertraut geklungen haben – er hätte sie sonst gewiß nicht verwendet –, während sich zwei Jahrhunderte früher sprachbewußte Übersetzer noch dagegen sträubten. Man muß sich einmal klar machen, was allein das bedeuten würde, wenn die deutsche Sprache, ihrem anfänglichen Befremden nachgebend, im Gebet des Herrn nicht mit aller Christenheit um *das tägliche Brot*, sondern um *immerwährende Lebensnotdurft* oder Ähnliches bitten müßte, und wenn sie *das Übel* nach dem Vorgang der altbairischen ‹Vaterunser›-Texte nur durch den Begriff der *Sünde* oder wie der ‹Heliand› als *Übeltat* auszudrücken vermöchte. Es bliebe Christentum auch dann, selbstverständlich, aber in einer Sonderform, und diese Besonderung bliebe nicht auf das äußerlich Sprachliche allein beschränkt, sondern würde auch das Denken, das sich der sprachlichen Zeichen bedient, in abgesonderte Bahnen lenken.

NOTKER also sieht sein feines Sprachgefühl nicht mehr verletzt durch solche Latinismen. Denn sie werden nicht mehr als solche empfunden; sie sind durch die Gewöhnung dreier Jahrhunderte zu sprachlichem Eigenbesitz geworden. Zwar kennt auch NOTKER die Mittel der Wortbildung nach lateinischem Muster, und er verwendet sie mit feinem Gefühl. In den ‹Psalmen› hat er etwa *contradictio* ‚Widerspruch' zu übersetzen. Meist verwendet er dafür die längst üblich gewordene Glied-für-Glied-Übersetzung *widersprâcha*. Aber einmal kommt es ihm darauf an, nicht das Faktum des Widerspruchs, sondern den Vorgang des Widersprechens auszudrücken, und da bildet er ein neues *widerchedunga* (zu *quedan* ‚reden'). Ähnlich übersetzt er *redemptio* ‚Erlösung' gemeinhin, wie schon die älteren Texte, durch *lôsunga* und *erlôsunga*. Wo er aber den Zustand der Erlöstheit bezeichnen will (Ps. 129, 7), bildet er das neue Wort *irlôseda*.

Wörter wie *contra-dictio : wider-sprâcha, Wider-spruch* und *redemptio : er-lôsunga, Er-lösung* waren auch einmal als befremdliche

Glied-für-Glied-Nachahmungen der lateinischen Vorbilder geschaffen worden. Aber sie hatten sich als brauchbar und unentbehrlich erwiesen und hatten daher bald in der deutschen Sprache Bürgerrecht erlangt. Für Notker hatten sie schon keinen befremdlichen Klang mehr; sonst hätte er sie zögernder oder gar nicht verwendet. Und im heutigen Deutsch ist die einstige Bildung nach lateinischem Muster überhaupt nur noch dem Philologen bekannt. Wir könnten viele Hunderte von solchen Wörtern anführen, die wir durch Glied-für-Glied-Übersetzung aus dem Lateinischen gewonnen haben, und ein großer Teil davon wirkte schon auf Notker ebenso vertraut und gut deutsch wie auf uns selbst. Aber Notker läßt sich anderseits von den vertrauten Wortklängen nicht einlullen. Er beherrscht die Methode scharfer Interpretation, und wo es die Sachlage erfordert, schreckt er vor Neubildungen nach dem lateinischen Muster nicht zurück. Aber er bedarf dieser Stütze am Lateinischen nur noch dort, wo er Neues zu übersetzen hat oder Unterscheidungen machen will, die früheren Übersetzern noch fernlagen. Im übrigen kann er, im freien und sicheren Besitz der lateinischen Sprachgrundlagen, in seinen deutschen Übersetzungen frei schalten, ohne fürchten zu müssen, sich zu weit vom Lateinischen zu entfernen. Das sind die segensreichen Folgen der engen Bindung an das Lateinische, zu der die früheren Übersetzer sich gezwungen haben.

Unsere Probe aus Notkers kommentierender ‹Psalmen›-Übersetzung (Anhang X) zeigt recht deutlich sein Verfahren. Dabei hat man allerdings zu bedenken, daß Notker für sehr fortgeschrittene Schüler schreibt und daß er Übersetzung und Erklärung verbindet. Man kann daher sein Werk mit den früher erörterten Evangelienübersetzungen und den anderen Interlinearversionen kaum vergleichen. Hatte dort das Deutsch nur eine dienende Funktion, so handelt es sich bei Notker um eine deutsche Unterrichtssprache, um Erklärungen für einen bereits eingeweihten Kreis, und nicht etwa um Ansätze zu einer volkstümlichen deutschen Bibel. Dafür war die Zeit noch lange nicht reif. Hätte Notker aber eine solche Aufgabe überhaupt in Betracht ziehen können, so wäre seine Übersetzung gewiß konservativer, näher beim lateinischen Grundtext geblieben.

Fast an jedem Wort kann man die Freiheit der Übersetzung Notkers ablesen. Er braucht lat. *abire* nicht mehr Glied für Glied zu übersetzen (wie z. B. *ar-faran* Tat.). In Ps. 1, 1 genügt ihm *gân* ‚gehen'; aber an anderen Stellen braucht er auch *hina faran* ‚hinfahren' und *dane sceiden* ‚von dannen scheiden' als Übersetzungen von *abire*. Es kommt für seine immer treffende Wortwahl eben auf den Zusammenhang an. Lat. *im-pius* übersetzen andere durch *un-guot*. Notker sagt in Ps. 1, 1 und überhaupt meistens *arg*, was ‚böse, feige, ruchlos' bedeutet und den Sinn von *impius* recht gut trifft. Er kann es aber auch durch *ubel* ‚übel' übersetzen und sogar *guotelôs* ‚ohne Güte' neu bilden. Daß *peccator* Substantiv ist, weiß er natürlich; aber er verzichtet auf das immer noch befremdlich klingende *sundâre* ‚Sünder' und wählt zur Übersetzung lieber das Adjektiv *sundîg*. Daß er aber *dero sundigon* ‚der Sündigen' sagen kann und nicht, wie es guter deutscher Stil in älterer Zeit verlangt hätte, *dero sundigon manno* ‚der sündigen Menschen', ist wieder eine Folge der Gewöhnung an lateinischen Sprachgebrauch, in diesem Falle an die im Lateinischen übliche Substantivierung von Adjektiva. Nach deutscher Weise übersetzt er *cathedra pestilentiae* durch ein rasch gebildetes Kompositum *suhtstuol*, und souverän gibt er den Versikeln 2 und 3 erläuternde Einleitungen, um den Zusammenhang verständlicher zu machen. Die Übersetzung von *lignum* ‚Holz' durch *boum* entspricht alter Tradition. An anderen Stellen kann NOTKER sie aber durch *waltpoum* und *waltholz* ‚Waldbaum' noch anschaulicher gestalten. Bei *plantare* und *fructus* verzichtet NOTKER auf die Lehnwörter *pflanzôn* und *fruht*, die andernorts zu seiner Zeit schon gern gebraucht werden, und zieht die deutschen Wörter *sezzen* und *wuocher* vor. Letzteres, nhd. *Wucher*, hängt mit *wachsen* zusammen und bedeutet ursprünglich ‚Ertrag, Frucht'. Gegen die beiden Lehnwörter sträubt sich also sein Sprachgefühl; sie mögen ihm noch allzu fremd oder allzusehr nach gärtnerischer Fachsprache geklungen haben.

Es ist eine eingängige, klare und kräftige Sprache, die NOTKER schreibt. Sie klingt echt und deutsch, auch wo er zu neuen Wortbildungen greift. Tut er das nämlich, so sind es nicht mehr die hölzernen Latinismen der älteren Zeit, sondern Wörter, die aufhorchen lassen. Wo ein ungewohnter, neuer Ton erklingt, da ist es bei NOTKER ein Anzeichen, daß er Neues, vorher noch nicht Erkanntes zu sagen hat. Aber natürlich will er es auf Deutsch, und in gutem Deutsch, sagen, und schon deshalb können für ihn Wortbildungen wie jenes alte *forakisezzida* überhaupt nicht in Betracht kommen, die ja nicht deutsch sein, sondern nur das Lateinische genau erklären wollen. Die Zielsetzung NOTKERS ist also eine andere als die der alten Interlinearversionen. Er steht auf der Seite jener freien Übersetzer vom Schlage des althochdeutschen ‹Isidor›. Aber in den dazwischenliegenden Jahrhunderten ist die deutsche Sprache schon so sehr in die Schule des Lateinischen genommen worden, daß auch die freien Übersetzungen NOTKERS in dem dadurch abgesteckten Rahmen bleiben. Sehr vieles in seinem Wortschatz und in seiner Syntax ruht auf diesen inzwischen erworbenen lateinischen Grundlagen. Aber es ist nun schon seit langem Sprachgewohnheit geworden und wird daher längst nicht mehr als fremd empfunden.

Das ist ja überhaupt das Bemerkenswerte in der Entwicklung jeder Sprache. Was zur Gewohnheit wird, erregt keinen Anstoß mehr. Wir sahen es auf grammatischem Gebiet an den Substantivierungen der Adjektiva. Ohne den geringsten Anstoß kann man zu NOTKERS Zeit *daz ubel* und *der suntîgo* sagen, weil man sich unter lateinischem Einfluß längst daran gewöhnt hat. Viel tiefere Änderungen aber bringt, ebenfalls ganz unvermerkt, der Bedeutungswandel sehr vieler Wörter hervor. Wenn NOTKER ganz unbefangen *unser tagelîcha brôt* schreibt, so weiß er längst nicht mehr, daß einer seiner St. Galler Brüder vor mehr als zweihundert Jahren mit *prooth* eine im Deutschen unerhörte Metapher verwendet hatte und daß das *tagalîh* eine zuerst in der ‹Benediktinerregel› auftauchende und damals recht papieren klingende Neubildung war.

Den stärksten Bedeutungswandel müssen naturgemäß alle diejenigen altererbten Wörter durchmachen, die in den Einflußbereich der christlichen Vorstellungs- und Begriffswelt geraten. So übersetzt NOTKER lat. *beatus* durch ahd. *sâlîg* ‚selig'. Diese Übersetzung war schon beim ersten Beginn der althochdeutschen Übersetzungstätigkeit üblich und ist niemals angefochten worden. Aber dieses germanische Wort bedeutete ursprünglich ‚glücklich' und war ganz auf das irdische Leben bezogen, während das christlich-lateinische *beatus* die irdische Glückseligkeit doch immer nur im Hinblick auf das wahre Leben im Jenseits meint. Man pflegt zu sagen, *sâlîg* und sehr viele andere altererbte Wörter hätten einen Bedeutungswandel durchmachen müssen, um den lateinischen Begriff wiederzugeben. Das ist die abgekürzte Darstellung eines sehr komplizierten Vorganges. Denn wer zuerst *beatus* durch *sâlîg* übersetzte, der griff zu diesem germanischen Wort, weil sich ihm kein besser passendes anbot. Aber er mußte wohl bemerken, daß er es in einer etwas verschobenen Bedeutung gebrauchte, und auch der Hörer erfuhr, daß es nicht ganz den alten Sinn hatte. Indem das Wort nun immer wieder in neuen christlichen Zusammenhängen auftauchte, wurde im ständigen Gebrauch allmählich immer klarer, welche Bedeutungsschattierungen damit verbunden waren, und so rückte es ganz langsam in die volle Bedeutung von *beatus*, das übrigens selbst bereits – aber viele Jahrhunderte früher – den Wandel von der antik heidnischen zur christlichen Bedeutung erlebt hatte. Genau so hat man sich die Entwicklung aller Lehnbedeutungen, z. B. bei *got*, bei *truhtîn* und sehr vielen anderen früher erörterten Bedeutungslehnwörtern vorzustellen. Keines erhält seine neue, christliche Bedeutung durch einen einseitigen Willensakt dessen, der das Wort zuerst in neuer Bedeutung gebraucht. Wieder einmal zeigt sich, daß Sprache sich nur in der Gemeinschaft bilden und weiterentwickeln kann. Was der einzelne Sprecher tut, der ein Wort in neuer Bedeutung zuerst benutzt, kann immer nur ein Erproben sein. Findet er Anklang, versteht ihn die Sprachgemeinschaft und schließt sich ihm an, dann erst erhält das Wort durch ständigen Gebrauch ganz allmählich seine volle neue Bedeutung.

Es ist wahrscheinlich einfacher, wenn auch anfangs nur im Kreise von Gleichgesinnten und Gleichgeschulten möglich, für neue Vorstellungen neue Bezeichnungen zu prägen, als altüberkommene Wörter zu Zeichen für neue Inhalte zu machen. Die Fülle der christlichen Neuwörter, die im Kreise der gelehrten Geistlichkeit entstanden, zuerst nur im Gebrauch der Eingeweihten lebten und dann – wenn sie glücklich genug waren – in die Gemeinsprache eindrangen, beweist den Erfolg solchen Verfahrens. Aber die viel unauffälligere Erscheinung des Bedeutungswandels schon vorhandener Wörter hat viel tiefer einschneidende Wirkungen, weil sie zu ganz veränderten Vorstellungen führt. Es wurde oben S. 112 schon erwähnt, daß es nicht mit Sicherheit gelingt, die heidnische Bedeutung von germ. **guda* ‚Gott' zu ermitteln. Durch die Umwandlung in einen christlichen Begriff geriet die frühere Bedeutung allmählich völlig in Vergessenheit. *Gnade*, ahd. *ginâda*, soll – so nimmt man an – in heidnischer Zeit einmal ‚Hilfe' bedeutet haben; sicher ist das nicht. Was die älteste Bedeutung von *klaga* ‚Klage' war und von *sunta* ‚Sünde' (wenn es vielleicht doch ein Wort germanischer Herkunft sein sollte; vgl. oben S. 120), ist unbekannt. Neuwörter als Zeichen für neue Vorstellungen, Lehnwörter, überhaupt alles, was an neuem Wortgut hinzukommt, bedeuten Bereicherung der Sprache. Wo aber die alten Vorstellungsinhalte angetastet werden, indem die Wörter einem Bedeutungswandel unterliegen, da treten Verluste ein. Die alten Vorstellungen, die man nicht mehr bezeichnen kann, geraten in Vergessenheit. Eines Tages weiß die Sprachgemeinschaft nicht mehr, was das Wort früher bezeichnete, und damit ist man von der eigenen geistigen Vergangenheit abgeschnitten.

Ein gutes Beispiel für diesen Vorgang bieten Begriff und Wort *Seele*. Mag der Begriff auch heute säkularisiert und psychologisiert sein, so lassen sich doch diese modernen Bedeutungsentwicklungen lückenlos aus dem mittelalterlichen Seelenbegriff herleiten, der uns allerdings durch diesen Vorgang der Bedeutungsverschiebungen auch bereits fremd geworden ist. Mhd. *sêle*, ahd., as. *sêla*, ae. *sáwol* und auch schon got. *saiwala* sind Wörter mit ganz und gar christlichem Vorstellungsgehalt. Was aber davor lag, die germanische Seelenvorstellung, ist vollständig vom christlichen Gehalt überlagert und vergessen. Es scheint so – aber die Gelehrten sind sich darüber nicht einig —, als habe *saiwala* in heidnischer Zeit die ‚Totenseele' bedeutet, das schattenhafte Nachbild des Menschen im Reich der Hel. Erst nach dem Tode wird der Mensch *saiwala*, was — nach allerdings umstrittener Etymologie — ‚die Wallende, Zerfließende, Gestaltlose' bedeutet haben könnte. Im Leben aber hat der Mensch — das scheint die heidnische Auffassung — keine *saiwala*. Was im lebendigen Leibe wirkt, ist nach germanischer Vorstellung ganz etwas anderes, ist ahd. as. *ferah*, ae. *feorh*, das etwa ‚Lebenskraft' oder konkreter ‚das warme, pulsende Lebensblut' bedeutet. Im ‹Heliand› (Anhang IX, letzte Zeile) kommt das Wort vor, und in volksnaher Dichtung wird es noch in mittelhochdeutscher Zeit gebraucht. *Sie kouftenz mit dem verche*, ‚sie bezahlten es mit dem Leben' heißt es in der ‹Kudrun›, und im Kampfe werden die Helden *verchwunt* geschlagen, ‚zu Tode verwundet', so daß die Lebenskraft versiegt.

Nach christlicher Auffassung ist die Seele, lat. *anima*, unsterblich, und ihr wahres, angemessenes Sein beginnt erst nach der Erlösung vom Leibe. Wegen dieses Seins nach dem Tode konnte *anima* mit *saiwala* gleichgesetzt werden, wobei freilich die heidnische Vorstellung von den in der Unterwelt wallenden Schatten allmählich verdrängt werden mußte. Der christlich-lateinische Begriff hat aber einen weiteren Umfang, einen viel tieferen Gehalt und beruht auf ganz anderen psychologischen Vorstellungen als der germanische. Die *anima* kommt von Gott, ist der göttliche Teil des lebendigen Menschen und kehrt zu Gott zurück. Diesen ganzen Vorstellungsinhalt muß nun auch das germanische Wort *saiwala* ausdrücken. Das bedeutet aber eine umstürzende Änderung der psychologischen Auffassungen. Erst unter christlichem Einfluß erkennt der Germane, daß der lebende Mensch *anima* : *sêla* hat; der christliche Dualismus ‚Leib — Seele' tritt an die Stelle der einheitlichen Vorstellung des von Lebenskraft erfüllten Menschen. Es wäre viel zu eng und einseitig, hier nur Wortgeschichte und Wandel der Wortbedeutung zu sehen. Dahinter steht der ganze, ungeheuer tiefgreifende Umschwung der Auffassung von Gott, Mensch und Welt, den die Annahme des Christentums fordert. Wieder werden wir auf die Revolution des Geistes gestoßen, von der schon oben S. 47 ff die Rede war. Alle Lebensgebiete werden davon betroffen, sehr stark zum Beispiel das gesamte Gebiet der Ethik, wo vieles umzuwerten, noch viel mehr aber überhaupt erst neu zu erfassen war. Am stärksten rüttelt aber doch an den Grundfesten der heimischen Vorstellungswelt das neue christliche Menschenbild. Dasjenige des germanischen Heidentums ist freilich nicht mehr mit voller Sicherheit zu erschließen, und was hier über den germanischen Seelenbegriff, ‚gestaltloser Schatten in der Hel', vorgetragen wurde, muß Hypothese bleiben. Aber gerade an dieser

Unsicherheit erkennt man, was uns hier als Beweispunkt am Herzen liegt: Indem das Wort *saiwala* zum Träger der christlichen Seelenvorstellung wurde, versank die ältere germanische Vorstellung, die sich vorher darin ausdrückte, in völlige Vergessenheit.

Allerdings kann unsere Hypothese wohl nicht allzu weit von der Wahrheit entfernt sein. Denn wenn die germanische *saiwala* nicht Fortsetzung, sondern etwas Neues, vom lebendigen Menschen Unterschiedenes ist, kann es auch keine Vorstellung von Unsterblichkeit geben. Und diese findet wirklich im Germanischen zumindest keinen sprachlichen Ausdruck. Weder lat. *mortalis* ‚sterblich' noch *immortalis* ‚unsterblich' lassen sich durch germanische Erbwörter wiedergeben. Neubildungen wie ahd. *tôdîg* und *tôtlîh* (beide werden auch von Notker noch nicht überwunden), und *untôtlîh* nebst *immortalitas* : *untôdîgî, untôtlîchî* ‚Unsterblichkeit' müssen zur Übersetzung dienen. ‚Sterben' und ‚Tod' sind das Schicksal aller Kreatur; beide Vorstellungen sind selbstverständlich auch dem Germanen bekannt und in seinem Wortschatz vorhanden. Aber die Qualität ‚sterblich' brauchen sie nicht auszudrücken, weil ihnen vom Oppositum ‚unsterblich' jede Vorstellung fehlt.

Nur was unsterblich ist, hat Ewigkeit, zeitlose Dauer. Wo daher der eine Begriff fehlt, hat auch der andere keinen Raum, und daher fehlt den Germanen auch die Ewigkeitsvorstellung. Ahd. *êwîg*, oder jedenfalls der germanische Stamm **aiw-*, von dem es abgeleitet ist, ist aber ein uraltes, germanisches Erbwort, das wieder ganz von der jüngeren, christlichen Bedeutung mit Beschlag belegt wurde. Nur durch etymologische Forschung läßt sich ermitteln, daß es ursprünglich ‚Lebensdauer' und von da aus überhaupt ‚lange Dauer' bedeutet haben muß. Von der Lebensdauer des Menschen auf die der christlich begriffenen Seele übertragen, konnte das Wort *êwîg* seine christliche Bedeutung annehmen. Aber wieder wurde darüber die alte heidnische Vorstellung vergessen.

Ein sehr lehrreiches Beispiel der völligen Umwandlung des Menschenbildes sei abschließend noch angeführt, der Geist-Begriff. Auch er ist heute wie der der Seele säkularisiert. Aber die heutige Vorstellung, daß der Mensch *Geist* hat, entstammt wieder der christlichen Psychologie und der theologischen Lehre vom Anteil des Menschen am Geiste Gottes. Nach germanischer Psychologie – soweit erkennbar – wohnen dagegen dem lebenden Menschen neben der Lebenskraft des *ferah* nur *hugu* ‚Sinn, Verstand, Erinnerungsvermögen' und *muot* ‚die emotionale Triebkraft seines Handelns' inne. Die Geist-Psychologie dagegen ist jüdisch-christlichen Ursprungs.

In der lateinischen Bibel- und Kirchensprache wird der Begriff ‚Geist' als *spiritus* gefaßt, und dieses lateinische Wort hat seine christliche Lehnbedeutung aus griechisch *pneuma* übernommen. Beide bedeuten von Haus aus ‚Atem, Hauch‘, haben aber unter bibelhebräischem Einfluß im christlichen Sprachgebrauch eine ungeheure Bedeutungsbreite angenommen. Außer der stets beibehaltenen Konkretbedeutung dienen *pneuma* : *spiritus* vor allem zur Bezeichnung von Gottes Geist, auch sofern er im Menschen wirkt, zur Bezeichnung der dritten Person der Trinität, des Heiligen Geistes; ferner werden auch die Geistwesen der Engel und Teufel so bezeichnet. In der süddeutschen Kirchensprache tritt ahd. *âtum*, von der Konkretbedeutung ausgehend, durch Bedeutungsentlehnung in alle die weiten Bezüge des lateinischen *spiritus* ein: *Gotes âtum* und *pravus spiritus* : *der unhreino âtum* (‚böser, unreiner Geist‘) und besonders häufig *spiritus sanctus* : *wîh âtum*, ‚der heilige Geist‘ sind belegt. Im Wege der Lehnübersetzung wird dann auch zu lat. *spiritalis* ein althochdeutsches Adjektiv *âtumlîh* gebildet, das nun ebenfalls die gesamte Ausdehnung des *spiritus*-Begriffes decken muß. Es kann ‚atem-, lebenspendend‘ bedeuten und in übertragenem Gebrauch ‚geistig‘ in allen seinen Bezügen, und in der ‹Benediktinerregel› wird sogar von den geistlichen Oberen, lat. *spiritalibus senioribus*, als den *âtumlîhhêm hêrôrôm* gesprochen.

Ahd. *âtum* und *âtumlîh* bieten nun ein interessantes Beispiel dafür, daß die Durchsetzung der Lehnbedeutung nicht recht gelingen will. Offenbar kann die Grundbedeutung ‚kreatürlicher Atem‘, die im täglichen Sprachgebrauch vorherrscht, bei diesem Wort nicht vergessen werden, und sie mischt sich immer wieder störend ein, wo das Wort in übertragenem Sinne gebraucht wird. Nicht zwar in der Fachsprache der süddeutschen Theologen, in der *wîh âtum* noch bis tief in das zwölfte Jahrhundert hinein vorkommt, wohl aber in volkstümlicher Sprache und in der Sprache christlicher Belehrung und Predigt. Das volkstümliche Sprachgefühl sträubt sich ganz offensichtlich dagegen, das Erbwort *âtum*, das immer wieder in seiner alltäglichen Bedeutung verwendet werden muß, gleichzeitig zum Träger weit entfernt liegender christlicher Vorstellungen zu machen. Nur so ist es zu verstehen, daß die unter angelsächsischem Einfluß in Fulda geschaffene Übersetzung *spiritus* : *geist* (ae. *gást*) sich so rasch durchsetzt. Die Übersetzung von *spiritus sanctus* durch *heilag geist* ist ja, wie schon oben S. 168 erörtert, eines der ganz wenigen angelsächsischen Importstücke, das sich in überraschend schnellem Siegeszug sofort über das gesamte deutsche Sprachgebiet verbreitet.

Geist hat, wie Werner Betz (LH 139) kürzlich dargetan hat, in heidnischer Zeit vermutlich ‚die geistige Gestalt des Menschen‘ bedeutet, die nach germanischer Vorstellung den schlummernden Leib verlassen konnte. (Völlig sicher ist auch diese Deutung nicht, da auch hier wieder der heidnische Vorstellungsgehalt verschüttet ist.) Von dieser Grundlage aus ist eine Bedeutungserweiterung zu ‚Spuk, Schreckgespenst' und anderseits zu ‚Schutzgeist' möglich. Da ist also schon in den heidnischen Vorstellungen eine gewisse Anwendungsbreite gegeben, die die Übernahme der Lehnbedeutungen des christlichen *spiritus* erleichtert. Es kommt hinzu, daß das Wort im deutschen Sprachgebiet anscheinend zwar noch bekannt, aber fast außer Gebrauch gekommen war. Sein heidnischer Vorstellungsgehalt war mithin schon stark verblaßt, und desto leichter konnte es sich mit dem neuen christlichen Inhalt füllen.

Geist und *Seele, Unsterblichkeit* und *Ewigkeit* stehen uns hier nur als Beispiele dafür, welch grundlegender Wandel sich durch die Annahme des Christentums in der germanischen Vorstellungswelt vollzog und wie stark davon auch die Sprache betroffen wurde. Die alten Erbwörter blieben zwar äußerlich dieselben, aber gerade alle wichtigsten von ihnen, die sich auf die geistigen Vorstellungen bezogen, auf Weltanschauung und Menschenbild, auf Religion, Recht und Sitte, mußten nun neue Inhalte bezeichnen und wurden dadurch untüchtig zur Bezeichnung der alten Vorstellungen heidnischer Zeit. Für diese ohnehin absterbende Welt wurden neue Bezeichnungen nicht mehr gesucht und gefunden, und so mußte sie im Verlauf weniger Menschenalter in Vergessenheit geraten, da ihr die Wörter als Träger ihrer Vorstellungen enteignet waren. Das geschah unmerklich, und auch nicht nach logischen Gesetzen. Man hörte und sprach z. B. immer wieder das Wort *Seele* und gewöhnte sich an seine neue Bedeutung. Aber man bemerkte lange nicht, daß in dem neuen christlichen Menschenbilde für die altheidnische Vorstellung *ferah* kein Platz mehr war. Das Christentum hatte dieses Wort nicht für sich in Anspruch genommen; es behielt daher seine alte Bedeutung. Daß es – wenn auch allmählich verblassend – in volkstümlicher Sprache bis in das 14. Jahrhundert weiterleben konnte, beweist, welche zentrale Stellung es einst im germanischen Denken gehabt haben muß.

Bedeutungswandel vieler wichtiger Erbwörter, der Erwerb neuer Vorstellungen durch Lehnwörter und nach christlich-lateinischem Muster geschaffene Neuwörter, dazu auf anderem Gebiet die Aneignung so mancher grammatischer Eigenheit des Lateinischen: Das sind die großen inneren Sprachereignisse der althochdeutschen Zeit. Das Christentum verlangt die Ausrichtung des Deutschen wie der anderen europäischen Sprachen nach dem lateinischen Muster, und so entsteht die große abendländische Spracheinheit, die im Begriffs- und Vorstellungsschatz vorhanden ist, mögen auch die Wörter in allen Sprachen verschieden sein. Die Wörter sind das Bezeichnende, das, was hinter ihnen steht, die Vorstellungen, das Bezeichnete. Das Bezeichnete aber ist in seinem Grundbestand in allen Ländern der lateinischen Kirche identisch, weil es überall dem Lateinischen entnommen wird. In diese gemeinsame abendländische Welt der lateinisch geprägten Begriffe und Vorstellungen wird das Deutsche in den ersten drei Jahrhunderten seines Werdens eingeführt. Germanisch bleibt es in dem äußeren Gewande seiner Wörter, des Bezeichnenden; aber es wird latinisiert und dadurch europäisiert, indem es den ganzen Reichtum der lateinischen Begriffe und Vorstellungen in sich aufnimmt.

Wir gingen aus von der Leistung der gelehrten althochdeutschen Übersetzer, und es ist zuzugeben, daß diese Integrierung der germanisch-deutschen Sprache nicht ihnen allein verdankt wird. Bevor sie überhaupt ans Werk gehen können, muß erst einmal die Berührung mit dem Christentum da sein und müssen Mission und Predigt schon den Boden bereitet haben. Das Grundlegende, die geistige Revolution, ist nicht das Verdienst der Übersetzer. Sie ist im wesentlichen schon vorher abgeschlossen. Aber die Übersetzer sind die Erben und Vollstrecker dieser Revolution. In der Kleinarbeit ihrer Schreibstuben sorgen sie dafür, daß die neue Geistigkeit, die vorher nur in den großen Zügen umrissen war, bis in die feinsten Verästelungen sich durchsetzt und daß die Sprache, an deren christlicher Umwandlung sie arbeiten, sich ganz und gar mit dem neuen Geist füllt. Während die einen, wie der ‹Isidor›-Übersetzer, die neue Geisteswelt kühn mit den Mitteln der eigenen Sprache zu erfassen suchen, leistet die Mehrzahl qualvolle Fronarbeit an der fremden Sprache, in der der neue Geist sich darstellt. Die Geschichte hat erwiesen, daß dieser viel mühsamere Weg der richtigere war, der schon am Ende der althochdeutschen Zeit, in eine schwer errungene, aber gesicherte Freiheit führen sollte, die doch abendländisch gebunden blieb.

XII. DAS ALTHOCHDEUTSCHE IN SOZIOLOGISCHER SICHT

In unserem Überblick über die Sprachentwicklung in althochdeutscher Zeit haben wir vieles vernachlässigen müssen. Der gesamte ererbte Grundbestand des germanisch-deutschen Wortschatzes, soweit er nicht um des Bedeutungswandels willen zu erwähnen war, blieb unberücksichtigt, und damit alles, was an altererbten Vorstellungen hinter den Wörtern steht. Die Erörterung dieses Erbwortschatzes hätte tief hineinführen müssen in die germanische Kultur und ihre Geschichte und in all das, was unverändert auch in althochdeutscher Zeit weiterhin bestand. Es kam uns aber nicht auf die Darstellung des Germanischen und seines Fortlebens im Deutschen an, sondern auf die Entstehung des Deutschen selbst. Damit wurden wir auf das eine, einzigartige, große Ereignis beschränkt, das den vordeutschen Mundarten (und in vergleichbarer Weise allen germanischen Sprachen, wenn auch zu verschiedenen Zeiten) mit der Hinwendung zum abendländischen Mittelalter die für die Zukunft entscheidende Entwicklungsrichtung vorschrieb. Dieses Ereignis war die Aneignung des Christentums, und nur mit dieser zentralen Frage hat sich unsere Darstellung beschäftigt.

Im Zuge der Erörterungen haben wir uns immer wieder nach den Trägern dieser Entwicklung umgesehen, nach den sozialen Schichten, die zu der Entstehung einer christlichen deutschen Sprache und zu ihrer Entfaltung beigetragen haben. Solche Fragen nach den sozialen Schichten oder Gruppen, die an einer sprachhistorischen Entwicklung Anteil haben, sind von der Forschung bisher nur selten berücksichtigt worden. Ein weites Feld harrt hier noch der Bestellung. Desto wichtiger scheint es, am Schluß unserer Erörterungen noch einmal zusammenzufassen, was sich uns ergeben hat, mag es auch wenig und zum Teil unsicher sein. Gewisse Folgerungen und allgemeine Erkenntnisse lassen sich dennoch daraus gewinnen.

Soziologische Schichtungen im Germanischen

Noch einmal lenken wir den Blick zurück auf jene frühe Zeit der ersten Berührung zwischen Germanen und Römern. Dinge des alltäglichen Lebens wurden damals ausgetauscht, (der Austausch war nicht nur einseitig, und es gibt aus dieser Zeit auch germanische Lehnwörter im Lateinischen), und mit den Sachen kamen ihre lateinischen Bezeichnungen, die als Bereicherung in den germanischen Wortschatz eingingen. Auf beiden Seiten, als Gebende und als Empfangende, sind die breiten Schichten des Volkes die Träger des Austausches. Man muß sogar feststellen, daß es das niedere, wenig gebildete Volk war, das hier in sprachliche Kontakte trat. Die Vulgärformen, in denen Lateinisches ins Germanische übernommen wurde, beweisen es; denn von den höheren römischen Bildungsschichten wird man auch in jener Zeit annehmen dürfen, daß sie eine korrektere Sprache pflegten. Dasselbe gilt auch von der empfangenden germanischen Seite. Die entlehnten Wörter werden bedenkenlos lautlich mundgerecht gemacht, und nirgends zeigt sich, daß das Schriftlateinische, das den gebildeteren Schichten unter den Germanen nicht ganz fremd geblieben sein kann, als Korrektiv auf die Lautgestalt der Lehnwörter gewirkt hätte. So etwas gibt es frühestens im 8. Jahrhundert, wenn beispielsweise neben dem volkssprachlichen ahd. *tehmo* ‚der Zehnte' ein *decemo* erscheinen kann, dessen Lautgestalt an lat. *decem, decimae* ausgerichtet ist; das geschieht aber unter dem Einfluß gelehrter Spezialausbildung und ist vorher nie zu beobachten.

Daß die Lehnbeziehungen sich im volkssprachlichen Alltag von der Römerzeit an ununterbrochen fortsetzten, konnte an zahlreichen Beispielen der Entlehnung aus altromanischen Volkssprachen bis in die Karolingerzeit hinein gezeigt werden. Sie dauerten natürlich durchs ganze Mittelalter hindurch an, und es gibt sie auch heute noch. Der alltägliche nachbarliche Verkehr überflutet zu jeder Zeit die Sprachgrenzen, wenn diese nicht mit unüberwindlichen natürlichen Grenzscheiden, wie Wüsten und hohen Gebirgen, zusammenfallen. Der Austausch aber führt auf sprachlichem Gebiet stets zur Übernahme von Lehngut. Dabei zeigt es sich heute wie immer und auch in jenen ersten Jahrhunderten römisch-germanischer Berührungen, daß mit der fremden Sache, die man übernimmt, auch das fremde Wort eingeführt wird. Diese unbefangene und selbstverständliche Übernahme der fremden Bezeichnung, die dann eingebürgert wird, ist geradezu ein Charakteristikum volkstümlicher Entlehnung. Sind andere soziale Schichten die Entlehnenden, so wird eher der fremde Ausdruck bei der Übernahme übersetzt, oder aber er bleibt als Fremdwort, gar nicht oder nur sehr wenig — meist in den Flexionsendungen — verändert, stehen.

Man möchte freilich einwenden, daß doch auch in volkstümlicher Sprache Übersetzungen vorkommen, und man könnte etwa an ahd. *galgo*, ae. *gealga*, eine noch aus germanischer Zeit stammende Entsprechung für lat. *crux* ‚das Kreuz' erinnern (s. o. S. 128). Aber ist das wirklich eine Übersetzung? Wir sind freilich überzeugt, daß es sich hier noch um eine volkstümliche Bezeichnung aus früher, heidnischer Zeit handelt. Aber hier wird keine fremde Sache übernommen. Sie wird zunächst nur unverstanden aus geistiger Ferne angeschaut. Man wundert sich und spricht darüber und wählt für die fremde Erscheinung, deren Namen man nicht kennt oder aus Fremdheit nicht begreift, eine heimische Umschreibung. Nicht einmal ein Bedeutungswandel ist dabei im Spiel; denn zunächst vergleicht man das fremde Gebilde tatsächlich mit dem, was man an Entsprechendem in der heimischen Vorstellungswelt findet. Erst durch das Vertrautwerden mit dem Christentum wird die alte Bezeichnung allmählich auch mit christlichem Vorstellungsgehalt verbunden, und damit erst tritt der Bedeutungswandel ein. Sicher vollzieht sich die Gleichsetzung von *crux* und *galgo* (und viele entsprechende Gleichungen) in der sozialen Schicht des breiten Volkstums, aber um eine Lehnübersetzung handelt es sich dabei ursprünglich nicht. Man müßte hier von einer Spiegelung des fremden und fremd bleibenden Kulturguts in der heimischen Sprache reden. Wird das betreffende Kulturgut dann späterhin doch vertraut, so ist die sprachliche Bezeichnung dafür bereits vorgeprägt.

Schwieriger als der obige Fall sind die Wochentagsnamen zu beurteilen, die ja zum Teil schon sehr früh germanisch interpretiert und in gewissem Sinne wirklich übersetzt werden. Aber die Aneignung dieser Bezeichnungen ist auch die Leistung einer anderen sozialen Schicht. Welches Interesse hätte der germanische Bauer an der römischen Wocheneinteilung nehmen sollen? Welche Schicht oder welchen Stand man in diesem Falle für die Übernahme verantwortlich machen soll, läßt sich freilich nur vermuten. Es könnten heidnisch-germanische Priester gewesen sein, die den römischen Kult der Wochengötter nachzuahmen trachteten. Aber wieder ist zu fragen, welcher Kultgemeinde sie damit dienen wollten. So wird man letzten Endes auf das Heerlager und die Veteranensiedlungen gestoßen. Eng und von langer Dauer war im römischen Heere das Zusammenleben der Soldaten, und die fromme Verehrung vieler Götter war in der Armee Tradition. Daß auch die Soldaten der germanischen Truppenteile daran starken Anteil nahmen, ist durch Bodenfunde bewiesen. Im Heere war also am ehesten die Übertragung fremder Kulte auf die angestammten Götter möglich, und hier bestand auch der Bedarf dafür. Aber auch unter diesem Gesichtspunkt können die ältesten germanischen Wochentagsnamen (und erst recht nicht die späteren) nicht als volkstümliche Schöpfungen gelten. Hier ist tiefere Einsicht in das Wesen der fremden und der eigenen Götter vonnöten, und man wird daher eher an einen gehobenen Stand, eben die Priester, denken, welche die neuen Bezeichnungen schufen, die dann freilich bald genug auch im Munde der Soldaten und des Volkes verbreitet sein mochten.

Daß in den germanischen Truppeneinheiten Roms überwiegend

germanisch gesprochen wurde, darf man für gewiß halten. Da hätte man es mit einer allgemein volkstümlichen Sprachgrundlage zu tun, und sofern die besonderen Verhältnisse des soldatischen Lebens sprachlich berücksichtigt werden, innerhalb der Volkssprache mit einer gruppensprachlichen Sonderprägung. Wir glaubten oben (S. 138), Anhaltspunkte dafür zu finden, daß unter den Wochentagsnamen die Sonderbenennung des *Mars-Ziu*-Tages als *Thinxus*-Tag in dieser Soldatensprache entstanden sei, und vor allem halten wir daran fest, daß das Wort *truhtîn* im Munde der germanischen Soldaten in die Bedeutung von lat. *dominus* einrückte (oben S. 114 f). Auch das gotische Wort *gahlaiba* ‚Kamerad, Gefährte' mit der eigentlichen Bedeutung ‚der gemeinsam Brot Essende, der Brotgenosse' scheint von germanischen Soldaten genau nach dem Vorbild von lat. *companio* ‚Kamerad, (Kumpan)' gebildet zu sein (zu lat. *panis* ‚Brot', got. *hlaifs*, das in ‚ein *Laib* Brot' weiterlebt). Bei näherem Zusehen würde sich wahrscheinlich noch eine ganze Anzahl von Ausdrücken der Soldatensprache aus vorliterarischer Zeit aufspüren lassen.

Auch mit dem Bestehen von Fachsprachen ist schon in vorschriftlicher Zeit zu rechnen. Das Handwerk der Schmiede und die Seefahrer müssen nach Lage der Dinge schon damals eine Fachsprache besessen haben, d. h. einen Wortschatz an Fachausdrücken, an dem die allgemeine Volkssprache keinen Anteil hatte. Aber von solchen Fachsprachen ist bislang nichts nachgewiesen. Im übrigen hat man bei solchen Erwägungen sehr genau die jeweils vorhandenen Kulturzustände in Betracht zu ziehen. Wenn man z. B. bei den besten althochdeutschen Schriftstellern eine ausgesprochene Abneigung gegen sehr alte Lehnwörter wie *pflanzôn, fruht* und andere feststellt, so darf man vielleicht annehmen, daß es sich dabei um Ausdrücke aus der Fachsprache der Gärtner handelt, die wohl im Munde des einfältigen Bruders Gärtner in jedem Kloster recht und billig und unentbehrlich waren, die aber gerade deshalb der Gelehrte in seiner Schriftsprache weit von sich wies. Wäre es so (es läßt sich nicht beweisen; aber das Vermeiden solcher Wörter verlangt Erklärung), dann würde in diesem Fall die Fachsprache zugleich auch sozial eingeschätzt und geringer bewertet als die Sprache der Gebildeten in der Schreibstube. Aber immer müßte es sich dann erst um eine relativ späte Ausgliederung der Fachsprache aus dem allgemeinsprachlichen Bereich handeln, die erst einsetzen konnte, nachdem die Gärtnerei – in den Klöstern – zu einem selbständigen Handwerkszweig geworden war. In einer früheren, weniger differenzierten Gesellschaft kann ein Wortgut wie das erwähnte nicht auf einen kleinen Kreis beschränkt gewesen sein, weil alle Sprachgenossen die damit bezeichneten Tätigkeiten auszuüben vermochten. In diesem Falle darf man also jedenfalls nicht eine Erkenntnis, die für die althochdeutsche Zeit richtig sein mag, auf die vorschriftliche Zeit übertragen.

Abgesehen von Ansätzen zu fachsprachlichen Sonderentwicklungen muß man innerhalb der Gemeinsprache auch in germanischer Zeit bereits mit gewissen Schichtungen rechnen. In der Beratung der Volksversammlung und in der Halle des Adelsbauern wurden gewiß sorgfältigere Ausdrucksweisen gepflegt als in der Hütte des kleinen Mannes und bei der täglichen Arbeit. Noch höher, durch Feierlichkeit und Formel bereits aus der Gemeinsprache herausgehoben, stand die Sprache des Kults oder des Rechts oder der Dichtung. Gewisse Rückschlüsse auf diese gehobenen Sprachbestände und den Kulturzustand, der sich in ihnen ausdrückt, lassen sich ziehen, indem man die spätere einzelsprachliche Überlieferung vergleichend untersucht und feststellt, was aus gemeinsamem Kultur- und Spracherbe stammt. Aber man erhält auf diese Weise nur Einblick in den Bestand, jedoch — von glücklichen Ausnahmen abgesehen — kein Bild von einer Entwicklung im Ablauf der Zeit.

Ebenso statisch bleibt freilich das Bild der Gemeinsprache — auch dieses nur durch Rückschluß zu gewinnen —, solange man sich im Bereich der Erbwörter und der damit bezeichneten Vorstellungen bewegt. Auf diesem Gebiet, und ebenso auch hinsichtlich der Laut- und Formenentwicklung, kann man bestenfalls von urgermanischem oder westgermanischem Alter einer Spracherscheinung reden, oder davon, daß sie nur — beispielsweise — im Nordseegermanischen oder im Elbgermanischen oder sonst irgendwo verbreitet sei. Mit solchen räumlichen Angaben verbinden sich freilich auch gewisse Zeitvorstellungen. Aber sie bleiben nebelhaft unscharf und reichen keinesfalls aus, sprachliches Werden und Vergehen im historischen Ablauf zu erkennen. Nur die unter fremdem Einfluß aufgenommenen neuen Ausdrücke machen davon eine Ausnahme. Bei sehr vielen Lehnwörtern kann man auf Grund kultur- und wirtschaftsgeschichtlicher oder lautlicher Kriterien (vgl. unsere früheren Erörterungen, bes. Kap. VII bis IX) erkennen, zu welcher Zeit etwa sie übernommen wurden. Daher ist im Bereich des Lehngutes bereits in vorliterarischer Zeit in gewissem Umfange ein allmähliches Anwachsen, also eine historische Entwicklung nachweisbar. Hier ist Bewegung, während man in den anderen Sprachschichten der gleichen Zeit nur Zuständliches erkennen kann. Das bedeutet natürlich nicht, daß es in diesen keine Entwicklung gegeben habe. Nur vollzieht sie sich in einem Dunkel, das rückschauend nicht mehr aufzuhellen ist. Später, in literarischer Zeit, tritt demgegenüber gerade die Weiterentwicklung der Volks- und Alltagssprache ins Dunkel zurück.

Allerdings darf man auch die Möglichkeiten, der Sprache des germanischen Alltags nachzuspüren, nicht überschätzen. Aus ihren weiten Bereichen ist ja nur ein einziger Ausschnitt, ein verhältnismäßig geringfügiger Teil ihres Wortschatzes, einer historisch entwickelnden Betrachtung zugänglich, und auch diesen kennen wir nur aus späterer Überlieferung, also in schriftsprachlicher Überformung und losgelöst aus den ursprünglichen Aussagezusammenhängen. Wie man sich in der Alltagssprache bewegte, welchen Entwicklungen der Erbwortschatz unterworfen war, welche Ausdrücke und Redewendungen man gebrauchte, welche Bauformen der Sätze, wie korrekt oder nachlässig Sätze und Wörter artikuliert wurden, wie die sehr vielfältigen formalen Sprachelemente, z. B. Vor- und Endungssilben, unterschieden wurden, überhaupt die Klanggestalt dieser Sprache: das alles ist keiner Erforschung zugänglich. Was wir aber erkennen können, ist immer noch bedeutend genug. Denn ein einziges Mal im Verlauf der germanisch-deutschen Sprachgeschichte sehen wir in dieser vorliterarischen Sprachperiode die breiten Schichten des Volkes in ihrem Alltagsleben sprachschaffend am Werk. Späterhin, nach dem Einsetzen der schriftlichen Überlieferung, sind es andere soziale Schichten und sind es Sonderformen literarischer Sprachgestaltung — auch diese sehr vielfältig geschichtet —, die abwechselnd ins Licht treten und wieder verdämmern; aber von der Alltagssprache erhält man fortan nur noch zufällige und verstreute Kunde.

In jeder Epoche sind es andere soziologische Schichten, die sprachschaffend hervortreten, und mithin auch andere Ebenen der Sprache, auf denen sie sich bewegen. Das ist für die sprachgeschichtliche Darstellung methodisch wichtig. Niemals erkennt man die Gesamtentwicklung einer Sprache in allen ihren Schichtungen. Zwar entwickeln sich alle kontinuierlich neben- und miteinander; aber der Sprachhistoriker ist immer auf das wechselnde Licht angewiesen, das bald auf diese, bald auf jene Schicht fällt. Immer bleibt vieles andere im Dunkel, und man muß sich der ständig wechselnden Aspekte bewußt bleiben, unter denen allein der geschichtliche Ablauf erkannt werden kann. Sobald die schriftliche Überlieferung einsetzt, ist es freilich niemals so, daß nur eine einzige Sprachschicht wahrnehmbar wäre; immer fällt auch ein mehr oder minder starkes Licht auf andere Schichten. Aber die Helligkeit ist doch stets recht mannigfach abgestuft, und immer — so scheint es — steht eine einzige Schicht im Brennpunkt, so daß auf sie ein ganz besonders helles Licht fällt. Regelmäßig gehen auch einzelne Errungenschaften, die auf besonderer Sprachebene gewonnen werden, in die Gemeinsprache ein, sei es nun aus der Sprache esoterischer Dichter oder volksnaher Erzähler, ekstatischer Mystiker oder mahnender Prediger, hochgeistiger Gelehrter oder volkstümlicher Lehrer. Insofern ist dann doch eine gewisse Kontinuität der gemeinsprachlichen Entwicklung vorhanden und in ihrem historischen Verlauf darstellbar. Jedes Zeitalter, jede Kulturepoche tragen aus dem ihnen Besonderen zur allgemeinen Weiterentwicklung bei. Daß auch in der althochdeutschen Überlieferung bereits verschiedene Schichten der Sprache wahrnehmbar sind, hat der bisherige Gang unserer Darstellung bereits gezeigt. Zum Abschluß des Gesamtüberblicks obliegt es uns nun, das Erkannte systematisch zusammenzufassen und in diesem Zusammenhang das Augenmerk auch auf einige Punkte zu richten, zu deren Erörterung vorher kein Raum war.

Althochdeutsche Dichtersprache

Wir beginnen mit der höchsten sprachlichen Schicht, der nach strengen Kunstgesetzen gestalteten, poetisch gebundenen Sprache der Dichter. Sie wurde vorher noch nicht erörtert, weil sie in althochdeutscher Zeit für die Entwicklung der Gemeinsprache nur eine sehr geringe Rolle spielt. Man faßt auf diesem Gebiet, etwa bei Otfrid von Weissenburg, nur die ersten, bescheidenen neuen Ansätze und hat es im übrigen vor allem mit dem Ausklingen eines alten poetischen Spracherbes aus germanischer Zeit zu tun. Denn die Dichtung und ihre gebundene Sprache blickten auf eine lange, ehrwürdige Tradition zurück, wie übrigens ebenso die Sprache des germanischen Rechts, auf die wir in dieser Darstellung nicht eingehen können. Schon Tacitus erwähnt Götterlieder der Germanen und spricht von einem Liede auf Arminius. Das kann eine Totenklage oder ein Preislied oder auch ein Erzähllied gewesen sein, wird jedenfalls zur Gattung der großen, ernsten Dichtung gehört haben. Früh schon muß es daneben auch Kleindichtung, Zauber- und Sittensprüche, Merkverse und Rätsel gegeben haben. Zu einer Geschichte der Dichtung in schriftloser Zeit fügt sich das, was sich davon ermitteln läßt, so wenig wie die Ergebnisse der Sprachforschung zu einer Sprachgeschichte. Wohl aber können wir uns aus den althochdeutschen Resten – die nordische und die angelsächsische Überlieferung muß hier außer Betracht bleiben – eine Vorstellung über Art und Tradition der Sprache dieser Dichtung machen.

Schon innerhalb dieser Dichtersprache muß man einen Unterschied der sprachlichen Schichtung erkennen, je nachdem, ob es sich um die große, kunstvolle Dichtung oder die anspruchsloseren Kleinformen handelt. Da sind zum Beispiel die beiden ‹Merseburger Zaubersprüche›. Zum Gebrauch oder jedenfalls zum Verständnis für jedermann sind sie geschaffen. Der ehrfürchtige Schauder vor dem

Numinosen, das sie beschwören wollen, wird außer durch die streng gebundene, magisch wirkende Form durch die Nennung der beschworenen Gottheiten geweckt. Die Altertümlichkeit mancher Wörter mag zur Verstärkung solcher Empfindungen beitragen. Aber nichts weist darauf hin, daß sie wegen ihrer Altertümlichkeit gewählt wurden; sie sind mit den Sprüchen selbst alt geworden. Manche Wortbildungen, wie *haptbandum* ‚Haftfesseln' im ersten, *bênrenki, bluotrenki* ‚Bein-, Blutverrenkung' im zweiten Spruch tragen freilich unalltäglich episches Gepräge, aber wenn der zweite Spruch mit den Worten beginnt *Phol endi Uuodan vuorun zi holza* ‚Ph. und W. ritten in den Wald', so sind das einfache, auch in der Alltagssprache übliche Worte, die nur durch die erwähnten Namen und durch den Rhythmus, der sich im folgenden fortsetzt, zu poetischem Gewicht gelangen. Diese Tradition wird in den christlichen Segensformeln gegen allerhand Krankheit und Unheil fortgeführt, auch ihre Sprache bleibt im Bereich des alltäglich Schlichten (vgl. LH 47, S. 89–92).

Viel höher steht die sorgsam gewählte Sprache des einzigen althochdeutschen Heldenliedes, das erhalten geblieben ist. Auch im ‹Hildebrandlied› gibt die strenge Form mehr als nur den äußeren Rahmen. In knapper, fast wortkarger Diktion werden die durch den Stabreim gebundenen, sinntragenden Wörter, die nur von wenig Füllwerk umgeben sind, zu wuchtiger Aussage verdichtet, und es ist das Pathos dieser Worte, das sehr viel zu der eindrücklichen Wirkung des Wortkunstwerks beiträgt. Schon die Art, wie immer wieder die Rede der beiden Helden eingeleitet wird, *Hiltibrant gimahalta, Heribrantes sunu* (und entsprechend für Hadubrand), zeigt etwas von der statisch würdigen Sprachhaltung. Dem Eigennamen wird der Vatersname zugefügt, Hinweis auf die Herkunft aus berühmtem Geschlecht. Und das Reden der Helden wird als *gimahalen* bezeichnet. Das ist ein gehobenes Sprechen, markig und bestimmt, wie es etwa im Rat der Volksversammlung geschieht. Nirgends sonst wird in einem althochdeutschen Text diese feierliche Redeeinführung gebraucht, deren Aussagewert ‚feierlich und unverbrüchlich erklären' zur Unkenntlichkeit abgeschwächt noch in heutigem *sich vermählen* nachlebt. Es ist ein Wort der altepischen Sprache (und vielleicht auch der feierlichen Sprache des germanischen Gerichts), das in dieser Bedeutung in der althochdeutschen Alltagsrede nicht mehr verwendet wird. Derselben altepischen Sphäre gehören viele Wörter des ‹Hildebrandliedes› an, die in keinem anderen althochdeutschen Denkmal vorkommen; sie sind mit der heidnisch-germanischen Kultur untergegangen: *hilti* ‚Kampf' (vgl. Namen wie *Hildegard, Brünhild), billi* ‚Schwert', *skeotant* ‚Krieger' (eigentlich ‚Schießender, Schütze'), *bûr* ‚Wohnung, Haus', *giwîtan* ‚gehen, schreiten', *bretôn* ‚schlagen, niederstrecken', *banun gifesten* ,den Tod bringen, anheften'. Man muß sich den ganz unalltäglichen Klang dieser altertümlichen Wörter recht zu Gemüte führen, um zu ermessen, welche heroische Vorstellungswelt damit heraufbeschworen wird und wie ihr Pathos in dem wuchtigen Rhythmus des Stabreimverses zu voller Wirkung kommt. Wendungen wie *dô sie to deru hiltiu ritun,* ,da sie zu dem Kampfe ritten', oder *nu scal mih suasat chind swertu hauwan, bretôn mit sinu billiu,* ,nun soll mich der eigene Sohn mit dem Schwert erschlagen, hinstrecken mit seiner Klinge', müssen durch den Klang der erlesenen Wörter einen außerordentlich tiefen Eindruck auf die Hörer gemacht haben. Bemerkenswert für die Wortkunst des Werkes ist das letzte Beispiel: Auf die alltägliche Wendung *swertu hauwan,* die aber durch die altertümliche Konstruktion ohne die Präposition *mit* aufhorchen macht, folgt nach dem germanischen Variationsprinzip noch einmal dieselbe Aussage, nun aber mit ganz alten, selten gewordenen Wörtern. Das Außerordentliche, Ungeheuerliche des Geschehens wird durch solche Wortwahl eindringlich ausgesagt.

Diese Kraft des Wortes, die ungewöhnliche Dichte der Aussage sind getragen von dem Ethos einer entschwindenden Epoche. Sich von einer solchen heldischen Dichtung ergreifen zu lassen, fordert nicht nur einfühlendes Verständnis für den archaischen Klang der gemessenen Sprache. Sie hat ihren geistigen Ursprungsort in einer Gesellschaft, die bereit ist, unbeugsamen Willens die schicksalhafte Tragik auf sich zu nehmen, in die die ethische Entscheidung für die Kriegerehre den heldischen Menschen führen kann. In der germanischen Gefolgschaft, in der sich Herr und Mann nach freier Willensentscheidung zu unverbrüchlichem Einstehen füreinander in todbereiter Treue verbinden, hat dieses Kriegerethos seinen Boden, und in dieser sozialen Gruppe wurzelt das germanische Heldenlied. Es entstand und erklang in der Halle des fürstlichen Herren und im Kreise seiner streitbaren Gefolgschaft. In einer noch wenig gegliederten Gesellschaft, in der die Hand, die den Pflug führte, jederzeit auch bereit sein mußte, zum Schwert zu greifen, mag wohl die gesamte Volksgemeinschaft ein offenes Ohr für solche Dichtung gehabt haben. Aber der ethische Gehalt der Lieder in seiner starren Unerbittlichkeit ist zu herb, die künstlerische Gestalt, in die sich das Ethos einkörpert, zu streng, als daß diese Kunst für volkstümlich angesehen werden könnte. Ihre Dichter und ihr Publikum können nur in einem exklusiven Kreise gesucht werden, in dem das Ethos des Kriegers in höchster, der Allgemeinheit nicht erreichbarer Steigerung durchdacht und gelebt wurde.

Was von den Zuhörern gilt, muß in noch stärkerem Maße von dem Dichter gelten, der das sittliche Erleben einer solchen verschworenen Gemeinschaft zu gestalten hatte. Mögen die Zaubersprüche, nicht ohne Kunst gebildet, aber leicht eingängig in der Form und fast alltäglich in der Wortwahl, von volkstümlichen Dichtern geschaffen sein, so trifft das doch für die große germanische Dichtung nicht zu. Der Dichter mußte selbst vom Geist der Gefolgschaft ganz durchdrungen sein, um solche Werke mit echtem, tief im eigenen Innern erlebten Pathos gestalten zu können. Auch ist es dieser Kunst anzumerken, daß ihre strenge Form und die erlesene Sprache nur in einer langen Tradition ausgebildet werden konnten. Sie konnte nur von Meistern entwickelt werden, die ihr Wissen und Können auf Schüler vererbten, die dann selbst wieder in strenger Zucht zu Meistern heranwuchsen. Im Munde ungebundener, volkstümlicher Sänger konnte solche Kunst nicht gedeihen. Die Dichter der Heldenlieder gehörten der gehobenen Schicht einer kriegerisch gestimmten Gesellschaft an. Der Schöpfer des althochdeutschen ‹Isidor›, der diese untergehende germanische Welt noch gekannt haben wird, hat an einer Stelle zu übersetzen *dixit egregius psalta Israel* ‚es sprach der hervorragende Psalmist Israels', und er schreibt dafür *sus quhad adhalsangheri Israhelo* ‚so sprach der Edelsänger der Israeliten'. Darin spricht sich dieselbe Auffassung aus wie in einer Glosse die *artifex* ‚Künstler' durch *adalmeistar* ‚Edelmeister' wiedergibt. Man braucht hier das Wort ahd. *adal* nicht in dem modernen Sinne einer eingeschränkten Standesbezeichnung aufzufassen, aber ganz verkehrt wäre es, es als ‚Geistes-, Gesinnungsadel' zu interpretieren. Gemeint ist der Mensch gehobenen Standes, der aus alter, in Generationen bewährter und geachteter Familie stammt, und ist ‚Gesinnungsadel' assoziativ mitgemeint, dann als die natürliche Eigenschaft von Menschen solcher Herkunft. Als einen solchen vornehmen, herausgehobenen Mann stellt sich also der ‹Isidor›-Übersetzer den Psalmisten vor, und er überträgt auf ihn Vorstellungen seiner heimisch-germanischen Gesellschaftsstruktur.

Das germanische Gefolgschaftswesen hatte in einer sich wandelnden Welt seit langem keinen Lebensraum mehr. Diese Gesellschaftsform eines Kriegeradels ist nur möglich in einer vorstaatlichen Ordnung, in der viele freie Herren trotzig auf ihre Unabhängigkeit pochen und zu ihrer Behauptung ständig eine ausgewählte Kriegerschar um sich versammelt halten. Schon nach der Entstehung germanischer Großstämme und erst recht im fränkischen Reich mit seiner Königsgewalt und seiner straffen, zentralen Staatsordnung darf es die Selbstherrlichkeit des freien Adels nicht mehr geben. Mögen die äußeren Formen des Gefolgschaftswesens auch nur langsam absterben, so waren sie doch durch die politische Entwicklung ihres wesentlichen Inhalts beraubt. Der kriegerische Einsatz für die privaten

Ziele des Gefolgsherrn war illegal geworden; Krieg und Kampf standen nun im Dienste höherer politischer Ordnungen. Auch mußte die rauhe Sittlichkeit dieser kleinen Kampfgemeinschaften dem neuen christlichen Ethos weichen. Es ist gewiß kein Zufall, daß die Adelsgesellschaft, ihrer alten Zielsetzungen und Traditionen beraubt, besonders stark in den Bann des Christentums gezogen wurde und sich von der Aufgabe, sich die neue Lehre geistig anzueignen, fast völlig absorbieren ließ. Man kennt den äußerst starken Zustrom, den Domstifte und Klöster gerade aus Kreisen des Adels gewannen, und die Herkunft aus adliger Familie war eine starke Empfehlung bei der Besetzung der geistlichen Ämter.

Mit der germanischen Kriegergesellschaft und ihrem Ethos mußte auch ihre heroische Dichtung untergehen. Auch das ‹Hildebrandlied› ist keine Schöpfung der althochdeutschen Zeit. Es ragt nur noch als ein letzter Überrest der untergegangenen Epoche in diese Zeit hinein. Vermutlich im 6. oder spätestens zu Anfang des 7. Jahrhunderts entstanden, verdankt es seine späte Aufzeichnung zwei fuldischen Mönchen, die noch Interesse an den alten Heldenliedern hatten. Von solcher Anteilnahme, die auch Karl der Grosse selbst bekundete, als er die Sammlung der Heldenlieder veranlaßte, die dann doch verlorenging, hören wir auch späterhin. Chronisten wissen von hohen Geistlichen zu berichten, die eine Vorliebe für den Vortrag alter Heldenlieder hatten. Aber das sind Nachwirkungen; die lebendige Kunstübung ist mit der alten Zeit untergegangen. Auch die altepische Sprache geht mit ihren Dichtern zugrunde, und es ist kein Zufall, daß sich im ‹Hildebrandlied› so viele Wörter finden, die sonst im Althochdeutschen nirgends mehr bezeugt sind. Die neue Zeit beginnt eine neue Sprache zu sprechen, in der der alte heroische Wortschatz keinen Raum mehr hat.

Allerdings verschwindet die hohe epische Kunstübung nicht sofort. Es gibt Versuche, an die germanische Tradition anknüpfend die alte Form der Stabreimdichtung mit neuem, christlichem Gehalt zu erfüllen. In eindrucksvoller Weise zeigt sich, ins Christliche übertragen, das alte Pathos der wortkargen, dichten Sprache im sogenannten ‹Wessobrunner Gebet›, dem fragmentarisch überlieferten Ansatz zu einem Weltschöpfungsgedicht. Da wird das uranfängliche Chaos geschildert, (wir verzichten auf die Wiedergabe des althochdeutschen Textes): ‹Als Erde nicht war noch Himmel oben, / nicht Baum noch Berg war, / noch Sonne schien, noch Mond leuchtete, noch das schimmernde Meer, / als da gar nichts war an Enden und Wenden, / da war doch der eine allmächtige Gott.› Das ist noch der alte, wuchtende Stabreim, da rühren selten gewordene Epenwörter wie *ero* ‚Erde' und *ûfhimil* ‚Oberhimmel', aber auch neue Formeln mit mystisch

Beziehungen stiftendem Reimklang wie *enteo ni wenteo* das dunkle Geheimnis der Schöpfung an, und mächtig hebt sich aus den negierten Vorstellungspaaren, mit denen das Chaos beschworen wird, die sieghaft bejahende Langzeile ab, die das Sein Gottes verkündet: *enti dô was der eino almahtico got.*

Es ist anzunehmen, daß dieser Hymnus unter dem Einfluß der Angelsachsen entstand, die sich früher schon und mit nachhaltigerer Wirkung bemüht hatten, die alte Kunstform der Dichtung mit christlichen Gehalten zu füllen. In seinem Geiste angelsächsisch beeinflußt, wiewohl an heimische Epentradition anknüpfend, ist auch die einzige erhalten gebliebene stabreimende Großdichtung christlichen Inhalts, der altsächsische ‹Heliand›. (Von einem weiteren Zeugnis solcher Kunstübung, den Bruchstücken einer altsächsischen Genesis, die sogar ins Altenglische übertragen wurde, sehen wir hier ab.) Zuweilen gelingen dem ‹Heliand›-Dichter Gestaltungen, die sich in ihrer poetischen Kraft mit dem ‹Hildebrandlied› messen können. Doch darf man den grundlegenden Unterschied zwischen germanischen Heldenliedern und dem ‹Heliand› nicht vergessen, der selbst dann zu berücksichtigen ist, wenn man von dem neuen christlichen Inhalt völlig absieht und nur die äußere Form im Auge hat. Der ‹Heliand› ist ein Buchepos von etwa 6000 Versen Umfang, schon in dieser Anlage Zeichen einer neuen Auffassung von epischer Dichtung, die nicht mehr an germanische, sondern an antike und lateinisch-christliche Vorbilder anknüpft. Ein so umfangreiches Werk kann nicht die gleiche Dichte haben wie ein episches Lied von 70 bis 80 Versen, das sich ganz auf die äußerst verdichtete Darstellung einiger dramatischer Höhepunkte der Handlung konzentriert. Aber selbst eine so wenig poetische Stelle wie die im Anhang IX abgedruckte kann doch beweisen, daß die neuen Inhalte die alte Form in einer würdevoll gemessenen Sprache erfüllen. Man findet hier auch einen Wortschatz, der zwar im allgemeinen nicht mehr der der alten Epen ist, aber doch an deren sorgfältige Sprachbehandlung anknüpft. Einzelne Wörter wie *idis* ‚edle Frau' oder die Gottesattribute *alwaldo* und *waldendi* (Anh. IX), *firiha* ‚Mensch' (Anh. II, 3) haben einen hohen Klang, und dieser zeichnet auch die nach altepischer Weise gebildeten Komposita wie *wîsbodo* (IX), *mênsculdi* (II, 3) und epische Umschreibungen wie *hebanes ward* (II, 3) aus.

Hier hätte ein Ansatzpunkt zu weiterer Entwicklung bestanden. Aber die Zeit hatte schon anders entschieden. Überhaupt konnte wohl innerhalb des deutschen Kulturkreises im 9. Jahrhundert ein Werk wie der ‹Heliand› nur noch in nördlichen Regionen entstehen. Zäh und trotzig hatten die Sachsen jahrhundertelang in Angriff und Verteidigung den fränkischen Unterwerfungsversuchen widerstanden, und erst vor wenigen Jahrzehnten waren sie endgültig dem fränkischen Reich mit seiner zentralen Staatsordnung eingegliedert worden. Da mögen sich die germanischen sozialen Verhältnisse und das Gefolgschaftswesen länger als andernorts erhalten haben. So fand der ‹Heliand›-Dichter vermutlich noch eine Gesellschaftsschicht vor, der mit den alten Lebensordnungen auch die alte Kunstübung noch vertraut war, und in diesem Kreise konnte er Verständnis erhoffen, wenn er jungen Wein in alte Schläuche füllte. Aber auch im Sachsenlande hielt die neue Zeit rasch ihren Einzug mit neuen Ordnungen, und wenn der ‹Heliand›-Dichter keinen Nachfolger mehr fand, so vermutlich deshalb, weil einer Fortführung germanischer Dichtungstradition bald auch in seiner Heimat der soziale Boden entzogen wurde.

Der erhabene Gedanke, eine christliche deutsche Großdichtung zu schaffen, scheint nur in Fulda ernstlich erwogen zu sein und war dort gewiß von den Angelsachsen angeregt, die Ähnliches versuchten. Denn außer dem von Fulda ausgegangenen Dichter des ‹Heliand› hat nur Otfrid, der auch zu Hrabans Füßen gesessen hatte, in althochdeutscher Zeit ein großes Epos geschaffen. Auch er versuchte an germanische Traditionen anzuknüpfen und scheint ursprünglich ein stabreimendes Werk im Sinne gehabt zu haben. Jedenfalls kommen in den ältesten Partien seines in mehreren Jahrzehnten mühsam erarbeiteten Werkes stabende Verse vor. Da klingt dann seine Schilderung des Botenweges, den der Erzengel nimmt, *floug er sunnûn pad, sterrôno strâza* usw. (vgl. Anhang VIII) großartig genug und beweist, daß Otfrid wohl in der Lage gewesen wäre, germanische Traditionen umgestaltend weiterzuführen. Überhaupt spürt man trotz des ganz christlichen Inhalts seiner Verse doch die Schulung an germanischer Ependichtung auf Schritt und Tritt, zum Beispiel in seiner Klage um das verlorene Paradies:

nû riazen elilente   in fremidemo lante.
nû ligit uns umbitherbi   thaz unser adalerbi.

(Nun trauern wir heimatlos in fremdem Lande; nun liegt uns ungenutzt unser Adelerbe.) Außer der poetischen Formung und dem allgemeinen Sprachcharakter erinnern hier und häufig sonst Zusammensetzungen wie *adalerbi* und *adalkunni* ‚edles Geschlecht', *drûtthegan* ‚vertrauter Diener', *lantwalto* ‚Herr des Landes' an die altepische Technik, und sittliche Beurteilungen wie (er sprach ehrerbietig) *sô man zi frowûn scal* (Anhang VIII) entsprechen auch dem germanischen Epenstil. Vergleichbar heißt es im ‹Hildebrandlied› *mit geru scal man geba infâhan* ‚mit dem Speer soll der Mann Gabe empfangen', und in beiden Fällen wird – auf ganz verschiedenen Gebieten – ein sittliches Gebot in Betracht gezogen.

Otfrid hat sich freilich in seinem Werk von der äußeren germanischen Form ganz abgewendet, indem er den Stabreim aufgab und als poetisches Grundprinzip den Endreim einführte, in dem sich zwei Zeilen (oder bei Otfrid zwei Halbzeilen) zu höherer Einheit binden. Er schuf damit die Form, der in deutscher Dichtung auf lange Zeit hinaus die Zukunft gehören sollte. Aber in althochdeutscher Zeit fand er nur geringe Nachfolge und hatte insofern dasselbe Schicksal wie der ‹Heliand›-Dichter. Die Gesellschaft der Zeit war für eine neue deutsche Dichtung nicht aufgeschlossen. Die geistig höchst kultivierte Gesellschaftsschicht, der Adel, und alle, die sich geistig mit ihm messen konnten, hatten sich neuen Aufgaben zugewandt. Zwar gehörten Otfrid und vermutlich auch der Dichter des ‹Heliand› und der des ‹Wessobrunner Schöpfungshymnus› von Geburt dieser sozialen Schicht an, aber in ihren poetischen Bestrebungen blieben sie darin Außenseiter. Das Werk des ‹Heliand›-Dichters blieb ohne Nachfolge, dasjenige Otfrids sollte erst nach mehr als 150 Jahren offenbare Wirkungen zeitigen. Die soziale Schicht, der die Dichter angehörten, hatte sich der neuen Bildungswelt zugewandt. Im Mittelpunkt ihrer Interessen stand der mit aller Inbrunst des Gefühls ergriffene christliche Glaube, und insoweit trafen sie sich mit den Dichtern auf gleicher Ebene. Aber dahinter stand die Aneignung der sich durch das Christentum erschließenden Bildungswelt der Antike, und das verlangte in erster Linie ein intellektuelles Tun. Das Lateinische mußte verstandesmäßig gemeistert werden. Daß dies das Ziel der Bildung war, beweist unter anderem die dienende Rolle der deutschen Sprache in Glossen und Übersetzungen. War allerdings das Lateinische erst einmal intellektuell erobert, so konnte es nicht ausbleiben, daß empfängliche Gemüter auch von den ästhetischen Werten lateinischer Sprache und Dichtung ergriffen wurden. Aus diesem Bildungserlebnis wurden dann auch neue poetische Schöpfungen geboren, die lateinische Dichtung deutscher (und überhaupt europäischer) Dichter des Mittelalters. Diese lateinische Poesie und ganz allgemein die lateinische Schriftstellerei hatte auch lebendige Wirkungen auf die weitere Entwicklung des mittelalterlichen Latein. Das zu beachten, ist wichtig. Denn es zeigt, in welche Richtung sich die schöpferischen Kräfte der Zeit wandten, und an der Fülle der lateinischen Produktionen erkennt man auch, wie isoliert die wenigen Werke deutscher Dichtung in ihrer Zeit gestanden haben müssen. Daher konnte von den althochdeutschen Dichtwerken auch nur eine geringe Wirkung auf die Entwicklung der deutschen Sprache ausgehen. Neue Wörter und Ausdrucksweisen sind allem Anschein nach nicht aus der Dichtung in die Gemeinsprache eingegangen.

Allerdings muß in einer niedrigeren sozialen Schicht, im schlichten

Volke, die Freude an heldischen Stoffen und überhaupt am Fabulieren lebendig geblieben sein, und es müssen sich auch volkstümliche Dichter und Sänger gefunden haben, die alte Werke vortrugen und neue schufen, um die Wünsche dieser breiten Zuhörerschichten zu erfüllen. Ohne mit solchen Vermittlern zu rechnen, könnte man nicht verstehen, woher in frühmittelhochdeutscher Zeit plötzlich Otfrids Endreim auf breiter Front wiederauflebt und wie sich heldenepische Stoffe bis zur Entstehung des ‹Nibelungenliedes›, der ‹Kudrun› und der ‹Dietrichepen› tradiert haben sollten. Gab es aber volkstümliche Dichtung in althochdeutscher Zeit, so gelangte sie doch nicht aufs Pergament und ist deshalb ganz und gar verschollen. So läßt sich auch nichts über ihre Sprache sagen. Gewiß hat diese ihre Entwicklung gehabt, und sie wirkt vermutlich weiter in der frühmittelhochdeutschen Dichtung des 11. Jahrhunderts. Aber alles das bleibt im Dunkel wie diese Dichtung selbst, und es bestätigt sich, was oben bereits betont wurde, daß keineswegs alle Schichten einer Sprache historisch erfaßt werden können.

Althochdeutsche Volkssprache

Besser als hinsichtlich der Sprache volksnaher Dichtung sind wir in der Erkenntnis der Sprache des Volkes selbst gestellt. Wenig genug ist es freilich, was von ihr bekannt ist. Man darf voraussetzen, daß sie auch in althochdeutscher Zeit viel weniger fest geregelt war als die Dichtersprache oder jegliche Art schriftsprachlicher Gestaltung. Es ist eine in jeder Sprachgemeinschaft und zu jeder Zeit gültige Regel, daß die Sprache des Alltags in Wortwahl, Formenbehandlung, Satzbau und Artikulation sich bequemer Nachlässigkeit hingibt. Die rasch wechselnden Erfordernisse des täglichen Lebens lassen es gar nicht zu, auf die Alltagssprache dieselbe Aufmerksamkeit zu verwenden, die für jede Art gehobener Sprache unerläßlich ist. Es gibt ein oder zwei althochdeutsche Sprachdenkmäler, die dies für die althochdeutsche Zeit in willkommenster Weise bestätigen. Aus dem Beginn des 9. Jahrhunderts sind uns die sogenannten ‹Kasseler Gespräche› überliefert, die sich in der oben S. 181 erwähnten Handschrift der ‹Kasseler Glossen› finden. Aus dem 10. Jahrhundert stammt das ‹Pariser Gesprächsbüchlein›, ein kleines Handbuch für einen in Deutschland reisenden Romanen, von einem Franzosen in französischer Orthographie geschrieben. Die ‹Kasseler Gespräche›, nach festen Regeln in korrekter Schreibung wiedergegeben, sagen zwar über die Lautform der Volkssprache gar nichts aus, enthalten aber wenigstens eine Reihe von Sätzchen und Ausdrucksweisen, wie sie im Alltag üblich gewesen sein müssen. Da wird gefragt: *uuer pist dû? uuana quimis?* (,Wer bist du? Woher kommst du'), und eine Wechselrede lautet: *uuaz sôhtut? sôhtum daz uns durft uuas. uuaz uuârun durfti? managa.* (,Was habt ihr gesucht? Wir suchten, was uns nötig war. Was waren die Bedürfnisse? Viele.') Diese Antworten klingen einsilbig und nicht sehr höflich, aber recht höflich heißt es: *dû capiut anti ih tôm* (,Gebiete, und ich tue deinen Willen'). Das sind kleine Proben, wie bei Begegnungen auf der Heerstraße und in der Herberge die Rede ging. Umfangreicher und viel farbiger ist das ‹Pariser Gesprächsbüchlein›, allerdings auch viel krauser in seiner Rechtschreibung und sprachlich schwieriger. Da heißt es etwa *Guare uenge inats selida, gueselle?* (,Wo nahmst du heut Nacht Wohnung, Geselle?'), und wieder, wie in den ‹Kasseler Gesprächen›: *Guane cumet ger, brothro* (,Woher kommt ihr, Brüder'). Sehr auffällig ist in dem ‹Pariser Büchlein› die häufige grammatische Unkorrektheit. Da heißt es z. B. *Quesan ger iuda min erra?* (,Habt ihr heute meinen Herrn gesehen?'), was in regelmäßigem Althochdeutsch lauten müßte: *Gisâhut ir hiuto mînan hêrron.* Das eine oder andere mag falsches Deutsch des französischen Schreibers sein; aber man erblickt vermutlich in diesem trüben Spiegel auch manche nachlässige Sprachgestaltung, die sich die Alltagssprache erlaubt, und wenn es z. B. heißt *Gimer cherize* (,Gib mir eine Kerze'), so ist dieses *gimer* ziemlich wahrscheinlich eine mundartliche Nachlässigkeit gegenüber einer korrekten Form *gib mir,* wie man sie in literarischen Texten finden würde. In diesen etwa hundert Fragen und Antworten ist ein buntes, zuweilen bis zum Vulgären derbes Bild des täglichen Alltags eingefangen. Dürfte man dem ‹Pariser Büchlein› glauben, so hätte sich die damalige althochdeutsche Volkssprache sehr stark dem Schwören und Fluchen hingegeben. In den Sätzchen steht häufig *minen terwa* ,meiner Treu', *semergot elfe* ,so wahr mir Gott helfe', *be gotta* ,bei Gott'; aber auch *scla en sin als* ,schlag ihm an den Hals' und noch Schlimmeres kommt vor. Beliebt sind vertrauliche Anreden wie *gueselle, guenoz, brothro, got man* ,Geselle, Genosse, Bruder, guter Mann', es fehlt aber auch nicht ein zorniges *narra* ,du Narr' und *ubele canet minen teruae* ,ein schlechter Knecht, meiner Treu'. Natürlich darf man nicht vorschnell verallgemeinern; es scheint aber, als sei hier ein farbiges Stück Alltagsleben mit seiner Treuherzigkeit, mit Vertraulichkeit und rasch aufwallendem Zorn und mit derber Unbekümmertheit recht naturalistisch abgeschildert.

Hier blickt man, so scheint es wenigstens, unmittelbar in den sprachlichen Alltag des Volkes hinein, und es ist ein nicht unbeträchtlicher volkssprachlicher Wort- und Ausdrucksschatz, der sich hier auftut. Aber auch die Volkssprache kennt andere Töne, und wenigstens indirekt läßt sich auch darüber einiges ermitteln. Volkstümlich in ihrem Wortschatz sind im allgemeinen zum Beispiel die ‹Straßburger Eide› (Anhang I) gehalten, weil der schlichte Krieger ja verstehen soll, was er in seinem Eide verspricht. Die Stilisierung (die ganze Eidesformel in einem einzigen Satz) mag kanzleimäßig sein, und Wörter wie *gehaltnissi* und *geuuiczi* mögen der Volkssprache fremd sein, aber vieles andere klingt doch echt volkstümlich. Wendungen wie *in godes minna, so haldih thesan mînan bruodher, thaz er mig sô sama duo, ce scadhen uuerdhen, then eid geleisten, forbrechan, ce follusti uuerdan* konnten in jedermanns Munde sein, und *ob ih inan es iruuenden ne mag* wird dadurch als volkstümlich erwiesen, daß dieselbe Wendung auch noch im Mittelhochdeutschen gebraucht wird. Da steht sie in der Literatur; da aber die Sprache der ‹Straßburger Eide› gewiß nicht literarisch ist, auch die Eide nicht weitergewirkt haben, muß sie in die Literatur aus der Gemeinsprache übernommen worden sein. Bemerkenswert ist auch jenes *(ich will meinen Bruder beschirmen), sôso man mit rehtu sînan bruodher scal* ‚wie man es rechtens soll'. Da begegnet uns dieselbe ethische Wertsetzung, die oben S. 231 bei OTFRID und im ‹Hildebrandlied› festgestellt wurde. Auch dieser Zug wird nicht aus der Literatur in die Volkssprache eingedrungen sein, sondern der Weg war umgekehrt. Indem man also die Gemeinsprache des Volkes zu erkennen sucht, zeigen sich zugleich auch schon in dieser frühen Zeit gewisse Wechselwirkungen zwischen ihr und der gehobenen Schicht der Literatursprache.

Man kann also selbst in großer Dichtung Volkssprachliches wiederfinden, weniger leicht wohl in der heroischen Epik der Germanen, desto eher aber in der breiten Buchepik der althochdeutschen Periode. So sagt z. B. OTFRID an einer Stelle (III, 1, 31 ff):

Lindo, liobo druhtîn mîn   lâz thia kestiga sîn;
gilokô mir thaz mînaz muat,   sô muater kindilîne duat.
Thoh si iz sêro fille,   nist ni si avur wolle
(suntar si imo muntô),   theiz iaman thoh ni wuntô.
Thia hant duat si furi sâr,   ob iaman râmêt es thar.

(‚Sanfter, lieber Herr, laß ab von der Züchtigung. Behandle mich sanft, wie eine Mutter ihr Kindchen behandelt. Obwohl sie es vielleicht heftig schlägt, will sie doch nicht, daß es jemand anderer verletze, sondern sie schützt es. Sie hält alsbald ihre Hand davor, wenn jemand es schlagen will'.) Hier, wo OTFRID in warmem Empfinden von der Mutterliebe spricht, darf man annehmen, daß er auch volkstümliche Worte gebraucht. Die Verba *gilockôn* und *muntôn, fillen* (zu ahd.

fell, vgl. *das Fell vergerben*) und *râmên* dürften also der Volkssprache angehören, ebenfalls die Adjektiva *lind* und *liob* und die Redensart *dia hant furi tuon*. Derartiges findet sich bei OTFRID an vielen Stellen, und besonders bei NOTKER findet man neben aller Gelehrsamkeit viel Volkssprachliches, da er in seine Erklärungen lateinischer Texte viel Gemeinverständliches aus alltäglicher Beobachtung einfließen läßt. Auch viele andere althochdeutsche Texte könnten in dieser Hinsicht ergiebig sein. In der philologischen Forschung ist die Frage nach dem volkstümlichen Wortschatz im Alt- und Mittelhochdeutschen aber bisher noch kaum gestreift worden, und uns in eine eingehende Untersuchung einzulassen, ist hier nicht der Ort. Desto nachdrücklicher ist darauf hinzuweisen, daß hier eine – zumal im Hinblick auf die soziologische Schichtung des Wortgutes – bedauerliche Lücke zu schließen bleibt. Von einer geschichtlichen Weiterentwicklung des volkstümlichen Ausdrucksschatzes dürfte freilich auch in intensiver Forschung nicht viel erkennbar werden, wohl aber läßt sich ein gewisser Bestand aufnehmen. Und wenn man, wie oben angedeutet werden konnte, volkssprachliche Eigenheiten in der Literatur der althochdeutschen oder einer späteren Epoche wiedererkennen kann, dann ist damit auch ihre Bedeutung für die sprachgeschichtliche Betrachtung erwiesen.

Mönchische Umgangssprache

In der nachlässigen Sprachhaltung mit der lockeren Umgangssprache verwandt, wie sie das ‹Pariser Gesprächsbüchlein› zeigt, wenn auch auf ganz anderem Boden erwachsen, ist die Umgangssprache der Mönche, von der wir oben S. 132 f gewisse Spuren zu erkennen glaubten. Diese Sprachschicht beruht – jedenfalls, soweit wir sie überhaupt fassen können – auf gelehrter Grundlage. Das Latein des Kultus, der gelehrten Auseinandersetzung und der Schule mußte gewiß auf die alltägliche Sprache der Mönche und Scholaren abfärben. Deshalb glaubten wir, in leichthin gebildeten Fremd- und Lehnwörtern wie *increbôn* oder *scrûtôn, scrûdelôn* und anderen die Spuren ihrer unbekümmerten Alltagssprache erblicken zu dürfen. Vielleicht gehören auch Lehnwörter wie ahd. *sens* für lat. *sensus* ‚Sinn', *trahtôn* für *tractare* ‚erwägen', *titul* für *titulus* ‚Aufschrift' hierher, weil sich für diese lateinischen Wörter leicht deutsche Wörter zur Übersetzung anboten, die rasch verfertigten Lehnwörter also ein wenig leichtfertig schmecken. Auch *kestigôn, kestiga* für *castigare, castigatio* ‚züchtigen, Züchtigung' und *stridunga* für *stridor dentium* ‚Zähneklappern' könnten der sehr strengen Klosterzucht wenigstens sprachlich ein für Scholaren erträgliches Maß gegeben haben. Allerdings sind *kestiga, kestigôn* späterhin weit verbreitet; aber das wäre kein Gegenargument. Denn daß Kraft- und Scherzwörter gewisser Gruppensprachen in die Gemeinsprache eindringen und dort nach Verlust ihres Affektgehalts arglos und ohne Beigeschmack verwendet werden, läßt sich an vielen Beispielen nachweisen. In den Bereich des mönchischen Alltags würde auch die oben S. 222 vermutete Fachsprache der Klostergärtner gehören. Gab es sie, dann könnte man wohl noch manchen Ausdruck aus dem Gartenbau, vor allem so manchen halblateinischen Pflanzennamen auf mönchische Umgangssprache zurückführen. Eine Warnung muß allerdings ausgesprochen werden. Vermutungen sind erlaubt; es ist aber äußerst schwierig, wenn nicht gar unmöglich, über altdeutsche klösterliche Umgangssprachen Gewißheit zu erlangen. Was hier zu dieser Sprachschicht gestellt wurde, ist nur in schriftlicher Überlieferung auf uns gekommen. Es steht in ernster Umgebung und verlangt, ernstgenommen zu werden. In Klang und Bildungsweise heben die erwähnten Wörter sich von ihrer Umgebung ab. Das ist aber auch das einzige Kriterium für die Zuweisung zu einer bestimmten Sprachschicht. Welche Assoziationen solche Wörter hervorriefen, welcher Gefühlslage und welcher Geschmacksrichtung sie entsprachen, kann man bestenfalls ahnen. Sichere Beweise gibt es nicht. Es ist daher auch nicht sicher, ob wir in Wörtern wie den genannten wirklich die mönchische Umgangssprache — die es ganz gewiß (als Gruppensprache) gegeben hat — erfassen.

Die Sprache der Kirche und ihrer Glieder

Mit der Frage nach einer Umgangssprache der Mönche sind wir durch eine Seitentür in den kirchlich-geistlichen Sprachbereich eingetreten. Denn diese Mönchssprache, wenn sie überhaupt erfaßbar ist, läßt sich nur insoweit von der allgemeinen Alltags- und Umgangssprache abheben, als sie auf lateinischer Grundlage beruht. Sehr vieles muß beiden Sprachschichten gemeinsam gewesen sein, besonders da auch die Gemeinsprache in christlicher Zeit christlich bestimmt ist. Aber Wörter wie *increbôn* oder *scrûtôn* können ihr nicht angehört haben; sie könnten allenfalls (was aber unwahrscheinlich ist) sekundär durch nachahmende Aufnahme in die allgemeine Umgangssprache eingegangen sein. Entstehen konnten sie nur, wo man das Lateinische verstand und selber sprach.

Ähnlich verhält sich auch die Sprache der christlichen Dichtung zu der allgemein verbreiteten Sprache des Christentums. Wie schon erwähnt, konnte die Poesie in althochdeutscher Zeit nicht recht gedeihen, und die christlichen Dichter fühlten sich immer in erster Linie als Gelehrte und geistliche Lehrer. Das gilt vom Dichter des ‹Heliand›, der in schlichter Weise dem Christenvolk das Leben des Heilands nahebringen will, und auch von OTFRID, der sich ein anspruchsvolleres Ziel steckt und dogmatische Erkenntnis verbreiten möchte. Die gleiche Gesinnung ist auch in den kleineren althochdeutschen Dichtungen überall spürbar. Was aber das Verhältnis dieser Dichter zur Sprache angeht, so sind sie überall da, wo es um christliches Gedankengut geht, nicht selbstschöpferisch, es sei denn in variierenden Umschreibungen und in Metaphern. Im übrigen bedienen sie sich — als Gelehrte, die sie sind — des in ihrer geistlichen Umgebung üblichen Wort- und Ausdrucksschatzes. Dieser ist an sich unpoetisch. Er ist nüchtern, von sachlichen Aufgaben bestimmt, allenfalls in gewissen Bereichen, wo es z. B. um das Leiden CHRISTI geht oder um die Gebrechlichkeit und Sündhaftigkeit des Menschen und Gottes Barmherzigkeit, mit starken Gefühlsassoziationen beladen oder doch geeignet, sie vom Kontext her zu empfangen. Jedenfalls bedienen sich die Dichter immer gerade dann, wenn es um die neuen erregenden Inhalte geht, in ihrem christlichen Kernwortschatz einer Sprache aus zweiter Hand. Was allerdings der Dichtung abträglich sein kann, hat für den Sprachhistoriker den großen Vorteil, daß er auch diese Zeugnisse einbeziehen darf, wenn es um die Erkenntnis der christlichen Sprachneuerungen und ihre Zuweisung zu bestimmten Schichten der Sprache geht.

Eine solche Einteilung des christlichen Althochdeutsch nach Sprachschichten ist allerdings noch kaum versucht und die Frage nach der sozialen Stellung ihrer Schöpfer und Träger noch nicht aufgeworfen worden. Auch hier kann deshalb nur skizzenhaft dargestellt werden, in welcher Richtung eine weitere Erforschung der sprachlichen Schichtung etwa vorzugehen hätte.

In unserer bisherigen Darstellung haben wir bereits eine süddeutsche Kirchensprache von angelsächsisch beeinflußten Ansätzen zu einer nordwestdeutschen unterschieden, wobei auch von Südosten kommende gotische und westliche irische Einflüsse zu erwägen waren. Dahinter tauchte schemenhaft und noch nicht wissenschaftlich erfaßt eine (west)fränkische Kirchensprache auf, deren Vorhandensein man auf Grund der historischen Verhältnisse anzunehmen hat und die schon tief in vorliterarischer Zeit begonnen haben muß, sich auszubilden. Bei all diesen Erörterungen handelte es sich letzten Endes um Fragen der Sprach- und Kulturgeographie.

Anders die Fragestellung, die uns nun beschäftigt. Wir suchen nach den soziologischen Umständen dieser Sprachentwicklung und nach der soziologischen Stellung ihrer Schöpfer und Träger. Diese

Frage ist im Bereich des christlichen Althochdeutsch viel schwieriger zu beantworten als etwa auf dem Gebiet der germanischen Dichtung. Dort lassen sich soziale Grundlagen ermitteln, die man, freilich stark vereinfachend und ohne zu differenzieren, mit dem Terminus ‚Adelskunst' bezeichnen kann. Im Bereich der Kirchensprache kommt man mit so einfachen Feststellungen nicht aus. Vor allem wäre hier mit einer bloßen Gegenüberstellung ‚Adel — Volk' nicht das mindeste gewonnen, obwohl wir oben S. 229 bereits festzustellen hatten, daß der Adel (diese Bezeichnung im weitesten Sinne genommen) sich mit stärkster Anteilnahme der neuen, vom Christentum gestellten Aufgabe zuwandte. Durch dieses entschlossene Zugreifen hat der germanisch-deutsche Adel mehr als andere Stände beigetragen zu der Durchsetzung des Christentums und zu seiner Organisation in kirchlichen Formen sowie auch zu der Aneignung der christlich-lateinischen Bildung mit ihren antiken Grundlagen. Damit geht die Ausprägung einer christlichen germanisch-deutschen Sprache Hand in Hand. Gleichwohl wäre es offensichtlich falsch, etwa behaupten zu wollen, die Sprache des deutschen Christentums sei vom Adel geschaffen worden. Das ginge schon deshalb nicht an, weil Christentum und Kirche grundsätzlich immer für jedermann offengestanden haben und weil in der Kirche alle weltlichen Standesunterschiede aufgehoben waren. Die Geschichte weiß von manchem Mann niederer Herkunft zu berichten, der von höchster geistiger Bedeutung für die Entwicklung des Christentums war oder zu den höchsten Ämtern in der Organisation der Kirche aufstieg.

De iure, wenn auch keineswegs immer *de facto*, war also die weltliche ständische Ordnung innerhalb der Kirche ungültig. Da aber die Kirche in der Welt steht und sich irdischen Ordnungen einfügen muß, entwickelte sich ein neuer Stand der Geistlichkeit, der den Vorrang vor den weltlichen Ständen beanspruchte. Aber unsere Frage nach der Kirchensprache wäre durch die Auskunft, die Geistlichkeit habe sie geschaffen, keineswegs beantwortet. Denn nur allzu subtil und vielschichtig ist der geistliche Stand — von äußeren Rangordnungen ganz abgesehen — nach den verschiedensten geistigen und geistlichen Aufgaben funktional gegliedert, und alle Gliederungen mußten sich auch im Bereich der geistlich beeinflußten Sprache ganz verschiedenartig auswirken. Es wiederholt sich daher im kirchlichen Sprachbereich, was vorher schon für die Laienwelt und ihre Sprache unternommen werden mußte. Hier wie dort hat man nach sprachlichen Schichtungen zu fragen.

Aber die Kirche besteht nicht nur aus Geistlichkeit. Diese führt und lehrt das Christenvolk und dient ihm. Auch die christliche Laienwelt ist Glied der Kirche. Für die Erforschung der kirchensprachlichen Schichten bedeutet das eine weitere Erschwerung. Denn man muß mit intensiven Wechselwirkungen zwischen innen und außen rechnen, zwischen Geistlichkeit und weltlicher Gemeinde, und ganz gewiß hat man auch innerhalb der Kirche die Gemeinde als einen der sprachschöpferischen Faktoren anzusehen. In den Anfangszeiten ist es der Missionar, späterhin der Seelsorger und Prediger, der in ständigem geistigen Austausch mit seiner Gemeinde steht. Gelingt es also, einen sprachschöpferischen Anteil von Missionaren und Seelsorgern an der Ausbildung der Sprache des deutschen Christentums festzustellen, so hat man auf jeden Fall gerade hier zu bedenken, daß solche Schöpfungen großenteils nur im Austausch zwischen Priester und Gemeinde zustande kommen konnten. Missions- und Predigersprache auf der einen, die Sprache der Gemeinde auf der anderen Seite müssen zum großen Teil als ein untrennbarer Komplex gesehen werden, wo man die Ehre der Sprachschöpfung nur selten der einen oder anderen Partei wird zuweisen können.

Als eine weitere Sprachschicht wird sich etwa abheben lassen, was man als ‹Amtssprache› der Kirche bezeichnen könnte. Die Ausdrücke für innere und äußere Ordnungen der Kirche, für die Rangstufen der Geistlichkeit, für kirchliche Rechtsansprüche, für Gottesdienst und Kultbrauch, für Sakramente und Heiligtümer: alles das dürfte einer strengeren, von der Geistlichkeit gesteuerten Sprachregelung unterworfen sein. Allerdings hat man zu bedenken, daß die Kirche sich im inneren Verkehr der lateinischen Sprache bediente. Wo also deutsche Bezeichnungen angewandt werden, sind sie mit Rücksicht auf die Laiengemeinde geschaffen, und es ist nicht von der Hand zu weisen, daß auch in dieser Schicht wieder die Laienwelt in manchem Einzelfall sprachschöpferisch vorangegangen sein wird und daß die Kirche sich dem schon bestehenden Sprachgebrauch anbequemen mußte.

Ganz im inneren Schoß der Kirche, in der Abgeschlossenheit der geistlichen Studierstube, vollzieht sich endlich die Ausbildung einer dritten Sprachschicht, nämlich die der Gelehrtensprache. Hier hat die Außenwelt der Laien keinen schöpferischen Anteil. Denn die gelehrte Bildung ist Monopol der Kirche, und nur wer ihrem inneren Kreise angehört, kann wissenschaftlich forschend und in der Aussage der geistigen Inhalte sprachschöpfend tätig werden. Wiederholt wurde schon hervorgehoben, daß auf dem Gebiet der Gelehrtensprache die ganz neue und einzigartige Leistung der althochdeutschen Zeit liegt. Gelehrte hatte es auf deutschem Boden in der Sozialordnung des Heidentums noch nicht geben können. Dafür schuf erst die Kirche mit ihren neuen geistigen Ansprüchen und durch das soziale Faktum eines geistlichen Standes die Grundlagen. Aber hier erkannte die neue Zeit ihre bedeutendste Aufgabe, und ihr wandten sich die besten Kräfte zu. Vielleicht ist niemals wieder im Verlauf der deutschen Kulturgeschichte geistig so schwer, mit so nachhaltigem Erfolg und in einer von so vielen Köpfen einheitlich erfaßten Zielsetzung gerungen worden.

Für mehrere Jahrhunderte blieb es ein einsames Ringen in der Abgeschlossenheit der Studierstuben und in den kleinen Zirkeln der gemeinsam Strebenden. Damit aber die Errungenschaften des Geistesringens und mit ihnen die sprachschöpferischen Leistungen des gelehrten Kreises für die Allgemeinheit fruchtbar werden konnten, mußten sie aus der Enge der Klosterzelle heraustreten in die Welt. Gegen das Ende der althochdeutschen Periode (und verstärkt in frühmittelhochdeutscher Zeit) läßt sich auch das beobachten. Was Gelehrte geistig erarbeitet und sprachschaffend bewältigt haben, beginnt in geistigen Gemeinbesitz und in die Gemeinsprache einzugehen. Noch einmal erhebt sich hier eine sprachgeschichtlich nicht unbedeutende Frage. Wer waren die Vermittler, die Wissen und Sprache der Gelehrten aus Klöstern und Konvikten hinaustrugen in die Welt? Mit Vorsicht sei sie beantwortet. Die christliche Bildung beginnt sich durch Ausbau der Schulen mehr und mehr zu verbreiten. Die Gelehrten selbst bildeten keine fest geschlossene, von der Außenwelt abgekapselte Zunft. Soweit sie Priester waren, hatten sie auch Pflichten der Seelsorge, wenn auch wohl oftmals nicht unter Laien, sondern nur unter den Klosterbrüdern. Viele waren aber gleichzeitig auch Lehrer und vermittelten ihre Erkenntnisse und die Sprache, in der sie sie vortrugen, der heranwachsenden Geistlichkeit in den Schulen. Mancher künftige Seelsorger, Pfarrpriester und Bischof muß zu ihren Füßen gesessen haben, der später das Wissen und seine Sprache in die Welt hinaustrug, und wenn die Laiengemeinde reif geworden war, es zu ergreifen und aufzunehmen, so mußte es auch in die Gemeinsprache eingehen. So gesehen, scheint es möglich, an der Rezeption des von Gelehrten geschaffenen Wortschatzes in die Gemeinsprache abzulesen, wie ein geistig durchdrungenes Christentum und die dadurch erschlossene Bildungswelt allmählich im allgemeinen Bewußtsein immer tiefere Wurzeln schlugen.

Sprache der Mission und der Seelsorge

So einfach es nun in der Theorie erscheinen mag, im christlich-kirchlichen Sprachbereich einzelne Schichten der Sprache voneinander abzuheben, so schwierig ist es doch, sie praktisch zu unterscheiden. Ein Beispiel erläutere das. Die Bezeichnung für den Christen, lat. *christia-*

nus : ahd. *kristân* (noch mhd. *kristen*, noch fortlebend z. B. in nhd. *Christentum*, wo *Christen-* nicht etwa Plural ist) beweist im Althochdeutschen durch den Schwund des zweiten *i* hohes Alter und die Herkunft aus volkstümlichem Sprachbereich. Das deutsche Wort kann sehr wohl schon aus heidnischer Zeit stammen, gewonnen aus der Beobachtung der römischen Nachbarn. Nun wird der Sammelbegriff *christianitas* oder *universitas christianorum* ‚Gesamtheit aller Christen' im Althochdeutschen durch *kristânheit*, nhd. *Christenheit*, wiedergegeben, und das ist zweifellos eine junge Neubildung. Sie wird nicht von Missionaren geprägt sein, denn die Mission hatte kaum Bedarf für eine solche Kollektivbezeichnung. Sie scheint aber auch nicht der Amtssprache anzugehören. Denn *kristânheit* wird vorher schon auch in anderen Bedeutungen verwendet, und das wäre höchst unvorteilhaft bei einem amtlichen Terminus, der genau festgelegt sein muß. Am ehesten wird also *kristânheit* ‚Christenheit' aus dem Bereich der Gelehrtensprache stammen, die zusammenfassende Oberbegriffe brauchte.

Jenes andere *kristânheit*, das in der Bedeutung ‚Glaubensbekenntnis', aber auch als ‚Taufe' vorkommt, also keine ganz fest umrissene Bedeutung hat, dürfte aus der Sprache der Mission stammen. Ihr mußte es wichtig sein, dem Neubekehrten immer wieder einzuschärfen, daß er jetzt in einem neuen Stande lebte, und eben darauf weist das neugebildete Wort hin. Denn ahd. *heit*, womit es zusammengesetzt ist, bedeutet in früh-althochdeutscher Zeit ‚Person', aber auch ‚Stand, Art und Weise', und genau daran, an den Stand des Christen, soll dieses *kristânheit* erinnern. In diesem Falle bedient die Mission sich also eines Lehnwortes. Das ist aber nur möglich, wenn das Wort (oder sein Grundbestand, hier *kristân*) schon vorher der Gemeinsprache angehört hat. Denn der Missionar muß in seiner neuen Lehre verstanden werden, und er muß daher zu Ausdrucksweisen greifen, die trotz neuer Inhalte möglichst viel bekanntes oder doch durchschaubares Sprachgut verwenden. Ausdrücke wie *pech* (‚brennendes) Pech' oder *wizzi* ‚Leibesstrafe' zur Bezeichnung der Hölle wird man daher den Missionaren zuschreiben dürfen. Hier wird der Inhalt von lat. *infernum* bildhaft verdeutlicht. Überhaupt werden sich Missionare und die Prediger der ersten Gemeinden gern der Lehnübersetzung oder freierer Lehnbildungen bedienen, weil sie so am ehesten auf Verständnis rechnen können. Was ein *boto* ‚Bote' ist, weiß man, und davon ausgehend kann der Missionar auch die Bedeutung von *apostolus* durch die Lehnschöpfung *zwelifboto* erklären. Auch *confessio, confiteri* : ahd. *bijiht, bijehan* ‚Beichte, beichten' (Grundbedeutung: ‚öffentlich erklären') und *poenitentia* mit seiner zweifachen Bedeutung ahd. *hriuwa* ‚Reue' und *buoza* ‚Buße,

Sündenstrafe' gehören wohl dieser früh entwickelten Sprachschicht der Mission und der Seelsorge an. Beginnt dann die junge Gemeinde, sich an Christentum und Kirchenbrauch zu gewöhnen, dann können im vertrauten Umgang zwischen Seelsorger und Gemeinde auch wieder gewisse lateinische Wörter verständlich werden, und eine neue Schicht von Lehnwörtern kann sich bilden. Auf diese Weise entstehen z. B. lat. *patrinus* : ahd. *pfettiro* ,Pate' und *filiolus* : *fillôl* ,Patenkind'. Beide Wörter, vornehmlich in rheinischen Quellen bezeugt, sind freilich schon lange vor der althochdeutschen Zeit entstanden. Aber ihrem Typ nach könnten sie in jeder jungen Gemeinde neu geschaffen werden. Paten und Patenkinder sind wichtige Faktoren der christlichen Erziehung. Wie aber soll man sie, von denen man erst durch das Christentum erfährt, benennen? Die heimische Sprache bietet kein Wort dafür, und da gewährt das lateinische Wort, das man aus dem Munde des Seelsorgers vernimmt, rasche Abhilfe. Ja, es mag dem Selbstgefühl des einfachen Mannes sogar schmeicheln, wenn er sich mit einer so fremdartig gelehrt und würdig klingenden Bezeichnung schmücken darf. Auch ein Lehnwort wie ahd. *crûci* aus lat. (Akk.) *crucem* kann leicht in einer jungen Gemeinde geschaffen werden. Der Priester vermittelt das Wort, und gern gibt man das durch üble weltliche Assoziationen belastete Wort ahd. *galgo* ,Galgen' dafür in Kauf.

Es kann uns nicht daran liegen, den gesamten früher schon erörterten Wortschatz an dieser Stelle unter neuem Gesichtspunkt abermals zu behandeln, obwohl er sich durch viele noch nicht erwähnte Beispiele erweitern ließe. Wir hatten hier nur zu zeigen, daß es sehr wohl möglich ist — auch wenn man viele Irrtumsgefahren einräumt —, die Bildung neuer Wörter und die Belegung alter mit neuen Inhalten bestimmten Sprachschichten zuzuweisen, in denen sich dieser sprachschöpferische Vorgang vollzieht. Was die Sprache der Mission und der Seelsorge angeht, so ist dabei noch auf eine auszeichnende Besonderheit hinzuweisen. Da sie in fortwährender, unmittelbarer Beziehung zur Gemeinde geschaffen und ausgebildet wird, geht, was sie an Neuem hervorbringt, auch unmittelbar in die Gemeinsprache ein. Hier gibt es die breiteste Grundlage der Einflußnahme. Man darf daher annehmen — und es dürfte sich sogar statistisch nachweisen lassen —, daß die Sprache der Mission und der frühen Seelsorge den stärksten Anteil an der christlichen Ausprägung des Althochdeutschen hat. Um die Wichtigkeit des Seelsorgers in diesem sprachhistorischen Vorgang zu unterstreichen, sei auch daran erinnert, daß wir oben S. 241 bereits auf seine Tätigkeit als Vermittler bei der Überführung der gelehrten Sprachneuerungen in die Gemeinsprache hinzuweisen hatten.

Mission und Seelsorge richten sich allerdings immer nur an einen kleinen, örtlich oder regional beschränkten Kreis. Daher werden auch in der Ausbildung der Missions- und Predigtsprache, vor allem wegen des lebendigen Austausches mit den regionalen Verkehrs- und Sprachgemeinschaften, mancherlei regionale Besonderheiten entstehen. Auf solche Ursachen gehen letzten Endes die verschiedenen Kirchensprachen zurück, die süddeutsche, die nordwestliche und die fränkische. Aber diese beherrschen gar nicht in solcher Geschlossenheit die großen geographischen Räume, wie es die Bezeichnungen vortäuschen. Die regionalen Unterschiede zeichnen sich in vielen Einzelfällen bereits in viel kleineren Räumen ab. Durch sorgfältige Untersuchungen des Bezeichnungsschatzes für christliche Zentralbegriffe wie *gratia* ‚Gnade', *gloria* ‚Ehre', *misericordia* ‚Erbarmen', *humilitas* ‚Demut', *poenitentia* ‚Reue, Buße', *tristitia* ‚Traurigkeit' und andere (vgl. LH 141–151) hat sich herausgestellt, welche Vielzahl von Möglichkeiten zur Eindeutschung zur Verfügung standen und — was für unseren Standpunkt noch wichtiger ist — wie klar sich oftmals die regionalen Begrenzungen abzeichnen, innerhalb deren nur die eine oder die andere Übersetzung gebraucht wird. Diese exklusive Auswahl aus einer Fülle von Möglichkeiten kann man nur daraus erklären, daß regionale Mission und Seelsorge sich aus den örtlich verschiedenen Verhältnissen ihre jeweils eigene regionale Sprache bildeten. So kann *gloria*, landschaftlich unterscheidbar, durch *guollîchî, guotlîchî, tiurida, ruom, êra* und noch einige andere althochdeutsche Wörter übersetzt werden (LH 144). Da hat sich, so stellen wir es uns vor, in dem einen Seelsorgebezirk die eine, im anderen eine andere Sprachgewohnheit herausgebildet. Daß sie sich unter Umständen durch Wanderung der Missionare, Versetzung der Prediger und sonstigen Austausch rasch verbreiten kann und daß dann Überlagerungen vorkommen, ist eine sekundäre Erscheinung. Ebenso sekundär ist es, wenn späterhin einzelne Kirchenprovinzen oder Diözesen dem einen Ausdruck deutlich den Vorzug vor anderen geben. An solchen Beispielen erkennt man die amtliche Einflußnahme einer kirchlichen Obrigkeit.

Regionale Unterschiede machen sich endlich auch noch in sehr viel unauffälligerer und daher kaum beachteter Weise geltend. Der christliche Glaube, lat. *fides*, wird selten durch ahd. *triuwa*, eigentlich ‚Treue, Festigkeit', übersetzt; in der Regel werden Rückbildungen vom Verbum *gilouben* ‚glauben' bevorzugt. Es kommen nun aber *giloubo* und *gilouba* vor, ein männliches und ein weibliches Wort, und daneben steht im althochdeutschen ‹Isidor› noch ein hochaltertümliches *chilaubîn*, das wie got. *galaubeins* gebildet ist und, wenn man versucht, die Art der Wortbildung nachzuahmen, etwa durch

‚Glaubung' verdeutlicht werden könnte. Ahd. *giloubo* scheint vornehmlich im fränkisch-mitteldeutschen Gebiet zu gelten, während Baiern und Alemannen, unter ihnen NOTKER, das weibliche *gilouba* bevorzugen. Auch im Mittelhochdeutschen ist noch keine Einigung erreicht. In ähnlicher Weise gilt für das Verbum lat. *baptizare* auf dem ganzen hochdeutschen Sprachgebiet die Übersetzung ahd. *toufen;* aber wieder gibt es kein einheitliches Substantiv. Es kommen vor ahd. *toufî,* gebildet wie got. *daupeins* (die Endungen sind im Ahd. abgeschwächt), ferner *toufa* weiblich, das heutige *Taufe,* und *touf* männlich. Dazu noch *toufunga,* das aber ein Gelehrtenwort zu sein scheint. Die landschaftliche Verteilung der Formen ist hier noch weniger geklärt als bei *giloubo* usw., doch scheint *toufa* dem nordwestlichen Bereich anzugehören.

Die Erklärung für die Einheitlichkeit der Verba und die Unterschiedlichkeit der Substantiva könnte man auf folgende Weise versuchen: In der ersten Zeit der Bekehrung kommt es auf die Handlung des Taufens und auf den geistigen Vorgang des Glaubens an. Dieses Geschehen wird durch Geschehenswörter, also durch Verba, ausgedrückt, die sich in den beiden Beispielfällen rasch über das ganze Sprachgebiet volkssprachlich ausbreiten. Erst bei stärkerer Vertiefung in das Christentum, im Gespräch des Seelsorgers mit der Gemeinde, wird es dann erforderlich, über den Inhalt des Glaubens und über die Bedeutung der Taufe nachzudenken, also die Grundlagen des Geschehens begrifflich zu erfassen. Dazu sind die Substantiva als Begriffszeichen besser geeignet als die Verba. Man muß sie, da sie noch nicht vorhanden sind, neu bilden, und offenbar wird in den Gemeinden die gleiche Aufgabe auf verschiedene Weise gelöst.

Kirchliche Amtssprache

Mit den letzten Beispielen sind allerdings die Grenzen sicherer Erkenntnismöglichkeit abermals überschritten. Es läßt sich nicht bündig beweisen, daß *giloubo, gilouba* und *touf, toufa* tatsächlich im Seelsorge-Gespräch der Gemeinden entstanden sind. Sie könnten auch der Amtssprache der Kirchen entstammen. Die lateinischen Substantiva *fides* ‚Glaube' und *baptismus* oder *baptisma* ‚Taufe' waren im Kreis der Geistlichkeit natürlich bekannt, und als behördliche Organisation konnte die Kirche, auch wenn sie deutsch sprach, auf die nominalen Begriffe nicht verzichten. Es wäre daher denkbar, daß die verschieden gebildeten Substantiva nicht von den Gemeinden ausgingen, sondern in den Metropolen der Erzbischöfe oder an den Bischofssitzen geschaffen wurden.

Steht also in den erörterten und in manchen unerwähnten Fällen nicht fest, welcher Sprachschicht die Neuschöpfung zuzuschreiben ist, so gibt es viele andere Fälle, wo man ein Widerstreben der Amtssprache gegen schon vorhandene volkssprachliche Ausdrücke zu erkennen glaubt. Wir nahmen schon oben S. 126ff am Beispiel der Wörter *pfaffo* und *pfarrâri* Gelegenheit, auf die zähe Beharrlichkeit der Volkssprache und ihre Durchschlagskraft hinzuweisen. Hier konnten sich Versuche wie *heithaft man, kirchman* oder *gawipriestar,* die wir als amtliche Gegenwörter anzusehen geneigt sind, nicht durchsetzen. Dagegen gelang die Durchsetzung in weiten Teilen des Sprachgebiets bei dem Wort *priestar,* das eher nach einer kirchenamtlichen als nach einer volkstümlichen Bildung aussieht.

Lat. *sacramentum* hat neben seiner religiös-rechtlichen Bedeutung (vgl. afranz. *sagrament,* ahd. *eid* in Anh. I, S. 256) und der kirchenamtlichen Bedeutung ‚Sakrament als göttliche Gnadengabe' auch noch die des lateinischen Lehnworts aus dem Griechischen *mysterium* übernommen, das wegen heidnischer Assoziationen gern gemieden wurde. Im ältesten Althochdeutsch wird es deshalb im fränkischen Bereich durch *(heilac) giruni* (‚heilig-heimliche Beratung, Ratschluß', vgl. nhd. Geraune) übersetzt, im Oberdeutschen durch *touganî, gitouganî* (‚geheimnisvolles Geschehen') übersetzt. Aber diese Bezeichnungen sind zu vieldeutig, als daß sie als amtliche Bezeichnungen verwendbar wären. Auch die gelegentlich versuchte oberdeutsche Übersetzung *wîhida* blieb eine Notlösung, da dieses Wort gleichzeitig die ‚Reliquien' bezeichnen mußte. In der Bedeutung ‚Sakrament' setzt sich daher die Übersetzung *wizzôd* durch. Dabei ist unklar, ob damit alle Sakramente bezeichnet werden oder nur das Altarsakrament, die Eucharistie, das in den Quellen am häufigsten genannt wird. *Wizzôd* ‚Weistum, Gesetz' kommt aus so abstrakter Sphäre, daß es nicht in der Sprache des Volkes und der Seelsorge seine christliche Lehnbedeutung erhalten haben kann. Hier darf man daher eine kirchenamtliche Prägung annehmen, und die Verbreitungsgeschichte dieses Bedeutungslehnworts weist darauf hin, daß es in der fränkischen Kirche entstanden ist (LH 149a).

Ähnliches darf man für die Wiedergabe von *catholicus* sowie von *universalis, generalis* in Wendungen wie *ecclesia catholica* ‚die allumfassende Kirche' annehmen. Überraschend einheitlich wird es durch ahd. *allîh* wiedergegeben. Dieses Wort entstammt gewiß nicht der Volkssprache. Es kann aber auch nicht gelehrten Ursprungs sein, denn Gelehrte hätten sich auf unterschiedlichen Wegen um Annäherung an das Lateinische bemüht. Wegen seiner weiten Verbreitung darf man daher schließen, daß *allîh* in kirchenamtlichen Kreisen entstand und durchgesetzt wurde.

Wenn volkssprachliche und amtlich erscheinende Wörter und Wortformen nebeneinanderstehen, braucht keineswegs immer an einen

Konkurrenzkampf der beiden Sprachschichten gedacht zu werden. Oftmals sind es einfach korrektere Formen, die von den kirchlichen, an Schriftgebrauch gewöhnten Amtsstellen verwendet werden. Das ist der Fall, wenn etwa *jacûno* und *diacan* (lat. *diaconus*), *tehmo* und *decemo* ‚der Kirchenzehnte', *bredigôn* und *predigôn* (lat. *praedicare*) nebeneinanderstehen. In solchen, sehr zahlreichen Fällen bemüht sich die kirchliche Amtssprache um eine dem Lateinischen angenäherte Lautgestalt.

In der größeren Sorgfalt wird man leicht ein amtliches Sprachbemühen erkennen. Im allgemeinen aber ist es schwierig, das Sprachschaffen gerade innerhalb dieser Schicht zu bestimmen. Nach beiden Seiten, zur volkstümlichen Gemeinsprache hin wie auch zu der Sprache der Gelehrten, ist sie offen, und anstatt zu beweisen, muß man sich allzu oft mit einem einfühlenden Zuordnen begnügen, das unsicher bleibt, da man das ‹Sprachgefühl› für eine so fernliegende Periode nur mit großer Mühe und unvollkommen erwirbt. Äußerst schwierig ist es auch, sich ein zureichendes Bild von den sozialen Hintergründen zu machen. Über das Schriftwesen der Kanzleien sind wir zwar einigermaßen orientiert; aber über ihr internes Beratungswesen und den Verkehr mit dem äußeren Publikum wissen wir nichts, und es ist doch anzunehmen, daß – anders als bei den Gelehrten – die Ausbildung einer kirchlichen Amtssprache primär im mündlichen Austausch erfolgt. Im übrigen darf man sich auch die Amtssprache der Kirche nicht als eine einheitliche, über das ganze deutsche Sprachgebiet gleichmäßig verbreitete Sprachschicht vorstellen. Auch hier hat man an regionale Sonderungen zu denken, und bei näherem Zusehen könnte es sich erweisen, daß mehr noch als in der von den Seelsorgern beeinflußten Gemeinsprache die Bistumsgrenzen gleichzeitig auch Sprachscheiden darstellen. Aber entsprechende Untersuchungen sind noch nicht angestellt worden.

Sprache der Gelehrten

Oben S. 169 wurden die in der Sprache der Mission und der Seelsorge beheimateten Übersetzungen von *confessio* und *poenitentia* erörtert. Dieser Begriffe haben sich auch die Gelehrten angenommen, denn das kirchliche Dogma faßt *poenitentia* ‚Reue, Pönitenz' als Oberbegriff für die drei Stufen der Reue auf, die als *contritio* ‚Zerknirschung', *confessio* ‚Sündenbekenntnis, Beichte' und *satisfactio* ‚Wiedergutmachung, Buße' bezeichnet werden. Die Übersetzungen *poenitentia* : *hriuwa* und *confessio : bijiht* sind offensichtlich schon fest eingebürgert und werden daher auch von den Gelehrten nicht mehr neu diskutiert, ähnlich wie sie *catholicus : allîh* ohne neue Übersetzungsversuche hinnahmen. Dagegen spielen die Begriffe *contritio* und *satisfactio* in der theologischen Diskussion anscheinend eine große Rolle, und dementsprechend machen die Gelehrten eine ganze Reihe von scharf zupackenden Übersetzungsversuchen, die allerdings alle nicht in die Gemeinsprache eingehen. Den Begriff von lat. *contritio* sucht man z. B. zu fassen durch ahd. *firniderida* ‚Erniedrigung', was auf den Begriffsinhalt zielt. Andere Übersetzungen gehen von der eigentlichen Wortbedeutung *con-tritio* ‚Zer-reibung' aus. So wird *zistôrida* ‚Zerstörung' gebildet, und *chnisteda, ferchnisteda* ‚(Zer)quetschung', sowie aus gleichem Stamm *firknistunga, firknussunga;* auch die ganz wörtliche Übersetzung *zimulida* ‚Zerriebenheit' kommt vor. (Dabei bezeichnen die Wörter auf *-ida, -eda* den Zustand, die auf *-unga* den Vorgang.) Das alles sind ernsthafte Versuche, des lateinischen Wortinhalts möglichst vollkommen habhaft zu werden. Volkstümlich konnten solche künstlichen Bildungen in althochdeutscher Zeit noch nicht werden. Die Gemeinsprache hatte für so feine begriffliche Unterscheidungen und ihre Bezeichnungen noch keinen Bedarf. Man sollte aber nicht übersehen, daß nhd. *Zerknirschung* nur eine Variante von ahd. *firknistunga* ist, daß sich also diese gelehrte Neubildung endlich doch durchsetzte; den Weg der Eindeutschung hatte also die althochdeutsche Gelehrsamkeit schon gewiesen.

Für *satisfactio* wird außer *buoza* und der Verstärkung *folbuoza* ‚völlige Buße' auch *intsegida* ‚Absage (an die Sünde)' versucht, wieder eine Übersetzung, die den Begriffsinhalt zu erfassen sucht. Merkwürdigerweise wird dagegen die Glied-für-Glied-Übersetzung *satisfactio : Genug-tuung* erst im Neuhochdeutschen gewagt; im Mittelhochdeutschen geht ein substantivierter Infinitiv *daz genuoctuon* voraus. Es ist gewiß kein Zufall, daß um die Wiedergabe von *contritio,* wie die viel größere Zahl der Übersetzungen beweist, härter gerungen wurde als um die von *satisfactio.* Denn hierfür stand bereits das in die Gemeinsprache eingebürgerte Wort *buoza* zur Verfügung. Sprachlich bereits bewältigte Begriffe reizen nur wenig zu erneuter Beschäftigung. Was in der Sprache schon vorhanden ist, besitzt man, oder glaubt man doch zu besitzen. Es finden sich aus diesem Grunde im Althochdeutschen schon sehr viele Übersetzungen, welche die geistlichen Gelehrten, ohne sie erneut zu prüfen, hingenommen haben. Da sie alle aus der Gemeinsprache stammen, haben sie ein viel schlichteres und natürlicheres Gepräge als die künstlich gebildeten Wörter, die von den Gelehrten erst neu zu schaffen waren. Wer aber nur nach ‹guter›, d. h. gemeinsprachlicher, und angeblich ‹schlechter› Übersetzung unterscheidet, tut den Gelehrten und ihrer Sprache Unrecht. Er verkennt, daß das mühsame gelehrte Verdeutschen auf ganz andere Ziele gerichtet ist als die sprachlich volksnahe Art des Übersetzens. Es geht ja darum, das Lateinische, die Sprache der Kirche, des Kultes und der Wissenschaft, dem deutschen Verständnis möglichst nahezubringen.

Die Ergebnisse des gelehrten Tuns sind freilich verwirrend vielfältig. Lat. *resurrectio* ‚Auferstehung' z. B. hat zwölf verschiedene Übersetzungen gefunden: *urrist, urrestî, urstant, urstôdalî, urstendi, urstendî, urstendida, urstendidi, irstandinî, arstantnessi, erstantnunga, ûferstênde*. Für lat. *redemptio* ‚Erlösung' sind elf Übersetzungen belegt: *âlôsnîn, urlôsa, urlôsî, urlôsida, irlôsida, arlôsnessi, lôsunga, irlôsunga, urloesunge, urchauf, nara*. (Zusammenstellungen nach Lindqvist, LH 152, S. 11.) Einige erst frühmittelhochdeutsche Belege wie *ûferstênde* und *urloesunge* sind in der Liste enthalten, doch wird das Gesamtbild dadurch nicht geändert. Lat. *resurrectio* ist von dem Verbum *surgere* ‚aufstehen, erstehen' abgeleitet, und ebenso verhalten sich die deutschen Übersetzungen. Sie sind aus zwei Verba, dem altertümlichen *urrîsan* ‚erstehen, sich erheben' und dem gleichbedeutenden *urstantan* abgeleitet. (Nur *urstôdalî*, ein Adjektivabstraktum zu *stôdal* ‚stehend, aufgerichtet', ist anders gebildet.) Lat. *redemptio* geht auf *redimere* zurück, das im kirchlichen Latein nur ‚erlösen' bedeutet. Dementsprechend sind die deutschen Übersetzungen zu den ahd. Verba *â-, ar-, ir-, urlôsen* ‚erlösen' gebildet. Nur *urchauf* ‚Rückkauf' zerlegt *red-imere* in seine Bestandteile und trägt der Grundbedeutung von *emere, emptio*, nämlich ‚kaufen, Kauf' Rechnung, nicht ohne Grund, weil dieser Übersetzer Christi Erlösungstat als ein Loskaufen des Menschen vom ewigen Tode verstanden wissen will. Ahd. *nara* ‚Rettung' im ‹Isidor› beschränkt sich auf die Wiedergabe des Gehalts von *red-emptio* durch ein eingebürgertes deutsches Wort.

In den etymologisch durchsichtigen Bildungen auf *-a, -î, -ida, -nessi, -unga* usw. hat man lauter verschiedene Versuche zu erkennen, nach lateinischem Muster auch im Deutschen zu den zugehörigen Verba die Substantiva zu bilden. Die verschiedenen Endungen, die gewählt werden, kann man als Zeugnisse des Wortbildungsverfahrens einzelner Übersetzerschulen oder klösterlicher Schreibstuben betrachten. Die gefundenen Lösungen sind – wie die Beispiele zeigen – allerorten verschieden. Aber eines haben alle gemeinsam. Jeder Übersetzer erkennt die Zugehörigkeit der beiden lateinischen Substantiva zu bestimmten Verba, und genau entsprechend bildet er auch sein deutsches Substantiv aus jenem Verb, das nach seinem Wissen dem lateinischen bedeutungsmäßig entspricht. Man darf jedem dieser Übersetzer die Fähigkeit zutrauen, daß er für *redemptio* ein gängiges deutsches Wort wie das *nara* des althochdeutschen ‹Isidor› hätte finden können. Aber das war nicht die Absicht. Auch sollte man nicht übersehen, daß nhd. *Auf-er-stehung* für *re-sur-rectio* und *Er-lösung* für *red-emptio* Glied-für-Glied-Übersetzungen sind und daß sie im Typ der Wortbildung genauso zu beurteilen sind wie die althochdeutschen Belege. Nur sind sie als Wörter der heutigen Gemeinsprache jedermann vertraut. Allein deshalb wirken sie weniger befremdlich als die althochdeutschen Wörter, die doch ihre gleichberechtigten Vorläufer sind.

Es ist nicht erforderlich, die Beispiele zu häufen. Jedes Übersetzen ist ein gelehrtes Tun, aber die Ziele sind verschieden, und wir befassen uns an dieser Stelle nicht mit dem Übersetzer, der sich möglichst weitgehend der Gemeinsprache bedient. Der ‹Isidor›-Übersetzer, der statt ‚Erlösung' *nara* ‚Rettung' sagt und der *circumcisio* durch *dhiu judaeische êuua* ‚der jüdische Ritus' umschreibt, weil seine Leser den Brauch der Beschneidung nicht kennen, muß doch auch zur Übersetzung von *trinitas, divinitas, deitas* ‚Dreieinigkeit, Göttlichkeit, Gottheit' an einigen Stellen künstliche, gelehrte Wörter neu bilden, und schon bei so einfachen Abstrakta wie *duritia* ‚Härte' und *splendor* ‚Glanz' kommt er nicht ohne die Neubildungen *hartnissa* und *berahtnissi* (von *beraht, berht* ‚glänzend') aus. Das zeigt sehr deutlich, über wie wenig Abstraktbildungen die Gemeinsprache verfügte. Das Ziel der Gelehrten war es nun zunächst, mit den Mitteln einer noch so unentwickelten Sprache das Lateinische verständlich zu machen, und das führte zu möglichst genauer Nachbildung. Aber das war Neuland, und da jede Sprache über viele Mittel und Möglichkeiten der Wortbildung verfügt, ist es verständlich, daß zunächst jeder einzelne Gelehrte seinen eigenen Weg zur Lösung der Aufgabe sucht. So kommt es zu den vielfältigen Übersetzungen des gleichen lateinischen Ausdrucks, von denen wir oben einige Proben gaben.

Eine Einwirkung auf die Gemeinsprache ist bei den gelehrten Wortschöpfungen nicht beabsichtigt. Wenn sie in einzelnen Fällen trotzdem gemeinsprachlich werden, so beweist das nur, daß ein Bedarf dafür bestand. Sehr früh werden zum Beispiel zu lat. *baptista, piscator, mendicus* die ahd. Übersetzungen *toufâri, fiscâri, betalâri* ‚Täufer, Fischer, Bettler' volkstümlich. Das fremde Suffix *-âri* beweist den gelehrten Ursprung dieser Neubildungen. Diese Wörter konnten leicht in die Gemeinsprache eingehen, das erste wegen der verehrten biblischen Gestalt Johannes des Täufers, die anderen beiden wegen ihrer Beziehungen zum Alltagsleben. Deswegen mag auch die Neubildung *infantia : kindheit* sich erhalten haben, die zuerst im althochdeutschen ‹Tatian›, und dort als gelehrte Leistung, auftritt. Dagegen bleiben Wortbildungen, für die die Gemeinsprache wegen ihres abstrakten Inhalts keine Verwendung hat, solange erfolglos, bis sich ein Bedarf dafür einstellt. Zwar finden sich als seltene Beispiele heute noch vorhandener Abstraktbildungen schon im ‹Tatian› z. B. lat. *tenebrae* : ahd. *finstarnessi* ‚Finsternis' und *exitus* : *ûzgang* ‚Ausgang'; aber in anderen gelehrten Texten werden noch lange nach dem ‹Tatian› Neubildungen wie *finstar, finstirî, finsterîna* oder *ûzfart, hinafart, galâz* (etwa ‚Auslaß') versucht. *Finsternis* und *Ausgang* sind also nicht bereits durch den ‹Tatian› sprachüblich geworden. Sie sind vermutlich viel später aus gleichen Sprachmitteln und mit gleicher Methode der übersetzenden Wortbildung abermals geschaffen worden und erst in die Gemeinsprache eingegangen, als diese hinlänglich an den Gebrauch von Abstrakta gewöhnt war.

Man darf nämlich nicht den Strukturwandel übersehen, dem die deutsche Sprache durch die intensive Auseinandersetzung mit dem Lateinischen unterworfen wurde. Bevor Wörter wie *toufâri* und *betalâri* gebildet wurden, konnte man im Deutschen das damit Bezeichnete nur verbal ausdrücken, also nicht ‹er ist ein Bettler›, sondern nur ‹er bettelt›. Man konnte nicht sagen ‹in meiner Kindheit›, sondern nur ‹als ich noch ein Kind war›, nicht ‹in der Finsternis, in der Dunkelheit›, sondern ‹wenn es finster (dunkel) ist›. Es bleibt also nicht bei der Schaffung neuer Wörter, sondern mit diesen Wörtern eröffnen sich zugleich ganz neue Möglichkeiten des Ausdrucks und des Satzbaus. Gewöhnt man sich an die neuen Ausdrucksweisen, so werden sie allmählich sprachüblich, und damit kann dann auch ein Bedarf nach immer neuen Wortschöpfungen nach dem gleichen Muster entstehen. Es ist an die Leichtigkeit zu erinnern, mit der wir heute immer neue Wörter auf *-er* oder auf *-heit* bilden können (diese nur als Beispiele herausgegriffen). Das sind längst gemeinsprachliche Wortbildungsmittel geworden, weil uns unbewußt die Satzbaumuster vorschweben, in denen wir solche Wörter verwenden müssen. Aber gerade die beiden genannten Bildesilben — und viele andere — sind anfänglich gelehrten Ursprungs. Das Sprachschaffen der Gelehrten erschöpft sich also nicht in der Bildung neuer deutscher Wörter. Indem sie die Wörter und ganz neue Kategorien von Wörtern schufen, beeinflußten sie gleichzeitig auch den syntaktischen Bau der Sprache und führten sehr tiefgreifende Änderungen der gesamten sprachlichen Möglichkeiten herbei.

In dieser Beziehung unterscheidet sich die Sprache der Gelehrten in althochdeutscher Zeit von allen anderen Sprachschichten. Was man in der Volkssprache aus Berührung mit anderssprachigen Nachbarn aufnahm, was Missionare und Seelsorger und die Amtssprache der Kirche schufen, das waren im wesentlichen tatsächlich nur neue Wörter für neue Sachen und neue Begriffe, ‹Vokabeln›, die sich reibungslos den heimischen, sprachüblichen Satzbaugewohnheiten einfügten.

Anders die Sprache der Gelehrten. Indem sie sich auf das engste an die lateinischen Vorbilder anlehnte, mußte sie auch die lateinischen Denkabläufe nachahmen, und das war nur in neuen, ungewohnten Formen des Satzbaus möglich. Freilich ist nicht anzunehmen, daß auch nur die Schöpfer der allerstrengsten Interlinearversionen daran dachten, die lateinischen Satzbaugewohnheiten in Bausch und Bogen auf die deutsche Sprache zu übertragen. Der Ablativus absolutus, der Akkusativ mit Infinitiv, die verschränkte Wortstellung des Lateinischen, um nur einige stark abweichende Erscheinungen zu nennen, konnten nicht ernstlich als deutsche Ausdrucksmöglichkeiten in Betracht gezogen werden. Vielmehr werden sich auf dem Gebiet des Satzbaus, das sich viel stärker als Wortschatz und Wortbildung der bewußten Kontrolle entzieht, die Änderungen ganz unbewußt und unbeobachtet vollzogen haben. Wer zuerst ‚Bettler' sagte, glaubte, damit nur lat. *mendicus* übersetzt zu haben, und war sich nicht bewußt, daß er damit eine neue Möglichkeit des Satzbaus eröffnete. Es waren aber Hunderte von neuen Ausdrucks-, Verknüpfungs- und Satzbaumöglichkeiten, die auf solche Weise unversehens entstanden, und indem die neuen Wörter sich festsetzten, wurde aus den Möglichkeiten unbemerkt ein neuer Brauch. Nur in der Auseinandersetzung mit dem Lateinischen konnte das geschehen, und diese Auseinandersetzung war die selbstgewählte Aufgabe der Gelehrten. Im Laufe der drei Jahrhunderte althochdeutscher Sprachentwicklung wurde diese Aufgabe gelöst, nicht zwar in dem Sinne, daß für jedes lateinische Wort die gültige Übersetzung gefunden worden wäre. Aber die Methoden zur Lösung der Aufgabe waren an gültigen Beispielen ein für allemal gezeigt, und endgültig gelöst war das unbewußt übernommene Problem: Die sprachlichen Verknüpfungsmittel, die Satzbaugewohnheiten waren so weit geändert worden, daß auch in dieser Hinsicht hinfort die Auseinandersetzung mit dem Lateinischen keine Schwierigkeiten mehr bereitete. Zugleich war damit aber die gesamte deutsche Ausdrucksweise in eine völlig neue Richtung gelenkt, die sie seither nicht mehr verlassen hat. Der Grund zu einer allgemeinen deutschen Sprache war gelegt.

Es bliebe zu untersuchen, wieweit auch die einzelnen Mundarten von solchem Wandel ergriffen wurden. Nicht alles, was an Endgültigem bereits in althochdeutscher Zeit entstand (zu schweigen von allem Einmaligen, an dem die Gelehrtensprache so reich ist), ging in die alltägliche Sprache der breiten Volksschichten ein. Was aber übernommen wurde, war doch genug, auch den Mundarten auf dem Gebiet des Wortschatzes und der Syntax ein neues Gepräge zu geben. Man darf sich durch die Fülle der mundartlichen Lautbildungsgewohnheiten, durch unterschiedliche Satzmelodien und den gesamten

Sprachklang, der die Mundarten noch heute voneinander scheidet, nicht darüber hinwegtäuschen lassen, daß sie in Wortschatz und Satzbau auch sehr viel Gemeinsames haben, das teilweise schon aus germanischer Zeit ererbt, zum großen Teil aber erst in althochdeutscher Zeit gemeinsam neu erworben ist. In ein mundartliches Lautgewand kleidet sich damals und noch auf lange hinaus auch die Sprache der Bildung. Aber ihrer inneren Sprachform nach, nach Wortschatz und Satzbau, ist die unalltägliche Sprache einer gehobenen geistigen Schicht bereits unabhängig geworden von den Dialekten. Sie greift auch über das hochdeutsche Sprachgebiet hinaus und bezieht das niederdeutsche mit ein. Daß aber solche Ansätze zu sprachlicher Einheit überhaupt entstehen konnten, wird in allererster Linie den Gelehrten der althochdeutschen Zeit verdankt, die sie durch ihre Beschäftigung mit der lateinischen Sprache und im Ringen um Wiedergabe ihrer Inhalte in einem neuen Deutsch geschaffen haben.

Am Ende der althochdeutschen Zeit zieht der große NOTKER die Summe des Erreichten. Er kann sich in der von den Vorgängern geschaffenen Sprache völlig frei bewegen. In seiner Übersetzungskunst vereinigt er die volkstümliche und die gelehrte Richtung. Er kann so frei und losgelöst vom Wortlaut, nur auf genaue Wiedergabe des Sinnes bedacht, übersetzen, wie es der Schöpfer des althochdeutschen ‹Isidor› getan hatte. Sehr oft aber bildet er seine theologischen und philosophischen Neuwörter ganz genau und Glied für Glied dem lateinischen Vorbild nach, so sorgfältig wie die strengsten der älteren Gelehrten. Man könnte in ihm sogar einen Vorläufer des modernen Fremdwortgebrauchs erblicken, wenn man bedenkt, daß er viele lateinische Fachausdrücke überhaupt unübersetzt läßt. Nur geschieht das bei ihm ganz ohne Eitelkeit und Effekthascherei. Er läßt lateinisch stehen, was seine theologisch gebildeten Zuhörer ohnehin genau kennen, so wie heute etwa Juristen in ihrer Fachsprache lateinische Wendungen und Sätze unübersetzt gebrauchen. Gerade aber an seinen Glied-für-Glied-Übersetzungen bemerkt man, wie sich die sprachliche Lage in den drei Jahrhunderten gelehrter Beschäftigung mit der Sprache entwickelt hat. Man hat sich an die anfangs befremdlich neuen Wortschöpfungen bereits gewöhnt, und man weiß jetzt auch bei solchen Neubildungen das rechte Maß zu halten, so daß das heimische Sprachgefühl dadurch nicht beleidigt wird. Auch NOTKER muß noch viele hundert Neubildungen wagen, und die gelehrte Methode der Sprachschöpfung nach lateinischem Muster wird von ihm sogar aufs äußerste verfeinert. Aber mit seinem sehr sicheren Sprachgefühl bildet er seine neuen Wörter in einer Weise, daß sie sich ganz unauffällig der Rede einfügen. Das war allerdings nur möglich, weil man sich in den vorhergehenden Jahrhunderten an die Tatsache und an die Art solcher Neubildungen bereits gewöhnt hatte. Im Fulda des Hrabanus Maurus wäre eine solche Sprache noch nicht möglich gewesen.

Notker ist ein Gelehrter, und seine Sprache ist die eines Gelehrten. Aber er steht als Lehrer mitten im Leben, und indem er, auch in seiner gelehrten Auseinandersetzung, wie niemand vor ihm den herzhaften Ton der volkstümlichen Gemeinsprache zu treffen vermag, ist er der Vollender einer althochdeutschen Bildungssprache geworden, an der jeder Sprachgenosse Anteil haben konnte. Die Synthese zwischen volkstümlicher und gelehrter Sprachentwicklung ist gelungen. In Notkers Werk hat die deutsche Sprache zum ersten Mal den Rang einer vollgültigen christlichen und europäischen Kultursprache erreicht. Seinen alemannischen Dialekt verleugnet Notker nirgends, aber er bleibt bei ihm ein Zufall der äußeren Lautgestalt. Ihrem inneren Wesen nach ist seine Sprache das erste Zeugnis des allgemeinen Deutsch. Das hohe sprachliche Ziel, das der althochdeutschen Zeit gesteckt war, ist erreicht. Die Periode des Werdens ist abgeschlossen.

ANHANG: TEXTPROBEN AUS ALTHOCHDEUTSCHEN QUELLEN

I. Die ‹Strassburger Eide›

Die ‹Straßburger Eide› sind uns überliefert in dem Geschichtswerk Nitharts, *De dissensionibus filiorum Ludovici Pii usque ad annum 843* (Die Streitigkeiten zwischen den Söhnen Ludwigs des Frommen bis zum Jahre 843). Nithart war ein Enkel Karls des Grossen, ein illegitimer Sohn von Karls Tochter Bertha. Er stand als Staatsmann und Feldherr im Dienste Ludwigs des Frommen und später Karls des Kahlen, in dessen Auftrag er während der Kämpfe sein Geschichtswerk schrieb. Am 15. Mai 843 fiel er in einem Kampfe Karls gegen Kaiser Lothar. Sein Bericht über die ‹Straßburger Eide› muß also kurz nach dem Ereignis (14. Februar 842) aufgezeichnet sein, und Nithart war gewiß Ohrenzeuge der Vorgänge, wenn er nicht sogar an der Abfassung der Eidesformeln beteiligt war. Jedenfalls haben wir es hier mit einem authentischen Bericht zu tun.

Nithart berichtet: *Lodhuuicus et Karolus in civitate, quae olim Argentaria vocabatur, nunc autem Strazburg volgo dicitur, convenerunt, et sacramenta, quae subter notata sunt, Lodhuuicus romana, Karolus vero teudisca lingua iuraverunt. Ac sic ante sacramentum circumfusam plebem alter teudisca, alter romana lingua alloquuti sunt.* (Ludwig und Karl trafen sich in der Stadt, die einst Argentaria hieß, heute aber in der Volkssprache Straßburg genannt wird, und beschworen die unten verzeichneten Eide, Ludwig in romanischer, Karl in deutscher Sprache. Vor der Eidesleistung aber redete der eine das versammelte Heervolk in deutscher, der andere in romanischer Sprache folgendermaßen an): ... (Die von Nithart lateinisch wiedergegebene Rede lassen wir hier aus; danach beginnt die Eidesleistung):

Lodhuuicus, quoniam maior natu erat, prior haec deinde se servaturum testatus est (Da Ludwig der ältere war, beschwor er als erster, daß er fortan Folgendes innehalten würde):

Pro deo amur et pro christian poblo et nostro commun salvament, d'ist di in avant, in quant deus savir et podir me dunat, si salvarai eo cist meon fradre Karlo et in aiudha et in cadhuna cosa, si cum om per dreit son fradra salvar dist, in o quid il mi altresi fazet, et ab Ludher nul plaid numquam prindrai, qui meon vol cist meon fradre Karle in damno sit.

Quod cum Lodhuuicus explesset, Karolus teudisca lingua sic haec eadem verba testatus est (Als Ludwig so geendet hatte, leistete Karl ebenso in deutscher Sprache den folgenden Eid):

In godes minna ind in thes christânes folches ind unsêr bêdhero gehaltnissî, fon thesemo dage frammordes, sô fram sô mir got geuuizci indi mahd furgibit, sô haldih thesan mînan bruodher, sôso man mit rehtu sînan bruodher scal, in thiu thaz er mig sô sama duo, indi mit Lûdheren in nohheiniu thing ne gegango, the mînan uuillon imo ce scadhen uuerdhen.

Um der Liebe Gottes willen und für des Christenvolkes und unser beider Seelenheil, werde ich von diesem Tage an, so mir Gott die Einsicht und die

Fähigkeit verleiht, diesen meinen Bruder so beschirmen, wie ein Mann von Rechts wegen seinen Bruder schützen soll, damit er an mir ebenso handle, und werde mit Lothar in keine Verhandlung eintreten, durch die ich absichtlich ihm, Karl, einen Schaden zufügen könnte.

Sacramentum autem, quod utrorumque populus quique propria lingua testatus est, romana lingua sic se habet (Der Eid aber, den die Heere der beiden, jedes in seiner eigenen Sprache, leisteten, lautete in romanischer Sprache, wie folgt): *Si Lodhuuigs sagrament, que son fradre Karlo iurat, conservat, et Karlus meos sendra de suo part non los tanit, si io returnar non l'int pois: ne io ne neuls, cui eo returnar int pois, in nulla aiudha contra Lodhuuig nun li iu er.*

Teudisca autem lingua (in deutscher Sprache aber):

Oba Karl then eid, then er sînemo bruodher Lûdhuuîge gesuor, geleistit, indi Lûdhuuîg mîn hêrro then er imo gesuor forbrihchit, ob ih inan es iruuenden ne mag: noh ih noh thero nohhein, then ih es iruuenden mag, uuidhar Karle imo ce follusti ne uuirdhit.

Wenn Karl den Eid, den er seinem Bruder Ludwig geschworen, hält und Ludwig, mein Herr, den Eid, den er ihm geschworen hat, bricht, wenn ich ihn davon nicht abbringen kann: Weder ich noch irgendeiner, den ich davon zurückhalten kann, werden ihm gegen Karl Hilfe leisten.

Quibus peractis Lodhuuicus Renotenus per Spiram et Karolus iuxta Vuasagum per Uuizzunburg Uuarmatiam iter direxit (Nach diesen Ereignissen wandte sich Ludwig rheinabwärts über Speyer, Karl an den Vogesen entlang über Weißenburg nach Worms.)

(Text nach Wilh. Braune, Ahd. Lesebuch, Nr. XXI. Nitharts Chronik ist veröffentlicht in den Monumenta Germaniae, Scriptores Rerum Germanicarum ... [ed. E. Müller], 1907.)

II. Übersetzungen des ‹Vaterunsers›

1. Gotisch, aus der Bibelübersetzung des Wulfila, 4. Jahrhundert

(Text nach W. Streitberg, Die gotische Bibel, Heidelberg 1908, S. 7)

Atta unsar thu in himinam, weihnai namo thein. qimai thiudinassus theins. wairthai wilja theins, swe in himina jah ana aírthai. hlaif unsarana thana sinteinan gif uns himma daga. jah aflet uns thatei skulans sijaima, swaswe jah weis afletam thaim skulam unsaraim. jah ni briggais uns in fraistubnjai, ak lausei uns af thamma ubilin; unte theina ist thiudangardi jah mahts jah wulthus in aiwins. amen.

(*th* ist stimmloser Reibelaut wie in englisch *to think*; *gg* ist wie *ng* zu lesen; *ei* steht für ein langes *î*; *ai* ist Zwielaut wie in deutsch *Kaiser*; *aí* hat die Geltung eines kurzen *e*.)

2. Altenglisch; westsächsischer Dialekt, 9. Jh.

Fæder ûre thû the eart on heofonum, sî thîn nama gehâlgôd. Tôbecume thîn rîce. Geweorthe thîn willa on eorthan swâ swâ on heofonum. Ûrne gedæghwâmlîcan hlâf syle ûs tô dæg. And forgyf ûs ûre gyltas, swâ swâ wê forgyfath ûrum gyltendum. And ne gelǣd thû ûs on costnunge, ac âlys ûs of yfele.

3. Altsächsisch, aus dem ‹Heliand›, um 840. Poetische Übertragung in germanische Stabreime. (Text nach Otto Behaghel, Heliand und Genesis, Altdeutsche Textbibliothek Nr. 4, 9. Aufl., Tübingen 1984, S. 63.)

Fadar ûsa firiho barno,
the is an them hôhon himila rîkea.
Geuuîhid sî thîn namo uuordo gehuuilico.
Cuma thîn craftag rîki.
Uuerda thîn uuilleo obar thesa uuerold alla,
sô sama an erdo sô thâr uppa ist
an them hôhon himilo rîkea.
Gef ûs dago gehuuilikes râd, drohtin the gôdo,
thîna hêlaga helpa, endi âlât ûs, hebenes uuard,
managoro mênsculdio, al sô uuê ôdrum mannum doan.
Ne lât ûs farlêdean lêda uuihti
sô ford an iro uuilleon sô uuî uuirdige sind,
ac help ûs uuidar allun ubilon dâdiun.

(Du bist unser, der Menschenkinder, Vater, der du in dem hohen Himmelreiche bist. Geheiligt werde dein Name mit jeglichem Wort. Es komme dein mächtiges Reich. Es geschehe dein Wille überall auf dieser Welt, genau so auf der Erde, wie er oben geschieht in dem hohen Himmelreich. Gib uns eines jeglichen Tages Notdurft, Herr du guter, deine heilige Hilfe, und erlaß uns, Herrscher des Himmels, mannigfache Schuld, ganz wie wir es andern Menschen tun. Laß nicht leidige Unholde uns so weit nach ihrem Willen verführen, wie wir es verdient hätten, sondern hilf uns gegen alle Übeltat.)

4. ‹St. Galler Paternoster›, Ende 8. Jh., alemannisch

Fater unseer, thû pist in himile, uuîhi namun dînan, qhueme rîhhi dîn, uuerde uuillo diin, sô in himile sôsa in erdu. prooth unseer emezzihic kip uns hiutu, oblâz uns sculdi unseero, sô uuir oblâzêm uns sculdikêm, enti ni unsih firleiti in khorunka, ûzzer lôsi unsih fona ubile. (uuîhi namun dînan ‚heilige deinen Namen' ist ein Übersetzungsfehler; der Übersetzer erkannte das lat. Passiv *sanctificetur* nicht.)

5. Altbairisches Paternoster. Die beiden Texte gehen auf eine gemeinsame Vorlage zurück, die wohl noch aus dem 8. Jahrhundert stammt.

a. Anfang 9. Jh., bairisch

Fater unsêr, dû pist in himilum, kauuîhit sî namo dîn, piqhueme rîhhi dîn, uuesa dîn uuillo, sama sô in himile est, sama in erdu. Pilîpi unsraz emizzîgaz kip uns eogauuanna, enti flâz uns unsro sculdi, sama sô uuir flâzzamês unsrêm scolôm, enti ni princ unsih in chorunka, ûzzan kaneri unsih fona allêm suntôn.

b. 9. Jh., bairisch

Fater unsêr, der ist in himilom, kæuuîhit uuerde dîn namo, piqueme rîhi dîn, uuesse uuillo dîn, sama ist in himile, enti in erdu. pilîpi unsaraz kip uns emizîcaz, enti vlâz uns unsero sculdi, sama sô uuir flâzzemês unserêm scolom, enti ni verleiti unsih in die chorunga, ûzzan ærlôsi unsih fona allêm suntôm.

6. Paternoster aus dem ‹Weißenburger Katechismus›, Anfang 9. Jh., rheinfränkisch

Fater unsêr, thu in himilom bist, giuuîhit sî namo thîn. quaeme rîchi thîn. uuerdhe uuilleo thîn, sama sô in himile endi in erthu. Broot unseraz emezzîgaz gib uns hiutu. endi farlâz uns sculdhi unsero, sama sô uuir farlâzzêm scolôm unserêm. endi ni gileidi unsih in costunga. auh arlôsi unsih fona ubile.

7. Das Vaterunser aus der althochdeutschen ‹Tatian›-Übersetzung, ostfränkisch, um 825

Fater unser, thû thâr bist in himile, sî giheilagôt thîn namo, queme thîn rîhhi, sî thîn uuillo, sô her in himile ist, sô sî her in erdu, unsar brôt tagalîhhaz gib uns hiutu, inti furlâz uns unsara sculdi, sô uuir furlâzemês unsarên sculdîgôn, inti ni gileitêst unsih in costunga, ûzouh arlôsi unsih fon ubile.

8. Poetische Übertragung des ‹Vaterunsers› aus dem Evangelienbuch OTFRIDS VON WEISSENBURG, südrheinfränkisch, um 870 (Otfr. II, 21, 23–36)

Fater unser guato, bis druhtin thu gimyato
in himilon io hôher, uuîh sî namo thîner.
Biqueme uns thînaz rîchi, thaz hôha himilrîchi,
thara uuir zua io gingen ioh emmizîgen thingen.
Sî uuillo thîn hiar nidare, sôs er ist ûfin himile:
in erdu hilf uns hiare, sô thû engilon duist nu thâre.
Thia dagalîchun zuhti gib hiut uns mit ginuhti
ioh follôn ouh, theist mêra, thînes selbes lêra.
Sculd bilâz uns allen, sô uuir ouh duan uuollen,
sunta thia uuir thenken ioh emmizîgen uuirken.
Ni firlâze unsih thîn uuâra in thes uuidaruuerten fâra,
thaz uuir ni missigangen, thara ana ni gifallen.
Lôsi unsih io thanana, thaz uuir sîn thîne thegana,
ioh mit ginâdon thînen then uuêuuon io bimîden. Amen.

Unser guter Vater, freundwilliger Herr, der du immer hoch in den Himmeln bist, heilig sei dein Name. Dein Reich komme zu uns, das hohe Himmelreich, nach dem wir uns immer sehnen, und auf das wir immerfort hoffen. Dein Wille sei hienieden, wie er oben im Himmel ist: auf Erden hilf uns hier, wie du den Engeln dort hilfst. Die tägliche Nahrung gib uns heute zur Genüge, und auch in Fülle, was mehr ist, deine eigene Lehre. Erlaß uns allen die Schuld, wie wir es auch tun wollen, die Sünde, die wir denken und beständig wirken. Deine Huld verlasse uns nicht in des Widersachers Versuchung, damit wir nicht irregehen und nicht fallen. Erlöse uns immer daraus, damit wir deine Dienstmannen seien und mit deiner Gnade immer die Trübsal vermeiden. Amen.

9a. Das ‹Vaterunser› NOTKERS VON ST. GALLEN, um 1000, alemannisch
Fater unser dû in himele bist, dîn namo uuerde geheiligôt. Dîn rîche chome, dîn uuillo gescehe in erdo fone menniscon, alsô in himile fone angelis. Unser tagelîcha brôt kib uns hiuto, unde unsere sculde belâz uns, alsô ouh uuir belâzen unseren sculdîgen, unde in chorunga ne leitest dû unsih, nube lôse unsih fone ubele.

9b. Dasselbe in der Ambras-Wiener Überarbeitung, 11. Jh.
Vater unsir, dû in himile bist, dîn namo uuerde giheiligôt. Dîn rîche chome, dîn uuille giskehe in erda fone mennisgen, alsô in himile fone den engilen. Unsir tagelîchiz prôt gib uns hiuto, unde unsere sculde belâz uns, alsô ouh uuir forlâzen unseren scolâren, unde in dia chorunga ne leitist dû unsih, suntir irlôse unsih fone demo ubile.

(Die Texte 4–9 sind entnommen dem Althochdeutschen Lesebuch von WILHELM BRAUNE, 16. Aufl., Tübingen 1979.)

III. AUS DEM ALTHOCHDEUTSCHEN ‹ABROGANS›

Text nach GEORG BAESECKE, Der deutsche Abrogans. (Altdeutsche Textbibliothek Nr. 30), Halle 1931

Abrogans	*aotmot*	(demütig)
humilis	*samftmoat*	(sanftmütig)
Abba	*faterlih*	(väterlich)
pater	*fater*	(Vater)
Abnuere	*pauhnen*	(zeichnen)
renuere	*pipauhnen*	(bezeichnen)
recusare	*faruuazzan*	(verfluchen)
refutare	*fartripan*	(vertreiben)
Absque foedere	*uzzana moatscaffi*	(ohne Zuneigung)
absque amicitia	*uzzana friuntscaffi*	(ohne Freundschaft)
Abingruentes	*ana sciupanti*	(anschiebend)
abinmittentes	*ana lacgente*	(anlegende)
Absit	*fer si*	(es sei ferne)
longe sit	*rumo si*	(es sei Raum)
Abest	*fram ist*	(es ist davon)
deest	*uuan ist*	(es ist leer)
Abdicat	*farquithit*	(sagt ab)
abhominat	*faruuazzit*	(verflucht)
denegat	*farsahhit*	(streitet ab)
repudiat	*fartripit*	(vertreibt)
Abstrusum	*ungafori*	(ungebührlich)
clandestinum	*uuitharzoami*	(unziemlich)

latens	*caporgan*	(geborgen)
occultum	*tuncli*	(Dunkelheit)
remotum	*cahroarit*	(berührt)

(Die nhd. Erläuterungen sind, um das Erkennen der ahd Wörter zu erleichtern, soweit möglich aus dem gleichen Wortstamm gegeben. Die ahd. Wörter haben aber zum Teil eine vom Nhd. abweichende Bedeutung; so bedeutet *fartripan* etwa ‹von sich weisen›, *cahroarit* ‹bewegt, entfernt›.)

IV. Aus dem althochdeutschen ‹Isidor›

Text nach Hans Eggers (Hrsg.), Der Althochdeutsche Isidor. (Altdeutsche Textbibliothek Nr. 63), Tübingen 1964, S. 12 f. Die Stelle knüpft an ein Zitat aus den Sprüchen Salomonis (8, 27) an, das auf Christus gedeutet wird:

‹Quando praeparabat caelos, aderam.› . . .

‹Dhuo ir himilo garauui frumida, dhar uuas ih.› . . .

Tali igitur auctoritate ante omnia saecula filius a patre genitus esse declaratur,

Mit sô mihhiles hêrduomes urchundîn ist nû sô offenliihho armârit, dhazs Christ gotes sunu êr allêm uueraldim fona fater uuard chiboran.

quando a patre per illum cuncta creata esse cognoscuntur.

Dhanne ist nû chichundit, dhazs fona dhemu almahtîgin fater dhurah inan ist al uuordan dhazs chiscaffanes ist.

Illud denuo quaeritur, quomodo idem sit genitus, dum sacrae nativitatis eius arcana nec apostolus dicit nec propheta comperit nec angelus scivit nec creatura cognovit.

Dhazs suohhant auur nû ithniuues, huueo dher selbo sii chiboran, nû sô ist in dheru sineru heilegun chiburdi so daucgal fater chirûni. Dhazs ni saget apostolus noh forasago ni bifant noh angil gotes ni uuista noh einic chiscaft ni archennida.

‹Als er die Himmel bereitete, war ich anwesend.› . . .

‹Als er der Himmel Zurüstung machte, war ich da.› . . .

Mit solcher Autorität (d. h. der Bibelstelle) wird, daß vor aller Zeit der Sohn vom Vater geboren sei, erklärt,

Mit einem Zeugnis von so großer Erhabenheit wird nun öffentlich verkündet, daß Christ, Gottes Sohn, vor aller Zeit (eigtl. vor allen Menschenaltern) vom Vater geboren ward.

da (aus der Bibelstelle) erkannt wird, daß vom Vater durch ihn alles geschaffen ist.

Damit ist nun verkündet, daß von dem allmächtigen Vater durch ihn alles geworden ist, was an Geschaffenem existiert.

Danach wird weiter gefragt, wie jener geboren sei, während seiner hei-

Danach suchen sie aber nun weiter, wie derselbe geboren sei, da nun ligen Geburt Geheimnis weder ein Apostel sagt, noch ein Prophet erfuhr, noch ein Engel wußte, noch ein Geschöpf erkannte.

doch in seiner heiligen Geburt ein so verhülltes Geheimnis des Vaters ist. Das sagt kein Apostel, noch fand es ein Prophet, noch wußte es ein Engel Gottes, noch erkannte es irgendein Geschöpf.

(Meine beiden nhd. Übersetzungen lehnen sich möglichst eng an Wortlaut und Wortstellung der überlieferten Texte an.)

V. Aus der althochdeutschen ‹Benediktinerregel›

Text nach Ursula Daab, Die Althochdeutsche Benediktinerregel. (Altdeutsche Textbibliothek Nr. 50), Tübingen 1959, S. 23.

Praecepta dei factis cotidie studeat adimplere,	*Pibot cotes tâtim tagalîhhin zilee erfullen,*
castitatem amare,	*hreinii minnôn,*
nullum odire,	*neomannan fîen,*
zelum et invidiam non habere,	*anton indi abanst ni habeen,*
contentionem non amare,	*fliiz ni minnôn,*
elationem fugire,	*preitida fleohan,*
seniores venerare,	*hêrôston ereen,*
iuniores diligere,	*iungiron minnoon,*
in Christi amore pro inimicis orare,	*in Christes minnu pi fianta petoon,*
cum discordante ante solis occasum in pace redire,	*mit ungaherzamu êr dera sunnuun sedalkange in fridu huuarban,*
et de dei misericordia numquam desperare.	*indi fona cotes armiherzidu neonaldre faruuânnan.*
Ecce, haec sunt instrumenta artis spiritalis,	*Inu, deisu sint leera dera listi âtumlîhhun,*
quae cum fuerint a nobis die noctuque incessabiliter adimpleta et in die iudicii reconsignata,	*dei denne sint fona uns tages indi nahtes unbilinnanlîhhaz zuaerfultiu indi in tage dera suana auurkezeihhantiu,*
illa merces nobis a domino recompensabitur,	*daz loon uns fona truhtine ist uuidarmezzan,*
quam ipse promisit.	*daz er selbo forakihiaz.*

(Die Übersetzung folgt dem lat. Text; ahd. Besonderheiten sind in Klammern beigefügt):

Er bemühe sich (ahd. ziele darauf), die Gebote Gottes täglich durch Taten zu erfüllen, die Keuschheit zu lieben, niemand zu hassen, Eifersucht und Neid (ahd. Mißgunst) nicht zu haben, Streit (ahd. Fleiß) nicht zu lieben, Überhebung (ahd. Breite) zu fliehen, die Älteren (ahd. Ältesten) zu ehren, die Jüngeren zu lieben, in Liebe zu Christus für die Feinde zu beten, mit dem Zwieträchtigen vor Sonnenuntergang zum Frieden zurückzukehren, und an Gottes Barmherzigkeit niemals zu verzweifeln. Siehe, dies sind die Lehren der geistlichen Kunst, für welche, wenn sie von uns Tag und Nacht unaufhörlich erfüllt und am Tage des jüngsten Gerichts wiederbemerkt werden, jener Lohn uns vom Herrn zuerteilt wird, den er selbst verheißen hat.

VI. Aus den Monseer Fragmenten und dem ahd. ‹Tatian›

Texte nach George A. Hench, The Monsee Fragments. Straßburg 1891, S. 20 ff, und Eduard Sievers, Tatian. [2]1961, S. 163 f.

Beiden Texten liegt folgender lat. Bibeltext zugrunde:
Matth. 20, 29. Et egredientibus eis ab Hiericho secutae sunt (T: *secuta est) eum turbae multae* (T: *turba multa*). *30. et ecce, duo caeci sedentes secus viam audierunt, quia Jesus transiret, et clamaverunt dicentes: Domine, miserere nostri, fili David. 31. turba autem increpabat eos, ut tacerent. at illi magis clamabant dicentes: Domine, miserere nostri, fili David. 32. et stetit Jesus et vocavit eos et ait: quid vultis ut faciam vobis? 33. Dicunt illi: Domine, ut aperiantur oculi nostri.*

M

29. Enti im ûzfarantêm fona Hierihho folgêtun imo folc manegiu.

30. enti see dâr, zuêne plinte sizcente bî uuege gahôrtun, daz Jhesus dâr fuor, enti hreofun quuedante: truhtîn, uuirt uns gnâdic, sunu Dâvites.

31. Diu managîn thriuuuita im, daz sie suuîgêtîn. enti sie diu mêra harêtun quuedante: truhtîn, uuirt uns gnâdic, sunu Dâvites.

32. enti stuont Jhesus enti halôta sie. Quad: huuaz uuellet ir, daz ih iu tuoe?

33. Quâtun sie: truhtîn, daz unsariu augun inlûhhên.

T

29. Inti in ûzgangentên fon Hiericho folgêta inan mihil menigî.

30. inti sinu, zuuêne blinte sizzente nâh themo uuege gihôrtun thaz, thaz heilant thâr furifuori, inti reofun sus quedante: trohtîn, milti uns, Dâvides sun.

31. Thiu menigî increbôta sie, thaz sie suuîgêtîn. sie thô mêr reofun sus quedente: trohtîn, milti uns, Dâvides sun.

32. Inti stuont ther heilant inti gihalôta sie inti quad: uuaz uuollet ir, thaz ih iu tue?

33. Thô quâdun sie imo: trohtîn, thaz sîn gioffonôt unsariu ougun.

29. Und als sie ausfuhren (T: herausgingen) von Jericho, folgten ihm viele Leute (T: folgte . . . eine große Menge). 30. Und siehe da, zwei Blinde, am Wege (T: nahe dem W.) sitzend, hörten, daß Jesus (T: der Heiland) dort ging (T: vorbei ginge), und riefen sagend (T: so sagend): Herr, werde uns gnädig (T: sei uns milde), Sohn Davids. 31. Die Menge drohte ihnen (T: schalt sie), daß sie schweigen sollten, und sie riefen desto mehr (T: Sie riefen da mehr, so) sagend: Herr . . . 32. Und Jesus (T: der Heiland) blieb stehen und rief sie (wörtl.: holte sie herbei), und sprach (M: Er sprach): Was wollt ihr, daß ich euch tun soll? 33. Sprachen sie (T: Da sprachen sie zu ihm): Herr, daß unsere Augen sich aufschließen (T: geöffnet seien).

A. Aus den altalemannischen Psalmenbruchstücken, Ps. 129. Text nach Elias von Steinmeyer, Die kleineren ahd. Sprachdenkmäler. Berlin 1916, S. 297.

B. Aus den rheinfränkischen ‹Cantica›, I. Reg. (Samuelis), 2, Text nach Steinmeyer, a. a. O., S. 301.

Wir geben beide Texte in interlinearer Anordnung.

A.

fona tiuffêm herêta ce dih, truhtîn. truhtîn, kehôri
1. *De profundis clamavi ad te, domine 2. domine, exaudi*
stimma mîna. Sîn ôrun dîniu anauuartôntiu in stimma des kebetes
vocem meam. Fiant aures tuae intendentes in vocem deprecationis
mînes.
meae.

1. Aus den Tiefen rief ich zu dir, Herr. 2. Herr, erhöre meine Stimme. Deine Ohren mögen gerichtet werden auf die Stimme meines Gebetes.

B.

drohtîn gedôthaftigôt unde gelîfhaftigôt. geleidit ze helon
6. *Dominus mortificat et vivificat. deducit ad inferos*
unde uuidarleidit. drohtîn aremen duot unde gerîchesôt,
et reducit. 7. Dominus pauperem facit et ditat,
hôtmûdigôt unde ûfhebit. ercuuikende uone stuppe elelendun,
humiliat et sublimat. 8. Suscitans de pulvere egenum,
unde uone miste ûfrihtende armen, daz her sizze mit uurstin
et de stercore erigens pauperem, ut sedeat cum principibus
unde stuol guolîche haba.
et solium gloride teneat.

6. Der Herr tötet und macht lebendig. Er führt in die Hölle und führt heraus. 7. Der Herr macht arm und bereichert, erniedrigt und erhöht. 8. Er erhebt den Bedürftigen aus dem Staube, und richtet den Armen auf vom Miste, daß er mit den Fürsten sitze und den Stuhl der Ehre innehabe.

VIII. Aus ‹Otfrids Evangelienbuch›

Text nach Oskar Erdmann, Otfrids Evangelienbuch. (Altdeutsche Textbibliothek Nr. 49), 6. Aufl., Tübingen 1973, S. 21

Thô quam boto fona gote, engil ir himile,
brâht er therera worolti diuri ârunti.
Floug er sunnûn pad, sterrôno strâza,
wega wolkôno zi theru itis frôno,
zi ediles frouûn, selbûn sancta Mariûn,
thie fordoron bi barne wârun chuninga alle.
Giang er in thia palinza, fand sia drûrênta,

mit salteru in henti, then sang si unz in enti,
wâhero duacho werk wirkento,
diurero garno, thaz deda siu io gerno.
Thô sprach er êrlîcho ubar al, sô man zi frowûn scal,
sô boto scal io guater zi druhtînes muater:
Heil, magad zieri, thiarna sô scôni,
allero wîbo gote zeisôsto!
Ni brutti thih muates noh thînes anluzzes
farawa ni wenti; fol bistû gotes ensti!

Da kam ein Bote von Gott, ein Engel aus dem Himmel. Er brachte der Welt liebe Kunde. Er flog den Pfad der Sonne, die Straße der Sterne, die Wege der Wolken zu der heiligen Edelfrau, zu der Herrin aus edlem Geschlecht, Sancta Maria selbst. Ihre Vorfahren Mann für Mann waren alle Könige. Er ging in die Pfalz, traf sie sinnend, mit dem Psalter in der Hand, den konnte sie bis zu Ende singen. Ein Werk von herrlichen Tüchern wirkend, von wertvollen Garnen, das tat sie allezeit gern. Da sprach er sehr ehrerbietig, wie es ein Mann der Herrin schuldig ist, wie es immer ein guter Bote der Mutter des Herrn schuldig ist: Heil, liebliche Jungfrau, schöne Magd, von allen Frauen Gott die vertrauteste. Erschrick nicht in deinem Mute noch wechsle die Farbe deines Antlitzes. Voll bist du Gottes Gnaden!

IX. Aus dem ‹Heliand›

Text nach Otto Behaghel, Heliand und Genesis. (Altdeutsche Textbibliothek Nr. 4), 9. Aufl., Tübingen 1984, S. 15f.

Thô uuard is uuîsbodo
an Galilealand, Gabriel cuman,
engil thes alouualdon, thar he êne idis uuisse,
munilîca magad: Maria uuas siu hêten,
uuas iru thiorna githigan. Sea ên thegan habda,
Ioseph gimahlit, gôdes cunnies man,
thea Dâuides dohter: that uuas sô diurlîc uuîf,
idis anthêti. Thâr sie the engil godes
an Nazarethburg bi namon selbo
grôtte geginuuarde endi si fon gode quedda:
'Hêl uuis thû, Maria', quad he, 'thû bist thînun hêrron liof,
uualdande uuirdig, huuand thû giuuit habês,
idis enstio fol. Thû scalt for allun uuesan
uuîbun giuuîhit. Ne habe thû uuêcan hugi,
ne forhti thû thînun ferhe.'

Da kam sein (Gottes) weiser Bote nach Galiläaland, Gabriel, der Engel des Allwaltenden, wo er eine Edelfrau wußte, eine liebreizende Magd: Maria war sie geheißen, sie war eine erwachsene Jungfrau. Ein Degen hatte sie rechtens erworben, Joseph, ein Mann aus edlem Geschlecht, die Tochter

Davids. Sie war eine so vornehme Frau, die edle Verlobte. Da begrüßte sie der Engel Gottes in Nazarethburg selbst mit ihrem Namen, von Angesicht zu Angesicht, und entbot ihr von Gott: ‹Heil sei dir, Maria›, sagte er, ‹du bist deinem Herrn lieb, vom Waltenden gewürdigt, da du Einsehen hast, edle Frau voller Gnaden. Du sollst vor allen Frauen gesegnet sein. Habe keinen weichen Mut, fürchte dich nicht in deinem Lebensmark.›

X. Aus ‹Notkers des Deutschen Psalmenübersetzung›

Text nach E. H. Sehrt und Taylor Starck, fortgesetzt von James C. King und Petrus W. Tax, Die Werke Notkers des Deutschen, Neue Ausg. Bd. 8 (Altdeutsche Textbibliothek Nr. 84), Tübingen 1979, S. 8–10

Psalmus I

(1) Beatus vir qui non abiit in consilio impiorum. *Der mán ist sâlig, der in dero argon rât negegîeng. So Adâm téta, dô er dero chénun râtes fólgeta uuíder Gote.*

Der Mann ist selig, der nicht in den Rat der Argen ging. Wie es Adam tat, als er dem Rate der Frau wider Gott folgte.

Et in via peccatorum non stetit. *Noh an dero súndigon uuége nestûont. So er téta. Er chám dar ána; er chám an dén bréiten uueg ter ze héllo gât, unde stûont târ ána, uuanda er hangta sînero geluste. Héngendo stûont er.*

Noch auf dem Wege der Sündigen stand. Wie er (d. h. Adam) es tat. Er kam darauf (auf diesen Weg); er kam auf den breiten Weg, der zur Hölle führt, und er blieb darauf, denn er gab seinem Gelüst nach. Indem er nachgab, blieb er (auf dem Weg der Sünder stehen).

Et in cathedra pestilentię non sedit. *Noh án demo súhtstûole nesaz. ih méino daz er rîcheson neuuólta, uuánda diu suht stûret sie nâh alle. So sî Adâmen teta, do er got uuólta uuerden. Pestis chît latine pecora sternens (fiêo nider slahinde). Sô pestis sih kebréitet, sô ist iz pestilentia, id est late pervagata pestis (uuîto uuállonde stérbo).*

Noch auf dem Stuhl der Seuche saß. Ich erkläre: daß er nicht herrschen wollte; denn diese Sucht leitet sie beinahe alle. Wie sie Adam leitete, als er Gott werden wollte. *Pestis* besagt auf lateinisch *pecora sternens* (das Vieh niederschlagend). Wenn *pestis* sich ausbreitet, so heißt es *pestilentia*, das bedeutet *late pervagata pestis* (ein sich weithin wälzendes Sterben).

(2) Sed in lege domini voluntas eius, et in lege eius meditabitur die ac nocte. *Nube der ist sâlig, tes uuillo an gótes êo ist, unde der dârána denchet tag unde naht.*

Sondern der ist selig, dessen Wille in Gottes Gesetz ist, und der Tag und Nacht daran denkt.

(3) Et erit tamquam lignum quod plantatum est secus decursus aquarum. *Unde der gediêhet also uuóla, so der bôum, der bî demo rínnenten uuazzere gesezzet ist.*

Und der gedeiht so gut wie der Baum, der an dem fließenden Wasser gepflanzt ist.

Quod fructum suum dabit in tempore suo. *Der zîtigo sînen uuûocher gíbet. Daz rinnenta uuazzer ist gratia sancti spiritus, gnâda des héiligen géistis. Den sî nezzet, ter ist pirig pôum gûotero uuercho.*

Der zur rechten Zeit seine Frucht gibt. Das fließende Wasser ist *gratia sancti spiritus*, die Gnade des Heiligen Geistes. Wen sie benetzt, der ist ein fruchttragender Baum an guten Werken.

(Die in *(1)* hinter *pecora sternens* und *late pervagata pestis* eingeklammerten ahd. Wörter stammen nicht von Notker selbst, sondern von einem Schreiber, der auch Notkers lat. Fachausdrücke verdeutschte. Daß er sich damit in der von Notker selbst vorgezeichneten Linie bewegte, beweist das *gratia sancti spiritus* in *(3)*, das von Notker selbst verdeutscht wurde.)

LITERATURHINWEISE ZUM ERSTEN BUCH

Abgekürzt zitierte Zeitschriften

DVjS	Deutsche Vierteljahresschrift für Literaturwissenschaft und Geistesgeschichte, Stuttgart
GRM	Germanisch-Romanische Monatsschrift, Heidelberg
JF	Indogermanische Forschungen, Berlin
Nd. Jb.	Niederdeutsches Jahrbuch, Neumünster
PBB	Beiträge zur Geschichte der deutschen Sprache und Literatur (Pauls und Braunes Beiträge), (West) Tübingen, (Ost) Halle
Rh. Vjbll.	Rheinische Vierteljahrsblätter, Bonn
Sprache	Die Sprache, Wien
WW	Wirkendes Wort, Düsseldorf
ZfdA	Zeitschrift für deutsches Altertum und deutsche Literatur, Wiesbaden
ZfdMaa	Zeitschrift für deutsche Mundarten, Berlin
ZfMda	Zeitschrift für Mundartforschung, Wiesbaden
ZfromPh	Zeitschrift für Romanische Philologie, Tübingen

Gesamtdarstellungen

1 GRIMM, JACOB, Geschichte der deutschen Sprache. Leipzig ^{4}1880

2 SCHERER, WILHELM, Zur Geschichte der deutschen Sprache. Berlin ^{2}1878

3 KLUGE, FRIEDRICH, Deutsche Sprachgeschichte. Leipzig ^{2}1925

4 BEHAGHEL, OTTO, Geschichte der deutschen Sprache. Berlin–Leipzig ^{5}1928

5 HIRT, HERMANN, Geschichte der deutschen Sprache. München ^{2}1925

6 POLENZ, PETER VON, Geschichte der deutschen Sprache. Sammlung Göschen, ^{9}1978

7 BECKER, HENRIK, Deutsche Sprachkunde. Bd. 2: Sprachgeschichte. Leipzig 1944

8 JUNGANDREAS, WOLFGANG, Geschichte der deutschen und der englischen Sprache. Heidelberg 1947–1949

8a FRINGS, THEODOR, Sprache und Geschichte. 3 Bde. Halle 1956

9 BACH, ADOLF, Geschichte der deutschen Sprache. Heidelberg ^{8}1965

10 MOSER, HUGO, Deutsche Sprachgeschichte. Stuttgart ^{5}1965

11 –, Deutsche Sprachgeschichte der älteren Zeit. In: Deutsche Philologie im Aufriß Bd. 1. Berlin ^{2}1957, Sp. 621–854

11a SCHMITT, LUDWIG ERICH (Hrsg.), Kz. Grundriß der germanischen Philologie bis 1500, Bd. I: Sprachgeschichte. Berlin 1970

12 SONDEREGGER, STEFAN, Grundzüge deutscher Sprachgeschichte. Bd. 1. Berlin–New York 1979

12a WEITHASE, IRMGARD, Zur Geschichte der gesprochenen deutschen Sprache. 2 Bde. Tübingen 1961

12b KÖNIG, WERNER, dtv-Atlas zur deutschen Sprache. München ^{4}1981

13 GRIMM, JACOB, Deutsche Grammatik. 4 Bde. Göttingen 1819–1837, Bd. 5, Register, 1865
13a PAUL, HERMANN, Deutsche Grammatik. 5 Bde. Halle 1916–1920 (Nachdr. Tübingen 1968)
14 STREITBERG, WILHELM, Urgermanische Grammatik. Heidelberg ³1963
15 HIRT, HERMANN, Handbuch des Urgermanischen. 3 Bde. Heidelberg 1931–1934
16 BRAUNE, WILHELM, Gotische Grammatik. Tübingen ¹⁹1981
17 –, Althochdeutsche Grammatik. Tübingen ¹³1975
18 BAESECKE, GEORG, Einführung in das Althochdeutsche. München 1918
19 SCHATZ, JOSEF, Althochdeutsche Grammatik. Göttingen 1927
20 –, Altbairische Grammatik. Göttingen 1907
21 FRANCK, JOSEF, Altfränkische Grammatik. Göttingen ²1971
22 PAUL, HERMANN, Mittelhochdeutsche Grammatik. Tübingen ²²1982
23 MICHELS, VICTOR, Mittelhochdeutsches Elementarbuch. Heidelberg ⁴1921
24 BRUNNER, KARL, Altenglische Grammatik nach der angelsächs. Gram. von E. SIEVERS. Tübingen ³1965
25 CORDES, GERHARD, und FRIEDRICH HOLTHAUSEN, Altsächsisches Elementarbuch. Heidelberg ³1973
26 KRAUSE, WOLFGANG, Abriß der altwestnordischen Grammatik. Halle 1948
27 BEHAGHEL, OTTO, Deutsche Syntax. 4 Bde. Heidelberg 1923–1932
27a EBERT, ROBERT PETER, Historische Syntax des Deutschen. Stuttgart 1978
27b KERN, PETER, und HERTA ZUTT, Geschichte des deutschen Flexionssystems. Tübingen 1977
28 KLUGE, FRIEDRICH, Nominale Stammbildungslehre der altgermanischen Dialekte. Halle ³1926
29 WILMANNS, WILHELM, Deutsche Grammatik II: Wortbildung. Straßburg ²1899
30 HENZEN, WALTER, Deutsche Wortbildung. Tübingen ³1965
30a MAURER, FRIEDRICH, und HEINZ RUPP, Deutsche Wortgeschichte. Berlin ³1974

Glossen und Texte zum ersten Buch

31 STEINMEYER, ELIAS V., und EDUARD SIEVERS, Die althochdeutschen Glossen. Bd. 1–5. Berlin 1879–1922
31a EGGERS, HANS, Der Althochdeutsche Isidor. Tübingen 1964
32 HENCH, GEORGE A., Der Althochdeutsche Isidor. Straßburg 1893
33 –, The Monsee Fragments. Straßburg 1891
34 DAAB, URSULA, Die Althochdeutsche Benediktinerregel. Tübingen 1959
34a –, Drei Reichenauer Denkmäler der altalemannischen Frühzeit. Tübingen 1963

35 Sievers, Eduard, Die Murbacher Hymnen. Halle 1874
36 –, Tatian, Lateinisch und Altdeutsch mit ausführlichem Glossar. Paderborn ²1961
37 –, Heliand. Halle–Berlin 1878
38 Behaghel, Otto, Heliand und Genesis. Tübingen ⁹1984
39 Kelle, Johann, Otfrids Evangelienbuch. 3 Bde. (Text, Wörterbuch, Grammatik). Regensburg 1881
40 Erdmann, Oskar, Otfrids Evangelienbuch. Tübingen ⁶1973
41 Piper, Paul, Die Schriften Notkers und seiner Schule. 3 Bde. Freiburg und Tübingen 1882–1883
42 King, James C., und Petrus W. Tax, Die Werke Notkers des Deutschen. Neue Ausgabe, bisher 7 von 10 Bänden. Tübingen, seit 1972
43 Seemüller, Joseph, Willirams deutsche Paraphrase des Hohen Liedes. Straßburg 1878
44 Dollmayr, Viktor, Die altdeutsche Genesis. Halle 1932
45 Müllenhoff, Karl, und Wilhelm Scherer, Denkmäler deutscher Poesie und Prosa aus dem 8.–12. Jahrhundert. 1892. Neudr. Berlin 1964
46 Steinmeyer, Elias v., Die kleineren althochdeutschen Sprachdenkmäler. 1916. Neudruck Berlin 1963
47 Braune, Wilhelm, Althochdeutsches Lesebuch. Tübingen ¹⁶1979
48 Schlosser, Horst Dieter, Althochdeutsche Literatur; ausgewählte Texte mit Übertragungen (Fischer Bücherei 6036). Frankfurt a. M.

Wörterbücher

49 Kluge, Friedrich, Etymologisches Wörterbuch der deutschen Sprache. Berlin ¹⁹1963
50 Feist, Sigmund, Etymologisches Wörterbuch der gotischen Sprache. Leiden ³1939
51 Falk, Hjalmar, und Alf Torp, Wortschatz der germanischen Spracheinheit. Göttingen 1909
52 Graff, Eberhard Gottlieb, Althochdeutscher Sprachschatz. 6 Bde. Berlin 1834–1842. Neudruck Darmstadt und Hildesheim 1963
53 Karg-Gasterstädt, Elisabeth, und Theodor Frings, Althochdeutsches Wörterbuch. Berlin 1952 ff. (bisher Bd. 1, 1968)
53a Schützeichel, Rudolf, Althochdeutsches Wörterbuch. Tübingen ³1981
53b Köhler, Gerhard, Althochdeutsch-lateinisches Wörterbuch. Göttingen–Zürich 1974
54 Eggers, Hans, Vollständiges lateinisch-althochdeutsches Wörterbuch zur althochdeutschen Isidorübersetzung. Berlin 1960
55 Köhler, Friedrich, Lateinisch-althochdeutsches Glossar zur Tatianübersetzung. Paderborn ²1962
56 Sehrt, Edward H., Vollständiges Wörterbuch zum Heliand und zur altsächsischen Genesis. Göttingen ²1966
57 –, und Wolfram K. Legner, Notker-Wortschatz. Halle 1955
58 –, Notker-Glossar. Tübingen 1962

59 STARCK†, TAYLOR, und JOHN WELLS, Althochdeutsches Glossenwörterbuch (bisher 9 Lieferungen). Heidelberg 1972–1983

Vgl. ferner oben Nr. 31 und die den Ausgaben Nr. 32–37, 39, 40, 43 und 47 beigegebenen Glossare.

Einzeluntersuchungen

zu Kapitel I:

60 GEHLEN, ARNOLD, Der Mensch, seine Natur und seine Stellung in der Welt. Bonn [8]1966

61 RÉVÉZ, GEORG, Ursprung und Vorgeschichte der Sprache. Bern [2]1959

62 AMMANN, HERMANN, Die menschliche Rede. Lahr–Darmstadt [2]1962

63 WEISGERBER, LEO, Muttersprache und Geistesbildung. Göttingen [2]1941

64 NAUMANN, HANS, Versuch einer Geschichte der deutschen Sprache als Geschichte des deutschen Geistes. DVjS 1 (1923), S. 139–160

65 MOSER, HUGO, Probleme der Periodisierung des Deutschen. GRM 32 (1950/51), S. 296–308

66 BERTHOLD, LUISE, Altdeutsches Wortgut in der heutigen Mundart. In: Erbe der Vergangenheit, Festgabe für Karl Helm. Tübingen 1951, S. 243–247

zu Kapitel II:

67 FÖRSTEMANN, ERNST, Geschichte des deutschen Sprachstammes. 2 Bde. Nordhausen 1874, 1875

68 MEILLET, ANTOINE, Caractères Généraux des Langues Germaniques. Paris [2]1923

69 HÖFLER, OTTO, Stammbaumtheorie, Wellentheorie, Entfaltungstheorie. PBB 77 (1955), S. 30–66, 78 (1956), S. 1–44

70 FRINGS, THEODOR, Sprache und Geschichte I. Halle 1956

71 WREDE, FERDINAND, Ingwäonisch und Westgermanisch. ZfdMaa 19 (1924), S. 270–283

72 ARNTZ, HELMUT, Urgermanisch, Gotisch und Nordisch. In: Germanische Philologie, Festschrift für Otto Behaghel. Heidelberg 1934, S. 29–74

73 MAURER, FRIEDRICH, Nordgermanen und Alemannen. München–Bern [3]1952

74 SCHWARZ, ERNST, Goten, Nordgermanen, Angelsachsen. München–Bern 1951

75 KUHN, HANS, Zur Gliederung der germanischen Sprachen. ZfdA 86 (1955/56), S. 1–47

76 MITZKA, WALTHER, Die Sprache des Heliand und die altsächsische Stammesverfassung. Nd. Jb. 71–73 (1948–1950), S. 32–39; jetzt auch in: Kl. Schriften. Berlin 1968, S. 83–92

77 KAUFFMANN, FRIEDRICH, Geschichte der schwäbischen Mundart. Straßburg 1890

78 BASLER, OTTO, Altsächsisch. Freiburg 1923

zu Kapitel III:

79 KROGMANN, WILLY, Deutsch; eine wortgeschichtliche Untersuchung. Berlin–Leipzig 1936

80 WEISGERBER, LEO, Theudisk; der deutsche Volksname und die westliche Sprachgrenze. Marb. Univ.-Reden 5. Marburg 1940; abgedruckt in L. W., Deutsch als Volksname. Stuttgart ²1953, S. 40–95 (s. Nr. 171)

81 FRINGS, THEODOR, Das Wort ‹Deutsch›. In: Altdeutsches Wort und Wortkunstwerk, Festschrift für Georg Baesecke. Halle 1941, S. 46 bis 82 (s. Nr. 171)

82 WEISGERBER, LEO, Der Sinn des Wortes ‹Deutsch›. Göttingen 1949

83 EGGERS, HANS, Nachlese zur Frühgeschichte des Wortes ‹Deutsch›. In: Festschrift für Elisabeth Karg-Gasterstädt, PBB (Sonderband). Halle 1961, S. 157–173

83a – (Hrsg.), Der Volksname Deutsch, Wege der Forschung. Bd. 156. Darmstadt 1970

84 FRINGS, THEODOR, Antike und Christentum an der Wiege der deutschen Sprache. Berlin 1949

85 –, Grundlegung einer Geschichte der deutschen Sprache. Halle ³1957

85a STRASSER, INGRID, diutisk – deutsch. Neue Überlegungen zur Entstehung der Sprachbezeichnung. Wien 1984

85b REXROTH, KARL HEINRICH, Volkssprache und Volksbewußtsein im ostfränkischen Reich. In: Aspekte der Nationenbildung. Sigmarigen 1978, S. 275–315

zu Kapitel IV und V:

86 MITZKA, WALTHER, Zur Frage des Alters der hochdeutschen Lautverschiebung. In: Erbe der Vergangenheit, Festgabe für Karl Helm. Tübingen 1951, S. 63–70; auch Kl. Schriften (s. 76), S. 15–21

87 –, Die althochdeutsche Lautverschiebung und der ungleiche fränkische Anteil. ZfdA 83 (1952), S. 107–113; auch Kl. Schriften (s. 76), S. 22–29

88 –, Das Langobardische und die althochdeutsche Dialektgeographie. ZfMda 20 (1953), S. 1–7; auch Kl. Schriften (s. 76) S. 30–36

88a BERGMANN, ROLF, Zur Stellung der Rheinlande in der althochdeutschen Literatur. Rh. Vjbll. 31 (1967), S. 307–321

88b WEISGERBER, LEO, Frühgeschichtliche Sprachbewegungen im Kölner Raum. Rh. Vjbll. 31 (1967), S. 197–222

89 WAGNER, KURT, Deutsche Sprachlandschaften. Marburg 1927

89a KIENLE, RICHARD VON, Historische Laut- und Formenlehre des Deutschen. Tübingen ²1968

90 BETZ, WERNER, Deutsch und Lateinisch. Bonn ²1965

zu Kapitel VI:

91 GAMILLSCHEG, ERNST, Romania Germanica. 3 Bde. Berlin 1934–1936

92 FRINGS, THEODOR, Germania Romana. Halle ²1966

93 JUD, JAKOB, Proleme jer altromanischen Wortgeographie. ZfromPh 38 (1917), S. 1 ff

zu Kapitel VII:

94 SCHUBERT, HANS VON, Geschichte der christlichen Kirche im Frühmittelalter. Tübingen [2]1921

95 HAUCK, ALBERT, Kirchengeschichte Deutschlands. Bd. I. Berlin–Leipzig [8]1954

96 SCHMIDT, KURT DIETRICH, Die Bekehrung der Germanen. 2 Bde. Göttingen 1939, 1940

97 –, Germanischer Glaube und Christentum. Göttingen 1948

98 EHRISMANN, GUSTAV, Religionsgeschichtliche Beiträge zum germanischen Frühchristentum. PBB 35 (1909), S. 209–239

99 BAETKE, WALTER, Die Aufnahme des Christentums durch die Germanen. Darmstadt 1959

99a LANGE, WOLFGANG, Texte zur germanischen Bekehrungsgeschichte. Tübingen 1962

100 WESSÉN, ELIAS, Om den äldsta kristna terminologien i de germanske fornspråken. Arkiv f. Nord. Fil. 44 (1928), S. 75–108

101 WIENS, GERHARD LEBERECHT, Die frühchristlichen Gottesbezeichnungen im Germanisch-Altdeutschen. Berlin 1935

102 WAAG, ANATOL, Die Bezeichnungen des Geistlichen im Althoch- und Altniederdeutschen. Theutonista 8 (1931/32), S. 1–54

102a MASSER, ACHIM, Die Bezeichnungen für das christliche Gotteshaus i. d. dt. Spr. des Mittelalters. Berlin 1966

zu Kapitel VIII:

103 KRANZMAYER, EBERHARD, Die Namen der Wochentage in den Mundarten von Bayern und Österreich. Wien–München 1929

104 FRINGS, THEODOR, und J. NIESSEN, Zur Geographie und Geschichte von ‹Ostern, Samstag, Mittwoch› im Westgermanischen. JF 45 (1927), S. 276–302

105 KNOBLOCH, JOHANN, Der Ursprung von nhd. Ostern, engl. Easter. Sprache 5 (1959), S. 27–45

zu Kapitel IX:

106 RAUMER, RUDOLF VON, Über den geschichtlichen Zusammenhang des gothischen Christentums mit dem Althochdeutschen. ZfdA 6 (1848), S. 401–412

107 KLUGE, FRIEDRICH, Gotische Lehnwörter im Althochdeutschen. PBB 35 (1909), S. 124–160

108 EGGERS, HANS, Gotisches in der Altbairischen Beichte. ZfMda 22 (1954), S. 129–144

109 RYAN, JOHN, Irish Monasticism. Dublin 1931

110 SCHREIBER, GREGOR, Irland im deutschen und abendländischen Sakralraum. Köln 1956

111 WEISGERBER, LEO, Die Spuren der irischen Mission in der Entwicklung der deutschen Sprache. Rhein. Vjbll. 17 (1952), S. 8–41

112 –, Eine Irenwelle an Maas, Mosel und Rhein in ottonischer Zeit? In: Aus Geschichte und Landeskunde, Festschrift für Franz Steinbach. Bonn 1960, S. 727–750

113 REIFFENSTEIN, INGO, Das Althochdeutsche und die irische Mission im oberdeutschen Raum. Innsbruck 1958
114 –, Das ahd. Muspilli und die Vita des Hl. Furseus von Péronne. Südostdt. Archiv 1 (1958), S. 78–94
115 SCHIEFFER, THEODOR, Winfried-Bonifatius und die christliche Grundlegung Europas. Freiburg 1954. Neudruck Darmstadt 1972
116 GUTMACHER, ERICH, Der Wortschatz des althochdeutschen Tatian. PBB 39 (1914), S. 1–83, 229–289, 571–577
117 BRAUNE, WILHELM, Althochdeutsch und Angelsächsisch. PBB 43 (1919), S. 361–445
118 LEYDECKER, CHRISTIAN, Angelsächsisches in althochdeutschen Glossen. (Diss.) Bonn 1910
119 MICHIELS, HERBERT, Altenglisches in althochdeutschen Glossen. (Diss.) Bonn 1911
120 BAESECKE, GEORG, Der Vocabularius Sti. Galli in der angelsächsischen Mission. Halle 1933
121 JUD, JAKOB, Zur Geschichte der bündnerromanischen Kirchensprache. 49. Jahresber. der Hist.-Antiquar. Gesellschaft v. Graubünden. Chur 1920

zu Kapitel X:

122 BAESECKE, GEORG, Vor- und Frühgeschichte des deutschen Schrifttums. Bd. I. Halle 1940, Bd. II, Lief. 1–2. Halle 1950–1953
123 EHRISMANN, GUSTAV, Geschichte der deutschen Literatur bis zum Ausgang des Mittelalters. I: Althochdeutsche Literatur. München [3]1954
124 DE BOOR, HELMUT, und RICHARD NEWALD, Geschichte der deutschen Literatur. I: Die deutsche Literatur von Karl dem Großen bis zum Beginn der höfischen Dichtung, 770–1170. München [7]1967
125 HEUSLER, ANDREAS, Die Altgermanische Dichtung. 1943. Neudruck Darmstadt 1963
126 BAESECKE, GEORG, Der deutsche Abrogans. Halle 1930
127 –, Die altdeutschen Beichten. PBB 49 (1925), S. 268–355
127a EGGERS, HANS, Die altdeutschen Beichten. PBB 77 (1955), S. 89–123, 80 (1959), S. 372–403, 81 (1960), S. 78–122
128 HAUBRICHS, WOLFGANG, Georgslied und Georgslegende im frühen Mittelalter. Königstein/Ts. 1979

zu Kapitel XI und XII:

129 RAUMER, RUDOLF VON, Die Einwirkung des Christenthums auf die althochdeutsche Sprache. Stuttgart 1845
130 LUGINBÜHL, EMIL, Die altdeutsche Kirchensprache. (Progr.) St. Gallen 1936
131 REIFFENSTEIN, INGO, Die althochdeutsche Kirchensprache. Innsbrucker Beitr. z. Kulturwiss. 6 (1959), S. 41–58
132 DE SMET, GILBERT, Zum Einfluß des Christentums auf den altdeutschen Wortschatz. Nijmegen–Utrecht 1957
133 BETZ, WERNER, Der Einfluß des Lateinischen auf den althochdeutschen Wortschatz. I: Abrogans. Heidelberg 1936

134 BRINKMANN, HENNIG, Sprachwandel und Sprachbewegung in althochdeutscher Zeit. Jena 1931
135 MAURER, FRIEDRICH, und FRIEDRICH STROH, Deutsche Wortgeschichte I. Berlin [2]1959
136 TRIER, JOST, Der deutsche Wortschatz im Sinnbezirk des Verstandes. Heidelberg 1931
137 EHRISMANN, GUSTAV, Psychologische Begriffsbezeichnung in Otfrids Evangelienbuch. In: Deutsche Philologie, Festschrift für Otto Behaghel. Heidelberg 1924, S. 324–338
138 LUTZE, ERNST, S. J., Die germanischen Übersetzungen von spiritus und pneuma, ein Beitrag zur Frühgeschichte des Wortes ‹Geist›. (Masch. Diss.) Bonn 1950
139 BETZ, WERNER, Die frühdeutschen spiritus-Übersetzungen und die Anfänge des Wortes ‹Geist›. Liturgie und Mönchtum 20 (1957), S. 48–55
140 EGGERS, HANS, Altgermanische Seelenvorstellungen im Lichte des Heliand. Nd. Jb. 80 (1957), S. 1–24
141 BECKER, GERTRAUD, Geist und Seele im Altsächsischen und im Althochdeutschen. Heidelberg 1963
142 WEISWEILER, JOSEF, Seele und See, ein etymologischer Versuch. JF 57 (1940), S. 25–55
143 KARG-GASTERSTÄDT, ELISABETH, Ehre und Ruhm im Althochdeutschen. PBB 70 (1948), S. 308–330
144 FREUDENTHAL, KARL FREDERIK, Gloria, Temptatio, Conversio; Studien zur ältesten deutschen Kirchensprache. Göteborg 1959
145 WAHMANN, PAUL, Gnade; der althochdeutsche Wortschatz im Bereich der Gnade, Gunst und Liebe. Berlin 1937
146 WEISWEILER, JOSEF, Buße; bedeutungsgeschichtliche Beiträge zur Kultur- und Geistesgeschichte. Halle 1930
147 DE SMET, GILBERT, Die altdeutschen Bezeichnungen des Leidens Christi. PBB 75 (1953), S. 273–296
148 –, Die Ausdrücke für ‹leiden› im Althochdeutschen. WW 5 (1954/55), S. 69–79
149 –, ‹Dulden›; die Geschichte einer süddeutschen Neubildung. Leuv. Bijdr. 44 (1954), S. 1–20
149a –, Die Wortwahl der althochdeutschen Denkmäler für lat. *sacramentum*, in: FS für Hans Eggers. Tübingen 1972, S. 72–87
150 RUPRECHT, DIETRICH, Tristitia; Wortschatz und Vorstellung in den althochdeutschen Sprachdenkmälern. Göttingen 1959
151 FREUDENTHAL, KARL FREDERIK, Arnulfingisch-karolingische Rechtswörter. Göteborg 1949
151a BURGER, HARALD, Zeit und Ewigkeit; Studien zum Wortschatz der geistlichen Texte des Alt- und Frühmittelhochdeutschen. Berlin–New York 1972
152 LINDQVIST, AXEL, Studien über Wortbildung und Wortwahl im Althochdeutschen ... PBB 60 (1936), S. 1–132
153 ÖHMANN, EMIL, Zur Geschichte der Adjektivabstrakta auf -ida, -î und -heit im Deutschen. Annales Acad. Fennicae, Reihe B, Bd. 15. Helsinki 1921/22

154 Betz, Werner, Zum St. Galler Paternoster. In: Festschrift für Elisabeth Karg-Gasterstädt, PBB (Sonderband). Halle 1961, S. 153–156
155 Ibach, Helmut, Zu Wortschatz und Begriffswelt der althochdeutschen Benediktinerregel. PBB (Halle) 78 (1956), S. 1–111, 79 (1957), S. 1–106
156 Kelle, Johann, Die philosophischen Kunstausdrücke in Notkers Werken. Abh. d. Bayr. Akad. 18 (1866), 1. Abh.
157 –, Die rhetorischen Kunstausdrücke in Notkers Werken. Abh. d. Bayr. Akad. 21 (1889), 3. Abh.
158 Fleischer, Ida, Die Wortbildung bei Notker ... (Diss.) Göttingen 1901
159 Luginbühl, Emil, Studien zu Notkers Übersetzungskunst. (Diss.) Zürich 1933
160 Schröbler, Ingeborg, Notker III. von St. Gallen als Übersetzer und Kommentator ... Tübingen 1953
161 –, Interpretatio Christiana in Notkers Bearbeitung von Boethius' Trost der Philosophie. ZfdA 83 (1951/52), S. 40–56
162 –, Zum Brief Notkers des Deutschen an den Bischof von Sitten. ZfdA 82 (1948), S. 32–47

Zweites Buch: Das Mittelhochdeutsche

I. SPRACHE UND LITERATUR IN MITTELHOCHDEUTSCHER ZEIT

Die Sprache der althochdeutschen Zeit konnten wir mit gutem Recht als ein erst ‹werdendes Deutsch› bezeichnen. Wir erinnern uns an die sprachliche Situation zu Beginn der deutschen schriftlichen Überlieferung. Verschiedenartigen, wenn auch nahe verwandten germanischen Dialekten war im politischen Raum des östlichen Karolingerreiches eine gemeinsame kulturelle Aufgabe gestellt. Es ging um die geistige Aneignung des lateinisch-christlichen Kulturerbes, und es galt, die eigene Sprache für Aufnahme und Ausdruck einer bisher unbekannten Geisteswelt bereitzumachen. Im gemeinsamen, harten Ringen um dieses hohe Ziel wuchsen die vordeutschen Dialekte, das Bairische, das Alemannische, das Fränkische und das Sächsische der nördlichen Landschaften mehr und mehr zusammen. Sie wurden gleichmäßig überformt durch das neue, christliche Denken, durch die gleichen neuen Begriffe und Vorstellungen.

Die Entwicklung von der Vielfalt verschiedener Dialekte zur sprachlichen Einheit wird freilich in althochdeutscher Zeit noch nicht abgeschlossen. Ja, wenn wir es recht besehen, ist vollständige Einheit auch heute, nach zwölf Jahrhunderten deutscher Sprachgeschichte, noch nicht erreicht. Sie ist heute sogar durch die einander entgegengesetzten gesellschaftlichen Systeme und durch die tiefe Kluft zwischen den geistigen Welten in West und Ost ernstlich bedroht. Trotzdem darf man im Rückblick auf die althochdeutsche Periode feststellen, daß mit dem Werke NOTKERS VON ST. GALLEN die erste stürmische Phase des Werdens abgeschlossen ist. Eine geistige Einheit, ein neues gemeinsames Weltbild sind erreicht, zu deren sprachlichem Ausdruck alle Dialekte gleichermaßen fähig geworden sind. Der ortsübliche Alltag mag allenthalben seine eigentümlichen, dialektgebundenen Ausdrucksweisen erfordern. Das ist noch heute so, und über Küche und Garten, Hof und Handwerk ist die Verständigung zwischen Älplern und Nordmärkern schwierig. Aber über die gemeinsamen Kulturgüter, über Glauben und Ideale, über Pflicht und Recht, über Glück und Unglück, Hoffnungen und Entwürfe kann man sich verständigen; denn die neue Welt des christlichen Geistes haben die führenden Köpfe aller Gaue gemeinsam erworben. Und das ist am Ende der althochdeutschen Zeit erreicht.

Wenn wir uns nun im zweiten Buch der mittelhochdeutschen Sprachperiode zuwenden, so wird von Entfaltung und erster hoher Blüte der deutschen Sprache zu berichten sein. Das Konzert der Stimmen wird reichhaltiger. Zum Chor der gelehrten Geistlichen, der die althochdeutsche Zeit erfüllte, treten jetzt auch die Stimmen der Laien, weltlicher Dichter, die von Rittertat und weltlich-höfischer Gesittung künden, und auch volkstümliche Prediger kommen zu Wort.

Es gibt unmittelbare und kräftige Beweise dafür, daß man in mittelhochdeutscher Zeit wirklich von errungener geistiger Einheit sprechen darf. Das zeigt sich in der Geschichte des Begriffes und des Wortes ‹deutsch›. Wir knüpfen an unsere Darstellung oben, S. 40ff, an. OTFRID hatte um 870 seine Sprache noch als ‹fränkisch› bezeichnet, und erst NOTKER hatte ein paarmal, gleichsam versuchsweise, die Wendung *in diutiscûn* ‚auf Deutsch' gebraucht. Auch den Volksbegriff hatte es in althochdeutscher Zeit noch nicht gegeben. Man sprach von *Baiern* und *Alemannen*, von *Sachsen* und *Friesen* und *Franken*, aber noch nicht von *Deutschen*. Man drückte also in Sprach- und Volksbezeichnung noch das Unterscheidende aus, sah noch nicht das Gemeinsame, das seit der Karolingerzeit entstanden war. Dies zu erkennen und sprachlich auszudrücken, blieb der mittelhochdeutschen Zeit vorbehalten.

Der Sprachbegriff *diutischin sprechin* ‚deutsch sprechen', der nach NOTKER zuerst wieder um 1090 im ‹Annolied› auftaucht, verschwindet nun nicht wieder, und ganz deutlich ist damit die höhere, über den Dialekten stehende Spracheinheit gemeint. Man betont also das Gemeinsame, das über aller mundartlichen Besonderung steht. Der Dichter des ‹Annoliedes› erzählt die alte Sage, daß der Stamm der Baiern aus Armenien vom Berge Ararat gekommen sei. Er nimmt sie als historische Wahrheit und führt zur Bekräftigung an:

Man sagit daz dar in halvin noch sîn,
die dir diutischin sprechin,
ingegin India vili verro

(‚Man sagt, daß in jener Gegend noch heute Menschen seien, die da Deutsch sprechen, in weiter Ferne, gegen Indien hin'). Vorfahren der Baiern sind also gemeint, und hundert Jahre vor dem ‹Annolied› hätte man auch ihre Sprache nur als *bairisch* bezeichnen können. Jetzt aber kann der Dichter auf die vertrauten Sprachklänge anspielen, die am Rhein genau wie an der Donau als eigen, eben als ‹deutsch›, empfunden werden. Ein paar Jahrzehnte später berichtet der mittelfränkische Dichter des ‹Alexanderliedes›, er habe seinen Stoff aus französischer Quelle (*in walhisken* ‚in welscher Sprache'), und fährt fort: *Nû sol ich es euh in dûtisken berihten* (‚Nun will ich euch davon in deutscher Sprache erzählen'). Ebenso sagt der bairische Dichter des ‹Rolandsliedes›, er habe die französische Vorlage *in die latîne betwungen, danne in die tûtiske bekêret* (zunächst ‚ins Lateinische übertragen und dann ins Deutsche gewendet'). Die Zeugnisse aus allen deutschen Mundartgebieten ließen sich vermehren. Über den Niederländer Heinrich von Veldeke sagt Gottfried von Strassburg rühmend: *Er impfete daz erste rîs in tiuscher zungen* (‚Er pfropfte das erste Edelreis hoher Dichtung in deutscher Sprache'), und Gottfrieds Zeitgenossen, der Alemanne Hartmann von Aue, der Ostfranke Wolfram von Eschenbach, der Baier Walther von der Vogelweide, sie alle nennen ihre eigene Sprache jetzt *deutsch*.

Als Zeugnis für das Selbstverständnis der damaligen Landeseinwohner sind aber der Volks- und der Raumbegriff nicht weniger wichtig als der Sprachbegriff. Wieder ist es der Dichter des ‹Annoliedes›, der zuerst *diutischi liute* und *diutischi man* (‚deutsche Leute, Männer') erwähnt und damit Angehörige aller deutschen Stämme meint. Und ebenso meint es der Dichter der ‹Kaiserchronik›, wenn er von einer Schlacht berichtet und schreibt: *der diutisken wart dô vil erslagen* (‚Viele der Deutschen wurden da getötet'). An alle Stämme gemeinsam denkt auch Walther von der Vogelweide, wenn er fragt: *hât iuch der bâbes her gesendet, daz ir in rîchet und uns tiutschen ermet* (‚Hat der Papst euch entsandt, um ihn zu bereichern und uns Deutsche arm zu machen')? Walther preist auch die deutschen Frauen, lobt die deutsche Zucht und entwickelt überhaupt einen starken Nationalstolz, ohne der Stammesunterschiede zu achten.

Dabei ist das Stammesbewußtsein keineswegs erloschen, und das ist ja auch heute noch nicht der Fall. Wolfram von Eschenbach spricht zwar wiederholt von deutschen Dingen und berichtet etwa, die Geschichte von Parzival sei aus der Provence *in tiuschiu lant* (‚in deutsche Lande, nach Deutschland') gekommen. Auch seine eigene Sprache nennt er *deutsch*. Trotzdem kann er auch einmal sagen: *Wir Baiern*. Vergleichbares findet sich wieder bereits im ‹Annolied›. Der Dichter ist sich seiner fränkischen Abstammung durchaus bewußt und betont, daß die Franken besonderen Grund hätten, Gott für viele erwiesene Gnaden dankbar zu sein, und in diesem Zusammenhang spricht er von den Heiligen, die nach Köln kamen. Da werden noch ihre Reliquien aufbewahrt

in der scônistir burge,
di in diutischemi lande ie wurde

(‚in der schönsten Stadt, die je in Deutschland entstand'). Das fränkische Köln ist also die Perle ganz Deutschlands. Und die Grenzen dieses deutschen Landes sind weit gesteckt. Walther von der Vogelweide hat sie durchmessen:

von der Elbe unz an den Rîn
und her wider unz an Ungerland

(‚Von der Elbe bis zum Rhein und wieder hierher bis an die Grenzen Ungarns'). Um 1250 wünscht sich REINBOT VON DÜRNE, daß seine ritterliche Legendendichtung vom Heiligen Georg verbreitet werden möge

von Tyrol rehte unz an Bremen . . .,
von Bresburg unz an Metze

(‚Von Tirol bis ganz nach Bremen, und von Preßburg bis nach Metz'). Etwa zwanzig Jahre später betont ein Spruchdichter, FRIEDRICH VON SONNENBURG, daß er seine Lebensweisheit auf weiten Reisen erfahren habe. In Ofen (Budapest) ist er gewesen, in Köln und in Salerno, der mittelalterlichen Bildungsstätte, und Deutschland hat er bereist

von Metze hin ze Bruneswîc,
von Lübeke ze Berne

(‚Von Metz nach Braunschweig, von Lübeck bis Verona'). Abermals ließen sich viele weitere Beispiele aufführen. Deutschland ist damals, ‹soweit die deutsche Zunge klingt›, und das ist im Mittelalter noch ein sehr weiter Bereich. Oberitalien (Verona), Mähren (Preßburg) und Lothringen (Metz) gehören noch dazu. WOLFRAM berichtet einmal von einem Fest am französischen Königshof und sagt:

da was von tiuschem lande
Flaeminge und Brâbande
und der herzoge von Lôhrein

(‚Aus Deutschland waren dort Flamen und Brabanter und der Herzog von Lothringen'). Auch Flandern und Brabant werden hier also als deutsch bezeichnet, und das ist ebenso bemerkenswert wie die Nennung von Lübeck, Bremen und Braunschweig in den obigen Zitaten. Denn die sprachlichen Unterschiede zwischen den Ober- und Niederlanden (Flandern, Holland, Niederdeutschland) sind beträchtlich. Aber doch wird auch die dortige Sprache als *deutsch* empfunden (vgl. oben GOTTFRIED über HEINRICH VON VELDEKE).

Politische Grundlagen

Das kann auch in diesen Jahrhunderten des Mittelalters gar nicht anders sein. Die zweite Periode der deutschen Sprachgeschichte, die mittelhochdeutsche, begrenzen wir etwa mit den Jahreszahlen 1050 und 1350. Das ist, politisch gesehen, die Zeit des salischen (1024–1125) und des staufischen (1125–1254) Herrscherhauses, die Zeit der größten Machtentfaltung und des höchsten Glanzes des mittelalterlichen Reiches. Erst das letzte Jahrhundert dieser Sprachperiode sah den politischen Zerfall. Die Territorialgewalten erhoben das Haupt, das Interregnum brach herein, und danach lösten sich Herrscher aus verschiedenen Häusern ab, wie es eben die partikularen Konstellationen der Macht ergaben. Wir werden späterhin (besonders im dritten Buch des 2. Bandes) auch die Folgen des politischen Niederganges in der Sprachentwicklung reflektiert finden. Zunächst aber ist für die Geschichte der deutschen Sprache das politische Gewicht der beiden großen Herrscherhäuser wichtiger. Man hat dabei zu bedenken, daß vor den Saliern ja schon die tüchtigen Sachsenkaiser ein Jahrhundert lang (919–1024) die Geschichte des Reiches gelenkt hatten.

Es würde zu weit gehen, hier die Einzelheiten der politischen Geschichte zu erörtern. Nur das sei betont, daß aus den verschiedenen Reichsteilungen der Karolinger schließlich das Ostreich als selbständige politische Einheit hervorging und daß das Ostreich auch Anspruch auf Lothringen erhob, das damals von den Alpen bis zur Nordsee reichte, wenn dessen Besitz auch heiß umstritten wurde. In diesem großen Raum entstand nun das Römische Reich Deutscher Nation, dessen innere und äußere Macht auf dem Bündnis zwischen den Herrschern und der Kirche beruhte. Dieses ‹Ottonische System› hat sich in der Sachsen- und Salierzeit politisch bewährt, und wenn es auch unter den ersten Saliern durch die selbständig und selbstbewußt gewordene römische Hierarchie angefochten wurde und unter den Staufern schließlich zusammenbrach, so ist es doch politisch und vor allem auch geistes- und kulturgeschichtlich von der allergrößten Bedeutung gewesen.

Die Herrscher hatten alle Mühe, sich des Partikularismus der von Herzögen gelenkten Stämme zu erwehren, und die Bischöfe und die Äbte der großen Klöster waren noch schlechter gestellt. Ihr Landbesitz, ihr Reichtum lockten immer wieder die Begehrlichkeit der Stammesherzöge, in deren Gebieten die geistlichen Besitzungen lagen. Gegen die territorialen Gewalten konnte nur der starke Arm des Kaisers die geistlichen Herren schützen – wenn sie ihm aus ihrem Reichtum die Mittel zur Verfügung stellten. Und die Herrscher konnten, da geistliche Lehen ja nicht vererblich waren, Männer ihrer Wahl in die hohen Kirchenämter einsetzen und ihrer Politik dienlich machen. So reichte, solange dieses System in Kraft blieb, der zentrale Wille des Kaisers bis in die letzten Bistümer und Abteien seines Reiches, und die Geistlichkeit verband sich ihm im wohlverstandenen eigenen Interesse, machte sich den kaiserlichen Willen zu eigen und konnte wohl auch den regierenden Herrn für ihre besonderen Wünsche, auch auf kulturellem Gebiet, erwärmen, wenn sie geschlossen und mit Überzeugungskraft dafür eintrat. Wir kennen die Namen vieler hoher Geistlicher, die im Reichsdienst groß und zu starken Stützen der kaiserlichen Politik wurden. Es ist auch kein Zufall, daß später, unter gewandelten Verhältnissen, die Erzbischöfe von Mainz, Trier und Köln zu den sieben Kurfürsten gehörten, die den Kaiser zu wählen hatten. Denn in der Zeit der Sachsen, Salier und der ersten Staufer hatten sich die Kaiser stets auf diese drei vornehmsten unter den Kirchenfürsten des Reiches gestützt und ihnen die höchsten Staatsämter anvertraut.

So brachten es die politischen Verhältnisse mit sich, daß der Gedanke der Reichseinheit über die auseinanderstrebenden und sich gegenseitig befehdenden Partikulargewalten triumphierte. Wenigstens zwei Jahrhunderte lang, unter den Sachsen und Saliern, konnte er sich siegreich behaupten. Daß später unter dem blendenden äußeren Glanz der Herrschaft FRIEDRICH BARBAROSSAS aus dem Stauferhause schon der Wurm der Zersetzung an der Macht des Reiches nagte, das konnten die Zeitgenossen nicht erkennen; erst die spätere Entwicklung bewies es. Gerade in der Regierungszeit dieses Kaisers erreichte die deutsche Dichtung des Mittelalters in raschem Ansturm den höchsten Gipfel und die mittelhochdeutsche Sprache den Höhepunkt ihrer Ausdrucksfähigkeit.

In der Stauferzeit erst häufen sich auch die Literaturbelege für die Wörter *deutsch, Deutscher, Deutschland,* und die Begriffe sind, wie wir gesehen haben, weit gefaßt. Deutsch ist was politisch zum Reich gehört, *von Lübeke ze Berne, von Metze unz an Ungerland.* Jetzt ist die geistige Ernte der machtvollen Reichspolitik der Sachsen und Salier eingebracht. Das Bewußtsein der politischen, der geistigen, der kulturellen, der sprachlichen Einheit, das alle Stammesinteressen überwölbt, tritt gerade in dem Augenblick am stärksten hervor, in dem es von neuen politischen Kräften bereits bedroht wird.

Mochte aber die Einheit auch bedroht sein, mochte sie bald sogar dem Eigennutz der partikularistischen Kräfte erliegen, mochte das Reich in Dutzende und endlich gar in Hunderte von ‹Vaterländern› zerfallen, die sich ängstlich gegeneinander abschlossen: die große politisch-kulturelle Leistung der Sachsen- und Salierzeit, des 10. bis 12. Jahrhunderts, blieb doch erhalten. Damals sind, wie uns die Sprachgeschichte lehrt, Idee und Begriff des Deutschtums zum ersten Male klar erfaßt und in der Muttersprache ausdrückbar geworden. Und diese folgenreiche Geistestat hat sich als historisch wirksam erwiesen. Zwar hat der Begriff des Deutschtums, seitdem er damals konzipiert wurde, mancherlei Veränderungen erfahren. Das alte Lothringen und innerhalb dieses politischen Raumes insbesondere die Niederlande sind schon seit alters politisch und kulturell ihre eigenen Wege gegangen. Die Schweiz, Österreich – lange Zeit die bestimmende Macht im Reich – und schließlich auch Luxemburg haben sich politisch von dem Gebiet getrennt, an dem infolge der historischen Entwicklung der einst soviel umfassendere Begriff *Deutschland* haften blieb. Die historischen Kräfte, die selbst auf kulturellem Gebiet das Bewußtsein alter Einheit gefährdet haben und weiterhin gefährden, sind sehr stark. Aber von jenem weiten Begriff des Deutschtums, wie er vor 900 Jahren zuerst erkannt wurde, ist mindestens der eine Teilinhalt bis heute unerschüttert gewahrt geblieben: der Begriff der gemeinsamen deutschen Sprache.

Zeit der Entfaltung

Der historische Vorgang, in dem das mittelalterliche Deutschland seiner selbst als einer kulturellen Einheit bewußt wird, fällt, wenn wir ihn einer der Perioden der deutschen Sprachgeschichte zuordnen, in die mittelhochdeutsche Zeit. Zwar treten die meisten Zeugen dafür erst um die Mitte und gar in der zweiten Hälfte der Epoche auf; aber vorbereitet war die Konzeption des Begriffes *deutsch* ja schon bei NOTKER, und der Dichter des ‹Annoliedes› beweist uns schon in den ersten Jahrzehnten der mittelhochdeutschen Ära, daß zum mindesten in der Vision der Dichter der Begriff des Deutschtums erschaut werden kann. Deshalb glauben wir uns berechtigt, von diesem Zeitpunkt an nicht mehr von einem werdenden, sondern von einem bereits geschaffenen und vorhandenen Deutsch zu sprechen. Das ist freilich damals ein Begriff, der das Vorhandensein der Mundarten nicht leugnet und der auch nicht, wie etwa unsere heutigen Begriffe *Hochdeutsch* oder *Schriftdeutsch*, etwas über den Dialekten Stehendes und von ihnen Verschiedenes bedeutet. Insofern hat sich damals gegenüber dem Althochdeutschen noch nichts geändert. Wer sprach oder schrieb, gebrauchte – mit gewissen Einschränkungen vielleicht – seine eigene Mundart. Man meint daher mit *deutsch* im Mittelhochdeutschen nicht etwa eine überregionale Sprache, die es noch gar nicht gab. Vielmehr bezeichnet das Wort die Einheit in der Vielfalt. Es betont das Gemeinsame der Kultur, der Sitte, der Sprache, das Baiern und Franken und Sachsen und alle Stämme verbindet. Die Zeit ist daher auch noch nicht reif, z. B. zwischen Hoch- und Niederdeutsch zu unterscheiden. Das geschieht erst Jahrhunderte später. Jetzt freut man sich noch der großen geistigen Entdeckung, daß alle Glieder des Reiches mit den verschiedensten mundartlichen Klängen doch eine große, weitverbreitete und edle Sprache reden.

Betrachtet man die Quellen, denen wir die Geschichte unserer Sprache entnehmen, die geschriebenen Texte, so möchte es fast scheinen, als habe die Entdeckung der gemeinsamen deutschen Sprache wie eine Befreiung gewirkt. Sind in althochdeutscher Zeit nur einige wenige große Geister unerschrocken genug, deutsch zu schreiben, so scheinen seit etwa 1050 die Schleusen geöffnet, und von Anfang an entsteht eine Fülle größerer und kleinerer Literaturwerke, ein Strom, der bis in unsere Gegenwart nie wieder versiegt ist. Dagegen können wir die großen Werke der althochdeutschen Zeit fast an den Fingern einer Hand aufzählen, und zwischen dem ahd. ‹Tatian› und OTFRID liegen etwa 40 Jahre, zwischen OTFRID und NOTKER sogar mehr als ein Jahrhundert, aus denen uns kaum eine deutsche Zeile überliefert ist. Natürlich ist vieles der Zeit zum Opfer gefallen und verloren. Aber dadurch allein läßt sich nicht erklären, weshalb aus dem 10. Jahrhundert fast gar nichts, aus dem 11. und mehr noch aus dem 12. Jahrhundert dagegen eine Menge deutscher Literatur überkommen ist. Ein neuer Schaffensdrang scheint sich auszubreiten. Es ist, als fühle man sich plötzlich vom Odium des Provinzialismus befreit. Da man jetzt die geistigen Konzeptionen *deutsch* und *deutsche Sprache* hat, braucht man, so scheint es, nicht mehr zu fürchten, nur in Rufweite des eigenen Kirchturms verstanden zu werden. Der steirische Pfarrer, der schwäbische Mönch, der rheinfränkische Spielmann wissen nun, daß sie eine weithin verständliche Sprache sprechen.

Wahrlich, sie werden verstanden, nicht mehr allein von den gelehrten geistlichen Standesgenossen, an die sich die althochdeutsche Literatur fast ausschließlich gewandt hatte. Diese neue mittelhochdeutsche Dichtung rechnet von Anfang an auch mit einem neuen Publikum, das der geistliche Dichter belehren und erbauen, ermahnen und aufrütteln möchte. Es ist der Adelsstand, der sich in dieser Zeit erneuert und konsolidiert. Nicht allein die Fürsten und freien Herren sind angeredet. Der größere Teil des neuen literarischen Publikums wird offenbar vom niederen Adel gestellt, von den Ministerialen, der neuen ritterlichen Gesellschaftsschicht, die im Fürstendienst aus dem Stande der Unfreiheit aufsteigt und in der Sozialordnung den Herren gleichgestellt wird (s. u. S. 368f). Sie verlangen ihren Anteil auch an den geistigen Kulturgütern, sind aber meist des Lateinischen nicht mächtig. So kann nur das deutsche Wort sie erreichen, und der Geistliche, der einstweilen noch allein der Hüter des Wortes ist, muß sich diesem Zwange fügen, wenn er sein Amt als Seelenhirt, als treuer Berater und als kultivierter Erzieher wahrnehmen will.

So wird die deutsche Sprache in viel stärkerem Maße als in den vergangenen Jahrhunderten in Dienst genommen, und sie erstarkt sehr rasch in solchem Dienst. Bald ist sie geschickt, jede Regung des Geistes und des Herzens auszudrücken. Sie kann der Mitteilung tiefster, bohrender Gedanken dienen, kann im Munde der Dichter die zartesten Seelenregungen erklingen lassen, kann derb in den Alltag, sogar in Schmutz und Unflat greifen und kann anderseits den Ausdruck sublimster, fast unirdischer Erleuchtungen wagen. Die ganze

Weite und Fülle dieser nun mündig gewordenen deutschen Sprache erkennen wir vorläufig durch einen raschen Überblick über Stoffe und Themen der mittelhochdeutschen Literatur, der allerdings nur sehr summarisch ausfallen kann.

Mittelhochdeutsche Literatur

In althochdeutscher Zeit sahen wir Geistliche für Geistliche schreiben. Übersetzung und Erklärung lateinischer Werke dienten dem Ziel, sich den ganzen Inhalt des christlich-lateinischen Kulturerbes zu eigen zu machen. Das ist ein geistiges Tun, das niemals endet. Jedes Zeitalter hat sich erneut mit dem Erbe der Vergangenheit auseinanderzusetzen, und auch heute noch ringen Gelehrte um Antwort auf Fragen, die schon vor tausend Jahren den Geist zum Nachdenken anregten. Es ist daher nur selbstverständlich, daß auch in mittelhochdeutscher Zeit die gelehrte Fachliteratur gepflegt wurde. Übersetzungen einzelner Bibelbücher, vor allem des Psalters und der Evangelien, sind um immer genaueres Verständnis der Heiligen Schrift bemüht; man kommentiert und erklärt auch, und bald fängt man an, auch lateinische Fachbücher des Mittelalters ins Deutsche zu übersetzen. Natürlich wird im Zusammenhang mit den Mühen der Übersetzung auch die Arbeit an Glossen und Wörterbüchern fortgesetzt.

Die wissenschaftliche Arbeit, schon von den ersten Glaubensboten vor Jahrhunderten begonnen, findet also auch weiterhin ihre kontinuierliche Pflege. Dasselbe gilt auch von der kirchlichen Gebrauchsliteratur. Immer wieder werden das Vaterunser und andere Gebete, Glaubens- und Taufformeln den Bedürfnissen der Zeit entsprechend modernisiert, übersetzt und erklärt, und eine große Anzahl neuer Beichtformulare entsteht, die teilweise ganz offensichtlich zu liturgischem Gebrauch bestimmt sind, zum Teil auch in geradezu wissenschaftlicher Gründlichkeit durch ausgedehnte Sündenkataloge das ganze weite Feld menschlicher Verfehlungen abzuschreiten suchen.

Auch die Predigtliteratur, von der wir aus althochdeutscher Zeit nur ganz geringe Bruchstücke besitzen, ist von jetzt an reicher überliefert. Was wir allerdings aus dem 12. Jahrhundert besitzen, sind Musterpredigten aus Predigthandbüchern, die dem Gemeindepfarrer zur Vorlage und Anregung dienen sollen. Es sind akademisch kühle Zeugnisse gelehrter Frömmigkeit, denen die Wärme des Persönlichen abgeht. Neben solchen Mustersammlungen, die in allen Jahrhunderten und bis heute angelegt wurden, finden wir zuerst um die Mitte des 13. Jahrhunderts auch Nachschriften von wirklich gehaltenen Predigten, in denen das warme Leben pulst.

Das Konzert der Stimmen ist in mittelhochdeutscher Zeit zu vielfältig, als daß die stillen Werke der Gelehrten in Literaturgeschichten viel Beachtung finden könnten. Sie sind dennoch für die Geschichte des deutschen Geistes und seiner sprachlichen Ausdrucksmittel ergiebig und müssen zudem deshalb hier erwähnt werden, weil sie neben den Dichtungen, die neue Töne anschlagen, die stetige Fortsetzung der Bemühungen beweisen, die in althochdeutscher Zeit für die Entwicklung unserer Sprache so wesentlich waren.

Viel stärker freilich wird unsere Aufmerksamkeit, und gewiß auch die der damaligen Zeit, in Anspruch genommen durch die geistliche Dichtung, von der uns aus dem Jahrhundert zwischen 1060 und 1170 nicht weniger als 70 Stücke erhalten geblieben sind, zu schweigen von der Fülle des aus der späteren Zeit Überlieferten. Manches aus dieser Dichtung, z. B. ein hymnisches Preisgedicht auf Gottes Heilsplan, ist bei aller poetischen Pracht so stark mit theologischen Bezügen befrachtet, daß nur hochgebildete Geistlichkeit als aufnehmendes Publikum denkbar ist. Die Mehrzahl dieser Werke aber wird geschaffen, um ein Laienpublikum zu belehren oder erbaulich zu unterhalten. Da werden die Glaubenslehren und Christi Heilstaten, Weltschöpfung und Weltende erörtert, das *Memento mori* ertönt, und es wird zu Einkehr und Buße aufgefordert, und in scharfer Satire wird die sündige Weltlust der Stände, einschließlich der Geistlichkeit, gegeißelt.

Beliebter beim Publikum sind allerdings die erzählenden Dichtungen, wie manche späteren Umarbeitungen — das sind sozusagen ‹Neuauflagen› — beweisen. Es beginnt mit Erzählungen aus der biblischen Geschichte, zuerst mit einer schlichten poetischen Nacherzählung des ersten Buches Mose. Manche andere alttestamentliche Erzählstoffe schließen sich an, und von zwei Judith-Dichtungen zeigt die ältere fast den Stil eines Heldenliedes. Poetische Darstellungen des Christus- und des Marienlebens folgen, und wo die kanonischen Evangelien als Quelle nicht genügen, nimmt man die stoffreichen apokryphen Schriften zu Hilfe. Aber der Stoffhunger des Publikums wird dadurch nur noch mehr angeregt, und bald entfaltet sich, ihn zu befriedigen, eine reichhaltige Legendendichtung, von der uns freilich aus der frühen Zeit bis auf das ‹Annolied›, eine merkwürdige Mischung von Weltchronik, Fürstenpreis und Heiligenlegende, nur spärliche Reste erhalten sind.

Aber das ritterliche Publikum verlangte mehr und Neues. Der Stand hatte durch die Innenpolitik der Staufer an Festigkeit gewonnen. Denn nachdem das ottonische System des Bündnisses mit der Kirche brüchig geworden war, suchten die Herrscher im niederen Adel eine neue Stütze gegen die Ansprüche der großen Fürsten. Außerdem verliehen seit dem Ende des 11. Jahrhunderts die Kreuzzüge dem gewappneten ritterlichen Glaubenskämpfer in ganz Europa ein hohes Ansehen. Schon begann der neue Stand nach dem Muster der französischen und der flämisch-niederländischen Ritterschaft seine eigene Kultur- und Gesellschaftsform, die sogenannte ‹höfische Kultur›, zu entwickeln, und seine literarischen Interessen begannen sich auf ritterliches Leben, sein Sensationsbedürfnis, durch Berichte der Kreuzfahrer angefacht, auf die Wunderwelt des Orients zu richten.

Noch allerdings fühlten sich die Geistlichen als Hüter der Dichtung, und in bewußter Konkurrenz gegen die umlaufende Poeterei weltlicher Dichter suchten sie auch die neuen Ansprüche ihres ritterlichen Publikums zu befriedigen. Geistliche waren es, die im ‹Alexanderlied› die Geschichte des großen Makedonen, in der ‹Kaiserchronik› die Geschichte des römischen Reiches, das an die deutschen Herrscher überging, im ‹Rolandslied› eine Episode aus der Geschichte Karls des Grossen schilderten. Die Helden der Dichtungen wurden als Ritter dargestellt und dachten und handelten wie Ritter des 12. Jahrhunderts, und weniger auf Geschichte als auf stoffreiche, die Phantasie des Zuhörers bewegende Geschichten kam es den Dichtern an, die es zudem nie unterließen, in Beispielen und Gegenbeispielen und mit mancherlei Mahnungen Exempla für ein christliches Verhalten zu setzen. Ob ein geistlicher oder ein weltlicher Dichter das Epos von ‹König Rothers› abenteuerlicher Brautfahrt nach Konstantinopel schuf, ist umstritten. Jedenfalls aber brachte auch er sein Werk in Verbindung zur römisch-deutschen Geschichte, indem er den Helden zum Großvater Karls des Grossen machte, woraus sich etliche Bemerkungen über den Zustand des Reiches ergaben. An historische Gestalten und Ereignisse knüpft auch der ‹Herzog Ernst› an, dessen Held durch alle Wunder und Schrecknisse eines fabulösen Orients geführt wird.

Ob auch der Dichter des ‹Herzog Ernst› ein Geistlicher war, wie gelegentlich angenommen wird, ist noch weniger gewiß als beim Dichter des ‹Rother›. Eher dürfen wir wohl einen Ritter in ihm vermuten. Denn jetzt, um 1170, stehen wir an der Schwelle einer neuen Literaturepoche. Der Ritterstand ist geistig selbständig geworden und läßt sich das eigene Recht auf poetische Gestaltung seiner höfischen Idealwelt nicht mehr streitig machen. Noch auf dem Gebiet der historischen Stoffe bleibend, schafft der Ritter Heinrich von Veldeke seinen ‹Äneasroman›, und ein Ungenannter gestaltet aus dem alten ‹Alexanderlied› ein höfisches Epos. Schon aber wagt sich der niederdeutsche Dichter Eilhart von Oberg an einen ‹Tristanroman›, und führt damit einen erregend modernen Stoff in die deutsche Literatur ein. Das eigentliche Gebiet der großen höfischen Dichter ist aber die Artusepik oder jedenfalls die Auseinandersetzung mit dem in ‹König Artus und seiner Tafelrunde› verkörperten Ideal höfischen Rittertums. Hartmann von Aue ist der älteste der drei großen höfischen Epiker. In seinem ‹Erek› und im ‹Iwein› baut er die Idealwelt des Artuskreises auf und zeigt, wie zwei aus eigenem Verschulden gestürzte Helden durch ritterliche Tat und aufrechte Gesinnung ihr Ansehen zurückgewinnen und wieder in die Tafelrunde aufgenommen werden. WOLFRAM VON ESCHENBACH freilich, nur ein oder zwei Jahrzehnte jünger als HARTMANN, zeigt sich schon als Skeptiker. Zwar läßt er der Artuswelt ihr Recht, aber er kennt noch höhere Ideale. Ehrbare Gesinnung, Tapferkeit, ritterliche Minne und vollendete Beherrschung der höfischen Formen sind Tugenden, die, wenn sie zusammenklingen, das Tor zum Artushof öffnen. Aber seinen Auserwählten, den jungen Parzival, läßt er auf dem Wege zu voll entwickelter christlicher Humanität die Artuswelt nur durchschreiten und führt ihn am Ende in eine Welt höherer Ordnung, in das Gralsreich, ein. GOTTFRIED VON STRASSBURG endlich, von dem übrigens nicht feststeht, ob er ritterlicher Abstammung war, will von ritterlichem Waffenlärm nichts wissen und überwindet in seinem ‹Tristanroman› die Artuswelt des schönen Scheines auf andere Weise als WOLFRAM, indem er die Unbedingtheit schicksalhafter Liebe bis zum Tode als Ideal hinstellt, einer Liebe, die Freude und Leid willig auf sich nimmt und den Verlust von Ehre und Ansehen und Stellung in der höfischen Welt nicht scheut. Das ist eine Auffassung der Liebe, die über die höfische Konzeption weit hinausweist. Denn diese hat nur *des hoves freude*, ‚die frohsinnige Geselligkeit des Hofes', im Auge, will das mit echter Liebe verbundene Leiden nicht erkennen und nicht anerkennen.

Den hochhöfischen Epen tritt das großartige ‹Nibelungenlied› gleichrangig an die Seite. Aus heimischem Sagenstoff geschöpft, verkündet es mit seiner heroisch herben Sittlichkeit, seiner abweichenden Form und seiner andersartigen, ‹unhöfischen› Sprache doch ebenso ein gültiges Ritterideal wie die Artusepen. Das ritterliche Publikum, für das es geschrieben ist, erkennt auch darin sich selbst, wenn auch von einer anderen Seite als in dem zierlichen Spiegel der ‹Artusromane›. Dasselbe darf man auch von der ‹Kudrun› behaupten, in deren weicherer Zeichnung allerdings das Ethos einer späteren Zeit sichtbar wird.

Unser Überblick über die höfische Dichtung wäre unvollständig, wollten wir nicht auch der Lyrik gedenken, die in WALTHER VON DER VOGELWEIDE gipfelt. Der Minnesang, der sich aus Anfängen, die wir um 1160 ansetzen, sehr rasch zu höchster Blüte entfaltet, ist ausgesprochene Gesellschaftskunst. Diese Liebesdichtungen werden in öffentlicher Gesellschaft vorgetragen, richten sich aber an die nichtgenannte umworbene Frau, die im Kreise anwesend ist. Aus dem Spannungsverhältnis zwischen intimem Gespräch und der öffentlichen Zuhörerschaft, die die in ‹heimlicher Minne› Verehrte nicht erkennen darf, ziehen diese Lieder ihren höchsten Reiz. Unmittelbar spiegelt sich in ihnen die Gefühlswelt der höfischen Gesellschaft, ihre Liebesfreuden und -enttäuschungen, auch die seelischen Konflikte zwischen ritterlicher Ehrenpflicht und menschlicher Neigung, wenn es etwa gilt, zwischen der Teilnahme am Kreuzzug oder der Nähe der Geliebten zu wählen. Auch religiöse Lieder sind überliefert, und WALTHER VON DER VOGELWEIDE nimmt in manchem kräftigen Spruch zu den politischen Ereignissen des Tages Stellung.

Im weiteren dürfen wir uns nun sehr kurz fassen. Die minderen Zeitgenossen der höfischen Dichter brauchen wir gar nicht zu erwähnen und wollen auch nur andeuten, daß auf die kurze Zeit der Hochblüte ein Epigonentum folgt, das die äußere Form und die gepflegte höfische Sprache noch eine Zeitlang nachahmen kann, aber der dichterischen Kraft und Größe der Vorgänger entbehrt. Nach dem idealistischen Höhenflug der Großen wird schon in der ersten Generation der Epigonen eine gewisse Neigung zu realistischer Darstellung spürbar, die mit fortschreitender Zeit immer deutlicher wird. Alles bisher Erwähnte wird weiter gepflegt, die geistliche Dichtung, die Bibel- und die Legendendichtung, das Geschichtsepos, eine immer phantastischer werdende Artusepik, das Heldenepos und auch die Lyrik. Aber alle diese späteren Werke verraten jetzt minder oder mehr diesen Hang zum Realismus.

Auf solchem Boden kann die Schwankdichtung gedeihen, die in der nachklassischen Zeit aufkommt. Sie erzählt in oft derben Worten von Bauernschläue und Frauenlist, von fahrenden Schülern und zuchtlosen Pfaffen, von Kupplerinnen und von betrogenen Ehemännern. Oft wollen die Erzähler ihr Publikum nur amüsieren. Nicht selten aber hängen sie ihren derben Geschichten auch ein moralisches Mäntelchen um und geben am Schluß eine Nutzanwendung, was man tun oder lassen solle. Damit übernehmen sie wenigstens die äußere Form der Exempeldichtung, wie sie zu gleicher Zeit ein Dichter, der sich ‹der Stricker› nennt, in seinen Tierfabeln gestaltet, oder der ‹Predigtmärlein›, die als Exempla an geeigneter Stelle in die Predigt eingeflochten werden sollen.

Seit der Mitte des 13. Jahrhunderts kann uns aber auch die Predigt selbst den Alltag in all seiner Buntheit widerspiegeln. Unter den Volkspredigern der Bettelorden, die jetzt aufkommen, ragt zum Beispiel BERTHOLD VON REGENSBURG hervor, zu dessen Füßen sich, wohin er kam, eine tausendköpfige Gemeinde sammelte. Mitten hinein in das farbige Volksleben greift er. Er rückt dem Reichen seine Prahlerei und Genußsucht, dem Armen seinen Neid vor Augen, kennt alle Nöte und falschen Freuden des Lebens und schildert immer wieder mit grimmigem Humor den Alltag, freilich in der Reflexion des eifernden Seelenhirten, der die Sorgen der Welt für nichtig hält.

Von ganz anderer Art, nicht weniger gewaltig die Herzen packend, aber ganz vom Diesseits abgewandt, sind die Predigten der Mystiker und überhaupt die mystische Literatur, die sich ebenfalls seit der Mitte des 13. Jahrhunderts zu entfalten beginnt. Ziel der Mystik ist die Vereinigung der gläubigen, ringenden Seele mit Gott, die *unio mystica*, und bald aus bedrängtem, bald aus jubelndem Herzen kommend, wagt es ihre Sprache, bis an die Grenzen des nicht mehr Sagbaren vorzudringen. In immer neuen, immer dringlicheren Bildern umkreist sie das Geheimnis des Göttlichen, das nicht denkend zu erfassen, sondern nur noch in erschütternder seelischer Anrührung zu erfühlen ist. Aufwühlende Erlebnisse prägen diese Sprache; aber sie ist auch von innigsten Empfindungen durchwärmt und kann anderseits von schärfster logischer Präzision sein. In der Entwicklungsgeschichte der deutschen Sprache stellt die mittelhochdeutsche Mystik einen besonders wichtigen Abschnitt dar.

Literatur und Sprache

Wir brechen unseren Überblick über die mittelhochdeutsche Literatur hier ab und sind uns dabei bewußt, daß vor allem die zweite Hälfte des mittelhochdeutschen Zeitraums viel zu kurz gekommen ist. Wir konnten nur andeuten, daß alles, was in der Zeit bis 1200 aufkeimte, auch in der Folgezeit weiter gepflegt wurde, und vieles erst später Beginnende haben wir nicht einmal erwähnt, so die religiöse Lyrik, vor allem die Marienlyrik, und die Anfänge des Dramas, die großen Gruppen der allegorischen und der lehrhaften Dichtung, die Annalistik und Chronistik, die Prosa der Rechtsbücher und Urkunden und der Fachbücher. Durch unsere knappe Skizze soll nur ein Eindruck von der Fülle des Vorhandenen erweckt werden.

Jeder Streifen beschriebenen Pergaments kann für die Geschichte der Sprache wichtig sein, und so bietet diese ungeheure Fülle von Literatur, beileibe nicht die Dichtung allein, ein sprachhistorisches Material, das aufzuarbeiten die gelehrte Bemühung von Generationen erfordert. Viel ist schon getan, aber mehr noch bleibt zu tun. In ganz groben Umrissen gesehen, stellt sich die Sprachgeschichte der mittelhochdeutschen Zeit wie folgt dar:

Aus dem Neubeginn an vielen Orten entsteht zunächst auch im Sprachlichen der Eindruck einer bunten Mannigfaltigkeit. In eifrigem geistigen Austausch zwischen den Sprachlandschaften werden aber extreme Sondererscheinungen allmählich abgeschliffen; im schriftlichen Sprachgebrauch bahnen sich gewisse Einebnungen allzu auffälliger Dialektbesonderheiten an. Vor allem seit der Mitte des 12. Jahrhunderts und mit dem Aufkommen der weltlichen Dichtung werden die Spuren überlandschaftlicher Sprachgestaltung immer deutlicher. Ein frühes Zentrum literarischen Schaffens ist Regensburg, die Hauptstadt des welfischen Machtbereichs, und dort werden die Anfänge einer Literatursprache spürbar, die grob Mundartliches zu meiden sucht. Ein anderes frühes literarisches Zentrum scheint am Mittelrhein bestanden zu haben, und auch hier kommt es zu überlandschaftlicher Sprachgestaltung. Mit dem Aufblühen der höfischen Dichtung bildet der alemannische Kernraum der Staufermacht auch einen literarischen Schwerpunkt, und die Sprache der großen Dichter ist schon auf dem Wege zu engerer Einheit, vor allem durch Verwendung eines überraschend einheitlichen Wort- und Formelschatzes, dann aber auch, indem ausgesprochene Dialektformen gemieden werden.

Wir haben im ersten Buch wiederholt die große Bedeutung der Verkehrsgemeinschaften für die Entwicklung der Sprache betont (vgl. besonders oben S. 12ff) und müssen an dieser Stelle erneut darauf hinweisen. Bevor die Machtstellung der Welfen, die die Herzogswürde Sachsens und Baierns in ihrer Hand vereinigten, zerschlagen wurde, war ihre Hofhaltung der Mittelpunkt einer solchen Verkehrsgemeinschaft, und das gilt noch viel mehr vom Hofe der Staufer, wo die Linien des politischen, des kulturellen und des gesellschaftlichen Verkehrs aus dem ganzen Reich zusammenliefen. An solchen Stätten mußte es dem für Sprache Empfänglichen mehr als andernorts klarwerden, was deutsches Gemeingut und was Besonderheit der Mundart war. Nicht, daß sich schon eine dialektfreie Hochsprache ausgebildet hätte. Gewiß erklangen an diesen Sammelpunkten alle Mundarten des Reiches. Aber man lernte zu vermeiden, was der andere ganz und gar nicht verstehen konnte, und aufzusuchen, was gemeinverständlich war. Vor allem war, wo die führenden Gesellschaftsschichten sich trafen, auch zu lernen, was sprachlich als fein und vornehm galt, und der feinste Ästhet unter den Dichtern, GOTTFRIED VON STRASSBURG, brandmarkt nicht zufällig die *sprache, die nicht des hoves si*, die zu derb ist, als daß man sie am Hofe vernehmen möchte (vgl. auch unten S. 408ff).

Aber allzu rasch zerfiel diese große Verkehrsgemeinschaft, deren Mittelpunkt der kaiserliche Hof war. Als unter den Nachfolgern BARBAROSSAS die partikularen Kräfte sich durchsetzten, entstand eine große Zahl von Landesherrschaften mit ebensoviel neuen Zentren provinziellen Charakters, und das wirkte sich auch auf die Sprachentwicklung aus. Die Einheit, die eben erst begonnen hatte sich herauszubilden, zerfiel rasch, nachdem ihr der maßgebende Mittelpunkt genommen war, und spätestens seit 1250 werden die Anzeichen der Auflösung der Spracheinheit immer deutlicher.

Mannigfaltige territoriale Sprachzentren bilden sich heraus. Eine solche Entwicklung vollzieht sich aber nicht von heute auf morgen, und es vergehen etwa hundert Jahre, ehe die engeren provinziellen Einheitsbestrebungen, die sogenannten Territorialmundarten und Kanzleisprachen, deutlicher hervortreten. Damit wird dann eine Entwicklung eingeleitet, die zum Neuhochdeutschen hinüberführt, und das ist einer der Hauptgründe, warum man etwa beim Jahre 1350 die Grenzscheide zwischen der mittelhochdeutschen und der frühneuhochdeutschen Sprachperiode ansetzt.

Wollen wir also das Mittelhochdeutsch stark verallgemeinernd charakterisieren, so wäre unter dieser Bezeichnung jene Periode der deutschen Sprachgeschichte verstanden, in der man sich des Bestehens einer in Mundarten sich ausprägenden deutschen Sprache bewußt wird. In diesem Bewußtsein wird ein langsam aufwärts führender Weg zur Beseitigung des Trennenden beschritten, dessen Gipfel die höfischen Dichter — im Unterschied zu vielen ihrer schreibenden Zeitgenossen, die im Dialektalen verharren — erreichen. Aber die Höhe kann nicht gehalten werden. Noch ehe die Einheit wirklich erreicht ist, beginnt schon wieder die Auflösung bis zum völligen Rückfall in den Gebrauch der vielen Mundarten.

Mundarten

Von vielen Dialekten darf man jetzt wirklich reden. War es nämlich während der althochdeutschen Zeit wegen der spärlichen Überlieferung nur der Schriftdialekt weniger Schreibstätten, den wir erkennen konnten, so erlaubt jetzt die Fülle der Überlieferung den Einblick in alle deutschen Sprachlandschaften. Übergehen wir die feineren, bis in das Lokale reichenden Beobachtungen, so gliedert sich das Bairische, das uns vorher fast nur aus Regensburg und Freising bekannt war, jetzt in die nord-, mittel- und südbairischen Untermundarten auf. Das Alemannische, das vorher nur aus St. Gallen, der Reichenau und Murbach im Elsaß zu uns sprach, kann jetzt in Süd- und Nordalemannisch, und dieses wieder in Schwäbisch und Elsässisch unterteilt werden. Reiche Dialektzeugnisse erlauben es jetzt auch, das weite fränkische Gebiet in viele kleinere Sprachlandschaften einzuteilen. Wir können, wie schon vorher, das Ost- oder Hochfränkische deutlich vom Südrheinfränkischen, dem Dialekt Otfrids von Weissenburg, unterscheiden; aber das eigentliche Rheinfränkische gliedert sich uns erst jetzt in den pfälzischen und hessischen Zweig, und reichlich fließen nun auch die Quellen für die ripuarische und die moselfränkische Untermundart des Mittelfränkischen, für das aus althochdeutscher Zeit fast gar keine Zeugnisse vorliegen. Endlich aber hat man der Kolonialmundarten, des sogenannten Ostmitteldeutschen, zu gedenken, das es in althochdeutscher Zeit noch gar nicht geben konnte. Denn es wird auf einem Boden gesprochen, der erst nach der Karolingerzeit allmählich von Deutschen besiedelt wurde. Erst während der mittelhochdeutschen Zeit tauchen die Dialektzeugnisse aus diesen Gegenden auf, und erst im Frühneuhochdeutschen werden sie zahlreich. Aber immerhin wird schon jetzt die Scheidung in das Thüringische und Obersächsische, das Erzgebirgisch-Böhmische und das Schlesische möglich.

Wir sollten hier auch des Niederdeutschen und des Niederländischen gedenken. Beides ursprünglich selbständige germanische Sprachen (wobei das Niederländische eine komplizierte Entwicklungsgeschichte durchlaufen hat), wurden sie durch die politischen Verhältnisse in die Verkehrsgemeinschaft des Reiches und damit auch in die Einflußsphäre der (hoch)deutschen Sprache einbezogen. Die Niederlande als der nördlichste Teil des zwischen Ost und West umstrittenen Lothringens haben allerdings nie in so enger Verbindung zum deutschen Reich gehört wie Niedersachsen und waren immer bestrebt, ihre eigenen politischen Wege zu gehen, was sich auch in der Selbständigkeit der Sprache ausdrückt. Niedersachsen dagegen, aus dem ja sogar das erste deutsche Kaiserhaus nach den Karolingern hervorging, blieb dem Reiche immer fest verbunden. Das hatte zur Folge, daß auch die Sprache immer mehr unter den Einfluß der im Reich vorherrschenden hochdeutschen Dialekte geriet. Ohne ihre sächsische Eigenart zu verlieren, wurde sie doch mehr und mehr ‹eingedeutscht›, d. h. sie nahm im Wortschatz, in ihren Redewendungen und in manchen syntaktischen Erscheinungen hochdeutsche Züge auf (vgl. oben S. 54). So steht in der Epoche, mit der wir uns hier befassen, neben dem Mittelhochdeutschen das Mittelniederdeutsche, anders vor allem im Laut- und Formenbestand als das Hochdeutsche, aber doch nahe benachbart und ebenfalls ‹deutsch›. Wir rechnen auf Verständnis, wenn wir trotzdem die niederdeutsche Sprachentwicklung kaum berücksichtigen. In unserem Zeitraum gehen die Anstöße zur weiteren Annäherung noch vornehmlich vom Hochdeutschen aus. Das Niederdeutsche ist meistens der empfangende Teil, und diese Einflußrichtung darzustellen, halten wir in unserem Zusammenhang für minder wichtig.

II. GRAMMATISCHE KENNZEICHEN DES MITTELHOCHDEUTSCHEN

Es ist nun an der Zeit, die sprachlichen Kennzeichen zu erörtern, mit deren Hilfe wir schon vom Schriftbild her (und von dem dadurch bezeichneten Lautbild) den mittelhochdeutschen Sprachzustand vom althochdeutschen zu unterscheiden pflegen. Freilich kann man nur generalisierend von einem ‹Zustand› reden; denn wir haben schon gesehen, daß auch in den drei mittelhochdeutschen Jahrhunderten die Sprache, in vielen Mundarten erklingend, in ständiger Entwicklungsbewegung ist. Aber zunächst suchen wir das Allgemeine und vergleichen dazu zwei Texte.

Das apostolische Glaubensbekenntnis, wie es im ‹Weißenburger Katechismus› um das Jahr 800 aufgezeichnet wurde, beginnt mit den Worten *Gilaubiu in got fater almahtigon, scepphion himiles enti erda.* Als um 1180 der Schreiber einer ‹Millstätter Psalmenhandschrift› dasselbe Glaubensbekenntnis niederschrieb, lauteten seine Worte *Ich geloube an got vater almaehtigen, schephaer himels unde der erde.* (Vgl. den Abdruck beider Texte im Anhang Nr. I.) Der ältere Text entstammt der althochdeutschen, der jüngere der mittelhochdeutschen Periode, und die Unterschiede sind deutlich. Sie betreffen Laute und Formen, Wortbildung und auch den Satzbau.

Lautwandel

Die lautlichen Unterschiede zwischen Mittel- und Althochdeutsch zeigen sich vor allem im Vokalismus. Infolge des starken Nachdruckakzentes, der in den germanischen Sprachen auf den betonten Silben liegt, werden die schwächer oder gar nicht betonten Silben vernachlässigt. Sie können im Extremfalle ganz schwinden, in der Regel aber erleiden ihre tontragenden Laute, eben die Vokale, eine Abschwächung. Diese Entwicklung ist bereits auf dem Wege vom Altgermanischen zum Althochdeutschen festzustellen, und manche germanische Flexionssilbe, die das Gotische noch erkennen läßt, war verschwunden, ehe die schriftliche Überlieferung des Althochdeutschen einsetzte. Was aber erhalten geblieben war, zeigte doch noch volle Vokalklänge. Zum Mittelhochdeutschen hin geht die Abschwächung weiter, und will man die lautlichen Unterschiede zwischen Alt- und Mittelhochdeutsch charakterisieren, so pflegt man anzugeben, daß die im Althochdeutschen noch vollen Vokale der Nebensilben im Mittelhochdeutschen zum tonlosen *e* abgeschwächt seien. Als ‹Nebensilben› bezeichnet man die minder betonten Silben zum Unterschied von den starkbetonten ‹Tonsilben›. Von der Abschwächung betroffen sind also die ‹Vorsilben›, die vor der Tonsilbe liegen, und hinter der Tonsilbe die ‹Endsilben› sowie, falls vorhanden, auch die ‹Mittelsilben›, die zwischen Ton- und Endsilbe liegen.

Als Zeugen dieser Entwicklung sammeln wir einige Belege aus den beiden Texten des Anhangs I: *sînan, unseran, erda — sînen, unseren, erde; giboran, bigraban — geboren, begraben; helliu, gilaubiu — helle, geloube; Mâriûn, zeswûn — Mârien, zeswen.* Die Zahl der Beispiele läßt sich leicht vermehren. Für die Abschwächung der Mittelsilben findet sich in unseren beiden Texten allerdings nur ein eindeutiger Beleg, nämlich *himiles, himilom: himels, himele.* Die anderen Fälle fügen sich der so allgemein gefaßten Regel nicht. Denn z. B. in *einagon: einigen* liegt keine Abschwächung der Mittelsilbe vor, sondern die beiden Wörter sind verschieden gebildet, das althochdeutsche mit dem Suffix (Wortbildungselement oder ‹Ableitungssilbe›) *-ag*, das mittelhochdeutsche mit *-îg*. Hier kann man zwar dem Text nicht entnehmen, ob dieses *i* noch lang ist, wie es im Althochdeutschen der Fall war; aber selbst wenn es schon zu kurzem *i* geworden wäre, fehlte doch jedenfalls noch die Abschwächung zum *e*, die in manchen Dialekten niemals eintrat. Deshalb haben wir in Wörtern wie *heilig, allmächtig, einig* heute noch das *i.* Dasselbe gilt für das *î* in *allîcha: allîche*, das noch heute in unserer Ableitungssilbe *-lich* (*heimlich, gänzlich, ähnlich*) fortbesteht. Ebenso leben auch das *-ung* und *-nis*, wie in den ahd. Wörtern *ladhunga* (nhd. *Ladung, Einladung*) und *arstantnissi* (vgl. nhd. *Geständnis*) bis heute weiter, und daß unser mittelhochdeutscher Text dafür keine Belege enthält, liegt an den Zufällen der Überlieferung. Die Entwicklung ist weder einheitlich noch eindeutig, sieht man aber auf die Ableitungssilben im allgemeinen, so kann man feststellen, daß sie im Gegensatz zu den sonstigen Mittel- und Endsilben dazu neigen, ihren vollen Vokal zu bewahren.

Anderseits kommen in unserer althochdeutschen Textprobe die Formen *heilegemo, heilegero* vor, wo *eg* nur aus *ag* entstanden sein kann. Das ist ein Hinweis darauf, daß die Abschwächung zum *e* manchmal schon sehr früh eintritt, was besonders oft im fränkischen Dialekt der Fall ist. Man kann nicht oft genug die Tatsache betonen, daß sprachliche Wandlungen sich nur in verhältnismäßig langen Zeiträumen und sich nicht in allen Dialekten gleichmäßig vollziehen. Man kann daher einen undatierten Text nicht auf Grund eines oder einzelner Merkmale dieser oder jener Periode zuweisen, sondern muß immer den gesamten Habitus seiner Sprache in Betracht ziehen.

An den Vokalen der Tonsilben ändert sich beim Übergang vom Alt- zum Mittelhochdeutschen wenig. Man darf sich z. B. in unseren beiden Textproben nicht durch das *au: ou* in *gilaubiu: geloube* täuschen lassen. Hier hat der ‹Weißenburger Katechismus› eine sehr altertümliche, germanische Lautgestalt bewahrt, und spätestens im 9. Jahrhundert, also noch in althochdeutscher Zeit, ist aus *au* überall ahd. *ou* oder *ô* geworden. Nur eine Erscheinung ist erst für das Mittelhochdeutsche charakteristisch, nämlich der Umlaut einiger Vokale und Diphthonge sowie des kurzen *a*, soweit dieses nicht schon im Althochdeutschen umgelautet wurde. Wir finden z. B. in unserem ‹Millstätter› Text das Wort *schephaer* (die mhd. Regelform wäre *schephaere*), und im Althochdeutschen würde die entsprechende Form *scephâri* lauten. Ein *i* oder *j* der folgenden Silbe bewirkt nämlich Umlaut der vorhergehenden. Deshalb erscheinen z. B. (aus unseren Probetexten nicht zu belegen) ahd. *zugi* ‚ich zöge', *nâmi* ‚ich nähme', *scôni* ‚schön', *hûsir* ‚Häuser', *loufil* ‚Läufer', *fuori* ‚ich führe' im Mittelhochdeutschen als *züge, naeme, schoene, hiuser* (*iu* hat im Mittelhochdeutschen den Lautwert von langem *ü*), *löufel, füere*. Aber abgesehen davon, daß der Umlaut nicht regelmäßig eintritt — besonders in den oberdeutschen Dialekten gibt es manche Umlauthindernisse —, wird er auch in den mittelhochdeutschen Handschriften keineswegs regelmäßig bezeichnet. Unser ‹Millstätter› Text z. B., schreibt zwar *schephaer(e)*, aber *rihtare* ‚Richter'. In beiden Wörtern liegt die althochdeutsche Endung *-âri* zugrunde, und in der Aussprache wird auch der Millstätter Schreiber zwischen den beiden Endungen keinen Unterschied gemacht haben. Besonders beim *u* haben die mittelhochdeutschen Schreiber Schwierigkeiten, den Umlaut zu bezeichnen, und bis in späte Zeit hinein unterbleibt die Bezeichnung oftmals ganz. Über dem langen *u* in *gechruciget* steht in der ‹Millstätter› Handschrift ein kleines *o*, und das soll vermutlich den Umlaut andeuten (mhd. Regelform: *gekriuziget*): aber auch das kurze *u* in *chumftich* muß nach den Lautgesetzen zu *ü* umgelautet sein, und hier enthält die Handschrift keinerlei Hinweis auf den Umlaut. Man darf eben nicht übersehen, daß es im Mittelalter keine fest geregelte Rechtschreibung gibt. Die Schreiber erlernten in Schreibschulen, die alle ihrer eigenen Tradition folgten, ihre Kunst. Wie das Leben sie umtrieb, mögen sie das Erlernte streng bewahrt haben, sie können an neuer Stätte andere Schreibgewohnheiten kennengelernt und dem eigenen Schreibgebrauch beigemischt haben, sie werden gelegentlich auch versucht haben, einfach nach dem Gehör zu schreiben, so wie wir es heute tun, wenn wir uns bemühen, eine Mundart schriftlich zu erfassen. Wie noch heute, so war erst recht im Mittelalter die Schrift ein recht unvollkommenes Mittel zur Wiedergabe wirklich gesprochener Sprache, und erst spät setzt sich die Bezeichnung des Umlautes allgemein durch. (Man vergleiche dafür z. B. den Text II K des Anhanges mit den älteren Texten II B — I.)

Auf das gesprochene, sich lebendig entwickelnde Deutsch aber kommt es uns an. Fragen wir also nochmals nach dem Unterschied zwischen Alt- und Mittelhochdeutsch in lautlicher Hinsicht, so dürfen wir uns im Bereich der Vokalentwicklung an die beiden oben erwähnten Regeln halten:

1. In den Tonsilben tritt der Umlaut ein, soweit die Vokale umlautfähig sind.
2. Die Vokale der Nebensilben werden zum tonlosen *e* abgeschwächt, soweit es sich nicht um Ableitungssilben handelt, die aber auch nicht ausnahmslos die vollen Vokale bewahren.

Beides sind ‹Faustregeln›. Auch die erste gilt nicht ohne Ausnahmen, und die einzelnen Mundarten verhalten sich ihnen gegenüber sehr unterschiedlich. Aber die Tendenz zur Entwicklung in dieser Richtung ist doch überall vorhanden. Es ist nicht erforderlich, daß wir in unserem Zusammenhang auch noch auf die Konsonanten eingehen. Zwar gibt es auch bei diesen Lauten gewisse Entwicklungen, die zu Unterschieden vom Althochdeutschen führen (z. B. *sk*: *sch*, ahd. *scôni*: mhd. *schoene*). Aber wollten wir darauf genauer eingehen, so müßten wir uns allzuweit von dem eigentlichen Ziel unserer Darstellung entfernen. Nur die sogenannte Auslautverhärtung sei wenigstens erwähnt; denn sie führt zu Schriftbildern, die den Leser unserer im Anhang abgedruckten Texte befremden könnten. Wenn ein stimmhafter Verschlußlaut (*b, d, g*) in den Auslaut, d. h. an das Ende eines Wortes, gerät, wird er zum stimmlosen Verschlußlaut (*p, t, k*) verhärtet. Daher lauten z. B. zu den Verba *geben, werden, ligen* die Vergangenheitsformen (*ich*) *gap, wart, lac,* und neben flektierten Formen von Substantiva wie *lobes, kindes, tages* stehen die endungslosen Nominative *lop, kint, tac.* Ebenso wechseln *v* und *f*, z. B. in *hoves*, ‚des Hofes', aber *hof*, ‚der Hof', und statt eines *h* im Inlaut wird im Auslaut oft *ch* geschrieben, z. B. *sehen,* aber *(ich) sach.*

Diese Verhärtungsregeln werden in den meisten modernen Textausgaben mittelhochdeutscher Dichtungen streng durchgeführt; denn die Ausgaben bedienen sich oft einer normalisierten Orthographie. Die mittelalterlichen Handschriften dagegen verfahren auch in dieser Beziehung ziemlich willkürlich und regellos. Im übrigen kommen auch schon in Handschriften aus althochdeutscher Zeit Auslautverhärtungen vor, sie werden aber im Mittelhochdeutschen viel häufiger. Schließlich muß auch hier wieder auf Dialektunterschiede hingewiesen werden, die das Bild verwirren. So findet man z. B. in mittelfränkischen Handschriften, die also aus den Landschaften um Köln oder Trier stammen, zu Formen wie *tages, ligen, geben* die Auslautverhärtungen *tach, lach, gaf.* Hier hat sich also ein alter Reibelaut erhalten. Wenn dagegen in unserem ‹Millstätter› Text statt des regelrechten *cünftig, cünftic* die Form *chumftich* erscheint, so bedeutet das, daß in diesem südbairischen Sprachdenkmal der Auslaut genau wie der Anlaut als *kch* auszusprechen ist. Das auslautende *g* wurde also zunächst zu *k* verhärtet und danach noch zur Affrikata verschoben. Es zeigt sich also, daß die Regel der Auslautverhärtung bei weitem nicht so einheitlich zu formulieren ist, wie es unsere Textausgaben glauben machen. Findet die Verhärtung überhaupt schriftlichen Ausdruck, so können ihre lautlichen Ergebnisse in den einzelnen Dialekten ganz verschieden sein. Zur richtigen Beurteilung dessen, was die einzelnen Handschriften überliefern, gehört daher eine gründliche Sachkenntnis. (Genauere Darstellungen über die mittelhochdeutsche Lautlehre finden sich in den Grammatiken; vgl. besonders LH 38–40.)

Flexionsformen

Abschwächung und gar völliger Verlust der Vokale betrifft vor allem die Flexionssilben. So fallen im Bereich der Substantive und Adjektive die im Gotischen noch unterschiedenen Singular- und Pluralformen der Neutra (got. *jer, jera*) durch Endungsverlust zu ahd. *(daz, diu) jâr* zusammen, was sich auch im Mittelhochdeutschen nicht ändert. Waren aber – in der Mehrzahl der Fälle – die Kasusunterschiede im Althochdeutschen an den Flexionsendungen noch deutlich zu erkennen, so wurden sie im Mittelhochdeutschen vielfach bis zur Unterschiedslosigkeit eingeebnet. Ich gebe nur einige besonders krasse Beispiele, die die Entwicklungstendenz am deutlichsten zeigen. Im Plural der schwachen Femina lauten die vier Kasus des Althochdeutschen *zungûn, zungôno, zungôn, zungûn.* Nominativ und Akkusativ stimmten also überein, doch waren Genitiv und Dativ davon und voneinander deutlich unterschieden. Im Mittelhochdeutschen wird daraus durch die Abschwächung der Endsilben eine für alle vier Fälle gleiche Form *zungen.* Beim starken Adjektiv lauten im Althochdeutschen der Nominativ des Maskulinums *blintêr,* Genitiv und Dativ des Femininums *blintera* und *blinteru,* der Genitiv des Plurals aller drei Geschlechter *blintero.* Aus diesen vier Formen wird im Mittelhochdeutschen ein einheitlich eintöniges *blinder.*

Beim schwachen Verbum waren im Althochdeutschen nicht nur die Zeiten, sondern auch die Modi, Indikativ und Konjunktiv, deutlich unterschieden. Wir wählen ein Verb der ersten, schwachen Reihe als Beispiel und führen jeweils die zweite Person des Singulars an: *arbeitis, arbeitês* (‚du strengst dich an, du mögest dich anstrengen') — *arbeitôs, arbeitîs* (‚du strengtest dich an, du würdest dich anstrengen'). Im Mittelhochdeutschen schrumpfen alle vier Formen zu einem übereinstimmenden *arbeites(t)* zusammen. Gewiß ist dies ein extremer Fall; bei anderen Verba wie mhd. *suochest* und *suochtest* bleiben wenigstens die Zeiten unterscheidbar, und nicht in allen Personalformen führt die Abschwächung zu gleicher Eintönigkeit. Aber desto deutlicher wird die Entwicklungstendenz. Hier beginnt zum Beispiel der Verfall des Konjunktivs, den wir im heutigen Deutsch so deutlich wahrnehmen. Die an der Wortform selbst erkennbaren Unterschiede der syntaktischen Funktion verwischen sich; man muß zu anderen Unterscheidungsmitteln greifen, und das wirkt sich auf den Satzbau aus.

Syntaktischer Wandel

Schon unsere beiden Vergleichstexte geben trotz ihrer Kürze einen gewissen Eindruck von dieser Entwicklung. Beides sind Interlinearversionen, ziemlich strenge sogar, in denen die deutsche Übersetzung Wort für Wort über dem lateinischen Grundwort eingetragen ist. Aber trotzdem steht im mittelhochdeutschen Text über dem lateinischen *credo* zweimal *ich geloube.* Ebenso heißt es *er fûr, er fûr ûf, er sicet, erstunt er,* wo im Althochdeutschen das Personalpronomen jedesmal fehlt. Wie im Lateinischen, so war nämlich auch im Altgermanischen und noch im Althochdeutschen das Personalpronomen entbehrlich; der Personalbezug wurde in der Verbform mitverstanden. Im Laufe der Zeit aber, und je mehr im Deutschen die Endungen abgeschliffen wurden, bürgerte sich die Sprachgewohnheit ein, regelmäßig das Personalpronomen zu verwenden.

Bei den Substantiva unterscheiden sich unsere beiden Texte durch den Gebrauch des Artikels. In dem althochdeutschen ‹Weißenburger› Text fehlt der Artikel noch ganz, während er in der mittelhochdeutschen Glaubensformel zwar nicht so häufig wie in einem neuhochdeutschen Text (vgl. besonders den Anfang), aber doch ziemlich regelmäßig gebraucht wird. Man vergleiche z. B. *fona heilegemo geiste – von dem heiligen geiste; magadi – der meide; ci zeswûn – ze der zeswen; lîb êwigan – daz êwige leben.* Die beiden Texte enthalten noch mehr Beispiele dieser Art. Abermals werden wir hier einer syntaktischen Erscheinung gewahr, die sich erst allmählich ausbreitet. Im Althochdeutschen war der Artikel, und zwar der bestimmte wie auch der unbestimmte, noch weitgehend entbehrlich. Im Mittelhochdeutschen hat man sich längst gewöhnt, ihn zu setzen und dadurch die Kasusbeziehungen im Satz zu verdeutlichen. Damit übernimmt der Artikel eine Funktion, die vorher von der Endung des Substantivs allein geleistet werden mußte. Das sinnwichtige Wort wird von einer syntaktisch-formalen Aufgabe, die es wegen des Endungsverfalls nur noch schlecht erfüllen kann, entlastet. Aus solchen Entlastungstendenzen erklärt sich im weiteren Verlauf der Sprachgeschichte der immer weiter zunehmende Gebrauch des Artikels und des Personalpronomens, aber auch der Präpositionen und anderer Kleinwörter.

Sprachgeschichtlich bemerkenswert ist in unserem ‹Millstätter› Text auch die Übersetzung von *creatorem caeli et terrae* durch *schephaer himels und der erde*, wo bei dem ersten Genitiv der Artikel noch fehlt. Offenbar ist der Genitiv männlicher Wörter durch die Endung *s* noch deutlich genug charakterisiert, während das weibliche Wort *erde*, schon im Althochdeutschen mit den vier Kasusformen *erda, erda, erdu, erda* eintönig genug, durch die Abschwächung der Endung den letzten Rest von Unterscheidbarkeit eingebüßt hat. Hier hat sich daher die Verwendung des Artikels früher durchgesetzt als beim Maskulinum. Wenn es aber im Glaubensbekenntnis der Kirche auch heute noch heißt *Schöpfer Himmels und der Erde*, so zeigt sich darin der außerordentlich konservative Charakter unserer liturgischen Sprache. In alltäglicher Rede würde man schon seit vielen Jahrhunderten *des Himmels und der Erde* sagen. Die Auslassung des Artikels, einst aus natürlichen Gegebenheiten entstanden, ist zur Stilfigur geworden und war wohl auch schon in unserem ‹Millstätter› Text des 12. Jahrhunderts eine kirchlich feierliche Stilfigur. Denn genauso lautet die Formel auch in etwa gleichzeitigen Handschriften, wie dem ersten und dritten ‹Benediktbeurer›, dem dritten ‹St. Galler› und dem zweiten ‹Wessobrunner Glaubensbekenntnis›, im ‹Süddeutschen› und im ‹Bamberger Glauben›, während im ersten ‹Wessobrunner› und im ‹Alemannischen Glauben› in altertümlicher Weise noch beide Artikel fehlen und im zweiten ‹St. Galler› sowie im ‹Niederdeutschen Glauben› der Artikel an beiden Stellen gesetzt ist; diese beiden Schreiber folgen dem natürlichen Sprachempfinden ihrer Zeit. (Die Texte bei STEINMEYER, LH 15.) Es ist bemerkenswert, daß wir schon an dieser Stelle wieder, wie so oft im ersten Buch, auf verschiedene Sprachschichten aufmerksam werden, eine lebendig sich entwickelnde und eine, die zäh an bestimmten Formen festhält.

Unsere beiden Vergleichstexte zeigen im übrigen, daß der zunehmende Gebrauch des bestimmten Artikels weitere Folgen hat. Auch das Adjektiv wird dadurch betroffen. Im althochdeutschen Text finden wir *fona heilegemo geiste, heilegero gimeinidha, lîb êwigan.* Das sind die starken Flexionsformen der Adjektiva. Der bestimmte Artikel verlangt aber die schwache Form, und dementsprechend heißt es im ‹Millstätter› Text *von dem heiligen geiste* (vgl. nhd. *mit großem Gefolge*, aber *mit dem großen Gefolge*), *der heiligen gemeine* (vgl. nhd. *das Gebet gläubiger Menschen*, aber *das Gebet der gläubigen Menschen*), *daz êwige leben* (nhd. *ewiges Leben*, aber *das ewige Leben*). Je häufiger der bestimmte Artikel gebraucht wird, desto seltener kommen also die starken Formen des Adjektivs vor. Seltener Gebrauch aber führt leicht zu Unsicherheit, und das mag einer von mehreren Gründen sein, warum im heutigen Deutsch die starke Flexion des Adjektivs immer weiter zurückgeht. Wir sagen z. B. *sei guten Mutes* mit schwacher Beugung des Adjektivs anstelle des früher allein richtigen *sei gutes Mutes*. Erst neuerdings freilich, Jahrhunderte nach der mittelhochdeutschen Zeit, vollziehen sich diese und manche andere Veränderung im Gebrauch der Adjektiva. Aber wieder, wie schon vorher bei der Betrachtung des Konjunktivs, zeigt es sich, daß die Voraussetzungen für Sprachentwicklungen, deren Zeugen wir heute werden, schon vor sehr langer Zeit entstanden sein können.

Noch ein weiteres recht wichtiges Gebiet der syntaktischen Entwicklung läßt sich wenigstens durch ein Beispiel aus unseren Vergleichstexten beleuchten. Das lateinische *conceptus est* wird durch ahd. *infanganêr ist* übersetzt. Das bedeutet wörtlich ‚er ist ein Empfangener' und entspricht dem lateinischen Wortlaut äußerlich genau. Dennoch halten wir nach unserem Sprachempfinden die mittelhochdeutsche Übersetzung *enphangen wart* ‚er wurde empfangen' für richtiger. Denn hier sind die beiden lateinischen Wörter nicht jedes für sich übersetzt, sondern als zusammengesetzte Verbform erkannt, und zwar richtig als Perfekt, also eine Form der Vergangenheit, weshalb der Übersetzer sein *wart* einsetzte. Aber trotzdem hat der frühe althochdeutsche Übersetzer nicht etwa einen Fehler gemacht. Denn wie er übersetzt auch der ungefähr gleichzeitige Verfasser des ‹St. Galler Glaubens›. Die oben erwähnten jüngeren Texte, soweit sie vergleichbar sind, verfahren dagegen wie der Millstätter Schreiber, und wir wissen heute, daß sich in dieser Änderung ein Systemwandel ausdrückt (vgl. LH 45 f).

Die beiden frühen althochdeutschen Übersetzer konnten die lateinische Konstruktion, die im Passiv steht, noch gar nicht als ein Passiv verstehen. Denn für solches Verständnis bot ihnen damals ihre eigene deutsche Sprache noch keine Anhaltspunkte. Im ältesten Althochdeutsch gab es weder zusammengesetzte Zeiten (vom Typ *ich habe gegeben, ich werde geben*) noch gar Passivbildungen (wie *mir wird, wurde gegeben, ist gegeben worden*). Man besaß nur das Praesens und Imperfekt des Aktivs (Typ: *ich gebe, ich gab*), die eine andere Zeitgeltung hatten als heute, und behalf sich, soweit die Übersetzung aus dem Lateinischen das erforderlich machte, mit Umschreibungen, für die feste Regeln noch nicht erprobt waren. Erst ganz allmählich entwickelte sich unter lateinischem Einfluß und nach lateinischem Muster das deutsche Tempussystem mit seinen vielen zusammengesetzten Formen, die wir heute in der Schule lernen.

Diese schon im Althochdeutschen einsetzende Entwicklung war auch in mittelhochdeutscher Zeit bei weitem noch nicht abgeschlossen. Aber das *enphangen wart* des ‹Millstätter› und der anderen gleichzeitigen Texte beweist doch, daß man inzwischen Verständnis für das lateinische Tempussystem erworben hatte und es übersetzend wiederzugeben wußte.

Der Vergleich zwischen dem althochdeutschen und dem mittelhochdeutschen Text macht uns also auch auf syntaktischem Gebiet auf manche jüngere Spracherscheinung aufmerksam, die der ältere Text nicht bietet. Trotzdem wäre es verkehrt, etwa behaupten zu wollen, das Althochdeutsche habe noch kein Personalpronomen, keinen Artikel und keine zusammengesetzten Formen des Verbs gehabt. Wir haben, um die Unterschiede desto deutlicher zu machen, einen besonders altertümlichen und durch streng wörtliche Übersetzung gebundenen althochdeutschen Text gewählt. Was wir im Vergleich mit diesem an dem mittelhochdeutschen Text als bereits eingebürgerten, neueren Sprachgebrauch erkennen, hat sich in den drei Jahrhunderten der althochdeutschen Sprachperiode ganz allmählich herausgebildet. Wieder, wie schon auf dem Gebiet der Lautlehre, werden wir vor Überbewertung des isolierten Einzelbeispiels gewarnt. Man muß den Gesamtcharakter eines Schriftzeugnisses ins Auge fassen, um es mit einiger Sicherheit zeitlich einordnen zu können.

Wandel des Wortschatzes

Daß nicht nur Laute und Formen sowie die Gewohnheiten des Satzbaus sich ändern, sondern daß auch der Wortschatz dem Wandel der Zeit unterliegt, ist selbstverständlich. Auch dafür bieten unsere beiden Texte einige instruktive Beispiele. Einmal begegnet uns in dem alten Text noch *in âtum wîhan*, während an der anderen Stelle das *spiritu sancto* auch dort schon durch *heilegemo geiste* wiedergegeben wird. Diese aus der angelsächsischen Mission stammende Ausdrucksweise (vgl. oben S. 216) hat sich längst durchgesetzt und steht nicht nur im ‹Millstätter›, sondern ebenso in den anderen gleichzeitigen Texten.

Wir werden auch verstehen, warum der ‹Millstätter› Text das altehrwürdige *truhtin: dominus* durch *herre* ersetzt, wenn wir im Auge behalten, was oben S. 113ff über die Geschichte dieses Wortes ermittelt wurde. Für den weltlichen Herrn gilt seit langem die Bezeichnung ahd. *herro*, mhd. *herre*, und schon bei NOTKER ließ sich beobachten, wie dieses jüngere Wort mehr und mehr auch in den geistlichen Bereich eindrang. In den liturgischen Texten des 12. Jahrhunderts ist *herre* gang und gäbe geworden, ohne daß man sagen könnte, weshalb die sonst so konservative Sprache der Kirche das alte Wort *truhtin* aufgegeben hat.

Besondere Aufmerksamkeit verdient der Ersatz von *lîb*: *vita* durch *leben* (vgl. LH 47). Das germanische Wort, das in ahd. *lîb*, nhd. *Leib* fortlebt, bedeutet seiner etymologischen Herkunft nach ‚das Beharrende, das Dauernde' und wird in anderen germanischen Sprachen noch heute nur in der Bedeutung ‚das Leben' gebraucht (vgl. z. B. engl. *life*, skand. *liv*). Auch im älteren Althochdeutsch, im ‹Tatian› und noch bei OTFRID, bedeutet es ausschließlich ‚Leben'. Dann aber hat es im Hochdeutschen, und wohl von dort ausgehend auch im Niederdeutschen und Niederländischen, daneben die zweite Bedeutung ‚Leib, Körper' angenommen. Bei NOTKER kommt es in beiden Bedeutungen vor. Dafür taucht bei ihm aber auch schon zweimal das Substantiv *leben* auf, seiner Bildungsweise nach eine junge Sprachform, ein substantivierter Infinitiv. Daß NOTKER diese Neubildung verwendet, ist wohl ein Zeichen dafür, daß die nunmehr entwickelte Doppelbedeutung von *lîb* als ‚Leib' und ‚Leben' lästig zu werden beginnt. Aber noch während des ganzen mittelhochdeutschen Zeitraumes wird *lîb* in beiden Bedeutungen gebraucht, und unter den vielen oben erwähnten Glaubensformeln bleibt unsere ‹Millstätter› die einzige, die *lîb*: *vita* durch *leben* ersetzt. Sie eilt mit solcher Neuerung dem allgemeinen Sprachgebrauch weit voraus.

Eine im 12. Jahrhundert noch keineswegs allgemein gebrauchte Neubildung ist auch das *gechrûciget* des ‹Millstätter Psalters›. Die gleichzeitigen Texte ziehen *in crûci slâhen, hâhen* oder *nagelen*, ‚an das Kreuz schlagen, hängen, nageln' vor. Dieses *kriuzegen, gekriuzeget* (so die Regelformen), unser *kreuzigen*, ist eine damals gewiß noch papieren klingende, gelehrte Neubildung, die das lateinische *crucifigere, crucifixus* auch im Deutschen durch ein einziges Wort wiedergeben will. Während aber der ‹Millstätter› Text mit dieser Pedanterie unter den Zeitgenossen alleinsteht, stimmen alle gleichzeitigen Glaubensformeln mit ihm überein im Ersatz des *nidar steig, uf steig* durch *nider, uf fuor*. Auch hinter diesem Austausch verbirgt sich eine noch nicht hinlänglich geklärte Wortgeschichte. Zwar wurde von den althochdeutschen Wort-für-Wort-Übersetzern nach dem Muster von lat. *scandere*: ahd. *stîgan* auch für die Komposita *descendere* und *ascendere* dasselbe althochdeutsche Verbum verwendet. Aber schon der feinfühlige ‹Isidor›-Übersetzer macht einen Unterschied zwischen *nidarqueman*: *descendere* (‚herniederkommen') und *ûfstîgan*: *ascendere* (‚zum Himmel hinaufsteigen'). Später verbindet dann auch NOTKER das Grundverb *stîgan* nur mit *ûf*, nicht aber mit *nidar* Die beiden größten Übersetzer der althochdeutschen Zeit empfinden offenbar in *stîgan* den Ausdruck der Aufwärtsbewegung, der sich der Verbindung mit *nidar* widersetzt. Aber spätestens bei NOTKER läßt sich auch zeigen, daß mit *stîgan* immer deutlicher die Vorstellung des festen Bodens, des Berghanges, der Stufen verbunden wird, auf denen man hinansteigt, und so wird das Wort zur Bezeichnung des unirdischen, weglosen Schreitens CHRISTI zur Hölle hinab und zum Himmel hinauf immer ungeeigneter. Wenn es daher alle frühmittelhochdeutschen Übersetzungen übereinstimmend durch *(nider, ûf) faren* ersetzen, das nur ganz abstrakt ‚sich von Ort zu Ort bewegen' bedeutet, so ist das ein Zeichen der allmählich erlangten Sprachsicherheit. Man läßt sich nicht mehr vom Wortlaut des Lateinischen tyrannisieren.

Andere Unterschiede der beiden Übersetzungen, wie *ecclesia: ladhunga – christenheit, communio: gimeinidha* (noch heute in *Gemeinde* weiterlebend) – *gemeine* (vgl. die Brüder*gemeine* der Herrnhuter), *resurrectio: arstantnissi – urstende* (vgl. oben S. 249), *remissio: ablâz – antlâz* kann man dagegen kaum für die Unterscheidung zwischen Alt- und Mittelhochdeutsch ausnutzen, und auch *gemartert* (ahd. *gimartirôt*) findet sich schon in frühalthochdeutscher Zeit neben *giwizzinôt*. Für Unterschiede solcher Art ist oft weniger die Zeit als die Tradition der einzelnen Schreibstätten und Übersetzerschulen verantwortlich, und jede Übersetzung müßte einzeln untersucht werden. Das kann hier nicht geschehen; ein paar Hinweise müssen genügen.

Ecclesia: lad(h)unga bleibt als Übersetzung vereinzelt; allerdings setzt sich *christenheit* erst langsam durch, aber alle jüngeren Glaubensformeln, die oben genannt wurden, haben es. Die Übersetzung *kirîhha*, die schon im ‹St. Galler Credo› und ‹Paternoster› des 8. Jahrhunderts vorkommt, kann sich in der Bedeutung ‹Gemeinschaft aller Christen› lange nicht durchsetzen, aber LUTHER schreibt schließlich *christliche Kirche*, und vereinigt in dieser Übersetzung gewissermaßen *christenheit* und *kirîhha*. *Communio: gimeinida, gemeinde* haben nicht nur die beiden ältesten Texte aus Weißenburg und St. Gallen, sondern auch zwei der jüngeren Texte und späterhin LUTHER, *gemeine* hat neben dem ‹Millstätter› Text nur noch ‹Benediktbeuren III›; vier Texte des 12. Jahrhunderts schreiben statt dessen *gemeinsami*, und einer hat sogar mit anderer Ableitung *gemeinsamide*. Für *resurrectio* haben fast alle unsere Texte des 12. Jahrhunderts *urstende*. Es sieht aus, als solle dieses Wort sich durchsetzen; es wird aber später, anscheinend unter Einfluß der Mystiker, durch *ûferstandunge* verdrängt. *Remissio: ablâz* ist eine alte Übersetzung, die aber unter den von uns herangezogenen Texten des 12. Jahrhunderts nur noch im ‹Alemannischen Glauben› vorkommt. Alle anderen Glaubensformeln der Zeit haben wie der ‹Millstätter› Text *antlâz*. Dies scheint ein Modewort des 11. und 12. Jahrhunderts gewesen zu sein, und schon bei Notker kommen beide Übersetzungen vor. Später aber setzt sich dann wieder *ablâz* ganz allgemein durch und hätte wohl gar in Luthers Bibelübersetzung und seinen Katechismus eingehen können, wäre das Wort nicht vorher durch ein geschichtliches Ereignis, nämlich den Ablaßstreit, in Verruf geraten.

Schon unser skizzenhafter Überblick zeigt, daß jedes Wort seine eigene Geschichte hat, die besonderer Untersuchung bedarf. Auch bei der Beurteilung des Wortschatzes müssen daher viele Einzelheiten zusammenkommen, um ein Urteil über den jeweiligen Sprachzustand zu ermöglichen. Freilich würde man aus dem Wortschatz und den sich darin ausdrückenden Vorstellungen sehr leicht einen Text etwa als ‹höfisch› oder als ‹mystisch› erkennen können, und da es sich dabei um zeitlich abgegrenzte Epochen des mittelalterlichen Geisteslebens handelt, wäre mithin auch die ungefähre Datierung gesichert. Religiöse Texte dagegen gibt es aus dem ganzen Mittelalter, und für sie wäre die Wortschatzuntersuchung eine weit weniger sichere Datierungsgrundlage als der sich im handschriftlichen Befund spiegelnde Lautstand. Vergleicht man allerdings unsere verschiedenen Glaubensformeln des 12. Jahrhunderts auf ihren Wortschatz, so muß die weitgehende Übereinstimmung im Gebrauch der Wörter *christenheit*, *urstende* und *antlâz* auffallen, sind doch eine ganze Reihe von anderen Übersetzungen der zugrunde liegenden lateinischen Wörter möglich und zu anderen Zeiten auch üblich. Aus einer solchen Vergesellschaftung gleichlautender Ausdrücke könnten sich vielleicht Anhaltspunkte für die zeitliche Einordnung ergeben. Aber das ist eine unerprobte Methode, und es bedarf ihrer auch kaum, da wir bessere Kriterien für die Datierung kennen.

Zeitliche Unterschiede

Solange wir bei zwei einfachen Texten so verschiedenen Alters wie den beiden hier erörterten Glaubensformeln bleiben, ist es allerdings auch nicht schwierig, die Unterschiede festzustellen. Jeder sieht ein, daß es berechtigt ist, sie zwei verschiedenen Sprachperioden zuzuweisen. Wir nennen den einen Text althochdeutsch, den anderen mittelhochdeutsch, obwohl mehrfach darauf hinzuweisen war, daß jeder von beiden in Einzelheiten von dem abweicht, was als Maß und Regel der einen und der anderen Sprachperiode gilt. Es ist natürlich kein Zufall, daß es solche Abweichungen gibt. Denn die Sprache ist in fortwährender Entwicklung begriffen, und Entwicklung bedeutet Veränderung. Daher gleicht das Althochdeutsche des 8. Jahrhunderts nicht dem des 10., und das Mittelhochdeutsche des 11. Jahrhunderts steht dem spätesten Althochdeutsch viel näher als der Sprache des beginnenden 14. Jahrhunderts, die wir auch noch als Mittelhochdeutsch bezeichnen.

Unsere sprachlichen Epochenbegriffe sind also Abstraktionen. Aus einer Fülle von Erscheinungen greifen wir einzelne zur Charakteristik heraus, die in der zu beschreibenden Periode besonders weit verbreitet sind. Deshalb sehen wir als kennzeichnend für das Althochdeutsche die vollen, farbigen Vokale der Nebensilben an, wohl wissend, daß bei NOTKER — und nicht bei ihm zuerst — die Pracht der vollen Klänge schon im Absterben ist, und das Mittelhochdeutsche charakterisieren wir durch die oben S. 299 erwähnten Lautregeln, obwohl in dem einen oder andern Dialekt noch manche alte volle Form erhalten bleibt (in den südlichsten deutschsprachigen Kantonen der Schweiz wird noch heute, was die Nebensilbenvokale angeht ‹althochdeutsch› gesprochen) und obwohl in anderen Dialekten schon früh in mittelhochdeutscher Zeit Lauterscheinungen auftreten, mit denen wir sonst erst das Neuhochdeutsche zu charakterisieren pflegen.

Jedes Jahrzehnt bringt kleine Neuerungen mit sich, und räumlich haben die Mundarten und alle die vielen Untermundarten, die regionalen und lokalen Ausprägungen des Alemannischen, Bairischen, Fränkischen, Ostmitteldeutschen und Niederdeutschen, ihre eigene, in der Zeit verlaufende Weiterentwicklung. Es gibt daher weder im Alt- noch im Mittelhochdeutschen auch nur zwei Texte, die sprachlich völlig identisch wären, und es ließe sich wohl kein einziger Text finden, der nicht an irgendeiner Stelle gegen die von der normierenden Wissenschaft angenommenen Regeln verstieße. Die Vielfalt der Sprachräume und die sprachliche Entwicklung dreier Jahrhunderte läßt sich mit einem so grobmaschigen Netz wie dem System unserer Periodeneinteilung nicht einfangen; ja, es ist überhaupt unmöglich, ihrer völlig habhaft zu werden.

Natürlich kann man die Maschen enger knüpfen, und für manches Vorhaben der Sprachforschung ist das unbedingt erforderlich. So versucht man gelegentlich, von Jahrhundert zu Jahrhundert fortzuschreiten. Aber auch das verlangt wegen der fließenden Übergänge und bei dem bald konservativen, bald dem Neuen aufgeschlossenen Verhalten einzelner Schreiber und ganzer Sprachlandschaften immer wieder die isolierende Hervorhebung einzelner Erscheinungen. Auf jeden Fall ist es aber wünschenswert, den langen Zeitraum von drei Jahrhunderten sprachlicher Entwicklung in übersichtlichere Zeitstrekken aufzuteilen. Im Einklang mit dem Gang der Literaturgeschichte, in dem sich die geistesgeschichtliche Entwicklung widerspiegelt, ist es daher üblich geworden, das Mittelhochdeutsche auch sprachlich in drei kürzere Zeiträume zu unterteilen. Man spricht vom ‹Frühmittelhochdeutschen› bis etwa 1170 und meint damit den Zeitraum, in dem die letzten lautlichen Erinnerungen an das Althochdeutsche allmählich verklingen und in dem die syntaktische Formung der Sprache noch einigermaßen ungefüge erscheint. Von etwa 1170 bis 1250 reicht dann das Mittelhochdeutsche im engeren Sinne, das gelegentlich auch als ‹klassisches Mittelhochdeutsch› bezeichnet wird. Damit ist vor allem die Dichtersprache der Blütezeit und der ersten nachfolgenden Generation gemeint. Das letzte Jahrhundert von etwa 1250 bis 1350 pflegt man als ‹spätmittelhochdeutsch› zu bezeichnen und meint damit die Zeit der Auflösung, in der landschaftliche Besonderheiten wieder stärker hervortreten und die zum Neuhochdeutschen hinüberweisenden Spracherscheinungen schon deutlicher werden.

Diese Einteilung, von der Literatur her gewonnen, zielt in erster Linie auf geistige Gehalte. Aber auch vom soziologischen Standpunkt aus, unter dem die Sprachgeschichte hier vornehmlich betrachtet wird, läßt sich diese Einteilung einigermaßen rechtfertigen. In der frühmittelhochdeutschen Zeit wendet sich vor allem der Geistliche mit religiösen und weltlichen Stoffen an ein vorwiegend weltliches Publikum. In der höfischen Zeit spricht dann der hochkultivierte, adlige Hofmann zu seinesgleichen, und im Spätmittelhochdeutschen wenden sich provinziell beschränkte Geister an ein ebenso beschränktes Publikum. Das ist allerdings ein grob vereinfachendes Bild, das der Vielschichtigkeit der Entwicklung nicht gerecht werden kann und auffällig hervortretende Erscheinungen in vielleicht unzulässiger Weise verallgemeinert. Derselbe Vorwurf würde allerdings auch die rein literarische Periodeneinteilung treffen. Denn ihr zufolge kann man als frühmittelhochdeutsch eigentlich nur negativ alles das bestimmen, was noch nicht, und als spätmittelhochdeutsch dasjenige, was nicht mehr höfisch ist. Ferner bleibt dabei außer acht, daß gewisse kontinuierliche Entwicklungen, wie etwa die der gelehrten Übersetzertätigkeit, oder gewisse Zweige der religiösen Literatur sich solchen Unterteilungen nicht fügen, und vor allem, daß es unterhalb der großen höfischen Dichtung auch in der Blütezeit eine Schicht zweit- und drittrangiger Literatur gibt, die ebenso ungelenk wie die frühmittelhochdeutsche und ebenso provinziell wie die späte Literatur wirkt. Eine hochgeistige und gewiß nicht provinzielle Erscheinung wie die Mystik endlich, die zeitlich in die spätmittelhochdeutsche Periode gehört, läßt sich überhaupt in einem solchen System nicht unterbringen. Die Systematik scheitert an den vielen gleichzeitig auftretenden, aber in ihrer geistigen, literarischen und sprachlichen Höhenlage inkommensurablen realen Erscheinungen.

Um die Unterschiede der zeitlichen Entwicklung an Beispielen zu zeigen und auch, um auf Dialektunterschiede aufmerksam zu machen, ohne auf diese ausführlich einzugehen, haben wir im Anhang Nr. II den gleichen kurzen Abschnitt aus der althochdeutschen und aus acht mittelhochdeutschen Übersetzungen der ‹Benediktinerregel› abgedruckt. Von den mittelhochdeutschen Texten würde der erste (C) in die frühmittelhochdeutsche Zeit gehören, der zweite bis vierte (D bis F) in die höfische, drei (G bis I) in die spätmittelhochdeutsche und der letzte (K) bereits in die frühneuhochdeutsche Zeit. Der älteste Text C macht wirklich auch den altertümlichsten Eindruck, allerdings eher durch die ungeschickte Fehlerhaftigkeit seiner Übersetzung als durch seine Sprachformen. An das Althochdeutsche erinnern allenfalls noch die *i* in *dêmuoti, undertâni, geturrin, bedunkit,* doch bevor man urteilt, bedürfte die Sprache der Handschrift einer genaueren Untersuchung; denn die *i* in *hôrinde* und *vatirs* sind nicht alt, sondern stehen anstelle des tonlosen *e*, und diese Geltung könnte auch das *i* der erstgenannten vier Wörter haben. Was sonst vorkommt, sind Dialekt-, aber nicht Zeitmerkmale.

Dasselbe gilt auch von den anderen Texten, die im übrigen viel geschickter übersetzen als der Zwiefaltener. Sie alle sind Dialektzeugnisse und geben auch Anlaß zu mancherlei Einzelbeobachtungen (man beachte z. B. die Erhaltung des Endungs-*e* in den mitteldeutsch beeinflußten Texten D und I, das in den oberdeutschen Texten meistens fehlt, die alten vollen Endvokale in *ladon, undirteinigi, diemuotigi* in dem schweizerischen Text E, die Umlautbezeichnungen *oi* und *ei* in *gehoirt* und *undirteinigi* in E und manche andere Eigentümlichkeit). Man erkennt ferner auch, daß der jüngste, schon frühneuhochdeutsche Text (K) sich von den anderen durch sehr viel sorgfältigere Umlautsbezeichnung unterscheidet. Außerdem zeigt hier das Wort *streitleich*, das mhd. *strîtlîch* ‚streitbar' lauten sollte, schon die neuhochdeutsche Diphthongierung. Diese kommt aber auch schon in der Raitenhaslacher und in der Admonter Handschrift vor (keine Beispiele in unserem Text), und mit den Umlauten ist die Handschrift aus Altomünster so manchem Text des 15. Jahrhunderts weit voraus. Mit Ausnahme dieses jüngsten Textes und des ältesten aus Zwiefalten wäre es aber jedenfalls recht schwierig, die verschiedenen Fassungen auf Grund sprachlicher Kriterien genau zu datieren.

Obwohl aber die exakte Datierung nicht möglich ist und obwohl die Texte alle ihre besonderen Dialekteigentümlichkeiten zeigen (die man beschreiben könnte), so steht doch nach den allgemeinen Kriterien fest, daß C bis I weder alt- noch neuhochdeutsch sind, und bei K würde man zumindest zögern, den Text noch als mittelhochdeutsch zu bezeichnen, wie anderseits B so deutliche althochdeutsche Züge zeigt, daß der Text von niemandem als mittelhochdeutsch angesprochen werden könnte. Damit ist denn doch bewiesen, daß bei allen Unterschieden und Unregelmäßigkeiten im einzelnen die gemeinsamen sprachlichen Züge in den Fassungen C bis I überwiegen, und diese erkennen wir als mittelhochdeutsch. Eine weitergehende zeitliche Untergliederung, die selbst bei Dichtungen nicht immer möglich ist, wird sich bei Texten der Gebrauchsliteratur oft als unmöglich erweisen; aber in eine der großen Perioden unserer Sprachgeschichte lassen sie sich doch mit hinlänglicher Sicherheit einordnen. Mithin erweist sich der Standpunkt der ordnenden Wissenschaft als berechtigt, sich mit groben Einteilungen wie Alt-, Mittel- und Neuhochdeutsch zu begnügen, wo nicht besondere Zwecke feinere Unterscheidungen erfordern.

Auch wir werden in den folgenden Kapiteln oft genug die Erscheinungen aus drei mittelhochdeutschen Jahrhunderten summarisch systematisierend zusammenfassen müssen, doch bleiben wir immer bemüht, die zeitliche Abfolge in den Vordergrund zu stellen. Wir wollen ja nicht ein System nachzeichnen, sondern der lebendigen sprachgeschichtlichen Entwicklung in ihrem Verlauf nachspüren.

‹Täuscht mich nicht ein liebenswürdiger Irrtum, so hat gewiß der Herr, der auf Salomon die Gnadenfülle der Beredsamkeit herabregnen ließ, geruht, auch auf mich ein paar Tröpflein herabfallen zu lassen. Manchmal werde ich, wenn ich meine Zeilen wieder lese, so angenehm berührt, als hätte ein erprobter Schriftsteller dieses Werk verfaßt.› Mit diesen erstaunlichen Worten, die wir aus seinem Latein übersetzt haben, schließt WILLIRAM VON EBERSBERG die Vorrede, die er seiner Auslegung des ‹Hohen Liedes Salomonis› vorausschickt. Indem er sich zu Salomon in Beziehung setzt und zu der göttlichen Begnadung, die ihm zuteil ward, will er zum Ausdruck bringen, daß sein Übersetzungs- und Erläuterungswerk dem biblischen Original nicht ganz unwürdig sei.

Das ist ein neuer Ton, den wir in althochdeutscher Zeit niemals vernommen haben. Auch in der mittelhochdeutschen Periode kommt das Selbstbewußtsein (und persönliche Eitelkeit) selten so unverblümt wie in diesen Zeilen zum Ausdruck; aber zwischen den Zeilen kann man hinfort doch gelegentlich Ähnliches lesen, wenn auch die Schar derer in der Überzahl bleibt, die nach wie vor ihre eigene Persönlichkeit ganz der Sache aufopfern, der sie dienen. Dennoch kündigt sich in solchen Worten deutlich der Anbruch einer neuen Zeit an. In der mittelhochdeutschen Periode, die wir nunmehr zu behandeln haben, wird sich der Mensch mehr und mehr seiner Individualität bewußt. Er tritt aus der Anonymität der menschlichen Gemeinschaft hervor und beginnt, sich als selbständiges Einzelwesen zu begreifen, das sich mehr oder minder deutlich von den Menschen seiner Umgebung abhebt. Das drückt sich auch in der Sprache aus, die allmählich vom ‹Wir› der alle Menschen umfassenden Gemeinschaft zum standesbezogenen ‹Wir› übergeht. Im Werke WILLIRAMS bezieht sich das ‹Wir› vornehmlich auf die *doctores*, das heißt die der Kirche zu Lehrern gesetzten Geistlichen, während ritterliche Dichter später mit ihrem ‹Wir› die Angehörigen des Ritterstandes meinen. Aber von diesem eingeschränkten ‹Wir› führt der Weg auch bald zum individualisierenden ‹Ich›, wofür WILLIRAMS eingangs zitierte Worte ein besonders frühes Beispiel sind, und die Sprache lernt Freude und Leid, Sündenbewußtsein und Weltlust und alle Seelenregungen des Einzelmenschen immer differenzierter und vollkommener auszudrücken.

Bevor wir aber im Verlauf unserer Darstellung auf diese Erscheinungen unser Augenmerk richten, wozu uns vornehmlich die Werke der Dichter anleiten können, wollen wir bei der gelehrten Prosa verweilen. Das Althochdeutsche konnten wir ja fast nur aus den Schriften gelehrter Übersetzer kennenlernen. Wir werden daher die

Kontinuität der sprachlichen Entwicklung am deutlichsten sichtbar machen, wenn wir zunächst auf diesem Gebiet bleiben und zusehen, was die mittelhochdeutsche Periode zu seinem weiteren Ausbau beigetragen hat.

Williram von Ebersberg

Es fügt sich günstig, daß am Ende der althochdeutschen und am Beginn der frühmittelhochdeutschen Periode zwei literarische Gestalten stehen, deren Werk sich in mancher Hinsicht vergleichen läßt und über deren Lebensumstände wir besser unterrichtet sind als über die der meisten anderen Autoren aus alt- und mittelhochdeutscher Zeit. Beide waren Geistliche, beide standen auf der Höhe der Bildung ihrer Zeit; der eine war Schulhaupt einer altberühmten Klosterschule, der andere etwa ein Jahrzehnt lang Schulhaupt in dem aufstrebenden, anspruchsvollen Bamberger Domstift. Ihre Werke können wir insofern vergleichen, als von beiden einzelne Bibelbücher übersetzt und zugleich auch erklärt wurden. NOTKER VON ST. GALLEN (ca. 950 bis 1022), dessen Hiobübersetzung verlorenging, hinterließ uns seine Übersetzung der Psalmen (vgl. die Textprobe oben S. 272f). WILLIRAM VON EBERSBERG (ca. 1005–1085) legte das ‹Hohe Lied Salomonis› aus. Dabei wählten beide für ihre Arbeiten die eigenartige Form der Mischprosa, bei der viele lateinische Ausdrücke innerhalb des deutschen Textes unübersetzt bleiben. Es ist kaum anders denkbar, als daß sich der Jüngere sowohl zu der ganz ungewöhnlichen Art einer auslegenden Übersetzung wie auch zu der auffälligen sprachlichen Form seines Werkes durch den St. Galler Mönch hat anregen lassen. War es aber so, dann wußte er jedenfalls solche Anregung sorgfältig zu verbergen. Nirgends verrät er eine Abhängigkeit von NOTKER, und er entwickelt auf der überkommenen Grundlage einen ganz eigenen, mit bewußter Rhetorik gestalteten und auf Wirkung bedachten Stil, während sein Vorgänger in aller Bescheidenheit und ganz der Sache hingegeben kein anderes Ziel als die gründliche Belehrung gekannt hatte.

In dieser unterschiedlichen Zielsetzung ihrer Werke zeichnen sich nicht nur zwei Etappen einer sich geistesgeschichtlich in raschem Umbruch befindenden Zeit ab. Zugleich spiegelt sich darin auch die ganz verschiedenartige Persönlichkeit der beiden Männer. NOTKER blieb bei all seiner Gelehrsamkeit immer in erster Linie Mönch. Zwar kannte auch er die Welt, aber er achtete ihre Güter und Freuden gering. Die eiserne Büßerkette, die er unter der Mönchskutte um den Leib trug, sollte ihn ständig an die Gefangenschaft der Seele erinnern, die sich erst durch den leiblichen Tod von den Fesseln des

Körpers lösen und in die ewige Freiheit aufschwingen würde. Sein literarisches Schaffen war ein Gott geweihtes Tun, die Führung der ihm in der Schule anvertrauten Jugend auf dem rechten, gottgewollten Weg sein einziges irdisches Ziel.

Der ehrgeizige, der Welt zugewandte WILLIRAM war ein ganz anderer Mann. Von adliger Herkunft wie der Alemanne NOTKER, stammte er aus vornehmer rheinfränkischer Familie. Der Bischof HERIBERT VON EICHSTÄTT († 1042) und der einflußreiche Kölner Erzbischof gleichen Namens († 1021), der eine bedeutende Rolle in der Reichspolitik gespielt hatte, waren ihm nahe verwandt. Als WILLIRAM nach seiner Ausbildung im altberühmten Kloster Fulda als Schulhaupt an den Bischofssitz in Bamberg berufen wurde, damals einer der kulturellen Mittelpunkte des Reiches, wird auch er sich eine glanzvolle Laufbahn im Dienste des Reiches erträumt haben. Wir wissen nicht, aus welchem Grunde er im Jahre 1048 zum Abt des ärmlichen Klosters Ebersberg in Oberbayern erhöht wurde; aber seine Entfernung aus Bamberg, wo der Kaiser oftmals Hof hielt, in diesen entlegenen Ort macht den Eindruck einer ehrenvollen Verbannung. Seiner Veranlagung und Erziehung nach war er zum Weltgeistlichen bestimmt gewesen, obwohl er nun den ganzen langen Rest seines Lebens im Kloster verbrachte, und er scheint die Hoffnung auf Rückkehr an den Hof und auf ein höheres geistliches Amt lange Zeit nicht aufgegeben zu haben. Offenbar sollte auch seine Bearbeitung des ‹Hohen Liedes› zur Erreichung dieser ehrgeizigen Ziele beitragen. Er hatte beabsichtigt, das Werk dem Kaiser HEINRICH III. zu widmen und sich dadurch in empfehlende Erinnerung zu bringen. Doch war die Arbeit noch nicht vollendet, als der Kaiser im Jahre 1056 starb. So widmete WILLIRAM das noch einmal überarbeitete Buch dem jungen HEINRICH IV., aber kaum vor dem Jahre 1070, in dem der Herrscher begann, selbständig zu regieren. Das Widmungsgedicht an den jungen König verrät die Hoffnungen des alternden Mannes deutlich genug. Aber er fand kein Gehör und starb als Abt von Ebersberg.

Daß WILLIRAM auf Eindruck und Wirkung zielte, läßt schon die sorgfältige äußere Gestaltung der beiden ältesten Handschriften erkennen, deren Anfertigung er selbst in Ebersberg beaufsichtigte. Die eine enthält die ursprüngliche, die zweite die leicht überarbeitete, HEINRICH IV. gewidmete Fassung. In drei Kolonnen ist das Werk auf kostbarem Pergament sorgfältig geschrieben. In der Mitte steht, durch rote Schrift ausgezeichnet, der lateinische Bibeltext, links davon eine Auslegung in gereimten lateinischen Hexametern, die in glänzendem Stil geschrieben, seine vollkommene Beherrschung des Lateinischen in bestem Lichte zeigt, und auf der rechten Seite die deutsch-lateinische Mischprosa, in der der Verfasser erkennen läßt, daß er auch seine Muttersprache in höchst kultivierter Weise zu gebrauchen weiß.

Von dieser Wortkunst kann unsere kurze Textprobe (s. Anhang Nr. III) nur ein sehr skizzenhaftes Bild vermitteln. Älteren Kommentaren folgend, deutet WILLIRAM den liebeglühenden alttestamentlichen Zwiegesang zwischen *sponsus* und *sponsa*, Bräutigam und Braut, auf das Verhältnis zwischen CHRISTUS und der christlichen Kirche. CHRISTUS und Ecclesia, die Kirche, sprechen miteinander, und als dritte Stimme wird die Synagoge eingeführt, die die bräutliche Kirche bewundernd preist. An der von uns ausgewählten Stelle spricht die Synagoge. Die Worte, die der gelehrte Autor ihr in den Mund legt, sind ein gutes Beispiel für jene eine unter den vier Auslegungsarten der Heiligen Schrift, die das Mittelalter als ‹allegorisch› bezeichnet. Es wird der geistige Sinn hinter der wörtlichen Aussage gesucht.

Was bedeutet hier, so fragt der geistliche Erklärer, das *progredi*, das ‚Einher'- oder ‚Weitergehen' der Braut, und das irdisch-anschauliche Geschehen wird auf das ‹Fortschreiten in der Kraft zur Tugend› gedeutet. Warum wird die Braut mit dem Morgenrot, dem Mond, der Sonne, einer geordneten Schlachtreihe verglichen? Das Morgenrot bedeutet das Heraustreten aus der Nacht des Unglaubens. Der Mond hat die Eigenschaft (*proprietas;* so nennt es das Mittelalter), daß er sein Licht von der Sonne empfängt, und darum kann er an dieser Stelle die Kirche bezeichnen, der alle Erleuchtung von Gott kommt. Auch das ‚schön' wie der Mond wird in diese Deutung einbezogen; denn hinter dem Wortsinn ‚schön' verbirgt sich in geistiger Auslegung die Bedeutung ‹sittlich schön›, und das ist die Ecclesia, wenn sie sich bescheiden bewußt ist, daß sie alles, was sie ist, nur göttlicher Gnade verdankt. Auserwählt, zu Hohem berufen wie die Sonne ist sie, weil schon die verehrende Anschauung Gottes, der die Sonne der Gerechtigkeit ist, nur den von Gott Erwählten zuteil wird, und schrecklich wie ein gerüstetes Heer ist sie dem Teufel, der ihre geschlossene Phalanx nicht durchbrechen kann.

Das alles stellt WILLIRAM mit sehr kurzen, knappen Worten dar. Es ist die sogenannte *Expositio intra*, die er hier vornimmt. Der Ausdruck ist schwer zu übersetzen. Gemeint ist die Auslegung von innen her, unmittelbar aus dem Wortlaut der Heiligen Schrift, wobei vorausgesetzt wird, daß der Hörer oder Leser mit dem geistigen Sinn des Wortes voll vertraut ist. Der Autor braucht darum nicht erst zu umständlichen Erläuterungen zu greifen, braucht nicht eigens zu betonen, daß sich hinter dem wörtlichen ein geistiger Sinn verbirgt, kann vielmehr damit rechnen, daß der geistige Sinn, den er den Worten entnimmt, unmittelbar verstanden wird. Eine solche Darlegung ist nicht für die große Schar der gläubigen

Gemeinde bestimmt. Sie wendet sich an den ‹inneren Kreis› einer theologisch hochgebildeten Geistlichkeit. Nur in einem solchen Kreise kann WILLIRAM hoffen, daß nicht nur sein belehrendes Wort unmittelbar verstanden wird, sondern daß seine Zuhörer zugleich auch ein ästhetisches Vergnügen an der Klarheit und dem Wohllaut seiner Prosa empfinden.

An dieser Stelle den Wohllaut analysierend nachzuweisen, dürfen wir uns ersparen. Auf die wohlüberlegte Klarheit dagegen wollen wir mit einigen Worten eingehen. Anders als NOTKER, der seine Übersetzungen an jeder ihm beliebenden Stelle unterbricht, um seine Erläuterungen einzuflechten, stellt WILLIRAM jedesmal die Übersetzung des Bibelverses an den Anfang des Abschnittes und läßt seine Auslegung geschlossen folgen. In unserer Textprobe beginnt er seine Erklärung mit den lateinischen Worten *Ecclesiam Christi*. Damit beantwortet er zugleich die Frage ‹Wer›, die den Bibelvers einleitet (also dort an gleicher Stelle steht), und gibt das Thema der Auslegung an. Lateinisch, wie diese ersten Worte, gibt er im übrigen außer Bibelzitaten, auf die er seine Auslegung stützt, die Kernbegriffe der christlichen Lehre, wie z. B. *tenebrae infidelitatis, verum lumen, pulchritudo virtutum, aditus temptandi*. Also gerade die Begriffe, die den geistigen Sinn des schlichten Bibelwortes erschließen, gibt WILLIRAM in prägnanter lateinischer Formulierung wieder, anders als NOTKER, der eher das, was seinen Zuhörern ohnehin bekannt war, und Ausdrücke, bei deren Übersetzung er Unklarheit befürchtete, unübersetzt gelassen hatte. Bei der weiten Verbreitung und lange anhaltenden Wirkung von WILLIRAMS Werk, von dem uns fast 40 Handschriften aus sechs Jahrhunderten bekannt sind, hat diese scharfe Fixierung wichtiger Begriffe, wie Theologen versichern, viel zur Ausbildung einer theologischen Fachsprache beigetragen.

Auch darin unterscheidet sich der auf Wirkung bedachte WILLIRAM von NOTKER, daß er die tragenden lateinischen Begriffe, wo immer es möglich ist, an den Anfang oder lieber noch an das Ende der Sätze oder der Sinneinschnitte innerhalb der Sätze bringt. Das sind jene bevorzugten Stellen, die sich dem Gehör und dem Gedächtnis besonders gut einprägen. Während NOTKER sein Latein eingestreut hatte, wie es der Redefluß gerade ergab, hebt WILLIRAM es mit berechnender Kunstfertigkeit deutlich hervor. Man lasse etwa aus unserer Textprobe die nachklingenden *de virtute in virtutem, ad verum lumen, ex illustratione solis* auf sich wirken, um etwas von dieser suggestiven Diktion zu verspüren. Gelegentlich freilich wird dem Prinzip zuliebe der Bogen überspannt, und so gerät das schwächliche, inhaltsarme *invenire* an den Schluß des ganzen Abschnittes, wo ein deutsches *vinden* ausgereicht hätte.

Rhetorische Absicht läßt aber auch jede Zeile des deutschen Textes erkennen. Der viermalige fast gleichlautende Ansatz *Siu dunchet* entspricht der bekannten Redefigur der Anapher, und das Spiel mit den wechselnden *mir* und *mih* (beide damals grammatisch möglich) und mit *ouh* und *unte* setzt kleine variierende Lichter. Dem viermaligen Einsatz mit *dunchet* entspricht in strenger Regelmäßigkeit der viermal hinzugefügte, mit *wante* eingeleitete Nachsatz. Dieser kann auch in sich wieder in parallelem Gliederbau gefügt sein, was sich besonders deutlich an der zweiten Stelle (Vergleich mit dem Mond) zeigt.

In diesem schwer schreitenden, eindrucksvollen Stil drückt sich ein intellektuelles Pathos aus, das der Würde des behandelten Gegenstandes wohl angemessen ist. Hier wird genau nach den Regeln einer erlernten Kunst verfahren, ganz anders, als NOTKER es tut, der übrigens ein viel originellerer Denker als WILLIRAM war, aber nicht über die gleiche Kunst einprägsamer Formulierung verfügte. NOTKERS Prosa wirkt schlicht und anspruchslos und wie vom Augenblick eingegeben. Bei ihm ist es mehr die Treffsicherheit des Ausdrucks als die kunstvolle Gestaltung der Rede, die wir bewundern.

Gewiß ist WILLIRAM nicht der erste, der sich rhetorischer Kunstmittel in seiner deutschen Sprachgestaltung bedient. Schon bei OTFRID VON WEISSENBURG ist solches Streben an vielen Stellen deutlich spürbar. Aber der bewegt sich auf anderem literarischen Gebiet; denn er dichtet ein poetisches Werk in gebundener Rede und unterwirft sich damit von vornherein strengeren, durch literarische Tradition festgelegten Gesetzen. Solche Gesetze in gleicher Strenge auf nichtlateinische Prosa anzuwenden, hatte man vor WILLIRAM noch nicht versucht. Zwar könnte uns Älteres verlorengegangen sein, von dem kein Nachruhm kündet. Aber das ist wenig wahrscheinlich. Denn um eine deutsch-lateinische Mischprosa stilistisch so zu beherrschen, wie WILLIRAM es vermochte, mußten erst einmal die Grundlagen geschaffen sein. Deren Schöpfer aber war nach allem, was wir wissen, NOTKER VON ST. GALLEN, der diese Gestaltung seiner Sprache selbst als eine *res paene inusitata*, ein ganz ungewöhnliches Unternehmen, bezeichnet. Er kann also kaum Vorgänger gehabt haben, und wenn WILLIRAM die Voraussetzungen für seine eigene, stilistisch so sehr verfeinerte Sprachgestaltung nicht bei NOTKER selbst fand, so müßten Nachahmer NOTKERS, die wir nicht kennen und an deren Existenz wir auch kaum glauben können, die Vorbilder WILLIRAMS gewesen sein. Man muß daher WILLIRAM das Verdienst zuerkennen, daß er mit seiner starken formalen Begabung einen sehr bedeutenden Beitrag zur Schaffung einer deutschen Kunstprosa geleistet hat. Man könnte sogar so weit gehen, ihn für deren eigentlichen Schöpfer zu erklären, hätte man nicht den sehr starken lateinischen Einschlag in seinem Werk zu berücksichtigen. Indem seine deutschen Sätze fast regelmäßig auf lateinische Ausdrücke hinzielen, in denen das ganze Gewicht der Aussage liegt, fehlt doch noch der Schlußstein in diesem hochgewölbten deutschsprachigen Kunstbau.

Eines allerdings beweisen WILLIRAMS Werk und sein großer Erfolg mit aller Deutlichkeit. Die Zeit war jetzt gekommen, daß auch der exklusive Kreis hochgebildeter Geistlicher, der die lateinische Verkehrssprache mit Leichtigkeit und Geschmack handhabte, an wohlgefügter deutscher Rede sein Gefallen finden konnte. Denn so stellen wir uns den Autor und das Publikum, für das sein anspruchsvolles Werk berechnet war, vor: Es sind die großen geistlichen Herren, die Weltgeistlichen, wie sie an Fürstenhöfen und Bischofssitzen zu finden sind, auch wohl in den ganz großen Abteien, die in der Reichspolitik eine Rolle spielen. Der lateinischen Bildung dieses Kreises trug WILLIRAM durch seine eleganten lateinischen Verse Rechnung. Desto auffälliger ist es, daß er dieser Auslegung des ‹Hohen Liedes› in Hexametern eine zweite Auslegung in seiner kunstvollen Mischprosa hinzufügte. Der berechnende Mann hätte sich dieser Mühe kaum unterzogen, wenn er sich nicht eine gute Wirkung davon hätte versprechen können, und der Erfolg gab ihm recht. Derselbe Zeitgeist, der eine ganz andere Schicht des Publikums nach schlichter Erzählung der biblischen Geschichte in deutschen Versen verlangen läßt, der Geist, der Dichter dazu treibt, Gottes Wunder in hymnischer deutscher Sprache zu preisen, obwohl sie des Lateinischen mächtig sind, dieser Zeitgeist pocht auch an die Tore der exklusiven geistlichen Gesellschaft. Diese hohen kirchlichen Würdenträger wissen als Geistliche und Gelehrte ihr Latein zu schätzen, aber als Weltleute, die sie auch sind, öffnen sie ihr Ohr auch dem vertrauten Klang der Muttersprache. Autoren wie WILLIRAM können sie davon überzeugen, daß ein gepflegtes, kultiviertes Deutsch sich gut und gern mit dem gewohnten Latein messen kann. Was NOTKERS ursprüngliche Sprachgewalt geleistet hat, wird hier durch kunstvoll beherrschte Sprachgestalt überzeugend unter Beweis gestellt: Die deutsche Sprache ist zu einer europäischen Kultursprache herangereift.

Auch eine intellektuell anspruchsvolle und ästhetisch verwöhnte Gesellschaftsschicht kann sich also dem Reiz dieser Kunstprosa nicht verschließen. Das liegt einerseits daran, daß hier mit scheinbarer Mühelosigkeit der geistige Sinn des Bibelwortes eröffnet wird, wie es vorher nur im Lateinischen gelungen war, eine exegetische Leistung, die die fachmännische Bewunderung dieser Kreise wecken mußte. Zum anderen mußte auch der Satzbau auf sie tiefen Eindruck machen. In einer Zeit, in der — wie wir noch sehen werden — der Stil der Nebeneinanderordnung kurzer Hauptsätze die deutsche Sprachgestaltung noch weithin beherrscht, waren die wohlgeordneten Perioden eines WILLIRAM (man erwäge z. B. den Mondvergleich in unserer Textprobe) geeignet, Aufsehen zu erregen. Natürlich hatte er sich am lateinischen Stil geschult. Aber gerade darin liegt seine Leistung. Denn er läßt beiseite, was deutscher Sprachgestalt nicht angemessen ist. Ungekünstelt, in durchsichtigem Aufbau und in gefälliger Schönheit fließen seine Sätze, und damit führt er den Nachweis, daß auch in deutscher Sprache ein reichgegliederter, die Gewichte fein verteilender Satzbau möglich ist.

Der Wortschatz Willirams

Es ist also die syntaktisch-stilistische Leistung, durch die WILLIRAMS Werk sich in dieser frühen Zeit vor anderen auszeichnet. Betrachtet man dagegen seinen Wortschatz, so ist dieser als sehr schlicht zu bezeichnen, fern von aller Künstelei, der die Gelehrten der althochdeutschen Zeit notgedrungen so oft zum Opfer fielen. Dabei ist freilich nicht zu übersehen, daß der ausgiebige Gebrauch lateinischer Ausdrücke WILLIRAM oft des Zwanges enthebt, künstliche Übersetzungen zu wagen. Aber trotzdem bleibt die Ungezwungenheit seines Wortschatzes, selbst wo er Wörter neu zu bilden hat, bemerkenswert.

Recht lehrreich ist ein Vergleich von WILLIRAMS Wortschatz mit dem NOTKERS. Allerdings gibt das Wörterbuch zur Auslegung des ‹Hohen Liedes› nur ungefähr 1080 Wörter an, während das Wörterbuch zu den umfangreichen Werken NOTKERS viele tausend Belege verzeichnet (vgl. LH 53 a). Es kann uns bei dieser Sachlage nur darauf ankommen, den Wortschatz WILLIRAMS in NOTKERS großes Vokabular hineinzuvergleichen. Den gewaltigen Überschuß NOTKERS brauchen wir nicht zu berücksichtigen, da es uns hier nicht mehr auf die spätalthochdeutsche Sprache ankommt.

Rund 840 der Wörter WILLIRAMS kommen auch bei NOTKER vor, während etwa 240 Wörter bei diesem nicht zu finden sind. Das sind immerhin 23 % des gesamten Bestandes, und man möchte daraus auf erhebliche Unterschiede in der Sprache beider Autoren schließen. Doch läßt sich leicht beweisen, daß dem nicht so ist. So fehlt z. B. bei NOTKER eine ganze Anzahl von einfachen Wörtern konkreter Bedeutung, etliche Gelände-, Tier- und Pflanzenbezeichnungen, einfache Verba wie *jesen* ‚gären', *jeten* ‚jäten', *merchen* ‚merken', *muoden* ‚müde werden', Adjektive wie *biderbe* ‚bieder', wozu das Abstraktum *biderbi* ‚Biederkeit' jedoch vorhanden ist, und anderes mehr. Manches ist dabei freilich auffällig. Weshalb z. B. das weitverbreitete Verbum *belîban* ‚bleiben' in dem ganzen umfangreichen Werk NOTKERS nicht ein einziges Mal vorkommt, ist unerklärlich. Hier wird offenbar ein

Wort bewußt gemieden, und das mag auch bei einigen veraltenden Wörtern der Fall sein, die WILLIRAM trotzdem noch verwendet, so bei der Wortsippe von *drâhen* ‚duften' oder Wörtern wie *bouchen* ‚Zeichen' und *feichen* ‚Trug'. Alle diese Wörter sind sonst im Althochdeutschen belegt, und ihr Fehlen bei NOTKER kann nur auf Zufall oder in Einzelfällen auf bewußtem Meiden beruhen. Etwa 40 von WILLIRAMS Wörtern fehlen aus diesen Gründen in NOTKERS Wortschatz, sind aber doch altüberliefert.

Schreckt WILLIRAM vor dem Gebrauch veraltender Wörter nicht zurück, so darf man daraus schließen, daß sein Sprachgefühl in der Wortwahl nicht so empfindlich reagiert wie das NOTKERS. Das bestätigt sich auch in der Verwendung allzu wörtlicher Lehnübersetzungen, die zwar weit verbreitet sind, von NOTKER aber trotzdem gemieden werden. WILLIRAM übersetzt lat. *initium* durch *anagenge,* worin *-genge* zu ahd. *gangan* in genauer Nachahmung von lat. *-itium* zu *ire* ‚gehen' gebildet ist. Lat. *perfectus* übersetzt er, wie andere vor ihm, mit *durhtân,* wobei *-tân* als Partizip zu *tuon* gehört wie *-fectus, factus* zu lat. *facere* ‚tun'. Die Beispiele sind nicht zahlreich, aber NOTKER hat in solchen Fällen bessere Übersetzungen. Auch gegen fremde, nur halbwegs eingedeutschte Wörter wie z. B. *gepîmentet* ‚gewürzt' zeigt WILLIRAM keine Abneigung. Hier könnte allerdings nur eine Sonderuntersuchung feststellen, ob NOTKER sich in dieser Beziehung anders verhält, oder ob auch in diesem Falle das Fehlen von Belegen bei NOTKER nur auf Zufall beruht.

Eigentliche Neuschöpfung von Wörtern, wie sie in althochdeutscher Zeit so überaus oft vorkommt, ist bei WILLIRAM nicht nachzuweisen. Freilich gibt es Wörter, die bei ihm zum ersten Male auftauchen. Dazu gehört z. B. das uns so völlig vertraute Adjektiv *billîh,* unser *billig.* Aber WILLIRAM hat es sicher nicht neu gebildet. Es scheint von den Küstenstrichen der Nordsee zu kommen; jedenfalls ist es auch im Mittelniederdeutschen und Mittelniederländischen belegt. WILLIRAM könnte das Wort aus dem Kloster Fulda mitgebracht haben, über dessen Sprache im 10. und 11. Jahrhundert wir schlecht orientiert sind.

Herkunft aus Fulda könnte man auch bei dem Adjektiv *lebentîg,* unserem *lebendig,* erwägen. Es ist in althochdeutscher Zeit nur ein einziges Mal, und zwar in der fuldischen ‹Tatian›-Übersetzung belegt und taucht dann erst wieder bei WILLIRAM auf. Eine Neubildung, die hier sicher nicht vorliegt, könnte man eher bei dem vor WILLIRAM nicht bezeugten Adjektiv *ânîg* ‚frei, nicht habend', das zu *âne* ‚ohne' gebildet ist, vermuten. Daß das Wort aber auch heute noch als *änig* im Schweizerdeutschen vorkommt, spricht doch gegen die Entstehung durch gelehrte Wortkunst.

Gern wüßte man auch, ob so bedeutsame Adjektiva wie *muoterlîch* und *manlîch,* unsere *mütterlich, männlich,* die vor WILLIRAM nicht gebucht sind, wirklich erst von ihm geschaffen wurden. Aber selbst wenn unsere Sprache diese wertvolle Bereicherung dem Ebersberger Abt verdanken sollte, müßte man doch zugeben, daß die Mittel zu solcher Wortschöpfung damals überall zur Hand lagen. Adjektiva auf *-îg, -lîch, -sam, -haft, -lôs* hatte man schon in althochdeutscher Zeit bilden gelernt, und längst war die deutsche Sprache geschmeidig genug geworden, daß jeder bei Bedarf solche Wörter erschaffen konnte. Wenn also Wörter wie *listlîch* ‚kunstreich', *smêhlîch* ‚schmeichelhaft', *zartlîch* ‚zärtlich', *slâfelôs* ‚schlaflos' bei NOTKER fehlen, so brauchen wir gar nicht zu fragen, ob sie schon vorher belegt sind oder nicht. Die Mittel zu ihrer Bildung standen jedermann zur Verfügung, und NOTKER selbst hat Hunderte von Wörtern gleichen Typs. Man kann dabei auch zu verschiedenen Mitteln greifen, und so bedeutet es nicht viel, daß WILLIRAM z. B. *bôslîch, êrlîch, flîzlîch* bildet, wo NOTKER *bôse, êrhaft, flîzig* hat. Gerade diese Beispiele weisen allenfalls auf eine gewisse sprachliche Modeerscheinung hin, denn in frühmittelhochdeutscher Zeit erfreuen sich die Adverbialbildungen auf *-lîcho* und die Adjektiva auf *-lîch* einer zunehmenden Beliebtheit.

Ähnlich leicht zu bilden sind auch die sogenannten Adjektivabstrakta, wobei man die Wahl zwischen den Ableitungssilben ahd. *-î* und *-ida,* mhd. *-e, -(e)de* hat (vgl. oben S. 88). Daher hat WILLIRAM z. B. *reine* ‚Reinheit' und NOTKER *reineda,* umgekehrt aber WILLIRAM *mâreda* ‚Berühmtheit', wo NOTKER *mâre* bildet. Eine Regel ist hier nicht zu finden, die Autoren entscheiden selbst von Wort zu Wort verschieden und bilden solche Wörter bei Bedarf. Bei WILLIRAM überwiegt dabei die einfache Endung *-e,* und so hat er z. B. *scarfe* ‚Schärfe', *quekke* ‚Lebendigkeit' (eine sichere Neubildung), *wâtlîche* ‚Schönheit', denen bei NOTKER nur zufällig nichts Vergleichbares gegenübersteht. Durch die Abschwächung der Nebensilbenvokale werden diese Bildungen allerdings leicht undeutlich, und daher nimmt die Bildungsweise auf *-heit, -keit, -icheit* von nun an zu. So bildet WILLIRAM schon ein *biderbecheit* ‚Biederkeit', wo NOTKER sich noch mit der alten Ableitung *biderbi* begnügen kann.

Andere Wortbildungsmittel, die WILLIRAM gern gebraucht, gehören zu den sprachlichen Gepflogenheiten der mittelhochdeutschen Zeit. Da sind zum Beispiel die Verkleinerungsformen wie *boumelîn, cornelîn, gebuntelîn* ‚Bäumlein, Körnchen, Bündelchen', die im Laufe der Zeit immer zahlreicher werden. *Gebuntelîn* ist dabei gleichzeitig auch ein Beispiel für eine sogenannte Kollektivbildung, wie etwa nhd. *Gerede* zu *Rede, reden.* Solche Bildungen kommen schon im Althochdeutschen zahlreich vor und werden im Mittelhochdeutschen nur beliebter. Aber WILLIRAM macht einen besonders ausgiebigen Gebrauch von dieser Möglichkeit der Wortbildung. Bei ihm finden sich die bei NOTKER nicht belegten *gegademe* ‚Gemach', *gesidele* ‚Gestühl', *gesmîde* ‚Geschmeide', *gesperre* ‚Balkenwerk' (vgl. *Dachsparren), getavele* ‚Getäfel', *geverte* ‚Fahrt' und sogar *gewîse* ‚Weisung'.

Hier fassen wir ein Stückchen Personalstil in der Wortwahl (denn manche dieser Wörter sind längst bekannt) und in der Wortbildung. Persönliche Vorliebe spiegelt sich auch darin, daß WILLIRAM zahlreiche Verba mit kräftig klingenden Ableitungssilben verwendet. So ist *hôrechen* ‚horchen', eine Weiterbildung von *hôren* ‚hören', bei ihm zuerst belegt. *Lohezen* ‚lodern' und *troffezen* ‚tröpfeln', beide alt, aber bei NOTKER nicht vorkommend, sind weitere Beispiele für diese Eigenart WILLIRAMS.

Kennzeichen seines persönlichen Stils sind schließlich auch die im jeweiligen Redezusammenhang rasch gefügten, bildkräftigen Komposita. Wenn er allerdings, um etwa lat. *ligna silvarum* zu übersetzen, ein Kompositum wie *waltholz* ‚die Waldbäume' bildet oder lat. *mons myrrhae* ‚Berg der Myrrhe' durch *mirreberg* wiedergibt, so entfernt er sich nicht allzu weit von NOTKER. Auch dieser hatte syntaktische Fügungen wie lat. *panis caeli* ‚Brot des Himmels' durch *himelbrôt* übersetzt; aber im ganzen ist er gegenüber solchen Bildungen doch zurückhaltender als WILLIRAM, der in seinem kleinen Werk gegen sechzig solcher Komposita verwendet, viele davon zweifellos aus dem Augenblick geboren. Dabei gelingen ihm Bildungen, denen Dauer beschieden ist, wie *veltbluome* für lat. *flos campi* ‚Blume des Feldes' oder *wurzbette* ‚Gewürz-, Kräuterbeet' für *areola aromatum*. Von der Tradition älterer Übersetzer weicht er ferner deutlich ab, wenn er auch einfache lateinische Wörter durch Komposita übersetzt. So gibt er lat. *nardus* durch *salbwurz* ‚Salbkraut' und *monile* durch *halsziereda* ‚Halszier' wieder, und seine Neubildung *zartlust* zur Übersetzung von *deliciae* ‚Wonne' ist eine poetische Kostbarkeit. NOTKER übersetzt dasselbe Wort mit *lustsami*, dessen stilistische Wirkung wir etwa durch ‚Angenehmheit' nachahmen könnten, und bleibt damit im Rahmen dessen, was man von einem intellektuellen Übersetzer jener Zeit erwarten kann. WILLIRAM dagegen greift zu einem Ausdrucksmittel, das an sich in der hohen Dichtkunst zu Hause ist. In der unpathetischen, taktvoll zurückhaltenden Weise aber, wie er es verwendet, wirkt es eher wie eine ästhetische Überhöhung volkstümlicher Ausdrucksweise und trägt damit erheblich zu dem Eindruck der ungezwungenen Leichtigkeit bei, den seine in Wirklichkeit so raffinierte Sprache erweckt.

Daß er diese Wirkung mit so weisen, nirgends aufdringlichen Mitteln erreicht, zeugt von dem hohen Rang seiner Sprachkunst. Denn aufs Ganze gesehen findet sich in seinem Wortschatz nahezu nichts, das nicht bei seinen Zeitgenossen oder bei NOTKER auch vorkäme oder doch wenigstens vorkommen könnte. Ein knappes Dutzend landschaftlich gebundener Dialektwörter dürfen wir dabei außer Betracht lassen. Der Unterschied liegt nur darin, welche Wirkung der einzelne mit den allgemein zur Verfügung stehenden sprachlichen Mitteln zu erreichen weiß.

Diese weitgehende Übereinstimmung in den sprachlichen Grundlagen beweist, daß man im 11. Jahrhundert auf dem Wege zu einer übermundartlichen deutschen Sprache schon ein gutes Stück vorangekommen ist, wobei natürlich die unterschiedlichen Lautformen der Wörter in den Dialekten außer Betracht bleiben. Es ist auch zu betonen, daß selbst im Gebrauch der vielen durch die Übersetzung aus dem Lateinischen erzwungenen Abstrakta die Annäherung schon große Fortschritte gemacht hat. Schon scheint sich ein allgemeines deutsches Sprachgefühl zu entwickeln, das dialektale Sonderart und gar die sprachlichen Schrullen einzelner klösterlicher Bildungsstätten nicht mehr gern duldet. Anderseits müssen wir uns freilich hüten, vorschnell zu urteilen. Denn WILLIRAMS Mischprosa bringt es mit sich, daß gerade die schwierigsten Begriffe christlicher Lehre und Ethik bei ihm nur im lateinischen Gewande erscheinen. Auf diesem schon seit frühester althochdeutscher Zeit heiß umworbenen Gebiet ist der Kampf noch lange nicht abgeschlossen, und gerade hier ist ein Vergleich WILLIRAMS mit NOTKER und anderen nicht möglich. Einen Einblick in das geistige Ringen, das sich hier vollzieht, erhalten wir eher durch die Betrachtung schlichter Übersetzungen, die ohne künstlerischen Ehrgeiz immer erneut um das Verständnis des lateinischen Textes bemüht sind.

Psalmenübersetzungen

Mehr als um alle anderen Bücher der Bibel bemühten sich die gelehrten Übersetzer des Mittelalters um den ‹Psalter›. Denn die ‹Psalmen Davids› spielten im Leben jedes einzelnen Tages, den Gott werden ließ, die wichtigste Rolle. Sie erklangen in der Liturgie der Kirche, im Stundengebet und in allen Andachtsübungen der Geistlichen und Mönche und zur Erbauung der Gemeinde. Die so oft gehörten lateinischen Texte in ihrer tiefen Bedeutung immer besser zu verstehen, bemühten sich zahllose Übersetzer und Erklärer aus allen Jahrhunderten. Vor welche schwierigen Entscheidungen sie sich dabei gestellt sahen, kann gleich der erste Satz des ersten Psalms zeigen. Er lautet in der Vulgata: *Beatus vir qui non abiit in consilio impiorum*, das heißt, möglichst wörtlich wiedergegeben: ‚Selig der Mann, der nicht fortging im Rat der Unfrommen'. NOTKER hatte übersetzt: *Der man ist salig, der in dero argon rat negegieng* (vgl. unseren Abdruck oben S. 272). In einem Psalter des 12. Jahrhunderts aus dem bairischen Kloster Windberg liest man: *Ein saliger man, der nihne hine fuor in deme rate der unguoten*, und eine in Hamburg verwahrte Handschrift des 14. Jahrhunderts bietet: *Her* (d. h. Er) *ist eyn salich man, der nicht in vur in dem wege der ovelin*, wobei *wege* anstatt *rate* ein Fehler ist, der den nachlässigen Abschreiber verrät.

Die Verfasser aller drei Texte hatten ihre Entscheidungen zu treffen. Dem ‹Windberger› kam es auf wortwörtliche Übersetzung an; er wollte genau klarmachen, was im geheiligten lateinischen Text steht, und weil dort im ersten Teil das *est* fehlt, durfte er auch in seinem Deutsch kein *ist* einfügen. Glied für Glied übersetzt er *im-pius* durch *un-guot;* denn *übel* (*ovelin* im ‹Hamburger› Text) schien ihm schon zu frei. Aus Treue zum Lateinischen scheute er auch vor der grammatischen Ungereimtheit *hine fuor in* . . . (‚hinwegging in') nicht zurück, wo man ‚hinwegging aus . . .', was nicht sinnrichtig ist, oder aber ‚einherging in' erwarten sollte, was dem lat. *ab* — ‚weg' widerspricht. NOTKER dagegen fühlt sich berechtigt — gewiß nach sorgfältiger Überlegung —, durch ‚in den Rat ging' der Stelle seinem deutschen Sprachgefühl entsprechend eine etwas andere Wendung zu geben. Der Übersetzer des ‹Hamburger› Textes entscheidet sich für die Lösung ‚einherging in', wählt aber wie ‹Windberg› das Verbum *vur* (‚fahren, fuhr'), das die Bedeutung ‚sich (fort)bewegen' hat; damit weichen sie vom lateinischen *ire* ‚gehen' ab, heben aber die Aussage in einen unsinnlicheren Bereich, in dem man auch an geistige Bewegung denken kann. NOTKER dagegen behält nicht nur das körperlich anschauliche *gieng*, sondern wählt auch zur Übersetzung von *impius* einen plastischeren Ausdruck als *unguot* oder *übel.* Denn sein *arg* bedeutet ‚feige, falsch, hinterhältig' und setzt damit einen recht deutlichen Akzent.

Aber nicht nur die Wortwahl will überlegt sein; auch der Satzbau fordert Entscheidung. Es ist ein großer Unterschied, ob man, wie der ‹Windberger›, durch enge Bindung an den Wortlaut ‚Ein seliger Mann, der . . .' den Satz zum Ausruf macht (so entschied auch LUTHER: ‚Wohl dem, der . . .') oder ihn, wie die anderen beiden, als urteilende Aussage formuliert. Und auch diese stimmen nicht völlig überein. NOTKER sagt ‚der Mann, welcher . . ., ist selig', während der ‹Hamburger› Text schreibt: ‚Derjenige, welcher . . ., ist ein seliger Mann.' Mag auch der Unterschied gering sein, so zeigt sich darin doch, wie schwierig es ist, den genauen Sinn des lateinischen Textes zu treffen. Kein Wunder also, daß man sich immer wieder zur Auseinandersetzung damit aufgerufen fühlt. In der Tat geht die Zahl der mittelalterlichen Psalmenübersetzungen in die Hunderte, und was erhalten blieb, ist sicher nur ein Bruchteil des einst Vorhandenen. Es ist aber ebensowenig verwunderlich, daß kaum ein Übersetzer von

Grund auf neu beginnen konnte. Immer fand er schon Vorlagen, mit denen er sich mehr oder minder kritisch auseinandersetzen mußte, die er bearbeitete und denen er bei erlahmender Aufmerksamkeit endlich auch wohl unkritisch folgte. So kommt es, daß wir zwischen vielen Übersetzungen gewisse Abhängigkeitsverhältnisse feststellen können. Aber gerade deshalb geben sie in ihren Abweichungen voneinander Zeugnis von dem, was dem jeweiligen Bearbeiter oder seiner Zeit besonders am Herzen lag. Wir haben in Nr. IV des Anhanges Proben von vier Psalmenübersetzungen dreier Jahrhunderte abgedruckt. Auch in ihnen wird die kontinuierliche Tradition deutlich genug erkennbar, obwohl vor allem gegenüber den beiden älteren Texten noch keineswegs geklärt ist, wie man sich diese Beziehungen zu denken hat.

Dem ‹Windberger Psalter› sind wir soeben schon begegnet, und aus der etwas jüngeren ‹Millstätter› Handschrift haben wir früher das Glaubensbekenntnis kennengelernt (s. o. S. 296ff und Nr. I des Anhanges). Wir erwähnten dort auch schon die kleinen Freiheiten, die sich im 11./12. Jahrhundert selbst eine strenge Interlinearversion auf Grund der deutschen Sprachentwicklung gegenüber dem lateinischen Grundtext herausnehmen muß, nämlich den Zusatz von deutschen Kleinwörtern wie Artikeln und Pronomina, die nicht im lateinischen Text stehen. Man erkennt beim Vergleich beider Fassungen aber leicht, daß die ‹Windberger› Übersetzung auch in dieser Beziehung weniger frei verfährt als die andere.

Auf den ersten Blick sieht man, daß der ‹Windberger› Text sich keineswegs als gutes Deutsch präsentiert, ja stellenweise sogar fehlerhaft erscheint. Man beachte z. B. das *zesamene getrubet* und gar das *wirt bekeret*. Daß man so im Deutschen nicht sagen kann, hat natürlich auch der ‹Windberger› Übersetzer gewußt; trotzdem zwingt er sich wider sein eigenes Sprachgefühl zu solchen Formen. Hier will er die Vorsilbe des lat. *con-turbatus* zum Ausdruck bringen und will durch *wirt bekeret* darauf hinweisen, daß lat. *convertere* der Form nach ein Passiv ist. Dasselbe Bestreben leitet ihn bei der Übersetzung von lat. *ne arguas me* durch *daz du iht berefsest mih* (‚daß du mich nicht bestrafen mögest'). Er weiß so gut wie die anderen Übersetzer, daß hier die verneinte Befehlsform gemeint ist. Da diese aber im Lateinischen durch die Möglichkeitsform (Konjunktiv) ausgedrückt wird, ahmt er diese Konstruktion auch in seinem Deutsch nach. Um des Lateins willen versieht er auch seine nachgestellten deutschen Fürwörter, diese *dinem, miniu* usw., mit den Flexionsendungen. Das ist im ältesten Deutsch zwar nicht ganz unmöglich, aber doch sehr ungewöhnlich, und der ‹Millstätter› Übersetzer z. B. verzichtet darauf, indem er seinem deutschen Sprachgefühl folgt.

Wie wichtig eine solche Besinnung auf den Grundtext sein kann, zeigt etwa die Übersetzung von *salvum me fac* durch *heil mich tuo*, wo man interpretieren kann: ‚Mache, daß ich gesund werde' oder ‚mache, daß ich gesund bleibe'. So fassen es der ‹Millstätter› und der ‹Hamburger Psalter› auf mit ihrem *behalte mich* (‚bewahre mich'), während der Schleizer mit *heile mich* der ersten Auffassung den Vorzug gibt. Bevor ein Übersetzer sich aber so oder so entscheidet, muß er sich sehr genau mit dem lateinischen Wortlaut auseinandersetzen, und dazu will die ‹Windberger› Arbeit muttersprachliche Hilfen geben. Deshalb löst sie z. B. auch nach dem Muster von lat. *firmus:* mhd. *kreftig* das *in-firmus* durch *un-chreftich* auf, und hierin folgen ihr auch die beiden jüngeren Übersetzungen aus Schleiz und Hamburg. Sie gehen offenbar von der Erwägung aus, daß ‚kraftlos, schwach' doch etwas anderes ist als *siech* ‚krank', das der ‹Millstätter Psalter› als landläufige Übersetzung bietet.

Um die Möglichkeit verschiedener Auffassungen anzudeuten, verwendet der ‹Windberger Psalter› auch die sogenannten Alternativglossen in reichem Maße, so wenn er zu lat. *furor* angibt *heizmuot* (‚Heißmut', ‚hitziger Sinn'), *tobeheit* (‚Raserei', zu *toben* mit dem Nebensinn des außer Verstand Geratens) und *wuot* (‚Wut', wobei die Vorstellung ‚Besessenheit' hineinspielt), oder wenn er richtig darstellt, daß lat. *confiteri* ‚bekennen' (*bigihit*) oder ‚preisen' (*saget lob*) bedeuten kann. Dieser Übersetzer entscheidet nicht selbst; er ruft zur Entscheidung auf, während die anderen, ganz anderen Zielen folgend, schon entschieden haben, wenn sie ihr Wort auf das Pergament setzen.

Der ‹Millstätter Psalter› kann also in seiner Zielsetzung gar nicht mit dem ‹Windberger› verglichen werden. Obwohl er noch an der strengen Form der Interlinearversion festhält, erkennt man doch an mancherlei kleinen Anzeichen, daß er schon auf dem Wege ist, einen lesbaren deutschen Text zu gestalten. Deshalb verzichtet er auf die im Deutschen nicht üblichen Endungen der nachgestellten Pronomina *mîn, dîn*, deshalb verzichtet er auf Wiedergabe des geringen Unterschiedes zwischen lat. *conturbata* und *turbata*. Auch die schon erörterten Übersetzungen von *salvum me fac* und *infirmus* und die Wiedergabe von *per singulas noctes* durch *igeliches nahtes* weisen in diese Richtung. Anderseits kann er sich aber auch vom lateinischen Wortlaut noch nicht lösen. So bildet er zur Übersetzung von lat. *gemitus* ‚Seufzer' ein neues, künstliches Wort *sûftunge* (eigentlich etwa ‚Seufzung'). Denn *sûft*, das Wort des ‹Windberger Psalters›, scheint nicht weit verbreitet gewesen zu sein. Später kommt es vor allem in alemannischen Texten vor, aber NOTKER verwendet es noch nicht. Er schreibt statt dessen lieber *chlaga* ‚Klage' oder behilft sich mit einer anderen Neubildung, nämlich *sûftôd*, was wir etwa durch ‚Geseufze' wiedergeben können. Am liebsten greift NOTKER aber zu verbaler Ausdrucksweise; an unserer Stelle schreibt er z. B. *sûftôndo* ‚seufzend', und damit trifft er offensichtlich den damals üblichen Sprachgebrauch.

Diese Freiheit aber hat der ‹Millstätter› Übersetzer und haben die anderen Interlinearversionen der Zeit sich nicht gestattet. Noch klammern sie sich ängstlich an das lateinische Vorbild. Erst im 13. Jahrhundert beginnt man sich vom lateinischen Text zu lösen, und jetzt erst tauchen Texte wie der ‹Schleizer› und später der ‹Hamburger Psalter› auf, der übrigens im nordwestlichen Mitteldeutschland geschrieben wurde und erst im 18. Jahrhundert in die Hamburger Bibliothek gelangte. Sie überliefern nur noch den deutschen Text und verzichten darauf, auch das Lateinische wiederzugeben, wenn auch das Anfertigen von Interlinearversionen daneben noch mehrere Jahrhunderte weitergeht.

Daß solche neuen, rein deutschen Psalmen- und andere Bibeltexte entstanden, hängt mit der starken religiösen Bewegung zusammen, von der im 13. Jahrhundert die Laienwelt ergriffen wurde. Dazu brachte das Aufkommen der sogenannten Bettelorden sehr viele Neugründungen von Klöstern mit sich. Unter deren Insassen waren die Laienbrüder und die Nonnen sehr häufig des Lateinischen nicht mächtig. Es gab also sehr weite Kreise, die nach dem Bibelwort in deutscher Sprache verlangten, und in erster Linie galt dieses Verlangen wieder den Psalmen. Deshalb wechselten jetzt die Psalmenübersetzungen ihren Charakter. Sie waren nicht mehr nur für Gottesgelehrte und nicht mehr zur Verdeutlichung des allein maßgebenden lateinischen Textes bestimmt, sondern mußten jetzt als Lesetext Eigenwert beanspruchen und mußten vor allem auch ohne die Hilfe des Lateinischen verständlich sein.

Das zeigt sich zum Beispiel in der Übersetzung der eben besprochenen Stelle. *Ih arbeite in sûftunge mîn* (‚Ich leide Qual in der Seufzung mein') gab nur einen Sinn als Übersetzung der entsprechenden lateinischen Worte. Ohne das Latein hätte ein Leser solche Ausdrucksweise kaum verstehen können. Deshalb setzen die jüngeren Lesetexte es um, und *ich sûfze arbeitsame* (‚ich seufze qualvoll') ist ein guter deutscher Ausdruck. (Dabei muß man allerdings wissen, daß *arebeit* im Mittelhochdeutschen ‚Anstrengung, Qual, Not' bedeutet, und *arebeiten* demnach ‚sich bemühen, sich abquälen').

Eine so gute und frei geschaffene Ausdrucksweise wird allerdings nicht leicht gefunden. Wenn also die beiden Texte darin übereinstimmen, so ist das ein Beweis dafür, daß sie nahe miteinander verwandt sind. Sie können aus gemeinsamer Vorlage stammen, oder der jüngere Text ist — über eine unbekannte Anzahl von Zwischenstufen — aus dem älteren herzuleiten. Denn auch das gehört zum Bilde der Überlieferung. Bei dem großen Bedarf an deutschen Psalmenhandschriften, der seit dem 13. Jahrhundert fühlbar wurde, schrieb man in noch höherem Maße als vorher vorhandene Handschriften einfach ab. In solchem Falle war es schon viel, wenn der Schreiber seine Vorlage wachen Sinnes benutzte und hie und da eine Verbesserung anbrachte. Wie selten das aber geschah, zeigt die sehr weitgehende Übereinstimmung des ‹Hamburger› Textes mit der mehr als hundert Jahre älteren ‹Schleizer› Fassung. Als einzige Besserungen (denen auch Fehler gegenüberstehen) finden wir in der ‹Hamburger› Textprobe einige Satzglieder umgestellt, wodurch ein leichterer Redefluß erreicht wird. Man vergleiche in dieser Hinsicht etwa den ersten Satz *in* (= *ne*) *berespe mich nicht in dineme unmote* (‚Bestrafe mich nicht in deinem Unwillen') mit dem ‹Schleizer› Text. Es ist aber bezeichnend genug, daß in der Fortsetzung des Verses auch im ‹Hamburger Psalter› das *an dynem zorne* vor dem Verbum stehenbleibt; der Besserungseifer war hier also sehr schnell erlahmt.

Im übrigen liegt auch den ältesten nur deutschen Psalterien keine Neuübersetzung zu Grunde. Sie wurden vielmehr unter leichter Überarbeitung aus älteren Interlinearversionen übernommen, indem man den lateinischen Text fortließ. Und da Verbesserungen, wie gezeigt, nur zögernd vorgenommen wurden, dauerte es sehr lange, bis wirklich lesbare deutsche Texte entstanden. Für die deutsche Sprachgeschichte ist diese allmähliche Umwandlung übersetzter Texte ein recht wichtiger Vorgang. Denn die neuen Fassungen richten sich ja auch an ein neues Publikum. Aus der Studierstube und dem engen Kreis gelehrter Leser traten die Übersetzungen hinaus in eine breite, wenig gebildete Öffentlichkeit. Dafür ist das nur dem Verständnis des Lateinischen dienende Deutsch der alten Pergamente nicht mehr geeignet, und Schritt für Schritt muß es einer lebendigeren, für weite Kreise verständlichen Sprache weichen. An Hand unserer geringfügigen Textproben konnten wir nur andeuten, wie Wortschatz und Satzbau sich den neuen Absichten und dem neuen Publikum gemäß allmählich wandeln. Erst in der Zeit LUTHERS, aber nicht allein durch LUTHER, der vielmehr einen neuen Anfang setzt, findet diese Bewegung ihren Abschluß.

IV. DIE SPRACHE FRÜHER GEISTLICHER GEDICHTE

Von der Sprache der Übersetzer, die ganz im Banne des Lateinischen steht und sich nur äußerst langsam von den fremden Fesseln löst, kehren wir noch einmal zu den ältesten mittelhochdeutschen Sprachdenkmälern zurück, zurück in die Zeit WILLIRAMS VON EBERSBERG, aber zu einer andersgearteten Literatur und Sprache. Denn auch WILLIRAM — das darf man nicht übersehen — stand doch unter dem Einfluß, wenn auch gewiß nicht im Bann der lateinischen Sprache. Den Stil seiner Kunstprosa hatte er lateinischen Prosaschriftstellern abgelauscht, und was aus dem Schulunterricht in lateinischer Rhetorik und Stilistik für seine Zwecke verwendbar war, das hatte er seinem deutschen Stil zugute kommen lassen. Nur weil er einen ungewöhnlich feinen Sinn für die sprachliche Form hatte, gelang es ihm, den Anschein einer graziösen Ungezwungenheit zu erwecken und zu verbergen, wie mühsam seine deutsche Stilkunst errungen war.

Ist also diese Prosakunst, die erst zweihundert Jahre später in der Sprache der Mystik und bei den großen Volkspredigern wieder ihresgleichen fand, unter dem starken Einfluß lateinischer Stilvorbilder entstanden, so ging die Sprache der Dichtung ihren eigenen, aber desto schwierigeren Weg. Das große poetische Werk OTFRIDS VON WEISSENBURG (vor 870), der übrigens seinen Stil ebenfalls an lateinischen Vorbildern geschult hatte, war ohne nennenswerte Nachfolge geblieben (vgl. oben S. 190), und als nach anderthalb Jahrhunderten völligen Schweigens um das Jahr 1060 in geistlichen Dichtungen wieder deutsche Verse erklangen, gab es dafür keine formalen Vorbilder und keine erkennbare Tradition. Jedenfalls wissen wir nichts von älterer Überlieferung, und die frühmittelhochdeutschen epischen Bibeldichtungen und die hymnischen Preisgedichte zum Lobe des Schöpfers und der Schöpfung erscheinen uns als ein Neuanfang.

Diese Werke sprechen freilich kaum einen Gedanken aus, der nicht in der lateinischen Bibel, in der theologischen Literatur oder auch in christlich-lateinischer Dichtung vorkäme. Denn das ist gerade ihre Absicht. Sie wollen in deutscher Sprache verkünden, was im lateinischen Gewande längst zum festen Bildungsbesitz der Geistlichkeit geworden war. Sie sind daher inhaltlich vielerlei Vorbildern verpflichtet, aber in der Form haben sie sich nicht an die lateinische Dichtung angelehnt. Sie bedienen sich einer germanisch-deutschen Versform mit vier betonten Silben (Hebungen) und anfangs ziemlich weitgehender Freiheit in der Verwendung unbetonter Silben (Senkungen). Die Verse werden zunächst oft als Langzeilen konzipiert, wie schon OTFRID sie verwendet hat. Dann sind die beiden Halbzeilen von je vier Takten durch Endreim aneinander gebunden, und der

Wortlaut eines Satzes füllt meistens gerade einen Langvers aus. Aber auch die Reimpaardichtung ist früh bezeugt, in der die Halbzeile größere Selbständigkeit hat. Häufiger als bei Langzeilen füllen hier kurze Sätze nur einen einzigen vierhebigen Vers, und anderseits kann der Satz auch über die paarweise gereimten Verse hinaus bis an das Ende des folgenden Kurzverses reichen. Die Technik der kurzen Reimpaarverse erlaubt daher einen abwechslungsreicheren Satzbau. Dieser Satzbau wird zunächst aus deutscher Sprachgewohnheit entwickelt, schlicht und knapp und anfangs jedenfalls ganz fern von dem Gepränge, mit dem lateinische Rede sich schmückt. Allerdings sind die Dichter Geistliche, und sobald sie vom Bericht schlichter Tatsachen zur Darstellung geistiger Zusammenhänge übergehen, erinnern sie sich an die komplexen Sätze lateinischer Kommentare, aus denen sie ihr theologisches Wissen haben. Manch einer verstrickt sich dann auch in seinem Deutsch in langatmige Satzfügungen, die fremdartig in ihrer schlichteren Umgebung stehen.

Im allgemeinen ist aber der Satzbau sehr einfach und mag uns manchmal eintönig erscheinen. Und da auch die Worte schlicht sind, wirkt diese Dichtung, aus unserer zeitlichen Ferne gesehen, zunächst befremdlich nüchtern. Wir müssen Mühe und viel Einfühlung aufwenden, um den herben Reiz nachzuempfinden, den sie zweifellos auf die Zeitgenossen ausübte.

Vergleich einiger früher Gedichte. Ezzos Gesang

Zur ersten Einführung in die Sprache der frühmittelhochdeutschen Dichtung wählen wir aus verschiedenen Werken ein paar Textausschnitte vergleichbaren Inhalts. In ‹Ezzos Gesang von den Wundern Christi›, der spätestens im Jahre 1064 gedichtet wurde, handelt eine Strophe vom Sündenfall:

Wie der man getâte, tes gehugen wir leider nôte.
turh des tiefeles rât wie skier er ellende wart!
vil harto gie diu sîn scult uber alle sîn afterchumft.
sie wurden allo gezalt in des tiuveles gewalt.
vil mihhil was tiu unser nôt, tô begonda rîchesôn der tôt.
ter hello wuohs ter ir gewin, manchunne al daz fuor dar în.

‚Wie der Mensch handelte, daran müssen wir zu unserem Leidwesen und notwendigerweise immer denken. Wie rasch geriet er durch die Ränke des Teufels ins Elend! Sehr stark kam seine Schuld über alle seine Nachkommenschaft. Sie wurden alle in die Gewalt des Teufels gegeben. Sehr groß war unsere Not; denn damals trat der Tod seine

Herrschaft an. Der Hölle erwuchs daraus Gewinn, das ganze Menschengeschlecht fuhr in die Hölle hinein.' Aus diesem Elend, so fährt der Dichter in weiteren Strophen fort, wurde die Menschheit durch Christi Opfertod erlöst:

after tôde gab er uns den lîp,
des fleisches urstente, himelrîche ân ente.
nû rîcheset sîn magenchraft uber alle sîne hantgescaft.

,Er gab uns das Leben nach dem Tode, die Auferstehung des Fleisches, das Himmelreich ohne Ende. Jetzt herrscht seine göttliche Macht über seine ganze Schöpfung' (der Tod, s. o., hat damit seine Herrschaft verloren).

Wir haben es in ‹Ezzos Gesang› mit einem hymnischen Preisgedicht auf Gottes Schöpfertat und sein Erlösungswerk zu tun, das übrigens gesungen wurde (vgl. unten S. 340). Desto auffälliger, aber für diese Zeit ganz charakteristisch ist die sprachliche Gestaltung. In der vollständigen oben zitierten Strophe füllt jeder Satz genau einen Langvers, und es gehört in dem ganzen Gedicht zu den Ausnahmen, daß ein Satz, wie in unserem zweiten Zitat, zwei Langzeilen füllt. Die Sätze sind wortkarg und knapp gebaut. Es herrscht die Nebenordnung von Hauptsätzen vor; Nebensätze fehlen fast ganz. Adjektiva ausmalenden Gehalts sind nicht vorhanden, nur Angaben des Grades wie *skier, vil harto, vil mihhil* sind zu beobachten und das *al, alle,* das die Ausnahmslosigkeit der Verstrickung in die Erbsünde betont. Dagegen finden sich fast in jeder Zeile ein oder zwei Leitwörter, meist Substantiva, die mit hämmernder Eindringlichkeit an die Seele der Hörer rühren: *man – leider; tiefeles rât – ellende, scult – afterchumft, tiuveles gewalt, tôt, hello – manchunne, lîp, urstente – himelrîche, magenchraft.* Über die tiefe Bedeutung von manchen dieser Leitwörter werden wir später noch zu handeln haben (s. unten S. 344ff). Aber schon hier erkennen wir, daß bewußte Kunst diese spröden Verse mit ihren ungelenken Reimen gestaltet hat.

Die Summa Theologiae

Müssen wir ‹Ezzos Gesang› als einen Hymnus ansehen, so ist die sogenannte ‹Summa Theologiae›, die etwa 50 Jahre später, um 1110 bis 1120, entstand, eher als ein Lehr- und Mahngedicht aufzufassen. Die zwei inhaltlich mit der ‹Ezzo›-Stelle vergleichbaren Strophen lauten dort, wie folgt:

1. *Dô wart zi stunt mit dem êristin man   suslîch gidingi gîtan,*
daz er ein einwîg rungi   mit demo gibot vur mankunni,
ob er den sigi irwurbi,   daz der mennischi nimmir irsturbi.
wanti der unsir chempho dô giweich,   leidir er unsich alli bisweich.

2. *Der engili minni undi gotis huldi   virluri wir durch disi sculdi.*
der tûvil wart ubir unsich giwaltîg, wir wârin zwischilis dôdis schuldîg.
sît chom zi der sûni unde zi dem giwegidi   sun gotis, barn der magidi.
er nam von uns die dôticheit   unde gab uns die gotheit,
want er dir inzwischin woldi wesin,   von des dôdi wir alli sulin genesin.

‚Da (nach der Schaffung des Menschen) wurde alsbald mit dem ersten Menschen ein Vertrag des Inhalts geschlossen, daß er anstelle des Menschengeschlechtes einen Einzelkampf ausfechten sollte, mit dem Anerbieten, daß der Mensch niemals sterben solle, wenn er den Sieg erränge. Indem unser Kempe damals nachgab, hat er zu unserem Unglück uns alle um den Siegespreis betrogen.

Durch dieses Verschulden hatten wir die Liebe der Engel und Gottes Huld verloren. Der Teufel erhielt Gewalt über uns, wir fielen dem zweifachen Tod (des Leibes und der Seele) anheim. Später kam zur Sühne und zu helfendem Ausgleich der Sohn Gottes, das Kind der Jungfrau. Er nahm die Sterblichkeit von uns und gab uns Anteil an der Göttlichkeit (nämlich die Unsterblichkeit der Seele), indem er, durch dessen Tod wir alle gerettet werden können, bereit war, beides (d. h. Gottheit und Menschheit) in sich zu vereinigen (wörtlich: zwischen beiden zu sein).‘

Auch in diesem Gedicht wird also der Sündenfall nicht im einzelnen dargestellt, doch gerät die Schilderung viel ausführlicher, als es in ‹Ezzos Gesang› der Fall ist. Im Einklang mit älterer lateinischer Literatur wird Gottes Gebot, daß Adam nicht vom Baume der Erkenntnis essen dürfte, als Aufforderung zum Zweikampf mit dem Teufel veranschaulicht und mit einem Siegespreis, der verspielt wird. Auch die weitere Darstellung zeigt in der Ausführung vieler Einzelheiten (‹Wir verloren Gottes Huld; wir fielen dem zweifachen Tod anheim›) eine ganz andere Haltung als das ‹Ezzolied›. Wo Ezzo nur andeutet, gibt dieser Dichter breiterer Darstellung Raum. Das zeigt sich auch in der Sprache. Zwar herrscht auch hier noch der einfache, gerade eine Langzeile füllende Satz vor. Aber die oben abgedruckten Strophen zeigen, deutlicher freilich als die meisten anderen der insgesamt 32 Strophen, doch schon das Bemühen um größere Satzzusammenhänge. Das beweisen die beiden letzten Langverse und vor allem das noch recht unbeholfene Gefüge, das die ersten drei Langzeilen einnimmt. Die ausmalenden Adjektiva fehlen auch hier noch. Leitwörter treten bei weitem nicht so deutlich wie im ‹Ezzo› hervor. Dagegen versucht der Verfasser, seine Dichtung durch Doppelformeln verschiedener Art stilistisch zu schmücken. Manchmal doppelt er ganze Sätze (*der tûvil wart . . . giwaltîg, wir wârin . . . schuldîg; nam die dôticheit, gab die gotheit*), häufiger substantivische Glieder wie *engili minni – gotis huldi; sûni – giwegidi,* auch in der Form der Apposition: *sun gotis, barn der magidi.* Auch ein gewisser antithetischer Stil, der das ganze Gedicht durchwaltet, läßt sich an unserer Textprobe hie und da erkennen.

Man darf bei dem jüngeren Gedicht wohl von Ansätzen zu einer stilistischen Weiterentwicklung reden, und das ist für die Sprachgeschichte nicht unwichtig. Aber eines muß man beim Vergleich doch im Auge behalten: Die lapidare Knappheit, die ein Hymnus wie ‹Ezzos Gesang› anstreben kann (obwohl es auch wortreiche, breit ausmalende Hymnen gibt), ist mit den Absichten eines lehrhaften Gedichtes wie der ‹Summa Theologiae› unvereinbar. Hier ist eine gewisse Breite dienlicher.

Die Wiener Genesis

Wir wenden uns nunmehr einem geistlichen Dichter zu, der sein Werk zur Zeit des ‹Ezzo-Gesanges› oder noch ein paar Jahre früher schuf. Wir meinen jenen Erzähler der biblischen Geschichte, der das erste Buch Mose in deutschen Versen nacherzählt. Er folgt dem biblischen Bericht nicht in allen Einzelheiten, sondern wählt aus, was ihm daraus wichtig erscheint. Gelegentlich kann er sagen: *Daz an dem buoche stât geschriben, des muozzen wir sumelîchez überheven* (‚Was in der Bibel geschrieben steht, davon müssen wir einiges übergehen'). Manchmal erzählt er andeutend und rasch fortschreitend, bei anderen Partien verweilt er breit ausmalend, und überall ist er bemüht, den geistlichen Sinn der alttestamentlichen Ereignisse darzulegen und moralische Nutzanwendungen zu ziehen. So entstand ein episches Gedicht von mehr als 6000 Kurzversen; denn es gibt eine Anzahl von Kriterien, die den Schluß erlauben, daß nicht der Langvers, sondern Kurzvers und Reimpaar der Formvorstellung des Dichters entsprechen. Auf die Schöpfung, den Sündenfall und die Vertreibung aus dem Paradies verwendet er mehr als 1000 Verse, davon über 400 allein auf den Sündenfall, den sowohl Ezzo wie der Dichter der ‹Summa› in nur sechs Langversen andeutend darstellen.

Wir können hier nur einen kurzen Ausschnitt wiedergeben, um die ganz andersartige Darstellungsweise dieses epischen Gedichts anzudeuten, und wählen dazu die Stelle, die dem knappen biblischen Bericht in Gen. 3, 21–23 entspricht. Das Epos ist mehrmals bearbeitet worden. Wir folgen der ältesten überlieferten Fassung, der sogenannten ‹Wiener Genesis›:

Duo dei wênîgen liute
fluren daz engliske gewâte
unt nacchet wâren
in suntlîchen gebâren
unt sî in dem paradîse
wesen ne muosen,
der gnâdîge got
ir iewedereme einen pellez gap
getân ûz fellen,
daz siu der vrost ne mahte cholen.

‚Als die armseligen Leute das engelhafte Unschuldsgewand verloren hatten und in sündiger Weise nackt waren und nicht im Paradies bleiben durften, da gab Gott in seiner Gnade jedem von beiden ein Pelzkleid, aus Fellen gemacht, damit der Frost sie nicht quälen könnte'. Diese 10 Verse entsprechen dem einen Bibelvers Gen. 3, 21 ‹Und Gott machte Adam und seinem Weibe Röcke von Fellen und kleidete sie.› In weiteren vierzehn Versen gibt der Dichter die Rede Gottes 3, 22 wieder. Die Austreibung aus dem Paradiese 3, 23 f berichtet er dann nur indirekt, wie folgt, und knüpft daran eine moralische Betrachtung, die sich über 50 Verse erstreckt, bevor er zum biblischen Bericht, entsprechend Gen. 4, 1, zurückkommt:

Duo er sî dere wunnône bestiez,
ich weiz, er sî ûz deme paradîse liez
vile harte âmerende
in ditz ellende.
Wer mach sîn sô herte,
daz in niene steche an daz herze,
daz durch sô bôsen strît,
den Adam hete unt sîn wîb,
al manchunne
sol darben solechere wunne.
Dâ bî megen wir nemen pilede,
daz wir ne chomen hin ze himele,
unz wir die sunde nieht begeben
unt an dem strît streben,
daz uns daz lîchet,
dâ uns ter tiefel mit beswîchet,
daz unsech daz tunchet guot,
dâ wir mite garnen den tôt.

‚Als er sie aus der Glückseligkeit verstieß, da entließ er sie, die sehr heftig jammerten, aus dem Paradies in dieses Elend; das weiß ich. Wer kann so ungerührt sein, daß ihn das Herz nicht schmerzt, weil das ganze Menschengeschlecht solcher Paradieseswonne entbehren soll um der bösen Widersetzlichkeit willen, in der Adam und seine Frau verharrten.' (*strît*: ‚Widersetzlichkeit'; der Dichter meint, daß Adam und Eva die Schuld unbußfertig von sich abzuwälzen suchten. Hätten sie sie reuig auf sich genommen, dann hätte Gott ihnen verziehen). ‚Aus diesem Beispiel können wir die Lehre ziehen, daß wir nicht in den Himmel kommen, solange wir nicht der Sünde entsagen und uns so widersetzlich verhalten, daß uns das wohlgefällt, womit der Teufel uns betrügt, daß uns das gut dünkt, womit wir nur den Tod erwerben.'

Sehr deutlich erkennt man an der ganzen Art der Darstellung, daß hier ein Erzähler am Werk ist, der ein breites, ungelehrtes Publikum erbauen und belehren möchte, der aber auch selbst gern bei seinen Gegenständen verweilt. So entsteht ein etwas langatmiger Stil, der auch vor recht langen Sätzen (971–980 = 10 Verse, 1007–1014 = 8 Verse) nicht zurückschreckt. Allerdings kann sich in handlungsreicheren Partien das Erzähltempo auch steigern. Zum Nachweis dessen haben wir im Anhang Nr. V noch einen weiteren Abschnitt aus der ‹Genesis› abgedruckt. Dort sind die Sätze im allgemeinen kürzer, und der längste Satz 3600–3605 umfaßt dort immerhin nur sechs Kurzverse. Auch sind die syntaktischen Fügungen dort durchsichtiger als oben bei der Vertreibung aus dem Paradies. Schon dem dreimaligen temporalkausalen Anlauf, mit dem unser obiges Zitat beginnt, war der Dichter nicht ganz gewachsen, diesem ‚Als sie das Unschuldsgewand verloren . . ., als sie nackt waren . . ., als sie das Paradies verlassen mußten . . .' Vollends aber verstrickt er sich in undurchsichtige Fügungen, wo er die langen Gedankenreihen 1001–1006 und 1007–1014 in Worte zu fassen sucht. Es wäre verkehrt zu behaupten, die frühmittelhochdeutsche Sprache habe noch keine unterordnenden Satzfügungen mit Haupt- und Nebensätzen gekannt. Gerade die ‹Genesis›-Dichtung mit ihrem breiten Raum kann uns lehren, daß Unterordnung (Hypotaxe) der Nebenordnung aneinandergereihter Hauptsätze (Parataxe) durchaus die Waage halten kann. Aber unser Beispiel zeigt uns anderseits doch auch sehr deutlich, wo die Grenzen liegen, die in jener Zeit noch nicht überschritten werden können.

Die parataktische Reihung entspricht dem Stil der gesprochenen Sprache, und von dieser nimmt die frühmittelhochdeutsche Dichtung ganz offensichtlich ihren Ausgang. Welche Wirkungen damit zu erreichen sind, läßt sich an ‹Ezzos Gesang› ermessen. Aber es ist verständlich, daß die Dichter sich damit nicht begnügen wollen. Als Muster schwebt ihnen doch mehr oder weniger bewußt die lateinische Sprache vor, die sich in ihrer schriftsprachlichen, auch die Dichtung beherrschenden Ausprägung weit über das gesprochene Latein des geistlichen Alltags erhebt. Eine solche schriftsprachlich gehobene Ausdrucksweise zu erlangen und die rollenden Perioden lateinischer Dichtung auch auf sein Deutsch zu übertragen, das ist offenbar das Ziel des ‹Genesis›-Dichters. Sein Satz 971–980 ist gut durchdacht. Gottes Gnade, auch noch dem verstockten Sünder gegenüber, ist die Hauptsache und füllt deshalb den Hauptsatz 977 f. In Nebensätzen wird vorher die Situation dargestellt, die das Erbarmen veranlaßte, und der abschließende Nebensatz gibt das Ziel der Gnadentat an. Ein solcher Aufbau entspricht guter stilistischer Tradition lateinischer Sprachkunst, und die lateinische Regel wird mit ziemlich gutem Erfolg auch auf die deutsche Sprachgestaltung übertragen. Lateinische Rhetorik schwebte dem Dichter gewiß auch vor, als er dem predigtartigen Ausruf ‚Wer könnte so harten Herzens sein, daß . . .' die ganze Gedankenlast der Enttäuschung des Christen über Adams Versagen und dessen Konsequenzen unterordnend anzuhängen versuchte. Aber hier ließ ihn die Muttersprache im Stich. Sie war noch nicht geschmeidig genug, soviel Inhalt in einigen Nebensätzen auszudrücken. Und ebenso mißlang der gleiche Versuch im darauffolgenden Satz, wo alles dem *exemplum*: *bilide nemen* untergeordnet werden soll.

Wieder also zeigt sich die lateinische Sprache im Hintergrund, diesmal allerdings nicht, wie bei den Übersetzungen, als unmittelbare Vorlage, sondern als ein Muster der Sprachkunst, dem man nachstrebt. In der ‹Wiener Genesis› ist dieses Streben sehr deutlich und kann gelegentlich krampfhaft wirken. Was wir aus der um zwei Menschenalter jüngeren ‹Summa Theologiae› kennengelernt haben, erscheint demgegenüber ruhiger, aber auch weniger ehrgeizig. Es ist, als habe man in ersten Versuchen die Grenzen abgetastet und sich danach mit dem einstweilen Erreichbaren zufriedengegeben. In der weiteren Entwicklung zeigt sich dann, wie auch im deutschen Satzbau Schritt für Schritt neue Möglichkeiten errungen werden.

Im übrigen darf man bei manchen Unterschieden doch auch die stilistischen Ähnlichkeiten zwischen den drei Gedichten nicht übersehen. Zwar sind die Satzgefüge in der ‹Wiener Genesis› umfangreicher, aber die einzelnen Nebensätze und sonstigen Sinneinheiten nehmen doch auch hier meistens nur einen Kurzvers ein. Mit dem ‹Ezzo› hat sie ferner den schmucklosen Stil gemein, der noch nicht die Doppelformeln der ‹Summa› kennt. Im Gebrauch der Adjektiva dagegen ist der Epiker nicht ganz so sparsam wie die beiden anderen Dichter. Zwar ist das Adjektiv *gnâdîg* 977 notwendig, denn gerade auf Gottes Gnade kommt es, wie gezeigt, an dieser Stelle an. Aber *dei wênîgen liute* 971 geht doch schon über das hinaus, was ‹Ezzo› und die ‹Summa› bieten. *Wênig*, etymologisch mit *weinen* verwandt, heißt ‚klein, armselig, beweinenswert' und enthält ein subjektives Bedeutungselement, das dieser Stelle die besondere Färbung gibt. Ein paar vergleichbare Stellen finden sich oben im Text und auch im Anhang. Der geistliche Erzähler ist natürlich zugleich Prediger. Er weiß, was der Gemeinde zu Herzen geht, und davon zeugt auch sein Erzählstil. Allerdings werden solche Mittel noch sparsam angewandt, ein Zeichen, daß die Sprache der Dichter noch nicht daran gewöhnt ist. Da aber bis an die Schwelle der höfischen Zeit geistliche Dichter die führenden Epenerzähler waren, ist es kein Wunder, daß die rhetorischen Mittel der Predigt mehr und mehr auch der Sprache der Dichter zugute kamen.

Das Annolied

Wir können unseren Überblick über die Sprache frühmittelhochdeutscher Dichtung nicht abschließen, ohne noch ein Werk besonderer Art betrachtet zu haben, nämlich das ‹Annolied›, das um 1090 im Erzbistum Köln und wahrscheinlich im Kloster Siegburg entstand. Hier haben wir es mit einer merkwürdigen Dichtung zu tun, in der sich Geschichtsdarstellung, Fürstenpreis und Heiligenlegende verbinden. In seinem Mittelpunkt steht die Gestalt des Erzbischofs Anno von Köln, der als Reichsverweser für den unmündigen Kaiser Heinrich IV. eine zwielichtige Rolle in der Politik spielte. Aber davon sagt der Dichter nichts. Anno, der 1075 starb, wurde zwar erst im Jahre 1183 offiziell heilig gesprochen, aber unter seinen Parteigängern stand er schon bald nach seinem Tode im Ruf der Heiligkeit. Das Gedicht stellt ihn als Heiligen dar, an dessen Grabe Wunder geschehen.

Auch das ‹Annolied› ist ein Epos wie die ‹Genesis›-Dichtung, und doch von ganz anderer Art. Im engen Rahmen von kaum 880 Kurzversen werden hier in einer Einleitung der Verlauf der Heilsgeschichte und danach im ersten Hauptteil die Geschichte der vier Weltreiche dargestellt, die in die Übertragung des römischen Imperiums auf die Franken ausmündet. Anno wird im zweiten Hauptteil auf den Gipfel der Reichsgeschichte gestellt. Eine gewaltige Fülle von Stoff wird also in knapper Darstellung bewältigt. Das Gedicht ist in kurze, strophenartige Abschnitte gegliedert, die in sich geschlossene Inhaltseinheiten bilden. Ein Abschnitt aus der Einleitung läßt sich thematisch mit den bisher erörterten Proben aus anderen Dichtungen vergleichen. Er lautet:

Cunt ist, wi der vient virspûn den man;
zi scalke wolt er un havin.
sô vûrt er cir hellin
die vunf werlt alle,
unze got gesante sînen sun,
der irlôste uns von den sunden.
ce opfere wart her vur uns brâht,
dem dôde nam her sîni maht.
ce hellin vûr her âne sunden,
her herite si mit gewelde.
der tiuvel verlôs den sînin gewalt,
wir wurdin al in vrîe gezalt.
in der doufe wurde wir Cristis man;
den heirrin sulin wir minnan.

‚Bekannt ist, wie der Teufel den Menschen verführte; er wollte ihn als seinen Knecht haben. So führte er fünf ganze Weltalter in die Hölle, bis Gott seinen Sohn sandte, der uns von den Sünden erlöste. Er wurde für uns zum Opfer gebracht und nahm dadurch dem Tode seine Macht. Ohne Sünden fuhr er nieder zur Hölle. Er besiegte sie mit seiner Macht. Der Teufel verlor seine Macht, wir alle erlangten dadurch die Freiheit. Durch die Taufe wurden wir Christi Gefolgsleute; den Herrn müssen wir lieben.'

Stilistisch und auch in der Art der Darstellung erinnert dieser Abschnitt stark an ‹Ezzos Gesang›. Hier ist alles sogar noch mehr zusammengedrängt. War dort eine ganze Strophe dem Sündenfall gewidmet, so berichtet dieser eine Abschnitt vom Sündenfall und von der Erlösung, wobei Anfang und Schluß in schöner, übers Kreuz gestellter Antithese (Chiasmus) (*der vient, zi scalke — vrîe, Cristus*) zueinander in Beziehung gestellt sind. Aber auch hier, wie im ‹Ezzolied›, wird nichts erklärt. Die Dichtung ist für Wissende geschrieben, und knappe Andeutungen genügen. Die Sätze sind kurz, Parataxe überwiegt bei weitem. Der Dichter geizt geradezu mit Worten, und er läßt sogar die ‹Und› und die ‹Denn› weg, durch die die einander jagenden Hauptsätze gefällig verbunden werden könnten. Eine solche Sprache bietet keinen Raum für weite Satzgefüge, für Doppelformeln, für ausmalende Adjektiva und sonstigen Redeschmuck. Kein entbehrliches Wort wird geduldet, und der einzige Schmuck, mehr gedanklicher als sprachlicher Art, besteht in der weitgespannten, oben angedeuteten Antithetik. Sie zu vernehmen, verlangt einen geschulten Geist, der wach genug ist, solche verborgenen ästhetischen Reize aufzuspüren.

Noch knappere Fügung also als in ‹Ezzos Gesang›! Aber das Bild bliebe einseitig, wollten wir uns hier schon vom ‹Annoliede› abwenden. Dieser Dichter verfügt über mehr sprachliche Mittel. Das geht aus dem folgenden Abschnitt hervor, dem letzten der Einleitung, in dem der Erzbischof ANNO und sein Bischofssitz Köln zueinander in Beziehung gesetzt werden:

Ce Kolne was her gewîhet bischof.
des sal diu stat iemir loben got,
daz in der scônistir burge,
di in diutischemi lande ie wurde,
rihtere was der vrumigisti man,
der ie ci Rîni biquam,
ci diu daz diu stat desti hêrôr diuhte,
wandi si ein sô wîse hêrduom irlûhte,
unte diu sîn dugint desti perhtir wêri,
daz her einir sô hêrin stedi plêgi.
Koln ist der hêristin burge ein:
Sent Anno brâht ir êre wole heim.

,In Köln wurde er zum Bischof geweiht. Die Stadt soll Gott immer dafür preisen, daß in der schönsten Stadt, die je in Deutschland entstand, Lenker der tüchtigste Mann war, der je an den Rhein gelangte, damit die Stadt desto erhabener erscheine, wenn eine so weise Herrschaft sie erleuchte, und damit Annos Wirkkraft desto heller erstrahle, indem er einer so erhabenen Stadt walte. Köln ist eine der erhabensten Städte. Der Heilige Anno hat ihr diesen Ruhm gesichert.'

Fast möchte man es nicht glauben, daß dieser und der vorher erörterte Abschnitt vom gleichen Dichter stammen. Aber da gibt es keinen Zweifel, obwohl hier alles anders ist als dort. Dort eine Fülle von Inhalt, hier ein wortreiches Verweilen bei einem Faktum, das auszusagen die letzten beiden Verse genügt hätten; dort ein hastiges Springen von Satz zu Satz, hier ein besinnliches Tempo und nur drei Sätze, von denen der längste elf Zeilen einnimmt; dort kein einziges Adjektiv, hier eine Fülle davon, alle Glanz und Farbe gebend. Und wie raffiniert sind die Adjektiva angeordnet:

In der schönsten Stadt — der tüchtigste Mann
die Stadt desto erhabener — wegen des so weisen Mannes
der Mann desto strahlender — in einer so herrlichen Stadt.

Das Steigerungssystem ,schön — schöner — am schönsten' wird hier ganz bewußt als Redeschmuck ausgenutzt. Und dann kommt die Schlußpointe, verborgen und nur von einem literarischen Feinschmekker ganz auszukosten. Das Steigerungssystem verlangt seine Fortsetzung, und hier steht nun: eine der herrlichsten Städte — der Heilige Anno. ,Heilig': Das ist die höchste Steigerung, die einem Menschen zuteil werden kann, und hier an dieser entscheidenden

Stelle, im letzten Vers der Einleitung, erhält das Wort sein volles Gewicht: eine der herrlichsten Städte – einer der Heiligen!

Auch den völlig beherrschten Satzbau mit den parallel gestellten einzelnen Satzgliedern, den beiden Relativsätzen im ersten und der zweifachen Folge von Final- und Kausalsatz im zweiten Teil sollte man genauer betrachten. Stellt man ihn in Vergleich zu den Bemühungen der nur etwa dreißig Jahre älteren ‹Genesis›-Dichtung, dann muß man die Geschmeidigkeit bewundern, der diese Sprache des ‹Annoliedes› fähig ist. Vor allem aber erkennen wir: Dieser Dichter hat viele stilistische Mittel, und er weiß sie an der rechten Stelle einzusetzen. Hier sind Parataxe und Hypotaxe nicht mehr eine Frage des Zeitstils oder des zufälligen Entwicklungsstandes der Sprache; sie sind verfügbare Ausdrucksmittel geworden. Dieser Dichter beherrscht seine Muttersprache.

Soziologische Aspekte

Es ist ein einigermaßen verworrenes Bild, das sich uns aus der Beschäftigung mit vier frühen mittelhochdeutschen Dichtungen ergeben hat. Wir versuchen, mehr Klarheit zu gewinnen, indem wir uns danach umsehen, was wir über die vier Dichter und ihr Publikum ermitteln können. Genauere Kunde haben wir allerdings nur über Ezzo. Seine Dichtung muß zu ihrer Zeit geradezu Aufsehen erregt haben. Das erkennt man nicht nur daran, daß spätere Dichter noch hundert Jahre lang Verse aus ‹Ezzos Gesang› wörtlich oder abgewandelt übernehmen. Es gibt noch ungewöhnlichere Beweise für Ezzos Ruhm. Ein etwas jüngerer Bearbeiter, dem wir die einzige vollständige Fassung des Gedichtes verdanken, leider in einer durch die Bearbeitung entstellten Form, hat seiner Neufassung eine Strophe vorausgeschickt, in der er von der Entstehung der Dichtung berichtet. Sie lautet:

Der guote biscoph Guntere von Babenberch,
der hiez machen ein vil guot werch:
er hiez die sîne phaphen ein guot liet machen.
eines liedes si begunden, want si diu buoch chunden.
Ezzo begunde scrîben, Wille vant die wîse.

Das heißt in sinngemäßer Übersetzung: ‚Der edle Bischof Gunther von Bamberg befahl, ein besonders gutes Werk zu schaffen. Er befahl seinen Geistlichen, ein frommes Lied zu fügen. Sie begannen das Lied zu dichten, da sie die Bibel genau kannten. Ezzo schrieb die Verse, Wille erfand die Melodie.' Der Bischof von Bamberg beauftragte also einen gelehrten Dichter und einen Sangeskundigen damit, das Werk zu schaffen. In wesentlichen Punkten stimmt dazu, was ein zweiter Zeuge zu berichten weiß. Dieser, ein Mönch des Klosters Göttweig, schrieb die Lebensgeschichte des Bischofs ALTMANN VON PASSAU, der ein Freund GUNTHERS VON BAMBERG war, und darin berichtet er von einer Pilgerfahrt, die eine große Schar von Männern des Adels in den Jahren 1064–65 nach Jerusalem unternahm. Der Chronist schreibt (wir geben sein Latein in freier Übersetzung wieder): ‚Führer und Anreger des Zuges war Bischof Gunther von Bamberg, ein ansehnlicher Mann von hervorragender Geistesbildung. Ihn begleiteten viele namhafte Herren, sowohl Geistliche wie Laien, aus Ostfranken und Bayern. Unter ihnen ragten zwei Geistliche besonders hervor, nämlich der Schulmeister Ezzo, ein Mann von hervorragender Gelehrsamkeit und Sprachgewalt (*vir omni sapientia et eloquentia praeditus*), der auf jener Reise in deutscher Sprache und in edler Vortrefflichkeit (*nobiliter*) einen Gesang von den Wundern Christi dichtete . . .' Weiter wird dann von einem Kanonikus Konrad berichtet, der uns hier nicht interessiert. WILLE, der Komponist, wird nicht erwähnt.

Mag das Lied nun auf der Pilgerfahrt oder schon vorher entstanden sein, so führen die beiden Berichte uns doch in den Kreis und in die Atmosphäre ein, in der es entstand. Vor allem Bischof GUNTHER VON BAMBERG, der übrigens während der Rückreise aus dem Heiligen Land im Jahre 1065 starb, ist uns aus vielerlei Berichten gut bekannt. Aus dem Hochadel stammend, spielte er in der Politik eine Rolle und stand – wie Erzbischof ANNO – auf der Seite der kirchlichen Reformpartei. Als erster deutscher Kirchenfürst schritt er gegen das allzu weltlich-vornehm gewordene Leben seiner Domherren ein und zwang sie zu gemeinsamem Leben nach strenger Kanoniker-Regel. Aber mit religiöser Strenge wußte er doch auch die ästhetische Freude an geistigen Kulturgütern zu verbinden. Er war ein Kenner lateinischer Literatur, und wie berichtet wird, fand er auch großen Gefallen an deutschen Heldenliedern. Das bedeutet bei einem so kultivierten Manne wohl nicht allein die Freude am bloßen Stoff. Auch die Form und die Sprache dieser Lieder werden ihn angezogen haben. Man kann sich daher sehr wohl denken, daß er wirklich die Anregung zu einer religiösen Dichtung in deutscher Sprache gegeben hat.

In Bamberg muß damals ein sehr reges kulturelles Leben geherrscht haben, und sehen wir Bischof GUNTHER als den Mittelpunkt eines geistig angeregten Kreises an, so muß auch Ezzo zu dieser erlauchten und hochgebildeten Gesellschaftsschicht gehört haben. Als Schulmeister nahm er dieselbe Stellung ein, die kurze Zeit vorher WILLIRAM bekleidet hatte, und ist man darauf aufmerksam geworden, so ist man geneigt, Parallelen zwischen beiden in der Pflege einer kultivierten deutschen Sprache zu entdecken. Und wenn Ezzo sein Gedicht mit den Worten beginnt *Nû wil ih iu hêrron eina wâr reda vortuon*, so ist mit *hêrron* dieselbe geistliche Adelsgesellschaft angeredet, die schon WILLIRAM mit seinem Werk hatte erreichen wollen. In einem solchen, mit Bibel und Lehre völlig vertrauten Kreise wirken die knappen Andeutungen, mit denen Ezzo sich begnügt, wie Stichwörter, die bei dem Wissenden eine Fülle von Assoziationen auslösen. Mehr zu sagen, ist in diesem Kreise nicht erforderlich, es würde im Gegenteil nur langweilen. Gerade die Knappheit der Aussage und die spröde Schönheit dieser kargen Sprache, die auch das beziehungsreiche lateinische Bibelzitat nicht scheut, müssen für diese aristokratische Gesellschaft hoher Geistlicher einen besonderen ästhetischen Reiz gehabt haben.

Geheimnisvolle, noch kaum untersuchte Beziehungen verbinden auch das kölnische ‹Annolied› mit Bamberg. Erzbischof ANNO selbst war in Bamberg erzogen worden, und zweifellos hat der Dichter des ‹Annoliedes› Anregungen für sein Werk aus der lateinischen Weltchronik des Bamberger Geistlichen FRUTOLF VON MICHELSBERG gewonnen. Das sind nur flüchtige Spuren, aber mit einem gewissen Bamberger Einfluß darf man in Köln und Siegburg doch rechnen. Daher ist es erlaubt, auch das ‹Annolied› im Kreise der geistlichen Aristokratie anzusiedeln, dem dann wohl nicht nur das Publikum, für das es bestimmt war, sondern auch der Dichter selbst angehörte. Es konnte auch im damaligen Deutschland kaum eine andere Gesellschaftsschicht geben, die eine solche Subtilität der Sprache, wie sie dem ‹Anno›-Dichter eigen ist, zu schätzen gewußt hätte.

Anders steht es mit dem Verfasser der ‹Summa Theologiae› und seinem Publikum. Der Verfasser selbst ist gewiß ein Geistlicher, der über das theologische Wissen seiner Zeit verfügt. Wir sahen aber, daß ihm der andeutende Stil, wie ihn Ezzo und an vielen Stellen das ‹Annolied› pflegen, nicht genehm ist. Er deutet zwar die biblischen Tatsachen auch nur an, aber in seinen Erläuterungen wird er breiter und glaubt, genau erklären zu müssen. Das wäre vor Geistlichen und auch vor Mönchen zu jener Zeit wohl kaum erforderlich gewesen, und somit dürfte der Dichter ein weltliches Publikum im Auge gehabt haben. Aber einen gewissen Stand der Bildung setzt er doch voraus: der Zuhörer muß die Bibel einigermaßen kennen, um dem Dichter folgen zu können. Und wenn dieser nun den seelischen Konflikt Adams im Bilde eines Zweikampfes schildert, in dem es um einen Siegespreis geht, so hat er dabei die Formen des ritterlichen Kampfes im Auge, und es ist also eine ritterliche Hörerschaft, an die er sich wendet. Die Zeit der Kreuzzüge ist nahe, und da mag ein geistliches Thema, das übrigens auf den kämpferischen Antagonismus zwischen Gott und dem Teufel abgestellt ist, auch im ritterlichen Kreise willkommen gewesen sein.

Wieder in eine andere soziale Schicht führt uns die ‹Genesis›-Dichtung. Auch ihr Verfasser ist ein Geistlicher, und er ist theologisch nicht weniger gebildet als der Verfasser der ‹Summa›. Aber er will in erster Linie Bibelkenntnis vermitteln, und dabei möchte er die biblischen Gestalten seinen Hörern auch menschlich nahebringen. So schildert er anschaulich die Leiden Evas während ihrer ersten Schwangerschaft, und er zeigt uns Kain, wie er Unkraut jätet und wie er Hirse und Rüben anbaut. Aber wie man damals die Speisen zubereitet habe, das wisse er nicht; in der Bibel stehe nur, daß die ersten Menschen sich von Kräutern ernährt hätten. Das sind Bilder und Gedanken aus dem Erfahrungskreis einfacher Menschen, und auch, daß er seine Zuhörer zu gerührter Anteilnahme zu bewegen sucht, paßt in dieses Bild. Darum nennt er Adam und Eva ‚armselige, bedauernswerte Leute' und zeigt uns – über die Bibel hinausgehend – den schönen jungen Joseph, wie er mit gefesselten Händen, traurig und in Tränen aus der Heimat entführt wird. Es ist die breite Menge der christlichen Gemeinde, die dieser Dichter anredet, und manches Wort, mancher Ausdruck aus dem bäuerlichen Alltag ließe sich aus seinem Werk ans Licht ziehen.

Für die lyrische Dichtung ist in dieser frühen Zeit trotz ‹Ezzos Hymnus› noch nicht viel gewonnen. Für die Epik dagegen haben sich uns im ‹Annolied› und in der ‹Wiener Genesis› zwei nahezu polare Ansatzpunkte ergeben: im ‹Annolied› die strenge aristokratische Formkunst, die die Sprache völlig beherrscht und sich ihrer bewußt und in künstlerischem Ausdruckswillen bedient, in der ‹Genesis› dagegen die schlicht volkstümliche Erzählweise, die auch bewußter sprachlicher Formung nicht abgeneigt ist, der es aber vorzugsweise auf Gemüts- und Gefühlswerte ankommt. In der epischen Sprache der Blütezeit werden die beiden so verschiedenartigen Komponenten zur Einheit verschmelzen, wird sich die kühle Formkunst der Aristokraten mit der Wärme menschlichen Empfindens erfüllen. Dann erst wird auch eine formal völlig beherrschte Sprache die ganze Fülle aller Regungen des Gemüts zum Ausdruck bringen können.

Bei der Interpretation eines umfangreichen Satzgefüges der ‹Wiener Genesis› (s. oben S. 333ff) erläuterten wir, daß die vornehmste Absicht des Dichters, die Gnade Gottes hervorzuheben, im Haupt- und Kernsatz des Gefüges ausgesagt werde. Dieser Kern steckt in den zwei Verszeilen:

der gnâdige got
ir iewedereme einen pellez gap.

Ein moderner Leser, der an das Gewicht der mittelhochdeutschen Worte nicht gewöhnt ist, würde in diesem Satz eine solche Aussageabsicht kaum erkennen. Wir müßten etwa sagen ‚Gott in seiner Gnade' oder gar ‚Gott in seiner großen, unerschöpflichen Gnade', um dasselbe auszudrücken. Sagten wir nur ‚der gnädige Gott', so würden wir das ‚gnädige' als ein stehendes Gottesattribut und einen Schmuck der Rede auffassen und ihm kein besonderes Gewicht beimessen. Unsere Sprache ist seit langem schon durch alltäglichen und oft zu leichtfertigen Gebrauch verschlissen, unser Ohr ist stumpf geworden, und wir müssen, um gehört zu werden, grobe Ausdrucksmittel anwenden, wo in der Zeit einer noch unverbrauchten Sprache eine leise Andeutung genügte. In jener frühmittelhochdeutschen Zeit, in der Dichtung noch selten erklang, wußte man auf jedes Wort zu hören. Da der damalige Sprachstil, wie wir gesehen haben, das schmückende Beiwort, das leicht zum bedeutungslos beiläufigen wird, noch nicht kannte, mußte auch ein Adjektivattribut, wenn es vorkam, in seinem vollen Aussagewert erfaßt werden. Gerade im Zusammenhang dieser Stelle kommt eine ganze Reihe von Eigenschaftswörtern vor. Ich übersetze die Verse (s. o. S. 334) absichtlich fast wörtlich, im Bewußtsein, damit ihren Aussagewert zu verfälschen: ‚Als die armen Leute das englische Gewand verloren und in sündhaftem Gebaren nackt waren . . ., gab der gnädige Gott beiden einen Pelz . . .' Das Adjektiv *wênîg* = ‚arm, armselig' hat dasselbe Gewicht wie das eben erörterte *gnâdîg*. Der Dichter bringt mit diesem Attribut wirkliches Mitempfinden zum Ausdruck. Im übrigen hat das Wort *wênîg*, natürlich unser *wenig*, einen Bedeutungswandel erlebt, den man auch in Rechnung zu stellen hat. Bedeutungswandel, genauer eine Bedeutungsverengung, liegt auch bei *Gebaren*: mhd. *gebâre, gebaere* vor. Im Mittelhochdeutschen kann das Wort sowohl das subjektive Verhalten, unser ‚Gebaren', wie auch die objektive ‚Erscheinung' bedeuten, und letzteres ist hier gemeint: *nacchet in suntlîchen gebâren*: ‚nackt in sündhafter Erscheinung, in sündhafter Nacktheit', denn nach der Lehre der Kirche ist Nacktheit Sünde.

Eine leichte Bedeutungsverschiebung liegt auch bei *liute* vor. Das Wort hat noch nicht den etwas gemüthaften, familiären Nebensinn wie unser *Leute*, sondern steht in der nüchternen Bedeutung ‚Menschen'. Das damals noch junge und ungebräuchliche Wort, mhd. *mennisch*, ursprünglich ein Adjektiv, hat erst später als Substantiv den Platz eingenommen, den vorher *liute* hatte.

Die größte Schwierigkeit aber liegt für unser Verständnis wohl in *daz engliske gewâte*. Das Wort *gewâte*, das ‚Gewand', auch ‚Rüstung' bedeutet, ist untergegangen. Aber nicht das ist die Schwierigkeit. Diese liegt vielmehr in dem *englisk* ‚engelhaft'. Die Engel sind für den mittelalterlichen Menschen eine Realität. Als die ersten und vornehmsten Geschöpfe Gottes (erst nach dem Sturz der abtrünnigen Engel schuf Gott die Welt und den Menschen) sind sie Geistwesen und als solche ohne reale Kleidung oder in der unsichtbaren Rüstung der Unschuld vorgestellt. Vor dem Sündenfall waren auch die Menschen in dieses geistige Unschuldsgewand gehüllt; sie erkannten nicht, daß sie nackt waren.

Es bedarf also einer ausführlichen Interpretation, bevor wir auch nur einen anscheinend so einfachen Satz verstehen. Folgendes ist darin ausgesagt: ‹Die Menschen waren bedauernswert armselig; denn ihre unschuldige, engelgleiche Nacktheit war plötzlich sündhaft geworden, und im Paradies durften sie auch nicht bleiben. Da erbarmte sich Gott, der den Sündern gnädig ist, und gab ihnen Pelze (ihre Blöße zu bedecken und zugleich), um sie vor Kälte zu schützen (was außerhalb des Paradieses erforderlich war).› Eine solche Aussage ist also mit schwerem Gehalt befrachtet. Sie verlangt vom Zuhörer, daß er aufmerksam lausche, jedes Wort erwäge und tätig mitdenke. Solche Dichtung ist keineswegs naiv. (Wir hatten schon früher Ursache, darauf hinzuweisen.) Sie scheint nur uns so, wenn wir zu flüchtig vordergründig lesen und wenn wir die vielfachen Bezüge nicht kennen, in denen alt- und mittelhochdeutsche Wörter stehen.

Man halte solche Erörterungen im Rahmen einer sprachgeschichtlichen Darstellung nicht für abwegig. Da es uns mehr um die innere Sprachgeschichte geht als um die äußerliche Entwicklung ihrer Laute und Formen, ist es wichtig, auf Wert und Würde der Worte hinzuweisen und gerade auch in dieser Beziehung zu erkennen, welcher Wandel sich hier im Laufe der Zeit vollzogen hat. Wir hätten freilich schon bei Darstellung der althochdeutschen Periode die Möglichkeit gehabt, diese Frage zu erörtern. Aber dort, wo es vor allem um die Aneignung der lateinischen Inhalte ging, trat diese Erscheinung bei weitem nicht so deutlich hervor. Erst im Mittelhochdeutschen, und da vor allem in der frei gestaltenden Dichtung, läßt sich recht ermessen, wie inhaltsschwer die Worte, wie beziehungsreich die Aussagen sind.

Auf die vielschichtigen Probleme des Bedeutungswandels einzugehen, so lehrreich sie auch für eine innere Geschichte der Sprache sein mögen, ist hier nicht der Raum; gelegentliche Hinweise müssen fortan genügen. Aber wichtig ist es, die geistigen Hintergründe zu erkennen, aus denen die Wörter die Kraft ihrer Bedeutung schöpfen. Denn Wörter sind ja nur Signale, lautgebundene Zeichen, mit denen wir uns über unsere Vorstellungen und über die Dinge, mit denen wir umgehen, verständigen. Wörter sind das ‹Bezeichnende›, hinter ihnen steht das ‹Bezeichnete›, die ganze dingliche und begriffliche Welt unserer Vorstellungen. Wir müssen daher, um die Wörter in ihrer Bezeichnungstiefe zu verstehen, die Weltanschauung kennen, der sie Ausdruck verleihen. Hier liegen dem Mittelalter gegenüber und auch gegenüber der deutschen Sprache dieses Mittelalters die größten Schwierigkeiten unseres Verständnisses. Denn unsere Weltanschauung hat sich grundlegend gewandelt, ist sehr viel stärker differenziert als die des Mittelalters und vollständig säkularisiert. Das Mittelalter dagegen lebte und ruhte in dem sicheren Bewußtsein, daß seine relativ kleine, überschaubare Welt von Gott geschaffen und aufs beste geordnet sei und daß der Schöpfer durch alle Zeiten hindurch die schützende Hand über seine Schöpfung halte. Nichts, was im Himmel und auf Erden geschieht, nichts, was der Mensch tut, spricht oder denkt, bleibt dem Schöpfer verborgen; er ist allgegenwärtig, sein Wirken ist überall zu spüren, sein Wille ist oberstes Gesetz. Gottes Wille ist — neben seinem Walten in der Natur — in der Heiligen Schrift der Bibel festgelegt, teils offenkundig erkennbar, teils durch sorgfältige Auslegung des Bibelwortes zu ermitteln, und Bibelstudium und Bibelkenntnis sind aus diesem Grunde in einem für uns ganz unvorstellbarem Maße verbreitet, nicht nur bei den Geistlichen, sondern zum Beispiel auch bei den zum Teil sehr weltfreudigen höfischen Dichtern und Minnesängern.

Ist alles Denken auf Gott bezogen, so gewinnen dadurch auch die Worte ihre Tiefe, die zum Ausdruck solchen Denkens dienen. Dementsprechend müssen auch wir, uns mühsam in diese uns verlorene Welt hineinversetzend, ihre Sprache zu verstehen suchen. Wenn z. B. Ezzo, wie oben S. 70 schon zitiert, seinen Hymnus mit den Worten beginnt: *Nû wil ih iu hêrron eina wâr reda vortuon,* so ist damit beileibe keine ‹wahre Geschichte› gemeint, und auch die Übersetzung ‹wahrhaftiger, wahrheitsgetreuer Bericht› wäre nicht angemessen. Es geht hier überhaupt nicht um das subjektive ‹Richtig oder Falsch› des Dichters, sondern um den objektiven Gegensatz zwischen der Erdenwelt des bloßen Scheines und jener wahren, ewigen, unwandelbaren Gotteswelt, in die einzugehen dem Menschen erst nach dem

Tode des Leibes vergönnt ist. ‚Von Gottes ewiger Wahrheit künden', will also der Dichter und, wie er weiter sagt:

von dem angenge, von allem manchunne,
von dem wîstuom alse manicvalt, ter an dien buochin stêt gezalt

‚von der Schöpfung, von Gottes Absicht mit dem Menschengeschlecht, von seiner alles durchwirkenden Weisheit, die in der Bibel aufgezeichnet steht'. Jedes Wort hat hier seine besondere, tiefe Bedeutung. Das *angenge* ist kein gewöhnlicher ‹Anfang›, sondern eben der von Gott gesetzte Uranfang, die ‹Schöpfung›, und das *manchunne* (worin ahd. *kunni* ‚Geschlecht' steckt, vgl. *kuning* ‚König, Mann aus hohem Geschlecht') bezeichnet die gesamte von Gott geschaffene Menschheit vom Anfang bis zum Ende der Tage. *Der wîstuom* endlich ist die göttliche Weisheit, die über alles menschliche Begreifen ist, und *manicvalt* ‚vielfältig' ist sie, weil sie sich in allen Ordnungen des Universums und Tag für Tag in Gottes Wirken immer wieder offenbart. Der Dichter allerdings will von dieser Weisheit nur insoweit künden, als sie in der Bibel unverbrüchlich manifestiert ist.

Wir wollen nicht verkennen, daß alle diese Wörter auch ihre vordergründige Bedeutung haben. Man kann auch von dem *wîstuom* eines Menschen reden, und in der ‹Kudrun›-Dichtung heißt es einmal: *swaz er ie gestreit, daz was ein anegenge*: ‚All sein früheres Kämpfen war nur ein schwacher Anfang (gegenüber dem Kampf, der jetzt losbrach)'. Wenn ferner der Dichter der ‹Genesis› sein Werk mit ganz ähnlichen Worten wie Ezzo beginnt:

Nû fernemet, mîne liebe,
ich wil iu aine rede foretuon,

‚Hört zu, liebe Freunde, ich will euch etwas berichten', so läßt er das Attribut *wâr* vielleicht deshalb aus, weil er fürchtet, seine einfältigen Zuhörer können es, an ihre nichtreligiöse Alltagssprache gewöhnt, mißverstehen. In der Sprache der Dichter dagegen ist immer der transzendentale Bezug auf Gott und die Ewigkeit mitgemeint. Darum kann der Dichter der ‹Summa› sagen: *er nam von uns di dôticheit* (‚er befreite uns von der Sterblichkeit'), ohne fürchten zu müssen, daß man ihn mißverstehe. Und auch weltliche Dichter bedienen sich dieser tiefgründigen Sprache. Der ‹Parzival› Wolframs von Eschenbach beginnt mit den Worten:

Ist zwîvel herzen nâchgebûr,
daz muoz der sêle werden sûr.

Damit ist nicht der Zweifel, das Zaudern und Zögern gemeint, das den Menschen unfähig macht zu handeln, und ‚das muß der Seele sauer werden' heißt nicht etwa, daß der Mensch dadurch in seelische Verwirrung gestürzt werde. Der *zwîvel* gibt vielmehr hier den theologischen Begriff *dubitatio* ‚Zweifel an Gott, seiner Allmacht und seiner gnädigen Liebe' wieder. Solcher Zweifel ist schwere Sünde. Und *sêle* ist der unsterbliche Teil des Menschen, der den Leib überdauern wird. An das Schicksal nach dem Tode ist demnach in diesen Versen gedacht. Wir wollen nicht unerwähnt lassen, daß auch das simple Wort *nâchgebûr* ‚Nachbar' im Munde des Dichters eine andere, verdichtete Bedeutung erhält. Der *gebûr* ist der Haushälter und Bauer, der eifrig pflügt und ackert, und das tut er *nâch* ‚ganz in der Nähe', in diesem Fall nach der Meinung des Dichters ‚zu nahe'. Nehmen wir die Stelle, die das Thema der ganzen ‹Parzival›-Dichtung anschlägt, also in ihrer tiefsten Bedeutsamkeit auf, so müssen wir übersetzen: ‚Nistet sich Zweifel an Gott im Herzen ein, dann ist das Seelenheil in großer Gefahr.'

Wie erstaunlich weit dieser Beziehungsreichtum der Sprache geht, kann uns derselbe WOLFRAM VON ESCHENBACH lehren. Er hat im ‹Parzival› an einer viel zitierten Stelle geschrieben: *Ich ne kan deheinen buochstap* (‚ich kenne keinen Buchstaben'). Man hat dies lange Zeit für das Selbstbekenntnis genommen, daß der Dichter nicht habe schreiben und lesen können, und man hat ihn daher gern als ein ungelehrt wildwüchsiges Naturtalent beschrieben. Wie dem immer sein mag, jedenfalls hat sich herausgestellt, daß er an dieser Stelle ein Wort aus dem siebzigsten Psalm der Vulgata zitiert, wo es heißt: *non cognovi litteraturam*. Zieht man die im Mittelalter gängigen Psalmenkommentare, vor allem den des AUGUSTIN, heran, so ergibt sich einleuchtend, daß WOLFRAM an dieser Stelle gegen die zeitgenössischen Dichter polemisiert, die sich auf geschriebene Vorlagen zum Beweis der Wahrheit ihrer Erzählungen berufen. Im Einklang mit der Psalmenstelle und den zugehörigen Kommentaren will WOLFRAM hier ausdrücken, daß er seiner eigenen, von Gott gnädig gewährten Inspiration vertraut. Wenn er das aber in einem solchen verhüllten Zitat sagen kann, so muß er eine hohe Meinung von der Bildung seines ritterlichen Publikums gehabt haben. Denn hätte dieses nicht hinter dem buchstäblichen Wortsinn den biblischen Bezug auf Gottes ewiges Wort erkennen können, so hätte der Dichter sich gröblichem Mißverstehen ausgesetzt.

Auch bei WOLFRAM geht es um die ‹Wahrheit› der Dichtung, wenn er sich auf die Inspiration beruft. Aber der Wahrheitsbegriff hat in den 150 Jahren, die zwischen den Anfängen der frühmittelhochdeutschen Dichtung und den Werken der höfischen Kunst liegen, manche Wandlung erlebt. Die ‹Wahrheit› des ‹Ezzogesanges› bestand darin, daß einziges Thema dieses Hymnus der in der Bibel offenbarte göttliche Weltplan sein sollte. Das hat jener Bearbeiter (s. o. S. 340) auch sehr wohl begriffen, als er die Eignung EZZOS und WILLES zu diesem Werk damit begründete, daß *sî diu buoch chunden*, ‚die Bibel richtig verstanden'. Zu solchem Verständnis bedarf es freilich der göttlichen Erleuchtung. Daher bitten die geistlichen Dichter immer wieder um Gottes Beistand. ‚Gott möge mir die Gabe verleihen', bittet z. B. der ‹Genesis›-Dichter,

daz ich chunne reden,
alsô ich diu buoch hôre zelen,

‚daß ich im rechten Verständnis darstelle, was ich in der Bibel verkündet höre'.

Ähnliches erbittet auch der geistliche Dichter des ‹Rolandsliedes›, der sich selbst als der Pfaffe KONRAD vorstellt. Über die Datierung seines Werkes herrschen Zweifel; wir können uns hier damit begnügen, seine Entstehung rund hundert Jahre nach ‹Genesis› und ‹Ezzolied› anzunehmen. In dem Eingangsgebet seines Epos heißt es:

dû sende mir ze munde
dîn heilege urkunde,
daz ich die luge virmîde,
die wârheit scrîbe
von einem tûrlîchen man,
wie er daz gotes rîche gewan:
daz ist Karl der cheiser.

‚Lege mir dein geoffenbartes Wort in den Mund, damit ich die *Lüge* vermeiden und die *Wahrheit* schreiben möge von einem auserwählten Manne, wie der das Reich Gottes errang, nämlich von dem Kaiser Karl.'

Auch hier also die Bitte um ein von Gott gelenktes Erzählen und – bezeichnend genug – der Rückgriff auf die Bibel, obwohl nicht etwa ein Bibelepos erzählt werden soll. Doch möchte der Dichter mit Gottes Hilfe im biblischen Geiste reden, und so ist denn auch das ganze Werk durchsetzt von biblischen Gedanken, Zitaten und Anspielungen.

Besonderer Interpretation bedürfen hier die Begriffe *Lüge* und *Wahrheit*. Natürlich ‹lügt› ein Dichter nicht, und ‹Lüge› ist hier nicht identisch mit banaler ‹Unwahrheit›. Vielmehr geht es wieder um den Gegensatz zwischen den beiden Welten, der diesseitigen Welt des Scheins und jener wahren, ewigen und unwandelbaren Welt, die Gottes ist. Der Mensch aber ist gebrechlich und dieser Welt verhaftet, und in diesem Sinne wird die Stelle im Römerbrief 3, 4 ausgelegt, wo es heißt: *Est autem deus verax, omnis autem homo mendax* (‚Gott aber ist wahrhaftig, aber jeder Mensch ist lügnerisch'). AUGUSTIN sagt dazu (MIGNE, PL 45, 1788), aus sich selbst habe der Mensch nur Lüge und Sünde, und wenn etwas von Wahrheit und Gerechtigkeit (Sündlosigkeit) an ihm sei, dann stamme es von Gott. Die eigene, menschliche Schwäche möchte also der Dichter mit Gottes Hilfe überwinden, er wünscht, aus dem ewigen Geist der Wahrheit sprechen zu können.

Er bezieht aber Lüge und Wahrheit nicht nur auf seine Person, sondern auch auf sein Thema. Wenn er über KARL DEN GROSSEN schreiben will, so kommt es ihm nicht auf alle die vielen Geschichten an, die über seinen weltlichen Wandel in Umlauf sind. Sie sind zufällig und bedeutungslos gegenüber dem einzigen Thema, das den Dichter beschäftigen soll, nämlich *wie er daz gotes rîche gewan. Lüge* ist also das Nur-Irdische, das Beziehungs- und Bedeutungslose, *Wahrheit* dagegen, was auch in diesem Leben, hier in der historischen Figur des Kaisers, schon den Bezug auf die Ewigkeit erkennen läßt.

In unseren modernen Gedankengängen würden wir also vielleicht die Unterscheidung des *Wesentlichen* vom *Unwesentlichen* durch die beiden Begriffe des Dichters ausgedrückt finden, ohne damit allerdings seine Meinung genau zu treffen. Aber jedenfalls kommt es ihm doch darauf an, aus den biographischen Daten eines irdischen Menschen diejenigen auszulesen, die ihm allein als bedeutend erscheinen. Nur diese gelten ihm als *Wahrheit*. Damit aber hat dieser theologische Begriff eine erste Ausweitung erfahren. Bedeutet für Ezzo und seine geistlichen Zeitgenossen *wârheit* die Summe des göttlichen Heilsplans, so werden nunmehr an einem nichtbiblischen Thema und an einer irdischen Gestalt diejenigen Bezüge freigelegt, die auf die Ewigkeit deuten, und auch diese können jetzt unter den Begriff der *wârheit* subsumiert werden.

Von hier aus ist es nur noch ein Schritt, allerdings ein geistesgeschichtlich höchst bedeutungsvoller, zur *Wahrheit* der höfischen Dichter, und dieser Schritt wird wenige Jahrzehnte nach dem ‹Rolandslied› vollzogen. Denn auch diese ritterlichen Dichter werden nicht müde zu beteuern, daß ihre romanhaften Erzählungen *wâr* seien. Bei ihnen ist der Wahrheitsbegriff säkularisiert, und auf diese wichtige Tatsache werden wir zurückkommen müssen (s. u. S. 400). Von einer auf Gottes Ewigkeit bezogenen Wahrheit kann hier nur noch sehr bedingt die Rede sein. Denn die ritterliche Idealwelt, die die höfischen Dichter visionär erschaffen, ist im allgemeinen sehr dieseitig gesehen. Sie steht aber so fern und hoch über dem ritterlichen Alltag wie im geistlichen Denken die Ewigkeit über dieser vergänglichen Welt. Und damit ist das *tertium comparationis* gegeben: Weil diese Welt nicht irdisch-real, sondern idealisiert vollkommen erschaut wird, darum gilt sie den höfischen Dichtern als die *wahre* Welt.

Auch diese ritterlichen Dichter leben freilich in den mittelalterlichen Ordnungsvorstellungen, und sie können gar nicht bemerken, daß sie das Ihre zur Zerstörung dieses festen weltanschaulichen Gefüges beitragen. Ihre Gestalten sind mittelalterliche Menschen; sie tragen Gott im Herzen und sind um das Heil ihrer Seele besorgt. Den Dichtern müssen also die irdischen Gestalten, von deren Denken und Handeln sie idealisierend erzählen, in demselben Sinne als *wâr* erscheinen, in dem wir diesen Begriff im ‹Rolandslied› erweitert fanden. Nur Geistliche blicken tiefer. Sofern sie noch den Wahrheitsbegriff in seiner theologischen Enge und Strenge erfassen, lassen sie sich von der Wahrheit der weltlichen Dichter nicht blenden und scheuen sich nicht, deren Werke als *lügemaere* zu brandmarken. Wir müssen es uns versagen, nun auch diesem Begriff der *Lüge* nachzugehen, und wollen nur andeuten, daß *lügemaere* zunächst einfach ‚weltlich vordergründige Geschichten' bedeuten kann. Da aber die Gestalten der ritterlichen Dichtung und ihr Handeln nur Idealtypen darstellen, ihre historische Realität nicht bezeugt ist, kann *lügemaere* dann sehr bald auch ‚frei erfundene' und stärker pointiert ‚erlogene Geschichte› bedeuten.

Diesen Vorwurf haben die Dichter in der Tat von Anfang an gescheut, und ihm suchten sie zu begegnen durch eine Art des Wahrheitsbeweises, die abermals in unbemerktem Säkularisierungsvorgang aus der theologischen Argumentation abgeleitet ist. Wie wir gesehen haben, ist die theologische *wârheit* dadurch gesichert, daß *diu buoch*, d. h. die Bibel, sie offenbaren. Das ist die feste Grundlage. Man kann freilich Gottes Wahrheit auch den Erscheinungen der von Gott geschaffenen und geordneten natürlichen Welt entnehmen. Aber das bleibt unsicher, die Gefahr menschlichen Irrtums ist bei der Deutung nicht auszuschließen. Die Bibel dagegen ist Gottes eigenes Wort, und so sind *diu buoch* die einzig sichere Grundlage zur Findung der *wârheit*.

Dieser fundamentale Gedanke bleibt erhalten, auch als seine Grundlagen brüchig werden, als nämlich unter *buoch* auch von Menschengeist ersonnene Bücher verstanden werden, zunächst die theologischen Schriften, in denen noch um Erkenntnis der ewigen, göttlichen *wârheit* gerungen wird, bald aber auch weltliche Bücher. Schon der Dichter des ‹Rolandsliedes› beruft sich wiederholt auf eine solche weltliche Quelle. Bereits in der Einleitung sagt er, Karl habe durch Unterwerfung heidnischer Länder zum Ruhm der Christenheit beigetragen, *alse uns daz buoch lêret*. Am Schluß aber lobt er einen Herzog Heinrich, von dem er sagt:

daz buoch hîz er vortragen,
gescriben ze den Karlingen.

‚Das in Frankreich geschriebene Buch ließ er hierher bringen.' Aus diesem Buch, nicht mehr der Bibel, sondern einem weltlichen Werk, der französischen ‹Rolandsdichtung›, nimmt er den Stoff. Der Pfaffe KONRAD beruft sich freilich noch nicht auf dieses französische Buch als Zeugnis der Wahrheit. Er will vielmehr, wie oben zitiert, darin mit Gottes Hilfe *die wârheit* aufspüren, d. h. das Vordergründige ausscheiden. Aber mit dem sich wandelnden Wahrheitsbegriff wird bald *daz buoch* selbst zum Zeugnis der Wahrheit, das weltliche Buch ebenso wie unter den früheren Zeitverhältnissen das Bibelbuch. So stark ist dieser säkularisierte Autoritätsglaube, daß WOLFRAMS — unzeitgemäß kühnes — Wagnis, sich bei der Wahrheitsfindung auf die Inspiration verlassen zu wollen, ihm den schärfsten Vorwurf seines großen Widersachers GOTTFRIED VON STRASSBURG einträgt. Dieser bezichtigt ihn, ein *vindaere wilder maere,* ein ‚Erfinder unverbürgter Geschichten' zu sein. Der Tadel trifft WOLFRAM so hart, daß er später — wie es nach ihm auch andere Dichter taten — eine schriftliche Quelle fingiert, um die erschütterte Autorität seines eigenen Werkes wiederherzustellen.

Mit voller Absicht sind wir so ausführlich auf die mittelalterliche Geschichte des Wahrheitsbegriffes eingegangen (ohne den Begriff auch nur im entferntesten wirklich ausgelotet zu haben), weil es uns darauf ankam, an wenigstens einem bedeutsamen Beispiel exemplarisch zu zeigen, welchen tiefgründigen und vielschichtigen begrifflichen Beziehungen die mittelhochdeutschen Wörter Ausdruck geben. Hier wird Sprachgeschichte zur Geistesgeschichte, und die Wörter enthüllen ihren Gehalt nur demjenigen, der sich tief in diese geistigen Bezüge eingelebt hat. Jedenfalls haben unsere aus anderthalb Jahrhunderten mittelhochdeutscher Dichtung gewählten Auszüge erkennen lassen, wie außerordentlich komplex, wie dicht und gehaltvoll dieses Sprechen ist. Daß es jener Zeit gelingen konnte, soviel Ungesagtes in die Worte und Sätze eingehen zu lassen, ist eine sprachgeschichtlich sehr bemerkenswerte Tatsache. Die dichten Aussagen des geistlichen und später des weltlichen Dichters setzen aber auch ein Publikum voraus, das zu ‹hören› versteht. (Die bislang herangezogenen mittelhochdeutschen Werke sind alle zum Vortrag bestimmt und wenden sich an Zuhörer.) Nicht jedermann kann den Gehalt solcher Werke ausloten, sondern nur, wer selbst im Besitz geistiger und besonders religiöser Bildung ist. Davon macht auch die ‹Genesis›-Dichtung trotz ihrer oft an warmes menschliches Empfinden appellierenden Sprachgestaltung keine Ausnahme.

Angesichts der sprachsoziologischen Betrachtungsweise, die uns besonders angelegen ist, muß an dieser Stelle vor allem auch auf die sprachlichen Schichten hingewiesen werden, die an unserem Beispielfall sichtbar werden. In der Bedeutungsentwicklung des Wortes *wârheit* etwa haben wir ja nicht nur eine zeitliche Folge vom theologischen Begriff zu einem höfisch-ritterlichen festzustellen. Vielmehr wird durch die höfischen Dichter eine andere Dimension des Begriffes geschaffen, neben der im geistlichen Kreise auch weiterhin der alte Begriffsinhalt bewahrt bleibt. Wort und Begriff gehören also gleichzeitig und nebeneinander zwei verschiedenen Sprachschichten an, der theologisch-geistlichen und der höfisch-ritterlichen. Dabei dürften die Zeitgenossen mehr die Identität des Wortes, also des Bezeichnenden, als die Differenzierung des Begriffes, d. h. des Bezeichneten wahrgenommen haben, so daß also die beiden sozialen Schichten das gleiche zu sagen glauben und doch nicht dasselbe meinen.

Aber die Lage ist sogar noch verwickelter. Wiederholt findet man in den Dichtungen Ausdrücke wie *dû hâst wâr*. Das bedeutet einfach ‚du hast recht; was du sagst, entspricht den Tatsachen'. Man spürt, daß das die Sprache des Alltags ist, die uns hier in der Dichtung entgegentritt. Im ‹Iwein› HARTMANNS VON AUE erzählt ein Ritter von einem abenteuerlichen Ort, den man ihm beschrieben habe. Er habe den Ort aufgesucht, und — so fährt er fort — *ich vant der rede ein wârheit*, ‚ich stellte fest, daß der Bericht den Tatsachen entsprach'. Der Satz, in dem dies ausgedrückt wird, mag poetisch stilisiert sein und nicht der alltäglichen Rede entsprechen. Aber die Bedeutung ‹Tatsache, Realität›, die das Wort *wârheit* in diesem Zusammenhang hat, ist sicher dem Sprachgebrauch des Alltags entnommen, und hier kommt dem Wahrheitsbegriff weder transzendentale Unwandelbarkeit noch höfische Idealität zu.

Wir stellen also drei Schichten fest, in denen der Wahrheitsbegriff ganz verschiedene Inhalte hat. Dabei ist nicht anzunehmen, daß ein weltlicher Dichter je den theologischen Wahrheitsbegriff verwenden könnte, und ein Geistlicher könnte den poetischen Wahrheitsbegriff höchstens ironisch verwenden, wenn er ihn überhaupt verstünde. Aber der Theologe und der Dichter sind zugleich auch Mitglieder der großen allgemeinen Verkehrs- und Sprachgemeinschaft, und als solche werden sie beständig auch den alltäglichen vordergründigen Begriff der Wahrheit im Munde führen.

Ist aber der theologische Begriff der Wahrheit viel zu abstrakt, als daß ein nicht gelehrter Zeitgenosse ihn erfassen könnte, so müssen doch Begriffe der praktischen Theologie in viel höherem Maße Gemeingut sein. So kann der weltliche Dichter den theologischen

Begriff *zwîfel* ‚Zweifel an Gott' in demselben Sinne verwenden wie die Theologen, und da es sich hier um eine schwere Sünde handelt, vor der jeder Christ zu warnen ist, muß dieser Begriff auch in der Sprache des Alltags unentbehrlich sein. Aber derselbe WOLFRAM, der in der ersten Zeile seines Werks den theologischen Begriff verwendet, kann auch die Wirkung der ritterlichen Erscheinung seines ‹Parzival› auf die höfischen Damen beschreiben und dabei sagen: *ir zwîfel gar gein im verswant*, d. h. ‚ihr Zweifel an ihm, ihr vorsichtiges Abwägen, ihre Zurückhaltung'. Hier taucht also das Wort wieder in seiner Allgemeinbedeutung auf, die gewiß auch der Sprache des Alltags angehört.

Erkennen wir also *wârheit* als einen dreischichtigen, *zwîfel* als einen mindestens zweischichtigen Begriff (wobei wir uns in beiden Fällen nicht auf weitergehende Verzweigungen der Bedeutung einlassen), so müssen wir schließlich auch die große Fülle der einheitlich einschichtigen Begriffe wenigstens erwähnen. Wir hatten oben S. 348 den Begriff *sêle* in einem WOLFRAM-Zitat zu interpretieren, und dieser Begriff, ‚der göttliche, unvergängliche Teil des Menschen', liegt ganz eindeutig fest. Theologen und ritterliche Dichter verbinden damit vielleicht eine tiefere, aber keine grundsätzlich andere Auffassung als der alltägliche Sprachgenosse. Hier ist es nicht die sprachliche Schichtung, die zur Interpretation zwingt, sondern der zeitliche Abstand und der seither eingetretene Bedeutungswandel. Wenn uns heute *Seele* in materialistischer Säkularisierung als ‹ein Kollektivbegriff für die gesamten psychischen Funktionen› (so ERNST HAECKEL) erscheinen kann, dann bedarf es radikalen Umdenkens, wenn wir den mittelalterlichen Begriff der Seele auch nur einigermaßen erfassen wollen. Aber der Begriff selbst steht für die mittelhochdeutsche Zeit völlig fest und ist in allen Schichten der Sprache der gleiche.

Es wäre eine lohnende Aufgabe, den sprachlichen Schichtungen in mittelhochdeutscher Zeit in ihren Einzelheiten nachzugehen. Dazu fehlt es aber an Vorarbeiten, und im engen Rahmen dieses Buches müssen wir uns weitere Erörterungen darüber ohnehin versagen und uns mit der exemplarischen Andeutung des Problems begnügen.

Leitwörter

Unerläßlich ist es dagegen, wenigstens an einigen zentralen Begriffen das Weltbild zu demonstrieren, das die Sprache der mittelhochdeutschen Periode abbildet. Schon der Seelenbegriff in seiner eindeutigen Bestimmtheit, aber auch der theologisch scharf umrissene Begriff der Wahrheit kann uns lehren, wie festgefügt die geistige Ordnung jener Jahrhunderte war. Ein in seiner ganzen Tiefe voll erfaßtes Christentum, noch unbezweifelt und unerschüttert, gewährt die sichere Grundlage, auf der diese mittelalterliche Welt erbaut ist. Gott ist ihr Schöpfer und ewiger Lenker. Ihn redet der Dichter des ‹Rolandsliedes› in den ersten Versen seines Werkes an:

Schephaere allir dinge,
cheisir allir chuninge,
dû oberister êwart.

Wir haben schon die gehaltvolle Dichte mittelhochdeutscher Rede erkannt und haben gelernt, daß wir heute zu gröberen Ausdrucksmitteln greifen müssen, um ihren Bedeutungsgehalt wiederzugeben. Gott ist also der ‚Schöpfer aller Dinge, ohne Ausnahme', und dabei bedürfte es wieder einer ganzen Theologie, um nur den Ding-Begriff zu erläutern, in dem alles Jenseitige genauso real vorgestellt wird wie alles Diesseitig-Irdische. Alles ist von Gott geschaffen und mithin von ihm in seiner göttlichen Weisheit planend gewollt. Und dieser Gott ist der ‚Kaiser, der allerhöchste, unumschränkte Herr über jeden Machthaber', und zugleich auch ‚der oberste Hüter seines göttlichen Gesetzes', Schöpfer also, Wahrer der einmal geschaffenen Ordnung und erste und einzige Quelle aller irdischen Macht.

Auch damals kann man, wie heute, den Namen Gottes leichtfertig im Munde führen. Sobald man aber ernstlich nachdenkt, wird diese Gottesanschauung zu überzeugt gewußter Realität, und damit ist auch die Stabilität und Vortrefflichkeit seiner Schöpfung gesichert. Nichts kann in dieser Welt geschehen, was Gott nicht weiß und will. Auch das ist sein Wille, daß der Mensch vor die freie Entscheidung zwischen Gut und Böse gestellt ist, daß er die *selbwal* oder *selbkür*, das *liberum arbitrium* hat. So läßt Hartmann von Aue den Abt zu dem jungen Gregorius sagen, der aus der Obhut des Klosters in die lockende ritterliche Welt strebt:

Got hât dir vrîe wal gegeben,
daz dû nû selbe dîn leben
maht schephen unde kêren
ze schanden oder ze êren (1439 ff)

‚Gott hat es in deine freie Wahl gestellt, dein Leben (das irdische und das ewige) selbst aufzubauen und es zu Schande oder zu Ehre zu führen'. (Daß hier im Munde des Geistlichen *schande* und *êre* eine ganz andere, der weltlich ritterlichen fast diametral entgegengesetzte Bedeutung haben, sei nur beiläufig bemerkt). Und der Abt fährt fort: Du mußt nun

nâch dîner kür scheiden,
swaz dû dir wilt erwerben,
genesen oder verderben. (1446 ff)

‚Es steht in deiner eigenen Entscheidung, ob du nach Rettung oder nach Untergang streben willst.' Auch diese wichtigen Begriffe, *genesen* ‚gerettet werden' und *verderben* ‚zugrunde gehen', die genau wie *wal* und *kür* ihre weltlich vordergründige Bedeutung haben können, sind an dieser Stelle natürlich im Hinblick auf die Ewigkeit gemeint. Das Seelenheil oder die ewige Verdammnis steht hier zur Entscheidung, und der mittelalterliche Hörer versteht das, wenn diese Worte gesprochen werden.

Daß der Mensch also zwischen *genesen* und *verderben* die Wahl hat, ist Gottes Wille. Es entspricht der Ordnung, die er dem Menschen in der Welt gegeben hat. Dieser Ordnungsbegriff, mhd. *orden* und *ordenunge*, ist außerordentlich wichtig, und schon, daß er aus lat. *ordo* entlehnt ist, zeigt seine theologische Herkunft an. Mhd. *orden* bedeutet zunächst ‚Anordnung, Gesetz' und wird anfangs nur im Hinblick auf Gottes Weltordnung gebraucht. Daß Tag und Nacht geschieden sind, daß die Sterne ihren Lauf nehmen, daß die Jahreszeiten wechseln, daß das Wasser zu Tale rinnt, daß Pflanzen und Tiere der Regel ihres Lebens folgen, das alles ist Gottes *orden* oder *ordenunge*. Auch das deutsche Wort *êwe* oder *ê* ‚Gesetz' wird in gleicher Bedeutung gebraucht, indem es — aus weltlichem Bereich stammend — den christlichen Bedeutungsgehalt hinzugewinnt. Diese göttliche Ordnung, die das All regiert, schildert ein Abschnitt des ‹Annoliedes›, den wir als Nr. VI des Anhanges abgedruckt haben, ohne hier auf seine Einzelheiten eingehen zu können.

Jedes Ding hat seinen Platz in Gottes Schöpfung. Der Eckstein, den die Bauleute verwarfen (Psalm 117, 22 der Vulgata) ist *von gotes orden zuo einem winkelsteine worden*; es war ihm vorbestimmt, zum Eckstein zu werden. Vom Weihrauch heißt es: *er solhen orden treit, daz er muoz smelzen*. Das ist seine von Gott verordnete Natur. Das Schmoren der Verlorenen im Höllenfeuer wird in barocker Metapher als *des wilden salamanders ordenunge* bezeichnet. Man glaubte, daß der Salamander in Feuersglut leben könne, und dies ist dann die ihm von Gott gesetzte Ordnung.

So haben auch der einzelne Mensch und die menschliche Gruppe ihren Platz in Gottes Schöpfung. Man redet von den beiden *orden der jüden und der christen*, auch vom *heidensch orden*, und weiß, daß sie nach Gottes Weltplan bestehen. *Ritters orden* ist zunächst der gesamte Ritterstand, und sozial unter diesem stehen *die nidern orden*, ‚die niederen Stände'. Als ein Bauernsohn nach Ritterehren trachtet, verweist ihm sein Vater diesen vermessenen Wunsch mit den Worten *dîn orden ist der phluoc,* ‚du bist nach Gottes Ordnungswillen für den Pflug bestimmt'.

Den Weltplan zu erfüllen, ist das *reht* aller Geschöpfe. Im theologischen Sinne ist *reht* also ein Begriff, der ‹Rechte› und ‹Pflichten› gleichmäßig umfaßt, im Grunde genommen aber durch keinen dieser beiden Ausdrücke voll gedeckt wird. *Reht* ist vielmehr eigentlich das dem *orden* entsprechende Verhalten, nur in anderem Aspekt. Während *orden* oder *ê* von Gott her gesehen ist, ist *reht* von der Kreatur her konzipiert, die Antwort der Kreatur auf Gottes Willen. Wenn vom Menschen verlangt wird, daß er *nâch rehte riuwe haben* soll, so heißt das, daß er seine Sünden zu bereuen hat, weil es Gottes *ordenunge* verlangt. Aber ein Mensch, der Jäger ist, darf auch *in rehte* den Hirsch verfolgen, denn mit anderem menschlichen Tun entspricht auch die Jagd der von Gott gesetzten Ordnung. Doch nicht nur die Menschen haben ihr Recht, sondern alles von Gott Geschaffene. Darum kann HARTMANN VON AUE, als er von einem Zauberbrunnen erzählt, sagen: *noch hoere, waz sîn reht sî.* Wir könnten etwas burschikos übersetzen: ‚Hör dir an, was mit dem Brunnen los ist.' Aber damit würden wir an der Oberfläche bleiben. Mag auch in HARTMANNS höfischem Roman der Begriff *reht* nicht mehr in seiner ganzen theologischen Tiefe erfaßt sein, so kann der Dichter doch nur diese Ausdrucksweise gebrauchen, weil jedes Ding in der göttlichen Ordnung seine bestimmte Aufgabe, eben sein *reht* hat. Darum sieht Gott im ‹Annolied› (vgl. Anhang Nr. VI) *sîni werch rehte gên,* d. h. in der Ordnung, die sie nach seinem Plan innehalten müssen.

In beiden Begriffen, dem Ordnungs- und dem Rechtsbegriff, mischen sich freilich geistliche und weltliche Bezüge, und das konnte nicht anders sein, da man altererbte heimische Wörter wie *ê* und *reht* übernommen hatte, um neue christliche Gehalte damit zu bezeichnen. Nachdem das einmal geschehen war, konnten auch die theologischen Kunstwörter *orden, ordenunge, ordenen* ordnen' usw. ihre Sphäre nicht bewahren. Sie wurden als Synonyma zu den heimischen Ausdrücken aufgefaßt und daher bald auch auf den weltlichen Bereich angewandt wie die anderen auf den geistlichen. Es würde daher nicht schwerfallen, ähnlich wie früher schon beim Begriff der *wârheit* und des *zwîfel* auch hier die verschiedenen Sprachschichten, in denen diese Wörter vorkommen, und dementsprechend ihre Bedeutungsunterschiede nachzuweisen. Aber darauf kommt es in unserem Zusammenhang nicht an.

Dagegen wollen wir an die zu Eingang des Kapitels (s. o. S. 346ff) erörterten Gedanken über die zwei Welten anknüpfen und dabei noch ein weiteres bedeutsames Leitwort kennenlernen. In falschem Gebrauch seiner *selbkür,* seiner Entscheidungsfreiheit, war der erste Mensch der Sünde verfallen. *Adâmes val* oder einfach *der val* ist die mittelhochdeutsche Bezeichnung für diesen Sündenfall. Zur Strafe dafür vertrieb Gott die ersten Menschen aus dem Paradiese und *liez si in ditz ellende,* wie es in der ‹Genesis› heißt (s. o. S. 334), und Ezzo sang, die Verführung des Menschen durch den Teufel beklagend, *wie skier er ellende wart* (s. o. S. 330). ‚Elend', das ist die geistliche Bezeichnung der irdischen Welt, abermals ein altheimischer Begriff, der — schon in althochdeutscher Zeit — mit christlichem Inhalt erfüllt wurde. Ahd. *alilenti* heißt in seiner weltlichen Bedeutung ‚fremdes Land, Verbannung', und eine Verbannung war es, daß das erste Menschenpaar die Wonnen des Paradieses verlassen mußte. Und mit dem Begriff der Fremde verbindet sich schon damals die Vorstellung von Not und Leid, die in dem heutigen Wort *Elend* alleinherrschend geworden ist. Wurde dieses Wort, das in allen westgermanischen Sprachen verbreitet ist, aus der weltlichen Sphäre in die geistliche übertragen, so ist der Gegenbegriff, ahd. *heimôti,* mhd. *heimôte,* unser Wort *Heimat,* wieder von Theologen geprägt. Die Künstlichkeit der Wortbildung geht schon daraus hervor, daß *heimôti* anfangs nur im Hochdeutschen vorkommt, also kein germanisches Alter hat. Noch in frühmittelhochdeutscher Zeit wird es auch ausschließlich zur Bezeichnung des Jenseits gebraucht. Den Seligen *wirt diu heimuot gegeben,* heißt es, und *unser heimôt ist uns ungewis,* ‚ob wir in das Himmelreich gelangen, das wissen wir nicht.'

Wie *ellende* aus weltlichem Bereich in seine theologische Bedeutung gehoben wird, so greift der geistliche Begriff *heimôti* allmählich, jedoch erst gegen 1200, auch in den weltlichen Bereich über. Das ist ein ähnlicher Ausgleichsvorgang, wie wir ihn schon bei *reht* und *ê* einerseits und *orden* auf der anderen Seite festgestellt haben. Dabei ist *ellende* schon in weltlicher Bedeutung mit allen Assoziationen des Schreckens und des Elends verbunden, und den Geistlichen war das recht willkommen, weil sie dadurch die Unsicherheit und Gebrechlichkeit dieses Jammertales in desto krasseren Farben ausmalen konnten. In Auswirkung dessen wurde aber auch der Gegenbegriff der himmlischen Heimat mit starken Gefühlswerten ausgestattet, und ein säkularisierter Nachglanz dieser Gefühlsinbrunst lebt in dem Begriff *Heimat* bis heute.

Der Gegensatz zwischen dem *ellende* dieser Welt und der himmlischen *heimôte* lebt äußerst stark im Bewußtsein der frühmittelhochdeutschen Zeit. Er prägt das Weltbild, und während die ewige, wahre Welt das Reich der *ordenunge* ist, wird der Mensch in diesem *ellende* stets von Unordnung bedroht. Noch im 13. Jahrhundert kann ein Mystiker sagen: *ein iclîche sunde intordent des menschen natûre,* ‚eine jegliche Sünde stellt den Menschen außerhalb der natürlichen, d. h. gottgewollten Ordnung.' Ein Spruchdichter schreibt zu derselben Zeit: *swer sînen orden behaltet, der gêt inz himelrîch;*

swer danne lebt unordenlîch, der muoz hin abe. Das diesseitige Leben, ob nach Gottes Verordnung geführt oder nicht, entscheidet über den Weg in die himmlische Heimat oder hinab in die ewige Verdammnis der Hölle.

Festigung und Ausgleich

Blicken wir zurück auf die Sprachgeschichte der frühmittelhochdeutschen Zeit, die wir in den Kapiteln III bis V zu beleuchten suchten. Zwar haben wir dazu auch Texte aus der klassisch mittelhochdeutschen und gar aus noch späterer Zeit herangezogen; aber immer mußten sie uns dazu dienen, Entwicklungen zu beleuchten, die sich im Frühmittelhochdeutschen vollzogen haben. Wir mußten uns begnügen, aus einer überreichen Fülle nur wenige, geringfügige Ausschnitte zur Erörterung zu stellen. Dennoch dürfte dieses klar geworden sein: Die Zeit des raschen Zugreifens, des rastlosen Neuschaffens, der Sprachschöpfung ist vergangen. Davon war die althochdeutsche Periode erfüllt gewesen. Schon der Vergleich WILLIRAMS mit NOTKER konnte uns lehren, daß der Jüngere kaum noch Veranlassung fand, die deutsche Sprache mit neuen Wortschöpfungen zu bereichern. Das meiste war schon vorgeprägt. Das soll nicht heißen, daß fortan keine neuen Wörter mehr entstanden wären. Wortschöpfung gibt es zu allen Zeiten, und am Ende der mittelhochdeutschen Periode sollte zum Beispiel die Mystik gerade auf diesem Gebiet wieder sehr fruchtbar werden.

Für den frühmittelhochdeutschen Zeitabschnitt hingegen, der uns hier interessiert, ist Wortschöpfung nicht das hervorstechende Kennzeichen. Festigung und inneres Wachstum der Sprache sind seine bedeutendsten Merkmale. Was die althochdeutsche Zeit sich in raschem Ansturm erobert hatte, das wurde in dem Jahrhundert von 1050 bis etwa 1150 in ständigen Gebrauch genommen und dabei immer wieder durchdacht und vielfach vertieft. Die Wörter erhielten in dieser geistigen Auseinandersetzung einen klar erkannten und definierbaren begrifflichen Inhalt; systematisches Denken breitete sich aus. Man brauchte jetzt nicht mehr allerorten um bloße Aneignung der lateinischen Begriffswelt zu ringen. Diese Aufgabe hatte die althochdeutsche Zeit besorgt. Jetzt konnte man aus der einsamen Studierstube heraustreten und sich dem Gespräch öffnen, und in der Diskussion erwarb sich nun auch die deutsche Sprache die Fähigkeit, das christliche Weltbild in immer deutlicheren Konturen zu erfassen.

Man muß diese Entwicklung vor dem Hintergrund der allgemeinen kulturellen Entwicklung und der politischen Geschichte sehen. Auch auf diesen Feldern waren die Jahrhunderte gründenden Beginnens abgeschlossen. Die sächsischen und salischen Kaiser konnten auf den karolingischen Grundlagen weiterbauen. Die Kirche hatte sich aus der Armut der Missions- und Gründerzeit zu einer mächtigen und reichen Institution entwickelt, und ihre Bischöfe waren zu Fürsten geworden, an deren Höfen sich ein reiches kulturelles Leben entfaltete. Die Fackeln der Bildung, die vor Zeiten in einigen wenigen Klöstern hie und da in den Urwaldwildnissen Germaniens entzündet und mühsam in Brand gehalten worden waren, konnten nun hell auflodern und verbreiteten ihr Licht über das ganze Land. Wenn im Verlaufe unserer Darstellung die Bischofssitze von Köln und Bamberg wenigstens in skizzenhaften Umrissen als kulturelle Mittelpunkte in das Blickfeld traten, so sind dies doch nur Beispiele gewesen. In Mainz und Trier, in Worms und Speyer, in Konstanz und in Freising und an vielen anderen Stätten dürfen wir mit ähnlichen Verhältnissen rechnen. Bald sollten auch weltliche Höfe beginnen, eine bedeutende Rolle zu spielen, zuerst Regensburg als der Hauptsitz des mächtigen Welfenhauses, seit alters schon als Bischofsstadt mit ihrem bildungsbeflissenen Kloster St. Emmeram ein deutsches Kulturzentrum.

Der geistige Austausch zwischen den vielen rasch aufblühenden Kulturstätten muß äußerst rege gewesen sein. Wir wissen von einem lebhaften Verkehr zwischen den weltlichen und geistlichen Hofhaltungen, an dem sogar auch Äbte und Abgesandte der großen Klöster rege beteiligt waren. Und es waren gewiß nicht politische Gespräche allein, die diese Missionen führten. Die große Auseinandersetzung zwischen Papst und Kaiser, die unter den Saliern begann, wurde nicht allein mit politischen Mitteln und Waffengewalt ausgetragen, sondern beide Parteien rüsteten sich mit den geistigen Waffen der Schriftauslegung, des Dogmas und des Rechtes. Mit starker Anteilnahme ergriffen die Großen des Reiches und ihre Berater Partei mit Argument und Gegenargument, und diese das ganze Reich bewegenden Diskussionen können auch sprachlich nicht ohne Wirkung geblieben sein.

Es war gewissermaßen ein großes Gespräch, das in dem weiten Raum zwischen Bremen und Bern, zwischen Metz und Ungerland geführt wurde. Anders wäre die erstaunliche Gleichartigkeit der deutschen geistlichen Dichter in ihren stofflichen Interessen kaum zu begreifen. Ebenso weisen die weitgehende Übereinstimmung des Wortschatzes und die Identität der dadurch bezeichneten Begriffsinhalte auf Austausch und Ausgleich hin. Daß die äußeren dialektalen Formen der Sprache stark voneinander abweichen können, haben unsere Textproben gezeigt. Das darf aber nicht über die relativ große Einheitlichkeit des Wortschatzes und der ihm zugrundeliegenden Begriffe hinwegtäuschen.

So ist die frühmittelhochdeutsche Epoche nicht nur eine Zeit der gedanklichen Vertiefung, sondern auch eines räumlichen Ausgleichs unserer Sprache. Und es waren nicht nur die hohen Herren, hochgebildete Weltgeistliche zumeist, mit ihrem Verkehr zwischen den Höfen, erst recht nicht nur Gelehrte, in deren Diskussionen sich dieser Ausgleich vollzogen hat. Durch hundert Kanäle mußte diese sich nunmehr festigende Sprache auch in das Volk dringen, vom Katheder der Schule her und von der Kanzel, im Gespräch des Seelsorgers mit den Gliedern seiner Gemeinde und durch den Wortwechsel der religiös erregten Menge selbst.

Dabei ergab sich eine natürliche Auslese, zumal unter den neuen Wörtern. Manches künstlich papierene Wort hatten althochdeutsche Gelehrte im Drange des Übersetzens geschaffen. Jetzt, da die weite Öffentlichkeit zum Richter wurde, mußten die Neuschöpfungen sich bewähren. Waren sie dem heimischen Sprachgefühl einigermaßen genehm, so konnten sie übernommen werden und verloren im ständigen Gebrauch bald den anfänglichen Anhauch von Fremdheit. Erschienen sie dagegen allzu künstlich verschroben und vielleicht dazu noch im Gespräch entbehrlich, so fielen sie rasch der Vergessenheit anheim. Die Auslese muß scharf und kritisch gewesen sein; denn selbst von den Neuschöpfungen des großen Sprachmeisters NOTKER hatten viele nur eine kurze Lebensdauer.

Hier wäre allerdings eine Frage wenigstens anzudeuten, die noch der Untersuchung harrt. Ein so sehr bis ins einzelne differenziertes Begriffssystem, wie es NOTKER mit seinen neugeschaffenen Ausdrükken dargestellt hatte, hat es in der deutschen Sprache vor MEISTER ECKHART nicht wieder gegeben. Aber NOTKERS Sprache war für den allgemeinen Gebrauch ein zu feines Werkzeug, und die frühmittelhochdeutsche Zeit hat keinen Denker hervorgebracht, der NOTKERS sprachschaffendes Werk hätte fortsetzen können. Das ist die Kehrseite des Ausgleichs und der Ausbreitung. Eine gewisse Einebnung und Vergröberung ist notwendig damit verbunden. Aber selbst wenn die Subtilität der sprachlichen Unterscheidungen, wie NOTKER sie gepflegt hatte, Einbuße erlitt, bleibt doch das sprachgeschichtliche Verdienst der frühmittelhochdeutschen Zeit ungeschmälert, und das ist einerseits ihre Tendenz zu klarer Ausbildung aller Grundbegriffe und ihrer gesicherten sprachlichen Bezeichnung und zum anderen die Ausbreitung dieser Sprache zu allgemeiner Gültigkeit.

VI. DIE ANFÄNGE WELTLICHER EPIK UND IHRE SPRACHE

Der unbekannte Dichter des ‹Annoliedes›, das wir schon kennengelernt haben und dessen Entstehung etwa auf das Jahr 1090 datiert wird, leitet sein Werk mit folgenden Versen ein:

Wir hôrten ie dikke singen
von alten dingin:
wi snelle helide vâhten,
wi si veste burge brâchen,
wi sich liebin winiscefte schieden,
wi rîche kunige al zegiengen.
nû ist cît, daz wir denken,
wi wir selve sulin enden.

‚Wir haben früher oft alte Geschichten vortragen hören, wie kühne Helden kämpften, wie sie feste Burgen zerstörten, wie vertraute Freundschaften sich trennten, wie mächtige Könige gänzlich zu Grunde gingen. Jetzt ist es an der Zeit, an unser eigenes Ziel zu denken.'

Was der Dichter hier als ‹alte Geschichten› bezeichnet, sieht wie ein kleiner Katalog verschiedener Heldenlieder aus, von denen wir aus späterer Zeit bessere Kunde haben. Nicht alles jedenfalls paßt auf die berühmte ‹Nibelungensage›, an die man vielleicht am ehesten denken möchte. Übrigens beruft sich ja auch der ‹Nibelungen›-Dichter des ausgehenden 12. Jahrhunderts, d. h. derjenige, der dieser Dichtung die uns überlieferte Form gab, auf alte Überlieferung, wenn er in der einleitenden Strophe sagt:

Uns ist in alten maeren wunders vil geseit
von heleden lobebaeren, von grôzer arebeit,
von fröuden hôchgezîten, von weinen und von klagen,
von küener recken strîten muget ir nû wunder hoeren sagen.

‚Uns ist in alten Erzählungen viel des Wunderbaren berichtet, von ruhmwürdigen Helden, von schwerer Kampfeslast, von hohen Festen der Freude, von tiefstem Leid, vom Kampf zwischen heldenhaften Männern; davon sollt ihr nun Wunderbares erzählen hören.' (Daß diese Strophe nicht zum alten Bestand gehört und in der Haupthandschrift der Dichtung fehlt, sei nur beiläufig erwähnt). Man sollte beim Vergleich dieser Zitate aus zwei durch mehr als ein Jahrhundert getrennten Dichtungen gewisse stilistische Parallelen nicht überhören; *von alten dingin* – *in alten maeren*; *wie snelle helide vâhten — von küener recken strîten; wir hôrten singen — ir muget hoeren sagen.* Das deutet auf eine kontinuierliche Tradition hin, von der noch zu reden sein wird.

Natürlich spielen sowohl das ‹Anno-› wie das ‹Nibelungenlied› auf heroische Dichtung in deutscher Sprache an, und vom Vorhandensein solcher Dichtung haben wir mancherlei Kunde. Unter sehr vielen Zeugnissen dafür führen wir nur eine Nachricht über den uns schon bekannten Bischof Gunther von Bamberg an, die von seiner Freude an Heldenliedern spricht. Ein zeitgenössischer Chronist sagt von ihm: *Semper ille Attilam, semper Amalungum et cetera . . . portenta tractat*, ‚immerfort beschäftigt er sich mit Attila, mit dem Amelungenhelden (Dietrich von Bern) und all den übrigen Wundertieren', und mit dem letzten Wort gibt der geistliche Verfasser seiner eigenen Mißachtung derartiger Stoffe Ausdruck. Für uns ist diese Dichtung verklungen. Nach dem ‹Hildebrandlied› (vgl. oben S. 226ff, pass.), das noch germanische Traditionen erkennen läßt, gibt es auf diesem Gebiet keinerlei schriftliche Überlieferung, bis im 13. Jahrhundert die ‹Nibelungen›-Handschriften einsetzen. Von der weltlichen Dichtung zwischen den Jahren 800 und etwa 1150 kündet keinerlei schriftliche Aufzeichnung. Was wir darüber zu wissen glauben, beruht auf Rekonstruktion, die sich auf Zitate wie die oben angeführten stützt (vgl. dazu besonders LH 95).

Handschriftliche Überlieferung

In diesem Zusammenhang ist es zweckdienlich, einen Blick auf die handschriftliche Überlieferung frühmittelhochdeutscher Texte zu werfen. Heinz Rupp (LH 62, S. 300 ff) hat zusammengefaßt, was über die Entstehungszeit jener Handschriften bekannt ist, die deutsche geistliche Dichtung überliefern. Seine Ergebnisse müssen das Erstaunen derer hervorrufen, die nicht in die Überlieferungslage eingeweiht sind. Aus dem 11. Jahrhundert, in dem die ersten dieser Dichtungen entstanden, sind nur einige Handschriften von Willirams Auslegung des ‹Hohen Liedes› vorhanden, und da geht es vielleicht mehr um die sehr eleganten lateinischen Verse als um die deutsche Prosa. Von geistlicher Dichtung in deutscher Sprache gelangte im 11. Jahrhundert noch nichts auf dauerhaftes Pergament. Unter den Werken, die wir in vorhergehenden Kapiteln erwähnt haben, hat ‹Ezzos Gesang› die älteste schriftliche Tradition; er wurde wenigstens schon in der ersten Hälfte des 12. Jahrhunderts niedergeschrieben. Etwas später entstand die Sammelhandschrift, in der die ‹Genesis›-Dichtung überliefert ist. Die heute verlorene Handschrift des ‹Annoliedes› und die nur in Fragmenten bewahrte Handschrift, die den ältesten Text der ‹Summa Theologiae› enthält, stammen aus der zweiten Hälfte des 12. Jahrhunderts. Alles andere, was die frühmittelhochdeutsche Zeit an geistlicher Dichtung hervorbrachte, ist uns erst aus Handschriften des 13. und gar des 14. Jahrhunderts bekannt. Als man aber begonnen hatte, geistliche deutsche Dichtung aufzuzeichnen, wurde doch der weltlichen Dichtung diese Ehre noch lange nicht zuteil, und erst gegen Ende des 12. Jahrhunderts wurden die ältesten Handschriften angelegt, die wir auf diesem Gebiet besitzen.

Gewiß ist vieles verloren, und daß es schon früher Notizen und einzelne Pergamentblätter gegeben hat, auf denen solche Dichtungen verzeichnet standen, ist so gut wie sicher. Bedenkt man aber, daß uns lateinische Handschriften aus dem 10. und 11. Jahrhundert in Fülle erhalten geblieben sind, so kann das Fehlen deutscher poetischer Texte in den Handschriften dieser Zeit nicht auf Zufall beruhen. Und auch, daß gerade die ältesten der erhaltenen Texte als Lükkenbüßer auf freigebliebene Seiten lateinischer Codices eingetragen sind, redet eine deutliche Sprache. Rupp und andere sind derartigen Erscheinungen nachgegangen, und ihre Erklärung ist plausibel. Die deutsche Sprache mußte zu jener Zeit noch um ihre Anerkennung ringen. Prosa mochte seit Notker als erträglich erscheinen, obwohl die Überlieferung von Willirams Werk das nicht beweist. Denn die beiden ältesten Handschriften sind unter seiner eigenen Aufsicht entstanden, und ihre eigentliche Legitimation erhielt seine Arbeit durch ihre lateinischen Verse. Die gelehrten und gebildeten Geistlichen, in deren Händen bis in die Mitte des 12. Jahrhunderts die Pflege der Literatur lag und in deren Schreibstuben die Handschriften entstanden, hatten den raffinierten Wohllaut lateinischer Verse im Ohr. An der ungefügen deutschen Dichtung, zumal wenn sie arg heidnisch erscheinende ‹Wundertiere› besang, konnten sie vielleicht ein verhohlenes Interesse nehmen, aber schriftlicher Aufzeichnung schien diese Dichtung nicht würdig.

Was in althochdeutscher Zeit auf Pergament niedergeschrieben wurde, verdanken wir der kulturellen Begeisterung der Karolingerzeit. Deren Schwung war längst erlahmt, und erneut hatte sich die deutsche Sprache ihre Literaturfähigkeit zu erkämpfen. Geistige Voraussetzung dafür war die Entdeckung – so darf man es nennen – des Deutschtums und die Erkenntnis von Wert und Würde seiner Sprache (s. o. S. 280 ff). Aber es dauerte lange, bis diese Erkenntnis sich auch in die Praxis der lateinisch orientierten Schreibstuben umsetzte, und hier waren es ganz offensichtlich die geistlichen Dichtungen, die die Bresche schlugen.

In einer gewandelten Welt, in der nicht mehr die Klostergeistlichkeit allein Hüter der Bildung war, in der vielmehr die Weltgeistlichen sich an die Spitze der Kulturbestrebungen gesetzt hatten, war von vornherein ein größeres Verständnis für die geistigen Bedürfnisse der Laien zu erwarten. Schon das mußte der Förderung der deutschen Sprache auch in der Literatur dienen. Aber die hochmütige Verachtung, die man bis dahin der heimischen Dichtung entgegengebracht hatte, war doch aus den Schreibstuben nicht sofort zu vertreiben. Man erkannte nicht so rasch, daß sich hier etwas Neues angebahnt hatte, und die Auffassung, deutsche Dichtung sei nicht des Niederschreibens wert, so verkehrt sie war, wurde nur langsam überwunden. Selbst deutsche Dichtungen geistlichen Inhalts wurden also nur zögernd von den gelehrten Schreibern anerkannt, und wir wissen z. B. durch GERHOH VON REICHERSBERG (1093–1169) von deutschen religiösen Liedern, die uns verloren sind, weil sie niemals aufgeschrieben wurden. Noch viel weniger kann man erwarten, daß weltliche deutsche Dichtung vor den Augen und Ohren der geistlichen Schreiber Gnade gefunden hätte.

Das Beispiel des ‹Annoliedes›

Trotzdem können wir uns wenigstens gewisse Vorstellungen von der Art dieser verlorenen weltlichen Dichtung des 9.–11. Jahrhunderts machen. Für genauere Informationen müssen wir auf die im Literaturverzeichnis (LH 90, 92, 99) genannten Arbeiten hinweisen. Wir wollen wieder nur an einem Beispielfall auf eine besondere Seite dieses Problems eingehen.

Die deutsche erzählende Dichtung setzt für uns, die wir auf die schriftliche Überlieferung angewiesen sind, mit epischen Werken ein, die noch aus der Feder geistlicher Dichter stammen. Es ist vor allem die gewaltige ‹Kaiserchronik› eines Regensburger Geistlichen, ein weiträumiges Werk von mehr als 17 000 Versen, das die Geschichte der römischen und der deutschen Kaiser bis auf KONRAD III. erzählt und bei der Kreuzzugsmahnung BERNHARDS VON CLAIRVAUX, also beim Jahre 1147, unvollendet abbricht. Ein paar Jahrzehnte früher als die ‹Kaiserchronik› entstand das ‹Alexanderlied› des Pfaffen LAMPRECHT, bald nach ihr das früher schon erwähnte ‹Rolandslied› des Regensburger Pfaffen KONRAD.

Bei allen drei Werken handelt es sich um Geschichtsdichtung, und da die Weltgeschichte nach Gottes Plan verläuft, ist der geistliche Bezug ohne weiteres gegeben, am wenigsten angedeutet im ‹Alexanderlied›, in jeder Zeile spürbar dagegen im ‹Rolandslied›. Aber in allen drei Werken erkennt man doch auch das Interesse der Dichter – und natürlich auch ihres Publikums – an den Ereignissen der irdischen Welt. Davon enthält sogar schon das ‹Annolied›, das noch im 11.

Jahrhundert entstand, bemerkenswerte Proben, obwohl es keineswegs als weltliche Erzähldichtung konzipiert ist.

Das ‹Annolied› will die Heilsgeschichte der wahren Welt und, in sie eingebettet, die Geschichte dieser Welt darstellen, die nach der Vorstellung des Dichters in dem Erzbischof ANNO gipfelt; denn dieser hat durch sein Erdenwirken als Kirchenfürst und Staatsmann und durch seine Heiligkeit Anteil an beiden Welten. Aber der Dichter hat eine Vorliebe für das episodische Detail, und neben vielen kleineren Szenen, in denen er irdisches Geschehen farbenfreudig ausmalt, verweilt er mit ganz besonderer Anteilnahme bei der großen Entscheidungsschlacht zwischen CAESAR und POMPEJUS. Wir haben die Stelle in Nr. VII des Anhangs abgedruckt und nehmen darauf Bezug.

Allerdings, das poetisch Eindrucksvollste an dieser Schilderung der Schlacht bei Pharsalus, der Vergleich der andrängenden Scharen mit dem Schneetreiben und mit Hagelschauern, und auch die bildhaften Impressionen zu Beginn des zweiten Abschnittes sind nicht des deutschen Dichters eigene Erfindungen. Diese Bilder hatten antike Epiker, VERGIL in der ‹Aeneis› und LUKAN in den ‹Pharsalia›, entworfen, und selbst Einzelheiten wie die Bäche von Blut lassen sich darauf zurückführen. Die Schilderung zeugt also mehr von des Dichters gelehrter Bildung als von seiner Erfindungsgabe. Aber schon bei Erörterung der ‹Wiener Genesis› hätten wir darauf hinweisen können, daß einige ihrer anschaulichsten Schilderungen aus dem lateinischen ‹Genesisepos› des ALCIMUS AVITUS († 523) stammten. Dieser unbefangene Umgang mit der Überlieferung entsprach dem Geist des Mittelalters. Weit entfernt, einen entlehnenden Dichter des Plagiats zu bezichtigen, hätten Kundige, die solche Entlehnung zu erkennen vermochten, ihn eher wegen der Feinheit seines literarischen Geschmacks gerühmt.

Eine Schlachtschilderung wie diese hat eine lange Ahnenreihe. Schon in der Schilderung des Zweikampfes zwischen Vater und Sohn im ‹Hildebrandlied› sehen wir einzelne Züge angedeutet, die hier wiederkehren, und mithin könnten wir an germanische Traditionen anknüpfen. Im althochdeutschen ‹Ludwigslied› finden wir dann die Schlacht zwischen Franken und Normannen schon etwas ausführlicher geschildert, und dort sind die germanischen Elemente bereits deutlich von Reminiszenzen an lateinische Dichtung durchsetzt. Denkt man dann weiter an die ‹Walthariusdichtung› des 10. Jahrhunderts, eine germanische Heldenfabel im Gewand lateinischer Hexameter und mit sehr starken Anleihen aus der Sprache antiker Epik, so werden einige Stationen des Weges sichtbar, auf dem es zu einer Schlachtschilderung wie der des ‹Annoliedes› — und vieler späterer Werke — kommen konnte.

Die Welt des Geistes und des Geldes

DEUTSCHLAND

«Aus dem Blöken des Kindes . . .

... ist Sprache so geworden, wie aus dem Feigenblatt ein französisches Galakleid.»

Georg Christoph Lichtenberg (1742–1799)

In beiden Fällen hat die Zeit zum Erfolg geführt. Im Laufe der Zeit ist auch schon manch bescheidener Spargroschen zu einem ansehnlichen Wertpapier geworden.

Dabei mag ihr Verfasser die oben erwähnten Vergleiche seiner eigenen Kenntnis antiker Dichtung verdanken, aber schon das Gesamtmotiv, Darstellung einer Schlacht, wie Aufbau und Durchführung im einzelnen sind so typisch, daß es nicht von ihm geschaffen sein kann. Die großen Massen der Feinde, die kleine Schar des Helden, der Ausbruch des Kampfes, die Erwähnung der Waffen, der Rosse, das strömende Blut, auch die rhetorischen Formen, die Fragen und Ausrufe: all das erscheint so gleichmäßig in den Kampfschilderungen der anderen Epen, daß man den ‹Anno›-Dichter nicht für ihren ersten Erfinder halten darf. Er füllt hier mit seiner eigenen Darstellung doch nur ein Schema aus, das in längerer Entwicklung allmählich fest geworden sein muß. Und diese Entwicklung muß sich in den drei Jahrhunderten vollzogen haben, in denen deutsche Dichtung nicht auf das Pergament gelangte. Nur die Anregung zur Übernahme antiker Motive wird der Dichter der lateinischen Buchepik seiner Zeit zu verdanken haben. Solche Anleihen fehlen in den Werken der weniger gelehrten Autoren, die dann lieber Vergleiche aus deutscher Sage heranziehen, wie die Schlacht auf dem Wülpenwerd oder die Taten Dietrichs und Hildebrands.

In einem Einzelzuge wird diese Stellung in einer festen Tradition besonders deutlich. Wie in den anspruchslosesten Dichtungen vergleichbarer Art stellen sich auch bei diesem ernsten Dichter die Superlative ein. Die beiden Gegner sind die *hêristen in der werlte* ‚die mächtigsten Männer der Welt', was allerdings der Geschichtsauffassung des Dichters entspricht. Die Übertreibung liegt darin, daß dieser Superlativ nicht auf die Zeit jenes weltgeschichtlichen Augenblicks bezogen, sondern absolut genommen wird. Das verbindet ihn mit den Beteuerungen der anderen, deren Held immer ‹der Beste, Tapferste, Edelste, der je geboren ward›, sein muß. Typischer noch ist, daß diese Schlacht als *daz hertiste volcwîg* ‚die schwerste Schlacht, die je auf dieser Erde ausgefochten wurde' bezeichnet wird. Genau dasselbe versichern die späteren Dichter von den Zweikämpfen und den großen Schlachten ihrer Helden. Und gerade an solchen Stellen, wo die Zuhörer skeptisch werden könnten, pflegen sie ihre Glaubwürdigkeit durch den Hinweis auf *daz buoch*, die schriftlich vorliegende Quelle ihrer Darstellung, zu beteuern, genau wie es hier im Vers 448 geschieht. Das stammt nicht aus Anschauung und Vokabular eines gebildeten Geistlichen des 11. Jahrhunderts, für den nur die Bibel *daz buoch* sein dürfte, auf das er sich beruft (s. o. S. 351). Hier hat sich der Dichter in seinem weltlichen Erzähleifer zu einer Ausdrucksweise hinreißen lassen, die nur in den verlorenen weltlichen Dichtungen entstanden sein kann.

Der ‹Anno›-Dichter ist ein hochgebildeter Geistlicher, und es ist anzunehmen, daß er sich an jene Kreise des hohen geistlichen und weltlichen Adels wendet, die wir oben S. 341 skizzierend erwähnt haben. Aber schon die ‹Alexander-› und die ‹Rolandsdichtung› sind nicht mehr allein an einen so exklusiven Kreis gerichtet, und es gibt andere Dichtungen, die oft fälschlich als ‹Spielmannsepen› bezeichnet werden, aus der zweiten Hälfte des 12. Jahrhunderts, die ganz offensichtlich gar nicht mehr in erster Linie an hochadlige Zuhörer denken; sie wollen der Unterhaltung einer anspruchsloseren Gesellschaftsschicht dienen.

Denn durch die Entwicklung der politischen Verhältnisse haben sich die Adelsvorrechte auf ganz neue und breite soziale Schichten ausgedehnt. Neben den Geburtsadel der Fürsten und freien Herren tritt seit dem 11. Jahrhundert in zunehmendem Maße der Dienstadel der sogenannten Ministerialen (von lat. *minister* ‚Diener'). Er ist in seinem Kern ein Stand von berittenen Kriegern, deren die Kaiser zu ihren häufigen und lang ausgedehnten Heerfahrten nach Italien bedurften. Die alte, noch auf germanischen Rechtsvorstellungen beruhende Heerfolge des freien, bäuerlichen Mannes, der die Waffen ergriff und zu Fuß zum Kampfe auszog, wenn der Ruf erging, war den Erfordernissen dieser Züge in die weite Ferne längst nicht mehr gewachsen. So hatte der Kaiser, und hatten nach ihm auch die weltlichen und geistlichen Fürsten, Männer in den Dienst genommen, die sich verpflichteten, jederzeit zum Reiterdienst auf eigenem Roß bereit zu sein. In der Regel verlangte ihr Dienstvertrag, daß sie ihrem Herrn im Kriegsfalle eine festgelegte Zahl Bewaffneter zuzuführen hatten. Für diese Dienste wurden sie vom Herrn durch ein ‹Lehen› entschädigt, einen mehr oder minder reichen Landbesitz, aus dem sie ihren Lebensunterhalt und die Mittel zur Einhaltung ihrer Dienstverpflichtungen erwerben konnten. Freie oder unfreie Geburt spielte dabei keine Rolle: der Herrendienst adelt. Der neue Stand gewann in den zahlreichen Kriegszügen rasch an Ansehen, und in den Parteikämpfen des 12. und 13. Jahrhunderts konnte er sich zahlreiche neue Vorrechte und Freiheiten erringen, so vor allem schon früh die Erblichkeit der Lehen, wodurch die soziale Festigung dieses neuen Adelsstandes garantiert war. Besonders im Süden und Westen des Reiches, weniger im Norden, nahm dieser Dienstadel rasch an Zahl und Einfluß zu.

So entsteht das Verhältnis zwischen *hêrre* und *man* ‚Lehensherrn und ‚Lehensmann', das eine Dienstverpflichtung gegen Entschädigung durch Landleihe bedeutet. Im Dienst eines guten Herren zu stehen, galt als Auszeichnung, und wenn der Dichter Hartmann von

Aue von sich selbst sagt: *dienestman waz er ze Ouwe*, ‚er stand als Lehensmann im Dienst der Herren von Aue', so drückt sich darin ein selbstbewußter Stolz auf seinen Stand aus. Ethische Grundlage des Lehensverhältnisses ist die *triuwe*, was zunächst ‚Vertragstreue, Festhalten an dem geschlossenen Vertrag' bedeutet, dann aber, wie leicht einzusehen ist, auch zum rein ethischen, immateriellen Begriff der ‚Treue' aufsteigt. Für besondere Dienste erwartet der Lehensmann seinen *lôn*, eine Belohnung also, etwa aus der Kriegsbeute, die dem Herrn zufällt, und daher gilt als höchste Tugend des Herrn gegenüber seinen Mannen die *milte*, die ‚Freigebigkeit'.

Die Übergänge zwischen dem neuen und dem alten Adel sind offen, und vor allem im Dienst des Kaisers ist mancher Ministerial zu den höchsten Reichsämtern aufgestiegen. Aber die Grundschicht hat man sich als eine große Gruppe bäuerlicher Gutsherren zu denken, tüchtig im Alltag, in kultureller Beziehung nicht eben anspruchsvoll, dem Ansehen ihres Standes nach zu einer gewissen gehobenen Lebensführung verpflichtet, aber doch mit derber Unterhaltung zufrieden. Was die Interessen dieser Ritter waren, wird in der ‹Kaiserchronik› bei Schilderung eines Festes vergnüglich dargestellt:

si redeten von scônen rossen und von guoten hunden,
si redeten von vederspil,
von ander kurzewîle vil,
si redeten von scônen frouwen,
daz si die gerne wolten scouwen.

Zu solchen anspruchslosen Passionen paßt auch die Freude an handfesten ritterlichen Abenteuererzählungen recht gut, und für Hörer dieser Art sind Epen wie die Brautwerbungsgeschichte vom ‹König Rother› oder von den orientalischen Abenteuern des ‹Herzog Ernst› bestimmt. Ritterliche Unterhaltungsliteratur solcher Art blieb übrigens bis zum Ende der mittelhochdeutschen Zeit und noch darüber hinaus im Schwange; doch haben wir keine Ursache, weiter darauf einzugehen.

Man muß auch mit einer starken kulturellen Differenzierung innerhalb des Ritterstandes rechnen. Die Heerfahrten nach Italien und erst recht dann die Kreuzzüge weiteten den Blick. Die Berührung mit der Ritterschaft anderer Länder ergab Vergleichspunkte, und besonders die kulturell empfänglichen unter den deutschen Rittern fühlten sich stark angezogen von der in Frankreich schon früh entwickelten gesellschaftlichen Kultur. So entstand auch in Deutschland in dem neuen Stande eine Schicht von feinsinnigen Trägern einer neuen weltlichen Kultur, und in ihrem Kreise sollte sich in Deutschland im letzten Drittel des 12. Jahrhunderts, in Frankreich schon mindestens eine Generation früher, jene ritterliche Hochkultur entwickeln, die wir als die höfische bezeichnen. Diese ist vor allem durch die hohe gesellschaftliche Rolle der Frau bestimmt und unterscheidet sich dadurch von der sogenannten vor- und frühhöfischen Zeit, in der wir uns bewegen, solange wir an die geistlichen und weltlichen Dichter der in diesem Kapitel erwähnten Epen denken. In dieser Frühzeit des Rittertums spielt die Frau als das Ziel einer stark vergeistigten, minnenden Verehrung noch keine Rolle, und aller Nachdruck liegt auf dem ritterlichen Abenteuer und männlicher Tat. Die Darstellung kann ganz vordergründig bleiben, wie im ‹König Rother› oder im ‹Herzog Ernst›, sie kann zum welthistorischen Exempel werden wie im ‹Anno›, ‹Alexander› oder in der ‹Kaiserchronik›, sie kann sich auch zur Vision einer christlichen Mission des Rittertums als Gottesstreiter verdichten, wie im ‹Rolandslied›.

So stehen auch die Verfasser dieser Dichtungen auf ganz verschiedenem Niveau. Die Dichter des ‹Rother› und des ‹Herzog Ernst› und ähnlicher Epen hat man früher gern mit einem verschwommenen und unhaltbar gewordenen Begriff als ‹Spielleute› bezeichnet. Man darf sie nicht mit den Gauklern und Anreißern der Jahrmärkte in einen Topf werfen. Das verbietet nicht nur der Umfang, sondern doch auch der Gehalt ihrer Dichtungen. Diese sind ganz auf den schlichten Erfahrungskreis der vielen Ministerialen zugeschnitten, deren bäuerlicher Alltag beständig durch Kriegsfahrten unterbrochen wird und in denen sich ein bestimmtes Maß an ritterlichem Standesbewußtsein ausgebildet hat. Aus diesem niederen Rittertum werden auch die Dichter stammen, und es ist nicht der Stand, sondern der Grad der Bildung, ihre hintergrundlose Weltschau und die mindere poetische Kraft, die sie von den großen höfischen Dichtern abhebt. Auch allerdings die Wahl der Stoffe! Während nämlich, wie wir noch sehen werden, die großen deutschen Dichter zu in Frankreich vorgeformten literarischen Stoffen greifen, nehmen diese Unterhaltungsdichter, wenigstens solange sie noch nicht die höfische Mode nachahmen, ihre Stoffe aus der deutschen Überlieferung. Das ist beim ‹König Rother› und beim ‹Herzog Ernst› der Fall und trifft wenigstens teilweise auch auf die Legendenerzählungen von ‹St. Oswald› und von ‹Orendel› zu, deren Dichter und Zuhörer in derselben sozialen Schicht des schlichten Rittertums gesucht werden dürfen. In Dichtungen dieser Art dürfen wir also am ehesten die fortgeführte Tradition jener alten *maeren* erblicken, die niemals auf das Pergament gelangt sind.

Die geistlichen Epiker des 12. Jahrhunderts sind, wie gesagt, von anderem Schlage. Auch sie können der Ministerialität entstammen; das wissen wir nicht. Ihr Interesse am Ritterwesen könnte dafür sprechen, wenn es nicht allein durch die Rücksicht auf das Publikum diktiert ist, das mit diesen Dichtungen erreicht werden soll. Aber ihr Bildungsgang hebt sie hoch über die Verfasser der Abenteuerromane hinaus. Und es ist kein Zufall, daß sowohl der Pfaffe LAMPRECHT wie der Pfaffe KONRAD, die ersten Verfasser ritterlicher Epen, die wir mit Namen kennen, zu französischen Vorlagen für ihre Dichtungen greifen. Hier wird zum ersten Male die Bewunderung für die französische ritterliche Kultur, die auch auf literarischem Gebiet der deutschen weit voraus war, offenkundig, und diese Vorliebe hält während der ganzen höfischen Periode an und wirkt noch lange nach.

Die Sprache der vorhöfischen Dichtung

Der lange Exkurs in literaturgeschichtliche Gebiete schien uns notwendig, weil nur auf dieser Grundlage die sprachgeschichtliche Bedeutung der vorhöfischen Zeit richtig eingeschätzt werden kann. Denn zum mindesten hinsichtlich ihres Wort- und Formelschatzes fügen sich auch die geistlichen Verfasser ritterlicher Dichtungen dem Gebrauch der ritterlichen Kollegen. Beide verwenden das gleiche Vokabular, bei den Geistlichen freilich auch in diesem Bereich nicht selten im Durchblick auf die ewigen Werte vertieft und erweitert um die Begriffe der höheren Bildungswelt, die dem Abenteuererzähler nicht offensteht.

Hatten wir also vorher die Sprache der Geistlichen kennengelernt, so wenden wir uns nun der weltlichen Sprache zu, die wir auf diesem Literaturgebiet auch aus dem Munde geistlicher Dichter vernehmen. Man sollte sich aber hüten, diese Sprache als ‹volkstümlich› anzusehen, wie es gelegentlich geschieht. Wenn auch die minderen Werke dieser Gruppe sehr anspruchslos und allgemeinverständlich erscheinen, so reden sie doch nicht die Sprache des Alltags und des gemeinen Mannes. Schon die Anknüpfung dieser Werke an eine ältere, für uns verstummte Tradition gibt die Gewähr dafür, daß wir es auch hier, wie in den geistlichen Dichtungen, mit irgendeiner Art von literarisch geformter Sprache zu tun haben. Solche Tradition ist gewiß entwicklungsfähig, und in dieser Zeit wird manches aus der ritterlichen Standessprache in sie eingeflossen sein. Trotzdem darf man nicht einmal das erwarten, daß die Dichtung ein Abbild dieser Standessprache gewährt. Das meiste wird literarischer Überlieferung entstammen, und ob Ausdrücke wie *helt, recke* und *wîgant* auch im ritterlichen Alltag gebraucht wurden, muß zum mindesten in Frage gestellt werden.

Von der Beschaffenheit dieser Dichtungen und ihrer Sprache geben die vier im Anhang Nr. VIII abgedruckten Textproben ein Bild. Es wäre ein leichtes gewesen, aus allen vier Epen nur Schlachtschilderungen oder andere, miteinander vergleichbare Szenen, wie Empfang, Abschied, Botenreden, Kleiderbeschreibungen und so fort, zu wählen. Doch glaubten wir, hier auf ein so langweiliges Verfahren verzichten zu dürfen. Die Formelhaftigkeit der Sprache und der stilistischen Typen dieser Dichtungen wird auch ohne die Übereinstimmung im Motiv ins Auge springen. Nur der Ausschnitt aus dem ‹Rolandslied›, die Majestät des Kaisers KARL darstellend, fällt ganz aus dem Rahmen der anderen drei Werke heraus. Man wird bei sorgfältigem Lesen erkennen, daß hier eine zwar altertümlich spröde, aber doch große Dichtung vorliegt. Trotzdem wird man auch in diesem Stück gewisse formelhafte Elemente der Sprache bemerken wie in den anderen Textproben.

In der Sprache dieser Epen finden sich viele Wörter traditionellen literatursprachlichen Gepräges bewahrt, die hier zum Teil auch noch in recht altertümlichen Bedeutungen verwendet werden. Da taucht in unseren Textproben, z. B. im ‹Anno-› und im ‹Rolandslied›, das Wort *volcwîg* ‚Kampf' auf. Darin hat *volc* noch die alte Bedeutung ‚Heerhaufe, Kriegsvolk', und *wîg* ist ein gehobenes Wort alter Literatursprache, das ‚Kampf, Krieg', auch ‚Schlacht' bedeutet. Mehr und mehr wird es fortan durch *strît* bedrängt, das in diese Bedeutung einrückt.

Der Kampf kann also wie hier ein *volcwîg*, ein ‚Kampf der Heere', sein oder ein *einwîg*, ein ‚Zweikampf' (eigentlich ‚Allein-, Einzelkampf'), wie wir ihn in der Kampfmetapher der ‹Summa› (s. o. S. 332) kennengelernt haben. Unser heutiges Wort *Kampf*, ahd. mhd. *kamph*, bedeutet im Alt- und Mittelhochdeutschen nur ‚(verabredeter) Zweikampf' und ist schon in voralthochdeutscher Zeit aus lat. *campus* ‚Feld' entlehnt. Von dem für die Kämpfer freigemachten Platz wird die Bezeichnung auf den Vorgang selbst übertragen. An Wendungen wie *ze kamphe komen* kann man sich klarmachen, wie ein solcher Bedeutungsübergang möglich ist. Dementsprechend ist der *Kempe*, mhd. *kemphe*, ahd. *kamphio*, immer ein Zweikämpfer. Wenn von einem Helden gesagt wird, daß er *ze wîge und ouch ze kamphe* komme, so bedeutet das, daß er mit Heeresmacht kommt, aber auch den Einzelkampf nicht scheut.

Von *wîg* oder *wîc*, wie man im Mittelhochdeutschen meistens mit Auslautverhärtung schreibt, gibt es zahlreiche Zusammensetzungen und Ableitungen, die von der weiten Verbreitung des Wortes in der vorhöfischen und in der Heldenepik zeugen, so *wîcgenôz* der ‚Kampfgefährte', *wîcgewant* oder *wîcgewaete* ‚Kampfgewand, Rüstung', *wîchorn* ‚Kriegshorn, Heerhorn', *wîcliet* ‚Kriegslied', *wîchaft* und *wîclîch* ‚kampfbereit, kriegerisch', und vor allem das Wort *wîgand*, mit Verhärtung *wîgant*, ‚der Krieger, der Held', ein altes Partizip, das eigentlich ‚der Kämpfende' bedeutet.

Ist *wîgant* die älteste Allgemeinbezeichnung für den Krieger, so ist *Held*, mhd. *helt*, im Hochdeutschen verhältnismäßig jung. Es scheint ein Wort der Nordseegermanen zu sein, denn bei Sachsen und Angelsachsen und auch im germanischen Norden ist es verbreitet, fehlt aber im Althochdeutschen, außer im ‹Hildebrandlied›, das aber wohl langobardischen Ursprungs ist. Vielleicht ist es in der Zeit der sächsischen Kaiser allmählich südwärts gedrungen. Im Frühmittelhochdeutschen ist es jedenfalls auch schon im deutschen Südostraum bekannt und kommt in den dortigen Bibelepen vor. Ein recht altes Wort dagegen ist *Recke*, mhd. *recke*, ahd. *reckio*. Es hängt mit *Rache, rächen* zusammen und bedeutet ursprünglich den ‚Landflüchtigen, Verbannten'. Von dem harten Leben der aus der schützenden Gemeinschaft ausgestoßenen Männer kennen wir vor allem aus den altisländischen Sagas manches Beispiel. Wer sich allen Unbilden einer erbarmungslosen Natur zum Trotz behaupten, sich allen Nachstellungen rächender Verfolger entziehen, vielleicht sogar in neuer, fremder Umgebung bei anderen Sippen und Völkern Achtung verschaffen konnte, wer all den vielfachen Nöten des Außer-Landes-Seins, des *Elends* (s. o. S. 358) zu trotzen wußte, mußte schon ein ungewöhnlicher Mensch sein, und mit schaudernder Bewunderung raunte man von seinen dunklen Taten und Schicksalen. In epischer Verklärung sind der Held des alten ‹Hildebrandliedes› und der Dietrich von Bern der mittelhochdeutschen Heldenepen Typen solchen Reckentums. Geschwunden ist die Bedeutung von Fried- und Rechtlosigkeit, die dem Begriff ursprünglich anhaftete; an ihre Stelle ist die Vorstellung von dem ohne eigene Schuld Verfolgten getreten, und nur die Bewunderung für den in der Fremde sich bewährenden Mann ist geblieben. Darum kann z. B. in der ‹Wiener Genesis› der alte Jakob, der in der Zeit der Hungersnot nach Ägypten ausgewandert ist, als *ein êrlîch recke* bezeichnet werden, ‹ein tüchtiger Mann, der auch in der Fremde nichts von seinem Ansehen (*êre*) eingebüßt hat›. Im späteren epischen Sprachgebrauch ist es schwer zu entscheiden, ob und wie lange noch die Assoziation der Heimatlosigkeit mitschwingt. Im ‹Annolied› z. B. werden sowohl der Schwaben- wie der Sachsenstamm als *recken* gepriesen, und von beiden wird berichtet, daß sie vor Zeiten aus weiter Ferne in ihre Wohnsitze eingerückt sind. Aber nun haben sie ja längst ihre neue Heimat, und so dürfte hier bereits die Bedeutung ‚kriegerischer Held' weit überwiegen. Anderseits wird noch dem König Rother der Rat erteilt, er solle *in recken wîse* über Meer fahren, und in der Tat gibt er sich an Konstantins Hof als Landflüchtiger aus. Auch noch in den Heldenepen des 13. und 14. Jahrhunderts ist ein Rest dieser alten Vorstellung gelegentlich spürbar geblieben.

Ein altepisches Wort ist auch ahd. mhd. *degen* ‚Kriegsmann, Held'.

Es ist etymologisch mit griech. *teknon* ‚Kind' verwandt und hat sich im Westgermanischen auf die Bedeutung ‚männliches Kind' spezialisiert. Daher heißt es noch im Mittelhochdeutschen gelegentlich *degenkint* ‚Knabe' im Gegensatz zu *dirnkint* ‚Mädchen', zwei Wörter übrigens, die eher im alltäglichen Sprachgebrauch als in der Sprache der Dichter beheimatet sind. In der epischen Sprache entwickelt sich aus der Bedeutung ‚Junge' dann die des ‚jungen Gefolgsmannes', und so wird das Wort offenbar im ‹Hildebrandlied› gebraucht, wo Dietrich *enti sinero degano filu* landflüchtig in die Fremde gehen, und mit ihnen der damals noch junge Hildebrand, der seinem Herrn *degano dechisto* ‚der teuerste der Gefolgsleute' war. Gerade an dieser Stelle bemerkt man aber, wie sich die Assoziation der Jugend verlieren kann. Denn auch der alte Hildebrand bleibt ein Gefolgsmann Dietrichs. Außerdem sind Sagengestalten wie Hildebrand mit soviel Eigenwert ausgestattet, daß auch die Assoziation des Gefolges sich verlieren kann, die übrigens auch nicht in der Grundbedeutung des Wortes angelegt ist. So kann *degen* ohne Nebenbedeutung zur meistgebrauchten Bezeichnung des Kriegers werden. Es dürfte sich übrigens auch dabei um eine alte volkssprachliche Bedeutungsentwicklung handeln, die dann von der Sprache der Dichtung übernommen wurde. (Als moderne, banale Parallelen denke man etwa an die amerikanische Bezeichnung *our boys* für die Soldaten oder an *die blauen Jungs* der deutschen kaiserlichen Marine.)

Mhd. *degen* ist neben *helt* das neutralste und meistgebrauchte Wort für den Kriegsmann. Während aber die fremde Herkunft von *helt* sich auch dadurch verrät, daß fast keine Weiterbildungen des Wortes vorkommen, hat *degen*, vor allem in der nichthöfischen Epik, eine reiche Entfaltung erfahren. Gerade in den Dichtungen, mit denen wir uns hier beschäftigen, gibt es *volcdegene* und *dietdegene*, ‚im ganzen Volk berühmte Krieger', und die ‚Kriegsmannschaft' wird mit kollektiver Wortbildung als *daz gedigene* bezeichnet. *Degenlîche* ‚mannhaft' ist ein rühmendes Adjektiv, und der ‚Heldenmut' wird als *degenheit* oder *degenschaft* bezeichnet.

Sind *wîgant, helt, recke, degen* Wörter, die auf den Ritter nur angewandt werden können, insofern er ein Kriegsmann ist, wird das Wort *kneht*, unser *Knecht*, in allmählicher Bedeutungsspezialisierung zur Bezeichnung des Ritters überhaupt. Die etymologische Herkunft des Wortes ist dunkel. Es kommt nur in den westgermanischen Sprachen vor, lebt dort aber seit alters und in reicher Bedeutungsentfaltung. Wie *degen* bedeutet es ursprünglich ‚Kind, Knabe, junger Mann' und erhält früh auch die Bedeutung ‚Krieger'. Auch die Bedeutung ‚unfreier, abhängiger Mann', die sich zu der heutigen Bedeutung des Wortes weiterentwickelt, ist früh vorhanden. Die Bedeutungsgeschichte des Wortes, die tiefe Einblicke in die Entwicklung sozialer Verhältnisse gewähren würde, ist im einzelnen nicht untersucht. Was sich darüber vorläufig ermitteln läßt, ist folgendes:

Im althochdeutschen ‹Tatian› wird einmal der zwölfjährige Jesus im Tempel als *ther kneht heilant* (lat. *puer Jesus*) bezeichnet. Auch sonst bezeichnet das Wort im ‹Tatian› in Übereinstimmung mit dem bibellateinischen *puer* einerseits den Knaben und Jüngling, anderseits den jugendlichen Diener. Bei Notker kommt *chneht* nur in der Bedeutung ‚Kriegsmann' vor, wie bei ihm auch *chnehtheit* nur ‚Mannhaftigkeit', lat. *fortitudo* bedeutet. Diese mit *degen* konkurrierende Bedeutung muß auch im Mittelhochdeutschen fortbestanden haben, obwohl sie sich aus der Literatur nicht ohne weiteres nachweisen läßt. Stärker aber schiebt sich wohl unter den veränderten sozialen Bedingungen des Kriegswesens die andere Komponente, ‚abhängiger Mann', in den Vordergrund. Denn der neue Kriegsmann, der Ministerial, der sich durch Lehensvertrag zu berittenem Kriegsdienst verpflichtet hatte, war ja selbst ein Abhängiger, den man wohl als *kneht* bezeichnen konnte, zumal da er oft aus dem Stande der Unfreiheit aufgestiegen war. In dem neuen Adelsstande war aber die alte Unterscheidung von Freiheit und Unfreiheit aufgehoben, nur die Vornehmheit des Reiterdienstes zählte noch, und indem auch die alte Wortbedeutung ‚tapferer Kriegsmann' hier einmündete, konnte nun das Wort zur Standesbezeichnung ‚Ritter' werden. Nur unter diesen Voraussetzungen kann der Pfaffe Lamprecht Alexander den Grossen *einen tûren knecht* nennen und der Pfaffe Konrad an der von uns im Anhang zitierten Stelle (Vers 706) von Karl dem Grossen sagen: *zû dem swerte was er ein guot kneht,* ‚im Schwertkampf erwies er sich als ein tüchtiger Ritter'. Denn dem Kaiser an dieser Stelle nur ‹Mannhaftigkeit› zu bescheinigen, wäre ein Mißgriff gewesen; hier mußte es darauf ankommen, ihn als Mitglied und Spitze des neuen Ritterstandes zu charakterisieren.

Mhd. *kneht* in der Bedeutung ‚Ritter' war allgemein verbreitet, und auch die wählerischen höfischen Dichter nehmen an dem Wort keinen Anstoß. Es scheint der erste deutsche Fachausdruck zur Bezeichnung des neuen Standes bzw. seiner Angehörigen gewesen zu sein, und sicher ist dieser in der Gebrauchssprache des öffentlichen Alltags entstanden. Denn es galt, eine neue Erscheinung im sozialen Leben zu bezeichnen, und offensichtlich befand man sich in einer sprachlichen Verlegenheit. Das auffallendste äußere Kennzeichen des neuen Kriegers, daß er nämlich beritten war, ließ sich sprachlich schlecht verwenden. Denn *rîtaere* ‚Reiter', war jeder, der zu Pferde saß. Übrigens wird das Wort, wie die meisten Bildungen auf *-aere,* wenig volkstümlich gewesen und im Alltag kaum gebraucht worden sein. Die Dichter verwenden es trotzdem bald neben *kneht,* aber immer in Zusammenhängen, die eine Fehldeutung ausschließen. Erst als das Wort in der verfremdeten Form *ritter* zur Verfügung steht, die aus dem Flämischen gewonnen wird (s. u. S. 405), schlägt es alle anderen Konkurrenten aus dem Felde und wird zur alleinherrschenden Bezeichnung für den Angehörigen des neuen Standes.

Was das Verhältnis von allgemeiner Gebrauchssprache und Sprache der Dichtung angeht, so ist noch eine weitere Beobachtung lehrreich. Die Gebrauchssprache findet die Bezeichnung für den Angehörigen des neuen Standes, nämlich *kneht*. Aber sie hat keinen Bedarf für weitergehende Wortbildung. Die neue soziale Gruppe als Ganzes wird von ihr nicht erfaßt und nicht bezeichnet. Da genügt offenbar der Plural *die knehte*, oder man behilft sich mit dem Kollektiv *gedigene*. Denn daß das an sich unpoetische Wort *kneht* in allen Arten der nicht höfischen Literatur, in der geistlichen und weltlichen Dichtung, in geistlicher und chronistischer Prosa, relativ häufig vorkommt, spricht offensichtlich für seine gemeinsprachliche Verbreitung. Erst von innen her, in der geistigen Auseinandersetzung seiner Mitglieder, erkennt sich der neue Stand als soziale Einheit mit besonderen Idealen und Vorstellungen, und da diese ideale Standesvorstellung, soweit die deutsche Sprache beteiligt ist, sich vornehmlich in der höfischen Dichtung vollzieht, bringt die Dichtersprache auch das Wort dafür hervor, nämlich die kollektive Standesbezeichnung *ritterschaft*. Hilfreich mag dabei die in lateinischer Sprache geführte Diskussion der Kreuzzugsbewegung mitgewirkt haben, in der die *militia Christi* immer wieder gefordert wird, ein ambivalenter Begriff, der sowohl die ‚für Christus streitende Mannschaft' wie auch den ‚Kriegsdienst für Christus' bedeuten kann. Da man lat. *miles* ‚der Soldat' (von NOTKER noch als *degen* übersetzt) unter den neuen Verhältnissen nur als ‚Ritter' verstehen kann, liegt auch die entsprechende Kollektivbildung nach dem Muster von *militia* nahe. Aber auch die andere Bedeutung des lateinischen Wortes ‚Kriegsdienst' oder allgemeiner ‚Dienst (für Christus)' sucht ihr deutsches Gegenstück, und so bekommt mhd. *ritterschaft* zugleich auch die Bedeutung ‚ritterliches Tun', wie sie zum Beispiel in der oft gebrauchten Formel *ûf ritterschefte varn* ‚zu ritterlichen Taten ausziehen' vorliegt. Übrigens hat das altfranzösische Wort *chevalerie* genau die gleiche zweifache Bedeutung ‚Ritterstand' und ‚Rittertat' und ist zu *chevalier* ‚Ritter' gebildet wie lat. *militia* zu *miles* und mhd. *ritterschaft* zu *ritter*. Da nun *ritter* und *ritterschaft* ausgesprochene Literaturwörter sind und da die höfische Literatur so stark von der französischen beeinflußt ist, wird man *ritterschaft* am ehesten als Lehnbildung nach französischem Muster ansehen dürfen, wobei die Einwirkung von *militia* sowohl auf das Französische wie auf das Deutsche in Betracht zu ziehen ist.

Aber mit dieser Betrachtung sind wir bereits über die vorhöfische

Zeit hinausgelangt, zu der wir noch einmal zurückkehren müssen. Auch die Eigenschaften, mit denen die frühe weltliche Dichtung ihre Helden ausstattet, verdienen eine Betrachtung. *Wi snelle helide vâhten* hieß es im ‹Annolied›, und das Adjektiv ahd. mhd. *snel* ist eines der ältesten Heldenattribute. Schon Otfrid bezeichnet seinen Kaiser als *Ludowîg ther snello*, ‚der Tüchtige, Tatkräftige'. In dieser Bedeutung hat sich das Wort in der Sprache der weltlichen Dichtung lange erhalten, auch als im allgemeinen Sprachgebrauch die heutige Bedeutung sich schon durchgesetzt hat, was wohl schon seit dem 12. Jahrhundert der Fall war. Es scheint mehr die körperliche Tüchtigkeit zu bezeichnen, während das in der älteren weltlichen Dichtung ebenso häufige und beliebte Adjektiv ahd. mhd. *balt* mehr die geistige Veranlagung im Auge hat und ‚unerschrocken, kühn' bedeutet. Die Etymologie des in allen germanischen Sprachen in gleicher Bedeutung überlieferten Wortes ist unsicher. Später, in der höfischen Zeit, wird es stark bedrängt und schließlich abgelöst durch das modernere Wort mhd. *küene*, unser ‚kühn'. Auch dieses Adjektiv ist zwar schon im Althochdeutschen als *kuoni* belegt, aber es scheint vornehmlich ein Literaturwort zu sein, das kaum eine volkssprachliche Grundlage hat. In der frühmittelhochdeutschen Dichtung ist es ziemlich selten. Es wird etymologisch mit dem germanischen Wortstamme *kan*, der in unserem *können* vorliegt, aber ‚verstehen, wissen' bedeutet, zusammengebracht. Daraus kann sich bei dem Adjektiv eine Bedeutung ‚scharfsinnig', wie in englisch *keen*, entwickeln, oder — auf den Kampf bezogen — ‚rasch entschlossen'. Das wagemutige Zupacken, das dem Wort noch heute anhaftet, wird jedenfalls auch schon im Mittelhochdeutschen darin ausgedrückt.

Noch seltener als *küene* werden in den frühmittelhochdeutschen Dichtungen andere Kühnheitsbezeichnungen wie *vrech* und *vrevel* verwendet, obwohl es sich um altererbte Wörter handelt, die später noch in der höfischen Literatur vorkommen. Sehr häufig dagegen ist die allgemeine Wertbezeichnung *guot*. Seiner etymologischen Herkunft nach bedeutet es ‚passend' und hat in alt- und mittelhochdeutscher Zeit die Grundbedeutung ‚sich in ein Wertsystem einfügend'. Im geistlichen Sinne ist *guot* daher alles, was sich auf Gott und die wahre Welt bezieht, im weltlichen Sinne kann es ‚tüchtig' heißen, hat aber zugleich auch die soziale Bedeutung ‚von (hohem) Stande, edel'. Beides ist gemeint, wenn es z. B. in unserer Probe aus dem ‹Herzog Ernst› an zwei Stellen heißt *der helit guot* (Verse 20, 33) und wenn im ‹Rolandslied› Kaiser Karl *ein guot knecht* genannt wird. Mehr die Vornehmheit als die Tüchtigkeit wird in dem ebenfalls sehr häufigen Adjektiv *tiure*, ahd. *tiuri*, ausgedrückt, worin zugleich die subjektive Assoziation ‚lieb' mitschwingt. Vornehmheit bezeichnet auch das bequem im Reim verwendbare Adjektiv *hêre* ‚hehr, herrlich', das seine alte Bedeutung ‚alt, grauhaarig, und dadurch ehrwürdig' längst eingebüßt hat.

Soll die Ruhmwürdigkeit eines Helden bezeichnet werden, so heißt er in älterer Dichtung *lobesam* oder *lobehaft*, in höfischer Zeit eher *lobebaere* oder *lobelîch*. Aber das alles sind relativ junge, künstliche Neubildungen, und sie können jedenfalls in vorhöfischer Zeit das uralte mhd. *maere*, ahd. *mâri* ‚bekannt, in aller Munde, berühmt' nicht bedrängen.

Es ist unmöglich, in unserem Zusammenhang über Proben und Einzelbeispiele hinauszugehen. Aber schon hat sich gezeigt, worauf es uns ankommen muß: Der Wortschatz der frühmittelhochdeutschen weltlichen Dichtung (der übrigens auch in die geistliche Dichtung hineingewirkt hat, was hier nicht berücksichtigt werden konnte) erweist sich als ein recht vielschichtiges Gebilde. Es lebt darin als Grundbestand ein altepischer Wortschatz weiter, den wir im hochdeutschen Bereich bis auf das ‹Hildebrandlied› zurückführen können. Ihn zu untersuchen (was bisher kaum geschehen ist), wäre insofern lohnend, als man daraus sprachliche Aufschlüsse über die verklungene Dichtung des 10. und 11. Jahrhunderts erwarten dürfte.

Manche Wörter, wie *wîgant* und *helt*, sind ausgesprochene Kunstwörter, die wohl niemals der Allgemeinsprache angehört haben. Andere, wie *recke, degen, snel* und *balt*, sind sicher auch in der Gemeinsprache verbreitet gewesen und stammen daher, bewahren aber in der Dichtung eine ältere Bedeutung, während sich in der Gemeinsprache das Wort in seiner Bedeutung wandelt oder wie etwa *wîg* sogar ganz untergeht. Schließlich aber zeigt sich diese Literatursprache auch entwicklungsfähig. Sie kann in der Gemeinsprache neu entstehende oder mit neuer Bedeutung versehene Wörter wie *kneht* und *rîter* aufnehmen, und sogar auch solche Wörter wie *lobesam, lobehaft*, die eher aus gelehrter Wortbildung stammen.

Im allgemeinen allerdings ist diese Sprache recht konservativ in ihrem Wortschatz. Was an Neuem Eingang findet, ist nicht viel; dagegen darf man annehmen, daß sie recht viel Altes bewahrt, das aus der lebendigen, sich wandelnden Gebrauchssprache längst geschwunden ist. Vermutlich hat daher die Sprache dieser Dichtung auch schon für die Zuhörer des 12. Jahrhunderts einen altertümelnden Klang gehabt. Aber gerade das wird zum poetischen Reiz dieser *alten maeren* gehört haben. Daher kommt es wohl, daß auch in der mittelhochdeutschen Blütezeit die große Heldenepik, das ‹Nibelungenlied› und die ‹Kudrun›, im wesentlichen an diesem altepischen Vokabular festhält, zu schweigen von den minderen Dichtungen dieser Gattung, deren das 13. und das 14. Jahrhundert eine Fülle hervorbringen.

Es ist offensichtlich, und unsere Textproben, wieder mit Ausschluß des ‹Rolandsliedes›, beweisen es, daß diese Dichtung mehr typisiert als individualisiert. Die auftretenden Gestalten sind *degene, recken, helede,* und die wenigen Attribute wie *snel, balt, tiure, maere* kommen ihnen fast ohne Unterscheidung der Personen zu. Man darf dieses Fehlen der Differenzierung nicht oder jedenfalls nicht allein darauf zurückführen, daß die Sprache noch unentwickelt, zu feineren Unterscheidungen noch nicht reif gewesen wäre. Nur eine oder zwei Generationen später besitzt die hohe höfische Dichtung ja alle diese Fähigkeiten der feinen Unterscheidung, die hier noch zu fehlen scheinen. Es handelt sich vielmehr um den Sprachstil einer ursprünglich mündlich überlieferten Dichtung, der hier weiterlebt. Typen lassen sich leichter handhaben als durchgestaltete Charaktere, und die Heldentypen werden auch in lauter typische Situationen geführt, die in allen Dichtungen wiederkehren; man denke z. B. an die Schlachtschilderungen. Und ebenso liegen die Ausdrücke und die Sätze zur Hand, in denen Personen und Situationen und das Handeln der Personen geschildert werden. Das sind lauter gedanklich und sprachlich vorgeprägte Schemata, zu denen der mündlich vortragende, oft vermutlich improvisierende Dichter greifen kann, sobald ihn der Faden der von ihm vorgetragenen Handlung zu solchen Stellen führt. Dabei werden ihn Erfahrung und Kunstübung anleiten, seinen Faden so zu spinnen, daß der Weg von Gemeinplatz zu Gemeinplatz, von Formel zu Formel möglichst kurz wird.

Wir wollen in diesem Zusammenhang noch eine Beobachtung anstellen, zu der wir das Material leicht aus unseren Textproben gewinnen. Sehr häufig begegnet uns darin ein nachgestelltes attributives Adjektiv als Reimwort, so im ‹Alexander› *rîter junc: verwunt,* im ‹Rother› *lewin vreissam: hân,* im ‹Herzog Ernst› *helit gût: mût, degin hêr: mêr, bestût: helit gût.* Es ist klar, daß dieses Stilmittel es erleichtert, den Reim zu finden. Da es auch in anspruchsvolleren Dichtungen, wie dem ‹Anno-› und dem ‹Rolandslied›, vorkommt, wenn auch zufällig nicht an den im Anhang abgedruckten Stellen, und da auch die frühe geistliche Dichtung dieses Mittel schon verwendet, wird man vermuten dürfen, daß wir es hier abermals mit einem schon aus der mündlichen Tradition stammenden Gebrauch zu tun haben. Übrigens wird auch dieses Mittel in der Heldenepik und in der Unterhaltungsliteratur der späteren Zeit bedenkenlos angewandt, und selbst die höfische Dichtung kann nicht ganz darauf verzichten, wenn sie auch sparsamer davon Gebrauch macht.

Wir sind also der Meinung, daß das typisierende und dabei im Reim stehende Adjektiv eine alte Tradition hat. Damit steht unsere frühere Feststellung, daß das attributive, charakterisierende Adjektiv selten und stets vollgewichtig eingesetzt wird (s. o. S. 344), nicht im Widerspruch. Denn erstens hatten wir es dort mit buchepischer, von Anfang an schriftlich konzipierter Dichtung und zweitens mit viel höheren geistigen und sprachlichen Ansprüchen zu tun. Eher könnte es angesichts jener Feststellung verwundern, daß in fast jeder Zeile des ‹Anno›-Zitats, mit dem wir dieses Kapitel eröffneten (o. S. 362), ein attributives Adjektiv vorkommt (jedoch kein einziges in Reimstellung). Aber das ist stilistische Absicht. Da ist noch jedes Adjektiv vollwertig und vollgewichtig, und ihre Häufung malt recht eindringlich die phantasieanregende Faszination jener alten Geschichten, die der Dichter bekämpft. Wenn allerdings in der oben ebenfalls zitierten ersten Strophe des ‹Nibelungenliedes› das Adjektiv fast ebenso vorherrscht, so entstammt das einer anderen Stilhaltung. Dort ist es die lässig und scheinbar mühelos beherrschte Wortkunst einer späteren Zeit, die — aller Stilmittel mächtig — ihrer Schilderung Lichter aufsetzt, die gar nicht mehr so intensiv leuchten sollen wie in der frühen Zeit des ‹Annoliedes›. Um das zu empfinden, braucht man nur einmal in der ‹Anno›-Strophe dem schrillen Gegensatz zwischen den *alten dingen*, den längst vergangenen, die uns nichts mehr angehen, und der brennenden Aktualität des *nû* nachzuspüren, des ‹Jetzt›, das uns selbst bedroht. Wieviel milder klingt dagegen das Attribut in den *alten maeren* des ‹Nibelungen›-Dichters, von denen ihr *nû* abermals erfahren sollt!

Gerade die Stilkunst des ‹Anno›-Dichters kann man nicht genug bewundern. Zwar in der Schlachtschilderung (Anhang Nr. VII) bedient auch er sich einiger bereitliegender Formeln; aber er begnügt sich nicht damit. Er fügt Neues hinzu und weiß auch sprachlich kunstvoll zu gestalten. In der Aufzählung der Werke Gottes (Anhang Nr. VI) und der Darstellung der Erlösung (s. oben S. 338) befolgt er den stofflich angemessenen parataktischen Zeilenstil der geistlichen Epik seiner Zeit. Dagegen faßt er das Lob der Stadt Köln und ihres Bischofs ANNO (o. S. 339) zu dem syntaktisch stilistischen Kunstwerk eines einzigen Satzgefüges zusammen.

Es ist ein großer stilistischer Reichtum, über den der Dichter des ‹Anno-Liedes› verfügt. Der Pfaffe KONRAD, mit dessen ‹Rolandslied› wir uns hier nicht in derselben Ausführlichkeit befassen konnten, darf sich in seinen sprachlichen Mitteln mit dem ›Anno‹-Dichter messen, und auch das alte ‹Alexanderlied› und die ‹Kaiserchronik› sind nicht ohne sprachlichen Glanz. Von diesen anspruchsvollen Dichtungen der frühen Zeit, zu denen natürlich auch ‹Ezzos Gesang› und manche andere geistliche Dichtung gehören, führt der Weg zur hohen Kunst der höfischen Dichtung, auch im Sprachlichen.

Es bedarf einfühlender Versenkung in die Literatur der Zeit von

1050 bis 1170, um ihre uns so fremd gewordene Sprache recht zu würdigen, und man darf sich dabei nicht durch die Fülle der gut gemeinten, aber sprachkünstlerisch nicht gemeisterten belehrenden und unterhaltenden Literatur täuschen lassen. Dringt man zu den wirklich bedeutenden Werken vor (von denen wir hier bei weitem nicht alle herangezogen haben), dann erkennt man auch, zu welcher Ausdrucksfähigkeit, in Wortschatz und Syntax, die deutsche Sprache dieser Zeit schon herangereift war. Gewiß fehlt ihr noch die Fähigkeit zum differenzierenden Ausdruck feiner begrifflicher Unterschiede. Was NOTKER in dieser Beziehung geleistet hatte, war nicht weiter ausgebaut, zum Teil sogar wieder verschüttet worden. WILLIRAMS feine Latinität, die alle die entscheidenden Begriffe in seiner Mischprosa lateinisch faßte, war daran vielleicht nicht ohne Schuld. Aber diejenigen Begriffe, deren diese Sprache sich einmal bemächtigt hatte, füllte sie mit einem deutlich erkannten Inhalt, und schon war die Zeit auch reif, das in die Sprache gebannte Geistesgut zum Allgemeinbesitz werden zu lassen. Im übrigen aber ist auch dieses zu bedenken: Begriffsabstufungen mögen geistig noch nicht erfaßt und sprachlich noch nicht ausdrückbar sein. Desto mehr ist die Fähigkeit zur Abstufung der Ausdrucksweise, des Urteils und der Aussage zu betonen, die sich in den reichen syntaktischen Möglichkeiten zeigt, welche die besten Köpfe unter den Denkern und Dichtern dieser Sprache schon abgerungen haben.

Doch eine Fähigkeit läßt die frühmittelhochdeutsche Sprache noch vermissen: Sie kann noch nicht die feineren Seelenregungen, die gemüthaften Kräfte des Individuums erfassen und zum Ausdruck bringen. Dazu ist erst die höfische Zeit imstande. Aber es ist nicht die Sprache, die auf diesem Gebiet versagt. Noch war der geistige Durchbruch nicht erfolgt, der diese neuen Bereiche erschließen sollte.

Die hohe Blüte der höfischen Dichtung bedeutet auch für die innere Geschichte der deutschen Sprache den Höhepunkt der mittelalterlichen Entwicklung. In dieser Dichtung finden die neuen Ideale des Rittertums in einer sich rasch wandelnden geistigen Welt ihren sprachlichen Ausdruck. Äußerlich gesehen bedeutet das freilich nicht viel mehr als die Eröffnung neuer Bereiche des Wortschatzes und insbesondere eine ästhetische Vervollkommnung der sprachlichen Ausdrucksmittel, die nach der langsamen Entwicklung der vorhöfischen Periode nun ungemein rasch zu unerwarteten Höhen führt. In dieser fast unvermittelt errungenen Herrschaft über die Sprache spiegelt sich jedoch ein so entscheidender Einschnitt in der Kultur- und Sozialgeschichte, daß diese Periode auch hinsichtlich ihrer Sprache als eine der wichtigsten und jedenfalls als die interessanteste des gesamten deutschen Mittelalters angesehen werden darf. Wir wollen versuchen, von der Sprache ausgehend, wie sie im Dichterwort gestaltet ist, ein Bild dieser entscheidenden Epoche des mittelalterlichen Geisteslebens zu entwerfen. Doch würde es allzu weitläufig sein, dieses Bild aus den tausenderlei Mosaiksteinchen sprachlicher Zeugnisse zusammenzusetzen. Wir müssen uns vielmehr mit wenigen Belegen begnügen und darauf aufbauend einzelne Züge dieser geistigen Welt skizzieren, von wo aus dann wieder die sprachliche Entwicklung zusammenfassend darzustellen ist.

Höfische Dichtung

Mehr noch als bei unseren bisherigen Erörterungen ist es die große Dichtung, die uns zum Zeugnis der sprachlichen Entwicklung wird. Es ist daher unumgänglich, zunächst wenigstens in groben Umrissen die literarische Epoche anzudeuten. Man pflegt die sogenannte höfische Dichtung auf den Zeitraum von etwa 1170 bis 1250 festzulegen, und es ist ritterliche Dichtung, die man unter dem Begriff des Höfischen zusammenfaßt, von Rittern geschaffen und die Probleme des ritterlichen Lebens umkreisend. Als ritterliche Gestalten waren allerdings auch schon die epischen Helden des ‹Alexanderliedes›, der ‹Kaiserchronik› und des ‹Rolandsliedes› stilisiert, und das ist einer der Gründe, warum man diese ältere Epik als ‹vorhöfisch› bezeichnet. Aber ihre Helden waren ‹Kraftritter› gewesen, dreinschlagende Haudegen, von denen vornehmlich, wenn auch nicht ausschließlich, kriegerische Heldentaten zu berichten waren.

Die höfische Literatur ist gehaltlich dadurch bestimmt, daß an die Stelle dieses altertümlichen Ritterideals ein neues Bild tritt, das wir vorläufig als das des ‹Tugendritters› bezeichnen wollen. Er ist kampfstark wie seine Vorgänger, dabei aber von einem neuen Ethos beseelt, über das noch ausführlich zu handeln sein wird (s. u. S. 385ff). Vor anderem bestimmt die ‹Minne›, die liebende, veredelnde Verehrung der hochgestellten Frau, sein Denken und Handeln, und mehr als durch alles andere unterscheidet sich die höfische Dichtung ihrem Gehalt nach durch die Auseinandersetzung mit der Liebe von den vorhöfischen Werken.

Nur achtzig Jahre lang währte die Periode der höfischen Dichtung, und selbst diese kurze Spanne Zeit, die kaum drei Generationen umfaßt, kann nicht als Einheit begriffen werden. Im Hinblick auf die epische Dichtung pflegt man den Zeitraum dreifach zu unterteilen. Von 1170 bis etwa 1185 (Heinrich von Veldeke) reicht die ‹frühhöfische› Zeit, in der das neue ritterliche Ideal vornehmlich in seinen äußeren Erscheinungen erfaßt wird und in der die Dichter die sprachlich verfeinerte Form, die sie schon deutlich anstreben, noch nicht voll beherrschen. Der zentrale, von frühestens 1180 bis etwa 1220 dauernde Zeitabschnitt, den wir als ‹höfisch› im engeren Sinne oder auch als ‹hochhöfisch› oder ‹klassisch› zu bezeichnen pflegen, wird durch drei große Namen ausgefüllt, durch Hartmann von Aue und seine beiden etwas jüngeren Zeitgenossen Wolfram von Eschenbach und Gottfried von Strassburg. Ihnen sind das Ringen um die geistige Gestalt des idealen Rittertums und die Auseinandersetzung mit der Problematik dieses Ideals ihr eigenstes, persönliches Anliegen, und das hebt sie selbst und ihre Werke weit über Vorgänger und Zeitgenossen auf die einsamen Höhen vollendeter Kunst. Dies um so mehr, als sie die tiefen Gehalte ihrer Weltschau in meisterhaft beherrschte Formen poetischer Gestaltung und in eine Vollkommenheit des sprachlichen Ausdrucks zu gießen wissen, wie sie vorher in deutscher Dichtung noch nicht erreicht worden war. Aber schon die nächste Dichtergeneration, von etwa 1220 bis 1250, sinkt, was den Gehalt ihrer vielen Werke betrifft, tief von dieser Höhe herab. Den Dichtern dieses ‹späthöfischen› Zeitabschnitts ist, was die Großen ringend geschaffen hatten, zum problemlos sicheren Besitz geworden. So bleiben sie stofflich in ausgefahrenen Geleisen, während sich ringsum auf anderen Literaturgebieten schon Neues regt, und auch ihre formvollendete Sprache, die sich nicht selten zu Spielerei und Künstelei versteigt, bleibt jedenfalls für die Sprachgeschichte unergiebig. Sie darf deshalb in unserer Darstellung außer acht bleiben.

Äußerst wichtig für die Erkenntnis des Geistes der Zeit und seiner Sprache ist dagegen neben der früh- und hochhöfischen Epik auch die höfische Lyrik. Eine Einteilung in kleinere Zeitabschnitte ist auf diesem Gebiet nicht leicht möglich. Es gibt landschaftliche Unterschiede und mancherlei thematische Überschneidungen, die eine scharfe Einteilung verbieten. Die im engeren Sinne höfische Lyrik, die anfänglich ihre stärksten Impulse aus provençalischer Dichtung empfängt, beginnt mit FRIEDRICH VON HAUSEN, der frühestens um 1170 seine ersten Gedichte schuf, und endet bei WALTHER VON DER VOGELWEIDE, der gegen 1230 starb. Die Zeit der höfischen Lyrik fällt also ungefähr mit der der früh- und hochhöfischen Epik zusammen. Das ritterliche Lebensgefühl schafft sich in dieser Lyrik seinen stärksten Ausdruck, und es ist kein Zufall, daß HEINRICH VON VELDEKE und die drei großen Epiker sich ebenfalls als lyrische Dichter einen Namen gemacht haben.

Da es uns um die Sprache der höfischen Dichtung zu tun ist, dürfen wir uns auf den Umkreis der eben erwähnten epischen und lyrischen Werke beschränken. Man sollte aber nicht übersehen, daß damit nur ein sehr kleiner Ausschnitt aus einer großen literarischen Fülle in Betracht gezogen wird. So gibt es z. B. in der hoch- und spät-höfischen Zeit den ritterlichen Unterhaltungsroman. Vor allem aber entsteht um 1200 die letzte Fassung des gewaltigen ‹Nibelungenliedes›, das sich an literarischem Rang mit den besten höfischen Dichtungen messen kann und das sich selbst an vielen Stellen von höfischem Geist beeinflußt zeigt. Aber in seiner sprachlichen Gestaltung baut es, wie auch die späteren Heldenepen, auf dem traditionellen Grunde weiter, der schon in mündlicher Tradition und danach in den vorhöfischen Epen gelegt war. Bewahrung des Alten ist daher im ‹Nibelungenliede› ausgeprägter als die sprachgeschichtlich bedeutsamen Neuerungen.

Auch die geistliche Dichtung wird weiterhin gepflegt. Schon seit der Mitte des 12. Jahrhunderts ist eine reiche, zum Teil poetisch wertvolle Marienlyrik aufgeblüht. Die geistliche Epik ist seit den Genesisdichtungen des 11. Jahrhunderts auf immer weitere Gebiete biblischer Überlieferung ausgedehnt worden, und zu Beginn der höfischen Epoche dichtet der Priester WERNHER im Gebiet des Bistums Augsburg ein Epos, das nach biblischen und apokryphen Quellen das Leben der Mutter Gottes erzählt. Andere geistliche Epen, oft auf Grundlage apokrypher Überlieferung, entstehen während der ganzen höfischen Periode und auch weiterhin, dazu auch eine Reihe von Legendendichtungen, wie sie früher schon in die ‹Kaiserchronik› eingegangen waren. Die Verfasser geistlicher Dichtungen waren nicht einmal immer Geistliche. Auch Ritter versuchten sich an diesen Stoffen, und der höfische Geist ist selbst in solchen Werken spürbar, die sicher von geistlichen Dichtern dieser Zeit stammen. Zu erwähnen wäre endlich auch noch die Lehrdichtung der höfischen Periode. Aber all diese reiche Literatur darf in einer sprachgeschichtlichen Darstellung beiseite bleiben zugunsten derjenigen Dichtung, die den sprachlichen Wandel und Fortschritt am deutlichsten erkennen läßt, und das ist eben die höfische Dichtung.

Das höfische Rittertum

Der oben S. 289 genannte frühhöfische Dichter EILHART VON OBERG sagt in seinem ‹Tristrant› (dies die von ihm gebrauchte Namensform) in einer Anrede an die *jungelinge*, die jugendlichen Ritter unter seinen Zuhörern:

Swer got mit herzin minnet
und nâch den êren ringet,
dem volget selten unheil.
ouch mag er wol sîn teil
gewinnen al des er bedarf.
ô wol in, daz er ie des warp.
swer biderbe und getriuwe ist
und dan wîslîche list
mit sitin an sîme herzin hât,
der mag des habin guoten rât,
ob in die bôsin nîden.
. . . . .
sô ist im aber mîn trehtîn
und alle guotin liute holt. (3113 ff)

‚Wer Gott in seinem Herzen liebt und nach weltlichem Ansehen strebt, den trifft kein Mißgeschick. Er wird auch seinen Anteil an allem, das ihm zum Leben nötig ist, erwerben. Wohl ihm, daß er nach solchen Zielen strebt. Wer tüchtig und getreu ist und dann noch verständige Klugheit und feine Sitte in seinem Herzen vereinigt, der braucht die bösen Neider nicht zu fürchten, sind ihm doch der Herrgott und alle edlen Menschen wohlgesinnt.'

Die Liebe zu Gott und das Streben nach einem durch eigenes ritterliches Verhalten erworbenen Ansehen (denn das bedeutet mhd. *êre*) sind also für EILHART die Grundpfeiler ritterlicher Haltung. Die Huld Gottes und edler Menschen ist die selbstverständliche Antwort auf solches Wohlverhalten. Hier ist alles noch recht vordergründig gesehen, und mit der Liebe zu Gott ist nichts anderes gemeint als die handfeste Frömmigkeit des Alltags und keineswegs wirkliche religiöse Ergriffenheit. Sorglos meint der Dichter, wer *gotes minne* und *êre* habe, brauche um des Leibes Notdurft kaum noch besorgt zu sein. Wie das zu verstehen ist, enthüllt er an einer anderen Stelle. Dort sagt Tristrant, der vom Hofe König Markes verwiesen werden soll:

is wirt guot rât. ich wil rîten dare,
dar man iz mir wol biutit
und mich guote liute
êrent unde habint liep. (3580 ff)

,Dagegen gibt es leichte Abhilfe. Ich werde irgendwohin reiten, wo man mich freundlich aufnimmt und wo edle Menschen mir Ehre und Liebe entgegenbringen.' An einem anderen Hofe werde er als angesehener Kriegsmann leicht Aufnahme finden. Hier zeichnet der Ministerial EILHART seinen Helden, der aus königlichem Geblüt stammt, wie einen Fahrenden, und es ist wohl eigene gute Erfahrung, die ihm diesen Optimismus eingibt.

Viel skeptischer äußert sich WALTHER VON DER VOGELWEIDE in seinem ersten Reichsspruch. Mit großen Sorgen (*vil ange*, d. h. ,sehr ängstlich') fragt er sich, *wi man zer welte solte leben*, ,Wie man denn eigentlich sein Leben in dieser irdischen Welt einrichten solle'. Aber er findet keine Antwort:

deheinen rât kond ich gegeben,
wie man driu dinc erwurbe,
der keines niht verdurbe.
diu zwei sint êre und varnde guot,
daz dicke ein ander schaden tuot,
daz dritte ist gotes hulde,
der zweier übergulde. (8, 10 ff)

,Ich wußte mir keinen Rat, wie man drei Werte erlangen solle, so daß keiner davon verlorenginge. Die ersten beiden sind Ansehen und irdischer Besitz (bewegliche Habe), die oft miteinander im Widerstreit liegen. Das dritte ist die Gnade Gottes, die wertvoller ist als die beiden andern.' Hatte EILHART die drei Werte problemlos nebeneinandergestellt, so sieht WALTHER das höchste Ziel, *gotes hulde*, bedroht durch das Mißverhältnis zwischen den irdischen Gütern, die zu Ehrsucht und Besitzgier führen können und, einander widerstreitend, die Ausgewogenheit der säkularen Werte so stark stören, daß der ewige Wert nicht zu erreichen ist. (Diese Auslegung ergibt sich aus der Fortsetzung des Spruches).

Anders und tiefer noch als WALTHER äußert sich WOLFRAM VON ESCHENBACH am Ende seines ‹Parzival›-Romans über das Problem, nachdem er seinen Helden auf eine an Enttäuschungen reiche Suche nach dem Gral und durch alle Gewissensqualen des religiösen Zweifels geführt hat. Als sich endlich alles zum Guten gewendet hat, kann der Dichter zusammenfassend sagen:

swes leben sich sô verendet,
daz got niht wirt gepfendet
der sêle durch des lîbes schulde,
und der doch der werlde hulde
behalten kan mit werdekeit,
daz ist ein nützetiu arbeit. (827, 19 ff)

‚Wessen Leben so endet, daß Gott nicht durch Verschulden des leiblichen Lebens um die unsterbliche Seele betrogen wird, und wer sich trotzdem durch seine edle ritterliche Haltung das Wohlwollen der Menschen bewahren kann, der hat nicht umsonst gestrebt.' Der tiefreligiöse WOLFRAM erkennt, wie schwer es ist, sich im Glanze der höfischen Welt ansehnlich und angesehen zu bewegen und trotzdem das Heil der ewigen Seligkeit nicht aufs Spiel zu setzen. Aber ein Leben lang nach der Vereinigung dieses Unvereinbaren zu streben, das ist ein *nützetiu arbeit*, eine schwere, aber lohnende Mühsal. Nur nach dem Verhältnis zwischen den Aufgaben des Menschen im Hinblick auf das Jenseits und das Diesseits wird hier gefragt; das irdische Gut ist diesem brennenden Problem gegenüber ohne Belang. Man muß sich vor Augen halten, wie aktuell und beunruhigend offen die Frage bleibt, mit der WOLFRAM seine Zuhörer am Ende des Werkes entläßt: Hat von den beiden ritterlichen Hauptgestalten seines Romans auch Gawan, der Prototyp des glänzenden Weltritters, *gotes hulde*? Oder wird diese Begnadung nur Parzival zuteil, der den schönen Schein der Artuswelt durchschreitet und in das gottbezogene Reich des Grals gelangt?

Das ist die Schicksalsfrage, die der Zeit um 1200 gestellt ist. Das alte geistliche Weltbild mit seinem Glauben an die wahre Welt des Jenseits und mit dem Diesseits als der Vorbereitung darauf ist noch nicht abgetan. Im Gegenteil: die Kreuzzugsbewegung zieht daraus ihre stärksten religiösen Antriebe. Aber gerade in den Kreuzzügen des 12. Jahrhunderts hat sich der neue Ritterstand konstituiert. Eine Gesellschaft streitbarer, waffenstolzer Männer zunächst, aus allen Ländern der Christenheit zusammenströmend und mithin internationalen Gepräges, anfangs zum Waffendienst für die Sache Gottes privilegiert, bald aber daraus auch Vorrechte im gesellschaftlichen Leben ableitend: so etwa stellen sich die Anfänge dar. Die Prachtentfaltung glänzender Fürstenhöfe und deren kriegerische Politik geben diesem vornehmen Kriegerstand den sozialen Hintergrund und verhelfen ihm zu Wirkungsmöglichkeiten, durch die seine Mitglieder sich bald als die bedeutendsten Repräsentanten ihrer Zeit fühlen können. Gesellschaftliche Ereignisse wie das Mainzer Hoffest von 1184, dessen Glanz durch Jahrhunderte unvergessen blieb, sind äußerer Ausdruck des Hochgefühls, das diesen leistungsstolzen und sozial hervorgehobenen Stand beseelt.

Dieses Hochgefühl wird von den höfischen Dichtern als *hôher muot* gepriesen, ein Begriff, der sich eher umschreibend erahnen als exakt übersetzen läßt. Er bezeichnet eine sehr komplexe Seelenlage. Standes- und Selbstbewußtsein, das Wissen, im sicheren Besitz der ritterlichen Bildung und der höfischen Formen zu sein, kurz ein Gefühl hoher menschlicher Vervollkommnung, und dies gepaart mit Freude an der Welt und an ihrem Glanz, drückt sich in der Bezeichnung *hôher muot* aus. Wieviel Raum darin für religiöses Empfinden und Jenseitshoffnung bleibt, läßt sich generell nicht beantworten. Eben dies ist die Schicksalsfrage, die jeder einzelne für sich selbst zu entscheiden hat und die auch WOLFRAM deshalb offenläßt. Der ritterliche Mensch der äußerlich so glänzenden Stauferzeit steht also in einer Konfliktsituation, die den führenden Geistern der Zeit brennend bewußt wird.

Es sind aber nicht nur die politischen und sozialen Ereignisse, die solchen Konflikt heraufbeschwören. So ist auch das vorhöfische ‹Rolandslied› noch ganz frei davon. Seine Helden, ganz und gar als Kreuzritter stilisiert, kennen keine andere Sehnsucht, als die Märtyrerkrone zu erringen und in die wahre, himmlische Heimat einzugehen. Es sind vielmehr zwei geistesgeschichtliche Ereignisse von wahrhaft unermeßlicher Tragweite, die die festgefügte Welt des Mittelalters in ihren Grundfesten erschüttern, aber – in Deutschland jedenfalls – erst in den letzten Jahrzehnten des 12. Jahrhunderts ihre explosive Kraft entfalten. Das eine ist die Entdeckung des individuellen Ich, und das andere, ebenfalls als Entdeckung zu bezeichnen, die liebende Hinwendung zum Du in der höfischen Minne. Diese beiden, vom einzelnen Individuum subjektiv erlebten Erkenntnisse brechen in die bis dahin so geschlossene, kollektive Geisteswelt des Mittelalters ein. Der Mensch, der höfisch-ritterlich empfindende Mensch zumindest, erkennt sich plötzlich als Einzelwesen und gerät dadurch in Konflikt mit der noch herrschenden Auffassung des Menschen als eines Sozialwesens in einer durch Christenpflicht verbundenen Gemeinschaft. Es ist hier nicht der Ort, auf Kausalzusammenhänge zwischen der politischen, kulturellen und sozialen Entwicklung und diesem entscheidenden geistigen Durchbruch einzugehen. Auch darf unerörtert bleiben, wo die ersten Anfänge dieses Durchbruchs sichtbar werden. In der psychologisierenden Philosophie lateinisch schreibender Geistlichkeit und danach in französischer Dichtung finden sich viel frühere Ansätze als in der deutschen Literatur. Wir brauchen jedoch nur diese letztere heranzuziehen, da uns daran liegt zu zeigen, wie sich diese geistige Entwicklung in der deutschen Sprache spiegelt und welche Veränderungen sie dort herbeiführt.

Zwar ist der Weg zum Individualismus der Renaissance und damit zur völligen Auflösung des mittelalterlichen Menschenbildes noch weit. Doch werden um das Jahr 1200 in der deutschen Dichtung die Anzeichen unverkennbar, daß die Entwicklung diese Richtung nimmt. Eines der frühesten und gleich ein besonders eindrucksvolles Zeugnis dafür ist das berühmte Selbstporträt, mit dem WALTHER VON DER VOGELWEIDE seinen schon erwähnten ersten Reichsspruch einleitet:

Ich saz ûf eime steine
und dahte bein mit beine;
dar ûf sazt ich den ellenbogen.
ich hete in mîne hant gesmogen
daz kinne und ein mîn wange.
do dâhte ich mir vil ange,
wie man zer welte solte leben. (8, 4—10)

‚Ich saß auf einem Steine und hatte ein Bein über das andere geschlagen; darauf stützte ich den Ellbogen. Das Kinn und die eine Wange hatte ich in meine Hand geschmiegt. Da dachte ich recht besorgt darüber nach, wie man in dieser Welt leben müsse.'

Dieses schon von den zeitgenössischen Buchmalern ins Bild übersetzte literarische Selbstporträt schwebt uns auch heute noch vor, wenn wir an WALTHER VON DER VOGELWEIDE denken. Es ist ein recht bezeichnendes und in seinen Traditionen für das Mittelalter typisches Bild. Schon WILHELM GRIMM (Kl. Schr. II, S. 390) machte im Jahre 1827 darauf aufmerksam, daß in einer Bilderhandschrift des ‹Rolandsliedes› der in traurige Gedanken versunkene Kaiser KARL ebenso im Bilde dargestellt wird. Und überhaupt kommt in der älteren oder jedenfalls in der gleichzeitigen epischen Dichtung jeder Einzelzug vor: das Sitzen auf einem Stein oder Felsblock, die übergeschlagenen Beine, der aufgestützte Ellbogen, das in die Hand versenkte Haupt. Es ist die typische Haltung, in der die mittelalterliche Miniaturmalerei den weisen König DAVID darzustellen pflegt (LH 149), und WALTHER ist der erste, der es wagt, sich selbst nach dem Bilde des alttestamentarischen Psalmisten und Königs darzustellen. Das ist eine unerhörte Kühnheit, und darin liegt ein hoher, von starkem Selbstbewußtsein zeugender Anspruch.

Selbstdarstellungen sind in WALTHERS Gedichten nicht selten, und oft vereinigt er dabei traditionelle Einzelzüge, sogenannte Topoi, zu einem individuell gemeinten Gesamtbild. So berichtet WALTHER etwa von den Folgen, die der Tod seines Gönners und Wohltäters, des Herzogs FRIEDRICH VON ÖSTERREICH, für ihn hatte:

dô fuort er mînen kranechentrit in derde.
dô gieng ich slîchent als ein pfâwe, swar ich gie,
daz houbet hanht ich nider unz ûf mîniu knie. (19, 31–33)

‚Da nahm er meinen Kranichtritt mit sich unter die Erde. Da ging ich schleichend wie ein Pfau einher, wo immer ich ging; das Haupt ließ ich niederhängen bis auf die Knie.' Wieder sind es konventionelle Bilder, die der Dichter verwendet. Der stechende Schritt des Kranichs gilt in der Literatur als ein Sinnbild des Stolzes, die unauffällige, langsame Bewegung des Pfaus als Bild der Demut im geistlichen, der Bescheidenheit oder Niedergeschlagenheit im weltlichen Bereich. Natürlich ist auch das gesenkte Haupt als Zeichen des Kummers literarisch vorgeprägt.

Hier wird nun nicht nur der grundsätzliche Unterschied zwischen der Haltung des Lyrikers und des Epikers deutlich, sondern vor allem das entscheidend Neue, wodurch sich Walthers höfische Lyrik auszeichnet. Im Epos werden die äußerlich wahrnehmbaren Bilder, die zur Bezeichnung innerer Zustände dienen, nicht am dichterischen Subjekt, sondern objektiv an den poetischen Gestalten beobachtet, soweit man überhaupt in älterer Zeit schon von Beobachtung sprechen darf. Denn literarische, auf die Antike zurückgehende Tradition liefert diese bezeichnenden Topoi, und man kann sie ihrem tradierten Stellenwert entsprechend überall einsetzen, ohne daß eigene beobachtende Abschilderung einer Wirklichkeit dazu nötig wäre. Wie aber Walther mit diesen herkömmlichen Topoi verfährt, das ist für die höfische Zeit sehr charakteristisch. Schon der Aufbau eines Gesamtbildes aus so vielen Einzelzügen ist vorher in deutscher Dichtung kaum versucht worden. Völlig neu aber ist ihre Verwendung zur Selbstaussage. Der Dichter kann sich jetzt, auch wenn er die Situation nur fingiert, in der Haltung des sorgenvollen Denkers selbst erleben. Noch unmittelbarer subjektiv erlebt er sich selbst in dem zweiten Bilde, was sich insbesondere an dem darin hervortretenden Humor zeigt. Denn der Spruch, der so verhalten mit der Klage über den Tod des Wohltäters einsetzt, ist ein Huldigungsgedicht auf den neuen Gönner, den Walther inzwischen gefunden hat, den König Philipp. Aus neuer Geborgenheit kann der Dichter jetzt lächelnd auf seine überwundenen Sorgen zurückblicken. In dem gegensätzlichen Bewegungsbilde der beiden Vögel und besonders in dem übertreibenden Abschluß, das Haupt habe *unz ûf miniu knie* gehangen, wird diese humoristische Selbstverspottung recht deutlich.

Indem nun – man muß fast sagen: plötzlich – das Ich erlebt werden kann, wächst auch den Wörtern eine neue Bedeutungssphäre zu. Das ist schon bei den Bezeichnungen des Körpers und seiner Glieder

der Fall. ‹Mein Haupt, meine Wange, meine Hand› können fortan in ganz anderer Weise als eigen empfunden werden, als es bei gleicher Ausdrucksweise vorher möglich war. Noch deutlicher wird der Bedeutungszuwachs bei der Bezeichnung der Gesten. Von Pfau und Kranich war immer nur im Vergleich die Rede gewesen, ‹wie ein Kranich› und ‹wie ein Pfau›; niemals zuvor hat, soweit wir wissen, ein deutscher Dichter seine eigenen Bewegungen unter diesem Bilde dargestellt, und jetzt erst wird das Wort *kranechentrit* zur Bezeichnung einer menschlichen Art des Schreitens und gleichzeitig zum Sinnbild eines am Ich erlebten Seelenzustandes.

Es ist aber weder WALTHER allein, der sich als Individuum erkennt, noch dient einzig die äußere Geste zum Ausdruck seelischen Erlebens. Unter ungemein vielen Zeugnissen der Ich-Erkenntnis scheint uns das folgende Beispiel besonders bemerkenswert. HARTMANN VON AUE schildert an einer Stelle seines ‹Iwein›-Romans den Helden in einer Seelenlage, in der ihn mitten im Glück die Vorahnung kommenden Unheils überfällt. Um diese Stimmung recht deutlich zu machen, schreibt Hartmann:

im wîssagte sîn muot,
als er mir selbem dicke tuot:
ich siufte, sô ich vrô bin,
mînen künftegen ungewin. (3097 ff)

‚Er hatte Vorausahnungen, wie auch ich sie oft genug habe: Ich beginne, wenn ich recht glücklich bin, über künftige Mißhelligkeiten zu seufzen.' In der Absicht, seinen Zuhörern das seelische Erleben des Romanhelden recht nahezubringen, spricht der Dichter von seinen eigenen Zuständen. Das sind abermals neue, in der deutschen Literatur noch nicht gehörte Töne, und sie setzen die Entdeckung des individuellen Ich voraus. An dieser Stelle wird außerdem deutlich, daß es nicht nur die Avantgardisten, die Dichter selbst sind, die die eigene Individualität erkannt haben. Denn HARTMANN appelliert an das Verständnis seiner Zuhörer, nimmt also bei ihnen die gleiche zergliedernde Beobachtung des eigenen Ich an, zu der er selbst fähig ist. Nur ein solches Publikum, in dem jeder einzelne gelernt hat, sich als Individuum zu verstehen, kann auch den hohen Anspruch würdigen, den große, anerkannte Dichter mit der Betonung ihres Ich erheben. So beginnt WALTHER sein berühmtes ‹Deutschlandlied› mit den Versen:

Ir sult sprechen willekomen:
der iu maere bringet, daz bin ich (56, 14 f)

‚Heißt mich willkommen; denn der euch Neuigkeiten bringt, ist kein anderer (d. h. kein geringerer) als ich.' WOLFRAM sagt einmal in seinem ‹Parzival›:

> *Ich bin Wolfram von Eschenbach*
> *unt kan ein teil mit sange* (114, 12 f),

‚... und ich verstehe meine Kunst.' Zwar hatte auch schon der Dichter der ‹Genesis› manche seiner Abschnitte mit einem *ich weiz* eingeleitet. Doch dort entstammte es epischer Tradition, war dasselbe farblose Ich des epischen Erzählers, das wir auch schon im ersten Vers des althochdeutschen ‹Hildebrandliedes›, *Ik gihôrta dat seggen*, oder des ‹Wessobrunner Gebets›, *Dat gafregin ih*, vernommen haben. Was uns dagegen aus den Versen WALTHERS und WOLFRAMS entgegenklingt, das ist ein ganz neues Selbstbewußtsein, ein — wie man aus den Zitaten fast schließen möchte — überwältigendes Erkennen der ganz individuellen Persönlichkeit.

Es ist klar, daß sich bei solchem Durchbruch der Ich-Erkenntnis auch der zur Bezeichnung des Seelenlebens dienende herkömmliche Wortschatz mit erweitertem Inhalt füllen muß. Begriffe wie *vröude* (ahd. *frawida*, vgl. oben S. 157) ‚Glück' und *riuwe* (ahd. *riuwa*, ebda. S. 247) ‚Traurigkeit, Leid' müssen notwendigerweise durch die Beziehung auf das persönliche Erleben des Menschen in der Welt eine neue, subjektive Bedeutungsfärbung annehmen. Bevor wir aber auf sprachliche Entwicklungen eingehen, wollen wir zunächst auch auf die zweite der großen, bewegenden Kräfte einen Blick werfen, die in der höfischen Epoche zum Durchbruch kommen.

Höfische Minne

Plötzlich also entdeckt die höfische Welt auch die Liebe. Es ist erlaubt, so zu sprechen, denn für eine individuelle, auf zugleich seelischer und sinnlicher Zuneigung beruhende Liebe zwischen Mann und Frau hatte das Mittelalter bis dahin keinen Raum gehabt. Oder wenn in der faktischen Lebenswirklichkeit dieser Raum vermutlich auch schon vorher nicht ganz gefehlt hat, so gab es bis dahin doch jedenfalls nicht die Möglichkeit, ihn geistig zu erfassen, geschweige denn auszumessen. Das von der Kirche erarbeitete Begriffssystem kannte nur zwei Arten der Liebesbeziehung: die *caritas*, die selbstlose Liebe zu Gott und zum Nächsten, und den *amor*, meist mit dem herabsetzenden Attribut *amor carnalis*, den selbstsüchtigen leiblichen Liebestrieb, der auch als *concupiscentia*, mhd. *huorlust* ‚unkeusche Begierde' bezeichnet wird. Die Ehe war in diesem Denksystem keineswegs eine Liebesgemeinschaft zwischen Mann und Frau, sondern hatte als Zweck die *procreatio prolis* ‚die Erzeugung von Nachkommen'; außerdem galt sie als *remedium concupiscentiae*, eine (kirchlich geduldete) ‚Abhilfe gegen die Fleischeslust'. Anderseits wurde die Ehe als weltliche Institution als ein vertragsmäßiges Bündnis zur Sicherung des Besitzstandes und legitimer, die Fortdauer des Besitzes garantierender Erben betrachtet. Das Verlöbnis, oft schon von den Eltern für unmündige Kinder abgeschlossen, bedeutete einen Vorvertrag im Hinblick auf diese Ziele. Aus solcher Eheauffassung heraus kann der Dichter der ‹Wiener Genesis› mit der Gelassenheit des Geistlichen, der den Lauf der Welt kennt, von Adam und Eva berichten, die nach dem Sündenfall allen menschlichen Schwächen unterworfen sind:

Adam sîn wîb erchande,
sô noch site ist in dem lande.
er hete mit ir minne,
so man noch spulget hinnen und ennen (1051 ff)

‚Adam nahte sich seinem Weibe, wie es noch Brauch im Lande ist. Er hatte mit ihr Liebesumgang, wie man es noch heute allerorten treibt.' Wir zitieren diese Stelle, weil hier von ehelicher Liebe im modernen Sinne keine Spur zu finden ist, und vor allem, weil das in höfischer Zeit so hoch erhobene Wort mhd. *minne* hier noch als ganz sachliche Übersetzung von lat. *amor carnalis* verwendet wird.

Aber nun ist in der höfischen Gesellschaft, für uns zuerst in der Dichtung der provençalischen Troubadours erkennbar, eine ganz neue Auffassung der Liebe entstanden. Sie ist nicht *caritas*, denn der Liebende wirbt um Gegenliebe. Doch ist sie auch nicht *amor carnalis*, jedenfalls nicht im Sinne des grobsinnlichen Triebes. Vielmehr ist sie eine auf sublimierter Erotik beruhende Zuneigung, die die Steigerung aller Seelenkräfte verursacht und die als erzieherische Kraft der Veredelung des Liebenden dient.

Man wird, um diese Minnekultur zu verstehen, die gesellschaftlichen Verhältnisse der Zeit nicht außer acht lassen dürfen. Die großen glanzvollen Fürstenhöfe können nicht gedacht werden, ohne daß man auch den Frauen ihre gesellschaftliche Rolle zuerkennt. Nicht umsonst und nicht ohne Anlehnung an die Wirklichkeit wird in den großen höfischen Romanen geschildert, wie der Liebreiz der Frauen, ihre Schönheit und auch ihr Kleiderprunk den Glanz der Feste erhöhen. Entsprechend der mittelalterlichen Gesellschaftsordnung trat aber das junge, unverheiratete Mädchen kaum aus der behüteten Geborgenheit der Frauengemächer hinaus in die Öffentlichkeit der Hofgesellschaft. (Man denke z. B. an die allerdings poetisch steigernde

Darstellung des ‹Nibelungenliedes›, nach der Kriemhild manchmal verstohlen nach dem jungen Siegfried Ausschau hält, der Held aber über ein Jahr lang am Hofe weilt, bevor er sie gelegentlich eines Siegesfestes und unter Wahrung streng höfischen Zeremoniells zum ersten Male erblicken und begrüßen darf). Nur die verheirateten Frauen, an ihrer Spitze die Fürstin selbst, sind es, die in öffentlicher Gesellschaft erscheinen. An ihrem Anblick entzündet sich die Liebe der ritterlichen Jugend, und in der Gesellschaftskunst des Minnesangs findet diese aus der Ferne verehrende Liebe ihren Ausdruck. Soll allerdings die Minne nach höfischer Auffassung als Erziehungsmacht zur Vervollkommnung des Mannes dienen, so kann auch nur die reife Frau dabei Führerin sein. Schon das Minne-Ideal selbst schließt demnach das unerfahrene junge Mädchen als Partnerin aus. Immer ist es daher die hochgestellte, verheiratete Frau, an die diese Minnelieder sich richten, und niemals wird ein Name genannt. Das verbietet schon die soziale Stellung der verehelichten Damen. So wird der Minnesang Gesellschaftskunst, die Lieder werden öffentlich am Hofe vorgetragen. Der Sänger bekennt seine Liebe und wirbt um Liebe, aber niemand in dem erlauchten Kreise soll wissen, an wen das Lied gerichtet ist, außer der einen, deren Aufmerksamkeit der Sänger werbend auf sich ziehen möchte oder von der er ein Zeichen gnädiger Annahme seiner Huldigung erfleht.

Wir brauchen nicht Vermutungen darüber anzustellen, welche Spannungen und menschlichen Konflikte diese poetischen Werbungen in der Lebenswirklichkeit der Höfe heraufbeschworen haben mögen. Als Kulturideal jedenfalls bedeutet diese Kunst die liebende Verehrung der *frouwe*, d. h. der ‚Herrin', als deren *man*, d. h. ‚Lehnsmann', der Sänger sich auffaßt und bezeichnet. Das Verhältnis ist also nach dem Vorbilde der Feudalordnung zwischen *herre* und *man*, Lehnsherrn und Lehnsmann, stilisiert, und dementsprechend *dienet* der *man* durch seine Werbung *umbe lôn* ‚um die Belohnung', die er von der *frouwe* erwartet. Wie immer es damit in der Wirklichkeit ausgesehen haben mag, in der Dichtung sind es ein freundlicher Blick der Anerkennung, ein holdes Lächeln, ein verstohlener Wink, die Lohnes genug für langes Dienen wären. Denn diese Minne, die alle stärksten Empfindungen des seiner selbst bewußt gewordenen Ich aufregt, jubelndes Glück und öfter zagenden Kummer, vor allem aber ständiges Sehnen, diese Minne wird vor allem um ihrer läuternden, erzieherischen Wirkung willen gepriesen. In der verehrenden Liebe zu der zum Ideal verklärten Herrin will der Mann die Veredelung seiner selbst erfahren. Er möchte sich durch die Minne zu der höfischen Vollkommenheit emporläutern, auf der nach seiner Vorstellung die *frouwe* steht. Davon mag hier die Strophe des Minnesängers ALBRECHT VON JOHANSDORF zeugen, die am Schluß eines siebenstrophigen Gedichts steht. Der Dichter fingiert in diesem Lied eine unbeobachtete Begegnung mit der geliebten *frouwe*. Er antwortet auf ihre erstaunte Frage, wie es zu der Begegnung komme: *frouwe, ez ist alsô geschehen*, ‚Herrin das ist ein reiner Zufall' mit einer Ausrede, die verliebten Leuten auch heute noch geläufig ist, und klagt ihr seinen *senden kumber* ‚seine kummervolle Sehnsucht' nach ihr. Ihre ablehnende Haltung werde noch seinen Tod verursachen (*iur haz tuot mir den tôt*). Die Frau antwortet: *werte ich iuch, das hetet ir êre; sô waer mîn der spot*, ‚wäre ich euch zu Willen, so trüge es zu eurem Ansehen bei; ich aber würde zum Gespött der Leute werden.' Nach weiterem Hin und Her, in dem die Dame die Ablehnung seiner Werbung nur noch stärker betont, bringt die letzte Strophe den Abschluß des Zwiegesprächs:

Sol mich dan mîn singen
und mîn dienst gegen iu niht vervân?
iu sol wol gelingen:
âne lôn sô solt ir niht bestân.
wie meinet ir daz, frouwe guot?
daz ir deste werder sît und dâ bî hôch gemuot. (94, 9)

‚Soll mir denn mein Minnesang und mein Dienst, den ich euch leiste, gar nichts einbringen?' ‚O doch, ihr sollt Vorteil davon haben. Ohne Belohnung sollt ihr nicht bleiben.' ‚Wie meint ihr das, edle Herrin?' ‚Ihr sollt (durch euren Minnedienst) immer vollkommener werden und dadurch hohen Mut erwerben.' Wir werden es nicht ergründen, ob der Dichter mit dem von der *frouwe* in der Schlußpointe verheißenen *lôn* für seinen *dienest* zufrieden ist. Aber das ideale Ziel der höfischen Minne, *daz ir deste werder sît*, ist hier jedenfalls ausgesprochen.

Tief aufgewühlt von der überwältigenden Macht der Minne und des eigenen empfindenden und leidenden Ich schmerzhaft bewußt geworden, spüren diese Dichter den eigenen Seelenregungen bis in die feinsten Differenzierungen nach und verstehen es, ihnen in sublimer Feinheit der Sprache Ausdruck zu geben. Die neue, verfeinerte Psychologie schlägt sich allerdings kaum in neuen Wörtern nieder, sie muß vielmehr, wie schon unsere wenigen Beispiele zeigen, dem Gesamtzusammenhang der manchmal raffiniert schlichten, zuweilen auch sehr preziösen sprachlichen Aussage interpretierend entnommen werden. Daher verbietet es sich von selbst, diesen neuen sprachlichen Reichtum über die andeutenden Beispiele hinaus auszubreiten. Der Hinweis auf die neuen Ausdrucksmöglichkeiten darf hier genügen; das übrige muß der sorgfältigen Lektüre höfischer Dichtung und der Freude des eigenen Findens überlassen bleiben.

In Nr. IX des Anhanges sind einige Textproben aus höfischer Dichtung abgedruckt. Sie geben einen besseren Eindruck vom Geist und von der Sprache dieser Zeit, als umständliche Beschreibungen es vermöchten. Die beigefügte sorgfältige, wenn auch recht prosaische Übersetzung soll darauf aufmerksam machen, welche andersartigen Bedeutungen die uns zum Teil ganz vertraut erscheinenden Wörter und Satzverbindungen noch hatten. Das erste Stück, der Einleitung von HARTMANNS ‹Iwein› entnommen, soll ergänzend zu den obigen Erörterungen über das höfische Rittertum (S. 387f) das ritterliche Ideal, wie es in der Gestalt des Königs Artus zusammengefaßt wird, zeigen. Der Ausschnitt aus EILHARTS (frühhöfischem) ‹Tristrant› (Nr. IX B) entwirft das Bild eines vollkommenen Ritters, gesehen mit den Augen einer liebenden Frau, und zeigt zugleich die Verwirrung, die die Minne in einem jungfräulichen Herzen anrichtet. GOTTFRIEDS Schilderung (Nr. IX C) soll zeigen, wie es diesem feinsten Psychologen unter den höfischen Dichtern gelingt, die sich siegreich durchsetzende Liebe in lauter Einzelzügen zu schildern. Den Jubelsang des Minnesängers HEINRICH VON MORUNGEN endlich (Nr. IX D) haben wir ausgewählt, um von der Kunst der Selbstbeobachtung und der Feinheit ihrer poetischen Darstellung doch wenigstens ein kleines Beispiel zu geben.

Die Minne, die große Bewegerin der höfischen Zeit, wird bei den frühhöfischen Dichtern noch empfunden und dargestellt wie ein Zauber, eine dämonische Macht, eine Krankheit, die den Menschen überfällt, und der Ausdruck *minnesiech* ‚vor Liebe krank' kommt selbst noch bei GOTTFRIED VON STRASSBURG in ganz konkreter Bedeutung vor. Bei EILHART und bei HEINRICH VON VELDEKE wird der überwältigende Einbruch der Liebe ins Menschenleben auch noch ganz durch Krankheitssymptome beschrieben. Die Liebenden erröten und erblassen, werden abwechselnd heiß und kalt, ihnen vergeht der Appetit, sie sind dem Wahnsinn nahe, fallen in Ohnmacht und glauben, von der Macht der Gefühle überwältigt, sterben zu müssen. Zum mindesten das wird in solchen Darstellungen klar, daß man das Neue, das mit der Entdeckung der Liebe in die Welt gekommen ist, als eine Bedrohung der bisherigen, festgefügten Weltordnung empfindet.

Der Entdeckung folgt in der höfischen Dichtergeneration die Anerkennung der neuen Macht, die in das Leben der Menschen getreten ist. Freilich, die harmonistische Lösung HARTMANNS VON AUE, der den Minnedienst in die Ehe verlegt und die Gattin zur Minneherrin macht, bleibt eine romanhafte Scheinlösung, die der Realität nicht standhält. Denn in der Lebenswirklichkeit bleibt die Ehe nach wie vor eine Zweckverbindung und steht ganz außerhalb des Hof- und Minnedienstes. HARTMANNS größere Nachfolger suchen daher die

Lösung des Konfliktes auf anderem Wege: GOTTFRIED VON STRASSBURG, indem er die unbedingte Bejahung der seelisch-sinnlichen Liebesgemeinschaft fordert ohne Rücksicht auf die banale Ehebindung, und WOLFRAM VON ESCHENBACH, indem er in der visionären Schau des großen Dichters an die Stelle der höfischen Minne, die er für seinen Gawan gelten läßt, die voll erfüllte Liebesehe setzt. Seine beiden Heldenpaare, Parzival und Condwiramurs und viel realistischer noch Willehalm und Gyburg, sind in einer ehelichen Liebesgemeinschaft von so hoher sittigender, den Menschen zur Vollkommenheit führender Kraft verbunden, daß dahinter die hohe, höfische Minne ins Wesenlose versinkt. Aber mit dieser poetischen Vision ist der Dichter der Realität seiner Zeit um Jahrhunderte voraus.

Das Weltbild des Hochmittelalters

Die Liebesbeziehung zwischen dem Ich, das seiner selbst bewußt geworden ist, und dem ebenso als Individuum erlebten Du wird also gegen Ende des 12. Jahrhunderts erkannt und jedenfalls in der höfischen Gesellschaft gepflegt und anerkannt. Das ist nicht mehr der alte *amor carnalis* der christlichen Theologen, sondern eine souveräne Macht, und das wird nun entscheidend. Diese Liebe wird nicht mehr als etwas Dämonisches, also letztlich vom Teufel in die Welt Gesandtes aufgefaßt – so sehr die Geistlichkeit noch lange dazu neigen mag –, sondern die Seher und Sänger der Höfe empfinden sie als gottgewollt und gottgesandt. Damit aber kann sie nicht mehr als ein Element der Unordnung abgetan werden, und wenn z. B. GOTTFRIED VON STRASSBURG von der *liebe reht, der minne ê* spricht (vgl. Anh. IX C), so sind *reht* und *ê* hier ganz objektiv in dem oben S. 357 erörterten Sinne der göttlichen Rechtsordnung zu verstehen.

Aber die Liebe, die den Menschen so unwiderstehlich in ihren Bann schlägt, wird bei den Dichtern der Zeit, wenn auch nicht mehr als eine dämonisch-teuflische, so doch als eine überirdische, von außen kommende Macht begriffen. Daher hat sie in dem alten Wertsystem, das über den irdischen Gütern der Ehre und des Besitzes nur das eine höchste Gut, die Gnade Gottes, kannte, keinen rechten Platz. Die extreme Lösung, welcher GOTTFRIED zuzuneigen scheint, Gott und die Minne gleichrangig als zwei oberste Güter zu betrachten, erscheint uns blasphemisch und ist mit der Frömmigkeit des Mittelalters erst recht unvereinbar. Man bemüht sich daher, die Macht der Minne Gott zu- und unterzuordnen; auf jeden Fall aber wird sie in überirdischen Bereichen angesiedelt. Das bedeutet aber nicht mehr und nicht weniger, als daß die klare Trennung zwischen Jenseits und Diesseits aufgehoben wird; denn natürlich übt die Minne ihre

Macht im irdischen Leben aus, und so vermessen sind auch die höfischen Sänger nicht, daß sie sich ein Minneleben im Jenseits erhoffen.

In diesem Zwiespalt zersetzen sich nun auch die alten Begriffe, und das ist der sprachgeschichtlich bedeutsamste Aspekt der höfischen Periode. Wenn HEINRICH VON MORUNGEN (vgl. Anh. IX D) von einem ermunternden Wort der geliebten Herrin behaupten kann, daß es *mir durch die sêle mîn mitten in mîn herze gie*, so verwendet er hier das Wort *sêle* in einer neuen Bedeutung. Hier ist nicht mehr der unsterbliche Anteil des Menschen an Gottes Geist gemeint, jedenfalls nicht in erster Linie, sondern es kündigt sich zumindest der moderne Seelenbegriff schon an. Wenn außerdem an dieser Stelle in Verbindung mit *sêle* das Wort *trôst* auftaucht, so liegt es nahe, dafür ebenfalls Herkunft aus geistlichem Bereich anzunehmen, obwohl ahd. mhd. *trôst* ‚Hilfe, Beistand' sonst gelegentlich auch in rein weltlicher Bedeutung vorkommt. Auch bei dem Adjektiv *saelig*, das übrigens mit *sêle* nicht verwandt ist, kann man den religiösen Bezug nicht überhören, und *wunne* wird bis an die Schwelle der höfischen Zeit vornehmlich von der Wonne des Paradieses und der ewigen Freude der Seelen im Jenseits gebraucht.

Wie nahe Religion und Minnegedanken beieinanderliegen, kann unter sehr vielen anderen die folgende Strophe FRIEDRICHS VON HAUSEN zeigen:

Swes got an güete und an getât
noch ie dekeiner frowen gunde,
des gihe ich im daz er daz hât
an ir geworht, als er wol kunde.
waz danne, und arne ich'z under stunden?
mîn herze es dicke hôhe stât.
noch möhte es alles werden rât,
wolden sie die grôzen sunde
geriuwen, dies an mir begât (MF 44, 21 ff)

‚Was Gott an Seelenadel und edlem Äußeren noch niemals einer Frau vergönnt hat, das hat er – preisend bekenne ich es – an ihr mit ganzer Meisterschaft verwirklicht. Was schadet es, wenn ich zuweilen darunter leiden muß? Oft ist mein Herz dadurch auch hoch gestimmt. Alles könnte sich noch zum besten wenden, wenn sie über die große Sünde, die sie an mir begeht, Reue verspüren würde.' Nicht nur, daß hier die verehrte Frau als ein Wunderwerk aus Gottes Schöpferhand gepriesen wird, ist an dieser Liebesstrophe bemerkenswert, sondern daß dieser religiöse Bezug durchgehalten wird. Denn dadurch werden auch das Liebesleid und die Herzenserhebung des

Dichters als im Einklang mit Gottes Absicht stehend verstanden. Das wird ganz deutlich in den beiden Schlußversen, in denen das Verhalten der Frau als Abkehr von Gottes Willen dargestellt wird. Denn das beabsichtigt der Dichter, indem er es als *sunde* bezeichnet, die die Frau *geriuwen* müsse.

Es ist eine gewagte Formulierung, die der Dichter hier verwendet, und leicht können sich die Begriffe ‹Sünde› und ‹Reue› in solchem Zusammenhang aus dem religiösen Bezug lösen, wie es dann deutlich der Fall ist in WALTHERS launigem Lied vom Strohhalm-Orakel (65, 33): *Mich hât ein halm gemachet vrô: er giht, ich sül genâde vinden.* Schon das im Minnesang so häufige Wort *genâde* wird ja vorher fast ausschließlich in geistlichem Bezug auf Gottes Erbarmen gebraucht. Dann aber schildert der Dichter sein Abzählspiel, welches, sooft er es versucht, gut ausgeht; *daz troestet mich* (wieder ein alter geistlicher Begriff), *dâ hoeret ouch geloube zuo:* ‚dazu gehört natürlich Glauben'. Das hat nichts mehr mit dem Christenglauben zu tun, und mag auch diese nichtreligiöse Gebrauchsweise des Wortes in volkstümlicher Alltagssprache schon vorbereitet gewesen sein, so ist sie doch in literarischer Sprache neu. Wie *geloube* stammt auch *gedinge* ‚Hoffnung' aus der geistlichen Sphäre, und besonders deutlich ist das neben *riuwe* ‚Trauer' und ‚Reue' bei einem Wort wie *buoze* der Fall, das im Minnesang gern auf Wiedergutmachung eines Liebesvergehens angewandt wird.

So werden durch den Gebrauch in der Minnesphäre sehr viele überkommene geistliche Begriffe auf den Weg der Säkularisation gedrängt. Sie gewinnen in dem neuen Vorstellungskreis neue weltliche Gehalte, und je mehr sich die Hohe Minne aus den metaphysisch-religiösen Bezügen löst, in denen sie, wie wir sahen, ohnehin keinen rechten Platz hat, desto mehr muß die Tendenz zur Verweltlichung der Begriffe in Erscheinung treten. Denn da der Mensch dieser Zeit begonnen hat, alle überkommenen Begriffe und Vorstellungen mit Beziehung auf das Ich und das damit minnend verbundene Du erneut zu durchdenken, hat dieser Prozeß der Säkularisierung sehr weitreichende Folgen. Die zwischenmenschliche Bezogenheit tritt stärker ins Bewußtsein, die Transparenz auf das Ewige hin nimmt ab. Denn innerhalb der früheren vertikalen Bindung zwischen Gott und der kollektiv verstandenen Menschheit ist nun im Bereich des Menschseins die horizontale und subjektive Ich-Du-Beziehung entstanden, die anfangs durch ihre überwältigende Neuheit das Ältere, schon Gesicherte, in den Hintergrund drängt und sich späterhin als ein Feld erweist, auf dem tagtäglich neue Erfahrungen und Entdeckungen möglich sind. Das Diesseits wird nicht mehr allein im Hinblick auf die Ewigkeit als Durchgangsstadium angesehen, sondern bekommt mehr und mehr auch seinen eigenen Wert. Dieser Vorgang vollzieht sich nur langsam im Verlauf von Jahrhunderten und unter schweren Erschütterungen und Gegenströmungen; aber er setzt sich durch und schafft eine der geistigen Grundlagen für die Neuzeit, die das Mittelalter ablösen soll. Hier brauchen wir nur seine Anfänge in Betracht zu ziehen, und die werden uns im deutschen Sprachbereich in der Periode der höfischen Kultur und Geistigkeit sichtbar.

Vielleicht hat der Mensch des christlichen Abendlandes abermals ein Paradies verloren, indem er die behütenden geistigen Schranken des Mittelalters durchbricht. Aber neue und weite Bereiche liegen nach diesem Durchbruch zu Entdeckung und Eroberung bereit. Vom Ich führt der Weg zum Du, vom Menschen zur Natur. Die Erde weitet sich zur Welt, das Erleben in der Zeit zur Geschichte. Ohne sich selbst dessen bewußt zu werden, verläßt der höfische Mensch die Bahnen des Mittelalters und schlägt den Weg in die Neuzeit ein.

Jeder Wandel bedeutet zugleich Verlust und Gewinn. Das ist auch bei diesem Vorgang der Säkularisierung und hier auch im Bereich des Sprachlichen zu sehen. Grundbegriffe wie *wârheit, reht* und *orden, ordenunge* werden relativiert, indem sie ihren transzendentalen Bezug auf Gottes Ewigkeit einbüßen; und wenn *geloube* zum Ausdruck menschlichen Wähnens dienen kann, ist der tiefe Gehalt der religiösen Bezeichnung *geloube* in Gefahr zu verflachen. Anderseits können Begriffe aus dem sakramentalen Bereich wie *riuwe* und *buoze* eher gewinnen, indem sich die abstrakte Kühle des geistlichen Begriffs mit dem Erlebnisgehalt menschlichen Empfindens auflädt.

Gerade im Bereich des menschlichen Seelenlebens ist der Zuwachs an psychologischer Erfahrung deutlich in der Durchwärmung und Vertiefung der Begriffe spürbar. Wir haben es schon an dem Wort *minne* gesehen, das jetzt den Inbegriff einer aufs höchste sublimierten, vergeistigten Erotik ausdrückt und mit einer Fülle von Assoziationen edlen Menschentums beladen ist. Ähnlich entwickelt sich der Begriff *triuwe* ,Treue' vom juristischen Terminus ‹Vertragstreue› zu einem tief menschlichen, als ethische Bindung gesehenen Wert. Die *triuwe* der Minnesänger und mehr noch die *êlîche triuwe* Wolframs von Eschenbach, ,die eheliche Treue', stehen hoch über allem formalen Zwang und drücken nunmehr die unwandelbare seelische Bindung aus, die das Ich im Verhältnis zum Du als verpflichtend erlebt. Schon beginnt auch der Begriff der *êre*, der in höfischer Zeit in erster Linie noch, wie früher schon, das Ansehen nach außen bedeutet, sich auf Innerliches hin, das Ehrgefühl, zu entwickeln. Der souverän werdende Mensch erkennt, daß befreites Denken und Handeln eine neue, innermenschliche Gesetzgebung erfordert, und dafür sind ethische Begriffe wie *triuwe* und *êre* mit ihren neuen, Selbstverpflichtung bedeutenden Inhalten die ersten Anzeichen. Im übrigen läßt sich wahrscheinlich machen, daß auch die Idealbegriffe höfischen Rittertums wie *mâze*, ‹das maßvolle Verhalten bei allen Handlungen›, und *zuht*, ‹höfische Erziehung und die darauf gegründete Selbstzucht›, nicht allein als äußere, gesellschaftliche Wertmaßstäbe gesehen werden. Sie nähern sich zumindest dem Bereich subjektiver Charakterwerte.

Höfische Neuwörter

Gegenüber diesen großen, auf geistigen Bewegungen beruhenden Bedeutungswandlungen des deutschen Wortschatzes, die sehr weite Gebiete ergreifen und fortgesetzt weiterwirken, verblassen die sonstigen sprachgeschichtlichen Beobachtungen, die noch anzustellen sind. Da ist in erster Linie der umfangreiche Bestand an französischen Lehnwörtern zu erörtern, der in dieser Zeit aufgenommen wird. Denn das Rittertum und die neue höfische Gesellschaft hatten sich in Frankreich und danach in den Niederlanden früher und rascher entwickelt als in Deutschland, und so drang die neue Gesellschaftskultur von Nordfrankreich nach Flandern und Brabant und von dort weiter nach Deutschland vor. Das Rheintal wurde das große Einfallstor der höfischen Kulturbewegung, die sich im deutschen Westen sehr rasch ausbreitete, die entlegeneren Gebiete dagegen nur zögernd und in schwächeren Wellen erreichte. Mit den neuen Kulturformen strömten auch viele neue Ausdrücke aus Frankreich und den Niederlanden ein, und man muß annehmen, daß sie in der Gesellschaftssprache der höfischen Kreise wirklich als ein modischer Aufputz gebraucht wurden. Sonst würde GOTTFRIED VON STRASSBURG, wenn er die höfische Atmosphäre darzustellen sucht, nicht so häufig von französischen Floskeln Gebrauch machen. Er schildert z. B. die Szene der ersten Begrüßung zwischen König Marke von Curnewales und Tristan, der aus dem Lande Parmenien stammt, wie folgt:

Marke sach Tristanden an:
‚vriunt', sprach er, ‚heizestû Tristan?'
‚jâ herre, Tristan; deu sal!'
‚deu sal, beas vassal!'
‚merci', sprach er, ‚gentil rois,
edeler künic curnewalois.'
. . . .
dô wart gemerzîet
wunder von der hovediet.
si triben niwan daz eine liet:
‚Tristan, Tristan li Parmenois,
cum est beas et cum curtois.' (3351 ff)

‚Wie schön er ist und wie höfisch': mit diesen Worten schließt die Stelle, die wir im einzelnen nicht zu übersetzen brauchen. Zwar sagt GOTTFRIED mit kühner Wortbildung: *dô wart gemerzîet* (‚Dank gesagt') *wunder*, und er scheint sich damit über das französische Parlieren lustig zu machen, aber desto eher muß man annehmen, daß er dieses Französisch selbst verwendet, um den höfischen Ton möglichst genau zu treffen.

Neben anderen Zeugnissen, die wir beiseite lassen, sollen hier noch die Worte zitiert werden, die der Dichter WERNHER DER GÄRTNER dem Bauernsohn Helmbrecht in den Mund legt, der unter die Raubritter gegangen ist und nun, aufgebläht von vermeintlicher Vornehmheit, einen Besuch im Elternhaus macht.

Zur Begrüßung der Jugend, die ihm entgegeneilt, sagt Helmbrecht

vil liebe soete kindekîn,
got lâte iuch immer saelec sîn,

und schon hier mischt er, dessen Heimat nach Aussage des Dichters im Niederösterreichischen zu suchen ist, flämisierende Sprachformen ein, die im Hochdeutschen *süeze, kindelîn, lâze* lauten sollten. Seine Schwester begrüßt er mit den lateinischen Worten *gratia vester.* Dann fährt der Dichter fort:

zem vater sprach er: ‚deu sal!'
zuo der muoter sprach er sâ
bêheimisch: ‚dobra ytra!'

Nun beginnt ein Rätselraten, woher er stammen möge. Die Mutter meint:

er ist niht unser kint,
er ist ein Bêheim oder ein Wint,

‚er stammt aus Böhmen oder dem slawischen Wendlande.' Der Vater sagt: *er ist ein Walh,* ‚er stammt (wegen seiner französischen Anrede) aus dem Welschlande.' Die Schwester hält ihn wegen seines Lateins für einen Geistlichen, und der Knecht urteilt nach der Sprache, die er von ihm vernommen habe,

sô ist er ze Sahsen
oder ze Brâbant gewahsen.

Der Bauer erbietet sich sodann, mit eigener Hand das Pferd des sonderbaren Fremdlings zu versorgen, kommt damit aber gerade an den Rechten:

Ey, waz snacket ir gebûrekîn
und jenez gunêrte wîf?
min parit, mînen clâren lîf
sol dehein gebûric man
zwâre nimmer gegrîpen an. (717 ff)

‚Ei, was redet ihr Bäuerlein und das unansehnliche Weib da. Mein Pferd und mich selbst (meinen herrlichen Leib) darf ein Bauerntölpel niemals anfassen.' Wieder sind es hier die unverschobenen Laute in *gebûrekîn, parit* und *gegrîpen*, die nördlichen Dialektformen statt *lîp* und *wîp*, das im Hochdeutschen nicht vorkommende Verbum *snacken*, dazu das Fremdwort *clâr*, die – in dieser Dichtung natürlich in bewußt komischer Kontrastwirkung – die höfische Rede ironisierend charakterisieren sollen. Vielleicht nicht so kraß, aber doch in einer Weise, die GOTTFRIED und WERNHER Anstoß zu ihrer Darstellung gab, wird die Sprache der höfischen Gesellschaft mit fremden Flittern durchsetzt gewesen sein.

Aber auch die Dichter selbst sind dem modischen Fremdwort keineswegs feindlich gesinnt. So wie sie den Stoff zu ihren Dichtungen der französischen Literatur entlehnen, so übernehmen sie auch, zum Teil von der Sache gefordert, mit der Schilderung der von Westen kommenden höfischen Bräuche, z. B. des Hofzeremoniells oder der Turniere, die zugehörigen fremden Ausdrücke. Zum Teil ist es aber auch einfach die Freude am fremden, für vornehm geltenden Klang, die zur Aufnahme französischer und flämisch-niederländischer Wörter führt. Es gibt sorgfältige Sammlungen (vgl. LH 145 bis 148a), in denen Tausende solcher Fremdlinge erfaßt sind. Die Mehrzahl von ihnen ist mit der höfischen Kultur verschwunden, aber nicht weniges, was damals in die deutsche Sprache eindrang, hat sein Daseinsrecht bis heute behauptet. Diese Entwicklung beginnt zögernd bereits in der vorhöfischen Literatur des 12. Jahrhunderts, die ja auch schon französische Quellen benutzt, steht aber in höfischer Zeit auf ihrem Höhepunkt.

Entlehnungen aus dem Französischen

Aus einer großen Fülle können wir nur wenige Beispiele herausgreifen. Französischer Herkunft sind etwa die Bezeichnung *schevalier* für den Ritter und natürlich auch Standesbezeichnungen wie *duc* ‚Herzog', *cunt* ‚Graf', *markîs* ‚Markgraf', *barûn* ‚Baron', *vassal* ‚Ritter', die sich alle in der höfischen Literatur finden. Auch *garzûn* ‚Knappe, Troßknecht', *soldier* ‚Soldat' sind aus dem Französischen entlehnt. Das Gefolge eines großen Ritters wird als *povel* (aus frz.

poble, lat. *populus*) bezeichnet, und dieses Wort braucht nicht eine niedere Bedeutung (‚Pöbel') zu haben, sondern kann auch den vornehmen ritterlichen Hofstaat meinen.

Der Ritter, der als *kurteis* ‚höfisch' oder *fier* ‚stolz' geschildert wird, reitet auf *âventiure* ‚Abenteuer, Ritterfahrt' (afrz. *aventure* ‚Wagnis', auch ‚Begebenheit', weshalb mhd. *âventiure* ebenfalls diese Bedeutung haben kann). Mißlingt ihm sein Unternehmen, so hat er *schumpfentiure* ‚Niederlage' (aus afrz. *desconfiture* ‚Niederlage, Mißgeschick'; in Anlehnung an mhd. *schimpf* ‚Spott' umgebildet). Begegnet er auf dem *plân* ‚Kampfplatz' (afrz. *plain*) einem anderen Ritter, so wird er sich zur *tjoste,* dem ‚Zweikampf', rüsten und auf seinem *kastelân,* dem ‚kastilischen Streitroß', heransprengen (*leisieren*; afrz. *laissier* ‚die Zügel freigeben'). Es kommt zur *hurt,* dem ‚Zusammenprall' der galoppierenden Pferde (davon unser Adjektiv *hurtig*), und wenn die Gegner sich im Sattel halten können und den Stoß der *lanze* mit dem *buckel,* dem metallenen Mittelrund des Schildes (auch der ganze Schild wird dann so bezeichnet) auffangen können, dann fliegen die *trunzûne,* die ‚Splitter' der krachenden Speere. Sind die Speere *verstochen* (‚aufgebraucht'; dieses Wort ist natürlich nicht französischer Herkunft), so kämpft man weiter zu Fuß mit den Schwertern. Der Kampf ist beendet, wenn einer der Gegner sich für besiegt erklärt und *fianze* oder *sicherheit* gibt, d. h. bereit ist, alle Befehle des Siegers auszuführen.

Der *turnei* (afrz. *tornei, tournoi*) ‚Turnier' (diese Wortform kommt erst im 14. Jahrhundert auf) ist ein ritterliches Kampfspiel, zu dem von Fürsten oder hochgestellten Damen eingeladen wird. Die Ritter kommen dazu von weither angereist und schlagen ihre *pavelûne* (afrz. *paveillon*), d. h. die ‚Zelte' (vgl. *Pavillon*), vor der Burg auf. Schon am Vorabend kann ein vorbereitender Kampf stattfinden, die *vespereide* oder *vesperîe,* und am eigentlichen Kampftage wechseln *bûhurt* ‚Massenkampf' und *tjost* einander ab. Der Sieger wird am Ende des Wettstreites mit fliegenden *banieren* ‚Bannern' und oft unter dem Klang von *busînen* und *tambûren* ‚Posaunen und Trommeln', vor die Fürstin *gekondewieret* ‚festlich geleitet' (afrz. *conduire*) und erhält aus ihrer Hand den *prîs,* den ‚Ehrenpreis'.

Wir dürfen darauf verzichten, weitere Beispiele für Lehnwörter aus dem Französischen zu häufen. Man wird bemerkt haben, daß einige der aufgeführten Wörter, wie *Preis, Abenteuer, Buckel* (mit veränderter Bedeutung), oder Weiterbildungen wie *hurtig, Turnier* noch heute in unserer Sprache, oft längst nicht mehr als fremd empfunden, vorhanden sind; und auch deren Zahl ist bedeutend größer, als sich aus unserer Auswahlliste ergibt. Von größerer Wichtigkeit für die Sprachgeschichte ist die Übernahme französischer Wortbildungsmittel, die seit der höfischen Zeit nicht wieder verlorengegangen sind. Es handelt sich um einige Ableitungssilben, die wir ihrer fremden Herkunft wegen als Lehnsuffixe bezeichnen. Sehr beliebt wird in höfischer Zeit die französische Endung *-îe*, die wir schon in *vesperîe* kennengelernt haben. Sie lebt weiter in heutigen Wörtern wie *Diplomatie, Drogerie, Garantie* oder in später eingedeutschter Form *-ei* in Wörtern wie *Bäckerei*, aber auch in *Malerei* und Wörtern vom Typ *Schlägerei*. Nur noch die Endungsbetonung erinnert hier an die französische Herkunft. In höfischer Zeit wurden auch zum ersten Male in großer Zahl Verba auf *-ieren* gebildet (vgl. oben *leisieren, turnieren*), und diese Endung ist bis heute ein ständig bereitliegendes Mittel zur Bildung neuer Zeitwörter geblieben. Auch die unscheinbare Endung *-lei*, die wir z. B. in *allerlei, vielerlei, zweierlei* haben, stammt aus der höfisch französierenden Endung *-leie*, die aus afrz. *ley* ‚Art' gebildet ist.

Niederländische Einflüsse

Häufiger noch als vom *strîfeln der rede mit der welsche*, womit das Einmischen französischer Wörter und Redensarten gemeint ist, wird in der mittelhochdeutschen Literatur vom *vlaemen*, vom ‚Sprechen auf flämische Art', geredet, und der niederländisch-flämische Einfluß auf die höfische Sprache muß viel stärker gewesen sein, als wir es erkennen können. Er ist oftmals schwer nachzuweisen. Denn daß flämische Wörter, so wie sie sind, übernommen werden, ist — jedenfalls in der Literatur — eine seltene Ausnahme. Dazu gehört jenes *snacken*, das wir oben im ‹Helmbrecht› fanden, oder das von WOLFRAM gern benutzte Wort *trecken* ‚ziehen' (vgl. nhd. *Treck*). Auch das von vielen höfischen Dichtern verwendete Verbum *baneken* ‚sich ergehen, spazieren' ist der Lautform nach niederländischer Herkunft, während ein gleichbedeutendes ahd. *penihhôn* früh ausgestorben zu sein scheint. Niederländisch ist endlich auch das Verbum *muoten* ‚sich begegnen', das von Rittern gebraucht wird, die auf ihren Abenteuerfahrten unversehens zusammentreffen.

Bei Wörtern, die auch im Hochdeutschen belegt sind, ist es vor allem der Lautbestand, der niederländische Herkunft verraten kann. Das gilt vor allem für das Wort *ritter*. Im Mittelhochdeutschen sollte das Wort *rîtaere* oder *rîter* lauten. Es läßt sich aber neben dem gleichgebildeten mittelniederländischen Wort *rijder* dort eine zu afrz. *chevalier* gebildete Lehnübersetzung *riddere* nachweisen, und daraus entstand unter Ersatz des niederländischen *dd* durch hochdeutsches *tt* die dann in Deutschland eingebürgerte Standesbezeichnung. Auf gleiche Weise wurde aus ndl. *draven* mhd. *draben, traben*, während mhd. *walap* ‚Galopp' unmittelbar aus dem Französischen entlehnt wurde. Auch die Bezeichnung für das Streitroß, mhd. *ors* anstelle des heimischen *ros* verrät sich durch die Metathese (Umstellung) des *r* als niederländisch. In *wâpen* ‚Waffe', später erst ‚Wappen', verrät das unverschobene *p* die Herkunft; das daneben vorkommende hochdeutsche Wort lautet *wâfen* (unser ‚Waffe').

Bei dem Wort *hövesch* ‚höfisch', einer Lehnübersetzung von afrz. *curtois*, darf man niederländische Herkunft wegen der Verbreitung annehmen. Denn auf deutschem Boden kommt das Wort zuerst in der rheinischen Literatur vor, während man im Süden und Südosten anfangs andere Eindeutschungen wie *hovelîch* und *hovebaere* versucht. Muß hier die Vermutung genügen, so ist bei dem Gegenstück zu *hövesch*, den Wörtern *dörper* und *dörperlîch* ‚unhöfisch', Lehnübersetzungen aus afrz. *vilain*, die niederländische Herkunft durch den Lautstand sicher bewiesen. Der *dörper*, mhd. meist *törper*, ist eigentlich, was auch das französische Wort bedeutet, der ‚Dörfler', der rohe, ungebildete Mensch im Gegensatz zum höfisch gebildeten Ritter. Mhd. *törper* hat sich zu unserem *Tölpel* weiterentwickelt, und darin wirkt noch die alte Bedeutung des Ungeschlachten und Ungeschickten nach.

In Wortbildungen wie Wernhers *kindekîn, gebûrekîn* können wir ferner eine niederländische Ableitungssilbe beobachten, die der hochdeutschen Ableitung *-chen* (*Kindchen*) entspricht. Sie hat sich zwar nicht durchsetzen können, muß aber in höfischer Zeit weit verbreitet und beliebt gewesen sein. Wolfram von Eschenbach z. B. läßt seinen Knaben Parzival *pardrîsekîn* ‚Rebhühnchen' jagen und fügt hier dem französischen Wort eine niederländische Endung an, und genauso verfährt Gottfried bei dem Wort *schapelekîn* ‚Haarschmuck' zu afrz. *chapel.* Überhaupt ließen sich gerade bei Wolfram wohl noch viel mehr flämisch-niederländische Züge nachweisen, als bisher aufgedeckt sind. Eine niederländische Endung verwendet er z. B. auch in den Wörtern *soldierse* und *trippânierse*, die beide ‚Soldatenweib' bedeuten. Außerdem aber scheinen viele seiner dem Französischen entlehnten Wörter durch ihren Lautstand auf nordwestliche Vermittlung zu deuten. Auf dem Gebiet der niederländisch-deutschen Lehnbeziehungen und der Vermittlung französischer Lehngüter durch das Niederländische fehlt es trotz vieler Einzelbeobachtungen noch an einer systematischen Darstellung. Viel Material dazu ist neuerdings durch die Veldeke-Studien von Frings und Schieb (LH 106) ans Licht gekommen. Dabei zeigt sich allerdings auch, wie schwierig es häufig ist, niederländisch-flämisches von niederrheinisch-deutschem Sprachgut zu scheiden.

Auf ein weiteres für die Sprachgeschichte wichtiges Gebiet der höfischen Sprachentwicklung kann hier nur andeutend hingewiesen werden. Es ist ebenfalls noch wenig erforscht. Wir meinen das große Gebiet der Lehnübersetzungen. Während z. B. die französischen Lehnwörter *schevalier* und *kurteis* erst ziemlich spät in der mittelhochdeutschen Literatur auftauchen, sind die Übersetzungen *ritter* und *hövesch*, aus dem Niederländischen übernommen, schon früher da. Und auch bei anderen Wörtern, wo man nicht niederländische Vermittlung anzunehmen pflegt, ist die deutsche Lehnübersetzung in der höfischen Literatur manchmal beträchtlich früher nachzuweisen als das Fremdwort selbst. So findet sich lange vor dem oben erwähnten *fianze* schon die Übersetzung *sicherheit*, die die Lehnbedeutung des französischen Fachausdrucks erhält. Dasselbe gilt für *gesellescha ft*, das lange vor *kumpanîe* da ist, aber in dessen höfischer Bedeutung ‚Verbrüderung zwischen zwei Rittern' auftritt. Es dauert lange, bis statt *minne* das gleichbedeutende *amûr* erscheint, und *vriundinne* wird genau im höfischen Sinne von *amîe* gebraucht, ebenso *vriunt*, *geselle* für *amîs*, bevor die fremden Wörter selbst eindringen.

Es hat den Anschein, als hätte sich die vor- und frühhöfische Zeit in dieser Hinsicht anders verhalten als die höfische. Gewiß kommen französische Fremdwörter schon im ‹Alexander-› und ‹Rolandslied› und sogar noch früher vor. Aber sie werden doch sparsam verwendet. In der frühen Zeit hat man sich anscheinend bemüht, die neuen Einrichtungen und Sitten, die man von Westen her übernahm, durch deutsche Ausdrücke zu bezeichnen. Entweder schuf man dazu neue Wörter, also Lehnübersetzungen, wie z. B. das schon oben S. 376 erwähnte *rîterschaft*, *ritterschaft* nach dem Muster von afrz. *chevalerie*. Oder man stattete schon vorhandene Wörter wie z. B. *geselleschaft* mit einer neuen, dem französischen Vorbild entlehnten Bedeutung aus. Welche und wie viele Wörter allerdings durch Lehnübersetzung neu geschaffen wurden oder durch Bedeutungsentlehnung einen veränderten Inhalt zu bezeichnen hatten, darüber fehlt es an systematischen Untersuchungen.

So muß es mit den obigen Andeutungen sein Bewenden haben. Immerhin lassen die wenigen Beobachtungen auf gewisse sprachlich-soziologische Entwicklungen schließen. Die Gesellschaft der vor- und frühhöfischen Zeit wird noch nicht die engen Kontakte mit den westlichen Nachbarn gehabt haben wie die der höfischen Periode und daher auch mit der fremden Sprache weniger vertraut gewesen sein. Das hatten die Dichter zu berücksichtigen. Als dagegen in höfischer Zeit offenbar alle Welt in fremden Zungen zu reden begann, da forderte es der höfische Stil, daß sich auch die Dichter dieser mit fremden Elementen durchsetzten Sprache bedienten. Es ist interessant, die höfischen Dichter in dieser Beziehung an der Arbeit zu sehen. Unter den Epikern hält sich HARTMANN VON AUE, der im ‹Erek› viele Fremdwörter gebraucht, in den späteren Werken fühlbar zurück. Ihm ist anscheinend die neue Mode, die er in der Jugend unbekümmert mitmachte, späterhin doch verdächtig geworden. WOLFRAM verwendet in allen seinen Werken große Mengen von Fremdwörtern ungehemmt und ganz unbekümmert. Er hat offensichtlich seine Freude daran, spielt mit ihnen und macht sich manchmal einen Scherz daraus, sie falsch anzuwenden. Solche Lockerheit verfolgt sein großer Gegner GOTTFRIED mit Naserümpfen. Auch er gebraucht sehr viele Fremdwörter, aber immer ganz bewußt im Dienste seiner künstlerischen Absichten. Am empfindlichsten sind die Lyriker gegenüber dem fremden Wort, das sie nur spärlich verwenden. Das mag daran liegen, daß sie persönlichstes Erleben dichterisch gestalten. Die ganze Erlebnistiefe aber läßt sich nur in Worten ausdrücken, die man mit allen ihnen anhaftenden Gefühlsassoziationen voll beherrscht, und diese Freiheit hat man nur der Muttersprache gegenüber.

Weitere Besonderheiten der höfischen Sprache

Betrachten wir den Wandel des Weltbildes und den dadurch veränderten Bedeutungsgehalt der Wörter, ihre Säkularisierung und Ethisierung, als das sprachgeschichtlich wichtigste Ereignis der höfischen Periode, und erkennen wir die fremden Kultur- und Spracheinflüsse als den zweiten wichtigen Faktor an, so sind doch damit die Spracherscheinungen, die dieser Zeit ihr Gepräge geben, noch keineswegs erschöpft. Schon daß wir uns zur Erkenntnis dieser Zeit an die bedeutendsten Dichter des deutschen Mittelalters halten müssen, läßt erahnen, wie unerschöpflich dieses Thema ist.

Auf die besonderen Eigenheiten ihrer Dichtersprache einzugehen, besonders auf die reichen stilistischen Mittel, über die sie verfügen, fehlt hier der Raum. Von alters her ist es ein Kunstmittel der germanischen und der deutschen Sprache gewesen, durch kühne Neubildung von Wörtern, insbesondere durch bildkräftige Zusammensetzungen die Ausdrucksmöglichkeiten zu bereichern. Wir weisen in diesem Zusammenhang auf die oben S. 322 gegebenen Beispiele aus WILLIRAMS schöpferischer Prosa hin, verzichten aber auf Belege aus der höfischen Dichtung, deren EDMUND WIESSNER (LH 133, S. 167–174) eine große Menge zusammengestellt hat.

Wohl aber müssen wir wenigstens mit einigen Beispielen zeigen, daß die höfische Sprache aus dem Überkommenen eine überlegte Auswahl trifft und vieles Veraltete abstößt. (Weit vollständiger auch in dieser Beziehung WIESSNER, a. a. O., S. 177–195). Wir haben ja früher gesehen und unsere Textproben in Nr. VII und VIII des Anhanges beweisen es, daß die ältere weltliche Dichtung aus alten Traditionen schöpfte und aus schriftloser Überlieferung viele Formeln und Ausdrücke übernahm. Diese Patina des Altertümlichen hätte der hochmodernen höfischen Dichtung schlecht angestanden. Die Dichter haben daher mit sicherem sprachlichen Taktgefühl alle die Wörter gemieden, die nur noch in der altväterischen Literatur ein Dasein führten, ohne der lebendigen Sprache anzugehören. Nur WOLFRAM VON ESCHENBACH macht auch hierin wieder eine Ausnahme, indem er auch das alte Wortgut verwendet, wie es ihm in die Feder gerät.

Fast völlig vermieden wird in der höfischen Dichtung trotz sehr bequemer Reimmöglichkeiten das veraltete Wort *wîgant* ‚Kämpfer, Krieger'; auch *degen* wird nur mit Zurückhaltung gebraucht und ebenso *helt*, zu schweigen von *recke*, das in der höfischen Dichtung fast gar nicht vorkommt. Es gab auch genügend moderne Ausdrücke, die den neuen ritterlichen Kriegertyp in seiner Sonderart viel deutlicher bezeichneten.

Gemieden werden auch die alten Ausdrücke für ‚Krieg' wie *wîc, urliuge* und *hervart*. Auch das Wort *wal* ‚Walstatt, Kampfplatz' kommt in höfischer Dichtung nur sehr selten vor. Unter den Heldenattributen werden die alten Adjektiva *balt, snel, vrech, vrevel, vermezzen* und *ellenthaft* nur sehr zögernd verwendet, und auch *maere* ‚berühmt' wird unbeliebt. Es ließen sich noch manche andere Beispiele anführen, nicht nur aus der Sphäre des Waffenhandwerks, aber darauf kommt es nicht an. Nur das Prinzip zu erkennen, ist wichtig. Die höfischen Dichter wählen ihre Worte sorgfältig, und gegen Veraltendes sind sie ebenso empfindlich wie gegen Derbes und allzu Volkstümliches.

Dies letztere ließe sich nun freilich nur durch ausgiebige Vergleiche mit der minderen Dichtung der Zeit nachweisen, die sich an dieser Stelle verbieten. So muß der Hinweis genügen, daß die höfischen Dichter ängstlich bemüht sind, solche Wörter zu vermeiden, die nur ein beschränktes Verbreitungsgebiet haben. Sie wollen überall gehört und verstanden werden und verzichten darum bewußt auf alles Provinzielle. Das gilt vor allem auch für den Reim; denn an dieser Stelle läßt sich am wenigsten verändern, während im Versinnern bei mündlichem Vortrag immer noch eine rasche Improvisation Abhilfe schaffen kann. Seitdem HEINRICH VON VELDEKE das Prinzip des etymologisch reinen Reimes entdeckt und eingeführt hat, legen die höfischen Dichter den allergrößten Wert darauf, nur solche Reime zu verwenden, die rein klingen, in welchem Dialekt auch ihr Werk vorgetragen wird. Auf diesem Gebiet haben sie unbegreiflich schnell eine vollendete Meisterschaft erworben, und eine solche Reinheit der Reime, wie sie GOTTFRIED in seinem ‹Tristan› pflegt, ist seither in der deutschen Dichtung nicht wieder erreicht worden.

Fassen wir also, von den tiefgreifenden inneren Sprachwandlungen jetzt absehend, das äußere Erscheinungsbild der höfischen Sprache noch einmal ins Auge, so ist es positiv gekennzeichnet durch die Modernität der Sprache, die sich soziologisch als aus der Standessprache der höfischen Gesellschaft erwachsend präsentiert. Ein zweites Positivum, die stilistische Meisterschaft der Sprachbehandlung, konnte hier nicht dargestellt werden. Darin würde die sich hoch über die allgemeine Sprache des Standes erhebende Gestaltungskraft deutlich werden.

Zwei andere Züge, die wir, um Mißverständnissen zu entgehen, nicht als negativ bezeichnen dürfen, werden wenigstens zum Teil wieder im Einklang mit der höfischen Gemeinsprache sein. Sie bestehen im Vermeiden des Überkommenen, Altväterischen, sowie in der Meidung alles dessen, was das höfisch geschulte Ohr beleidigt: Grelle, drastische und derbe Ausdrucksweisen werden gemieden, und das landschaftlich Beschränkte wird nach Möglichkeit unterdrückt.

Auf diese Weise entsteht zum ersten Male in der deutschen Sprachgeschichte so etwas wie eine Gemeinsprache, eine Gemeinsprache allerdings von sehr beschränkter Geltung. Denn nur die höchst gebildeten und weit herumgekommenen Dichter sind in der Lage, das Allgemeine vom dialektal Beschränkten zu sondern, und in dieser hohen Sprachkunst findet die höfische Generation nur ganz wenige Nachfolger. So muß zerfallen, was einen Augenblick lang als höchste und schönste Möglichkeit der deutschen Sprachentwicklung aufleuchtete.

VIII. DIE SPRACHE DER DICHTER IN SPÄT- UND NACHHÖFISCHER ZEIT

In einem tief ergreifenden Altersgedicht, das im Herbst des Jahres 1227 entstand, blickt WALTHER VON DER VOGELWEIDE auf das erfüllte höfische Leben seiner Jugendzeit zurück. Es ist ihm, als sei er jäh aus einem schönen Traum aufgeschreckt und blicke nun erwacht in eine gewandelte Welt, die er nicht mehr versteht. In diesem Gedicht zeichnet er das Bild der neuen ritterlichen Gesellschaft mit folgenden Versen:

Owê wie jaemerlîche junge liute tuont,
den ê vil hovelîchen ir gemüete stuont!
die kunnen niuwan sorgen: ouwê wie tuont sie sô?
swar ich zer welte kêre, dâ ist nieman frô.
tanzen, lachen, singen zergât mit sorgen gar:
nie kein kristenman gesach sô jaemerlîche schar.
nû merkent, wie den frouwen ir gebende stât;
die stolzen ritter tragent an dörpellîche wât. (124, 18 ff)

‚Wehe, wie kläglich treten die jungen Standesgenossen auf, deren Sinn einst höfisch hochgestimmt war. Nichts als Sorgen kennen sie. Warum verhalten sie sich so? Nirgends, wohin ich auch komme, ist noch jemand frohgemut. Tanzen, Lachen und Singen werden ganz von Trübsinn verdrängt. Noch nie hat man in der christlichen Welt eine so bedrückte Gesellschaft gesehen. Schaut nur hin, wie traurig den Frauen ihr Kopfputz steht! Und die einst so hochgemuten Ritter kommen jetzt in unhöfischer Bauernkleidung daher.'

Man kann diese Verse nicht als einen literarischen Topos abtun; dafür ist das ganze Gedicht viel zu stark vom Ausdruck persönlicher Betroffenheit geprägt. Allerdings beobachtet WALTHER die Gesellschaft in einem Zeitpunkt, in dem es kaum einen Anlaß zu höfischer Freude gab. Das Heer der deutschen Kreuzfahrer – man berichtet von 60 000 waffenfähigen Männern –, das sich im Laufe des Sommers im fernen Brindisi zur Fahrt übers Meer gesammelt hatte, hatte furchtbar unter tückischen Seuchen gelitten. Viele Fürsten und Edle waren gestorben, der Kaiser selbst lag schwer erkrankt darnieder und war vom Papst in den Bann getan worden, als das Kreuzheer sich zu zerstreuen begann.

Dennoch ist das, was WALTHER beobachtet, nicht nur die Begleiterscheinung eines trüben Augenblicks. Die Zeiten sind andere geworden, als der junge WALTHER sie gekannt hatte. Die Generation der großen höfischen Dichter, der er angehört, war in der politischen und gesellschaftlichen Hochgestimmtheit aufgewachsen, die über der glanzvollen Regierungszeit FRIEDRICH BARBAROSSAS (1152–1190) gelegen hatte. Die Strahlkraft, die damals vom Kaiser und seinem Hof ausging, hatte auch die anderen deutschen Fürstenhöfe erleuchtet und erhöht. Von solchen Eindrücken in empfänglichen Jugendjahren geprägt, hatten die Dichter für sich und ihre Zeitgenossen eine Idealwelt höfischen Rittertums errichtet. Aber noch während sie daran schufen (HARTMANNS ‹Iwein› um 1200, WOLFRAMS ‹Parzival› um 1210, GOTTFRIEDS ‹Tristan› vor 1220), war der Stern der höfischen Hochkultur bereits im Sinken. Die rauhe Wirklichkeit der politischen Zeitläufte, Unsicherheit im Reich, der Hader der Fürsten, die Kämpfe zwischen Papst und Kaiser, ließ kaum noch Raum für die Pflege einer hohen Gesellschaftskultur, wiewohl die Herrscher aus dem Stauferhaus bis zum Erlöschen ihrer Macht (im Jahre 1254) immer darum bemüht blieben. Mitbestimmend für das Aufkommen ritterlichen Hochgefühls war einst auch die Begeisterung für die Kreuzzüge gewesen, (das ‹Rolandslied› verrät es in jeder Zeile); aber deren Ergebnislosigkeit, der hohe Blutzoll, den sie forderten, und das Elend der geschlagen und krank Zurückkehrenden hatten auch hier ernüchternd gewirkt. Überall stieß sich die Idealwelt der höfischen Dichter an den Realitäten des Alltags.

Fortwirken der höfischen Literatur

Der klaffende Riß zwischen dem hohen Kulturideal höfischen Rittertums, wie es die großen Dichter gestaltet hatten, und den nüchternen Tatsachen des alltäglichen Ritterlebens hat kulturelle und literarische Folgen, die auch in einer sprachgeschichtlichen Darstellung nicht ganz außer acht bleiben können. Der Einfluß der höfischen Minne- und Artusdichtung war doch immerhin so groß, daß man in ritterlichen Kreisen und in dem ritterbürtigen Patriziat der Städte, die sich anschickten, im Wirtschafts- und Kulturleben eine bedeutende Rolle zu spielen, es unternahm, den literarischen Vorbildern nachzustreben. Man weiß von manchem Turnier, das sich streng an den in den Epen entworfenen Komment hielt, und die Artusgesellschaften, zu denen sich die Patrizier in den Städten von London bis Riga seit dem 13. Jahrhundert zusammenschlossen (man denke nur an den berühmten Artushof in Danzig), strebten in Ethos und Brauch dem König Artus und seiner Tafelrunde nach. Dieses gespenstische Treiben, das sich an die äußeren Formen klammert und keiner Ordnung des wirklichen Lebens entspricht, wird schon früh in den bizarren Unternehmungen des steirischen Minnesängers ULRICH VON LICHTENSTEIN deutlich. Im Mai 1227, desselben Jahres also, in dessen Spätherbst WALTHER seine Elegie dichtete, durchzog er, als Frau Venus verkleidet, mit großem Anhang von Venedig aus ganz Österreich bis an die Grenzen Böhmens, und wo er mit ritterlichem Gefolge auftauchte, wurde er festlich empfangen, und es fanden Turniere statt, an denen sich viele hundert Ritter beteiligten. ULRICH hatte den festlichen Umzug, der 29 Tage dauerte, durch ein Sendschreiben an die österreichischen Ritter vorbereitet, in dem *diu werde küneginne Vênus, gotinne über die minne* ankündigt, *daz si durch ir liebe zuo in varn wil, und wil si lêren, mit wie getânen dingen si werder vrowen minne verdienen oder erwerben suln.* Es war dem Ritter ULRICH, der so maskiert durch das Land zog und der im Venusgewande mit 271 ritterlichen Gegnern im Kampfspiel eine Lanze brach, ganz ernst mit seinem Vorhaben. Seine Dichtungen sind von einem Minne-Ethos erfüllt, das beweist, wie tief er von der sittigenden Kraft höfischer Liebe überzeugt war. Entlarvend ist aber, daß er sich im Streben nach dem Ideal eine solche Scheinwelt aufbauen mußte. Vollends unerklärlich wären der Widerhall seines Unternehmens und die bereitwillige Mitwirkung der Ritterschaft, hätte nicht OTTO HÖFLER (LH 157), dessen Darstellung wir auch das obige Textzitat entnehmen, nachweisen können, daß ULRICH einen uralten, in Österreich noch volkstümlichen Kultbrauch, den Umzug der Maikönigin, in höfisch ritterliche Formen transponierte und mit diesem originellen Gedanken den Beifall seiner Standesgenossen fand.

Versucht man also, höfische Ideale aus der Literatur in die Lebenswirklichkeit zu überpflanzen – wofür ULRICH VON LICHTENSTEIN bei weitem nicht das einzige Beispiel ist –, so kann es nicht wundernehmen, daß erst recht in der Literatur selbst die höfischen Vorstellungen weiterwirken, ohne daß sie lebendig fortentwickelt werden. Der minderen Geister sind viele, die, vom Vorbild der großen Bahnbrecher entflammt, sich deren Siegeszug anschließen und dadurch das höfische Ideal zur literarischen Mode herabwürdigen. Schon zur Zeit der großen Epiker und in ihrem Schatten entstand der höfische Unterhaltungsroman. Der ‹Lanzelot› ULRICHS VON ZAZIKHOVEN und, auf etwas höherer Stufe stehend, der ‹Wigalois› WIRNTS VON GRAFENBERG sind Zeugen dafür. In beiden Romanen wird die Verbindung zum Artuskreis durch locker geknüpfte Fäden hergestellt, und zweifellos wollen sie vom literarischen Erfolg der großen Artusdichtung profitieren. Diese zweitrangige Artusepik, entseelt und zu immer wüsteren Anhäufungen abenteuerlichen Erzählstoffs entartend, wuchert bis tief in das 14. Jahrhundert fort, andere Formen der höfischen Minne-Epik und eine ebenso inferiore späte Heldenepik sogar noch länger, immer nur nachahmend, auch in der Sprache, und immer noch ein höfisches Ethos proklamierend, das längst zum wesenlosen Schall geworden ist. In diesen Dutzendromanen fristen noch auf lange Zeit hinaus die alten Idealbegriffe des höfischen Rittertums wie *hôher muot, saelde, minne, êre, arebeit; dienest, lôn, staete, triuwe, mâze, zuht* und *milte* ein schemenhaftes Papierdasein. Sie sind zu hohlen Klängen ohne begrifflichen Wertgehalt erstarrt.

Dagegen gibt es unter den Nachfolgern der Großen auch Dichter, die ehrlich genug sind, sich den Lebenswirklichkeiten ihrer eigenen Zeit zu stellen. Unter deren Händen können sich dann die alten höfischen Ideale zu hausbackener Lebensklugheit wandeln. Wir wollen nur ein Beispiel herausgreifen, den schwäbischen Ministerialen Ulrich von Türheim. Wolfgang Müller hat seiner Begriffswelt eine Studie gewidmet (LH 158), der die folgende Darstellung vieles verdankt.

Ulrich von Türheim gehörte dem Dichter- und Künstlerkreis an, den die Söhne Kaiser Friedrichs II. um sich geschart hatten. Am Stauferhof nahm man die Ideale des höfischen Rittertums noch ernst, und desto entlarvender ist es, wie sich diese Ideale bei Ulrich darstellen. Schon daß er es unternahm, nicht nur den unvollendeten ‹Tristan› Gottfrieds von Strassburg fortzusetzen, sondern auch den ‹Willehalm› Wolframs, zeigt, daß er kaum bereit und in der Lage sein konnte, auch nur einem der so gegensätzlichen Großen gerecht zu werden. Hier soll uns nur der Wandel der ritterlichen Idealbegriffe beschäftigen, wie er sich bei diesem nur um eine Generation von den großen Meistern getrennten Fortsetzer zeigt. Die ‹Tristan›-Fortsetzung entstand um 1235, die ‹Willehalm›-Fortsetzung, ein maßlos aufgeschwelltes Werk von mehr als 36 000 Versen, das nach seiner Hauptgestalt den Titel ‹Rennewart› führt, war spätestens 1250 vollendet.

Ulrich kennt noch den *hôhen muot.* Aber es ist bezeichnend, was er sich unter dieser seelischen Hochstimmung, die einst das Ergebnis treu erfüllten Minnedienstes und der durch Rittertat erworbenen Ehre gewesen war, vorstellt. Rennewart und sein Kumpan schlürfen Wein in vollen Zügen

> *und sprâchen: wîn, dû bist gesunt;*
> *dîn kraft dem lîbe sanfte tuot*
> *und gît dem herzen hôhen muot.* (19072 ff)

Hier ist also der hohe Mut zur Weinlaune geworden, und der Ausdruck bedeutet auch sonst bei Ulrich ‚die gehobene Stimmung des Augenblicks'. (Zu beachten ist auch der modern banale Gebrauch des Adjektivs *gesunt,* das in älterer Zeit die Unversehrtheit des Leibes und sogar der unsterblichen Seele aussagt.) Der objektiv gefaßte Komplementärbegriff des subjektiv erworbenen *hôhen muotes,* die *saelde,* wird zwar noch in der breiten älteren Bedeutung gebraucht, verflacht aber an vielen Stellen zu der Bedeutung ‚glücklicher Zufall', der dem Menschen ohne Rücksicht auf Tugend und Leistung in den Schoß fällt.

Auch *minne* wird nicht mehr um ihrer läuternden Kraft willen als Selbstwert gesucht. Sie gilt dem Dichter als triebhaft und ist nur dann gut, wenn sie zur Ehe und zur Eheliebe führt. Sehr bemerkenswert ist, wie die Eheliebe in Konflikt mit der Ehre geraten kann und wie der Dichter sich zu diesem Konflikt stellt. Rennewart wird aufgefordert, seinen von heidnischen Scharen schwer bedrängten Verwandten zu Hilfe zu eilen, während er daheim sitzt und sich mit seiner Frau auf die bevorstehende Geburt eines Kindes freut. Auf die Ehre hingewiesen, die er im Kampf gegen die Heiden erringen könne, antwortet er:

> *swaz mich êret oder schendet,*
> *die ahte ich beide gelîche.*
> *Alysen ich niht entwîche,*
> *ê daz sie ein kint gebirt.* (6442 ff)

‚Ob ich Ehre oder Schande einheimse, das ist mir völlig gleichgültig. Ich weiche nicht von Alisens Seite, bevor nicht das Kind da ist.' Die Fürsorge für die Eheliebste geht ihm über die Ritterpflicht. Und der ritterliche Held Willehalm, als er davon erfährt, nimmt ihn in Schutz. Er würde genauso handeln, setzt er seiner Frau Gyburg auseinander und fordert sie auf: *dâ von lasters in entsage* (6803), ‚deshalb sprich ihn von Schande frei'. Willehalm meint also, Rennewarts Verhalten schade seiner Ehre nicht, und er setzt hinzu:

> *ob ich dir dâ von missehage,*
> *sô waer dîn triwe niht sô ganz* (6804 f),

‚wenn ich dieser meiner Auffassung wegen dein Mißfallen erregen sollte, so wäre deine Treue nicht vollkommen'. Auch die *triuwe* also bekommt hier ihre besondere Färbung: sie besteht darin, daß man sich dem Ehepartner uneingeschränkt anpaßt. Bei den höfischen Epikern hätte die *triuwe* in dieser Situation gerade umgekehrt den schärfsten Widerspruch gegen eine solche Gefährdung der Ehre gefordert. Die Auflösung des alten Ehrbegriffes wird noch deutlicher an einer anderen Stelle, wo Rennewarts Sohn Malefer in den Krieg ziehen will, was ihm nach höfischer Auffassung viel Ehre einbringen müßte. Der Fortsetzer der höfischen Dichter läßt aber Malefers Ratgeber zu diesem Entschluß sagen:

> *swie ir scheidet von uns hin,*
> *sô verlieset ir vil êren* (26172 f),

,wenn ihr nun ins Feld zieht, so geht ihr großer Ehren verlustig', und es folgt die erstaunliche Begründung, ,wenn nämlich jetzt der alte König bald sterben sollte, so habt ihr Aussicht, sein Nachfolger zu werden, und wer einmal König ist, *mit dem namen vil êren zoget*, ,der nimmt mit diesem hohen Titel viel Ehre an sich.' Mit Auffassungen wie diesen verrät der Dichter den praktischen Sinn hausbackener Nüchternheit. Indem er WOLFRAMS das höfische Ideal steigernd überwindende *êlîche minne und triuwe* in die Niederungen seiner praktischen Lebenserfahrungen zieht, macht er seinen Rennewart zum biederen Hausvater und spießbürgerlich treuen Ehemann, der seine Ehre im eigenen Hause sucht. Man kann es sich wohl vorstellen, daß dieser brave Rittersmann die von WALTHER geschmähte *dörpellîche wât*, das bequeme Bauernwams, zu schätzen weiß, wenn er beim Weine sitzt, um sich einen *hôhen muot* anzutrinken.

Sprachgeschichtlich gesehen ist ein Dichter wie ULRICH VON TÜRHEIM — und seinesgleichen gibt es viele — ungleich interessanter als die vorher besprochenen Nachahmer einer seelenlos gewordenen idealistischen Form. Denn wo diese leere Klänge verwenden, mit denen sie keinen Begriff mehr verbinden, wo sie, kraß gesagt, mit den Kadavern verendeter Ideale ihren Kult treiben, da setzen sich Dichter vom Schlage eines TÜRHEIM doch in irgendeiner Weise mit den hohen überkommenen Idealvorstellungen auseinander. Gewiß, auch sie besitzen sowenig wie die andere Gruppe den Schlüssel zum Verständnis, und so können sich ihnen die alten Begriffe bis in ihr Gegenteil verkehren. Aber gerade in solcher Verzerrung spiegeln sie die geistige Situation ihrer Zeit und sind uns schon dadurch als Dokumente der Geistesgeschichte lehrreich.

Zugleich läßt sich hier an einem exemplarischen Fall beobachten, welch starkem Wandel die geistigen Vorstellungen unterliegen können und daß ein und dasselbe Lautzeichen, z. B. das Wort ahd. *êra*, mhd. *êre*, nhd. *Ehre*, das wir durch zwölf Jahrhunderte unserer Sprachgeschichte verfolgen können, im Laufe dieser Zeit sehr unterschiedliche Begriffsinhalte auszudrücken hat. Das Bezeichnende, eben das Wort, bleibt konstant, das Bezeichnete dagegen, der Begriff, ist starken Veränderungen unterworfen. Ein so rascher Wandel, in unserem Beispielfalle ein Absturz, wie er sich hier im Laufe einer einzigen Generation vollzieht, ist allerdings in der Sprachgeschichte selten zu beobachten (und wir sollten hinzufügen, daß es auch unter ULRICHS Zeitgenossen immerhin Dichter gibt, die den Idealgehalt der höfischen Begriffe besser verstehen als er). Der befremdlich rasche Niedergang ist nur dadurch zu verstehen, daß die vorhergehende, durch die gesellschaftlichen Umstände begünstigte und vom Geist begnadete Generation sich zu einem idealistischen Höhenflug aufschwingen konnte, dem kaum die Zeitgenossen und gar nicht mehr das unter ihren Augen heranwachsende neue Geschlecht zu folgen vermochten.

Angesichts solcher Banalisierung der ethischen Begriffe, wie wir sie an Ulrich von Türheim wahrnehmen, wird in Darstellungen der mittelalterlichen Literatur gern von Anzeichen einer sich allmählich durchsetzenden bürgerlichen Geisteshaltung gesprochen. Aber die Bezeichnung ‹bürgerlich› ist gefährlich, da man sie allzu leicht mit ‹städtisch› gleichsetzt und dabei an das Aufkommen und den wachsenden literarischen Einfluß der Städte im 13. Jahrhundert denkt. Gerade unser Beispiel kann uns lehren, daß eine solche Zuordnung irreführt. Ulrich von Türheim ist Ritter, und er lebt in den höfischsten Kreisen, die man sich zu seiner Zeit überhaupt denken kann. Zudem beginnt sein poetisches Schaffen, das die Merkmale des angeblich Bürgerlichen trägt, kaum ein Jahrzehnt nach dem Tode Gottfrieds von Strassburg, der wirklich ein Bürger war (vielleicht ein ritterbürtiger Patrizier, aber das wissen wir nicht) und der doch den Gipfel der höfischen Form erreichte.

Man sollte daher die Schnitte anders legen. In der höfischen Dichtung begegnet uns, bereits ins Weltliche transponiert, noch einmal der alte Dualismus der theologischen Lehre; die wahre Welt des Jenseits gegenüber der Scheinwelt des Diesseits, jetzt übersetzt in die hohe Wertwelt des höfischen Ideals gegenüber dem belanglosen Alltag. Aber die einst so scharf von der Theologie gezogenen Grenzen verschwimmen in dieser säkularisierten Wertwelt; die Übergänge von der Realität zur Idealität werden unscharf. Kein Wunder also, daß schon die erste nachfolgende Generation, die nicht mehr selbst am Entwurf der höfischen Wertwelt schafft, den Blick für diese Unterscheidungen zu verlieren beginnt. Sie zieht herab, was eben noch Ideal war, und glaubt an seine Erreichbarkeit, indem sie die praktische Klugheit, die das Leben lehrt, für das höchste Ziel nimmt. Das Interesse am Ich und am Du und an der Welt, in der das Individuum sich einzurichten hat, von früheren Generationen geweckt, wird noch stärker, aber auch banaler und verstellt den Blick auf Werte, die jenseits des durch Erfahrung zu meisternden Alltags liegen. Das aber ist ein zeitgebundenes geistesgeschichtliches Phänomen, das keineswegs den bürgerlichen Stand allein betrifft. Die menschlichen Freuden und Sorgen des tüchtigen Hausvaters – und so, wie er selbst diese erfahren hat, gestaltet Ulrich das Ethos seiner Helden – sind mit standesbedingten Gradunterschieden beim Edelmann und beim Bauern, beim Ritter und beim Bürger doch die gleichen. Darin, daß Ulrich der Kindsnöte einer werdenden Mutter gedenkt, zeigt er sich als besorgter Ehemann; aber das macht ihn nicht zum Bürger.

Wenn nun der TÜRHEIMER seine Heldengestalten nach dem Muster einer Alltagswirklichkeit zu modellieren anfängt (das vollzieht sich nicht so bruchlos und eindeutig, wie es in unserem raffenden Überblick erscheint), so läßt sich dieses Bestreben in einen größeren Zusammenhang gleichgerichteter Erscheinungen einordnen. Die Darstellung des Menschen ist schon nicht mehr allein auf die subtile Zergliederung psychischer Zustände wie im Frühling des Minnesangs gerichtet, sondern auch das Äußere wird nun mit scharfem Blick beobachtet. Und nicht mehr steht die äußere Erscheinung, Kleidung, Geste und Gebärde, ausschließlich als sichtbares Zeichen für Innerlich-Geistiges, wie etwa in der höfischen Epik Schönheit für edle Gesinnung, Kleiderpracht als äußeres Sinnbild höfischer Vollkommenheit gestanden hatten und wie noch WALTHER die oben zitierte *dörpellîche wât* zum Durchblick auf eine unhöfische Seelenhaltung transparent werden ließ. Auch das Äußere an sich selbst, die Gestalt des Menschen und sein Handeln finden das Interesse einer dem realen Alltag zugewandten Blickrichtung. Mit dem Handeln rückt aber auch der Raum, in dem es sich vollzieht, ins Blickfeld, und daraus ergeben sich schon überraschend früh sehr realistische Beobachtungen und Darstellungen.

So ist zum Beispiel schon GOTTFRIED VON STRASSBURG, der Meister in der Darstellung allerfeinster Seelenschwingungen und insofern Höhepunkt und Vollender der höfischen Psychologie, sorgfältig darauf bedacht, auch das äußere Geschehen in seinen Einzelheiten zur Anschauung zu bringen. Damit tut er die ersten Schritte auf einem neuen Wege, die wir wenigstens an einem Beispiel verdeutlichen wollen:

Während Tristan vom Hofe abwesend war, ist Isolde von einem Ritter Gandin durch List entführt worden. Das im folgenden Textstück erwähnte Musikinstrument, die *rotte*, hat dabei eine Rolle gespielt, und daraus erklärt sich, daß Tristan eine *harpfe* mitnimmt, die dem Dichter zum Anbringen einer feinen Schlußpointe verhilft. Der Entführer sitzt nun mit der Königin in einem Zelt am Meeresufer und wartet, *biz daz mer widerkäme*, ‚bis die Flut zurückkehrt' und das Schiff wieder flott macht, das zur Zeit *an dem grieze* ‚auf dem Trockenen (Sand)' liegt. Schon diese realistische Motivierung der Verzögerung der Flucht ist in höfischer Dichtung ganz ungewöhnlich. Der Dichter fährt dann fort:

Nû Tristan wider heim kam
und von der rotten vernam
diu maere baz unde baz,

zehant er ûf sîn ors saz,
sîne harpfen nam er an die hant;
er kam wol balde gerant
bî unde nâhe zuo der habe
und kêrte dô mit listen abe
zeinem busche und bant dâ vaste
sîn ors zuo zeinem aste.
sîn swert daz hanct er dar an;
mit sîner harpfen lief er dan
und kam zer pavelûne
und vant ouch dem barûne
sitzende under armen
die vröudelôsen armen
die weinenden Isôte. (13275 ff)

Die Intensität und Vollständigkeit, mit der der ganze Vorgang geschildert wird, ist in der Tat ohne Beispiel bei den anderen höfischen Dichtern. Tristan läßt sich also immer genauere Auskunft (*baz unde baz*) geben, bis er die Lage völlig überblickt. Dann springt er aufs Pferd und galoppiert (*kam gerant*) zunächst an die Küste und dann in die Nähe (*bî und nâhe zuo*) des Landungsplatzes. In Einzelheiten wird nun gezeigt, wie er sich abwendet, ein Gesträuch findet, sein Pferd anbindet (genau: *an einen ast*) und auch das Schwert an den Ast hängt. Waffenlos also, um keinen vorzeitigen Verdacht zu erregen, stürmt er davon (*lief er dan*), hemmt aber seinen Schritt vor dem Zelteingang. (Diese Stauung der Bewegung dürfte durch das *kam* angedeutet sein). Dann tritt er scheinbar ruhig und unbefangen (man beachte die sachliche Art der durch das *vant* eingeleiteten Darstellung) in das Zelt und erblickt dort das Paar, das uns abermals in anschaulichem Bilde vorgestellt wird: Der Entführer hat den Arm um die Schulter der in Tränen aufgelösten Isolde gelegt und versucht, sie zu trösten. In allen Einzelheiten, die der Dichter für erforderlich hält, entsteht hier also das Bild der Szenerie: die Küste, das zurückgetretene Meer und das Schiff, dazu das Zelt am Strande und die etwas entfernte Baumgruppe, bei der das Roß und die Waffe zurückbleiben, und indem dieser Raum aufgebaut wird, sieht man darin zugleich alle Bewegungen des Helden ablaufen.

Die meisterhafte Kunst, mit der GOTTFRIED leichter Hand seine Bilder entwirft, wird von den späteren Dichtern nicht mehr erreicht. Aber der Blick für das Detail, den GOTTFRIED wieder und wieder beweist, nimmt eine Eigenheit des Darstellungsstils voraus, der sich von nun an immer stärker durchsetzt. Vor allem die beobachtende Schilderung der Menschen, ihres Handelns und ihrer Motive nimmt fortan einen breiten Raum ein; die bildhafte Darstellung der Geschehensräume gelingt dagegen viel seltener und wird auch nicht so oft versucht. (Doch vgl. Anhang Nr. X A.)

Wie realistisch und unter Verwertung allgemeiner Lebenserfahrung solche Schilderungen ausfallen können, mag ein Beispiel lehren, das hier für sehr viele weitere stehen muß. RUDOLF VON EMS, Ministerial wie ULRICH und ebenfalls Mitglied des staufischen Dichterkreises, schildert in seinem um 1240 entstandenen ‹Alexander›, wie der König verkleidet und unerkannt an der Tafel seines Feindes schmaust. Doch schöpft einer der Höflinge Verdacht und bringt dem König Darius heimliche Nachricht. Da heißt es nun weiter:

Alexander der degen
kunde guoter sinne phlegen,
er sach, daz sie sîn nâmen war
und ie kuntlîche sâhen dar.
wan swer iht redet von einem man,
der siht in under stunden an
überwendec durch die brâ.
diz geschah ouch im aldâ:
sie sâhen dar und aber dan.
dô daz gesach der wîse man,
über daz gestüele er spranc,
sô daz in dehein gedranc
irte dâ. dô was der degen
zer tür ûz komen an die stegen. (6561 ff)

Alexander bemerkt also als ein aufmerksamer und erfahrener Mann, daß man ihn erkannt hat. Denn das merkt man ja an den verstohlenen Blicken, erläutert der Dichter aus allgemeiner Lebenserfahrung. Und lebhafte Bewegung: Ein Sprung über Stühle und Bänke, bevor noch eine Abwehr möglich ist. Schon ist er an der Tür und aus dem Saale und stürmt die Treppen hinab. Raumgründe verbieten es hier, die wortreiche Schilderung, die noch weitere 36 Verse einnimmt, abzudrucken. Einem Knecht reißt er die Fackel aus der Hand, schlägt ihn nieder, als er sich zur Wehr setzt, erreicht sein Roß und stürmt davon. Während im Hof der Tumult der sich gegenseitig behindernden Verfolger einsetzt, hat er schon das Burgtor erreicht, und nun dehnt sich die eben noch so gedrängte Szene in die Weite: *der herre junc hât einen langen vorsprunc* (auch diese Einzelheit vergißt der Dichter nicht zu erwähnen) *genomen über den wîten plân.* Nach dem Ritt über die weite Ebene folgt noch eine lange Strecke über winterliches Eis. Die Flucht dauert bis in den grauenden Morgen. Aber das wird nicht mehr geschildert. Nur ein Einzelzug,

daz ors lac ûf dem îse tôt,
wan ez ze tôde was geriten, (6604 f),

deutet es an.

Der Unterschied der Geisteshaltung gegenüber der höfischen Dichtung ist bemerkbar, und daß schon GOTTFRIED VON STRASSBURG in diese Richtung tendiert, macht den Unterschied nur um so deutlicher. Denn niemals hätte dieser feinsinnige Dichter mit so groben Mitteln an die Lebenserfahrung seiner Zuhörer appelliert, wie es RUDOLF an obiger Stelle tut und wie wir es auch bei ULRICH gesehen haben. Dichter und Zuhörer ziehen jetzt die Stoffe näher zu sich heran, und sie wollen wissen, daß auch die Helden, von denen gehandelt wird, Menschen von Fleisch und Blut sind.

Das ist eine Geisteshaltung, die große Stoffe leicht in die Trivialität hinabzieht. Aber man sollte doch von dieser die Lebenswirklichkeit zum Maßstab nehmenden Kunst nicht zu gering denken. Denn wo die realistische Auffassung zu einem das ganze Werk durchwaltenden Prinzip wird, da können Kunstwerke von faszinierender Lebensnähe entstehen. So gelingt demselben ritterlichen Dichter RUDOLF VON EMS, der seinen Alexander nicht eben zu einem über den Alltag erhobenen Helden zu stilisieren vermag, in seinem ‹Guten Gerhard› auf weite Strecken hin die überzeugende Darstellung eines großen Kaufmanns. Allerdings ist dieser Gerhard ein Patrizier, ritterbürtig oder jedenfalls mit den gesellschaftlichen Formen höfischer Erziehung vertraut. Aber er handelt nicht als Ritter, sondern als klug rechnender Kaufmann, und wenn er seinen geschäftlichen Vorteil außer acht läßt, dann nicht aus höfischem Edelmut, sondern weil christliche Nächstenliebe es gebietet.

Als er sein Kauffahrteischiff für die Reise ausrüstet, vergißt er nicht, einen Schreiber mitzunehmen, *der mîn zerung ane schreip*, der ihm ‚die Ausgabenbücher führen' sollte. Im Orient kann er so günstig Handel treiben,

daz ich mich des vil wol versan,
swenn ich wider käme,
daz zwigülte naeme
mîn silber wider und dannoch mê. (1204 ff)

Er rechnet sich also einen mehr als hundertprozentigen Gewinn aus und beschließt heimzukehren, wird aber durch ein Unwetter zunächst in eine nordafrikanische Hafenstadt verschlagen. (Vgl. deren Schilderung im Anhang Nr. X A.) Der heidnische Burggraf, selbst ein guter Kaufmann, schlägt ihm einen Tauschhandel vor, nachdem er Gerhards Ladung gebührend bewundert hat, und erklärt ihm,

wie ez ist umb disen kouf gewant.
bringest dû in in dîn lant,
dû maht sîn geniezen vil.
hie frumt er niht, dâ von ich wil
mit dir koufen, ob dû wilt.
ob dich gewinnes niht bevilt,
sô maht dû wol gewinnen dran. (1505 ff)

Er sagt also, ‚wie es mit dieser Ware steht. Bringst du sie in deine Heimat, so kannst du viel Nutzen davon haben. Hier nützt sie nichts, und darum will ich mit dir ein Geschäft machen, wenn du einverstanden bist. Wenn dir am Gewinn liegt, dann kannst du sehr viel daran verdienen.' Der rechtschaffene Gerhard antwortet:

. . . swâ ich gewinnen kan,
dâ tuon ich gar, swaz iemen tuot
umbe reht gewunnen guot. (1512 ff)

‚wenn ich daran verdienen kann, dann greife ich zu, sofern es sich um rechtmäßig erworbenes Gut handelt.' Zu Gerhards Überraschung stellt sich heraus, daß die ihm angebotene ‹Ware› in einer christlichen Prinzessin mit ihrem ganzen Gefolge besteht, die in die Gefangenschaft der Heiden geraten ist. Der Burggraf will die Gefangenen gegen Gerhards ganze Schiffsladung in Zahlung geben und verheißt ihm reichlichen Gewinn durch das zu erwartende Lösegeld. Ganz kaufmännisch überlegt Gerhard das Risiko:

daz ich gaebe sô grôz guot
niht wan umb einen blôzen wân (1796 f)

Soll er seinen ganzen Reichtum für eine sehr unsichere Gewinnchance hergeben? Er ringt mit einem Entschluß, der ihm durch einen Traum erleichtert wird, in dem ihm ein Engel Gottes mit gutem Rat erscheint. Auch dann noch ist er sehr auf seinen Gewinn bedacht. Er rechnet den Gefangenen genau vor, welch hohen Preis er für sie erlegen solle, und eröffnet der Prinzessin:

Liebiu vrowę, woltent ir
mîn guot danne gelten mir,
ich lôste iuch hinnen sâ zehant (2201 ff)

‚wenn ihr mir den Kaufpreis ersetzt, dann will ich euch loskaufen.' Er dringt nicht mehr auf Gewinn, sondern nur noch auf Ersatz der Kosten; soweit ist sein Kaufmannsherz hier schon erweicht.

Weiter darzustellen, wie Gerhard beim Burggrafen die bestmöglichen Bedingungen aushandelt und wie er dann Schritt für Schritt dem Gebot der Nächstenliebe nachgibt und endlich alles um Gotteslohn tut, würde hier zu weit führen. Der neue Realismus ist als gestaltendes Prinzip bereits deutlich geworden, und auch die Anlage als Ich-Erzählung ist in diesem Zusammenhang zu beachten. Dieser Realismus ist sowohl geistes- wie sprachgeschichtlich bemerkenswert. Denn durch ihn erschließt sich eine ganz neue Vorstellungswelt, die auch ihren sprachlichen Ausdruck findet. Allerdings dürfen in dieser Kaufmannsgeschichte Wendungen wie *die zerunge ane schrîben, zwigülte nemen, reht gewunnen guot* nicht plump als Zeugnisse einer wirklichen Kaufmannssprache gedeutet werden; denn hier redet ein Dichter in der Sprache der adligen Hofkreise, denen er nahesteht. Aber diese höfische Sprache erweitert ihren Umkreis, indem sie sich der Realität zuwendet und — in unserem Beispielfalle — die Welt des Kaufmanns, sein auf Erwerb gerichtetes Denken, die Erwägungen über Kauf und Tausch, über Geschäft, Wagnis und Gewinn, sprachlich erschließt.

Auf Wegen, wie RUDOLF VON EMS sie im ‹Guten Gerhard› beschreitet, hätte vielleicht der Ausbau einer deutschen Gemeinsprache gefördert werden können, zu der die höfischen Dichter bereits bedeutende Ansätze gemacht hatten (s. o. S. 410). Zwar ist seine Sprache nicht ganz frei von Provinzialismen, doch hält sie sich in angemessener Höhenlage. Dasselbe gilt erst recht für einen Dichter der nächstjüngeren Generation, KONRAD VON WÜRZBURG (etwa 1225—1287), der noch einmal ganz in den Spuren der höfischen Dichter wandelt und dessen Sprachkunst noch länger als ein Jahrhundert Nacheiferer angeregt hat. Aber diese verstiegen sich in eine nicht mehr idealistische, sondern nur noch irreale Welt märchenhafter Abenteuer, in der auch die Sprache die Beziehung zur Wirklichkeit verlor, und hatten dadurch keinen Einfluß mehr auf die lebendige Weiterentwicklung der Sprache. Außerdem waren sie bei weitem nicht gebildet genug, um das hohe Ziel einer Gemeinsprache auch nur geistig erfassen zu können. Sowie diese Dichter aus den ausgefahrenen Geleisen einer zur leeren Form gewordenen Tradition auszubrechen versuchen, verfallen sie dem dialektalen Sprachalltag ihrer Umgebung.

Die Neigung zur realistischen Darstellung ist im übrigen der Ausbildung einer Gemeinsprache wenig günstig. Im Gegenteil: Der Realismus bedient sich der Sprache gern zu eindringlicher Milieuschilderung, sucht sogar manchmal ein gewisses Lokalkolorit anzudeuten und verwendet dazu mundartlich beschränkte Ausdrucksweisen, die einer gemeinsprachlichen Tendenz geradezu zuwiderlaufen. Das beginnt schon inmitten der höfischen Periode. Da ist z. B. der Lyriker NEITHART VON REUENTHAL, dessen erste Gedichte WALTHER und WOLFRAM noch gekannt haben und dessen Schaffensperiode etwa in die

Zeit von 1210 bis 1240 fällt. Er war ein Ministerial aus oberbayrischem Geschlecht, in der Gegend am Tegernsee zu Hause. In den Tanzliedern seiner ‹Dorfpoesie› treibt er sich mit den Bauernburschen herum und stellt den Dorfschönen in einem travestierten ‹Minnedienst› nach. Seine Lieder, für eine höfisch-ritterliche Gesellschaft bestimmt und als Parodien auf den hohen Minnesang vorgetragen, erreichen ihre derb komische Wirkung, abgesehen von der plump bäuerlichen Situationskomik, vor allem auch durch die Verwendung unhöfischer Ausdrücke. So läßt er z. B. das Bild entstehen, wie er zur Winterzeit mit jungen Männern durchs Dorf streicht und plötzlich Tanzmusik an sein Ohr dringt:

Los ûz, ich hoer in der stuben tanzen.
junge man, tuot iuch dan.
dâ ist der dorfwîbe ein michel trünne.
dâ gesach man michel ridewanzen.
zwêne gigen, dô si swigen,
daz was geiler getelinge wünne;
seht, dô wart ze zeche vor gesungen.
durch diu venster gie der galm.
Adelhalm
tanzet niwan zwischen zweien jungen. (40, 25 ff)

‚Horch hin, ich höre, daß in der Stube getanzt wird. Ihr jungen Männer, macht euch dorthin auf. Da ist eine ganze Herde Dorfweiber. – Da konnte man viel ausgelassenes Tanzen sehen. Zwei spielten auf, und wenn ihre Geigen schwiegen, dann wurde es den übermütigen Bauernburschen erst richtig wohl: dann sangen sie zur Abwechslung zum Tanze vor. Der Lärm drang aus den Fenstern. Der junge Adelhalm tat es nicht anders, er mußte immer gleich mit zwei jungen Dirnen tanzen.'

Ein lebhaft anschauliches Bild entwirft der Dichter mit ganz wenigen Strichen. Wie unhöfisch die Situation in der gedrängt vollen Bauernstube, das tolle Umherspringen, das Liedgebrüll der Bauernburschen sind, braucht nicht betont zu werden. Aber diese Wirkung wird durch sprachliche Mittel verstärkt. Schon das *los ûz* klingt volkstümlich derber, als wir es vernehmen können, und *tuot iuch dan* ist ein Ausdruck der Alltagssprache. Daß dann die *dorfwîbe* als *ein michel trünne* auftreten, sind weitere Derbheiten; *trünne* ist eigentlich ein Ausdruck der Jäger und bedeutet ‚ein Rudel Wild'. Auch *ridewanzen* kommt nach Wort und Sache in höfischen Kreisen nicht vor; es handelt sich um einen derben, bäuerlichen Springtanz. Und *getelinc* endlich ist ein geringschätziger Ausdruck für den Bauernburschen mit der Grundbedeutung ‚Vetter, Verwandter'. Nur das

Adjektiv *geil* sollte man nicht falsch beurteilen. Es bedeutet, ohne obszönen Nebensinn, ‚lustig, übermütig'. Doch kann man gerade aus der Umgebung dieser Lieder, in denen derb erotische Wünsche unverhüllt ausgesprochen werden, verstehen, auf welchen Wegen das Wort zu seiner heutigen Bedeutung gelangen konnte.

Überall streut NEITHART in seine Lieder solche die bäuerliche Atmosphäre bezeichnenden Ausdrücke ein. So beginnt das Lied, aus dem wir obige Strophe anführten, mit der Zeile: *Sinc, ein guldîn huon, ich gibe dir weize,* ‚sing ein Lied, mein Goldhähnchen, ich gebe dir Weizen zum Lohn'. In bildhafter Sprache fordert das Bauernmädchen den Geliebten zum Singen auf, und sie bleibt dabei in der Anschaulichkeit ihrer dörflichen Umgebung. Von einem verliebten Burschen sagt der Dichter: *disen sumer hât er si gekouwen gar vür brôt,* ‚er hat sie wie Brot gekaut, hat sie vor Liebe bald aufgefressen.' Eine Mutter will die Tochter nicht zum Tanze lassen und sagt: *ich geschaffe, daz dich krot diu reise gar verbirt,* ‚ich will dafür sorgen, daß dir Kröte der Weg zum Tanzplatz verleidet wird', und solche Beispiele finden sich bei NEITHART zu Hunderten.

Während NEITHARTS Satire aus höfischer Sicht gegen die tölpelhaften Bauern gerichtet ist, hat WERNHER DER GÄRTNER, den wir oben S. 402 schon erwähnten, in seinem ‹Helmbrecht› gerade umgekehrt den verfallenden Ritterstand satirisch aufs Korn genommen, indem er ihn aus der Sicht des Bauern zeichnet. Für die neu gewonnenen literarischen Möglichkeiten der Zeit ist es charakteristisch, daß es hier einem Dichter gelingt, einen Bauern ebenso überzeugend zu gestalten, wie RUDOLF VON EMS die Gestalt seines Kaufmanns entworfen hatte. Denn der ehrenfeste Bauer Helmbrecht, der sich sicher in der Ordnung seines Standes geborgen weiß, ist die bestgelungene Gestalt des Werkes als Gegenspieler gegen seinen Sohn, der auch Helmbrecht heißt, aber sonst mit dem Vater nichts gemein hat. In seiner frechen Gier nach dem leichten Leben eines Raubritters und in seinen ehrfurchtslosen, von keinerlei Ethos geprägten Reden wird die satirische Absicht des Dichters zu aufdringlich deutlich, als daß die Figur überzeugend wirken könnte (Vgl. Anhang Nr. X B).

Wie dem auch sei, die sprachlichen Mittel, mit denen WERNHER sein Ziel erreicht, sind nicht viel anders als die NEITHARTS, nur daß sie weniger drastisch wirken. In schlicht alltäglicher Ausdrucksweise sucht der Bauer den Sohn zu bewegen, auf dem Hof zu bleiben:

> *lieber sun, nû men dû mir*
> *oder hab den phluoc, sô men ich dir,*
> *und bûwe wir die huobe;*
> *sô kumst dû in dîne gruobe*
> *mit guoten êren alsam ich.* (247 ff)

‚Lieber Sohn, führ mir die Ochsen vorm Pflug, oder lenk den Pflug und laß mich führen, und laß uns den Hof gemeinsam bewirtschaften'. *Menen, den phluoc haben, die huobe bûwen, in sîne gruobe komen*: das ist die einfache phrasenlose Sprache des schlichten Mannes, die in einer Zeit, die noch den zierlichen Klang höfischer Sprache im Ohre hat, durch ihre Einfalt realistisch wirken muß. Viel phrasenhafter wirkt mit ihrer verdrehten Anwendung höfischer Ausdrucksweisen die Antwort des Sohnes:

ich wil benamen besehen
wie ez dâ ze hove smecke.
mir suln ouch dîne secke
nimmer rîten den kragen.
ich sol ouch dir ûf dînen wagen
nimmer mist gevazzen.
sô solt mich got gehazzen,
swenne ich dir ohsen waete
und dînen habern saete. (262 ff)

‚Ich will mir in Gottes Namen selbst ansehen, wie da am Hofe der Wind weht, und deine Säcke sollen niemals wieder auf meinem Hals reiten, und nie mehr lade ich dir Mist auf deinen Wagen. Ich wäre doch ganz von Gott verlassen, wenn ich dir die Ochsen einspannte und deinen Hafer säte.' Allerdings läßt diesen Ungebildeten sein höfisches Vokabular bald im Stich, und zornig brüllt er:

des irret mich ein gurre,
daz ich niht ensnurre
mit den andern über ecke (369 ff),

‚bloß ein Gaul fehlt mir noch, sonst wäre ich längst querfeldein mit den andern losgewetzt'. An anderer Stelle sagt er, ebenso unhöfisch, *lâ mich hinnen phurren*, ‚laß mich endlich abbrausen'.

Aber nicht nur seine Personen läßt der Dichter in unhöfischen oder mundartlich gefärbten Ausdrücken reden. Er verleiht auch seinen eigenen Worten dieselbe Farbe. Von einem äußerst fein gewebten Linnen behauptet er:

ab dem tuoche entrunnen
wol siben webaere,
ê ez volwebet waere. (136 ff)

‚Gut sieben Weber hatten die mühsame Arbeit im Stich gelassen, bevor das Tuch fertig war.' Sicher hat er diese bildhafte Beteuerung der

Kostbarkeit dem Volksmunde abgelauscht, und Mundartausdrücke sind es, mit denen er die Gefräßigkeit einer entlaufenen Nonne schildert:

die wîle si ze revende gie,
daz si die selben zît nie
sô manec ei zerklucte
noch kaese versmucte (127 ff)

‚daß sie, solange sie im Speisesaal des Klosters gegessen hatte (man beachte auch die verballhornte Form *revende* für lat. *refectorium*), niemals so viele Eier in die Pfanne gehauen und soviel Käse verdrückt hatte'.

Auch hier ließen sich die Beispiele häufen. Aber darauf kommt es nicht an. Es sollte nur gezeigt werden, daß die realistische Dichtung, die sich in spāthöfischer Zeit entwickelt, gern zu derben, volkstümlichen, oft mundartlich beschränkten Sprachmitteln greift. In einer Zeit, in der eine gefestigte und gesicherte Gemeinsprache vorhanden ist, könnte eine solche aus alltäglicher Sprechsprache gewonnene Farbigkeit durchaus willkommen sein, und willkommen war sie auch im 13. Jahrhundert. Aber in der damaligen sprachlichen Situation wurde sie zum Verderb. Denn diese gröberen publikumswirksamen Sprachmittel machten Schule. Auch WERNHER und vor allem NEITHART fanden bis tief in das 14. Jahrhundert ihre Nachahmer. So wurden auch von dieser Seite her die ersten zarten Ansätze zu einer allgemein verbreiteten und als gültig anerkannten Form gehobener deutscher Sprache zunichte gemacht.

Verfall der Dichtersprache

Es wäre für die sprachgeschichtliche Erkenntnis von geringem Nutzen, wollten wir die Wege der Dichtung bis zum Ende der mittelhochdeutschen Zeit weiterverfolgen. In dem Jahrhundert von 1250 bis 1350 wird nur deutlicher, was sich in der ersten Generation nach den höfischen Dichtern schon in hinlänglich klaren Umrissen zeigt. Die ideale höfische Vorstellungswelt und ihre beseelte Sprache schwinden dahin. In den Artus- und Minneromanen der Spätzeit, die vorgeben, am höfischen Ideal festzuhalten, führen die höfischen Begriffe und Sprachformen das Dasein gespenstischer Schatten, leere Worthülsen ohne Gehalt. Oder eine realistische Auffassung bemächtigt sich der alten, hohen Begriffe. Dann werden sie in die pausbäckige Banalität des allzumenschlichen Alltags hineingezerrt und gehen in handfest vordergründiger Moralität unter.

Ein Neuansatz zeigt sich nur in jener anderen Art des Realismus, die der höfischen Idealwelt entschlossen den Rücken kehrt und ihre Stoffe nach den Wirklichkeiten des zeitgenössischen Lebens modelt. Hier werden auch neue sprachliche Bereiche erschlossen. Doch bringt die Entwicklung es mit sich, daß in einer politisch und gesellschaftlich enger werdenden Welt auch diese Dichtungen ihre Darstellungsmittel aus der unmittelbaren Nähe nehmen und in ihrer Sprache daher einem mundartlichen Provinzialismus verfallen. Das ist verderblich, weil das Gegengewicht fehlt. Denn da die Bearbeiter großer Stoffe ihrer Aufgabe nicht mehr gewachsen sind, greifen auch sie oft genug zu dem Stilmittel alltäglicher oder drastisch mundartlicher Ausdrucksweisen. So schwindet, was an sprachlicher Einheit durch die größten Dichter schon gewonnen war, sehr rasch dahin, und es ist – was die Sprache der Dichter betrifft – nicht unberechtigt, von Zerfall und Auflösung zu reden. Denn das ist nochmals zu betonen: Nicht das Bestreben, einer schon gesicherten Sprache kräftige Farben zu verleihen, führt zum Griff nach dem Alltäglichen und Mundartlichen, sondern dies bedeutet vielmehr die Flucht aus einer sprachlichen Höhenlage, die man meidet, weil man sie nicht mehr meistert.

Es ist fast überflüssig, noch zu erwähnen, daß die Sprache dieser Dichtung nicht nur völlig säkularisiert erscheint – diese Bewegung war ja durch die geistige Entwicklung der höfischen Epoche ausgelöst –, sondern darüber hinaus ganz und gar banalisiert wird. Nur ein einziges, recht bezeichnendes Beispiel dafür aus dem Ende der mittelhochdeutschen Zeit sei noch angeführt. In der schwankhaften Erzählung von Kaiser Karl und Elegast, deren mitteldeutsche Fassung um 1350 entstanden sein kann, treten sich Kaiser und Ritter in einer Diebskomödie gegenüber. Schon diese unwürdige Darstellung einer großen historischen Gestalt ist zu beachten. Der Kaiser fragt den Ritter, dem er unversehens begegnet, nach dem Namen. Der Dichter fährt fort:

He sprach: ich heiß Ellegast,
min truwe ist wor unde fast.
vel lyebe geselle,
ich stel alles, daz ich welle.
der konnig begunde lachen:
waz kanstu wunderß gemachen,
syeße vater, Jhesus Christ,
der aller werlt geweldig ist! (355 ff)

‚Er sprach: Ich heiße Elegast. Meine Treue ist wahrhaftig und unverbrüchlich. Mein lieber Mann, ich stehle alles, was ich haben will. Der König entgegnete lachend: Beim süßen himmlischen Vater, bei

Christus, der alle Welt beherrscht, du kannst ja wahre Wunderdinge ausrichten.' Ein merkwürdiger Wortwechsel bei der ersten Begegnung! Aber nicht nur, daß die höfischen Formen verschwunden sind, daß die ‹Helden› sich wie zwei Wilddiebe unterhalten, daß der Unbekannte mit *geselle* angeredet wird, was in höfischer Sprache ‚Schwurbruder' bedeutete, ist bezeichnend. Was soll in diesem Zusammenhang noch *triuwe* bedeuten, und was das *wâr*, das einst in geistlichem Zusammenhang den Jenseitsbezug hatte und in höfischer Dichtung auf die Werte der Idealwelt hinwies? Und dann die ganz unmajestätische Antwort des Kaisers mit der bombastischen, aber völlig sinnentleerten Anrufung Gottes! Hier noch von Säkularisierung der Sprache zu reden, würde bedeuten, auch diesen Begriff zu entwerten. Diese Sprache ist vielmehr aus der Sphäre säkularisierter Geistigkeit, wie wir sie in der höfischen Idealität kennengelernt haben, zu vordergründiger Alltäglichkeit herabgesunken. Hier gibt es nicht einmal mehr einen Ansatzpunkt zu neuem Aufstieg. Von der Sprache der Dichtung, wenn wir solche Machwerke noch so anspruchsvoll bezeichnen wollen, sind auf lange Zeit hinaus keine Anstöße zu sprachlicher Erneuerung zu erwarten.

IX. DIE SPRACHE DER VOLKSTÜMLICHEN PREDIGT

Zu derselben Zeit, da das geschriebene Wort der Dichtung in Alltäglichkeit versinkt, finden wir zum ersten Male verläßliche und großartige Zeugen des gesprochenen deutschen Wortes. Denn aus dem 13. Jahrhundert sind uns die ersten Nachschriften wirklich gehaltener deutscher Predigten überliefert, und darunter befinden sich Zeugnisse von unschätzbarem Wert für die geistes- und kulturgeschichtliche, die volkskundliche und sprachhistorische Forschung.

Die Entwicklungsgeschichte der christlichen Predigt beginnt mit dem Christentum selbst. Am Anfang steht die Bergpredigt CHRISTI, und seitdem sind uns aus jedem Jahrhundert christlicher Geschichte die Namen bedeutender Prediger und auch eine Fülle von Predigten überliefert. Große Theologen liebten es, selbst ihre Kommentare zu Büchern der Bibel in die Form fortlaufender Predigten zu kleiden. So verfuhr zum Beispiel AUGUSTIN mit seiner Auslegung der Psalmen oder BERNHARD VON CLAIRVAUX bei der Erklärung des ‹Hohen Liedes›. Dabei wußte gerade BERNHARD seine tief ernste geistige Auseinandersetzung und die innige Wärme seines Gefühls in einer so vollendeten Stilkunst darzulegen, daß seine Predigten noch heute als unübertroffene Meisterwerke gelten.

Man braucht aber diese Namen nur zu erwähnen, um deutlich zu machen, daß die großen Prediger des Mittelalters sich der lateinischen Kirchensprache zu bedienen pflegten. Um die volkssprachliche Predigt und mithin auch um die Predigt in deutscher Sprache war es bei weitem nicht so gut bestellt. Zwar gibt es schon aus früher althochdeutscher Zeit einige Predigtbruchstücke, und nachdem im 12. Jahrhundert eine große Sammlung deutscher Predigten, das sogenannte *‹Speculum Ecclesiae›*, entstanden war, werden solche Sammlungen häufiger. Doch handelt es sich dabei im allgemeinen um Übersetzungen aus dem Lateinischen und außerdem um Musterpredigten. Man hat diese Sammlungen als Handbücher aufzufassen, die es dem Geistlichen erleichtern sollten, danach seine eigene Predigt zu entwerfen. Dementsprechend liefern diese Predigten meistens nur das geistliche Gerüst, höchstens daß sie hie und da einmal ein ‹Predigtmärlein› als erbauliches Exempel einfügen. Doch gerade das, was den lebendigen Reiz der Predigt ausmacht, lassen sie vermissen, den aktuellen Bezug auf das *Hic et Nunc* des leibhaft vor seiner Gemeinde stehenden Geistlichen.

Erst in dem bewegten 13. Jahrhundert wandelt sich das Bild. Auch vorher schon hat man die Namen großer Prediger gekannt und hat Rühmliches von der Wirkung ihrer geistlichen Beredsamkeit berichtet. Jetzt aber fangen ergriffene Zuhörer an, die Reden berühmter

Prediger nachzuschreiben, und die Überlieferung lehrt, daß solche Nachschriften von Hand zu Hand gingen und, wieder und wieder abgeschrieben, weite Verbreitung fanden. Man wird dieses betonte Interesse an der einzelnen Persönlichkeit und ihrer Leistung abermals, wie so vieles andere, mit der vorausgegangenen Entdeckung des individuellen Ich und Du in Zusammenhang bringen dürfen. Aber das allein reicht zur Erklärung nicht aus; vielmehr muß man diese Erscheinung auch auf dem Hintergrunde einer unsicheren und tief beunruhigten Zeit sehen.

Politische und soziale Verhältnisse

Obwohl das ganze christliche Abendland in vielfältigen Wirren erzitterte, dürfen wir uns hier mit einer Skizze der deutschen Verhältnisse begnügen. Den großen zeitgeschichtlichen Hintergrund für alles Geschehen bilden die schweren Auseinandersetzungen zwischen Kaiser und Papst. Daß die beiden Häupter der Christenheit miteinander in beständigem Streit liegen, daß sie sich mit geistlichen und politischen Ränken, ja sogar mit der blutigen Gewalt der Waffen bekämpfen, ist die erste Quelle der tiefen Besorgnis, die den schlichten Christenmenschen ergriffen hat, und alles andere wird davon in Mitleidenschaft gezogen. Spätestens seit der doppelten Königswahl des Jahres 1198 geraten auch die inneren Geschicke des Reiches mehr und mehr in den Strudel der weltpolitischen Verwirrung. Unter den Fürsten entstehen Parteien für und wider Kaiser oder Papst, und unter diesem Deckmantel werden in zunehmendem Maße auch Kämpfe um eigensüchtige Interessen ausgetragen. Bis in die kleinsten Herrschaften hinein pflanzt sich die Streitsucht fort. Offener Kampf und im Kleinkrieg häufiger noch Hinterlist und tückischer Überfall machen das Land unsicher.

Die immer noch ergebnislos fortgesetzten Kreuzzüge, die zu einem Mittel schmutziger Politik geworden sind, die Heerfahrten nach Italien, die inneren Fehden im Reich fordern unerhörte Blutopfer. Die ländliche Wirtschaft, Hauptquelle des Erwerbs und Lebensgrundlage des ganzen Volkes, liegt schwer darnieder. Die breite Mehrheit des Ritterstandes, die kleinen ländlichen Ministerialen, verarmt. Von nackter Not getrieben, zum Teil wohl auch aus Abenteuersucht und der Gier nach leichtem Erwerb, sinken viele zu Raubrittern herab. Sie brandschatzen die Bauern und überfallen die Warenzüge der über Land fahrenden Kaufleute. Unsicherheit lauert überall, und das Faustrecht des Stärkeren herrscht. Nicht ohne Grund mahnt der Prediger in einer Anrede an die Handwerker gerade den Hufschmied, daß er ganz besondere Verantwortung trage. Taugt seine Arbeit nicht, so *mac der rîter dâ von gevangen werden oder den lîp verliesen*. Ein schlechtes Hufeisen kann Gefangenschaft oder gar den Tod bedeuten, und mit Schaudern muß der Hörer des 13. Jahrhunderts zugeben, daß solche Mahnung kein leeres Geschwätz ist.

Einige Sicherheit bieten in den Unruhen dieser Zeit nur die Städte, die wachsende Bedeutung gewinnen. Die große, wagende Kaufmannschaft, die auf Schiffen die Meere durchkreuzt und in langen, in dieser unruhigen Zeit von vielen Reisigen beschützten Wagenzügen die Straßen Europas befährt, wird freilich nur in den bedeutenden Städten den Ton angegeben haben. Sonst überwiegt der Typus der Landstadt mit einem bescheidenen Reichtum der Kaufleute, dem Erwerbsfleiß zahlreicher Handwerker und — das darf man nicht übersehen — den Ackerbürgern, die vor den Toren der Stadt ihre Felder bestellen. Je größer die Stadt, desto reger auch das geistige Leben, in dem die Patrizier, meist aus städtisch gewordenen Adelsgeschlechtern stammend, den Ton angeben, oder auch die bischöfliche Hofhaltung, wenn ein Bischofsitz vorhanden ist. Zahlreiche Kirchen mit vielen Geistlichen und vollbesetzte Klöster, beide oft mit reichem Besitz ausgestattet, gehören auch zu diesem Bilde der mittelalterlichen Stadt. Die Unruhe aber, die ringsum und bis an die Stadtmauern brandet, bedroht doch fortwährend auch das städtische Leben. Sie dringt durch die Tore ein mit der flüchtenden Menge, die schutzsuchend vom Lande hereinströmt, und die Stadtmauern werden zum Gefängnis, wenn die allgemeine Unsicherheit dazu zwingt, die Tore zu versperren.

Landauf, landab also und in Stadt und Land lasten beständige Sorge und oft schreckhaftes Entsetzen auf den Menschen. In solcher Lage nun klammert sich der Mensch des christlich frommen Mittelalters mehr noch als in ruhigen Zeiten an die Hoffnung auf ein besseres Jenseits und an die Suche nach dem rechten Weg dorthin. Denn auch in diese Fragen ist Unsicherheit eingebrochen. Wie die Glaubenszuversicht des ersten Kreuzzuges (1097—1099), die sich in dem Losungswort *Deus vult*, ‹Gott will es›, ausdrückte, längst der bangen Frage *Quid vult Deus*, ‹Was ist der Wille Gottes›, den Platz geräumt hatte, so fragten überhaupt die geängstigten Menschen des 13. Jahrhunderts nach den Absichten Gottes mit dieser geplagten Menschheit. Eine Rat und Trost suchende Frömmigkeit breitete sich im Volke aus, und wer in dem Rufe stand, Antwort geben zu können, dem strömte die gläubige Menge zu.

Groß war der Zulauf, den die in diesen Zeitläuften entstehenden Bettelorden hatten. Ihr ideales Ziel, das ewige Heil durch demütige Nachfolge Christi in irdischer Armut und unter Mißachtung allen vergänglichen Besitzes zu erwerben, gab dieser von Not und Hunger geplagten Zeit eine Sinndeutung ihres Leidens. Die Orden der Franziskaner (gegründet 1208) und der Dominikaner (gegründet 1215), dem Ideal der Besitzlosigkeit hingegeben und zum Erwerb der täglichen Lebensnotdurft auf milde Gaben angewiesen, kamen in fortgesetzte ständige Berührung mit allem Volk, und daß sie im Gegensatz zu den wohlhäbigen Weltgeistlichen und den Mönchen der reichen Benediktinerklöster in der Askese ihres Nahrungserwerbs den Ärmsten der Armen vergleichbar waren, verhalf ihnen zu hohem Ansehen und gewaltigem Einfluß auf die Menge. Von Rom rasch als starke Stütze erkannt, genossen die beiden Orden jegliche Förderung durch den Papst und erhielten unter anderen wichtigen Privilegien das Recht, überall Messe zu lesen, zu predigen, selbst unter freiem Himmel, und Beichte zu hören. Dadurch wurden sie aus der hierarchischen Gliederung der Erzbistümer, Bistümer und Pfarreien herausgenommen und konnten desto unbehinderter ihre Tätigkeit entfalten, wohin immer ihr Glaubenseifer oder der Ruf einer nach religiöser Unterweisung dürstenden Menge sie führte. In unserem sprachhistorischen Zusammenhang ist der Hinweis nicht ganz unwichtig, daß der Franziskanerorden von Anfang an ein sehr starkes Gewicht auf Mission und Seelsorge legte, während die Dominikaner, ebenfalls gewaltige Prediger, stärker die Reinhaltung des Glaubens betonten und, um dazu die Grundlagen zu sichern, stets auch die theologischen Studien in ihren Reihen mit besonderer Hingabe pflegten. So waren die größten Gelehrten ihrer Zeit, Albertus Magnus (1207—1280) und vor allem Thomas von Aquino (1225—1274), führende Gestalten des Dominikanerordens, und auch die großen deutschen Mystiker, Meister Eckhart, Johannes Tauler und Heinrich Seuse, von denen im nächsten Kapitel zu handeln sein wird, waren Dominikaner. Hier dagegen ist zunächst von einem bedeutenden Franziskaner zu reden, der wie kein anderer zu seiner Zeit, der Regel seines Ordens getreu, im Volk und mit dem Volk lebte und als der größte volkstümliche Prediger des deutschen Mittelalters angesehen werden darf.

Berthold von Regensburg

Eines der allerersten Franziskanerklöster in Deutschland war das Regensburger Salvatorkloster (nach der ersten Niederlassung von vier Ordensbrüdern in der Stadt im Jahre 1221 der schon anwachsenden Schar im Jahre 1226 von Bischof Konrad III. geschenkt). In dieses Kloster muß der vielleicht selbst aus Regensburg stammende Berthold sehr früh eingetreten sein. Er wird spätestens 1220 geboren sein, denn im Jahre 1247 wird ihm, zusammen mit seinem Ratgeber und Lehrer David von Augsburg (s. u. S. 472ff), die Visitation des

Frauenklosters Niedermünster in Regensburg übertragen, ein Vertrauensposten, der schon ein gesichertes Ansehen voraussetzt. Seit dem Jahre 1250 durchzog er auf weiten Predigtfahrten das südliche und westliche Deutschland. Er ist im niederbayrischen Landshut bezeugt und in Speyer, danach in der Schweiz und in Schwaben. Um 1260 wendet er sich nach Österreich, Mähren, Böhmen und Schlesien und kehrt durch Thüringen nach Regensburg zurück, und dort ist er am 13. Dezember 1272 gestorben.

Der Zulauf zu BERTHOLDS Predigten muß sehr groß gewesen sein, wenn wir auch der zeitgenössischen Notiz, daß sich manchmal 40000 Menschen zu seinen Predigten versammelt hätten, keinen Glauben schenken können. Glaubhaft und teilweise nachprüfbar sind jedoch die Angaben über die bekehrende Wirkung seiner Predigten, so daß streitende Große sich versöhnten, Fürsten Landgüter wieder herausgaben, die sie unrechtmäßig an sich gerissen hatten. Man kann solche Wirkungen begreifen, wenn man selbst noch in den Nachschriften die Gewalt von BERTHOLDS Beredsamkeit spürt. Denn die alte Auffassung, daß nur die sechs sogenannten ‹Klosterpredigten› von BERTHOLD selbst gehalten worden, alle anderen aber spätere ‹Bearbeitungen lateinischer Vorlagen, die als erbaulicher Lesestoff dienen sollten›, seien, können wir nicht teilen. Der Ton dieser Predigten ist viel zu lebhaft, ihr Reichtum an augenblicklichen Improvisationen zu groß, als daß die Predigten aus dem ruhigeren Ton der an Geistliche gerichteten lateinischen Sermones übersetzt sein könnten. Und ‹daß als Lesepublikum (!) dabei in erster Linie, wenn nicht ausschließlich an Frauen gedacht war›, ist ganz abwegig, wie sich sofort zeigen wird.

Denn schon die Art, wie er bald diese, bald jene Gruppe aus der großen Menschenmenge, zu der er spricht, aufruft, beweist eindeutig, daß diese Predigten nicht zum Lesestoff und nicht allein für Frauen (gemeint sind Klosterfrauen) bestimmt sind. Sie richten sich an eine vielfältige, bunt zusammengewürfelte Menge. Überall erweist sich BERTHOLD als ein großer Redner, der seine Zuhörer zu fesseln und immer wieder zu packen weiß. Wir wollen kein Mosaikbild entstehen lassen, indem wir etwa eine Auswahl besonders bezeichnender Anreden aus dem Gesamtwerk zusammenstellen, sondern folgen nur dem Verlauf der Hinwendung zum Publikum in einer einzigen von BERTHOLDS Predigten (Nr. 25), die er über den Text Matth. 5, 8: *Saelic sint, die reines herzen sint, die werdent got sehende* gehalten hat.

Zunächst schildert der Prediger darin in breit ausgeführten Bildern die Herrlichkeit der Anschauung Gottes und appelliert dabei ohne sonstige Anreden nur durch die Fürwörter *ir* und *wir* und durch die Aufforderung *seht* wiederholt an die Erlebniswelt seiner Zuhörer.

Ziemlich spät erst taucht, jedenfalls in dem uns überlieferten Text, die erste formale Anrede auf: *Nû seht, ir liebe kristenheit, wie saelic die sint, die dâ reinez herze tragent.* Damit ist natürlich die Gesamtheit der Gemeinde angesprochen, und mit *ir liebe kristenheit* bleibt der Redner in den traditionellen Bahnen des Predigtstils. Aber unmittelbar daran anschließend wendet er sich einer einzelnen Gruppe aus der Menge der Hörer zu, indem er fortfährt: *Ir junge werlt, die noch unbewollen* (,unbefleckt') *sint mit sünden, behaltet* (,bewahrt') *iuwer herze vor allen toetlîchen sünden. sô werdet ir got sehende in solichen freuden und in sô grôzen êren, die ouge nie gesach oder ôre nie gehôrte.* Damit wird also die Jugend unter den Zuhörern zum Aufhorchen gezwungen. Aber sofort wendet der Prediger sich wieder der Gesamtheit zu. Bei dem nächsten Gedanken, ‹täte es nicht die Liebe zu Gott, so müßte uns schon die Neugier nach all dem Wunderbaren dorthin locken›, hat er wieder die ganze Versammlung im Auge, wenn er sagt: *Ez ist maniger vor mir, der im von sô getâner freude seite* (,wenn ihm einer ... erzählte'), *daz si jenhalp meres waere, er füere gar gerinclîchen dar von hinnen über mer, niwan daz erz gesaehe,* ,... er führe leichtlich über Meer, nur um es zu sehen'. (Hier muß man wissen, daß *über mer varn* ein von BERTHOLD oft gebrauchter Ausdruck ist. Meistens meint er damit die Teilnahme am Kreuzzug oder die Pilgerfahrt ins Heilige Land, und aus vielen Stellen geht hervor, daß ein Entschluß zu solcher Reise damals durchaus nicht ungewöhnlich war).

Die erste Sünde, deren Verderblichkeit er fast in jeder Predigt eindringlich vor Augen führt, ist die *gîtigkeit nâch guote, unrehtem gewinne* ,die Gier nach Besitz und unrechtmäßigem Gewinn'. Immer wieder brandmarkt er Habsucht und Geiz als die schwerste Sünde, für die es keine Gnade gibt, und immer wieder redet er die einzelnen Stände an, die dieser Sünde am ehesten ausgesetzt sind. In der Predigt, die uns hier beschäftigt, sind es die Geistlichen, denen er ins Gewissen redet: *Pfî, pfennincprediger* (,pfui, du Ablaßprediger'), *morder aller der werlte, wie manige sêle dû mit dînen valschen gewinnen von dem wâren sunnen wirfest an den grunt der hellen!* Und am Schluß dieses Abschnittes, in dem er seinen ganzen eifernden Zorn über die Habsucht ausgießt, wendet er sich mit *ir priester* an die geweihten Geistlichen, die er auffordert, den Habsüchtigen noch in ihrer letzten Stunde den Leib des Herrn zu verweigern und sie nicht in geweihter Erde zu bestatten. Hier wendet sich zwar der Prediger in rhetorischer Geste an den Stand im allgemeinen; dennoch darf man vermuten, daß sich auch unter seinen anwesenden Zuhörern Geistliche genug befinden und daß er sie so persönlich anspricht wie vorher die zu seinen Füßen versammelte *kristenheit* und die *jungen*.

Die zweite Todsünde *heizet hochvart und übermuot.* Und wieder richtet BERTHOLD seine Worte an einen besonderen Kreis unter den Zuhörern, indem er sie mit *ir herren* ‚ihr Hochgestellten' anredet und ihnen an dieser Stelle vor allem ihren Kleiderprunk verweist. Mit *ir . . ., ir . . ., ir . . .* rückt er ihnen Punkt für Punkt ihre ganze Torheit vor, und mitteninne ruft er die ganze Gemeinde zu Zeugen auf, indem er das Pronomen der dritten Person verwendet: *Alse ie einer einen iteniuwen funt vindet, den müezent sie danne alle versuochen,* ‚sowie einer eine nagelneue Modetorheit erfindet, müssen sie alle mitmachen'. Und dann hämmert er weiter mit *ir* auf die großen Herren ein. Mit *ir frouwen* wendet er sich danach dem weiblichen Teil der gehobenen Gesellschaft zu, der es noch schlimmer treibe. Die Frauen stolzieren in die Kirche, nur damit man ihren Prunk bewundere: *jâ, herre, wie schoene! wart aber ie sô schoenes iht?* ‚Du lieber Gott, wie wunderschön! Hat man je etwas so Herrliches gesehen?' Und jede einzelne kann sich angeredet fühlen, wenn er fortfährt: *Unser frouwe was halt vil schoener danne dû unde was gar herzeclîchen dêmüetic,* ‚unsere liebe Frau, die Himmelskönigin, war viel schöner als du und doch von Herzen demütig'. Zusammenfassend redet er dann noch einmal beide Geschlechter an: *Ir armez volkelech, frouwen unde man,* ‚ihr armseliges Völkchen, die man Damen und Herren heißt'. Das Attribut *arm,* hier auf die Reichen angewandt, läßt auch die an irdischem Gut Armen aufhorchen und zeigt ihnen, wo die wirkliche Armut vor Gottes Antlitz offenliegt. Aber die Zweischichtigkeit des Wortes ausnutzend, redet der Prediger gleich darauf von *armer liute hôhvart unde rîcher* (so ist wohl die an dieser Stelle verderbte Überlieferung — 397, 24 f — zu verstehen), bedeutet damit seinen Zuhörern, daß sie alle, ob arm oder reich, ihre Hoffart haben, und fragt: *Waenest dû, armer mensche tumber, daz dir got dîne hôhvart vertrage ze langer vrist?* Vor Gott ist jeder Mensch arm und töricht, wie immer es um seinen irdischen Besitz bestellt sein mag. Da damit jeder einzelne angesprochen ist, folgt ein langer Absatz, in dem immer nur das *dû* erklingt, ‚du einzelner und jeder einzelne, der hier zuhört'.

Nachdem er lange bei der Hoffart verweilt hat, wendet der Prediger sich der dritten Todsünde zu, dem Unglauben, dessen er vor allem Heiden, Juden und Ketzer bezichtigt. Vor den Ketzern warnt er am meisten; denn sie können mit ihren Irrlehren in jedes christliche Haus eindringen. Und da hier wieder jeder einzelne zu warnen ist, herrscht auch in diesem Abschnitt das *dû* der Anrede vor, abwechselnd mit *ir saeligen gotes kinder* und *ir reinen kristenliute,* wodurch die rechtgläubige Gemeinde abgehoben wird gegen die Ketzer, *dise valschen diebe des kristenlîchen gelouben.*

Die Beispiele ließen sich aus anderen Predigten um vieles vermehren. BERTHOLD kann die *êliute* anreden oder die *witewen*. In großer Zusammenfassung ruft er: *Ir schuoler, ir knehte, ir dierne, junc und alt, gelêret und ungelêret*, und an anderer Stelle wieder spricht er zu dem einzelnen Handwerker: *dû schuohewürke* oder *dû zapfenzieher* (,Schuhmacher, Weinschenk'). Beständig hält er Kontakt mit der um ihn versammelten Menge, bald sie alle anredend, bald nur eine Gruppe, wohl wissend, daß die Nichtbetroffenen solchem Sondergespräch desto neugieriger lauschen. Und sie alle redet er in ihrer eigenen Sprache an. Er schildert ihren Alltag, nimmt seine Gleichnisse aus dem täglichen Leben und trägt sie mit den Worten des Alltags vor. Oft genug läßt er auch die Gemeinde selbst zu Wort kommen, indem er vorgibt, ihre Einwürfe zu vernehmen: *Bruoder Bertholt, wie sülle wir uns vor ketzern behüeten, sô lange daz sie guoten liuten sô gar glîche sint?* In einer Predigt, die von der Sonntagsheiligung handelt, läßt er junge Leute einwerfen: *Bruoder Bertholt, rede, waz dû wellest! wir mügen ungetanzet niht sîn*, ,auf das Tanzen wollen wir nicht verzichten'. Auf solche Einwürfe folgt dann natürlich eingehende Erklärung oder Zurechtweisung. So lassen die Predigten auch noch in der Nachschrift erkennen, welcher Art die rednerischen Mittel waren, durch die der gewaltige Prediger die Menge der Gläubigen zu fesseln wußte.

Berthold und die ritterlichen Werte

Immer wieder geht es BERTHOLD um das Heil der Seele und um die verderblichen Folgen der Sünde, die zum ewigen Tode führt. Besonders gern hat er deshalb über das Pauluswort ‹Der Tod ist der Sünde Sold› (Röm. 6, 23) gepredigt; zu nicht weniger als fünf Predigten (Nr. 9, 22, 27, 33, 59) bildet es den Eingang. Darunter ist im Zusammenhang mit unseren sprachgeschichtlichen Betrachtungen die Predigt Nr. 33 besonders aufschlußreich. Sie ist, so muß man annehmen, in kleinerem Kreis vor einem ritterlichen Publikum gehalten worden. Das verraten schon wiederholte Anreden wie *ir herren* oder *ir hêrschaft* und auch die allegorische Stilisierung der Laster *als juncherren des tiuvels*, der Tugenden als keuscher, gottergebener *juncvrouwen*, was ja ,adelige Fräulein' bedeutet. Dabei kommt er eingangs auf die Schwierigkeit des rechten Übersetzens zu sprechen. Nachdem er den lateinischen Text: *Stipendia enim peccati mors* zitiert hat, fährt er fort: *Daz wort, daz dâ sprichet stipendia, daz ist reht als vil gesprochen, alse dâ ein ritter rehte wol gestriten hât, dem gît man daz lôn. Wan wir haben vil wort in der latîne, diu wir in tiutsche niemer ûz künnen gelegen wan mit gar vil umberede.* ,Beim Übersetzen aus dem Lateinischen haben wir viele Umschreibungen nötig.' Daß er damit das Problem jeglichen Übersetzens trifft, erkennt BERTHOLD wohl nicht; aber was er meint, ist klar: Während das mittelhochdeutsche Wort *lôn* jede Art von Belohnung bezeichnet, meint lat. *stipendium* den Sold des Kriegers. In den anderen Predigten (außer Nr. 59) geht er allerdings auf dieses Übersetzungsproblem gar nicht ein. Hier aber weiß er sein adliges Publikum gleich anfangs damit zu fesseln, daß er *stipendium* als *lôn* für ritterliches *strîten* verdeutscht. Sofort malt er aus, worin der Lohn besteht, nämlich *daz man sprichet: wê, wie gar ein biderber ritter daz ist, unde lobet in unde biutet im gar grôze êre . . . und man sprichet: eyâ, man sol im lîhen* (,ihm ein Lehen geben') *unde geben* (,Geschenke machen') *unde man sol im grôze êre bieten.* Auch das Gegenbild fehlt nicht: *Sô sprichet man disem niht wol, der dâ zegelîche* (,zaghaft, feige') *gestriten hât, unde biutet im unwirde und smâcheit* (520, 10 ff).

Das sind Anschauungen und Ausdrucksweisen, die uns schon aus der ritterlichen Dichtung bekannt sind. Auch dort erntet der *biderbe* für seinen *dienest* (auch dieses Wort kommt in der Predigt vor, in der Bedeutung ,ritterliche Pflicht') hohe Ehre, der *zage* nur Schande. Der Prediger weiß den Ritter anzureden. So wird hier auch unter den *soldrittern* des Teufels die sonst so kraß hervorgehobene *gîtigkeit* ,die Besitzgier' nur wie beiläufig erwähnt. Sie ist das Laster der Städte, unter Bürgern verbreitet. Der Ritter ist davon weniger bedroht, sofern er nicht — aus seinem *orden* fallend — auf Raub ausgeht. Er ist eher zu der adeligen Standestugend der *milte* erzogen, der ,Freigebigkeit', die sich auch als christliche Tugend mildherzigen Erbarmens deuten läßt. Von seiner sonstigen Gewohnheit abweichend, stellt daher der Mönch in dieser Predigt die *hôchvart* als den Teuflischsten der Teufelsjunker dar. Sie, die als *superbia* in den alten Sündenkatalogen die Reihe der Todsünden zu eröffnen pflegt, ist die große Gefahr der gehobenen Stände, und darum wird sie in dieser Predigt ganz besonders betont. Hier heißt manches Hoffart, was dem Ritter zur weltlichen Ehre seines Standes unerläßlich scheint.

Es ist bemerkenswert, daß die ethischen Begriffe und die Wertwörter der höfischen Sprache fast alle, wenn auch unter anderem Aspekt, in den Predigten BERTHOLDS vorkommen. Es finden sich sogar überraschend viele Übereinstimmungen, manchmal bis in den Wortlaut hinein, zwischen der Sprache der höfischen Dichter und der des Predigers. So erörtert BERTHOLD einmal das Ethos des menschlichen Strebens (*arebeit*) und nennt es eine Forderung Gottes, *daz ir arbeiten sult, alsô daz es iu nütze sî* (561, 10 ff). Das erinnert recht genau an die *nützîu arebeit*, von der WOLFRAM am Schluß seines ‹Parzival› spricht (s. o. S. 387). Dabei läßt der Prediger, wie es die höfischen Dichter getan hatten, Gott und der Welt Gerechtigkeit widerfahren. Er sagt: *Swelcher leie arbeit dû üebest, diu sol eintweder nütze sîn ze gote oder zer werlte, wan unser herre alliu dinc dem menschen ze dienste und ze nutze hât geschaffen, einhalp ze dem lîbe und anderhalp ze der sêle. Swâ ir danne die arbeit an grîfet, diu der werlte nütze ist und êrlîch, diu ist ouch gote lobelîch, wan er gap Adâme, daz er arbeite* (562, 3 ff). ‚Alles, was Gott geschaffen hat, ist dem Menschen zu Nutze da, entweder im Hinblick auf das irdische Dasein (*ze lîbe*) oder auf die Ewigkeit (*ze sêle*). Und weil es von Gott verordnet ist, ist auch, was dem irdischen Dasein dient, löblich, sofern es nützlich und ehrenhaft ist.' Allerdings betont der Prediger, daß es auch viel nutzloses und mithin wertloses Bemühen gibt: *ez arbeitet manec mensche, daz ez sînen lîp gar sûr an kümt, daz ez weder ze gote noch zer werlte nütze wirt.* Soweit würde der Dichter ihm zustimmen. Wenn BERTHOLD dann aber in einem Atemzuge mit den *röubern* auch die *turneier unde tenzer* als Beispiel für *unnützbaere arbeit* anführt, so scheiden sich die Geister. Denn Turnier und Tanz als Höhepunkt höfischer Festesfreude stehen auf der positiven Seite der ritterlichen Werteskala und könnten dem Dichter nicht für unnütz gelten.

Hier sei ein kleiner Exkurs in die Geschichte des Wortes *arbeit* gestattet. In Wendungen wie *arbeit üeben* und *arbeit angrîfen* kündigt sich bei BERTHOLD schon die moderne Bedeutung des Wortes an. Aber es überwiegt doch noch die allgemeine ältere Bedeutung ‚Anstrengung, Mühsal, Plage', so wenn von der *arbeit* des Tänzers geredet wird, oder des turnierenden Ritters oder des Räubers. Die Schwebelage inmitten eines Bedeutungsüberganges beweist vor allem das eben zitierte *er gap Adâme, daz er arbeite.* Denn zunächst ist damit an dieser Stelle gemeint, ‚daß er Arbeit verrichten sollte', also ‚tätig sein', — im modernen Sinne des Wortes. Aber zur Erläuterung zitiert der Prediger aus Gen. 3, 17 *nû müezest dû dîn lîpnar iemer mêr mit arbeit gewinnen,* womit er den Vulgatatext *in laboribus comedes ex ea (terra) cunctis diebus vitae tuae* frei übersetzt (‚Mit Kummer sollst du dich darauf nähren'; LUTHER).

Die *arbeit,* so verlangt BERTHOLD, soll *nütze* und *êrlîch* sein, sie soll Nutzen und Ehre eintragen. Das erinnert stark an die Gedanken um *êre unde guot* bei den höfischen Dichtern, und es kann uns nun kaum noch überraschen, daß gerade diese beiden Werte auch bei BERTHOLD wiederholt zusammen genannt werden und daß er sie überall, wie im obigen Zitat, als Gott wohlgefällige Werte dieser Welt betrachtet, solange sie nicht im Übermaß erstrebt und dadurch sündhaft werden. Nicht das Streben, sondern dessen *unmâze,* die BERTHOLD so gut wie die Dichter kennt und nennt, ist die eigentliche Sünde. Die objektiven Werte Ehre und Gut werden an sich selbst nicht davon berührt. Sie stehen bei dem Prediger wie bei den Dichtern in unbezweifelter Geltung. Und der Übereinstimmungen sind noch mehr.

Wie die Dichter zwei hohe Ziele erkannten, um die der Mensch zu ringen hatte, nämlich seine Stellung vor Gott und in den Augen der Welt, so finden sich auch bei BERTHOLD diese beiden Ziele in einem Atemzuge genannt. Schamlosen Sündern wirft er vor, *daz si ûf gotes hulde niht ahtent noch ûf ir werltlîche êre*, ‚daß ihnen Gottes Huld und ihr Ansehen bei den Menschen gleichgültig ist' (525, 28). Wem hierbei WALTHERS erster Reichsspruch im Ohre klingt, der wird zugleich an die *übergulde*, ‚den Wert der Werte', denken, und auch dieses Wort findet sich bei BERTHOLD (z. B. 388, 15), allerdings in anderem Zusammenhang in der Bedeutung ‚Höchstmaß (an Seligkeit)'. Gerade dieses Wort ist aber bei weitem nicht so selten, wie man manchmal vermutet (vgl. BENECKES Anm. zu ‹Iwein› 360), und schon im ‹Rolandslied› (Vers 1679) taucht es in geistlichem Zusammenhang auf.

Zusammenhang mit geistlicher Tradition

Die gleichen ethischen Begriffe und Wertwörter, wenn auch bei dem Prediger zuweilen von anderen Bewertungsgrundlagen ihren Gehalt beziehend, tauchen also in der höfischen Dichtung und bei BERTHOLD VON REGENSBURG auf, in sehr viel größerer Zahl sogar, als es unsere andeutende Auswahl erkennen läßt. Das ist um so erstaunlicher, als zwischen den älteren Predigtsammlungen und den weltlichen Dichtungen bei weitem nicht dieselben starken Übereinstimmungen vorhanden sind. Ist also BERTHOLD von der Sprache der höfischen Dichtung beeinflußt? Daß er das eine oder andere Werk gekannt hat, ist möglich, obwohl er Bettelmönch und beileibe nicht der Typ des feinsinnigen, kultivierten Geistlichen ist. Aber schon sein religiöser Eifer und seine strengen theologischen Grundsätze müßten ihm größere Anleihen bei den weltlichen Dichtern verbieten. Er erwähnt diese soweit ich sehe, auch niemals, nimmt ihr Werk überhaupt nicht zur Kenntnis. Offenbar bildet die Literatur keine Gefahr für die Kreise, denen er predigt.

Die Erklärung muß also auf anderem Wege gesucht werden. Zwar ist BERTHOLD der erste Prediger, dessen deutsche Predigten uns überliefert sind. Aber vor ihm wurde schon jahrhundertelang in deutschen Kirchen deutsch gepredigt. Er steht also in einer langen Traditionsreihe. Selbst wenn er wirklich in seiner Beredsamkeit gewaltiger gewesen wäre als alle seine Vorgänger auf deutschen Kanzeln, und wenn er an Originalität alle Früheren übertroffen hätte, so hätte er sich doch, was die christliche Ethik und die ethischen Begriffe angeht, nicht aus der Tradition lösen können. Seine wechselnden Anreden an die Hörer, sein Hineingreifen in ihren Alltag, der lebhafte, sehr persönliche Stil seines Redens, das alles mag sein eigen sein. Aber sowohl in den dogmatischen Grundbegriffen wie in seiner christlichen Ethik durfte er nicht weit von dem abweichen, was sich im Laufe von Jahrhunderten gefestigt hatte.

So ergibt sich denn der zwingende Schluß, daß der Prediger BERTHOLD und, wie wir nun erst im Nachhinein feststellen können, die höfischen Dichter aus der gleichen sprachlichen Quelle schöpfen. Die Wertskala der Gotteshuld, des ehrbaren Ansehens und des irdischen Besitzes muß in älterer Predigttradition schon ähnlich vorgeformt gewesen sein wie die Bewertung der Tugenden und Laster, und das nicht nur in gedanklicher Durchdringung, sondern bis in die sprachlichen Formulierungen hinein (vgl. dazu LH 123). Dort war schon die Rede von *triuwe*, von *zuht* und von *mâze*, von *minne* zu Gott und dem Nächsten, von *saelde, vröude, leit* und *arebeit*. Zum Teil kennt man das natürlich ohnehin aus der älteren geistlichen Dichtung. Trotzdem aber gewinnt man aus der Sprache BERTHOLDS sehr viel tiefere Einblicke und stärkere Stützen für die Feststellung solcher Traditionen. Auch daß die älteren Predigtsammlungen auf diesem Gebiet weithin versagen, darf uns nicht wundernehmen. Als gelehrte Arbeiten und Predigtmuster, dazu als Übersetzungen aus dem Lateinischen, haben sie die Lehre und besonders die Schriftauslegung zum Ziel. Sie sehen den Menschen als Gattung, aber nicht den einzelnen in seinem Stande, seinem Tun und seiner persönlichen Bedrohung durch die Sünde. So bleiben sie im abstrakten geistlichen Bereich und spiegeln die Fülle des menschlichen Lebens nicht wider. Dagegen muß in der wirklich gehaltenen Predigt manches, was bei dem Bruder BERTHOLD im 13. Jahrhundert auftaucht, auch schon früher vorhanden gewesen sein, und die frommen höfischen Dichter, die in ihren Werken Menschen und ihr Ethos zu gestalten hatten — wenn auch in ritterlicher, weltlicher Sicht —, werden aus der wirklichen Predigt ihrer Zeit manche Anregungen empfangen haben. Das lassen die übereinstimmenden Ausdrücke vermuten, auch wenn sie veränderte Inhalte bezeichnen müssen.

Demnach hätten also die höfischen Dichter und der Prediger BERTHOLD auf den gleichen Grundlagen, nämlich der älteren Predigttradition aufgebaut. Weiter allerdings darf man den Vergleich auch nicht treiben. Wir haben oben (S. 398ff) gesehen, wie die höfischen Dichter die eigene, säkularisierte Ethik ihres Standes ausgebildet haben, wobei alte Werte umgewertet und ganz neue entdeckt und ins Wort gebannt wurden. Davon blieb auch die geistliche Dichtung der höfischen Zeit nicht unberührt, worauf wir hier nicht eingehen können. Aber die praktische Seelsorge der Franziskaner, die wir als eine Art von ‹Volksmission› bezeichnen dürfen, ging offenbar andere Wege. Sie nahm, wenn wir die Sprache BERTHOLDS als Beweis ansehen dürfen, die weltliche Ethik der Höfe nicht zur Kenntnis. BERTHOLD jedenfalls knüpft an die von höfischem Geist noch nicht berührte Ethik der frühmittelhochdeutschen Geistlichkeit an, soweit wir deren Sprache rekonstruieren können.

Bei BERTHOLD sind zum Beispiel die Begriffe *triuwe* und *tugent* von höfischen Gehalten gänzlich unberührt geblieben. Mhd. *triuwe* bedeutet bei ihm ausnahmslos ‚das treue Festhalten am verordneten Recht', und *tugent* ist ihm ‚die rechtschaffene Tüchtigkeit des Christenmenschen', soweit nicht einzelne Eigenschaften wie Demut, Barmherzigkeit u. a. nach der christlichen Tugendlehre als lat. *virtus*: mhd. *tugent* bezeichnet werden. Nichts hat sich hier verändert, auch nicht in denjenigen Predigten, die, wie es scheint, vor einem adligen Publikum gehalten wurden. Es ist noch ganz der alte geistliche Gebrauch dieser Wörter, und so hat auch *zuht*, fern von aller höfischen Vertiefung, bei BERTHOLD die Bedeutung ‚Erziehung', und zwar im Hinblick auf den moralischen Nutzeffekt, behalten. Die *mâze*, in der höfischen Welt der Inbegriff des idealen Charakters, die völlige Ausgewogenheit des sittlichen Verhaltens bezeichnend, erscheint bei BERTHOLD in ganz vordergründiger Bedeutung. Sie wird vornehmlich auf das Maßhalten im Essen und Trinken bezogen, und als ihr Gegenbegriff erscheint manchmal *vrâzheit*, ‚die Vielesserei'. Ob hier nicht auch gegenüber der älteren geistlichen Konzeption eine Bedeutungsverengung vorliegt, eine Einschränkung auf allzu grobe Realitäten des Alltags, das bleibe dahingestellt.

Denn BERTHOLD übernimmt das alte geistliche Begriffsgefüge doch nicht ganz unverwandelt. Freilich, der alte Dualismus zwischen Gott und Welt, Jenseits und Diesseits steht in ungebrochener Kraft. Aber es werden doch neue Töne hörbar. Nach der Entdeckung der Individualität, der sich auch das geistliche Denken nicht verschließen kann, ist die Beziehung zwischen Prediger und Gemeinde enger und persönlicher geworden. Der geistliche Redner kann jetzt den Alltag besser beobachten und schildern, und die ausmalende, auf scharfer Beobachtung beruhende Phantasie gibt der neuen Predigt Farbe und Wärme. Denn daß dies alles wirklich neue Möglichkeiten sind, lehrt nicht nur die Kenntnis der veränderten geistigen Situation, sondern das läßt sich auch durch Vergleich mit dem, was aus älterer Überlieferung vorhanden ist, immerhin erschließen.

Psychologie und Sprache

Trotz der neuen psychologischen Erkenntnisse bleibt als Rahmen das alte geistliche Bild vom Menschen bewahrt, was allerdings, wie wir sehen werden, zu Schwierigkeiten führt. Wir wenden uns zunächst der Vorstellung von der Seele zu. Gleich in der ersten der uns überlieferten Predigten heißt es: *Diu oberste wîsheit diu ist, der sîne sêle behelt* (1, 20), ‚daß einer seine Seele bewahrt', d. h. daß das, was an ihm unsterblich ist, ins Jenseits eingeht. So bleibt es in allen einundsiebzig Predigten: der Mensch hat den vergänglichen *lîp* und die unsterbliche *sêle,* die je nach dem leiblichen Leben des Menschen in dieser Welt zu ewiger Seligkeit oder zu ewiger Qual im Höllenfeuer bestimmt ist. Alle die Sünden und Laster, die das Seelenheil gefährden, die *gîtigkeit, hôchvart, zorn, nît, unkiusche, frâzheit* und wie sie alle heißen, sind *siechtuom der sêle,* ‚Krankheiten', in die Welt gekommen wie Krankheiten des Leibes durch Adams Sündenfall, vom Menschen durch Mißbrauch *vrîer willekür,* der Entscheidungsfreiheit seines ‚freien Willens', hingenommen, aber heilbar durch Reue und Buße. (Vgl. Anhang Nr. XI.) Dieser Seelenbegriff ist noch ganz der des 12. Jahrhunderts, unbeeinflußt durch die aufkommende weltliche Psychologie, von der wir in bezug auf die Seele (oben S. 398) erste Spuren wahrgenommen haben.

Diese *sêle* wird nirgends als am Handeln des Menschen aktiv beteiligt aufgefaßt. Sie erleidet nur, was der Mensch, indem er sündigt, ihr zufügt. So hat auch weder der freie Wille noch die oben zitierte *wîsheit* Raum in der *sêle,* sondern sie sind etwas weiteres dem Menschen Innewohnendes, das BERTHOLD nicht lokalisieren kann. Zudem ist *dirre werlte wîsheit vor gote ein tôrheit* (2, 29 und öfter); denn alles Wissen der Welt ist nichts, *ob dû den rehten wec zuo dem himelrîche niht weist* (3, 37), und diesen Weg erfährt man nur von dem *gotes worte* (4, 9). Dadurch allein empfängt man *die rehten wîsheit, wie man die sêle behalten sol* (3, 36).

Wie hier die *wîsheit,* so sind bei BERTHOLD VON REGENSBURG auch viele andere Begriffe wieder *sub specie aeternitatis* erfaßt, wie in der Sprache der Geistlichen des 11. und 12. Jahrhunderts. Sie sind zweischichtig, können auf die Welt oder auf die Ewigkeit bezogen sein. Und doch hat sich Entscheidendes geändert. Man bemerkt das am Begriff der *wârheit,* der dem der alten Theologen (s. o. S. 346ff) noch ähnlich scheint, aber doch nicht derselbe ist. Recht aufschlußreich ist hierfür die oben schon einmal herangezogene Predigt Nr. 25. Dort wird mit einem bekannten theologischen Topos CHRISTUS als die Sonne bezeichnet, und es heißt z. B.: *reht alse alle sternen des himels ir lieht von dem sunnen habent, alsô hât alles himelische her ir lieht von dem wâren sunnen, sît danne unser herre der wâre sunne und daz wâre lieht ist* (391, 17 ff). Man könnte hier den alten Gegensatz zwischen der Welt des Seins und der Welt des Scheins, dem Diesseits, vermuten: die Sonne als geschaffener Himmelskörper nur Abbild der wahren Sonne, die CHRISTUS ist. BERTHOLD bezieht sich hier auf Joh. 1, 9 *erat lux vera* ‚er war das wahre Licht', und sagt im Anschluß an die eben zitierte Stelle: *sît danne unser herre der wâre sunne und daz wâre lieht ist, alse der guote Johannes dâ sprichet. Der heizet in daz wâre lieht, als ouch daz vil wâr ist, wan er ist daz wâre lieht, daz niemer mêr verlischet* (391, 19 ff). Dabei ist nun der Nebensatz *als ouch daz vil wâr ist*, ‚was auch sehr wahr ist', recht bezeichnend. Denn hier steht der irdische Wahrheitsbegriff, ‹das mit klarem Urteil richtig Erkannte›, so auffällig neben der theologischen Wendung *daz wâre lieht*, daß man dieses *wâr* deutlich als wörtliche Übersetzung von *lux vera* erkennt, was hier aber eine neue Bedeutung bekommen hat. Auch in dieser Verbindung weist *wâr* nicht mehr auf das allein gültige transzendentale Sein hin, sondern nur auf eine menschenmögliche Erkenntnis höherer Ordnung. In dieser Predigt wird dann zwar im Banne des Johannes-Wortes ständig der Unterschied gemacht zwischen *dem wâren sunnen* CHRISTUS und *dem nideren sunnen;* aber *wâr* und *nider* sind, wie man leicht erkennt, keine echten Opposita, und auch das beweist, daß das *wâr* hier nur in Erinnerung an den Bibeltext steht. Zum *nider* gehört vielmehr das *ober* als Gegenbegriff, und das taucht auch an sehr vielen Stellen in BERTHOLDS Predigten auf. So hält er eine ganze Predigt *von den oberlendern und den niderlendern*, in der mit *oberlant* das Himmelreich, mit *niderlant*, in der Bezeichnung ungetrennt, Erde sowohl wie Hölle gemeint sind. Auf dieselbe Unterscheidung zwischen oben und unten wies ja auch schon die oben zitierte *oberste wîsheit* hin. Für BERTHOLD sind Jenseits und Diesseits zu Bereichen gleicher Realität geworden. Das Irdische ist so *wâr* wie das Himmlische, nur daß dieses von höherer Ordnung ist. Er gebraucht deshalb, abgesehen von der Predigt Nr. 25, die Begriffe *wâr* und *wârheit* auch nur selten. Viel lieber verwendet er die Unterscheidungen *rehte* und *unrehte*, wobei *unrehte* alles ist, was den Weg zur ewigen Seligkeit behindert.

Diese Attribute sind auch bei BERTHOLD noch von dem alten Begriff *reht* her (s. o. S. 357) zu deuten. *Reht* ist auch ihm alles, was der Aufrechterhaltung von Gottes *ordenung* (auch dieser Begriff noch ganz im alten Sinne) dient, und es umfaßt Rechte sowohl wie Pflichten, während *unreht* das Heraustreten aus der Ordnung bezeichnet. Wenn aber in einem unserer obigen Zitate von dem *rehten wec zuo dem himelrîche* die Rede war, und wenn im gleichen Zusammenhang auch die *rehte wîsheit* erwähnt wird, so wird doch hier wenigstens als Unterton auch schon die Bedeutung ‚richtig' spürbar.

Es zeigt sich also in der Sprache BERTHOLDS VON REGENSBURG, daß auch die theologischen Vorstellungen sich unter dem Einfluß der Zeit zu ändern beginnen. Bei diesem Volksprediger jedenfalls hat die Entdeckung des Individuums und seiner Umwelt das Denken und die Sprache nicht unberührt gelassen. Zwar sind Jenseits und Diesseits klar voneinander getrennt, aber das Diesseits und darin der erkennende Mensch werden in einer neuen Realität gesehen. Sie werden ernst genommen. Der Prediger beobachtet Welt und Menschen, setzt sich mit ihnen auseinander und deutet und bewertet die Erscheinungen. Natürlich geschieht das im Hinblick auf die Ewigkeit, aber die Dinge dieser Welt und vor allem der einzelne Mensch erhalten in dieser Deutung doch ein neues, großes Gewicht. Das zeigt sich vor allem auch in der Unbefangenheit und geistigen Freiheit, mit der der Prediger religiöse Einrichtungen beurteilt. Wiederholt erwähnt er zum Beispiel in seinen Predigten die Wallfahrten nach St. Jacob im spanischen Compostela. Diese Pilgerfahrten zum Apostelgrab galten als ein besonders wohlgefälliges Werk, und viele Menschen entschlossen sich zur Wallfahrt. In einer Predigt nun, in der er sich über die heilbringende Kraft der Messe äußert und daß der Gläubige dieses Heil jeden Tag gleich *an sîme hovezûne* ‚unmittelbar vor der Haustür (Hofzaun), in der Dorfkirche' erwerben könne, sagt BERTHOLD: *Dû maht etewenne mêr gnâden unde saelden dâ* (in deiner Dorfkirche) *erwerben danne einer der ze sant Jâcobe loufet und erwider* (‚und zurück') . . . *Daz rede ich dâ von niht, daz ich sant Jâcobe sîne bilgerîne* (‚Pilger') *empfüeren welle, wan dâ waere er mir ze hôhe* (‚dafür steht er mir zu hoch'); *ich rede ez durch die gerehtekeit. Ir loufet dâ gein sant Jâcobe unde verkoufet dâ heime, daz iuwer kinder und iuwer hûsfrouwen iemer mêr deste armer müezent sîn oder dû selber iemer mêr nôthaft unde gultehaft* (‚in drückender Armut und zu Zahlungen verpflichtet'). *Und mestet sich, daz er vil veizter kumet danne er ûz fuor, unde hât danne vil ze sagenne, waz er gesehen habe . . . Waz fünde dû* (‚hast du gefunden') *ze Kumpustelle, dô dû dar kaeme? ‹Sant Jâcobes houbet!› Daz ist gar guot; daz ist ein tôtez bein und ein tôter schedel; daz bezzer teil ist dâ ze himele. Sage an, waz vindest dû hie heime an dîme hovezûne, sô ein priester messe in der kirchen singet? Dâ vindest dû wâren got unde wâren menschen mit dem gewalte unde mit der kraft, als er in dem himel ist* (459, 26 ff).

Beispiele wie dieses — und sie sind zahlreich in BERTHOLDS Predigten — sind in deutscher Sprache die frühesten Zeugnisse für eine auf verständigem Urteil beruhende Kritik an religiösen Bräuchen. Sie setzen eine Geistesfreiheit voraus, die aus der Selbstsicherheit des urteilenden Individuums erwächst und die eine sorgfältige Analyse des anderen Menschen und seiner Antriebe erfordert. Und die Sprache des Predigers ist nun fähig, so komplizierten geistigen Vorgängen Ausdruck zu verleihen.

Mußten wir an der Sprache der höfischen Dichtung die Säkularisierung der Begriffswelt feststellen, die sich in ihr ausdrückte, so dürfen wir bei dem Prediger gewiß nicht von Säkularisierung reden. Wohl aber ist, um das häßliche Wort zu gebrauchen, eine Psychologisierung festzustellen. Der Mensch wird in den Motiven seines Handelns erfaßt. Und nicht nur das. In Vorstellungen wie *reht* in der Bedeutung ‹richtig beurteilt› oder in der Raumvorstellung des Oben und Unten wird der Mensch zum Maß der Dinge. Das deutet sich bei BERTHOLD erst an: es zeigt aber doch, daß in einer sich ändernden Welt auch die Sprache des geistlichen Predigers sich ändert, daß auch alte, anscheinend fest gefügte Begriffsysteme sich wandeln.

X. DIE SPRACHE DER GOTTSUCHE UND DER GOTTERKENNTNIS

In den Reden des Volkspredigers BERTHOLD durften wir eine Spiegelung der Sprache des Alltags, wenn auch nicht die Alltagssprache selbst erkennen. Denn der wortgewaltige Franziskaner mußte seine Predigt auf die Fassungskraft der ihm zuströmenden Menge einstellen, und es waren vor allem die sittlichen Forderungen des Christentums, reduziert auf eine handfeste Begreifbarkeit, die er immer aufs neue einzuschärfen suchte. Das konnte nur in einer Sprache geschehen, die jedermann verständlich war, und erforderte Bilder, deren Sinngehalt auch der einfältige Gläubige zu entschlüsseln vermochte. Nicht das Ringen um Erkenntnis des Göttlichen, sondern der überzeugende Vortrag schlichter Wahrheiten, nicht systematische Lehre, sondern Aufrüttelung des Gewissens sind das Ziel dieser Predigten.

Aber die religiöse Sprache des 13. und 14. Jahrhunderts hat nicht immer und überall nur den volkstümlichen, die Masse ansprechenden Ton, der aus BERTHOLDS Predigten erklingt. Während er auf weiten Plätzen unter Gottes freiem Himmel die Menge des Volkes zur Einkehr aufrief, in eindringlicher, aber oft grobschlächtiger Sprache die alten Wahrheiten verkündend, rangen in der Enge einsamer Klosterzellen die erlesensten Geister um eine ganz neue und ganz individuelle Gotteserfahrung, um die tiefste Erkenntnis seines Wesens, ja um kein geringeres Ziel als die *Unio mystica*, die Vereinigung der suchenden Seele mit Gott. Dieses Ringen, die Unbegreiflichkeit Gottes zu begreifen, die über alles Erkennen hinausgehende Fülle seiner Vollkommenheit, seiner Liebe und seiner Gnade zu erfassen, das Unaussprechliche seines Wesens mit den armseligen menschlichen Ausdrucksmitteln zu beschreiben, stellt an die Sprache unerhörte, bis dahin nie erprobte Anforderungen. Man trachtet, ihre letzten Möglichkeiten auszuschöpfen, und die Grenzen, bis zu denen sich ein Mensch dem anderen durch Sprache verständlich machen kann, werden im heißen Bemühen um die Erkenntnis Gottes und der ihm gleichgearteten Seele erreicht und zuweilen gar überschritten.

Neue Sprachauffassung

Es ist ein völlig neues Verhältnis zur Sprache, daß diese gottsuchenden Seelen sich selbst und allen, die sie vernehmen wollen, abfordern. Die Mystikerin MECHTHILD VON MAGDEBURG leitet ihre Schrift mit der Forderung ein: *Alle die dis buoch wellen vernemen, die söllent es ze niun malen lesen,* ‚wer dieses Buch verstehen will, der muß es neunmal lesen'. Was der Sinn dieser Aufforderung ist, erkennt man aus dem Schlußsatz eines Traktats, der aus dem Kreise um DAVID VON AUGSBURG, den Lehrer und Begleiter BERTHOLDS VON REGENSBURG, stammt: *Swer diz list oder hoeret, der sol tuon als der eichorn: der kiuwet die schal an der nüzze, unz er kumt an an kern, alsô sol man diu wort mit dem zande der verstantnüsse kiuwen, unz man kumet in die niezunge der gotlîchen heimlîche, sô sol man diu wort lazen. swer daz honic wil ezzen, der muoz ez ûz dem wachse nemen, alsô muoz man ûz den worten ziehen die gotlîchen süeze unde die gotlîchen honicsüezen gnâde.* ,Der Leser oder Hörer dieses Traktats' (der ‹Von der unergründlichen Fülle Gottes› handelt, LH 169, S. 369—375) ,soll sich verhalten wie das Eichhörnchen, das so lange die Schale der Nuß benagt, bis es an den Kern gelangt. So muß man die Worte mit dem Zahn des Verstehens benagen, bis man in den Genuß der Vertrautheit mit Gott kommt, und dann soll man die Worte (wie leere Nußschalen) fahrenlassen. Wer Honig essen will, der muß ihn aus dem Wachs der Waben herausholen, und ebenso muß man aus den Worten die Süße Gottes und seiner göttlichen Gnade herausziehen.' In einem zweifachen Bilde wird hier also verdeutlicht, daß das Wort nur Hülle ist um einen begrifflichen Kern. Sobald man aber diesen durch den Hinweis des Wortes erreicht hat, dann soll man es hinter sich lassen und in wortlosem Verstehen des göttlichen Geheimnisses innewerden.

Was nur noch ohne Worte in innerer Schau wahrgenommen werden kann, das läßt sich nicht mehr mitteilen, und so kann es in einem den MEISTER ECKHART nachahmenden Traktat heißen: *daz einez, daz ich dâ meine, daz ist wortelôs* (LH 169, S. 517), das Seelenerlebnis der völligen Vereinigung mit Gott ,ist in Worten nicht ausdrückbar'. So sagt auch MECHTHILD, die *das kreftig durschauen aller dingen ..., das zwischent gotte und einer jeglichen sele ane underlas gat,* selbst in Verzückung erlebt hat: *hette ich aller menschen wisheit und aller engel stimme, ich könde es nit für bringen* (LH 168, S. 61), ,ich könnte es nicht aussprechen'.

Das tiefste Erleben auszudrücken, das der begnadeten Seele mit der Versenkung in Gott zuteil wird, hat die menschliche Sprache keine Mittel. Aber man kann sich dem Unaussprechlichen doch weithin nähern. Das geschieht oft in der ekstatischen, hymnischen, in einer Überfülle von Bildern sich ergehenden Sprache des Visionärs, den es treibt, andere und Gleichstrebende an seinen Verzückungen teilhaben zu lassen. Es kann aber auch in der strengen geistigen Zucht des gelehrten und belehrenden Predigers unternommen werden, wie es die Schriften der Franziskaner um DAVID VON AUGSBURG und später die Werke MEISTER ECKHARTS beweisen. Zwischen der Überschärfe intellektueller Klarsicht, die dem aufs äußerste gespannten Geist abgerungen werden muß, und der ekstatischen Schau, in der liebendes Ergreifen und Erkennen eins werden, gibt es zahllose Stufen und Übergänge. Deshalb ist auch die Sprache der Mystik vielschichtig und nicht mit der Elle zu messen. Sie hat eine Fülle von Ausdrucksmöglichkeiten. Immer aber gilt von ihr, was MEISTER ECKHART einmal in einer Predigt fordert: *Swaz eigenlîch gewortet mac werden, daz muoz von innen her ûz komen und sich bewegen von innerer forme und niht von ûzen her în komen, mêr: von inwendic sol ez her ûz komen. Daz lebet eigenlîche in dem innersten der sêle* (LH 171, S. 66). JOSEF QUINT, der verdienstvolle Herausgeber und beste Kenner MEISTER ECKHARTS, übersetzt die schwierige Stelle, wie folgt: ,Was im eigentlichen Sinne in Worten geäußert werden kann, das muß von innen heraus kommen und sich durch die innere Form bewegen, nicht dagegen von außen herein kommen, sondern: von innen muß es heraus kommen. Es lebt recht eigentlich im Innersten der Seele' (LH 173, S. 170). Dabei darf man die Doppelung *von innen her — von inwendic* wohl so verstehen, daß die zweite Stelle noch eine Verstärkung ausdrücken soll, ,ganz von innen', wie denn ja auch nicht von der Seele schlechthin, sondern von ihrem innersten Bereich die Rede ist. Auch die Wendung *eigenlîch gewortet werden* ist schwer zu verstehen. *Eigenlîch* bedeutet das ,ganz Eigene, Wesentliche, das von allem Zufälligen, Bedeutungslosen Freie; das, worauf es allein ankommt'. ECKHART will also, wenn wir ihn recht verstehen, sagen: ‹Die wesentliche Erkenntnis läßt sich nur im eigenen, tiefsten Seelengrunde fassen. Sie ist nicht mit bereitliegenden, vorgeprägten Worten darzustellen, sondern nur in Ausdrücken, die aus eigener tiefer Erkenntnis geboren sind und nach eigener Sprachvorstellung (*forme*) adäquat gestaltet werden müssen.› Es wird sich erweisen, daß gerade die Sprache MEISTER ECKHARTS an kühnen Neuerungen überaus reich ist, und aus der eben angeführten Stelle kann man so etwas wie eine Rechtfertigung seines eigenen Sprachschaffens herauslesen.

Immer wieder stoßen die Gottsucher des 13. und 14. Jahrhunderts an die Grenzen der Sprache und der Mitteilbarkeit. Das hat zweierlei Ursachen, eine objektive und eine subjektive. Die objektive Ursache liegt in der Gottheit selbst, die über alle menschliche Erkenntnis groß und erhaben und vollkommen ist. Das ist ein Hindernis, das die Theologie zu allen Zeiten empfunden hat. Es liegt nicht eigentlich in der Sprache, sondern in der Sache selbst. Wo die Erkenntnisfähigkeit des Menschen versagt, da kann seine Sprache nicht mehr helfen.

Frühere Zeitalter hatten sich mit der Unzulänglichkeit des menschlichen Erkennens abzufinden gewußt. Auch diese Beschränktheit war ein Teil der von Gott gewollten und gesetzten Ordnung. Nachdem aber der christliche Mensch sich jetzt der eigenen Individualität bewußt geworden ist, stellt sich auch das Problem des Erkenntnis viel persönlicher, und gerade von den edelsten Geistern der Epoche werden die Grenzen des Erkennens viel schmerzhafter erfahren als früher. Mit desto größerer Kraftanstrengung und mit ungeheuer gesteigerter Erlebnisfähigkeit ringen die von Gott ergriffenen Menschen darum, die Grenzen des Erkennens zu erweitern und womöglich zu sprengen. Dafür ist die Zweistufigkeit des Erkenntnisvorgangs recht bezeichnend, von der eines unserer obigen Textzitate zeugt. Auf der ersten Stufe geht es um die begriffliche, in Worte gekleidete Erkenntnis, die bis an die Grenze des Denk- und Aussprechbaren gesteigert wird. Ist diese Höhe erreicht, dann folgt die zweite, nicht mehr begriffliche Stufe, die nur noch einem unmittelbaren Erleben zugänglich ist, das als innere Anschauung Gottes, aber auch als Vereinigung der Seele mit Gott empfunden und dargestellt werden kann.

An sich ist dieses unmittelbare Erleben Gottes jedem Zugriff durch das Denken und jeder Möglichkeit der Aussage entzogen. Aber die Überfülle des wortlosen Erlebens ist so unermeßlich und so überwältigend, daß der einzelne, dem sie zuteil wird, sich davon befreien muß. MEISTER ECKHART spricht in einer Predigt (LH 170, Nr. 56) unerhört kühne Gedanken über das Wesen Gottes aus. Er ist sich dessen selbst bewußt und leitet mehrmals einen neuen Gedanken mit den Worten ein: *Nû wil ich sprechen, daz ich nie gesprach,* ‚nun will ich etwas sagen, was ich noch nie gesagt habe'. Er ringt mit seiner Erkenntnis und mit den Worten, sie angemessen auszudrücken, und er fühlt, daß die Gemeinde ihm kaum folgen kann. So sagt er zum Schluß: *Swer diese predie hât verstanden, dem gan ichs wol,* ‚wer diese Predigt verstanden hat, dem gönne ich sie wohl'. Danach folgt aber das bemerkenswerte Bekenntnis: *Wêre hie nieman gewesen, ich müeste si disem stocke geprediet hân,* ‚... dann hätte ich sie diesem Opferstock halten müssen'. So übermächtig ist das Erlebnis – und zwar in diesem Falle ein intellektuelles Ergriffensein und nicht etwa eine visionäre Schau –, daß es heraus muß, gleichgültig, ob es Steinen gepredigt wird oder Menschen, und gleichgültig, ob die Menschen dem hohen Fluge der Erkenntnis, die sich sprachlich nur noch umschreiben läßt, folgen können oder nicht. Aber dem Prediger müßte daran liegen, verstanden zu werden, und wenn er dieses Ziel nicht erreicht, so liegt es daran, daß Worte nicht ausreichen, den vollen Umfang seiner Erkenntnis zu vermitteln, klarzumachen, was er selbst in überbegrifflicher Klarheit erkannt hat. Die Predigten MEISTER ECKHARTS sind alle anspruchsvoll; sie fordern einen zu klarem begrifflichen Denken fähigen Zuhörerkreis, und der Prediger verlangt viel von seiner Gemeinde. Aber nirgends erlaubt er sich ein hochmütiges Urteil über ihre Aufnahmefähigkeit. Wenn er hier also Zweifel an der Verständlichkeit seiner Predigt äußert, so kann das nicht auf den mangelnden Intellekt der Zuhörer gehen. Es muß vielmehr, da auch der Zweifel des Predigers an seiner eigenen Ausdrucksfähigkeit ausgeschlossen werden darf, eine Kritik an der Sprache zugrunde liegen: Die Sprache reicht nicht aus, die Grenzgebiete intellektueller Erkenntnis zugänglich zu machen.

Mangel an Verstand wird in den Schriften der damaligen Zeit den Lesern oder Hörern nicht vorgeworfen. Wohl aber findet sich nicht selten die Klage, daß dem Aufnehmenden die Erlebnisgrundlage fehle. So schreibt HEINRICH SEUSE, einer der Schüler MEISTER ECKHARTS, in der Einleitung zu seinem ‹Buch der Ewigen Weisheit›: *Ein minnerichen zungen ein unminneriches herze enkan als wenig verstan als ein tiutscher einen walhen,* ‚ein Herz, das nicht selbst an Liebe reich ist, kann eine liebereiche Sprache so wenig verstehen wie ein Deutscher einen Welschen' (LH 177, S. 199). Er nimmt damit einen Gedanken auf, den ganz ähnlich schon BERNHARD VON CLAIRVAUX in der 79. Predigt über das ‹Hohe Lied› geäußert hat, und beide meinen das überwältigende Erleben der Vereinigung der liebenden Seele mit Gott. Wo die gemeinsame Erlebnisgrundlage fehlt, da kann auch keine Sprache vermitteln. Da wird es deutlich, daß Worte nur Zeichen sind. Sie erfüllen ihre Aufgabe, wenn beide Partner eines Gesprächs, also auch der Autor und sein Leser oder Zuhörer, eine gemeinsame Vorstellung von dem Bezeichneten haben. Fehlt diese, so ist eine Verständigung unmöglich.

Die Grundlage des gemeinsamen Erlebens ist auf dem Gebiet der Gefühle seltener vorhanden als im Bereich des Verstandes. Das weiß SEUSE, und er weiß auch, daß das gesprochene Wort durch die Intonation, den Klang der Stimme, die Mimik und überhaupt die Persönlichkeit des Sprechenden viel mehr von der Gefühlswelt, aus der es kommt, erkennen läßt als das geschriebene. Daher kann er im Zusammenhang mit dem oben zitierten Satz sagen: *Ein ding sol man wissen: als unglich ist, der ein süzes seitenspil selber horti süzklich erklingen gegen dem, daz man da von allein hört sprechen, als ungelich sint diu wort diu in der lutren gnade werdent enpfangen und usser einem lebenden herzen dur einen lebenden munt us fliezent, gegen den selben worten, so siu an daz tot bermint koment, und sunderliche in tiutscher zungen; wan so erkaltent siu neiswe und verblichent als die abgebrochnen rosen. wan diu lustlich wise, diu ob allen dingen menschlich herz rüret, diu erlöschet denne, und in der türri der türren herzen werdent siu denne enphangen. Es enwart nie kein seiten so süze: der in richtet uf ein türres schit, er erstumbet.* ‚Eines muß man wissen: So verschieden es ist, ob man ein liebliches Saitenspiel selbst erklingen oder nur davon sprechen hört, so verschieden sind die Worte, die in reiner Gnade empfangen werden und durch den lebendigen Mund aus einem lebendigen Herzen fließen, gegenüber genau denselben Worten, wenn sie auf das tote Pergament kommen, ganz besonders in deutscher Sprache: denn dann erkalten sie, ich weiß nicht wie, und verbleichen wie abgepflückte Rosen. Denn der erfreuliche Klang, der vor allem anderen zum Herzen spricht, erlischt dann, und die Worte werden in der Dürre unbeteiligter Herzen empfangen. Eine Saite mag noch so klangvoll sein: wenn man sie auf ein trockenes Holzscheit aufzieht, muß sie verstummen.'

Von zweierlei Erfahrungen ist hier die Rede, zunächst davon, daß das geschriebene Wort nur ein Surrogat des lebendigen, gesprochenen ist. Das gilt besonders von der deutschen Sprache, sagt SEUSE, und empfindet damit ganz richtig, daß die Muttersprache, mit der man völlig vertraut ist, ihren vollen, warmen, zu Herzen gehenden Klang nur in mündlicher Rede entfaltet, besonders in einer Zeit, die des Schreibens und Lesens noch ungewohnt ist. Das Lateinische, das SEUSE ganz offensichtlich als Gegensatz im Auge hat, behält als Gelehrtensprache auch im mündlichen Gebrauch doch soviel intellektuelle Kühle, daß der Abstand des geschriebenen Wortes vom gesprochenen hier bei weitem nicht so stark in Erscheinung tritt.

Das zweite aber ist, daß die ‚dürren Herzen', von einer solchen Sprache nicht ergriffen werden. Für die Oberflächlichen und Teilnahmslosen ist das Buch nicht geschrieben. Der Leser, den SEUSE sich wünscht, soll *ein vliziger mensch* sein, ein ‚beflissener', aufmerksamer Leser, der bereit ist, sich in die Gedankengänge hineinzuversetzen und die Sprache des Werkes nachvollziehend neu erblühen zu lassen. Diesen Wunsch drückt SEUSE in seiner bildhaften Sprache durch die folgende Metapher aus: *So sol ein vliziger mensch den usvergangen runsen diser süzen ler nach ilen,* ‚er soll dem ausgetrockneten Flußbett, in dem diese himmlische Lehre herabströmte, aufwärts nacheilen', *daz er si lerne an sehen nah dem ursprunge, do siu in ir leblichi, in ir wunklicher schonheit waren.* ‚Er soll es lernen, die Worte hoch oben, ganz nahe ihrer Quelle, anzuschauen, dort, wo sie noch ihre ganze Lebendigkeit und himmlische Schönheit hatten'. (Wir übersetzen *wunklich,* wörtlich ‚wonniglich', als einen religiösen Begriff; denn in der Sprache der Mystiker bedeutet *wunne* die ‚Himmelsfreude'.) Die Quelle aber, so erläutert SEUSE weiter, *daz waz der influz gegenwürtiger gnade, in dem si totiu herzen möhtin han erkicket.* ‚Es war jener Ort und Augenblick, da Gott selbst gegenwärtig war und begnadend in die Seele des Autors einströmte. In jenem Augenblick waren die Worte so stark, daß sie tote Herzen hätten wieder zum Leben erwecken können.'

Man erkennt, daß die Wörter in Aussagen dieser Art in ihrem vollen Wert und nicht als blasse Metaphern genommen werden müssen. Mhd. *erkicken, erquicken* z. B. ist von dem Adjektiv *queck* abgeleitet, das ‚lebendig' bedeutet, und so bedeutet auch das Verbum ganz konkret ‚lebendig machen', nicht abgeschwächt, wie heute, ‚erfrischen'. Vor allem bemerkenswert ist das Wort *influz* ‚Einfluß', das schon MEISTER ECKHART gern gebraucht und dessen Bildung zur Übersetzung von lat. *influxus, influentia* ihm zugeschrieben wird. Der Anteil, den die Gott zugewandte, rein anschauende Seele von göttlichem Geiste empfängt, wird oft unter dem Bilde des Einfließens dargestellt. So sagt MEISTER ECKHART in einer Predigt (Qu.* 24): *als lange sô der mensche sich under got entheltet, als lange ist er unmitellîche götlîchen învluz enpfâhende blôz ûzer gote . . . Nû wirf dich zemâle ganz under got, sô empfaehest dû götlîchen învluz zemâle und blôz.* Das heißt, nach QUINTS Übersetzung: ‚Solange der Mensch sich unter Gott hält, so lange ist er unmittelbar göttlichen Einfluß rein aus Gott empfangend . . . Nun wirf dich ganz und gar unter Gott, so empfängst du göttlichen Einfluß ganz und rein.' Daß dabei ganz konkret an das Einfließen gedacht ist, geht aus dem Einleitungssatz des Abschnittes hervor, in dem die eben zitierte Stelle steht: *Ez ist als natürlîch umbe alliu dinc, daz alle zît den nidersten die obersten sint învliezende,* ‚es ist bei allen Dingen wie naturgegeben, daß allezeit die obersten den niedersten einfließen.'

Es ist also ein wirkliches Einfließen göttlichen Geistes, das SEUSE als die Quelle seiner Erkenntnisse beansprucht, und damit steht er nicht allein. Ähnlich schreibt schon MECHTHILD VON MAGDEBURG in der Einleitung ihres Buches: *Eia, herre got, wer hat dis buoch gemachet. Ich han es gemachet an miner unmaht,* ‚ich habe es gemacht, doch bin ich dazu aus mir selbst gar nicht fähig'. Nicht sie selbst also spricht in diesem Buch, sie hat es nur als Werkzeug Gottes geschrieben, *wan ich mich an miner gabe nit enthalten mag,* ‚weil ich die Gabe (das Gottesgeschenk), die mir zuteil wurde, nicht zurückhalten kann'. Sie mußte also schreiben, wie unter Zwang, und daß alles, was sie sagt, ihr von Gott eingegeben ist, soll auch in dem Titel des Buches zum Ausdruck kommen; *es sol heissen: ein vliessende lieht miner gotheit, in alliu die herzen, die da lebent ane valscheit.* Wir bezeichnen MECHTHILDS Buch heute mit dem Titel ‹Das fließende Licht der Gottheit›, aber die mittelhochdeutsche Fassung sagt mehr und Persönlicheres aus: *miner gotheit,* ‚der Gottheit, die mich ganz erfüllt und die ihre Erleuchtung in meine Seele hat fließen lassen', oder sogar, wenn wir den Schluß des Satzes mitberücksichtigen, ‚die ihre Erleuchtung durch mich in alle aufnahmebereiten Herzen flie-

---

* Hier und im folgenden wird durch Qu auf die unter LH 171 angeführte Eckhart-Ausgabe von JOSEF QUINT, durch Pf auf die Ausgabe von FRANZ PFEIFFER, LH 170, hingewiesen.

ßen läßt'. Das Bild des Einfließens von Gott kommender Erkenntnis, ja Gottes selbst, in die empfängliche Seele, das uns später bei MEISTER ECKHART, TAULER und SEUSE so häufig entgegentritt, finden wir also schon um 1250 bei MECHTHILD VON MAGDEBURG, und gerade in ihrem Werk wird es oft und oft verwandt.

MECHTHILD spricht es wiederholt aus, daß sie nicht ihre eigene Sprache redet, sondern als unwürdiges Werkzeug Gottes niederschreibt, was der Herr ihr eingibt. Damit steht sie nicht allein; gerade die Frauenmystik beruft sich sehr häufig auf göttliche Eingebung. Aber auch HEINRICH SEUSE schildert im Prolog zum ‹Buch der Ewigen Weisheit›, wie es zur Entstehung seines Buches kam. Als er vor einem Kruzifixus betend seine Unzulänglichkeit beklagte, *do kamen sine inren sinne in ein ungewonlich ufgezogenheit, und luhte im gar . . . klarlich in,* ,da gerieten seine inneren Sinne (das seelische Auffassungsvermögen) in eine ganz ungewohnte Ekstase (*ufgezogenheit*: ,Zug nach oben'), und ein helles Licht erleuchtete ihn'. (Auch hier also die Lichtmetapher wie bei MECHTHILD und allen anderen Mystikern). *Do er also in dem lieht stuond,* da wurden ihm die hundert Betrachtungen über das Leiden CHRISTI offenbar, von denen sein Buch kündet. Um auch anderen zu solcher Klarheit zu helfen, *dar umb so screib er die betrahtunge an und tet daz ze tiutsche, wan sie im och so von gote waren worden.* ,Er schrieb die Betrachtungen in deutscher Sprache auf, weil er sie darin auch von Gott empfangen hatte.'

Was uns im Rahmen unserer sprachgeschichtlichen Darstellung interessieren muß, ist diese vertiefte Auffassung der Sprache, die allerdings auch für das Lateinische gilt, dessen die gelehrten Mystiker sich oft bedienen, die jedoch mit besonderer Betonung der deutschen Muttersprache zugute kommt. Schon daß Gott geruht, sich durch den Mund der von ihm Erleuchteten der deutschen Sprache zu bedienen, verleiht ihr eine allerhöchste Würde. Wirklich scheint ein Abglanz der ewigen Wahrheit und Schönheit über die Sprache ausgebreitet, in der die Mystiker die visionäre Klarheit ihrer Erkenntnisse und die Inbrunst ihrer innersten, auf Gott gerichteten Gefühle auszudrücken wissen. Dabei empfinden sie die Unzulänglichkeit der Muttersprache und überhaupt jeder Sprache sehr stark, wie wir zu Beginn des Kapitels erörtert haben. Die Fülle der reinen Anschauung Gottes und das überwältigende Gefühlserleben der Vereinigung mit ihm kann keine Sprache ausdrücken. Damit wird zum ersten Male in der deutschen Geistesgeschichte ein bewußtes Nachdenken über das Verhältnis zwischen Sprache und Erkenntnis sowie über die Ausdrucksmöglichkeiten der Sprache sichtbar. Sprache wird von den Mystikern so ernst genommen wie von den frühmittelhochdeutschen und den höfischen Dichtern; aber von den Poeten unterscheiden sie sich durch die Bewußtheit ihrer Sprachbeurteilung und ihres Sprachschaffens. Was sie der als unzulänglich erkannten Sprache dennoch an Erweiterung, Vertiefung und Veredelung ihrer Ausdrucksmöglichkeiten abgerungen haben, verdient höchste Bewunderung.

Mystik und Scholastik

Man nennt in sprach- und literaturgeschichtlichen Darstellungen das 13.–15. Jahrhundert gern das Zeitalter der Mystik. Denn keine andere geistige Bewegung dieses Zeitraums, von dem wir hier nur die erste Hälfte betrachten, hat in Literatur und Sprache so unverkennbare Spuren hinterlassen. Trotzdem haben wir bislang den Ausdruck ‹Sprache der Mystik› nach Möglichkeit vermieden, und das nicht ohne Grund. Wir knüpfen an das Bild des Einfließens und des Einflusses an, das uns oben bei den Mystikern begegnet ist. Doch gehört es nicht ihnen allein. So heißt es z. B. in der ‹Summa Theologica› des THOMAS VON AQUINO (III, qu. 7, 1), wo von einer Beziehung zwischen Gottvater und Christus innerhalb der Trinität die Rede ist: *Quanto enim aliquod receptivum propinquius est causae influenti, tanto magis participat de influentia ipsius. Influxus autem gratiae est a Deo.* ‚Je näher nämlich irgendein Aufnahmefähiges der einfließenden Ursache ist, desto mehr Anteil hat es an dem Einfließen derselben. Der Einfluß der Gnade aber ist von Gott'. Wir besitzen eine mittelhochdeutsche Übersetzung der ‹Summa› (vgl. Anhang Nr. XII A), in der die uns hier interessierenden Ausdrücke durch *infliezen, infliezunge, influz* wiedergegeben sind, wie es auch bei den Mystikern der Fall ist. Aber nicht darauf kommt es an. Wichtig ist vielmehr, daß die später in der deutschen Mystik so bedeutungsvollen Vorstellungen, in lateinischer Sprache geprägt, schon hier bei THOMAS vorkommen und daß sie – was wir hier nur anzudeuten brauchen – auch schon vor ihm in lateinischen Schriften auftauchen. THOMAS aber war ganz gewiß kein Mystiker, sondern derjenige Denker, der die Scholastik auf den Gipfel ihres systematischen Erkenntnisvermögens führte.

Scholastik ist Wissenschaft und geht auf wissenschaftliche Erkenntnis aus. Ihre Methode ist die strikte Anwendung der aristotelischen Logik auf die Probleme der Theologie, ihr Streben die Erarbeitung eines sauberen, jeder Unklarheit abholden Begriffssystems. Zum theologischen Arbeitsgebiet der Scholastik gehört natürlich vor allem auch die Frage nach der Möglichkeit der Gotterkenntnis, und damit kann auch die ekstatische Gottschau der Mystiker zum Gegenstand scholastischer Untersuchung werden.

Die Mystik hingegen ist nicht Wissenschaft, wenn auch die Gelehrten unter den Mystikern auf wissenschaftlichen Grundlagen aufbauen. Ihr Weg soll durch die höchste Anspannung aller Seelenkräfte zur reinen, nicht (oder nicht mehr) intellektuellen Anschauung Gottes und endlich zur Vereinigung mit ihm führen. So liegen Mystik und Scholastik auf ganz verschiedenen Ebenen der menschlichen Erfahrung und können gar nicht angemessen miteinander verglichen werden.

Mystik bedarf nicht einmal irgendeiner wissenschaftlichen Voraussetzung. Die Gnade der mystischen Vereinigung mit Gott kann als ein Gefühlserleben jedem Gläubigen, der darum ringt, zuteil werden. Sie ist nicht von irgendeinem Grade intellektueller Bildung abhängig und braucht sich keineswegs in mündlicher Rede oder in schriftlich fixierter Sprache niederzuschlagen, was bei der völlig intellektuellen Wissenschaft der Scholastik unerläßlich ist. Soweit aber mystisches Erleben überhaupt seinen schriftlichen Ausdruck gefunden hat, lassen sich – in grober Einteilung – zum mindesten zwei Schichten deutlich unterscheiden. Zur ersten Gruppe gehört Mechthild von Magdeburg, eine nicht ungebildete, aber eine ungelehrte Frau. Sie hat die Offenbarungen, mit denen sie begnadet wurde, zwar selbst flüchtig aufgezeichnet, hat aber deren Sammlung und buchmäßige Bearbeitung einem gelehrten geistlichen Berater überlassen. Ähnlich verfuhren zahlreiche ungelehrte Mystikerinnen des 14. Jahrhunderts, auf deren schriftliche Hinterlassenschaft wir hier nicht weiter einzugehen brauchen. Die zweite Gruppe ist die der theologisch ausgebildeten, gelehrten Geistlichen. Innerhalb ihrer ist die Mystik der Dominikaner des 14. Jahrhunderts, deren bedeutendste Erscheinungen der Meister Eckhart und seine beiden großen Schüler Johannes Tauler und Heinrich Seuse sind, seit langem bekannt. Durch Kurt Ruh (LH 184–186) haben wir neuerdings auch die Franziskaner-Mystik kennengelernt, die im 13. Jahrhundert mit David von Augsburg und seinem Kreis ihren Anfang nimmt. Gewisse Unterschiede in den mystischen Bestrebungen der Franziskaner und der Dominikaner beginnen wir allmählich wahrzunehmen. Aber beiden Kreisen gemeinsam ist das Kennzeichen, daß sie sich aus gelehrten Theologen zusammensetzen.

Man sollte vor allem nicht übersehen, daß der Meistertitel, den Eckhart führt, auf sein akademisches Lehramt als Magister der Pariser Universität hinweist, ein Amt, das er auch wiederholt und jahrelang wahrgenommen hat. Sein erfolgreiches Wirken als einer der Organisatoren und Lenker des Predigerordens, der auch in politische Geschäfte verwickelt war, und sein umfangreiches Predigtwerk sind freilich Beweis genug, daß er sich nicht auf das stille Gelehrtendasein beschränkte, obwohl er auch ausgesprochen gelehrte Arbeiten, viele in lateinischer Sprache, hinterlassen hat. Jedenfalls war Meister

Eckhart, wie die anderen Mystiker aus dominikanischen und franziskanischen Kreisen, ein Gelehrter, und die theologische Methode, in der er und sie alle ihre Ausbildung empfangen hatten, war die der Scholastik.

Lange Zeit hat man dieser Tatsache nicht hinlänglich Rechnung getragen, zumal da man einseitig nur die deutschen Werke der gelehrten Mystiker in Betracht zog und da man anderseits nur lateinische Werke der Scholastik kannte, von denen keine Verbindungslinien zur deutschen Mystik zu führen schienen. Erst in den letzten beiden Jahrzehnten sind wir, vornehmlich durch die Arbeiten von Wolfgang Stammler und von Kurt Ruh (LH 182 bis 185), auf die Tatsache aufmerksam geworden, daß es auch eine ‹deutsche Scholastik› gegeben hat, d. h. eine gelehrte scholastische Literatur in deutscher Sprache. Als ein erstes eindrucksvolles Zeugnis ist die mittelhochdeutsche Übersetzung der ‹Summa Theologica› veröffentlicht worden (LH 167), von anderen Texten besitzen wir einstweilen nur Proben und zahlreiche Hinweise auf noch unveröffentlichte Handschriften. Immerhin kann Ruh (LH 185, S. 34) anführen, ‹daß Werke scholastischen Geistes und scholastischer Prägung nicht nur als dünnes Rinnsal, sondern als breiter befruchtender Strom das Schrifttum des 14. und 15. Jahrhunderts durchziehen.› Was aber im 14. Jahrhundert in Fülle vorhanden ist, davon werden sich wenigstens die Anfänge auch schon im 13. Jahrhundert bemerkbar machen, und wenn wir auch einstweilen für diese Zeit noch keine deutschen Schriften nachweisen können, werden wir in unsere Erörterungen doch auch die Anfänge der deutschen Mystik im 13. Jahrhundert (Mechthild, David von Augsburg) mit einbeziehen dürfen.

Denn hier liegt das Problem. Man war bislang gewohnt, die Sprache der deutschen Mystik und ihre gesamte theologische Terminologie als eine originale Leistung zu betrachten. Da wir jetzt aber wenigstens in Ansätzen auch die Sprache deutscher scholastischer Werke vergleichen können, zeigt es sich, daß die theologischen Fachausdrücke in den scholastischen und mystischen Schriften zum großen Teil identisch sind. Die deutsche Scholastik aber übersetzt aus lateinischen Quellen. Begriffe, die sich in ihr finden, müssen also als Lehnübersetzungen aus dem Lateinischen betrachtet werden. Mithin ist zwischen lateinischer Scholastik und deutscher Mystik in diesen Übersetzungen ein Bindeglied entdeckt worden, und mancher deutsche Fachausdruck, den man bislang als von den Mystikern frei geschaffen ansah, erweist sich nun als Übersetzungswerk deutscher Scholastiker. Die übersetzende Schaffung neuer deutscher Fachausdrücke wird aber nicht erst im 14. Jahrhundert begonnen haben.

Wir haben es im Grunde genommen bei der ‹deutschen Scholastik› mit der Fortführung der Übersetzertätigkeit zu tun, die die althochdeutsche Zeit erfüllt und sich auch in mittelhochdeutscher Zeit fortgesetzt hatte (s. o. S. 287f). Was sie vom älteren Übersetzen unterscheidet, ist nur, daß sie sich der Übertragung der damals modernsten wissenschaftlichen Texte annimmt. Die scholastische Methode verlangt durch ihr Drängen auf exakte begriffliche Definition und Unterscheidungen auch in lateinischer Sprache eine große Anzahl von neuen Wortbildungen, so daß sich das scholastische Latein sehr stark von der herkömmlichen Latinität abhebt. Dieses moderne Latein stellt also die Übersetzer vor neue sprachschöpferische Aufgaben, wo sich die vorhergehenden Übersetzergenerationen mit Glätten und Feilen hatten begnügen dürfen. Insofern ist diese Arbeit an einer neuen deutschen Begriffssprache in ihrer Art mit der Übersetzerleistung NOTKERS VON ST. GALLEN vergleichbar. Während aber NOTKER einsam und ohne nennenswerte Nachfolge blieb, war jetzt das Bedürfnis nach einer deutschen Begriffssprache ein allgemeines. Darauf ist wohl die große Festigkeit und die überraschende Einheitlichkeit der neuen begrifflichen Wortprägungen zurückzuführen. Was jetzt geschaffen wurde, war offenbar bald in aller Munde, wurde anerkannt und von allen gebraucht, und es kam daher nicht zu den vielen isolierten Übersetzungsversuchen, an denen die althochdeutsche Zeit so reich gewesen war. Dieser sich rasch ausbildenden scholastischen Terminologie bedienten sich naturgemäß auch die wissenschaftlich geschulten Mystiker, soweit sie es in ihren Spekulationen mit festgelegten theologischen und philosophischen Begriffen zu tun hatten. Daß sie auf ihren eigenen Erkenntniswegen weit über diese vorgeformte deutsche Fachterminologie hinaus zu neuen Sprachschöpfungen gelangten, bleibt davon unberührt.

Sprache der Scholastik?

Die Sprache einer verfeinerten theologischen Spekulation, die den Mystikern wie den Scholastikern eigen ist, verlangt naturgemäß eine Fülle von neuen Abstraktbildungen. Man hat daher z. B. die äußerst zahlreichen Neubildungen auf *-unge* und *-heit*, die zum Teil bis heute in unserer Sprache weiterleben, als eine rühmenswerte sprachschöpferische Leistung der Mystiker aufgefaßt (vgl. z. B. die langen Listen bei QUINT (LH 196, S. 684 ff). Nun wird ihnen dieser Ruhm streitig gemacht und vieles von dieser Leistung für die Scholastiker in Anspruch genommen.

In einer knappen Skizze hat RUH (LH 185, S. 78–90) gewisse Merkmale der Wortbildung in der scholastischen Fachsprache zusammengestellt. Daraus wird erkennbar, daß es sich den Typen nach um genau dieselben Aneignungsmöglichkeiten lateinischer Begriffe handelt, wie wir sie schon aus althochdeutscher Zeit kennen (vgl. oben, bes. S. 90ff). Lehnwörter (diese ziemlich selten), Lehnübersetzungen, Lehnbildungen und Lehnbedeutungen sind zu beiden Zeiten die üblichen Mittel, die lateinischen Begriffe und ihre Bezeichnungen einzudeutschen. Es ist daher erlaubt, von einer kontinuierlichen Fortdauer der alten Übersetzertradition zu reden, nur daß — wie schon gesagt — die Fülle der lateinischen scholastischen Neubildungen auch auf deutscher Seite zu Neubildungen, aber nach altem erprobten Verfahren, zwang.

Wie zu NOTKERS Zeit lassen sich dabei auch gewisse Vorlieben erkennen. Man bemüht sich zum Beispiel, Wörter gleicher lateinischer Bildungsweise auch im Deutschen nach übereinstimmendem Muster zu bilden. So werden gewohnheitsgemäß gern lat. *-(t)io* und mhd. *-ung(e)*, lat. *-tas* und mhd. *-heit*, *-keit*, lat. *-ilis* und mhd. *-lîch* gekoppelt. Wir geben aus einer Vielzahl von Belegen, die die mittelhochdeutsche ‹Summa› bietet, nur einige wenige Beispiele: *acceptio: emphahung, adaequatio: zuoglichunge, circulatio* (‚Zirkelschluß'): *unberingelunge, commensuratio: glichmessunge, fruitio: gebruchung, processio: uzgangunge, uzgaunge, emanatio: uzgaunge, visio: anschouwunge — causalitas: sechlichkeit, deiformitas: gotformikeit, entitas: wesentheit, identitas: selplicheit, materialitas: materilicheit, quantitas: grosheit, sensualitas: sinlicheit — actualis: tülich, animalis: tierlich, appetibilis: begerlich, essentialis: wesenlich, formalis: förmelich, realis: dinklich.*

Wir behaupten keineswegs, daß alle diese Übersetzungen der deutschen Scholastik zu verdanken wären. Einige können viel älter sein; doch gibt es manche Wörter in unserer Liste, in denen schon das lateinische Grundwort deutlich erst in der Scholastik entstanden ist. In diesem Falle wird man die deutsche Übersetzung den Scholastikern zuschreiben dürfen, auch wenn die Wörter infolge der eigenartigen Überlieferungslage früher in mystischen als in scholastischen Texten auftauchen. Zu erwägen wäre natürlich auch in dem einen oder anderen Falle eine erste Neubildung durch einen der Mystiker; aber auch dann hätte man, sofern das lateinische Vorbild nachweisbar ist, seine scholastische Schulung dafür verantwortlich zu machen.

Im übrigen ist der Schematismus der Wortneubildung nicht so strikt, wie es aus unserer allzu knappen Liste erscheinen könnte. Auch die Entsprechungen *-tio: -heit* und *tas: -unge* kommen vor. Auch können andere lateinische Wortbildungen, so die Wörter auf *-udo*, *-(t)ia* durch Wörter auf *-heit* wiedergegeben werden, z. B. *beatitudo: seligkeit, eminentia: hocheit* (beide allerdings älterer Entstehung). Zu erwähnen ist auch noch eine Besonderheit der mittelhochdeutschen ‹Summa› hinsichtlich der lateinischen Wörter auf *-tas*. Sie übersetzt *actualitas, congruitas, diversitas, facultas* durch *tülichi* (etwa ‚Tubarkeit'), *gevelligi, mislichi, müglichi,* von denen zum mindesten das erste und das letzte neue Bildungen sind. Diese Art der Wortbildung kann im 14. Jahrhundert nur noch als ein alemannischer Provinzialismus betrachtet werden, und da sie schon bei NOTKER beliebt ist, könnte man an eine lokal beschränkte Übersetzertradition denken. Jedenfalls entsprechen diese Bildungen nicht der allgemeinen Gepflogenheit, und das zeigt, daß die Begriffssprache der Scholastik doch nicht so starr vereinheitlicht ist, daß sie lokale oder individuelle Neuerungen ganz verhindern könnte.

Ein gewisser Systemzwang ist aber bei manchen Neubildungen doch fühlbar. So werden lat. *actio, amissio, remissio* durch mhd. *tuowunge, verliesunge, ablazunge, humilitas* durch *demütigkeit, omnipotentia* durch *almehtikeit* wiedergegeben, um eine recht häufige Erscheinung an wenigen Beispielen zu demonstrieren. Dafür sind die guten alten Wörter *tât, verlust, ablâz, demuot, almaht* längst in allgemeinem Gebrauch, und nicht in jedem Falle ist das Streben nach feinerer begrifflicher Unterscheidung der Grund zur Neubildung. Hier ist vielmehr ein Schematismus bemerkbar, der über das Ziel hinausschießt. Allerdings steht die deutsche Scholastik damit nicht allein. Ähnliches gibt es auch in der Sprache der Mystik, und auch aus althochdeutscher Zeit ließen sich sehr viele beweisende Belege dafür anführen.

Was wir also der deutschen Scholastik an Merkmalen der Wortbildung entnehmen, ist seinem Charakter nach nicht neuartig. Neu ist nur, daß hier jüngst erst entstandene fachwissenschaftliche Ausdrücke alsbald verdeutscht werden. Im übrigen aber ist, was die Scholastiker leisten, saubere Übersetzerarbeit, auch wenn sich hie und da ein Fehler einschleicht, wie es in unserer Textprobe im Anhang XII A zweimal der Fall ist. (Wir haben nur einen der beiden Fehler markiert). Im übrigen sollte diese Textprobe von der Qualität der Leistung überzeugen. Für die damaligen Zeitgenossen kann der Text bei weitem nicht so schwer verständlich gewesen sein wie für uns, da sie die Terminologie kannten und demnach sofort wußten, worauf der Übersetzer hinauswollte. Das Latein des THOMAS wird in ein angemessenes Deutsch übertragen, wobei der Übersetzer eine bemerkenswerte Gewandtheit zeigt. Er wandelt ein paarmal das lateinische Passiv ins Aktiv, wo dies deutschem Sprachgefühl besser entspricht, löst einige Partizipialkonstruktionen auf und übersetzt, für unser Gefühl allerdings etwas schwerfällig, die beiden substantivierten Partizipia *sperantis ad speratum* durch zwei Nebensatzkonstruktionen, weil die Substantivierung im damaligen Deutsch noch nicht üblich war. Unsere Textprobe ist willkürlich gewählt und gibt Zeugnis von einer sprachlichen Leistung, die auf jeder Seite des Textes in gleicher Weise beobachtet werden könnte.

Man kann dem Schöpfer dieser mittelhochdeutschen Fassung der ‹Summa› die Anerkennung nicht versagen, und die übrigen bisher bekanntgewordenen Arbeiten der deutschen Scholastik verdienen die gleiche Achtung. Aber dennoch wäre es nicht berechtigt, wie schon Ruh in seinem oben erwähnten Buch sagt, von einer ‹Sprache der deutschen Scholastik› zu reden. Denn ihr fehlt das Besondere, die unterscheidende Haltung des Geistes und des sprachlichen Stils, das einer ‹Sprache› in diesem Sinne ihr eigenes Gepräge geben würde. Die lateinische Sprache der Scholastik hat durchaus diesen eigenen Stil, aber was die deutsche Scholastik aufzuweisen hat, ist eben letztlich doch nur Übersetzerleistung, eine höchst anerkennenswerte freilich und eine, die die deutsche Sprache durch eine ganze Reihe von dauerhaften Wortbildungen bereichert hat. Aber als Übersetzersprache verzichtet sie auf ihren eigenen Stil. Sie setzt ihre Ehre darein, was in lateinischer Sprache vorgeprägt ist, angemessen und verständnisvoll in ein gutes, flüssiges Deutsch zu übertragen. Damit mag sie einen Höhepunkt der deutschen Übersetzungskunst des Mittelalters erreicht haben, und sie mag auch der selbständigen deutschen Sprachgestaltung manche Anregungen gegeben haben, aber sie behält doch immer ihre bescheiden dienende Funktion. Das ist aller Ehren wert, aber es kann kein neues Kapitel der Sprachgeschichte begründen.

Sprache der deutschen Mystik

Mit Recht hat Kurt Ruh (LH 185, S. 25) auf die große geistesgeschichtliche Bedeutung hingewiesen, die der Schaffung einer deutschen Terminologie zukommt. ‹Was deutsch gesagt ist, wird sozusagen freigegeben, priesterlicher Hut entrückt, ist Allgemeingut, Element der Volksbildung›. Das ist eine wichtige und förderliche Erkenntnis; denn der Begriff, der einmal geschaffen ist, wird dem Denken und der Sprache verfügbar. Man muß ihn erst haben und ihn sprachlich fixiert haben, damit man damit arbeiten, ihn wenden und ausbauen und von ihm ausgehend zu weiteren Begriffen vorstoßen kann. Das Übertragen eines fremdsprachigen Begriffs in die Muttersprache ist ein geistiges und sprachliches Besitzergreifen, und wie die Dinge im Mittelalter liegen, bedeutet die Übertragung ins Deutsche in der Tat eine Entlassung aus der geistlichen Obhut, der der lateinisch gefaßte Begriff unterlag. Gegen Ruh kann man freilich einwenden, daß mit der Schaffung der deutschen Begriffe noch nicht mehr als die Möglichkeit des Überganges ins allgemeine Geistesgut gegeben ist. Als der Übersetzer Notker seine althochdeutsche Begriffssprache schuf, war die Zeit noch nicht reif, von ihr lebendigen Gebrauch zu machen. So blieb das meiste von dem, was er bereits erarbeitet hatte, ohne Folgen für die Mit- und Nachwelt. Aber seither waren die Zeiten, und in ihnen die Menschen, andere geworden. Im 13. und 14. Jahrhundert lechzt die beunruhigte und aufgeregte Menge des Volkes nach religiöser Unterweisung, und erst in dieser soziologischen Situation können auch die in deutscher Sprache formulierten theologischen Begriffe auf fruchtbaren Boden fallen und zum Bildungsgut für jeden werden, der sich davon ergreifen läßt.

Lassen wir aber den Anteil der Scholastiker und der Mystiker an der Schaffung einer deutschen theologischen Begriffssprache ganz auf sich beruhen, so muß doch jedenfalls die Verbreitung der Begriffe und damit ihr allgemeines Verfügbarmachen neben den missionarischen Volkspredigern vom Schlage eines Berthold vor allem den Mystikern zuerkannt werden. Denn die kühle, esoterische Wissenschaft der Scholastik war auch dann, wenn sie sich der deutschen Sprache bediente, gewiß nicht volksnahe genug, um eine weite Verbreitung ihrer Erkenntnisse zu erreichen. Sie kann das nicht einmal angestrebt haben. So liefert sie denn nur das gelehrte Rüstzeug, das in der Verarbeitung durch die Prediger zum allgemeinen Bildungsgut wird; und auch das ist kein geringes Verdienst.

Wie früh die neuen gelehrten Begriffe schon entstanden sein müssen und sich zu verbreiten beginnen, kann uns die Sprache der ungelehrten Mechthild beweisen, die ihre tagebuchartigen Aufzeichnungen im Jahre 1250 begann und sie bis zu ihrem Tode (vermutlich im Jahre 1282) fortsetzte. Woher hat sie die vielen hundert Wörter wie *unbegrîfelîch, unsprechelîch, unsehelîch,* die aus lat. *incomprehensibilis, ineffabilis, invisibilis* übersetzt sind, ihre *einunge* und *brûchunge* aus lat. *unio, fruitio,* ihre *genugekeit* aus lat. *sufficientia*? Mechthild sagt von sich selbst: *Nû gebristet mir tiusches, des latînes kan ich nit* (30, 1), ‚mein Deutsch ist nicht ausreichend, und Latein verstehe ich nicht'. Trotzdem entstammt eine große Menge ihrer deutschen Begriffswörter, die ihr auch im heimischen Sprachgewande fremdartig genug erscheinen mußten, aus dem Lateinischen, und Mechthild kann sie nur durch den mündlichen Sprachumgang kennengelernt haben. Wir wissen von ihren ständigen Gesprächen mit geistlichen Beratern, und diese müssen ihr die Begriffe und die deutschen Bezeichnungen dafür vermittelt haben. Denn was wir oben als Beispiele zitiert haben, gehörte um 1250 der allgemeinen Sprache gewiß noch nicht an. Diese deutschen Begriffswörter kommen also aus der Sprache der Schulen, an denen die Geistlichen ausgebildet waren, die sie im Munde führten, und das wäre also immerhin eine nachweisbare Leistung der Scholastik; denn von einer deutschen Mystik vor 1250 wissen wir nichts. Im übrigen aber konnten solche

Wörter durch die Vermittlung der Kanzeln mehr und mehr zum Gemeingut werden. So mögen unser heutiges *unbegreiflich, unaussprechlich,* auch das früher erörterte *Einfluß* in der Sprache der Scholastik geprägt und durch den Mund der Mystiker verbreitet worden sein, und sie können schon vor mehr als 600 Jahren zur Erweiterung des allgemeinen Begriffs- und Wortschatzes beigetragen haben. Daß damit abermals eine Säkularisierung verbunden war, von anderer Art freilich als jene der höfischen Epoche, sei nur beiläufig vermerkt. Sie tritt ein, sobald die Vorstellungen sich aus ihrer religiösen Gebundenheit lösen und damit generell verfügbar werden. Das ist zum Beispiel der Fall, wenn sich die Vorstellung *Einfluß* soweit verselbständigt, daß unter Verblassen des Bildgehaltes nicht mehr allein von *gotes înfluz in die sêle,* sondern überhaupt von jeglicher Art des Einflusses (eines Menschen, eines Vorganges, des Wetters) gesprochen werden kann.

Es ist jedoch des großen Gegenstandes ‹Sprache der deutschen Mystik› nicht würdig, allzu kleinlich nach Herkunft und Weg des einzelnen Ausdrucks zu fragen. Mystik ist eine so großartige, so umstürzende Bewegung des menschlichen Geistes, daß sie notwendigerweise ihre eigene, unverwechselbare Sprache schaffen muß. Alle Komponenten, die zu ihrer vollendeten Form beitragen, verschmelzen darin zu einer vom mystischen Geist durchdrungenen Einheit, die durch Ermittlung der Herkunft ihrer einzelnen Bausteine nicht gedeutet werden kann.

Unter den vielerlei Möglichkeiten, die sich der Mystik in Religionen und Philosophien des Ostens und des Westens erschließen, haben wir in der deutschen Geistesgeschichte des 13. und 14. Jahrhunderts zwei Wege der geheimnisvollen Einswerdung der Seele mit dem christlichen Gott zu erkennen. Der eine ist der Weg unendlicher Liebe in der Gefühlsmystik, der andere der der vom Intellekt getragenen Erkenntnismystik, die allerdings auch ihre stark erregende Gefühlskomponente hat, wie anderseits auch die Liebesmystik nach Erkenntnis strebt. Aber nehmen wir die beiden Richtungen trotzdem als unterscheidbar, so sind doch beide vor die gleiche Aufgabe gestellt, ein erschütterndes, den Menschen verwandelndes Erlebnis in Sprache zu bannen, beide in dem vollen Bewußtsein, daß das eigentliche Geheimnis der *Unio mystica* in Worten nicht auszudrücken ist. Beide müssen deshalb, der ganz unirdischen, entrückten Art des mystischen Erlebnisses entsprechend, sehr oft zu höchst abstrakten Ausdrucksweisen greifen, beide in Bildern und Gleichnissen darzustellen suchen, was in einfachen Worten nicht gesagt werden kann. Es gibt gemeinsame Begriffe und Bilder in großer Zahl, die beide mystische Richtungen ständig herbeirufen; doch leuchtet es ein, daß die Liebesmystik in ihrer besonderen Eigenart sich daneben auch ganz anderer Bildvorstellungen bedienen wird, als die Erkenntnismystik sie für ihre Ausdrucksbedürfnisse nötig hat.

Aber noch einen Zug haben die beiden Richtungen gemeinsam, und das ist die aristokratische Haltung. Nicht das soll uns als entscheidend gelten, daß viele Mystiker — so vermutlich MECHTHILD VON MAGDEBURG und sicher MEISTER ECKHART — aus Adelsfamilien stammen, obwohl die häusliche Umgebung und die Erziehung, überhaupt der ganze Lebenskreis, in dem sie aufwachsen, gewiß zur Prägung der Persönlichkeit beitragen. Aber die geistige Haltung des Mystikers hat an sich schon etwas Aristokratisches. Der entsagungsvolle, einsame Weg der Vorbereitung, jahrelange Askese und Kasteiung, die Selbstzucht und der eiserne Wille, die dazu erforderlich sind, und endlich die ganz persönliche, keinem Vertrauten mitteilbare Begnadung, die der Myste, zur Höhe gelangt, erfährt: alles schließt ihn von den Vielen aus und gibt ihm ein Gefühl der Auserwähltheit, das in christlicher Demut erlebt wird und nur stärkere Verpflichtung, nicht etwa Hoffart bedeutet. Bezeichnend ist, wie häufig bei MEISTER ECKHART und den anderen Mystikern Wörter wie *adel, adellîch, edel* vorkommen. Sie werden als Attribute Gottes, der Seele und des sittlichen Verhaltens verwendet und weisen in mystischen Zusammenhängen auf den Seelen- oder Geistesadel hin. Aber sie sind doch mit Assoziationen ausgestattet, die aus den ethischen Anschauungen des Geburtsadels stammen.

In seiner Geisteshaltung kann man den Mystiker mit dem höfischen Dichter vergleichen, viel mehr als hinsichtlich seiner Sprache, deren Nähe zur Sprache der höfischen Dichtung manchmal über Gebühr betont wird. Die Sprache MECHTHILDS muß in dieser Beziehung als eine Ausnahme betrachtet werden (s. u. S. 470f). Die Charakterfestigkeit, die Selbstdiziplin und die hohe Auffassung von der sittlichen Verpflichtung des Menschen, auch die weit über den Alltag erhobene Geistigkeit sind es, die den Mystiker und den höfischen Dichter verbinden. Aber von den gleichen geistig-seelischen Grundlagen aus streben beide doch ganz verschiedenen Zielen zu. Der Dichter lebt in einer bei aller Überhöhung letzten Endes doch irdischen Idealwelt, während der Mystiker das Irdische ganz verachtet, es abzustreifen und hinter sich zu lassen trachtet. Der eine erschaut eine von allen Zufälligkeiten gereinigte Welt, die in ihrem Idealzustand im Einklang mit Gottes Willen steht, der andere läßt die Welt und alle Erdenschwere weit hinter sich. Was an ihm göttlich ist, das Innerste der von aller irdischen Last befreiten Seele, tritt in der Ekstase aus der Körperlichkeit des Diesseits heraus (griech. *ekstasis* bedeutet ‚das Heraustreten'!) und erlebt die unmittelbare Vereinigung mit dem, was nicht von dieser Welt ist.

So verschieden also ihr Streben und Erleben ist, so haben der höfische Dichter und der Mystiker doch auch das gemeinsam, daß sie beide ihr eigenes Ich besonders stark empfinden. Wie der Minnesänger seine Liebe ganz persönlich erlebt, wie er sich selbst beobachtet und seine eigenen Seelenregungen zergliedert, so ist auch das mystische Erlebnis der Vereinigung ein ganz eigenes und individuelles, von einer solchen Erhabenheit, daß sich in Worten nur ein Abglanz davon mitteilen läßt. Doch auch der Mystiker beobachtet sich selbst und seine Seelenregungen; denn er will alles abstreifen, was die Vereinigung hindert, und alle Seelenkräfte fördern, die seinem Ziele dienlich sind. Dazu muß er sich selbst kennen. Sowenig, wie ohne die vorausgegangene Entdeckung des Ich eine höfische Dichtung möglich gewesen wäre, sowenig wäre die Mystik ohne diese Entdeckung denkbar. Auch daß dieses neu und stark erlebte Ich das Du sucht, haben beide gemeinsam, und doch ist auch hier der Unterschied bedeutend. Der Dichter sucht gleichsam in horizontaler Richtung; er bleibt in der irdischen Welt und in irdischen Zielen befangen, auch wenn er die Geliebte noch so sehr erhöht. Der Mystiker dagegen sucht das seiner unsterblichen Seele gleichgeartete Du über sich und sehnt sich danach, die Erdenwelt hinter sich zu lassen.

Als die Mystik in Mechthild aufzublühen beginnt, ist die große Generation der höfischen Dichter schon dahingesunken, und den großen geistigen und literarisch-sprachlichen Leistungen der Mystik des 14. Jahrhunderts hat die weltliche Dichtung nichts auch nur einigermaßen Gleichwertiges an die Seite zu stellen. Die literarischen Schwerpunkte haben sich völlig verlagert. Erhalten geblieben ist die aristokratische Geisteshaltung esoterischer Kreise. Aber auch sie wird jetzt von anderen Kräften getragen. Der *hôhe muot* der höfischen Dichter ist rasch dahingewelkt; er hatte auf dem rauhen Boden des irdischen Alltags nur allzu karge Nahrung gefunden. An seine Stelle tritt das Hochgefühl derer, denen es gelingt, in geistig-geistlicher Versenkung auf diese Welt ganz Verzicht zu leisten, und die dafür die Begnadung der Begegnung mit dem Ewigen eintauschen.

Ganz persönlich sind diese überweltlichen Erlebnisse, und individuell gefärbt ist darum auch die Sprache, in der die Mystiker um solches Erleben ringen oder davon künden. Es ist deshalb angebracht, die Sprache der deutschen Mystik, nachdem wir im Vorhergehenden schon manches Verallgemeinernde über sie vernommen haben, in ihrer besonderen Ausprägung bei einigen hervorragenden Gestalten kennenzulernen.

Unter vielen biographischen Bemerkungen, die MECHTHILD in ihrem in sieben Bücher eingeteilten ‹Fließenden Licht der Gottheit› macht, finden sich die vollständigsten Angaben im zweiten Kapitel des vierten Buches. Darin sagt sie: *Ich unwirdige sünderin wart gegrüesset von dem heiligen geiste in minem zwölften jare also vliessende sere, do ich was alleine, das ich das niemer mere möhte erliden, das ich mich zuo einer grossen teglichen sünde nie mohte erbieten.* Mhd. *grüezen* hat die Grundbedeutung ‚sich (freundlich oder feindlich) nähern'. Wir dürfen daher übersetzen: ‚In meinem zwölften Jahre überkam mich der Heilige Geist'. Wir kennen auch bereits die prägnante Bedeutung des *vliessens* und können fortfahren ‚und er strömte so stark in mich ein, daß ich es fortan niemals mehr ertragen konnte, mich zu einer großen, wenn auch alltäglichen Sünde herbeizulassen'. MECHTHILD fährt fort, wie so häufig in Versen, was HANS NEUMANN (LH 190) erkannt hat:

Der vil liebe gruos was alle tage
und machte mir minnekliche leit
aller welte süessekeit,
und er wahset noch alle tage.

‚Tagtäglich wurde mir dieser Freudengruß zuteil, und er verleidete mir durch seine Minne alle süßen Verlockungen der Welt. Und Tag für Tag wird dieser Einfluß stärker', ein Einfluß, den MECHTHILD, wie sie hinzufügt, vor 31 Jahren zum ersten Male erlebte. Von diesem Erlebnis angetrieben, verließ sie schließlich ihr Elternhaus, indem sie, nach ihren spärlichen Angaben zu urteilen, streng erzogen eine behütete, durch Wohlhaben verwöhnte Jugend verlebt hatte; (gelegentliche Hinweise auf adlige Abkunft bleiben unsicher). Sie wandte sich nach Magdeburg, *ein stat, da nieman min fründ was,* ‚wo ich niemanden kannte'. Denn das harte Leben in der Fremde gilt als sichere Grundlage für alle weiteren asketischen Übungen, die sie alsbald auf sich nahm: *Das was süfzen, weinen, bihten, vasten, wachen, besinnen* (‚geistliche Versenkung'), *schlege* (‚Geißelung') *und beten steteklichen an* (‚und beständige Anbetung'). *Dis waren dü waffen miner sele, da ich den lip mit überwant* (‚bekämpfte') *also sere, das bi zwenzig jaren nie die zit wart* (‚daß es in zwanzig Jahren keinen Augenblick gab'), *ich were müede, siech und krank* (‚in dem ich nicht müde, krank und hinfällig war') *allererst von rüwen* (‚Reue') *und von leide, da nach von guoter gerunge* (‚von gottgefälligem Streben') *und von geistlicher arbeit* (‚Mühsal') *und darzuo manig swere siechtag von nature* (‚viele schwere körperliche Krankheiten').

In dieser schweren Leidenszeit, die MECHTHILD sich selbst auferlegt hatte, war doch von Anfang an Gott ihr Trost. Denn gleich, als sie in Magdeburg angekommen war, um das Leben einer Begine auf sich zu nehmen, *do lies mich got niergen eine* (‚ließ mich nirgends allein'), *und brahte mich in so minnekliche süessekeit, in so heilige bekantheit* (‚Erkenntnis des Heiligen') *und in so unbegriflich wunder, das ich irdenscher dinge wenig gebruchen konde* (‚mich an Irdischem nicht mehr erfreuen konnte'). Schon anfangs hatte sie Visionen, und nach zwanzigjähriger Askese überkam sie, abermals in einer Vision, *dü gewaltige minne* Gottes, und sie empfing den Auftrag, von ihren Erlebnissen zu künden. *Alleine, do wart mir an miner einvaltekeit vil leide* (‚Da geriet ich in große Bedrängnis wegen meiner ungelehrten Einfalt'). Sie wagt es sogar, mit Gott zu hadern, und als sie von ihm zurechtgewiesen wird, vertraut sie sich ihrem Beichtvater an. Aber der bestätigt ihr, *got, der mich hette gezogen* (‚zu sich gezogen' oder ‚solange erzogen'?), *der sölte mich wol bewarn* (‚behüten'). *Do hies er mich das, des ich mich dikke weinende* (‚oft unter Tränen') *scheme, wan mine grossü unwirdekeit vor minen ougen offen stat; das was* (‚der Grund meiner Scham war'), *das er eim snöden* (‚armseligen') *wibe hies us gotes herzen und munt dis buoch schriben.* Danach folgt, was MECHTHILD immer wieder betont: *Alsus ist dis buoch minneklich von gote herkomen und ist us menschlichen sinnen nit genomen.*

In diesen Selbstzeugnissen wird schon die schlichte, aber keineswegs ungelenke Sprache offenbar, in der MECHTHILD ihre Erlebnisse, Erkenntnisse und Visionen aufgezeichnet hat. (Übrigens haben wir von der mundartlichen Form ihrer eigenen niederdeutschen, vielleicht nördlich mitteldeutschen Sprache keine genaue Vorstellung. Unser Text entstammt einer Übertragung des 14. Jahrhunderts in die alemannische Mundart). Aber ihre Sprache kann sich auch zu starker Bildhaftigkeit steigern, und eindringlich weiß MECHTHILD den Zustand der seelischen Entrückung zu schildern: *Der süesse touwe* (‚Tau') *der unbeginlicher* (‚anfangslos, ewig') *drivaltekeit hat sich gesprenget us dem brunnen der ewigen gotheit in den bluomen* (‚die Blume') *der userwelten maget, und des bluomen fruht ist ein untötlich* (‚unsterblicher') *got und ein tötlich mensche und ein lebende trost des ewigen libes* (‚eine lebend gewordene Verheißung des ewigen Lebens') *und unser lösunge* (‚Erlösung', hier: ‚Erlöser') *ist brütegom* (‚Bräutigam') *worden.* Im Bilde des Himmelstaus, der sich auf die Blüten senkt, wird hier also das Geheimnis der leiblichen Geburt CHRISTI dargestellt. Daß MECHTHILD hier von der *gotheit* und nicht von *got* spricht und daß sie CHRISTUS nicht als ‚Erlöser', sondern als *lösunge* bezeichnet, steht im Einklang mit dem späteren Sprachgebrauch der Mystik, der sich besonders bei MEISTER ECKHART beobachten läßt. Es kommt ja darauf an, die rein geistigen Erlebnisse des Mystikers auch in der Mitteilung nach Möglichkeit jeden sinnlichen Gehalts zu entkleiden. Nicht an einen persönlichen *got* soll hier gedacht werden, sondern an das abstrakte, unsinnliche Sein Gottes, das wir etwa durch *Göttlichkeit* auch nur unvollkommen ausdrücken können. Auch der ‹Erlöser› würde das Bild einer persönlichen Gestalt hervorrufen können, und deshalb wird hier die Heilstatsache der Erlösung an seine Stelle gesetzt, wodurch im Zusammenhang auch die Vorstellung des Bräutigams entsinnlicht wird. Das ist wichtig, denn erst dadurch wird auch die anschließende Schilderung der bräutlichen Seele der sinnlichen Sphäre entrückt. Wer mit mystischer Erfahrung begabt ist und recht zu lesen versteht — und mit solchen Lesern rechnet Mechthild —, der weiß nun, daß hier unter sinnlichen Bildern rein geistige Vorgänge dargestellt werden.

In dem Paradoxon *untötlich got — tötlich mensche,* das die Theologie seit alters umkreist hat, ist in diesem einleitenden Satz auch schon das Thema präludierend angeschlagen, dem die ganze folgende Darstellung gilt. In Paradoxen und Antithesen wird die Seele als Braut geschildert, die zum Himmel aufsteigt und sich mit dem Bräutigam vermählt: *Die brut ist trunken worden von der angesihte des edeln antlütes* (‚trunken' — auch dies nunmehr ganz entsinnlicht als ‹ekstatischer Seelenzustand› — ‚vom Anblick des edlen Antlitzes'). *In der grösten sterki kumt si von ir selber, und in der grösten blintheit sihet si allerklarost.* Mhd. *von sich selber komen* bedeutet im leiblichen Sinne ‚in Ohnmacht fallen' (in Antithese zu ‚Stärke'). Aber Mechthild gibt dem alltäglichen Ausdruck eine mystische Wendung, indem sie ihn ganz wörtlich nimmt: ‹In der größten Stärke›, wenn die Seele Gott am nächsten ist, dann verliert sie sich, d. h. alle irdische Bindung bleibt zurück. Dann ist sie in der größten Blindheit, d. h. sie nimmt nichts Äußerliches, nichts Störendes mehr wahr; sie ist für alles Außergöttliche blind geworden, und dann erkennt sie das Göttliche, das allein Wesentliche, in größter Helligkeit. *In der grösten klarheit ist si beide tot* (‚der Welt abgestorben') *und lebende* (‚lebend in Gott'). *Je si lenger tot ist, je si vrölicher lebt* (‚in desto größerer Freude lebt sie'). *Je si vrölicher lebt, je si mer ervert* (‚desto mehr erfährt, erkennt sie von dem Wesen Gottes'). *Je si minner wirt* (‚je geringer sie wird, je weniger sie selbst'), *je ir mer zuoflüsset* (‚desto mehr fließt ihr aus Gott zu'; auch hier wieder das Bild des Fließens!).

Aus dem Zusammenhang der Paradoxenfolge erkennt man, ohne daß dies ausdrücklich gesagt wird, wie die Seele sich immer mehr von irdischen Bindungen löst. Endlich — wir übergehen einiges — nähert sie sich Gott: *Je si hoher swebet, je si schöner lühtet von dem gegenblik* (‚im Widerschein') *der gotheit* (noch einmal das bedeutsame Abstraktum!), *je si im naher kumt.* Dann geht die Annäherung in die mystische Vereinigung über: *Je sin lust me wahset, je ir brutloft* (‚Hochzeitsfest') *grosser wirt, je das minnebet* (‚Bett der Liebe') *enger wirt. Je die umbehalsunge* (‚Umarmung') *naher gat, je das muntküssen* (‚das Küssen auf den Mund') *süsser smekket. Je si sich minneclicher ansehent, je si sich nöter* (‚mit desto größerer Not') *scheident.* (Der Text dieser Stelle ist entnommen aus LH 168, S. 11).

In solchen Partien nimmt MECHTHILDS Prosa einen hymnischen Klang an, wird die erlebte Ekstase in ihrer Sprache abgebildet. Von tiefstem persönlichen Erleben diktiert, gewinnt die Sprache dann eine Ausdruckskraft, wie sie vor der Zeit der Mystik kaum jemals erreicht wurde. Und doch ist diese Sprache, wie das Erleben selbst, nach Vorbildern stilisiert. Die religiöse Liebesmystik entzündet sich immer wieder am ‹Hohen Liede› des Alten Testaments, und das Mittelalter ist noch unbefangen genug, die schwelgerischen Bilder der Liebesfreuden, die es ausmalt, als Metaphern für ganz unsinnliche, geistig-religiöse Erlebnisse zu nehmen. So tat es WILLIRAM, so das im 11. Jahrhundert auf einsamer Höhe stehende ‹St. Trutperter Hohe Lied› (wir mußten es bei unserer Darstellung des Frühmittelhochdeutschen beiseite lassen), und so tat es auch BERNHARD VON CLAIRVAUX, an dessen Predigten über das Lied der Lieder sich die Liebesmystik des späteren Mittelalters anknüpfen läßt. Ebenso unbefangen kleidet auch MECHTHILD VON MAGDEBURG ihr seelisches Erleben der *Unio mystica* in die aus dem ‹Hohen Lied› übernommenen Bilder ein. Dabei macht sie es ja auch hier und an vielen anderen Stellen für jeden empfänglichen Leser ihrer Zeit eindeutig klar, in welch hohen und rein geistigen Sphären ihr das Erlebnis der Vereinigung zuteil geworden ist. Man hat gelegentlich versucht, derartige Äußerungen sexualpathologisch zu deuten, und für gewisse Entartungen der späteren Nonnenmystik mag solche Erklärung zutreffen. Aber MECHTHILDS von keiner Körperschwere beeinträchtigtes Erleben kann so nicht aufgefaßt werden. Das läßt sich durch sorgfältige Analyse ihrer Sprache, durch unvoreingenommene Interpretation ihrer Aussagen und aus der Kenntnis der literarisch-geistesgeschichtlichen Zusammenhänge eindeutig beweisen.

Die Biegsamkeit von MECHTHILDS Prosa erkennt man, wenn man die schlichte Sprache ihres Lebensberichtes mit der ekstatischen Rhetorik vergleicht, in der sie von ihrer Vision kündet; und zwischen den Extremen verfügt sie über mancherlei Übergänge. (Zu weiterer Vertiefung in ihre Prosa weisen wir auf den Anhang Nr. XII B hin). Sehr oft nimmt ihre Sprache auch rhythmischen Charakter an, und dann geht sie häufig zu schlichten Versen über. Zuweilen faßt sie auch ganze Kapitel in Versen ab. Rhythmus und die Reime, die sie nicht erzwingt, wenn sie sich nicht ungesucht einstellen, sind durch die Übertragung ihres Buches ins Alemannische vielfach gestört; aber trotzdem bleibt die naive Schönheit ihrer Verse an den meisten Stellen spürbar. Über eine im Alter erlebte Vision berichtet sie in einem langen Gedicht, aus dem wir eine kurze Partie auswählen:

Also gedachte ich in einer Nacht
an die helige drivaltekeit
mit süessem vlusse miner sele, ane arbeit.
Do sach ich in der höhin der ganzen heligen drivaltekeit
ungegeret die sele unsers herren Jesus.
...
Do begerte ich mit grosser gezogenheit,
als man da ze hove pfliget,
das ich möchte sprechen zuo siner eren
mit der sele unsers herren. (S. 193)

Die gottergebene Frau ist ruhig und altersweise geworden. Man spürt es an der Tonlage der Verse, und die Worte verraten es. *Ane arbeit*, ‚ohne sich in Liebesmühen zu plagen', im sanften Strömen ihrer Seele erlebt sie die Vision, und *ungegeret*, ‚ohne daß sie es gewünscht hatte', wurde ihr der himmlische Anblick vergönnt. Wieder ist auch auf die ganz vergeistigte Art dieses mystischen Erlebnisses hinzuweisen. Jede persönliche Vorstellung von Christus bleibt fern. Es ist die Seele Christi, wie sie zweimal ausdrücklich sagt, die sie erblickt und zu der sprechen zu dürfen sie höflich bittet.

In den letzten Versen des Zitats klingen höfische Töne an. Bevor wir aber darauf eingehen, wollen wir noch einige Verse aus den Anfängen Mechthilds kennenlernen. Wir entnehmen sie einem Dialoggedicht, in der die himmlische Liebe und die Seele, als Frau Minne und Frau Königin allegorisiert, zueinander sprechen:

Frowe Minne, ir hant mir benomen
alles, das ich in ertrich ie gewan.
Frowe Kuniginne, ir hant einen seligen wehsel getan.
Frowe Minne, ir hant mir benomen mine kintheit.
Frowe Kuniginne, da wider han ich iuch gegeben himelische vriheit.
Frowe Minne, ir hant mir benomen alle mine jugent.
Frowe Kuniginne, da wider han ich iuch gegeben manige helige tugent.
Frowe Minne, ir hant mir benomen guot fründe und mage.
Eia, frowe Kuniginne, das ist ein snödü klage.
Frowe Minne, ir hant mir benomen die welt, weltlich ere und allen weltlichen richtuom.

Frowe Kuniginne, das wil ich iuch . . . mit dem heiligen geiste gelten.
Frowe Minne, ir hant mich also sere betwungen, das min licham ist komen in . . . krankheit.
Frowe Kuniginne, da wider han ich iuch gegeben manig hohe bekantheit. (S. 4)
. . .

Wir brauchen das Gedicht nicht weiter zu verfolgen. Die Seele beklagt sich also, daß sie um der Gottliebe willen alles, was sie an die Welt und ihre Freuden band, hat aufgeben müssen. Alles hat die Gottesminne ihr genommen. Aber jedesmal kann die Minne erwidernd darauf hinweisen, welche Gnadengeschenke sie ihr dafür gewährt hat. Als die Seele im weiteren Verlauf des Gedichtes dennoch weitere Entschädigung fordert, antwortet die Minne: *Do nemt rehte mich selben*, ‚nehmt doch mich selbst'. Das bedeutet also, daß die göttliche Liebe bereit ist, sich der Seele ganz zu schenken, und als diese überschwenglich dafür dankt, erfolgt abschließend die Verheißung: *noch hant ir ze vordernde got und alle sine riche*, ‚noch Höheres dürft ihr fordern'; das selige Leben bei Gott in seinem Reich wird ihr als letzter Lohn in Aussicht gestellt.

Eigenartig ist die Form des Gedichts. Es ist ein Dialoggedicht, wie es auch in der höfischen Lyrik nicht selten ist, und zwar gehört es nach seinem Aufbau der Gattung der sogenannten ‹Minneklagen› an. Auch die Dichter wählen oft die Frau Minne als Partnerin ihrer weltlichen Liebesklage. Die Übereinstimmung geht bis in die Formeln hinein. Ausdrücke wie *ir hant mir benomen . . .* und *ir hant mich so sere betwungen, daz . . .* finden sich im gleichen Wortlaut auch in der Dichtung, und höfischen Klang — wir sagten es schon — haben auch die letzten Verse aus dem Visionsgedicht. *Da ze hove* weist in höfischer Dichtung oft auf den Artushof hin, und *mit grôzer gezogenheit* können auch die Helden der Epen reden. Auch *wertlîchiu êre und rîchtuom* sind uns ja längst als höfische Wertvorstellungen bekannt. Nirgends allerdings ahmt MECHTHILD den kunstvollen Strophenbau der Lyrik nach. Sie bleibt bei den schlichten, freien Rhythmen, die offenbar ihrem eigenen Stilgefühl entsprechen.

Aber nicht nur die Anklänge an die höfische Dichtung finden sich. Man könnte leicht auch viele Übereinstimmungen mit der geistlichen Lyrik, besonders mit der Mariendichtung nachweisen. Außerdem haben wir schon oben S. 462 auf die deutschen theologischen Fachausdrücke hingewiesen, die MECHTHILD in großer Zahl verwendet. Deren Herkunft war leicht zu erklären. MECHTHILD kann sie nur dem Umgang mit gelehrten Geistlichen verdanken, wie denn überhaupt die mancherlei theologischen Kenntnisse, über die sie verfügt, nur im geistlichen Gespräch erworben sein können. Ob aus dieser Quelle auch ihre Kenntnis geistlicher Dichtung stammt, muß offen bleiben. Doch ist es wenig wahrscheinlich, und zu eigener erbaulicher Lektüre gab es in dem streng asketischen Leben der Begine gewiß keinen Raum. Das gilt erst recht von der höfischen Lyrik, die sie ihrer gottgeweihten Lebensführung gemäß nur verdammen konnte. Wenn trotzdem so manche Erinnerung daran in ihrem Werk auftaucht, so darf man vermuten, daß MECHTHILD aus Bildungserlebnissen ihrer Jugend schöpft. Dichtung, die sie einst in der Kindheit gehört und vielleicht gelernt hat, wird ihr zu Anregung und Vorbild, als ihre Inspiration sie plötzlich selbst zu literarischem Schaffen drängt.

Erinnerungen an weltliche Dichtung sowie die Bruchstücke theologischen Wissens und theologischer Fachsprache lassen sich in MECHTHILDS Werk auf Schritt und Tritt nachweisen. Aber nirgends verfällt sie in Nachahmung des Regelzwangs der poetischen Konventionen oder der abstrakten Gelehrsamkeit des wissenschaftlichen Traktats. Überhaupt macht ihre Wortkunst nicht den Eindruck bewußter Gestaltung, und was sie an Anregungen übernimmt, das wird dem natürlichen Fluß ihrer eigenen Gedanken und ihrer eigenen Sprache einverwandelt. Was sie schreibt, ist notwendiger, ungekünstelter Ausdruck tiefen persönlichen Erlebens. So haben wir in ihrem Werk das älteste Zeugnis einer freien und individuellen Selbstaussage in deutscher Sprache vor uns.

David von Augsburg

Wenn man der deutschen Sprachentwicklung im 13. Jahrhundert gedenkt, darf auch der Name DAVIDS VON AUGSBURG nicht fehlen. Er ist ein Zeitgenosse MECHTHILDS VON MAGDEBURG, über dessen Lebensdaten freilich wenig bekannt ist. Er wird, wie MECHTHILD, um 1210 geboren sein, und es ist nicht ausgeschlossen, aber nicht sicher nachweisbar, daß er an dem im Jahre 1230 gegründeten Studium Generale des Franziskanerordens in Magdeburg seine Ausbildung empfing. Später war er Novizenmeister im Regensburger Franziskanerkloster, und wir haben ihn dort bereits als den Lehrer und Freund BERTHOLDS VON REGENSBURG kennengelernt. Vielleicht im Jahre 1243 (jedenfalls vor 1250) wurde er in das damals endgültig konstituierte Augsburger Kloster seines Ordens berufen, wo er wahrscheinlich wiederum als Novizenmeister und Schulhaupt amtierte. In Augsburg wirkte er bis zu seinem Tode im Jahre 1272. Er war, wie Zeitgenossen rühmend berichten, bei lauterem und festem Charakter ein warmherziger Mensch und ein guter Gelehrter, seinen Schülern ein verehrtes Vorbild auf ihrem Wege zum geistlichen Stande. Dieses Bild bestätigt sich auch aus seinen Schriften. In seinen lateinischen Werken, von denen hier nur die drei Novizentraktate erwähnt werden sollen, erkennt man ihn als einen klaren, gut disponierenden Denker und einen vorzüglichen Stilisten. Was von den ihm zugeschriebenen deutschen Werken ihm wirklich gehört, ist umstritten. Aber es geht nicht an, seine Verfasserschaft an einer Reihe von deutschsprachigen Traktaten überhaupt abzuleugnen. Wir folgen dem besten heutigen Kenner, KURT RUH (LH 185 und 186), in dem, was wir für echt halten. Wenn die Franziskaner zu seiner Zeit begannen, eine religiöse Literatur, darunter auch Schriften mystischen Inhalts, in deutscher Sprache zu schaffen, so dürfen wir, abermals im Einklang mit RUH, DAVID VON AUGSBURG als den Anreger und ersten Mittelpunkt dieser literarischen Bewegung ansehen.

DAVID ist selbst kein ausgesprochener Mystiker, obwohl mystische Spekulationen in seinem Werk nicht völlig fehlen. Dennoch dürfen wir ihn als einen Wegbereiter der Sprache der Erkenntnismystik ansehen. Mit ganz ungewöhnlicher Kraft der Darstellung und dabei in einer mühelosen, edlen Sprache weiß er auch die schwierigsten Gedankengänge wohlgegliedert vorzutragen. Ihm als erstem ist, zwei Generationen vor MEISTER ECKHART, die literarische Gestaltung einer deutschen theologischen Fachprosa gelungen. Wir müssen uns bei der Schilderung seiner Sprache auf wenige Beispiele beschränken und finden keinen überzeugenderen Beweis seiner Sprachkunst als eine Auseinandersetzung über die Dreieinigkeit, die wir seinem Traktat ‹Von der Offenbarung und der Erlösung des Menschengeschlechts› (LH 170 a, S. 49 f) entnehmen.

Eines der schwierigsten Gebiete der Theologie ist die Lehre von der Trinität, der Einheit der göttlichen Natur in der Dreiheit der göttlichen Personen, nämlich des Vaters, des Sohnes und des Heiligen Geistes. Es ist noch jedem Theologen schwergefallen, seine abstrakten Spekulationen über diesen Gegenstand in einer gleichermaßen würdigen und klaren Sprache darzustellen, und was dem Mittelalter schon in der vielgeübten lateinischen Fachsprache kaum gelingen wollte, das mußte in der deutschen Sprache, die eine angemessene Terminologie erst zu entwickeln anfing, noch unendlich viel schwieriger sein. Die drei Wesensmerkmale, durch die die Theologie des Mittelalters seit AUGUSTIN die göttlichen Personen unterscheidet, sind die *potentia* (‚Macht') des Vaters, die *sapientia* (‚Weisheit') des Sohnes und die *bonitas* (‚Güte') des Heiligen Geistes. Die Trinität ruht ewig, unwandelbar und unbeweglich in sich selbst, muß aber anderseits auch wirken, was Bewegung bedeutet. Die Sätze DAVIDS, die hier zitiert werden sollen, befassen sich mit der Bewegung innerhalb der Trinität, mit der *emanatio* (‚Emanation, das Ausfließen') von Kräften vom Vater auf den Sohn und von beiden auf den Heiligen Geist.

David sagt darüber, in Anlehnung an lateinische Äußerungen Anselms von Canterbury: *Der vater ist der brunne unde der ursprunc des götelichen fluzzes; der sun ist alse daz rivier unde der bach, der von dem brunnen fliuzet; der heilige geist ist alse der sê, der von dem brunnen unde von dem riviere fliuzet.* Die Emanation wird also im Bilde des Wasserlaufes dargestellt mit dem Vater als Ursprungsort und Quelle, dem Sohn als dem Verlauf des Stromes und dem Heiligen Geist als dem See, in dem die Strömung zur Ruhe kommt. *der vater ist daz anegenge, der sun daz mittel, der heilige geist daz zil des götelichen fluzzes* (,Anfang, Mitte und Ziel'); *wan daz oberste guot mac niht an stete gestân alsô, ez enteile sich ze niezende unde ze würkende daz beste.* ,Denn das göttliche Wesen (das *summum bonum*, das höchste Gut der alten Philosophen) vermag nicht stillzustehen, es muß sich verteilen, um zu nützen und das Beste zu wirken'. *und wan enkein crêatûre begrîfenlich bevâhic ist genzliche des nutzes unde des gewürkes, daz diu oberste maht unde güete unde wîsheit ist unde bringen mac, diu niht müezic sîn mac . . ., sô muoz si sich in ir selber ergiezen wunderlîche, daz der vater dem sune von sîner substancîen êwiclîche gebernder mite teile die wünne unde die êre, diu er selber ist unde die nieman wan got bevâhen möhte, unde daz der sun mit deme vatere dem heiligen geist von ir beider substancîe êwiclîche bringe, dem sie mite teilent die wünne unde die êre, die enkein crêatûre, die got niht ist, begrîfen unde bevâhen möhte.* ,Weil keine Kreatur (nichts Geschaffenes) den Nutzen und das Wirken völlig ergreifen und aufnehmen kann, das die höchste Macht, Güte und Weisheit zugleich ist und bringt, die doch nicht müßig sein kann, darum muß sie sich in geheimnisvoller Weise in sich selbst ergießen, so daß der Vater dem Sohne ewig gebärend von seiner Wesenheit mitteilt . . . und daß der Sohn gemeinsam mit dem Vater dem Heiligen Geist ewiglich von ihrer Wesenheit zubringe . . .' *Swie wir diz heizen einer hande gewürke, daz ist doch unrehte gesprochen, wan got ist diu êwige ruowe in ime selber und diu unwandelte staetekeit ie unde iemer.* ,Wenn wir dies auch einerseits als Wirken (d. h. bewegtes Tun) bezeichnen, so ist das doch nicht richtig ausgedrückt; denn Gott ist die ewige Ruhe in sich selbst und die unveränderte Bewegungslosigkeit seit je und in alle Zukunft.' Dieses Paradoxon, daß Gott die Ruhe und die Bewegung ist, hat die mittelalterliche Theologie stets denkend umkreist; aber mit Mitteln menschlicher Sprache dieses höchste Mysterium der Gottheit auszusprechen, ist niemandem gelungen. Wenn daher David fortfährt *uns gebristet worte, swâ wir von götelîcher nâtûre reden süllen* (,uns fehlt es an Worten, wann immer wir von der Natur der Gottheit zu reden haben'), so ist dies wohl nicht als Bescheidenheitstopos aufzufassen. Vielmehr liegt darin dieselbe Erkenntnis, die auch die späteren Mystiker wiederholt äußern, daß eine zulängliche Aussage über Gott nicht möglich ist.

Es wäre im übrigen eine unangemessene Bescheidenheit, wenn der Augsburger sich der Unzulänglichkeit der eigenen Sprache bezichtigen wollte. So einleuchtend, wie er hier die Trinität beschreibt, ist es kaum einem Lateiner gelungen, und in deutscher Sprache ist es das älteste Zeugnis einer mühelos beherrschten Prosakunst. Man wird beim Lesen bemerkt haben, wie treffend scharf die Ausdrücke gewählt sind, wie sicher die Aussage sich zu Sätzen formt und wie klar sich in der Gedankenführung eines aus dem andern ergibt. Dabei sind es dieselben Fachausdrücke und Bilder (*substancîe, crêatûre, nâtûre, begrîfen, bevâhen, ursprunc, fluz, fliezen, ergiezen*), deren sich auch die Mystiker gern bedienen (vgl. LH 184), und man erkennt, wie ihre Ausdrucksweise sich hier vorbereitet. Die Verpflichtung zur religiösen Unterweisung der Nichtgelehrten (d. h. derer, die nicht lateinisch sprechen) ist es, die den Franziskanern, und bald auch den Dominikanern, aufgibt, auch schwierige religiöse Fragen in der Sprache des Volkes zu behandeln. Deutsche Fachausdrücke sind dabei unerläßlich. Aber wie glatt fügen sie sich in diese Sprache ein! Vergleicht man damit das immerhin mühsame Deutsch der THOMAS-Übersetzung (o. S. 455 ff und Anhang Nr. XII A) oder die einfältige Schlichtheit von MECHTHILDS Stil (Anhang Nr. XII B), so erkennt man, wie hier aus der Verbindung von tüchtiger Gelehrsamkeit mit dem Streben nach Belehrung der Ungelehrten eine durchgeistigte Prosa entsteht, die hohen wissenschaftlichen Ansprüchen und den ästhetischen Bedürfnissen des freien Redeflusses und des Wohllauts in gleicher Weise gerecht wird.

Wir dürfen davon absehen, auf die Sprache DAVIDS VON AUGSBURG noch weiter einzugehen. Wie klar und kräftig sie fließt, möge man auch der Textprobe im Anhang Nr. XII C entnehmen. Dort haben wir unter Nr. XII D weiterhin die Probe eines Traktats abgedruckt, den man aus inhaltlichen und stilistischen Gründen nicht als ein Werk DAVIDS betrachten kann. Er ist aber im 13. Jahrhundert und im Kreise der Augsburger Franziskaner entstanden und wird einen Schüler und Anhänger DAVIDS zum Verfasser haben. Hier sind die mystischen Klänge, die sich bei DAVID finden, schon vernehmlicher geworden, und bewundernswert sind der ganz sinnerfüllte, rhetorische Reichtum und der fast hymnische Schwung, der diese Sprache auszeichnet.

Wir erkennen also im 13. Jahrhundert und im Augsburger Kreise schon eine meisterhaft beherrschte deutsche Prosa, und das ist sprachgeschichtlich von Bedeutung. Denn wenn sich MEISTER ECKHART im 14. Jahrhundert auch durch Klarheit des Denkens, durch Gedankentiefe und Sprachgewalt weit über alles erhebt, was es vorher an deutscher Prosa gegeben hat, so ist es doch wichtig, am Beispiel der Augsburger Meister zu erkennen, daß ECKHARTS strahlende Sprache nicht aus dem Ungefähr aufgestiegen ist. Die sprachlichen Grundlagen waren schon geschaffen, auf denen seine Sprachkunst erblühen konnte.

Meister Eckhart

Die Sprache des Geistes war also gut bereitet und gerüstet, als MEISTER ECKHART auftrat, sich ihrer zu bedienen. Volkstümliche Prediger wie BERTHOLD, ins Deutsche übersetzende Gelehrte der Scholastik, vor allem aber franziskanische Denker wie DAVID und sein Kreis (und auch Dominikaner, von deren Wirken und Predigen wir nur mittelbare Kunde haben) hatten die Vorarbeit geleistet. ECKHART brauchte nicht von Grund auf neu zu beginnen. Die deutsche Prosa hatte schon, bevor er sie zu den Grenzen des überhaupt Möglichen erhob, eine bedeutende Höhe erreicht. Auch war ECKHART gut ausgestattet mit der allerbesten gelehrten Bildung. Die größten theologischen Denker des Mittelalters, ALBERTUS MAGNUS (1207—1280) und sein noch größerer Schüler THOMAS VON AQUINO (1225—1274), hatten ihr Lehrgebäude schon aufgerichtet. Beide waren Dominikaner wie ECKHART, beide hatten unter anderem auch in Köln gelehrt, und es ist möglich, daß MEISTER ECKHART noch selbst in Köln zu den Füßen ALBERTS DES GROSSEN gesessen hat. In ihrer strengen Systematik hat ECKHART seine Vorgänger nicht erreicht, doch hat er sie in der Originalität seines schöpferischen, spekulativen Denkens noch übertroffen. Der kühne, selbständige Geist, der in seiner Erkenntnismystik neue, vorher nie betretene Wege einschlug, prägte auch seine Sprache. Sie wurde ihm, in ganz neuer Formung, zum geschmeidigen Werkzeug seines Ausdruckswillens. Er ist dadurch, unbeschadet der Leistung NOTKERS, der in althochdeutscher Zeit auf viel niedrigerer Entwicklungsstufe beginnen mußte, zum genialsten Sprachschöpfer des deutschen Mittelalters geworden.

Aus ritterlichem Geschlecht um das Jahr 1260 in Hochheim bei Gotha geboren, trat ECKHART in jugendlichem Alter in das Dominikanerkloster in Erfurt ein. Von dort wurde er zur geistlichen Ausbildung an das Studium Generale seines Ordens in Köln entsandt. Nach seiner Rückkehr wurden ihm bald hohe Ämter, das Priorat seines Erfurter Klosters und die stellvertretende Leitung der Ordensprovinz Thüringen übertragen. Dann kam er im Jahre 1300 zur Vertiefung seiner Studien an die Universität zu Paris, hielt dort noch als Baccalaureus Vorlesungen und erlangte im Jahre 1302 die Würde eines Magisters. Daher der Meistertitel, der ihm in deutscher Sprache beigelegt wird und seinen akademischen Rang, vergleichbar mit dem heutigen eines Universitätsprofessors, bezeichnet. Von 1303–1309 bekleidete er abermals bedeutende Vertrauensämter seines Ordens, bis er seit 1310 im Auftrage des Ordens erneut für mehrere Jahre seine Pariser Professur wahrnehmen mußte. Doch findet man ihn 1314 schon wieder an neuer Stätte. In Straßburg wird er zum führenden Geist der deutschen Mystik, die sich inzwischen voll entwickelt hatte, und erlangt in diesen Jahren seinen höchsten Ruhm als Prediger und Verkünder mystischer Erkenntnis. Da seinem Orden die Seelsorge in den Nonnenklöstern aufgetragen war (schon MECHTHILD VON MAGDEBURG hatte unter der geistlichen Obhut von Dominikanern gestanden), werden die meisten seiner deutschen Predigten vor Nonnen gehalten worden sein. Von ihnen stammen vermutlich die ersten Nachschriften, aus denen dann die uns vorliegende Überlieferung geflossen ist. In welchem Jahre MEISTER ECKHART an das Kölner Studium Generale berufen wurde, ist unsicher. Jedenfalls hat er während seiner letzten Lebensjahre in Köln gelehrt, zum Schluß bedrängt durch ein Inquisitionsverfahren, das gegen ihn wegen des Verdachts ketzerischer Lehren im Jahre 1326 eröffnet wurde. Doch hat er den Ausgang des Prozesses nicht mehr erlebt; zwischen 1327 und 1329 ist er gestorben. (Über weitere Einzelheiten vgl. QUINT, LH 173, S. 12 ff, mit einer ausgezeichneten Einführung in das mystische Denken MEISTER ECKHARTS. Die meisten der im Folgenden erforderlichen Übersetzungen entnehmen wir diesem Werk).

Wir dürfen, wie schon bei DAVID VON AUGSBURG, die lateinischen Werke des Meisters beiseite lassen, da es uns nur auf seine Bedeutung für die Geschichte der deutschen Sprache ankommt. Wie überragend seine Leistung auf diesem muttersprachlichen Felde war, ist wiederholt untersucht und beschrieben worden (vgl. LH 194 ff, bes. 196), und gleichwohl ist das Thema bei weitem noch nicht erschöpft. Unter Hinweis auf die Einzeluntersuchungen verzichten wir auf detaillierte Darstellung und beschränken uns auf wenige zentrale Punkte.

MEISTER ECKHART beginnt seine Predigt (Pf. Nr. 87, S. 280–284; dazu von QUINT die Textkritik LH 195, S. 753 ff und die Übersetzung LH 173, S. 303–309) über die Seligpreisung *beati pauperes spiritu* (Matth. 5, 3) mit den Worten: *Diu saelicheit tet ûf irn munt der wîsheit unde sprach: saelic sint die armen des geistes, daz himelrîche ist ir. Alle engel und alle heiligen und allez, daz ie geborn wart, daz muoz swîgen, wenne disiu êwige wîsheit des vaters sprichet.* Nicht der Name CHRISTI also wird genannt, der das Textwort in der Bergpredigt sprach, sondern *diu wîsheit* (lat. *sapientia*, s. o. S. 473), der göttliche und ewige Aspekt CHRISTI, der durch keine Persönlichkeitsvorstellung zu erfassen ist. Und *diu saelicheit*, die ihren Mund der Weisheit auftut, ist ebenfalls in höchster Abstraktion dargestellt. Nicht Gottvater, sondern die Trinität in einer aller Gegenständlichkeit entkleideten Schau ist hier angesprochen.

Auch die Weisheit geht über alles menschliche Verstehen. Denn *diu wîsheit der engele und aller crêatûren, daz ist ein lûter niht vor der gruntlôsen wîsheit gotes.* ‚Alle Weisheit der Kreatur ist, an der unermeßlich tiefen Weisheit Gottes gemessen, ein absolutes Nichts'. Das Gottesattribut *gruntlôs* kehrt bei MEISTER ECKHART immer wieder; oft spricht er von der *gruntlôsen tiefe* Gottes, und das Attribut muß zunächst voll in seinem Bildwert genommen werden: ‚ohne Grund, ohne Boden', demnach ‚un-endlich tief'. So ist das Göttliche denn auch *ungrüntlîch* (‚unergründlich'), und an einer Stelle (Qu 381, 5) spricht MEISTER ECKHART auch von der Bibel, die so gehaltvoll sei, *daz nieman daz allerminste wort ergründen enkan,* ‚daß niemand auch nur das geringste Wort bis zum Grunde auszuschöpfen weiß'. *Disiu wîsheit* nun, so fährt der Meister fort, *hât gesprochen, daz die armen saelic sîn.*

Schon in den allerersten Worten also hebt der Prediger seine Gedanken auf die höchste sprachlich überhaupt noch erreichbare Ebene einer fast nicht mehr begrifflichen und begreiflichen Erkenntnis des Göttlichen. Der Zuhörer wird von Anfang an darauf eingestimmt, hinter den irdischen Worten, deren der Prediger bedarf, den über alle Vernunft hinausgehenden, das mystische Geheimnis umkreisenden Sinn zu suchen.

Nach dieser Einleitung beginnt MEISTER ECKHART zunächst mit einer der Fassungskraft der Zuhörer angemessenen Unterscheidung: *Nû ist zweierhande armuot. Diu ein ist ein ûzwendigiu* (‚äußere') *armuot.* Sie ist zu loben, wenn man sie aus Liebe zu CHRISTUS auf sich nimmt. Doch diese Armut in der irdischen Nachfolge CHRISTI, deren Segen ein BERTHOLD VON REGENSBURG immer wieder preisend hervorgehoben hatte, tut ECKHART mit einem kurzen Satz ab: *Von dirre armuot wil ich niht mê sprechen.* Es gibt aber auch *ein innewendigiu armuot, von der diz wort unsers herren verstanden wirt.*

Aber auch diesen Begriff faßt MEISTER ECKHART in einem viel tieferen Sinne, als es geistliche Denker landläufig zu tun pflegen: *Bischof Albreht sprichet, daz diz sî ein arm mensche, der niht habe genüegede von allen dingen, diu got ie geschuof* (‚der kein Genügen an allen geschaffenen Dingen fühle', sondern nach den jenseitigen Werten strebt), *und diz ist wol gesprochen. Aber wir sprechen noch baz* (‚sagen es noch besser') *unde nemen armuot in einer hoehern wîse* (‚verstehen Armut in einem noch höheren Sinne'). *Daz ist ein armer mensche, der niht enwil unde niht enweiz unde niht enhât.* ‚Nichts wollen, nichts wissen, nichts haben' sind die Charakteristika jener höchsten Armut, die ECKHART im Sinne hat. Das ist ein neuer, alte Unterscheidungen übersteigender Armutsbegriff, der nur aus dem mystischen Streben nach der Vereinigung mit Gott verständlich ist, einer Gottheit allerdings, deren Begriff auch erst mystisch zu definieren ist.

Weisheit ist also nicht Weisheit, Armut ist nicht Armut. Man spürt bereits, daß der Mystiker in seiner neuen, subjektiv erlebten Gotterkenntnis gezwungen ist, alle Begriffe erneut zu durchdenken, und wenn er die herkömmlichen Worte gebraucht, in Frage zu ziehen, was damit bezeichnet wird. In dieser Weise untersucht ECKHART nun auch die drei Kennzeichen, die er genannt hat.

Wer ehrlich und christlich danach strebt, Gottes Willen zu erfüllen, *der mensche hât niht armuot, von der wir sprechen wellen* (,Armut in dem von uns gemeinten Sinne'); *wan dirre mensche hât einen willen, mit dem er genuoc wil sîn* (,genugtun will') *dem willen gotes, unde daz enist niht rehtiu armuot.* Denn der Mensch soll *sînes geschaffenen willen alsô ledic sîn, als er was, dô er niht enwas,* ,soll so frei von seinem geschaffenen Willen sein, wie er es war, als er noch gar nicht in der Welt existierte'.

Hier deutet ECKHART nun an, worauf er hinauswill. Der *geschaffene,* also kreatürliche Wille ist das Hindernis. Das zu erläutern, muß er weit ausholen. *Dô ich stuont in mîner êrsten ursache, dô enhâte ich keinen got, unde dô was ich sache mînes selbes.* ,In meiner Existenz, da ich noch nicht geschaffen war, als Idee im Grunde des göttlichen Seins, da hatte ich keinen Gott', denn ich war ja in ihm selbst, und mithin ,war ich auch die Ursache meiner selbst'. Dort waren Wille und Sein identisch: *daz ich wolte, daz was ich, unde daz ich was, daz wolte ich, unde hie stuont ich ledic gotes und aller dinge,* ,und in diesem Zustand war ich von Gott und von allem Geschaffenen frei.' Auch von Gott! Denn erst, als ich *emphienc mîn geschaffen wesen* (,mein geschaffenes, irdisches Sein'), *dô hâte ich einen got; wan ê die crêatûren wâren* (,bevor es die Geschöpfe gab'), *dô was got niht got; er was, daz er was* (,da war Gott noch nicht ‹Gott›; er war vielmehr das, was er war'), nur sich selbst gleich, ohne Namen und unnennbar. Als aber die Kreaturen ihr geschaffenes Sein empfingen, *dô was got niht in im selber got, sunder in den crêatûren was er got.*

So ist also Gott auch nicht Gott. Dieser Gedanke taucht in MEISTER ECKHARTS Predigten und Traktaten wiederholt auf. Der der Kreatur erkennbare und von ihr erkannte Gott ist nicht die wahre, grenzenlose, zeitlose, unergründliche Gottheit, aus der sie in der – immerwährenden – Schöpfung hervorging. Daher kann ECKHART mit dem kühnen Wort fortfahren: *Hier umbe sô bitten wir, daz wir gotes ledic werden* (das will sagen: ,daß wir der kreatürlichen Gottesvorstellung ledig werden') *unde daz wir nemen die wârheit unde gebrûchen der êwiclîche* (,daß wir die – ewige, überkreatürliche –

Wahrheit dort erfassen und ewiglich genießen'), *dâ die obersten engel . . . unde die sêlen gelîch sint an dem, dâ ich stuont und wolte, daz ich was, unde was, daz ich wolte.* So wenig wie in dem Zustand der Wesenseinheit mit Gott soll der Mensch wollen und begehren; darauf zielt diese einem ungeschärften Ohr befremdliche Bitte, *und in dirre wîse ist der mensche arm, der niht enwil.*

Wir müssen uns mit einigen Andeutungen über den weiteren Gedankengang der Predigt begnügen. Eckhart leugnet, gegen die ‹Meister› polemisierend, daß die Seligkeit in der Liebe zu Gott oder in der Erkenntnis Gottes liege. Denn beides bedeutet ein Wirken, und der Armutsbegriff, den er hier entwickelt, verlangt, daß der Mensch frei sei von allem Wirken und Gott allein in sich wirken lasse. Daher bewirken weder *bekanntnisse* noch *minne* die Seligkeit; *sunder einez ist in der sêle, von dem fliuzet bekanntnisse unde minne, daz bekennet selbe niht noch minnet niht alsô die krefte der sêle:* ‚Aber ein Etwas ist in der Seele, aus dem Erkenntnis und Liebe ausfließen; es selbst erkennt und liebt nicht, wie es die Kräfte der Seele tun'. Menschlich gebundenes Erkennen und Lieben sind Kräfte der Seele. Aber die Kräfte sind etwas Abgeleitetes, sind minderen, kreatürlichen Ranges. Sie fließen aus einem Zugrundeliegenden; *diz hât weder vor noch nâch,* es ist zeitlos, *und ez ist niht wartende keines zuokommenden dinges,* ‚und es wartet auf nichts Hinzukommendes'. Dieses unbebewegte ‚Etwas' ist *daz innerste, der grunt der sêle* oder, wie Meister Eckhart unter vielen anderen Metaphern auch sagt, *daz bürgelîn,* ‚die kleine, feste Burg, die Zitadelle', oder *daz vünkelîn der sêle,* ‚der Seelenfunke'. Nur mit diesem innersten Seelengrunde hat der Mensch Anteil an dem ewig Göttlichen. *Zwischen dem eingebornen sune unde der sêle enist kein underscheit,* heißt es in einer anderen Predigt (Qu 169, 5): Der Seelengrund und der Sohn, d. h. das Wort und die Weisheit Gottes, sind identisch. Dieser Seelengrund ist göttlich und wie die Gottheit selbst, in dem oben definierten Sinne, von der Eckhart an dieser Stelle der Predigt (Pf. 282, 30) nochmals sagt: *got ist weder wesen noch niht vernünftic wesen noch bekennet niht,* ‚ist weder Sein noch vernünftiges Sein, noch erkennt er'. In diesem Sinne darf auch die Seele, die ihm gleichen soll, nichts erkennen und nichts wissen. Daher soll sie, drittens, auch nichts haben, nicht einmal *eine stat* ‚den Raum', *dâ got inne müge würken* (Pf. 283, 19). So *ledic gotes und aller sîner werke* soll die Seele sein, *welle got würken in der sêle, daz er selber ie diu stat sî, dar inne er würken wil,* ‚daß Gott, wenn er in der Seele wirken will, jeweils selbst die Stätte sei, darin er wirken will'. Das bedeutet, daß der Mensch nichts mehr besitzen soll als den Seelengrund, der Gott selber ist. Das ist die höchste *armuot des geistes,* wie Meister Eckhart sie versteht.

So kann der Prediger zusammenfassend wiederholen, was schon

vorher gesagt wurde: *Hier umbe sô bitte ich got, daz er mich quit mache gotes* (‚daß er mich Gottes entledige'); *wan mîn wesenlîch wesen* (‚mein wesentliches Sein') *ist ober got* (‚oberhalb von Gott'), *alsô wir got nemen* (‚sofern wir Gott fassen als') *einen begin der crêatûren. Wan in dem selben wesen* (‚in jenem Sein Gottes nämlich'), *dâ got ist ober allem wesen und ober underscheit* (‚über allem Sein und über aller Unterschiedenheit'), *dâ was ich selber . . . und hier umbe sô bin ich mîn selbes sache* (‚darum bin ich Ursache meiner selbst') *nâch mînem wesen, daz êwic ist* (‚meinem ewigen Sein nach'), *unde niht nâch mînem gewerden, daz zîtlîch ist* (‚nicht aber meinem Werden nach, das zeitlich ist').

Meister Eckhart betont im weiteren noch, *daz durchbrechen edeler sî dan ûzfliezen*. Und Quint (LH 173, S. 500) erläutert, daß mit *ûzfliezen* ‹die Geburt des Menschen in die Zeitlichkeit, mit *durchbrechen* die Rückkehr des Menschen . . . durch den dreieinigen Gott hindurch in den Urgrund› gemeint sei. In diesem Zusammenhang weist Quint auf den Weg der *abegescheidenheit* hin (vgl. Anhang XII E, unsere Textprobe aus Eckharts gleichbenanntem Traktat). Die völlige Abgeschiedenheit (Eckhart selbst hat Wort und Begriff geprägt), der Zustand der in sich ruhenden mystischen Versunkenheit, der sich mit Worten nicht beschreiben noch definieren läßt, ist die *armuot des geistes*, die der Meister in dieser Predigt visionär erschaut und mit Worten, deren Menschen eben bedürfen, um sich zu verständigen, zu beschreiben sucht.

Wir haben ausführlich zitiert und hoffen, damit wenigstens ein skizzenhaftes Bild von der Sprache Meister Eckharts gegeben zu haben. Mindestens in Andeutungen sind die unerhörte Tiefe, die hervorragende Klarheit und die ungeheure Kühnheit seines Denkens sichtbar geworden. Deutlicher als sonst erkennt man hier, daß es der Geist ist, der sich die adäquate Sprache formt. Durch die Paradoxe, mit denen Eckharts Denken alle herkömmlichen Begriffe in Frage stellt, und indem er tiefgründigen Worten der ‹Meister›, ihnen oftmals opponierend, einen noch tiefer ergründenden Sinn abringt, gibt er den Begriffen neue, tiefere Inhalte und erschließt den sprachlichen Zeichen, den Wörtern, neue Geltungsbereiche in den Sphären höchster Abstraktion. Das ist seine eigenste und wesentlichste Leistung an der Entwicklung der deutschen Sprache, und daraus fließt, was sich vordergründig als sein Beitrag dazu lexikalisch oder grammatisch-stilistisch erfassen läßt. Es ist selbstverständlich, daß ein so über alles bis dahin Gedachte hinaus abstrahierendes Denken sehr vieler neuer Worte und Ausdrucksweisen bedarf, um nie Gesagtes auszusagen. Aber diese Abstraktion leidet nicht an intellektueller Kälte, sondern mit heißem Bemühen sucht der Meister in ihr das wahre Sein und Leben der Fülle der Erscheinungen in dem Urgrunde der Gottheit zu erfassen. Das durchwärmt auch seine Sprache. So dient zum Beispiel der eben erwähnte Begriff der *abegescheidenheit* keineswegs der nüchtern kühlen Beschreibung eines seelischen Zustandes, sondern ihm haftet assoziativ alles dem wahren Gott zugewandte Streben des Mystikers an, eine ganze Welt innigster Gefühlsbewegungen. Mit derselben Gefühlswärme werden aber auch alle die anderen Abstraktbegriffe erfaßt, diese *gotheit, menschheit, wesenheit, wesenlîchheit, einvormicheit, grundelôsicheit, geisticheit, îngeslozzenheit, vergezzenheit* und Hunderte von weiteren Wortbildungen dieser Art. Nicht alle stammen von Meister Eckhart selbst, manche sind lange vorher gebildet, aber sehr viele andere doch erst neu von ihm geschaffen, mit denen er die deutsche Sprache bleibend bereichert hat. Aber was er neu bildet und was er vorgeprägt übernimmt, alles erhält durch ihn ein unverkennbares neues Signum. Die zugrundeliegenden Vorstellungen werden der Welt des Konkreten entzogen, soweit sie ihr vorher angehörten, sie werden sogar auf eine vorher nie erreichte Höhe der Abstraktion geführt. Indem sie aber alle der Erkenntnis des Höchsten, Wahren dienen, nach dem der Urgrund der Seele strebt, werden sie eben durch dieses seelische Ringen vom Feuer eines adligen Geistes durchwärmt, der ihnen selbst einen Hauch warmer Lebendigkeit gibt.

Des Geistes wegen, der sich in ihnen ausdrückt, sind schon diese Begriffsbildungen auf *-heit* und *-keit* nicht von derselben starren Statik wie bei den Scholastikern, nach deren Mustern sie geprägt sind. Das Denken des Mystikers ist seinem Wesen nach dynamisch, und diese Dynamik erreicht in dem Feuergeist Meister Eckharts ihren Höhepunkt. Dementsprechend spielen in seinem Wortschatz auch die Bewegungsbegriffe eine ungemein wichtige Rolle. Wir könnten zum Beispiel leicht zeigen, wie ausdrucksvoll lebendig die Bewegungsverba in seiner Rede stehen. Aber er ist gezwungen, auch aus ihnen, nach überlieferten Wortbildungsmustern, zahlreiche Substantiva neu zu bilden, wie etwa *entgiezunge, înfliezunge, înbildunge, înliuhtunge,* wofür sich abermals viele hundert Beispiele anführen ließen. Er hat auch, darin ältere Gebrauchsweisen weit hinter sich lassend, eine besondere Vorliebe für die Substantivierung von Infinitiven wie *daz ûzgiezen, daz ûzfliezen, daz durchbrechen, daz würken, daz bekennen* und viele andere. Abermals werden durch solche Behandlung der Wörter die Bewegungsvorstellungen aus der sinnlichen Sphäre der dinglichen Erscheinungen in höchst abstrakte Vorgänge mystischer Erkenntnisbewegung erhoben, aber dennoch bleiben sie lebensvoll, weil sie auf Erlebnisse der empfindenden Seele abzielen. Das ist das große Geheimnis der Sprache Meister Eckharts: Bei ihm wird zum ersten Male in der deutschen Sprachgeschichte das deutsche Sprachgut, sei es altüberkommen oder erst durch Eckhart selbst neu geformt, dem Ausdruck allerhöchster Vergeistigung dienstbar gemacht, aber einer Vergeistigung, die nicht objektiv unbeteiligt seziert, sondern beständig mit allen heißen Kräften und sehr subjektiv um noch höhere Erkenntnis ringt.

Das ist ein Geschehen, das Epoche macht. Die Ausdrucksmöglichkeiten, die Meister Eckhart in seinem geistigen Ringen der deutschen Sprache erstmalig abgewonnen hat, erlauben ihm ein äußerst subtiles Philosophieren in der eigenen Muttersprache. Freilich, die Höhe, die er erreicht hat, kann schon von seinen nächsten Schülern nicht mehr gehalten werden. Wie die Sprache der höfischen Dichtung nach einem Augenblick höchster Entfaltung absinkt und verflacht, so entartet nicht lange nach Meister Eckhart auch die Sprache der deutschen Mystik bei vielen Nachahmern zu Formenspiel und Wortgeklingel. Aber niemals ist doch ganz wieder verlorengegangen, was Meister Eckhart geschaffen hatte. Viele seiner neuen Wörter, manche seiner syntaktisch-stilistischen Errungenschaften gingen alsbald in den allgemeinen Sprachgebrauch ein. Vor allem aber lag fortan das Werk Meister Eckharts als Muster dessen, was denkend und sprechend oder schreibend erreichbar war, verfügungsbereit vor. Unter den späteren Mystikern und noch auf lange Zeit hinaus, zum Beispiel in der Barockzeit, konnten große Geister an das hier Erreichte wieder anknüpfen.

Ähnlich wie am Ende der althochdeutschen Sprachperiode ein Mann, nämlich Notker der Deutsche, gestanden hatte, der auf dem bis dahin Erreichten aufbauend, gewissermaßen die Summe des im Althochdeutschen sprachlich Möglichen ziehen konnte, so steht am Ende der mittelhochdeutschen Zeit abermals einer der ganz Großen. Alles durch die Geistes- und Sprachentwicklung bis zu seiner Zeit möglich Gewordene greift Meister Eckhart auf, und in dem Ungestüm seines mystischen Erkenntnisdranges bringt er, vom bis dahin Möglichen ausgehend, der Sprache neue, vorher ungeahnte Möglichkeiten zu. Er kann, geistig und sprachlich, auf einer viel höheren Stufe beginnen als Notker. Aber das zeichnet beide Männer aus, daß sie das bis zu ihrer Zeit Erreichte zusammenfassen und es durch die eigene überragende Geistigkeit zu unvergleichlicher Leistung überhöhen. Wie Notker, so ist auch Eckhart Höhe- und Endpunkt einer ganzen Epoche. Aber sein Werk weist in die Zukunft. Sein Werk ist ein neuer Ausgangspunkt und setzt den Maßstab, an dem die kommende Epoche gemessen werden kann.

ANHANG: TEXTPROBEN AUS MITTELHOCHDEUTSCHEN QUELLEN

I. Das apostolische Glaubensbekenntnis

a) aus dem ‹Weißenburger Katechismus›, althochdeutsch, Ende 8. Jh. (Text nach Steinmeyer, Die kleineren ahd. Sprachdenkmäler. Berlin 1916, S. 30)
b) aus dem ‹Millstätter Psalter›, mittelhochdeutsch, 12. Jh. (Text nach Törnqvist, Cod. Pal. Vind. 2682, Bd. I., Lund-Kopenhagen 1934, S. 259 f)
c) der lateinische Grundtext

Gilaubiu	*in got fater*	*almahtigon*	*scepphion*
Ich geloube	*an got vater*	*almechtigen*	*schephaer*
Credo	*in deum patrem*	*omnipotentem,*	*creatorem*

himiles	*enti*	*erda.*	*Endi*	*in heilenton*	*Christ*
himels	*unde*	*der erde.*	*unde*	*an Jesum*	*Christ*
caeli	*et*	*terrae.*	*Et*	*in Jesum*	*Christum,*

suno	*sinan*	*einagon*	*truhtin*	*unseran.*	*Ther*
sun	*sinen*	*einigen*	*herren*	*unseren.*	*der*
filium	*eius*	*unicum,*	*dominum*	*nostrum.*	*Qui*

infangener	*ist*	*fona*	*heilegemo*	*geiste*	*giboran*
enphangen	*wart*	*von*	*dem heiligen*	*geiste*	*geboren*
conceptus	*est*	*de*	*spiritu sancto,*		*natus*

fona	*Mariun*	*magadi*	*giwizzinot*	*bi*
von sante	*Marien*	*der meide*	*gemartert*	*unter*
ex	*Maria*	*virgine,*	*passus*	*sub*

pontisgen	*Pilate.*	*In cruci bislagan*	*toot*	*endi*
dem rihtare	*Pylato.*	*gechruciget*	*tot*	*unde*
Pontio	*Pilato.*	*Crucifixus,*	*mortuus*	*et*

bigraban.	*Nidhar steig*	*ci helliu,*	*in thritten*	*dage*
begraben.	*er fur*	*ze helle,*	*des dritten*	*tages*
sepultus	*descendit*	*ad inferna,*	*tertia*	*die*

arstuat	*fona tootem.*	*Uf steig*	*ci himilom*
erstunt er	*von dem tode.*	*er fur uf*	*ze himele*
resurrexit	*a mortuis.*	*Ascendit*	*ad caelos,*

gisaaz	*ci zeswun*	*gotes*	*fateres*	*almahtiges*
er sicet	*ze der zeswen*	*gotes*	*vaters*	*almaehtiges*
sedet	*ad dexteram*	*dei*	*patris*	*omnipotentis.*

thanan	*quemendi*	*ci ardeilenne*	*quecchem*
dannen	*chumftich*	*zerteilen*	*lebentige*
Inde	*venturus*	*iudicare*	*vivos*

endi doodem.	*gilaubiu*	*in atum wihan*
unde tode.	*ich geloube*	*an den heiligen geist*
et mortuos.	*Credo*	*in spiritum sanctum,*

wiha	*ladhunga*	*allicha*	*Heilegero gimeinidha*
heilige	*christenheit*	*alliche*	*der heiligen gemeine*
sanctam	*ecclesiam*	*catholicam,*	*sanctorum communionem,*

ablaz sundeono	*fleisges arstantnissi*
antlaz der sunte	*des fleiskes urstende*
remissionem peccatorum,	*carnis resurrectionem,*

liib ewigan.	*Amen.*
unde daz ewige leben.	*Daz werde war.*
(et) vitam aeternam.	*Amen.*

II. Aus Übersetzungen der Benediktinerregel

Die althochdeutsche Textprobe nach Ursula Daab, Die Althochdeutsche Benediktinerregel (Altdeutsche Textbibliothek). Tübingen 1959, die mittelhochdeutschen Texte nach Selmer, Middle High German Translations of the Regula Sancti Benedicti. Cambridge (Mass.), 1933.

Die Texte sind dem Anfang des dritten Kapitels entnommen. Abkürzungen sind aufgelöst, übergeschriebene Buchstaben eingerückt; die Schreibung von u, v, w ist nach modernen Gesichtspunkten geregelt.

A. Der lateinische Grundtext:
De adhibendis ad consilium fratribus. Quotiens aliqua praecipua agenda sunt in monasterio, convocet abbas omnem congregationem et dicat ipse unde agitur. Et audiens consilium fratrum tractet apud se et quod utilius iudicaverit faciat. Ideo autem omnes ad consilium vocari diximus, quia saepe iuniori Dominus revelat quod melius est. Sic autem dent fratres consilium cum omni humilitatis subiectione, et non praesumant procaciter defendere quod eis visum fuerit, et magis in abbatis pendat arbitrio.
Über die Heranziehung der Brüder zur Beratung (wörtlich: Über die zur B. heranzuziehenden Br.). So oft bedeutende Angelegenheiten im Kloster zu behandeln sind, rufe der Abt die ganze Gemeinschaft zusammen und trage selbst vor, worum es sich handelt. Und den Rat der Brüder anhörend, überlege er bei sich selbst und führe aus, was er für das Nützlichste hält (wörtlich: was er als nützlicher beurteilt). Deshalb aber haben wir angeordnet (wörtlich: gesagt), daß alle zur Beratung gerufen werden sollen, weil Gott oftmals einem Untergebenen (wörtlich: einem Jüngeren) enthüllt, was das Bessere ist. So sollen aber die Brüder ihren Rat in aller Demut und Bescheidenheit (wörtlich: in aller Untertänigkeit der Demut) geben und sollen sich nicht herausnehmen, frech zu verteidigen, was ihnen selbst gut scheint, und es soll mehr in der Entscheidung des Abtes stehen.

B. Die althochdeutsche Benediktinerregel aus dem Kloster Reichenau, Ende 8. Jh., alemannisch; (der Text enthält einige kleine Lücken):
fona tuenne ze keratte pruadero. so ofto so eddeslihhiu diu meistun ze tuenne sint in munistre, wisse . . eocowelihheru samanungu . . . qhuuede er hwanan ist ketaan. indi hoorrenti kirati pruadero trahtoe mit sih indi daz piderbor in suanit tue. pidiu kewisso alle ze kerate wissan qhuedamees, danta ofto jungirin truhtin intrihhit daz pezzira ist, so kewisso kebeen . . . kerati mit eocowelihera deoheit untarworfanii, daz nalles erpaldeen welihho skirmeen daz im keduht ist . . meer . . hangeet selbsuana.

C. Aus Zwiefalten, Mitte 12. Jh., schwäbisch; (SELMER, a. a. O., S. 15):
Von zuoladenden zem râthe den bruodern. Als dich (= *dicke, dicche* ‹oft›) *etslichu grozziu dinc scafende* (‹schaffend›) *sint in dem munster, zuladei der vater alle di menige, und sprech er davon ist ze scafen. und horinde den rath der bruoder er ahtei mit im und daz nuzzirs er gęrithe* (‹richte, beurteile›), *daz tuohe, darum aber alle zim rathe glatti* (‹geladen›) *werden, wir han sproch* (‹haben gesprochen›), *wan dich* (‹weil oft›) *dem iunigirn der herre kundet daz bezir ist. also aber geben di bruoder den rath mit aller der demuoti undertani, daz nit si geturrin* (‹wagen mögen›) *vravillic beschirmen daz in bedunkit wirt, sunder mere in dis vatirs ez hangei gewalte und willichur* (‹Willkür›).

D. Aus Hohenfurth in Böhmen, 1. Hälfte 13. Jh., nordbairisch-ostmitteldeutsch; (SELMER, S. 53):
De adhibendis ad consilium fratribus. Swenne so man grozze sache hat ce schaffen in dem closter, so lade der abbit alle diu sammenunge und sag er in diu sache diu da ce tunne ist. Alse er dan vernimit der bruder rat, so betrahte er den rat von ime selben, und swaz so er aller nuzzis ertale (= *erteile* ‹beurteile›), *daz duo er. Durch daz han wir gesprochen daz man sie alle ce rate neme, wande dicke wirt deme iunger geoffnit daz da bezzer ist. Aber die bruodere gebin also den rat mit der undertenicheite und mit dem muote* (statt *diemuote*?), *daz si nihte erbalden* (‹sich erkühnen›) *vreveliche beschirme* (‹frevelhaft zu verteidigen›) *daz si bezzer dunkit. sundern der rat hange allermeist in dez abbitz willcure.*

E. Aus Engelberg in der Schweiz, Mitte 13. Jh., hochalemannisch; (SELMER, S. 95):
Wiem (‹Wie man›) *die bruodra alle zim rate ladon sol. Als diche so im gottis hus dichein* (‹irgend welche›) *furmehtigu dinch sint ze tuonne, so sol dir apt heizin samnon allin din samnunc und sol segen was da ze tuonne si. Und so er gehoirt dir bruodir rât, so sol er gedenchin mit im selbin weles diz nuzist si und sol daz tuon. Und dar umbe so sprachen wir dazims* (‹daß man sie›) *alle solti laden zim rate, wand unsre herre der offnot dim jungstim diche diz peste. Abir die bruodra die sun* (‹sollen›) *ratin mit allir undirteinigi dir diemuotigi, also daz incheine* (‹keiner›) *frevillich bischirme daz in guot duncht und ime wol gevalt* (‹wohlgefällt›), *wand ez sol me stân an diz aptis selbwal* (‹Selbstwahl›).

F. Aus Asbach in Bayern, Mitte 13. Jh., nordbairisch; (Selmer, S. 133): *Daz di bruoder zem rat suln geladen werden. Svenne iht vordere dinge* («etwas von wichtigeren Dingen») *ze schaffen inm kloster ist, so sol der abte laden alle samnunge und sage selbe wa von man trahte. Und svenner gehoret der bruoder rat, so trahte bi im selben und tuo daz er ertailet waeger sin. Darumbe han wir gesprochen daz si alle zem rat geladet wern, wan got erzeiget ofte dem jungern daz bezzer ist. Ez suln aber di bruoder also raten mit aller dimuot undertanekeit, daz si niht vravelichen beschermen daz si dunket guot, sunder ez sol wesen an des abtes willekur.*

G. Aus Raitenhaslach bei München, 2. Hälfte 13. Jh., mittelbairisch; (Selmer, S. 172): *Daz man di bruoder ce rate nemen sol. Swen man iht ahtiges in dere chloster ahten sol, so sol der abt aller der samnunge sagen waz er handeln welle, und als er der bruoder rat gehoeret, so sol er mit im selben ditz dinch betrahten, unt daz er aller nuzzist ertailet daz tuo. Dar umb sol er siu alle ze rate nemen, wan got ofte dem iungerem daz beste eroffent. Jedoch sulen di bruoder den rat geben mit so diemutiger undertaenicheit, daz si niht vraevelichen beschermen* (Handschrift: *scherm*) *daz siu guot dunchet. Wan ez sol aller maist an des abtes willen sin.*

H. Aus Admont in der Steiermark (im Wortlaut mit F übereinstimmend), Ende 13. Jh., südbairisch; (Selmer, S. 210): *Daz di bruder ze rat suln geladen werden. Swenne iht vordere dinge ze schaffen in dem chloster ist, so sol der abte laden alle samnunge und sag selbe wa von man* (. . . Lücke durch Abirren . . .) *trachte bi im selben und tuo daz er erteilet waeger sin. Da umbe han wir gesprochen daz si alle zu dem rat geladen werden, wan got erzeiget ofte dem jungern daz bezzer ist. Es suln aber di bruder also raten mit aller dimuet undertanecheit daz si niht vravelichen beschermen daz si dunchet guot, sunder ez sol wesen an des abtes willechur.*

I. Aus Eberbach bei Wiesbaden, jetzt in Oxford, Anfang 14. Jh., rheinfränkisch (hessisch). Diese Regel ist für Nonnen geschrieben; (Selmer, S. 249): *Also dicke so it* («etwas») *grozliches ist zu dune in dem clostere, di ebdisse zusamenlade alle die samenunge und kundinge irren willen. und also sie gehoret der sustere* («Schwestern») *rat, so kere irn gedanc dar zu, und daz nutzeste dunkit daz du. Durch daz sollen sie alle dar zu geladet werden, wan dicke got iroffenet der jungeren daz des notzes ist. und sollen alsus die sustere rat* (Handschrift: *recht*) *geben mit omuttekeide* (vgl. ahd. *ôtmuoti*; dazu oben, S. 167) *noch in sollen nit gedurren freveliche bescirmen daz sie gut dunkit, dan iz sal sten in der ebdissen wiltcore.*

K. Aus Altomünster in Oberbayern, auf 1388 datiert, mittelbairisch; (Selmer, S. 284): *Wie man die brüder ze rat sülle nemen. Swenn etsliche grozziu geschäft in dem kloster sint, so sol der apt besenden die samenung alle samt, und leg er dann für wa von ez sei. Und so er hört der brüder rat, so traht bey im selber und tu swaz in aller best dunk. Aber dar umb haben wir gespro-*

chen daz si all zu dem rat chömen, wann unser herre kündet oft den minnern daz beste. Aber die brüder sullen also rat geben mit aller diemüt und undertänigkeit, daz si niht streitleich beschirmen ir rät, der si güt dunket, sunder ez sol mer an dez aptes willen sten.

III. Aus Willirams Paraphrase des ‹Hohen Liedes›

Text nach Joseph Seemüller, Willirams deutsche Paraphrase des Hohen Liedes. (Quellen und Forschungen zur Sprach- und Culturgeschichte, Bd. 28) Straßburg 1878, S. 47 f.
Williram erklärt in diesem Abschnitt den folgenden Vers der Vulgata — HL. Kap. 6, 9 —, den er in den ersten Zeilen zunächst übersetzt: *Quae est ista quae progreditur quasi aurora consurgens, pulchra ut luna, electa ut sol, terribilis ut castrorum acies ordinata.*

Kap. 106.

Synagoga de Ecclesia dicit:
Wer ist disiu, diu da vuregêt samo der ûfgênde morgenrôt, samo scône sô der mâno, erwelet samo diu sunna, egelîch samo diu wolegedrangetiu zeltscara?

Die Synagoge sagt über die Kirche:
Wer ist diese, die da hervorgeht wie das anbrechende Morgenrot, so schön wie der Mond, auserwählt wie die Sonne, so schrecklich wie die dichtgedrängte Heerschar?

Ecclesiam Christi, *die ich ê* detestabar per ignorantiam, *dero ne mag ih mih nû niet vollewunteran, wie hevig siu ist unte wie siu dîhet allizana* de virtute in virtutem.

Die Kirche Christi, die ich früher aus Unkenntnis verabscheute, über die kann ich mich jetzt nicht genug wundern, wie erhaben sie ist und wie sie immerfort von Tugendkraft zu Tugendkraft fortschreitet.

Siu dunchet mir glîch der aurorae, *wante siu* post tenebras infidelitatis *hât sich becheret* ad verum lumen, *unte dunchet mir alsô scône sô der mâno, wante siu wola weiz, daz siu die* pulchritudinem virtutum *von iro selbero niene hât, sunter vone gotes gnâdon; ietemêr der mâno ieth liehtes hât von imo selbemo* secundum physicos, *nobe* ex illustratione solis.

Sie dünkt mich der Morgenröte gleich, da sie sich nach der Finsternis des Unglaubens zum wahren Lichte bekehrt hat,
und dünkt mich so schön wie der Mond, da sie genau weiß, daß sie die Schönheit der Tugenden nicht aus sich selbst hat, sondern von Gottes Gnade: sowenig wie der Mond nach Aussage der Naturkundigen das Licht aus sich selbst hat, sondern aus der Bestrahlung der Sonne.

Siu dunchet ouh mih erwelet alse diu sunna, wante siu alliu iro werch bilidot nâh gotes willen, qui est sol iustitiae, ad cuius contemplationem festinat.

Sie dünkt mich auch auserwählt wie die Sonne, weil sie alle ihre Werke nach Gottes Willen bildet, der die Sonne der Gerechtigkeit ist, den anzuschauen sie sich bestrebt.

Siu dunchet mih ouh egelîch alse

Sie dünkt mich auch schrecklich wie

diu wolegescaffeta zeltscara, wante siu neheine lucchon ne lâzet den malignis spiritibus, *dâ sie* aditum temptandi *mugin* invenire.	die wohlgeordnete Heerschar, weil sie den üblen Geistern keine Lücke läßt, wo sie Eingang mit ihren Versuchungen finden könnten.

IV. Aus mittelhochdeutschen Psalmenübersetzungen

A. ‹Windberger Psalter›, Text nach Klaus Kirchert, Der Windberger Psalter. Bd. II, München 1979, S. 13.
B. ‹Millstätter Psalter›, Text nach Nils Törnqvist, Cod. Pal. Vind. 2682, Lund–Kopenhagen 1934, S. 6f.
C. ‹Schleizer Psalmenbruchstücke›, und
D. ‹Hamburger Psalter›, Text nach Hans Eggers, Zwei Psalter aus dem 14. Jahrhundert und verwandte Bruchstücke. Berlin 1962, S. 7f.
Zum besseren Verständnis geben wir zunächst den Text der Vulgata und der Luther-Bibel von 1545 (Darmstadt 1972). Die beiden Interlinearversionen aus Windberg und Millstatt ordnen wir über dem Text an, den sie übersetzen, und die nicht interlinearen Fassungen aus Schleiz und Hamburg, die eng zusammengehören, stellen wir danach nebeneinander.

Aus dem sechsten Psalm

2. *Domine, ne in furore tuo arguas me, neque in ira tua corripias me.*	2. Ah Herr, straffe mich nicht in deinem Zorn und züchtige mich nicht in deinem grim!
3. *Miserere mei, Domine, quoniam infirmus sum; sana me, Domine, quoniam conturbata sunt ossa mea.*	3. Herr, sey mir gnedig, denn ich bin schwach; heile mich, Herr, denn meine gebeine sind erschrocken,
4. *Et anima mea turbata est valde; sed tu, Domine, usquequo?*	4. und meine Seele ist seer erschrokken. Ah du, Herr, wie lange?
5. *Convertere, Domine, et eripe animam meam; salvum me fac propter misericordiam tuam.*	5. Wende dich, Herr, und errette meine Seele; hilff mir umb deiner Güte willen!
6. *Quoniam non est in morte qui memor sit tui; in inferno autem quis confitebitur tibi?*	6. Denn im Tode gedenckt man dein nicht; wer will dir in der Helle dancken?
7. *Laboravi in gemitu meo; lavabo per singulas noctes lectum meum; lacrimis meis stratum meum rigabo.*	7. Ich bin so müde von seufftzen; ich schwemme mein Bette die gantze nacht und netze mit meinen threnen mein Lager.

A. Windberg, 12. Jahrhundert
B. Millstatt, Ende 12. Jahrhundert

2.	*Herro,*	*daz du iht*	*in*	*heizmuote*	*— in tobeheite, in wuote —*	*dinem*
	herre,	*niht*	*in*	*heizmuote*		*din*
	Domine,	ne	in	furore		tuo

berefsest mih noh in zorne dinem begriphest mih.
reffse mih noh in dem zoren din straphe mih.
arguas me neque in ira tua corripias me.

3. *Erbarme dih min, herro, wande ih unchreftich bin;*
genade mir, herre, want hic sich bin;
Miserere mei, domine, quoniam infirmus sum;

gesunte mih, herro, wande zesamene getrubet sind
heile mih, herre, want getruobet sint
sana me, domine, quoniam conturbata sunt

gebeine miniu.
gebeine min.
ossa mea.

4. *Unde sela min getruobet ist harte; unde du,*
unte sele min getrubet ist harte; unte du,
Et anima mea turbata est valde; et tu,

herro, unze ware?
herre, wie lange?
domine, usquequo?

5. *Wirt becheret, herro, unde errette sele mine;*
bekere dich, herre, unte irlose die sele min;
Convertere, domine, et eripe animam meam;

heil mih tuo durh die barmherce dine.
behalte mich durch die genade din.
salvum me fac propter misericordiam tuam.

6. *Wande nihne ist in dem tode, der gehuctich si*
want niht ist in dem tode, der gehugich si
Quoniam non est in morte, qui memor sit

din; in der helle ave wer bigihit — saget lob — dir?
din; in der helle aber wer begihet dir?
tui; in inferno autem quis confitebitur tibi?

7. *Ih arbeitte in sufte minem; ih wasche durh sun-*
ih arbeite in suftunge min; ih wasche
Laboravi in gemitu meo; lavabo per

terliche — iegeliche — naht bette min; mit zaheren
igeliches nahtes bette min; mit zaheren
singulas noctes lectum meum; lacrimis

minen strowe mine ih gefuhte — ih nezce —.
min daz stro min ih netze.
meis stratum meum rigabo.

C. Schleiz, 13. Jahrhundert
D. Hamburg, Mitte 14. Jahrhundert

C	D
2. *Herro, in dineme heizen muote ne berefse mich niht, noh in dineme zorne ne sculdige mich niht.*	*Here, in berespe mich nicht in dineme unmote, noch an dyneme zorne berespe mich nicht.*
3. *Genade mir, herro, wende ich uncreftich bin; heile mich, herro, wende al min gebeine getroubet is.*	*Gnade mir, here, went ich uncreftich bin; heile mi, here, wande myn gibeine ist betrubet.*
4. *Unde min sele harte is betrouvet; unde du, herro, wi lange?*	*Unde myn zele ist harte betrubet; unde du, here, wi lange?*
5. *Bikere dich, herro, unde irlose mine sele; heile mich dur dine genade.*	*Bekere dich, here, unde lose myne zele; behalt mich dorch dyne gnade.*
6. *Wende din ne gedenket in demo dode nieman; unde in der helle, wer bekennet sich dir da?*	*Wande din in gedenckit an dem tode neiman; in der helle avir, wer iehit dir dar?*
7. *Ich suftede arbeitsame, unde ich wasche algenahtilich min bette, unde mit minen threnen fuht ich min leger.*	*Ich sufze arbeitsame, und ich wasche alginechtlich min bette mit mynen trenen unde netze myn leger.*

V. Aus der ‹Wiener Genesis›

(Text nach Victor Dollmayr, Die altdeutsche Genesis. Altdeutsche Textbibliothek Nr. 31, Halle 1932, S. 103 ff)
In dem Gedicht wird die Bibelstelle 1. Mos. 37, 23–28 nacherzählt. Die Stelle lautet in Luthers Übersetzung von 1545 (Darmstadt 1972):
23. Als nu Joseph zu seinen Brüdern kam, zogen sie jm seinen Rock mit dem Bundtenrock aus, den er an hatte,
24. und namen jn und worffen jn in eine Gruben; aber die selbige grube war leer und kein Wasser drinnen.
25. Und satzten sich nieder, zu essen. Indes huben sie jre augen auff und sahen einen hauffen Ismaeliter komen von Gilead mit jren Kamelen; die trugen Würtz, Balsam und Myrrhen und zogen hinab in Egypten.
26. Da sprach Juda zu seinen Brüdern: Was hilffts uns, daß wir unsern Bruder erwürgen und sein Blut verbergen?
27. Kompt, lasset uns jn den Ismaeliten verkeuffen, das sich unser Hende nicht an jm vergreiffen; denn er ist unser Bruder, unser fleisch und blut. Und sie gehorchten jm.
28. Und da die Midianiter, die Kauffleute, vor uber reiseten, zogen sie jn heraus aus der Gruben und verkaufften jn den Ismaeliten umb zwenzig Silberling; die brachten jn in Egypten.

In der ‹Wiener Genesis› lautet die Stelle:

Alsô Joseph zuo in chom,
vil skiere sî in ane sprungen,
unsanfte sî ime zuo sprâchen,
den roch sî ime abe prâchen.

sî tâten ime ubele stôzze
jouch slege grôzze,
liezzen in in einem wazzergademe sitzen,
unze sî inbizzen,
unze sî inein wurten,
weder sî in ersluogen oder sie in erwurgten.
Ich weiz, sî in allen gâhen
chouflûte sâhen.
sî fuorten mislîch gwant,
sî wolten ze Egypte lande.
Dô sprach Judas,
der der bezziste was:
‹zewiu ist uns guot?
tuon wir unserem bruodere den tôt,
sô vorderôt got
zuo uns sîn bluot.
Welt ir iz an mînen rât lâzen,
ir muget sîn baz geniezen.
gebet in den choufliuten,
lât in iu gelten
und ne bewellet nieht iuwere hente
mit mordisken sunten!
er ist unser lîchname,
des sculen wir tuon ware.›
Der rât dûhte si guot,
skiere ward er verchouffet
umbe zweinzig phenninge,
die teilten die zehen jungelinge.
Die in dâ choufte,
die hiezzen in mit in gên.
dô muose daz chint lussam
ellende werden.
Er skiet mit riuwen
von den ungetriuwen
mit gebuntenen armen,
daz mahte got erbarmen.
manigen zaher er lie,
dô er von in gie.

Erläuterungen. 3599 ff: Sie rissen ihm den Rock vom Leibe, fügten ihm üble Stöße und schwere Schläge zu und ließen ihn in einer Zisterne sitzen, bis sie gegessen hätten, und bis sie sich einig würden, ob sie ihn erschlagen oder erwürgen sollten. — 3606: *in allen gâhen*: plötzlich. — 3608: *mislîch gwant*: verschiedenartiges Zeug. — 3616 f: Wollt ihr meinem Rat folgen, so könnt ihr besseren Nutzen von ihm haben. — 3619 ff: Laßt ihn euch bezahlen und befleckt nicht eure Hände mit mörderlichen Sünden. Er ist unser Fleisch und Blut, das müssen wir berücksichtigen. — 3630 f: Da mußte der schöne Jüngling das Heimatland verlassen. — 3636: Er vergoß manche Träne.

VI. Aus dem ‹Annolied›

(Über die göttliche Ordnung der Natur. Text nach Karl Meisen, Das Annolied. Bonn 1946, S. 17)

Dû sich Lucifer dû ce ubile gevieng
unt Adâm diu godis wort ubirgieng,
dû balch sich is got desti mêr,
daz her andere sîni werch sach rechte gên,
den mânen unt den sunnen,
die gebint ire lîht mit wunnen;
die sterrin bihaltent ire vart,
si geberent vrost und hizze sô starc;
daz fuir havit ûfwert sînin zug,
dunnir unte wint irin vlug.
di wolken dragint den reginguz,
nidir wendint wazzer irin vluz.
mit blûmin cierint sich diu lant,
mit loube dekkit sich der walt;
daz wilt havit den sînin ganc,
scône ist der vugilsanc.
ein iwelîch ding die ê noch havit,
di emi got van êrist virgab.
newere die zwei gescephte,
die her gescûph die bezziste,
die virkêrten sich in die doleheit.
dannin hûbin sich diu leit.

Erläuterungen. 39: Als Luzifer sich dem Übel zuwandte. 41 f: Da erzürnte sich Gott desto mehr, weil er sah, daß seine anderen Werke die rechte Ordnung befolgten. 45: Die Sterne halten ihre Bahn ein. 46: Anspielung auf den Wechsel der Jahreszeiten unter den zwölf Tierkreiszeichen. 55 ff: Jegliches Ding folgt bis auf den heutigen Tag dem Gesetz, das Gott ihm uranfänglich gab. Nur die zwei Geschöpfe, die er als die vornehmsten geschaffen hatte (nämlich die abtrünnigen Engel und der Mensch), wandten sich der Ordnungslosigkeit zu (*doleheit* = Tollheit, Wahnsinn der Auflehnung gegen Gottes Ordnung.) 60: Dadurch kam das Leid in die Welt.

VII. Aus dem ‹Annolied›

(Schilderung der Schlacht zwischen Caesar und Pompejus. Text nach Meisen, a. a. O., S. 29 f)

Wer mohte gecelin al die menige,
die Cêsari iltin ingegine
van ôstrit allinthalbin,
alsi der snê vellit ûffin alvin,
mit scarin unti mit volkin,

alsi der hagil verit van den wolkin?
mit minnerîgem herige
genant er an die menige.
dû ward diz hertisti volcwîg,
alsô diz bûch quît,
daz in disim merigarten
ie grevrumit wurde.

Oy wi di wifini clungin,
dâ di marih cisamine sprungin!
herehorn duzzin,
becche blûtis vluzzin,
derde diruntini diuniti,
di helli ingegine gliunte,
dâ di hêristin in der werilte
sûhtin sich mit swertin.
dû gelach dir manig breiti scari
mit blûte birunnin gari.
dâ mohte man sîn douwen,
durch helme virhouwin
des rîchin Pompêjis man.
Cêsar dâ den sige nam.

Wer hätte die gewaltige Menge zählen können, die Caesar aus dem ganzen Osten entgegeneilte, so dicht wie der Schnee, der auf die Berge fällt, mit Heerscharen und Kriegsvölkern, wie der Hagel aus den Wolken niederprasselt? Mit einem viel kleineren Heer wagte er sich gegen die Massen. Da entspann sich die härteste Schlacht, wie meine Quelle, das Buch, berichtet, die auf dieser Erde jemals ausgefochten wurde.

Hei, wie die Waffen erklangen, als die Rosse springend gegeneinander prallten. Heerhörner erschollen, das Blut floß in Strömen, die Erde dröhnte unter den Hufen, die Hölle öffnete ihren glühenden Rachen, als die mächtigsten Männer der Welt die Schwerter gegeneinander erhoben. Da sank dort manche zum Kampfe aufgestellte Schar dahin, ganz mit strömendem Blut bedeckt. Da konnte man sehen, wie den Kriegern des mächtigen Pompejus die Schwertstreiche durch die Helme drangen, und wie sie sterben mußten. Caesar errang dort den Sieg.

VIII. Aus vorhöfischer Dichtung

A. Aus dem ‹Alexanderlied› des Pfaffen Lamprecht
(Text nach Friedrich Maurer, Das Alexanderlied des Pfaffen Lamprecht; das Rolandslied des Pfaffen Konrad. Deutsche Literatur in Entwicklungsreihen, Leipzig 1940, S. 37)

Alexanders Kampf gegen die Bewohner der Stadt Tyrus wird geschildert:
Dâ was daz velt vil wît.
dâ hûb sich der bitteriste strît,

dâ ich noch ie abe hôrte gesagen.
dâ ne gesach man nechein zagen.
dâ mahti man manegen degen scouwen
al durch den helm verhouwen,
unde manegen rîter junc
al durch die halsperge verwunt,
daz er der wunde niht genas,
want daz swert scarf was.
durch den scilt flôch der gêr
unde machet manegen helt sêr.
dâ hete jâmer ein alsô der ander
âne der wunderlîche Alexander.
er slûch des liutes die menige.
gebeizet was sîn brünnie
in eines wurmes blûte.
er stunt ime stolzes mûtes.
hurnen was siu veste,
ez chom vone grôzen listen.
ez lâgen thûsint unt aver thûsint man:
ûf der erde mahte niemen gân.
alsô vil lag ir dâ erslagen,
daz iz iu unzellîch ist ze sagen.
die chûnen von Tyre,
des lebenes vil gîre,
sie fuhten alsô wilde swîn,
swes tôt nieht solte sîn.

Erläuterungen. 919: Breit dehnte sich dort das Schlachtfeld. 920 f: der erbittertste Kampf, von dem ich noch je habe berichten hören. 930: verwundete manchen Helden. 932: außer Alexander, über den man immer wieder staunen muß. 934 ff: Seine Brünne war mit dem Blut eines Drachen gebeizt, den er stolzen Mutes zu bekämpfen gewagt hatte; sie war dadurch von Horn fest geworden. So war sie mit großem Sachverstand hergerichtet. 939: Das Reimwort *man* fehlt in der Handschrift. 942: so daß man ihre Zahl nicht angeben kann. 946: wem von ihnen der Tod nicht bestimmt war.

B. Aus dem ‹Rolandslied› des Pfaffen Konrad
(Text nach Friedrich Maurer, a. a. O., S. 66 f)

Eine heidnische Gesandtschaft kommt zu Kaiser Karl dem Großen:

Si vunden den keiser zwâre
ob deme schâchzable.
sîn antlize was wunnesam.
die boten harte gezam,
daz sie in muosen schouwen.
jâ lûchten sîn ougin
sam der morgensterne.
man irkante in vile verre.
nieman ne dorfte vrâgen,

wer der keiser wâre.
nieman ne was ime gelîch:
sîn antlizze was zîrlîch.
mit volliclîchin ougin
ne mochtin si in nicht gescouwin:
die lûchte gab in den widirslac
sam der sunne umbe mittin tac.
den vîanden was er gremelîch,
den armen was er heimelîch,
in volcwîge was er sigesêlîch,
widir ubil was er gnaedîc,
ze gote was er gewêre.
er was recht richtêre.
er lêrte uns die phachte,
der engel si imo vore tichte.
er chonde ellu recht.
zû dem swerte was er ein guot knecht.
aller tugende was er ûzerchorn,
milter hêrre enwart in die werlt nie geborn.

Erläuterungen. 681 f: Sie trafen ihn, wie er über einem Schachspiel saß. 689: niemand brauchte zu fragen. 692: *zîrlîch:* herrlich, von innerem Adel beseelt. 694 ff: sie konnten ihn nicht voll ansehen, denn sein Glanz blendete sie wie der der Sonne am Mittag. 697 ff: Den Feinden war er fürchterlich, für die Armen war er eine Zuflucht, im Kriege war er mit dem Sieg begnadet, was man ihm Übles tat, verzieh er gnädig. Er war wahrhaftig gegen Gott, und er war ein gerechter Staatslenker (*rex iustus*). 703: Er lehrte uns das geschriebene Recht, das ein Engel ihm überbracht hatte. 708: ein freigebigerer Herrscher hat nie das Licht der Welt erblickt.

C. Aus dem ‹König Rother›
(Text nach Theodor Frings und Joachim Kuhnt, König Rother. Rheinische Beiträge und Hülfsbücher Bd. 3, Bonn-Leipzig 1922, S. 39 f).

König Rother ist unerkannt zu König Konstantin von Griechenland gelangt und speist an seiner Tafel. In seinem Gefolge, das von den Griechen furchtsam beobachtet wird, befindet sich der Riese Asprian:

Dô zôch man vor Constantinis disch einin lewin vreissam.
der ne wolde niemanne vor nicht hân.
her nam den knechten daz brôt,
her tete in over deme disge grôze nôt.
Aspriân begreif ene mit der hant
unde warf ene an des sales want,
daz her al zebrach.
wie leide eme der kuninc dô saz.
her ne gerętite doch nie de vôte.
got môze uns gebôzen,
sprâchen zwêne herzogen,
diser hêrren hîr ze hove.

der eine rûmite den sal
und sagete iz deme ingesinde over al.
dâr hât der eine vâlant
den lewin geworfen an die want,
durch daz her eme sîne spîse nam.
ir sulit gewerlîche gân!
wild er mînis râdes volgen,
ir vermîdet den unholden
unde lâzit ene mit gemache
werven sîne sache.
hôdit ûch alle ûffe daz leven,
daz ir ime sîn brôt nicht ne nemen.
begrîfet her iemanne mit der hant.
her werfit ine an des sales want.

Da führte man einen schrecklichen Löwen vor Konstantins Tisch, dem machten alle die Menschen nicht das mindeste aus. Er nahm den Rittern das Brot weg und machte ihnen bei der Mahlzeit viel zu schaffen. Asprian ergriff ihn mit bloßer Hand und schleuderte ihn an die Wand des Saales, daß er völlig zerschmettert wurde. Der König saß in großem Unmut da, aber er rührte sich nicht (regte keinen Fuß, um nämlich aufzuspringen und den Übeltäter zu bestrafen). Da sprachen zwei Herzöge untereinander: ‹Gott möge uns vor diesen Herren hier am Hof bewahren!› Einer von ihnen verließ den Saal und erzählte den Hofleuten die ganze Geschichte: ‹Da hat doch einer von diesen Teufeln den Löwen an die Wand geschmissen, weil er ihm das Essen weggenommen hatte. Bewegt euch vorsichtig! Wollt ihr meinem Rat folgen, so geht ihr dem Unhold aus dem Wege und laßt ihn ungeschoren tun, was ihm beliebt. Seid alle für euer Leben auf der Hut, und nehmt ihm ja nicht sein Brot weg. Wenn er einen zu fassen kriegt, den wirft er an die Wand.›

D. Aus dem ‹Herzog Ernst›
(Text nach Karl Bartsch, Herzog Ernst. Wien 1869, S. 4 f. Wir wählen das zweite Bruchstück aus der ältesten Fassung)

Pfalzgraf Heinrich hat aus Neid dem Kaiser Otto die Lüge aufgetischt, sein Stiefsohn, Herzog Ernst, wolle ihn ermorden. Der Kaiser ächtet den Herzog. Dieser nimmt Rache:

Ernist de helit gût
de havede einen grimmichen mût,
dat bescheinde wale der degin hêr.
dô in twalt er niet mêr,
wande ime leide was gedân.
dô nam he zwêne sîne man,
der ellen he wale irkande.
hine ze Franken he dô rande
zu einer burg, di hîz Spîre,
di steit nog bîme Rîne.
dâ besaz de kuninc einen hof.

des wunderit maniche lûde nog,
dat he den freisen ie bestût.
des âvendis, dô der helit gût
ûf den hof geriden quam,
den grêven Wezzel he zu ime nam
ind hîz den anderin degin bewaren,
dat he di ros hette gare,
of sîn wille irginge,
ê si ieman vinge,
dat si dannen riten âne danc,
der herzoge dô hin drang
zeinir kemenâte.
dâ saz de kuninc ze râte
bit dem palenzgrêven sîme trûte.
oug was dâ mê lûde,
di ig genennin niet in kan.
der herzoge inde sîn man
die sprungen în zu der dure.
de kamerêre stunden dâ vure
ind hatten it ubele bewart.
si dô zucten di swert
ind scancten eine minne.
di zwêne jungelinge
zestôrden dat gerûne.
der kuninc losede kûme,
des sagede he iemer gode danc,
dô spranc he over eine banc,
dat he in eine kapelle quam.
der palenzgrêve sîn man
de wart des râdes unvrô:
der herzoge gaf ime dô
einen alsô freislîchen slag,
dat he vil smêlîche lag.
dat hoved verre van ime sprang.

Erläuterungen. 22 f: das ließ der edle Held wohl erkennen. Er zögerte da nicht länger. 26: deren Tapferkeit. 27: *rande*: ritt eilends. 28: Speyer. 31 f: Noch heute wundern sich viele Leute darüber, daß er dieses furchtbare Wagnis auf sich nahm. 36 ff: Den andern ließ er Sorge tragen, daß er die Rosse bereit hielte, damit sie unversehens von dannen kämen, ehe sie jemand gefangennehmen könnte, wenn er sein Vorhaben ausgeführt hätte. 45: Da waren auch noch mehr Leute. 49 f: Die Kämmerer standen vor der Tür, aber sie hatten schlecht aufgepaßt. 52: Sie machten der Zusammenkunft ein Ende (eigtl. schenkten den Abschiedstrunk der Johannesminne ein; in diesem Zusammenhang ein derber Scherz). 54: *gerûne*: Geraune, heimliche Beratung. 55: Kaum hatte der König sie gehört. 60: dem wurde diese Beratung zum Unglück. 61 ff: Der Herzog versetzte ihm einen so fürchterlichen Schwerthieb, daß er schmählich in den Tod sank und sein Kopf weit weg rollte.

A. Aus dem ‹Iwein› Hartmanns von Aue (Text nach der Ausgabe von Benecke-Lachmann-Wolff, Berlin 1968, S. 1)

Swer an rehte güete
wendet sîn gemüete,
dem volget saelde und êre.
des gît gewisse lêre
künec Artûs der guote,
der mit ritters muote
nâch lobe kunde strîten.
er hât bî sînen zîten
gelebet alsô schône,
daz er der êren krône
dô truoc und noch sîn name treit.
des habent die wârheit
sîne lantliute:
sî jehent er lebe noch hiute.
er hât den lop erworben,
ist im der lîp erstorben,
sô lebt doch iemer sîn name.
er ist lasterlîcher schame
iemer vil gar erwert,
der noch nâch sînem site vert.

Wer all sein Streben auf recht verstandenes Rittertum richtet, dem sind auch Glück und Ansehen gewiß. Dafür ist der edle König Artus ein sicheres Beispiel, der es verstand, in ritterlicher Gesinnung zu kämpfen und nach Ruhm zu streben. Er hat zu seiner Zeit so vorbildlich gelebt, daß er damals schon das Ideal ritterlichen Ansehens verkörperte und sein Name noch immer dafür steht. Insofern ist es die volle Wahrheit, wenn seine Landsleute behaupten, daß er noch heute lebe. Er hat solchen Preis erworben, daß sein Name immer fortleben wird, wenn auch sein Leib längst dem Tode verfallen ist. Noch heute ist, wer seinem Vorbilde nachstrebt, für alle Zeit davor bewahrt, sich seiner Taten schämen zu müssen und verachtet zu werden.

B. Aus dem ‹Tristrant› Eilharts von Oberg (Anfang des Liebesmonologs der Isalde, Text nach H. Eggers, in: Euphorion 45 (1950), S. 277)

O wê, liebe trehtîn,
sprach diu juncvrouwe,
waz ich grôzer riuwe
an mînem herzen hân
umbe disen leiden lieben man.
leiden? wie torste ich sprechen sô?
jâ waere ich inniclîche vrô,
ob ich ime waere liep;
âne in ne mac ich genesen niet.

er benimet mir ezzen unde tranc.
jâ wirde ich schiere alsô kranc,
daz ich verliesen muoz den lîp.
waz sol ich armez sündec wîp?
ich vürhte, er niet ne ruoche mîn,
wie mac ich ime dan holt sîn?
holt? war umbe spriche ich daz?
wie möhte ich ime sîn gehaz
oder iemêre gram werden?
zwischen himel unde erden
nemac nehein bezzer leben:
er ist ein vil küener degen.
daz hât er dicke schîn getân.
er tar eine wol bestân,
swaz ein helt tuon sol.
ich erkenne sîne tugent wol.
er ist biderbe unde guot,
schoene unde wol gemuot,
wârhaft unde wol gezogen,
guoter sinne unbetrogen,
er wirbet gerne umb êre.
waz sol der rede mêre?
er ist der tiuriste man,
den ie vrouwe liep gewan,
reiner tugende vollenkommen.
wan ich daz dicke hân vernomen,
des ist im mîn herze holt.

Ach, lieber Gott, sprach die junge Fürstin, welche Seelenpein erleide ich im tiefsten Innern um diesen verhaßten und geliebten Mann. Verhaßt? Darf ich das überhaupt sagen? Ich wäre doch zutiefst beglückt, wenn ich von ihm geliebt würde. Ohne ihn kann ich nicht weiterleben. Seinetwegen kann ich nicht mehr essen und trinken. Bald werde ich so hinfällig sein, daß ich gewiß sterben muß. Was soll aus mir armer, sündenbeladener Frau nur werden? Ich habe Angst, daß ihm gar nichts an mir liegt; wie kann ich ihm dann gewogen sein? Gewogen? Darf ich das überhaupt aussprechen? Aber ich könnte ihn doch nicht hassen oder ihm jemals zürnen! Es gibt keinen Besseren als ihn auf dieser Erde. Er ist ein hervorragend kühner Held. Das hat er oft genug bewiesen. Er wagt es, ganz auf sich gestellt, jede Tat zu vollbringen, die man von einem Ritter erwarten darf. Ich bin mir auch seiner vorzüglichen Eigenschaften ganz bewußt. Er ist tüchtig und edel, stattlich und von hoher Gesinnung. Er liebt die Wahrheit, hat eine höfische Erziehung und besitzt einen klaren Verstand. Eifrig strebt er danach, sein Ansehen in der ritterlichen Welt zu erhöhen. Kurz: er ist äußerlich und innerlich der vornehmste Mann, den noch je eine Frau hat lieb gewinnen können, ein Idealbild der Vollkommenheit. Weil ich das oft und oft erfahren habe, ist ihm mein Herz zugeneigt.

C. Aus dem ‹Tristan› Gottfrieds von Strassburg (Text nach der Ausgabe von Friedrich Ranke, Berlin 1958, S. 148 f).

Tristan und Isolde widersetzen sich vergeblich der aufkeimenden Liebe, die sie voreinander zu verbergen suchen:

scham unde maget,
als diu werlt gemeine saget,
diu sint ein alsô haele dinc,
sô kurze wernde ein ursprinc,
sin habent sich niht lange wider.
Isôt diu leite ir criec der nider
und tet, als ez ir was gewant:
diu sigelôse ergap zehant
ir lîp unde ir sinne
dem manne unde der minne.
si blicte underwîlen dar
und nam sîn tougenlîche war:
ir claren ougen unde ir sin
diu gehullen dô wol under in.
ir herze unde ir ougen
diu schâcheten vil tougen
und lieplîchen an den man.
der man der sach si wider an
suoze und inneclîchen.
er begunde ouch entwîchen,
dôs in diu minne niht erlie.
man unde maget si gaben ie
ze iegelîchen stunden,
sô si mit vuoge kunden,
ein ander ougenweide.
die gelieben dûhten beide
ein ander schoener vil dan ê.
deist liebe reht, deist minnen ê:
ez ist hiure und was auch vert
und ist, die wîle minne wert,
under gelieben allen,
dazs ein ander baz gevallen,
so liebe an in wahsende wirt,
die bluomen unde den wuocher birt
lieplîcher dinge,
dan an dem urspringe.

Schamhafte Zurückhaltung und jungfräuliche Unberührtheit — so sagt ein bekanntes Sprichwort — sind rasch vergänglich und nur ein kurzer frühlingshafter Anfang; sie leisten nicht lange Widerstand. Isolde gab ihre Abwehr auf und tat, wie es ihrer Natur bestimmt war: besiegt wandte sie sich mit allen ihren Sinnen dem Manne und der Minne zu. Zuweilen blickte sie auf und sah ihn verstohlen an. Was sie erblickte und was sie denkend erkannte, das stand miteinander in völligem Einklang. Verstohlen ergriffen ihre Augen und ihr liebevolles Herz Besitz von dem Mann. Er erwiderte ihren Blick lieb und innig. Auch er begann nachzugeben, weil die Minne ihn nicht losließ. Sooft es mit Schicklichkeit geschehen konnte, erfreuten der Mann und die Jungfrau ihre Augen aneinander. Da sie sich liebten, schien jedes dem andern viel schöner als vorher. Das ist die ewige Ordnung der Liebe, das ist der Minne Gesetz. So ist es heute und war es damals und wird sein, solange es Minne gibt, bei allen Liebenden, daß sie einander desto mehr zuneigen, je stärker die Liebe in ihnen erwächst, die dann die volle Blüte und die Frucht viel tieferer Liebeserfahrungen bringt, als es zu Anfang schon der Fall war.

D. Ein ‹Minnelied› Heinrichs von Morungen (Text nach Karl Lachmann, Des Minnesangs Frühling, 30. Aufl., bearb. von Karl von Kraus, Leipzig 1950, S. 162 f).

In sô hôe swebender wunne
sô gestuont mîn herze an fröiden nie.
ich var alse ich vliegen kunne
mit gedanken iemer umbe sie,
sît daz mich ir trôst enpfie,
der mir durch die sêle mîn
mitten in daz herze gie.

Swaz ich wunneclîches schouwe,
daz spil gegen der wunne, die ich hân.
luft und erde, walt und ouwe
suln die zît der fröide mîn enpfân.
mir ist komen ein hügender wân
und ein wunneclîcher trôst,
des min muot sol hôe stân.

Wol dem wunneclîchen maere,
daz sô suoze durch mîn ôre erklanc,
und der sanfte tuonder swaere,
diu mit fröiden in mîn herze sanc,
dâ von mir ein wunne entspranc,
diu vor liebe alsam ein tou
mir ûz von den ougen dranc.

Saelic sî diu süeze stunde,
saelic sî diu zît, der werde tac,
dô daz wort gie von ir munde,
daz dem herzen mîn sô nâhen lac,
daz mîn lîp von fröide erschrac,
unde enweiz vor wunne joch
waz ich von ir gesprechen mac.

In so hoher Glückeswonne hat mein Herz noch nie geschwebt. Als könnte ich fliegen, so umkreise ich die geliebte Herrin immerfort in Gedanken, seitdem sie mir eine Ermunterung zuteil werden ließ, die mir meine ganze Seele bis mitten in das Herz durchdrungen hat.

Was ich Wonnesames erblicke, das soll mit der Seligkeit wetteifern, die ich empfinde. Himmel und Erde und Wald und Wiese sollen mein Glück widerspiegeln. Eine freudige Hoffnung und eine beseligende Ermutigung sind mir zugekommen. Das gibt mir ein neues Hochgefühl.
Wohl der beseligenden Kunde, die mir so lieblich im Ohre klang, und wohl diesem linden Schmerz, der sich zugleich mit dem Glück in mein Herz gesenkt hat. Daraus erhob sich mir eine Seligkeit, die mir vor freudigem Glücksempfinden wie Tautropfen aus den Augen perlte.
Gesegnet sei die liebe Stunde, gesegnet die Zeit, der herrliche Tag, da sie das Wort sprach, das mich so tief im Innersten ergriff, daß ich vor soviel Glück erschrak und vor Seligkeit noch immer nicht weiß, was ich zu ihrem Preise in meinem Liede sagen soll.

X. Aus späthöfischer Dichtung

A. Aus dem ‹Guten Gerhard› Rudolfs von Ems
(Text nach John A. Asher, Der guote Gêrhart. Altdt. Textbibl. Nr. 56, Tübingen ^{2}1971, S. 44f).

Gerhard schildert die afrikanische Küstenstadt, wie sie der von ihm ausgesandte Kundschafter von der Bergeshöhe aus erblickt hat:

dô er ûf die hoehe kam
der berge, als ich in dâ vor bat,
dâ sach er ligen eine stat
vor dem gebirge bî dem mer;
diu dûht in wol bereit ze wer
mit werlîchen türnen vil.
die groeze ich ebenmâzen wil
ze dirre stat ze Kölne hie.
daz mer ein teil ir umbe vie;
anderhalp ein wazzer vlôz,
daz was schifmaeze unde grôz,
des wârn die burggraben vol.
diu stat was gevestent wol
für vîentlîchen ungewin.
drî strâze truogen drin
koufes von dem lant genuoc.
daz mer zer vierden porte truoc
koufschatz von der heidenschaft.
der marner sach mit grôzer kraft
die liute von dem lande varn
gegen der stat mit grôzen scharn
mit karren genuogen,
die gên der veste truogen
von koufe manige rîcheit.
im wart der strâze slac verseit
von manigen olbenden.
er sach ze den drîn enden

sô manigen mûl, ros unde wagen
geladen ûf den strâzen tragen
von der veste und wider in
sô grôzen koufschatz durch gewin,
daz er mir vil tiure swuor,
swar er des landes ie gefuor,
daz er gesach nie anderswâ
sô grôzen market alse dâ
noch alsô maniger hande kouf.
von liuten was der zuolouf
sô grôz, daz er bî gote jach,
daz er nie groezer her gesach.

Erläuterungen. 1270 f: Als er auf die Höhe der Berge kam, wie ich ihn vorher gebeten hatte. 1274 f: die schien ihm mit vielen wehrhaften Türmen gut zur Verteidigung instand. 1280: schiffbar. 1283: gegen feindlichen Angriff gesichert. 1285: Waren aus der Umgegend. 1287: aus den Ländern der Heiden. 1294 f: Vor vielen Kamelen konnte er das Pflaster der Straße nicht sehen. 1302: in welches Land er auch je gekommen sei. 1308: daß er nie eine größere Menge gesehen habe.

B. Aus dem ‹Helmbrecht› Wernhers des Gärtners
(Text nach Friedrich Panzer, Meier Helmbrecht. Altdt. Textbibl. Nr. 11, 9. Aufl. besorgt von Kurt Ruh, Tübingen 1974, S. 38 ff).

Der alte und der junge Helmbrecht schildern einander die *hovewîse*, die Sitten am ritterlichen Hof, im Wandel der Generationen. Zuerst spricht der Vater:

Wîlen dô ich was ein kneht
und mich dîn ene Helmbrecht,
der mîn vater was genant,
hin ze hove hêt gesant
mit kaesen und mit eier,
als noch tuot ein meier,
dô nam ich der ritter war
und merkte ir geverte gar:
si wâren hovelîch und gemeit
und kunden niht mit schalcheit,
als nû bî disen zîten kan
manec wîp und manec man.
die ritter hêten einen site,
dâ liebtens sich den frouwen mite:
einez ist buhurdiern genant,
daz tete ein hoveman mir bekant,
dô ich in frâgte der maere,
wie ez genennet waere.
si fuoren, sam si wolden toben
(dar umbe hôrte ich si loben),
ein schar hin, diu ander her;

ez fuor diser unde der,
als er enen wolde stôzen.
under mînen genôzen
ist es selten geschehen,
daz ich ze hove hân gesehen.
als si danne daz getâten,
einen tanz si dô trâten
mit hôvertigem sange;
daz kurzte die wîle lange.
vil schiere kom ein spilman,
mit sîner gîgen huob er an:
dô stuonden ûf die frouwen,
die möhte man gerne schouwen;
die ritter gegen in giengen,
bî handen si si viengen.
dâ was wunne überkraft
von frouwen und von ritterschaft
in süezer ougenweide.
juncherren unde meide
si tanzten froelîche,
arme unde rîche.
als des danne nimmer was,
sô gie dar einer unde las
von einem, der hiez Ernest.
swaz ieglîcher aller gernest
wolde tuon, daz vander.
....
....
als vil weiz ich der alten site.
sun, nû êre mich dâ mite
und sage mir die niuwen.
Daz tuon ich entriuwen.
daz sint nû hovelichiu dinc:
trinkâ, herre, trinkâ trinc!
trink daz ûz, sô trink ich daz.
wie möhte uns immer werden baz?
vernim, waz ich bediute:
ê vant man werde liute
bî den schoenen frouwen,
nû muoz man si schouwen
bî dem veilen wîne.
daz sint die hoehsten pîne
den âbent und den morgen,
wie si daz besorgen,
ob des wînes zerinne,
wie der wirt gewinne
einen, der sî alsô guot,
dâ von si haben hôhen muot.
daz sint nû ir brieve von minne:

‹vil süeziu lîtgebinne,
ir sult füllen uns den maser.
ein affe und ein narre was er,
der ie gesente sînen lîp
für guoten wîn umbe ein wîp.›
swer liegen kan, der ist gemeit,
triegen, daz ist hövescheit.
er ist gefüege, swer den man
mit guoter rede versnîden kan.
swer schiltet schalclîche,
der ist nû tugentrîche.
der alten leben, geloubet mir,
die dâ lebent alsam ir,
die sint nû in dem banne
und sint wîbe und manne
ze genôze also maere
als ein hâhaere.
aht und ban, daz ist ein spot.*

Erläuterungen. 914: Dein Großvater Helmbrecht. 920: beobachtete genau, was sie trieben. 921 f: sie waren höflich und frohgemut und wußten nichts von Bosheit. 927: *buhurdieren*: das Anreiten zweier Parteien gegeneinander im Turnier. 936 f: unter meinesgleichen haben wir so etwas nie gemacht. 956: las vor. 957: die Geschichte vom Herzog Ernst. 989: beachte, was ich damit meine. 994—1000: Ihre größte Sorge ist jetzt den lieben langen Tag, wie der Hausherr, wenn der Wein ausgeht, einen anderen ebenso guten bekommt; denn der Wein gibt ihnen Hochgefühl. 1001—1006: So sehen jetzt ihre Liebesbriefe aus: ‚Liebstes Schenkmädchen, füllt mir den hölzernen Becher. Der muß doch ein kompletter Narr gewesen sein, früher, der sich nach Frauenminne abgehärmt hat, anstatt den Wein vorzuziehen.' 1007: Wer lügen kann, der ist ein lustiger Bursche. 1009 f: Wer jemand mit scharfen Worten treffen kann, der paßt in die Welt. 1011: wer wie ein Stallknecht flucht. 1013—1018: Wer lebt wie ihr Alten, ist nun ganz verachtet und seine Gesellschaft so beliebt wie die des Henkers. 1019: Über Acht und Bann wird nur gelacht.

XI. Aus einer Predigt Bertholds von Regensburg

(Text nach Franz Pfeiffer, Berthold von Regensburg. Bd. I, Wien 1862, S. 153 f. Wir geben den Text mit einigen durch Punkte bezeichneten Kürzungen wieder)

Ez sprichet der guote sant Anshelm von Kantelberc (Anselm von Canterbury): *‚dô uns der almehtige got hete gemachet untoetlîche* (unsterblich) *âne wê und âne allen siechtuom und âne alle sünde, unde dô der slange Adâm und Êven den rât getet, unde dô sie . . . daz obez* (Obst) *âzen durch des slangen rât, dâ mite slikten* (verschluckten) *sie alle die vergift* (Giftstoff) *und allez daz eiter* (Gift), *daz in dem slangen was, unde von der* *selben vergift dô wurden wir ze dem lîbe unde ze der sêle siech unde toetlich'. ... Dô erbarmte sich got über uns unde gab uns für iegelîchen siechtuom, der uns von dem slangen ûf erbete, eine erzenîe, die uns des lîbes siechtuom ze gesuntheite braehte, wan er den wurzen unde kriutern unde sâmen und edelm gesteine und worten die kraft hât gegeben, dâ wir von gesunt werden sullen, der ez eht erkennet* (nur muß man halt etwas davon verstehen). *Her Adâm erkante ieglîcher wurze kraft unde gesmac, und allen dingen gap er namen. Unde dâ von habent noch hiute die hôhen meister die kunst, daz sie bekennent ..., wie man einen ieglîchen siechtuom büezen* (bessern) *sol, den man eht gebüezen mac; wan ez ist etelîch siechtuom, den alliu diu werlt niht gebüezen möhte, wan ez sint ouch etelîche sünde, die nieman gebüezen* (durch Buße beheben; eigentlich: bessern) *mac. Wan reht als Adâm des lîbes siechtuom an dem apfel az, alsô az er der sêle siechtuom an dem selben apfel. Und als gar vergiftic der apfel was ze sînem lîbe und als maniger leie siechtuom was des lîbes, als maniger leie siechtuom was ouch der sêle mit den sünden. Unde dar umbe ... gab unser herre sich an daz frône kriuze an die martel* (an das Herrenkreuz in der Marter der Passion), *daz er uns die erzenîe der sêle bereite, den worten daz* (mit der ausgesprochenen Absicht, daß) *wir gesunt an der sêle würden. Daz sint die siben heilikeit* (Sakramente), *die der almehtige got als kreftic gemachet hât und als edel: swer sie ze rehte enphaehet, der mac niemer mêre verlorn werden. Nû seht ..., wie liep iuch der almehtige got hât gehabet, daz er eines bittern tôdes erstarp dar umbe, daz er uns gesunt wolte machen an der sêle von maniger boesen sünde, die Adâm dô gaz an der vergift des slangen. Unde dar umbe haeten wir gote iemer vil ze dankenne umbe die genâde und die triuwe, die er an uns begie, und er uns an des lîbes siechtuom ouch hât besorget* (für uns gesorgt hat) *mit maniger edeln wurze und mit manigen andern dingen, diu die wîsen meister wol erkennent. ... Der möhte man deheine wîse gerâten* (Die Ärzte könnte man auf keine Weise entbehren). *Unde die sulnt sich gar sêre hüeten vor untriuwen, wan daz amt giltet niht minner* (lädt nicht weniger Verantwortung auf) *danne lîp und sêle.*

XII. Aus deutscher Scholastik und Mystik

A. Aus der mittelhochdeutschen Übersetzung der ‹Summa Theologica› des Thomas von Aquino (Text nach der Ausgabe von Bayard Qu. Morgan und Friedrich W. Strothmann, Stanford/Cal. — London 1950, S. 134 ff)

Ez ist ze merken, ob zuo der selikeit behör begriffung.

Ez ist ze sagen, sit daz die selikeit bestat in einer ervolgunge dez iungsten ende, so sint dü ding, dü man da suochet zuo der selikeit, ze betrahtenne von der ordenung selber dez menschen zuo dem ende.

Aber zuo dem vernünftigen ende

Utrum ad beatitudinem requiratur comprehensio.

Respondeo dicendum quod, cum beatitudo consistat in consecutione ultimi finis, ea quae requiruntur ad beatitudinem sunt consideranda ex ipso ordine hominis ad finem.

Ad finem autem intelligibilem ordi-

wirt der mensche geordent ein teil von dem verstan unde ein teil von dem willen.	*natur homo partim quidem per intellectum, partim autem per voluntatem.*
Aber übermitz daz verstan, daz ist alse vil, alse dem verstan etlich bekenntnüsse vorstat alse unvolkomen.	*Per intellectum quidem, inquantum in intellectu praeexistit aliqua cognitio finis imperfecta.*
Aber dur den willen, so ist ez in zweier hande wis.	*Per voluntatem autem dupliciter:*
In der ersten wis: übermitz die minne, dü da ist ein erste bewegde dez willen in etwaz.	*primo quidem per amorem, qui est primus motus voluntatis in aliquid;*
Aber zem andern male: nah einer dinklicher habunge dez minnenden zuo dem geminten, welche dinkliche habunge mag gesin in drier hande wis.	*secundo autem per realem habitudinem amantis ad amatum, quae quidem potest esse triplex.*
Zem ersten: so mag etwenne daz geminte gegenwertig sin dem minnenden, unde denne so ensuochet itze niht die begriffunge.	*Quandoque enim amatum est praesens amanti, et tunc iam non quaeritur.*
Aber etwenne so enist ez niht gegenwertig, aber ist in der unmüglichi, ez ze gewinnen, unde denne so ensuochet ez sin ouch niht.	*Quandoque autem non est praesens, sed impossibile est ipsum adipisci, et tunc etiam non quaeritur.*
Aber etwenne so ist ez im müglich ze gewinnen, aber ez ist erhaben über die müglichi dez gewinnenden, also daz er ez niht zehant mag gehaben.	*Quandoque autem possibile et ipsum adipisci, sed est elevatum supra facultatem adipiscentis, ita ut statim haberi non possit,*
Unde daz ist die habunge des, der da zuoversiht hat zuo dem, dar zuo er zuoversiht hat, unde des habunge machet alleine ende der suochunge. Unde in disen drin wisen antwert etwaz in der selikeit.	*et haec est habitudo sperantis ad speratum, quae sola habitudo facit finis inquisitionem.*
	Et istis tribus respondent aliqua in ipsa beatitudine.

(Bei der Übersetzung folgen wir nach Möglichkeit dem deutschen Text, der etwas wortreicher ist und im übrigen verschiedene lateinische Konstruktionen nach deutscher Sprachgewohnheit auflöst):

Es ist zu erwägen, ob zur Seligkeit Erfassung (im Gegensatz zum Suchen) gehöre. Darauf ist zu antworten: Da die Seligkeit in der Erreichung (mhd. *ervolgen* ‚bis zum Ende folgen') des letzten Zieles besteht, so ist das, was man in Anbetracht der Seligkeit sucht (was für die Seligkeit erforderlich ist), von der Hinordnung des Menschen auf sein Ziel aus zu betrachten. Auf sein über die Sinne hinausreichendes, nur durch Erkenntnis erreichbares Ziel wird der Mensch einesteils durch sein Erkenntnisvermögen, andernteils durch den Willen hingeordnet. Durch das Erkenntnisvermögen, insofern als im Verstand eine gewisse unvollkommene Erkenntnis des Zieles bereits existiert. Durch den Willen aber auf zweierlei Weise: erstens mittels der Liebe, die ein erster Willensantrieb auf etwas hin ist; zweitens in einem wirklichen (nicht nur denkend erkannten) Verhältnis des Liebenden zu dem Gegenstand der Liebe. Dieses reale Verhältnis kann von dreierlei Art sein. Erstens: das Geliebte kann dem Liebenden gegenwärtig sein; dann sucht die Erfassung nicht danach. Aber zuweilen ist das Geliebte nicht gegenwärtig, aber es ist unmöglich, es zu erreichen; dann sucht der Liebende auch nicht danach. Zuweilen aber ist es möglich, es zu erreichen, aber es ist über die Möglichkeit des Verlangenden erhoben, so daß er es nicht sofort haben kann. Dies ist der Zustand dessen, der auf ein Erhofftes hofft. Dieser Zustand allein erfordert ein Verfolgen des Zieles (Übersetzungsfehler im Mittelhochdeutschen: ein Ende des Verfolgens). Diesen drei Möglichkeiten entspricht etwas in der Seligkeit selbst.

B. Aus dem ‹Fließenden Licht der Gottheit› der Schwester Mechthild von Magdeburg (Text nach der Ausgabe von P. Gall Morell, Nachdruck: Darmstadt 1963, S. 4 f)
Der ware gottes gruos, der da kumet von dem himelschen fluot us dem brunnen der vliessenden drivaltekeit, der hat so grosse kraft, das er dem lichamen (‚dem Leibe') *benimet alle sine maht, und machet die sele ir selben offenbar* (‚läßt die Seele sich selbst erkennen'), *das si sihet sich selben den heligen gelich und emphahet denne an sich gotlichen schin* (‚nimmt den Abglanz der Gottheit an'). *So scheidet die sele von dem lichamen mit aller ir macht, wisheite, liebin und gerunge* (‚Streben'); *sunder das minste teil* (‚nur der geringste Teil') *irs lebendes belibet mit dem lichame als in eime süezen schlaffe* (‚wie in einem tiefen Schlaf'). *So sihet sü einen ganzen got in driu personen und bekennet* (‚erkennt') *die drie personen in einem gotte ungeteilet. So grüesset er si mit der hovesprache* (‚der gepflegten Sprache der Fürstenhöfe'), *die man in dirre kuchin* (‚hier in der Küche') *nit vernimet, und kleidet sü mit den kleidern, die man ze dem palaste tragen sol, und git* (‚gibt') *sich in ir gewalt. So mag sü bitten und vragen, was si wil, des wirt si beriht* (‚darüber erhält sie Auskunft'). *Warumbe si nit beriht wirt* (‚worüber sie keine Auskunft in Worten erhält'), *das ist dü erste sache von drien. So zühet er si fürbas* (‚zieht er sie fort') *an eine heimliche stat. Da muos si für nieman bitten noch fragen, wan er wil alleine mit ir spilen* (in weltlicher Sprache ein erotischer Ausdruck) *ein spil, das der lichame nit weis, noch die dörper* (‚die Bauern') *bi dem phluoge noch die ritter in dem turnei, noch sin minneklichi muoter Maria, der mag si nit gepflegen da* (‚die solche Seelengemeinschaft mit ihm nicht haben kann'). *So swebent si fürbas an ein wunnenriche stat* (‚eine freudenreiche Stätte'), *da ich nit vil von sprechen mag noch wil. Es ist ze notlich* (‚zu schwierig'); *ich engetar* (‚ich wage es nicht'), *wan ich bin ein vil sündig mönsche. Mer* (‚aber') *wenne der endelose got die grundelose sele bringet in die höhin, so verlüret si das ertrich* (‚das Erdreich, alles Irdische') *von dem wunder und bevindet nit* (‚weiß nicht mehr'), *das si je in ertrich kam. ..... Dis ist ein gruos, der hat manige adern, der dringet usser* (‚aus') *dem vliessenden gotte in die armen dürren selen ze allen ziten mit nüwer bekantnüsse* (‚mit neuer Erkenntnis'), *und an nüwer beschouwunge, und in sunderliche gebruchunge* (‚in den besonderen Genuß') *der nüwer gegenwürtekeit. Eya, süeslicher got,*

fürig (,feurig') *inwendig, blüegende* (,blühend') *uswendig, nu du dis den minnesten* (,den Geringsten') *hast gegeben, mohte ich noch ervarn das leben, das du dinen meisten hast gegeben; darumbe wolt ich dest langer queln* (,Askese üben, sich quälen'). *Disen gruos mag noch muos* (,kann und darf') *nieman empfan, er si denne überkomen* (,überwältigt') *und ze nihte worden.*

C. Aus dem Traktat ‹Von der Erkenntnis der Wahrheit› des DAVID VON AUGSBURG (Text nach FRANZ PFEIFFER, Deutsche Mystiker, Band I, Leipzig 1845, S. 364)

Diu oberiste saelekeit der krêatûre, diu nâch gote gebildet ist, diu lît (,liegt') *an der lûtern* (,lauter, rein') *erkantnüsse der oberisten wârheit, diu got selbe ist: daz man in ob allen dingen minne unde mit der minne in in verwandelt werde als daz viwer* (,Feuer') *in sich verwandelt die materje, an die ez sich geheftet. In mac aber niemen rehte geminnen wan der* (,außer demjenigen, der') *in reht erkennet. Ez ist drîerleie erkantnüsse. Diu êrste ist mit dem gelouben, diu ander mit der verstantnüsse, diu dritte in der gesihte* (,reine Anschauung, Vision'); *diu ist diu volkomeniste, dâ lît diu ganze* (,vollkommene') *saelekeit an. Sô diu verstantnüsse ie groezer ist* (,je größer das Verstehen ist'), *sô diu minne ie kreftiger ist, wan got ist sô guot, daz in niemen erkennet, ern müeze in ouch minnen* (,daß ihn jeder lieben muß, der ihn erkennt'). *Die wîle wir in danne niht gesehen mügen als er ist, sô hât er uns ein lieht als in einer laterne gegeben, dâ wir uns in dirre werlde vinster* (,in der Finsternis dieser Welt') *erliuhten mite. Daz ist der kristengeloube; dâ ist diu wârheit inne verwunden* (,enthalten', wörtlich: ,eingewickelt') *unde verdecket als daz lieht in der laterne. Die wîle uns diu minne unde diu ougen der verstantnüsse broede* (,schwach') *sint, sô suln wir die laterne vor uns haben, daz uns des liehtes glast* (,Glanz') *iht* (,nicht etwa') *erblende. Swenne uns diu ougen gesunden beginnen, sô ougent sich uns* (,zeigt sich uns') *des liehtes wünnesaeliger schîn* (,der selige Freude gebende Schein des Lichtes selbst'). *Daz* (,Folgendes') *suln wir dâ bî merken: ist uns diu wârheit noch trüebe in dem herzen, sô ist uns der laterne noch durft* (,bedürfen wir noch der Laterne'), *als dem sûrougen* (,wie ein an den Augen Empfindlicher, Triefäugiger') *vür daz lieht* (,anstatt des Lichtes'); *ist si uns aber süeze unde lieht* (,lieblich und klar'), *beidiu ze volgen an den tugenden unde ze wissen an der kunst* (,daß wir sowohl ihrer Tugendlehre folgen als auch sie verstandesmäßig aufnehmen können'), *daz ist ein guot urkünde* (,Beweis für') *gesunder ougen. Doch werdent si nimmer sô gesunt, daz si die gotlîchen wârheit unde den êwigen brehenden* (,strahlenden') *sunneglast mit unerschrockem anblicke mugen an gesehen, die wîle und* (,solange als') *daz toetlîche vel* (,die sterbliche Haut') *vür gespannen ist unde der sünden stein walget* (,rollt') *in den ougen. Hie enmitten sô râtet doch* (,So helft euch doch, solange ihr mitten im Diesseits lebt') *als die blinden, ze ende grîfende* (,und tastet immerhin') *nâch dem wâren liehte, daz got selbe ist.*

D. Aus dem Traktat ‹Von der unergründlichen Fülle Gottes›, aus dem Kreise um DAVID VON AUGSBURG (Text nach FRANZ PFEIFFER, Deutsche Mystiker, Band I, S. 374)

(Die Seele spricht zur Gottheit): *Dîn güete ist ein ûzwallender brunne; wan sô er ein tûsintist teil einer wîle sînen ûzfluz lieze, sô müeste ê himel unde ertrîch zestoeret werden* (‚eher müßten Himmel und Erde vergehen, ehe der Born der Güte auch nur das Tausendstel einer Stunde zu fließen aufhörte'). *Mit der güete bistû ein heilaer mîner wunden, ein troestaer mînes sêres* (‚Schmerzes'), *ein lôsaer mîner bant, ein büezaer* (‚Verbesserer') *mînes heiles, ein vreude mîner trûrekeit, ein lieht mîner vinster, ein vaterlant mînes ellendes. Mîn aller liebister, getriuwister, kiuschister, gotlîcher gemahel, âne dich wirt mir nimmer wol unde mit dir wirt mir nimmer wê. Immer vruhtberndiu* (‚fruchtbringende') *minne, êwiclîchen immer niuberndiu* (‚neu hervorbringende') *vreude, gip mir ze erkennen, waz dû den armen menschen vliehest ûf der erde. Dû bist alsô guot, ob ein mensche alle die sünde hête getân, die von Adâmes zîten ie volbrâht wurden oder immer volbrâht werdent, die würden alle in einer wîle in dîner güete vertiliget. O güete, dû ein übergult und ein gezierde bist alles des wunders, des got ist in allem sînem wesen, nû vertilige alle die sünde, die ich wider dich ie getet. Dû bist ouch alsô milte* (‚barmherzig'), *daz dû ze allen zîten begerst, daz wir dir unsers herzen sô vil lâzen, daz dû dîne natiurlîche miltekeit an uns mügest geüeben mit der niezunge* (‚indem du uns genießen läßt') *dîner gotlîchen heimlîche* (‚Vertrautheit'). *Nû bite ich dich durch die oberisten miltekeit, daz dû daz aller minniste brosmelîn* (‚nur den kleinsten Brosamen') *lâzest vallen in mîne sêle, daz mîn hungerigiu sêle empfindende werde der himelischen wirtschefte* (‚des himmlischen Festmahles').

E. Aus dem Traktat ‹Von Abegescheidenheit› des Meisters Eckhart (Text nach Josef Quint, Meister Eckharts Traktate, Stuttgart 1963, S. 400 ff; Übersetzung ebda. S. 539)

Ich hân der geschrift vil gelesen, beidiu von den heidenischen meistern und von den wîssagen und von der alten und niuwen ê, und hân mit ernste und mit ganzem vlîze gesuochet, welchiu diu hoehste und diu beste tugent sî, dâ mite der mensche sich ze gote allermeist und aller naehest gevüegen müge und mit der der mensche von gnâden werden müge, daz got ist von natûre, und dâ mite der mensche aller glîchest stande dem bilde, als er in gote was, in dem zwischen im und gote kein underscheit was, ê daz got die crêatûre geschuof. Und sô ich alle die geschrift durchgründe, als verre mîn vernunft erziugen und bekennen mac, sô envinde ich niht anders, wan daz lûteriu abegescheidenheit ob allen dingen sî, wan alle tugende hânt etwaz ûfsehennes ûf die crêatûre, sô stât abegescheidenheit ledic aller crêatûren. Dar umbe sprach unser herre ze Marthâ: ‹unum est necessarium›, daz ist als vil gesprochen: Marthâ, wer unbetrüebet und lûter welle sîn, der muoz haben einez, daz ist abegescheidenheit.

Die lêraere lobent die minne groezlîche, als sant Paulus tuot, der sprichet: ‹in waz üebungen ich mac gestân, enhân ich niht minne, sô enbin ich nihtes niht›. Sô lobe ich abegescheidenheit vür alle minne. Von êrste dar umbe, wan daz beste, daz an der minne ist, daz ist, daz si mich twinget, daz ich got minne, sô twinget abegescheidenheit got, daz er mich minne. Nû ist vil edellîcher, daz ich twinge got ze mir, dan daz ich mich twinge ze gote. Und ist daz dâ von, wan got kan sich învüeclîcher vüegen ze mir und baz vereinigen mit mir, dan ich mich künde vereinigen mit gote. Daz abegescheidenheit twinge got ze mir, daz bewaere ich dâ mite: wan ein ieclîch dinc ist gerne an sîner natiurlîchen eigen stat. Nû ist gotes natiurlîchiu eigen stat einicheit und lûterkeit, daz kumet von abegescheidenheit. Dâ von muoz got von nôt sich selber geben einem abegescheidenen herzen.

Ich habe viele Schriften gelesen sowohl der heidnischen Meister wie der Propheten, des Alten und des Neuen Testaments, und habe mit Ernst und mit ganzem Eifer danach gesucht, welches die höchste und die beste Tugend sei, mit der sich der Mensch am meisten und am allernächsten Gott verbinden und mit der der Mensch von Gnaden werden könne, was Gott von Natur ist, und durch die der Mensch in der größten Übereinstimmung mit dem Bilde stände, das er in Gott war, in dem zwischen ihm und Gott kein Unterschied war, ehe Gott die Kreaturen erschuf. Und wenn ich alle Schriften durchgründe, soweit meine Vernunft es zu leisten und soweit sie zu erkennen vermag, so finde ich nichts anderes, als daß lautere Abgeschiedenheit alles übertreffe, denn alle Tugenden haben irgendein Absehen auf die Kreatur, während Abgeschiedenheit losgelöst von allen Kreaturen ist. Darum sprach unser Herr zu Martha: *‹Unum est necessarium›* (Luk. 10, 42), das besagt soviel wie: Martha, wer unbetrübt und lauter sein will, der muß Eines haben, das ist Abgeschiedenheit.

Die Lehrer loben die Liebe in hohem Maße, wie es Sankt Paulus tut, der sagt: ‹Welches Tun auch immer ich betreiben mag, habe ich die Liebe nicht, so bin ich nichts› (vgl. 1. Kor. 13, 1 f). Ich hingegen lobe die Abgeschiedenheit vor aller Liebe. Zum ersten deshalb, weil das Beste, das an der Liebe ist, dies ist, daß sie mich zwingt, daß ich Gott liebe, wohingegen die Abgeschiedenheit Gott zwingt, daß er mich liebe. Nun ist es um vieles vorzüglicher, daß ich Gott zu mir zwinge, als daß ich mich zu Gott zwinge. Und das liegt daran, weil Gott sich eindringlicher zu mir fügen und besser mit mir vereinigen kann, als ich mich mit Gott vereinigen könnte. Daß Abgeschiedenheit aber Gott zu mir zwinge, das beweise ich damit, daß ein jeglich Ding gern an seiner naturgemäßen eigenen Stätte ist. Gottes naturgemäße eigene Stätte ist nun Einheit und Lauterkeit; das aber kommt von Abgeschiedenheit. Deshalb muß Gott notwendig sich selbst einem abgeschiedenen Herzen geben.

LITERATURHINWEISE ZUM ZWEITEN BUCH

Abgekürzt zitierte Zeitschriften

Arch	Archiv für das Studium der Neueren Sprachen und Literaturen, Braunschweig
DU	Der Deutschunterricht, Stuttgart
DVjS	Deutsche Vierteljahrsschrift für Literaturwissenschaft und Geistesgeschichte, Stuttgart
Euph.	Euphorion. Zeitschrift für Literaturgeschichte, Heidelberg
GRM	Germanisch-romanische Monatsschrift, Heidelberg
IEGPh	Journal of English and Germanic Philology, Urbana / Illinois
Neuphil. Mitt.	Neuphilologische Mitteilungen, Helsinki
PBB	Beiträge zur Geschichte der deutschen Sprache und Literatur (Pauls und Braunes Beiträge), (West) Tübingen, (Ost) Halle
WW	Wirkendes Wort, Düsseldorf
ZfdA	Zeitschrift für deutsches Altertum und deutsche Literatur, Wiesbaden
ZfdPh	Zeitschrift für deutsche Philologie, Berlin–Bielefeld–München
ZfMda	Zeitschrift für Mundartforschung, Wiesbaden

Gesamtdarstellungen und Grammatiken

Statt der in der Erstausgabe hier verzeichneten Titel 1–14 s. jetzt die erweiterten Literaturhinweise zum ersten Buch Nr. 1–30a, oben S. 267f.

Textsammlungen

15 Steinmeyer, Elias v., Die kleineren althochdeutschen Sprachdenkmäler. Berlin 1916, Neudruck Berlin–Zürich 1964

16 Müllenhoff, Karl, und Wilhelm Scherer, Denkmäler deutscher Poesie und Prosa aus dem 8.–12. Jahrhundert. Berlin [3]1892, Neudruck Berlin–Zürich 1964

17 Kraus, Carl, Deutsche Gedichte des 12. Jahrhunderts. Halle 1894

18 Waag, Albert, Kleinere deutsche Gedichte des 11. und 12. Jahrhunderts. Halle [2]1916, Neuausgabe von W. Schröder. Tübingen 1972

19 Wilhelm, Friedrich, Denkmäler deutscher Prosa des 11. und 12. Jahrhunderts. München [2]1960

20 von der Leyen, Friedrich, Deutsche Dichtung des Mittelalters. Frankfurt 1962

Wörterbücher

21 Benecke, Georg Friedrich, und Wilhelm Müller und Friedrich Zarncke, Mittelhochdeutsches Wörterbuch. 3 Teile in 4 Bänden. Leipzig 1854–1866, Neudruck Hildesheim 1963

22 LEXER, MATTHIAS, Mittelhochdeutsches Handwörterbuch. 3 Bde. Leipzig 1872–1878, Neudruck Stuttgart 1965
23 –, Mittelhochdeutsches Taschenwörterbuch. Stuttgart ³⁶1981

Literaturgeschichten

24 EHRISMANN, GUSTAV, Geschichte der deutschen Literatur bis zum Ausgang des Mittelalters. 2 Teile in 4 Bden. München ²1927–1935, Neudruck München 1954/1955
25 DE BOOR, HELMUT, und RICHARD NEWALD, Geschichte der deutschen Literatur.
Bd. 1: Bis zum Beginn der höfischen Dichtung. München ⁷1966
Bd. 2: Die höfische Literatur 1170–1250. München ⁸1969
Bd. 3, 1: Die deutsche Literatur im späten Mittelalter. 1. Teil, 1250–1350, München ³1967
26 SCHWIETERING, JULIUS, Die deutsche Dichtung des Mittelalters. Potsdam 1927, Neudruck Darmstadt 1957
26a NEUMANN, FRIEDRICH, Geschichte der altdeutschen Literatur (800–1600). Berlin 1966
27 BÖSCH, BRUNO (Hrsg.), Deutsche Literaturgeschichte in Grundzügen. Bern–München ³1967

Weitere Literaturhinweise

zu Kapitel I:

28 GLUNZ, HANS H., Die Literarästhetik des europäischen Mittelalters. Bochum 1937
29 CURTIUS, ERNST ROBERT, Europäische Literatur und lateinisches Mittelalter. Bern ⁶1967
30 AUERBACH, ERICH, Mimesis. Dargestellte Wirklichkeit in der abendländischen Dichtung. Bern ³1964
31 MOSER, HUGO, Schichten und Perioden des Mittelhochdeutschen, WW 2 (1952), S. 321–336
32 –, Mittlere Sprachschichten als Quellen der deutschen Hochsprache. Nijmegen–Utrecht 1955
33 HEINRICHS, HEINRICH MATTHIAS, Überlegungen zur Frage der sprachlichen Grundschicht im Mittelalter. ZfMda 28 (1961), S. 97–153
34 STAMMLER, WOLFGANG, Mittelalterliche Prosa in deutscher Sprache. In: Deutsche Philologie im Aufriß Bd. 2. Berlin ²1960, Sp. 750–1102
35 FECHTER, WERNER, Das Publikum der mittelhochdeutschen Dichtung. Frankfurt a. M. 1935, Neudruck Darmstadt 1966

zu Kapitel II:

36 WILMANNS, WILHELM, Deutsche Grammatik, Gotisch, Alt-, Mittel- und Neuhochdeutsch. 4 Bde. Straßburg 1899–1911
37 BEHAGHEL, OTTO, Deutsche Syntax. Eine geschichtliche Darstellung.
38 PAUL, HERMANN, Mittelhochdeutsche Grammatik. Tübingen ²⁰1969

39 MICHELS, VICTOR, Mittelhochdeutsches Elementarbuch. Heidelberg [4]1921
40 MAUSSER, OTTO, Mittelhochdeutsche Grammatik. 3 Bde. München 1932/33
41 HELM, KARL, Abriß der mittelhochdeutschen Grammatik. Tübingen [3]1966
42 WEINHOLD, KARL, Kleine mittelhochdeutsche Grammatik. Stuttgart [14]1965
43 LASCH, AGATHE, Mittelniederdeutsche Grammatik. Tübingen [2]1974
44 KIENLE, RICHARD VON, Historische Laut- und Formenlehre des Deutschen. Tübingen [2]1968
45 SCHRÖDER, WERNER, Zur Passivbildung im Althochdeutschen. PBB 77 (1955), S. 1–76
46 RUPP, HEINZ, Zum Passiv im Althochdeutschen. PBB 78 (1956), S. 265 bis 286
47 ADOLF, HELENE, Wortgeschichtliche Studien zum Leib-Seele-Problem. Wien 1937

zu Kapitel III:

a) Texte:

48 SEEMÜLLER, JOSEPH, Willirams deutsche Paraphrase des Hohen Liedes. Straßburg 1878 (mit Wörterbuch)
49 TAX, PETRUS W., Die Werke Notkers des Deutschen. Bd. 8–10. Tübingen 1979–1983
50 KIRCHERT, KLAUS, Der Windberger Psalter, Bd. I: Untersuchung, Bd. II: Textausgabe. München 1979
51 TÖRNQVIST, NILS, Cod. Pal. Vind. 2682, Eine frühmittelhochdeutsche Interlinearversion der Psalmen aus dem ehemaligen Benediktinerstifte Millstatt in Kärnten. Lund–Kopenhagen 1934
52 EGGERS, HANS, Zwei Psalter aus dem 14. Jahrhundert und drei verwandte Bruchstücke. Berlin 1962
53 KRIEDTE, HORST, Deutsche Bibelfragmente des 12. Jahrhunderts. Halle 1930
53a SEHRT, EDWARD H., und WOLFRAM K. LEGNER, Notker-Wortschatz. Halle 1955
53b –, Notker-Glossar. Tübingen 1962

b) Untersuchungen:

54 OHLY, FRIEDRICH, Hohelied-Studien, Grundzüge einer Geschichte der Hohelied-Auslegung des Abendlandes bis um 1200. Wiesbaden 1958
55 EGGERS, HANS, Williram von Ebersberg. In: Verfasserlexikon des deutschen Mittelalters, Bd. 4. Berlin 1953, Sp. 985–996
56 LEIMBACH, FRIEDRICH, Die Sprache Notkers und Willirams. (Diss.) Göttingen 1933

zu Kapitel IV:

a) Texte (s. auch oben Nr. 16–20):

57 HENSCHEL, ERICH, und ULRICH PRETZEL, Die kleinen Denkmäler der Vorauer Handschrift. Tübingen 1963
58 DOLLMAYR, VICTOR, Die altdeutsche Genesis. Halle 1932
59 MONECKE, HILTGUNT, Die jüngere Judith. Tübingen 1964
60 MEISEN, KARL, Das Annolied. Bonn 1946

b) Untersuchungen:
61 Scherer, Wilhelm, Geschichte der deutschen Dichtung im 11. und 12. Jahrhundert. Straßburg 1875
62 Rupp, Heinz, Deutsche religiöse Dichtungen des 11. und 12. Jahrhunderts. Freiburg 1958
63 –, Über das Verhältnis von deutscher und lateinischer Dichtung im 9.–12. Jahrhundert. GRM 39 (1958), S. 19–34
64 Maurer, Friedrich, Über Langzeilen und Langzeilenstrophen in der ältesten deutschen Dichtung. In: Festschrift für Ernst Ochs. Lahr 1951, S. 31 bis 52; auch Ges. Aufsätze. Bern–München 1963, S. 174–194
65 Kuhn, Hugo, Stil als Epochen-, Gattungs- und Wertprobleme in der deutschen Literatur des Mittelalters. In: Stil und Formprobleme der Literatur. Heidelberg 1959, S. 123–129
66 de Boor, Helmut, Frühmittelhochdeutscher Sprachstil I und II. ZfdPh 51 (1926), S. 244–274, 52 (1927), S. 31–76; auch in Kl. Schr. I. Berlin 1964, S. 21–96
67 –, Über Brechung im Frühmittelhochdeutschen. In: Germania, Festschrift für Eduard Sievers. Halle 1925, S. 478–503; auch in Kl. Schr. II. Berlin 1966, S. 246–266
68 Strümpell, Regine, Der Parallelismus als stilistische Erscheinung in der frühmittelhochdeutschen Dichtung. PBB 49 (1952), S. 163–191
69 Behaghel, Otto, Zur Technik der mittelhochdeutschen Dichtung. PBB 30 (1930), S. 431–564
70 Saran, Franz, Das Übersetzen aus dem Mittelhochdeutschen. Tübingen [4]1964
71 Leitzmann, Albert, Lexikalische Probleme in der frühmittelhochdeutschen geistlichen Dichtung. Akademieabhandlung. Berlin 1942
72 Weller, Alfred, Die Frühmittelhochdeutsche Genesis nach Quellen, Übersetzungsart, Stil und Syntax. Berlin 1914, Neudruck New York 1967
73 Beyschlag, Siegfried, Die Wiener Genesis. Idee, Stoff, Form. Akademieabhandlung. Wien 1942
74 Eggers, Hans, Ein textkritisches Problem im Annolied. In: Festgruß für Hans Pyritz. Heidelberg 1955, S. 9–13

zu Kapitel V:
75 Ohly, Friedrich, Vom geistigen Sinn des Wortes im Mittelalter. ZfdA 89 (1959), S. 1–23
76 –, Geist und Formen der Hoheliedauslegung im 12. Jahrhundert. ZfdA 85 (1954), S. 181–197
77 de Lubac, Henri, Exégèse Médiévale. Les Quatre Sens de l'Ecriture. 2 Bde. Paris 1959–1964
78 Hempel, Heinrich, Der zwîvel bei Wolfram und anderweit. In: Erbe der Vergangenheit, Festgabe für Karl Helm. Tübingen 1951, S. 157–187
79 Eggers, Hans, Non cognovi litteraturam. In: Festgabe für Ulrich Pretzel. Berlin 1963, S. 162–172
80 Dittmann, Wolfgang, Dune hâst niht wâr, Hartmann. Zum Begriff der wârheit in Hartmanns Iwein. Ebda. S. 150–161
81 Kuhn, Hugo, Minne oder reht. In: H. K., Dichtung und Welt im Mittelalter. Stuttgart 1959, S. 105–111

82 TRIER, JOST, Der deutsche Wortschatz im Sinnbezirk des Verstandes. Heidelberg 1931

zu Kapitel VI:

a) Texte:

83 KINZEL, KARL, Lamprechts Alexander. Halle 1884
84 MAURER, FRIEDRICH, Das Alexanderlied des Pfaffen Lamprecht; das Rolandslied des Pfaffen Konrad. Leipzig 1940, Neudruck 1964
85 WESLE, KARL, Das Rolandslied des Pfaffen Konrad. Tübingen [2]1967
85a KARTSCHOKE, DIETER, Das Rolandslied des Pfaffen Konrad (Text und Übertragung). München 1970
86 SCHRÖDER, EDWARD, Die Kaiserchronik eines Regensburger Geistlichen. Hannover 1892, Neudruck Berlin 1963
87 FRINGS, THEODOR, und JOACHIM KUHNT, König Rother. Halle [2]1961
88 GANZ, PETER F., Graf Rudolf. Berlin 1964
89 BARTSCH, KARL, Herzog Ernst. Wien 1869
89a SOWINSKI, BERNHARD, Herzog Ernst (Text u. Übersetzung) (Reclam UB. 8252–57. Stuttgart 1972

b) Untersuchungen:

90 STAMMLER, WOLFGANG, Die Anfänge weltlicher Dichtung in deutscher Sprache. ZfdPh 70 (1948/49), S. 10–32; auch in Kl. Schr. z. Lit. Gesch., Berlin 1953, S. 3–25
91 BAYER, HANS J., Untersuchungen zum Sprachstil weltlicher Epen des deutschen Früh- und Hochmittelalters. Berlin 1962
92 WENTZLAFF-EGGEBERT, FRIEDRICH-WILHELM, Kreuzzugsdichtung des Mittelalters. Berlin 1960
93 RUPP, HEINZ, ‹Heldendichtung› als Gattung der deutschen Literatur des 13. Jahrhunderts. In: Festgabe für Kurt Wagner. Gießen 1960, S. 9–25
94 SCHÖNBACH, ANTON F., Das Christentum in der altdeutschen Heldendichtung. Graz 1897
95 VON DER LEYEN, FRIEDRICH, Das Heldenliederbuch Karls des Großen. München 1954
96 SCHRÖDER, WALTER JOHANNES, Spielmannsepik. (Slg. Metzler). Stuttgart 1962
97 NAUMANN, HANS, Versuch einer Einschränkung des romantischen Begriffs ‹Spielmannsdichtung›. DVjS 2 (1924), S. 777–794
98 FRINGS, THEODOR, Die Entstehung der deutschen Spielmannsepen. ZfdtGeisteswiss. 2 (1939/40), S. 306–321
99 FROMM, HANS, Die Erzählkunst des Rother-Epikers. Euph. 54 (1960), S. 347–379
100 KRAMER, GÜNTER, Zum König Rother. PBB (Ost) 82 (1960), S. 1–82
101 GRIMM, WILHELM, Deutsche Wörter für Krieg. In: W. G., Kleinere Schriften Bd. 3. Berlin 1883, S. 516–567
102 OKSAAR, ELS, Semantische Studien im Sinnbereich der Schnelligkeit. Stockholm 1958

zu Kapitel VII:

a) Texte:

103 Lichtenstein, Franz, Eilhart von Oberge, Tristrant. Straßburg 1877

104 Wagner, Kurt, Eilhart von Oberge, Tristrant I: Die alten Bruchstücke. Bonn-Leipzig 1924

104a Bussmann, Hadumod, Eilhart von Oberg, Tristrant, Synopse der alten Fragmente mit der jüngeren Überlieferung (Ad. Textbibl. Nr. 70). Tübingen 1969

104b Buschinger, Danielle, Eilhart von Oberg, Tristrant (Synoptische Ausgabe). Göppingen 1976

105 Behaghel, Otto, Heinrichs von Veldeke Eneide. Heilbronn 1882

106 Frings, Theodor, und Gabriele Schieb, Henrik van Veldeken, Eneide. 2 Bde. Berlin 1964–1965

107 Leitzmann, Albert, Hartmann von Aue, Erec. Tübingen ^{6}1975

108 Benecke, Georg Friedrich, und Karl Lachmann, Hartmann von Aue, Iwein. 2 Bde. Berlin ^{7}1968

109 –, –, Iwein. Studienausgabe. Berlin 1965

110 Paul, Hermann, Hartmann von Aue, Gregorius. Tübingen ^{13}1984

111 –, Hartmann von Aue, Der arme Heinrich. Tübingen ^{15}1984

112 Lachmann, Karl, Wolfram von Eschenbach. Berlin–Leipzig ^{7}1952

113 Leitzmann, Albert, Wolfram von Eschenbach. 5 Hefte. Tübingen $^{5-7}$1961–1965

114 Ranke, Friedrich, Gottfried von Straßburg, Tristan und Isolde. Berlin ^{14}1969

115 Lachmann, Karl, Des Minnesangs Frühling. Stuttgart ^{33}1965

116 –, Gedichte Walthers von der Vogelweide. Berlin ^{13}1965

117 Maurer, Friedrich, Die Lieder Walthers von der Vogelweide. Unter Beifügung erhaltener und erschlossener Melodien. 1. Die religiösen u. d. polit. Lieder. Tübingen ^{4}1974. 2. Die Liebeslieder. Tübingen ^{3}1969

b) Untersuchungen:

118 Naumann, Hans, Höfische Kultur. Halle 1929

119 Kuhn, Hugo, Soziale Realität und dichterische Fiktion. In: H. K., Dichtung und Welt im Mittelalter. Stuttgart 1959, S. 22–40

120 Mohr, Wolfgang, Wandel des Menschenbildes in der mittelalterlichen Dichtung. WW 1. Sonderheft 1953, 37–48

121 Bezzola, Reto, Liebe und Abenteuer im höfischen Roman (rde 117/118). Reinbek 1961

122 Köhler, Erich, Ideal und Wirklichkeit in der höfischen Epik. Tübingen 1956

123 Ehrismann, Gustav, Die Grundlagen des ritterlichen Tugendsystems. ZfdA 56 (1919), S. 137–216

124 Wentzlaff-Eggebert, Friedrich-Wilhelm, Ritterliche Lebenslehre und antike Ethik. DVjS 23 (1949), 252–273

125 Maurer, Friedrich, Das Ritterliche Tugendsystem. Ebda. 274–285; auch in Ges. Aufs. (s. Nr. 64), S. 23–37

126 –, Zum ritterlichen ‹Tugendsystem›. Ebda. 24 (1950), S. 526–529

127 Neumann, Eduard, Der Streit um ‹das ritterliche Tugendsystem›. In: Festschrift für Karl Helm. Tübingen 1951, S. 137–155

128 Ertzdorff, Xenja von, Das Ich in der höfischen Liebeslyrik des 12. Jahrhunderts. Arch. 197 (1959), S. 1–13
129 Horacek, Blanka, Kunstprinzipien der Satzgestaltung. Wien 1964
130 Gruenter, Rainer, Über den Einfluß des genus iudicale auf den höfischen Redestil. DVjS 26 (1952), S. 49–57
131 Zwierzina, Konrad, Mittelhochdeutsche Studien. ZfdA 45 (1901), S. 19 bis 100 und 253–313
132 Schirokauer, Arno, Studien zur mittelhochdeutschen Reimgrammatik. PBB 47 (1923), S. 1–126
133 Wiessner, Edmund, Höfisches Rittertum. In: Maurer-Stroh, Deutsche Wortgeschichte Bd. I. Berlin [2]1959, S. 149–204
134 Frings, Theodor, und Gabriele Schieb, Drei Veldekestudien. Akademie-Abhandlung. Berlin 1949
135 de Smet, Gilbert, Zum Wortschatz Heinrichs von Veldeke. PBB 76 (1954), S. 217–233
136 Maurer, Friedrich, Leid. Studien zur Bedeutungs- und Problemgeschichte. Bern–München [4]1969
137 Götz, Heinrich, Leitwörter des Minnesangs. Abhandlung der Sächs. Akademie. Berlin 1957
137 –, Von sehr altem ‹neuen Wortgut› bei mittelhochdeutschen Dichtern. PBB (Ost) 82 (1960), S. 196–225
139 Schröder, Werner, Zum Wortgebrauch von ‹riuwe› bei Hartmann und Wolfram. GRM, NF 9 (1959), S. 228–234
140 –, Armuot. DVjS 34 (1960), S. 501–526
141 –, Süeziu Gyburc. Euph. 54 (1960), S. 39–69
142 Sayce, Olive, Der Begriff ‹edelez herze› im Tristan Gottfrieds von Straßburg. DVjS 33 (1959), S. 389–413
143 Mosselmann, Frederik, Der Wortschatz Gottfrieds von Straßburg. 's Gravenhage 1953
144 Schröder, Walter Johannes, Bemerkungen zur Sprache Gottfrieds von Straßburg. In: Festgabe für Kurt Wagner. Gießen 1960, S. 49–60
145 Öhmann, Emil, Der romanische Einfluß auf das Deutsche bis zum Ausgang des Mittelalters. In: Maurer-Stroh, Deutsche Wortgeschichte Bd. I. Berlin [2]1959, S. 269–327
146 Suolahti, Hugo, Der französische Einfluß auf die deutsche Sprache im 13. Jahrhundert. 2 Bde. Helsinki 1929, 1933
147 Rosenqvist, Arvid, Der französische Einfluß auf die mittelhochdeutsche Sprache in der ersten Hälfte des 14. Jahrhunderts. Helsinki 1932
148 Öhmann, Emil, Die mittelhochdeutsche Lehnprägung nach altfranzösischem Vorbild. Helsinki 1951
148a –, Über den italienischen Einfluß auf die deutsche Sprache bis zum Ausgang des Mittelalters. 2 Hefte. Helsinki 1942, 1944
149 Pickering, Frederik P., Literatur und darstellende Kunst im Mittelalter. Berlin 1966

zu Kapitel VIII:

a) Texte:

150 Massmann, Hans Ferdinand, Tristan und Isolt. Dichtungen des Deutschen Mittelalters, Bd. 2 (Ulrich von Türheim). Leipzig 1843

151 HÜBNER, ALFRED, Ulrich von Türheim, Rennewart. Berlin 1938, Neudruck Berlin–Zürich 1964
152 ASHER, JOHN A., Rudolf von Ems, Der guote Gêhart. Tübingen ²1971
153 JUNK, VICTOR, Rudolf von Ems, Alexander. 2 Bde. Leipzig 1928/1929
154 HAUPT, MORIZ, Neidharts Lieder. Leipzig ²1923
154a WIESSNER, EDMUND, Die Lieder Neidharts. Tübingen ⁴1984
155 PANZER, FRIEDRICH, Wernher der Gartenaere, Die Märe vom Helmbrecht. Tübingen ⁹1974
156 QUINT, JOSEF, Der mittelhochdeutsche Karl und Elegast. Bonn 1927

b) Untersuchungen:
157 HÖFLER, OTTO, Ulrichs von Liechtensteins Venusfahrt und Artusfahrt. In: Festschrift für Friedrich Panzer. Heidelberg 1950, S. 131–152
158 MÜLLER, WOLFGANG, Das Weltbild Ulrichs von Türheim. PBB (Ost) 82 (1960), S. 517–554
159 SENGLE, FRIEDRICH, Die Patrizierdichtung ‹Der gute Gerhard›. Soziologische und dichtungsgeschichtliche Studien zur Frühzeit Rudolfs von Ems. DVjS 24 (1950), S. 53–82
160 WIESSNER, EDMUND, Kommentar zu Neidharts Liedern. Leipzig 1954
161 –, Vollständiges Wörterbuch zu Neidharts Liedern. Leipzig 1954

zu Kapitel IX:
a) Texte:
162 PFEIFFER, FRANZ, und HEINRICH STROBL, Berthold von Regensburg, Vollständige Ausgabe seiner Predigten. 2 Bde. Wien 1862–1880, Neudruck Berlin 1964
163 MELBOURN, GERD, Speculum Ecclesiae. Lund–Kopenhagen 1944
164 SCHÖNBACH, ANTON E., Altdeutsche Predigten. 3 Bde. Graz 1886–1891, Neudruck Darmstadt 1964

b) Untersuchungen:
165 WEITHASE, IRMGARD, Die Pflege der gesprochenen deutschen Sprache durch Berthold von Regenburg, Meister Eckhart und Johannes Tauler. In: Festschrift für H. A. Korff. Leipzig 1957, S. 46–75
166 FROMM, HANS, Zum Stil der frühmittelhochdeutschen Predigt. Neuphil. Mitt. 60 (1959), S. 405–417

zu Kapitel X:
a) Texte:
167 MORGAN, BAYARD QUINCY, und FRIEDRICH-WILHELM STROTHMANN, Middle High German Translations of the Summa Theologica by Thomas Aquinas. Stanford–London 1950
168 MORELL, P. GALL, Offenbarungen der Schwester Mechthild von Magdeburg. Regensburg 1869, Neudruck Darmstadt 1963
169 PFEIFFER, FRANZ, Deutsche Mystiker des 14. Jahrhunderts, Bd. I (Hermann von Fritzlar. Nicolaus von Straßburg. David von Augsburg). Leipzig 1845, Neudr. Aalen 1962
170 –, dass. Bd. II (Meister Eckhart). Leipzig 1857, Neudr. Aalen 1962
170a –, Bruder David von Augsburg (Ausgabe weiterer Texte). ZfdA 9 (1853), S. 1–67

171 QUINT, JOSEF, Meister Eckhart, Die Deutschen Werke. Bd. I (Meister Eckharts Predigten I). Stuttgart 1958
172 –, dass. Bd. V (Meister Eckharts Traktate). Stuttgart 1963
173 –, Meister Eckhart, Deutsche Predigten und Traktate (Übersetzungen). München 1955
174 –, Textbuch zur Mystik des deutschen Mittelalters. Tübingen [2]1957
175 KUNISCH, HERMANN, Eckhart – Tauler – Seuse. Ein Textbuch aus der altdeutschen Mystik. (Rowohlts Klassiker 31) Reinbek 1958
176 VETTER, FERDINAND, Die Predigten Taulers. Berlin 1910, Neudr. Zürich 1967
177 BIHLMEYER, KARL, Heinrich Seuse, Deutsche Schriften. Stuttgart 1907, Neudruck 1961
178 STAMMLER, WOLFGANG, Prosa der deutschen Gotik. Eine Stilgeschichte in Texten. Berlin 1933

b) Untersuchungen:

179 WENTZLAFF-EGGEBERT, FRIEDRICH-WILHELM, Deutsche Mystik zwischen Mittelalter und Neuzeit. Tübingen 1947
180 MUSCHG, WALTER, Die Mystik in der Schweiz. Frauenfeld–Leipzig 1935
181 SCHWIETERING, JULIUS, Mystik und höfische Dichtung im Mittelalter. Tübingen [2]1960
182 STAMMLER, WOLFGANG, Von mittelalterlicher deutscher Prosa. IEGPh 48 (1949), S. 15–44; auch in Kl. Schr. (s. Nr. 90), S. 43–67
183 –, Deutsche Scholastik. ZfdPh 72 (1951), S. 1–23; auch in Kl. Schr. (s. Nr. 90), S. 127–151
184 RUH, KURT, Die trinitarische Spekulation in deutscher Mystik und Scholastik. Ebda. S. 24–53
185 –, Bonaventura deutsch. Ein Beitrag zur deutschen Franziskanermystik und Scholastik. Bern 1956
186 –, David von Augsburg und die Entstehung eines franziskanischen Schrifttums in deutscher Sprache. In: Augusta 955 bis 1955, Augsburg 1955, S. 71–82
187 KUNISCH, HERMANN, Spätes Mittelalter. In: MAURER-STROH, Deutsche Wortgeschichte I. Berlin [2]1959, S. 205–268
188 SCHMOLDT, BENNO, Das Bedeutungslehnwort. Eine Einführung am Beispiel der deutschsprachigen Mystik des Mittelalters. DU 15 (1963), S. 44 bis 50
189 LÜERS, GRETE, Die Sprache der deutschen Mystik des Mittelalters im Werke der Mechthild von Magdeburg. München 1926; Neudr. Darmstadt 1966
190 NEUMANN, HANS, Beiträge zur Textgeschichte des ‹Fließenden Lichts der Gottheit› und zur Lebensgeschichte Mechthilds von Magdeburg. Akademieabhandlung. Göttingen 1954
191 –, Problemata Mechthildiana. ZfdA 82 (1948/50), S. 143–172
192 STÖCKERL, DAGOBERT, Bruder David von Augsburg. Ein Deutscher Mystiker aus dem Franziskanerorden. München 1914
193 BAUER, GERHARD, David von Augsburg und das St. Trudperter Hohe Lied. Euph. 56 (1962), S. 410–416
194 KARRER, OTTO, Das Göttliche in der Seele bei Meister Eckhart. Würzburg 1928

195 QUINT, JOSEF, Die Überlieferung der deutschen Predigten Meister Eckharts. Bonn 1932
196 –, Die Sprache Meister Eckharts als Ausdruck seiner mystischen Geisteswelt. DVjS 6 (1928), S. 671–711
197 –, Mystik und Sprache, Ihr Verhältnis zueinander, insbesondere in der spekulativen Mystik Meister Eckharts. DVjS 27 (1953), S. 48–76
198 FAHRNER, RUDOLF, Wortsinn und Wortschöpfung bei Meister Eckhart. Marburg 1928
199 SCHMOLDT, BENNO, Die deutsche Begriffssprache Meister Eckharts. Heidelberg 1954

NACHWORT

Das Sprachvermögen ist dem Menschen angeboren, und da es zum menschlichen Wesen gehört, in Gemeinschaften zu leben, verwirklicht sich auch das Sprachvermögen in der Gemeinschaft. Denn Sprache zielt immer in erster Linie auf Kommunikation, das heißt auf Austausch mit anderen. Nun wäre es nicht ganz unrecht zu sagen, daß jede Gemeinschaft ihre eigene und besondere Sprache habe. Denn schon die Familie oder ein Freundschaftsbund pflegt bestimmte Sprachformen auszubilden, an denen kein Außenstehender Anteil hat. Aber stets stehen diese kleinsten Gemeinschaften in übergeordneten Zusammenhängen, mit denen sie ebenfalls der sprachlichen Kommunikation bedürfen. Die höheren Ordnungen, innerhalb deren sich das Leben des Menschen unter Mitmenschen abspielt, bezeichnet man als Verkehrsgemeinschaften, und die Bedürfnisse des Verkehrs fordern eine gemeinsame Sprache. Im allgemeinen, wenn auch nicht ausnahmslos bedeuten scharf gezogene politische Grenzen zugleich Grenzen der Verkehrsgemeinschaft, und es besteht wenigstens die Tendenz, daß eine politische Einheit innerhalb ihrer Grenzen auch eine einheitliche Verkehrssprache entwickelt.

Politische Grenzen freilich können sich von heute auf morgen ändern; die vererbte Sprache hingegen wird zäh bewahrt, und wird sie nicht gewaltsam unterdrückt, so bedarf es generationenlanger Zeiträume, bis sie zugunsten der neuen Verkehrssprache, wie sie die Zugehörigkeit zu einer neuen politischen Einheit erfordert, aufgegeben wird. In dem politisch sehr bewegten engen Europa decken sich die politischen und die Sprachgrenzen daher nur selten. Immerhin gibt es in der europäischen Geschichte Beispiele für den Sprachwechsel wie auch für den Untergang und die Entstehung neuer Sprachen. Sprachwechsel läßt sich z. B. bei den Normannen des frühen Mittelalters beobachten. Sie ließen sich, von den Küsten Jütlands und Skandinaviens kommend, in Nordfrankreich nieder und gaben dort ihre germanischen Mundarten zugunsten der romanischen Verkehrssprache des neuen Siedlungsgebietes auf. Als sie im Jahre 1066 England eroberten, brachten sie ihre neue, romanisierte Sprache dorthin mit, und aus der Mischung mit dem bis dahin auf der Insel gesprochenen germanischen Altenglisch ging das heutige Englisch hervor.

Gaben die Normannen in den neuen französischen Wohnsitzen ihre angestammte Sprache ziemlich rasch auf, so daß wirklich von einem Sprachwechsel geredet werden kann, so ist die Sprache der Festlandkelten, die einst in Oberitalien und in ganz Gallien, dem heutigen Frankreich, mit Ausnahme des Südwestens gesprochen wurde, erst in längeren Zeiträumen untergegangen. Sie erlag nach und nach der römischen Verkehrssprache, nachdem Gallien dem Römischen Reich eingegliedert war. In Süddeutschland und der deutschsprachigen Schweiz gab es sogar noch im 9. Jahrhundert keltische Sprachinseln. Sie gingen schließlich unter, weil die keltischen Bewohner sich im Laufe von Generationen der deutschen Verkehrssprache ihrer Umgebung anbequemten.

Das deutlichste Beispiel für die Neuentstehung einer europäischen Kultursprache gewährt das Holländische. Im Mündungsgebiet von Rhein und Maas wurden noch im Mittelalter friesische, niedersächsische und niederfränkische, also nordseegermanische Mundarten gesprochen, die in holländischen Volksdialekten bis heute weiterleben. Je mehr sich aber Holland aus dem deutschen Reichsverband löste, was 1648 *de jure* anerkannt wurde, und je stärker es sich zu einer selbständigen europäischen Macht entwickelte, desto mehr nahm auch die Sprache ihre eigene Entwicklung, und seit mindestens drei Jahrhunderten hat das Niederländische den Rang einer selbständigen europäischen Kultursprache.

Sprachen haben, wie diese Beispiele zeigen, ihren Anfang, und sie können auch untergehen. Sie haben also Geschichte, und immer ist die Geschichte der Sprachen mit der politischen Geschichte verknüpft. Denn innerhalb eines jeden politischen Raums besteht das Bedürfnis nach einer möglichst einheitlichen Verkehrssprache. Sind die politischen Gebilde stark genug und von hinlänglicher Dauer, dann wirken sie auch vereinheitlichend auf die innerhalb ihrer Grenzen gesprochenen Sprachen. Die deutsche Sprache macht davon keine Ausnahme. Auch sie hat ihren Anfang, und sie bedurfte eines politischen Raums, um sich entwickeln zu können. Dieser Raum war das fränkische Großreich, genauer gesagt: der östliche, germanisch sprechende Teil des Frankenreiches. Erst KARL DER GROSSE gab diesem Ostreich durch die Eingliederung des Sachsenstamms seine Abrundung, konstituierte die politische Ordnung, die durch alle Wirren späterer Zeiten in den Grundzügen erhalten blieb, und stellte dem Reich die gemeinsame kulturpolitische Aufgabe, in deren gemeinsamer Bewältigung die Stämme allmählich zur Nation heranwuchsen.

Um das Jahr 800 wurde der politische Raum geschaffen, in dem sich – und zwar in dem nach einigen Erbteilungen selbständig gewordenen fränkischen Ostreich – allmählich die deutsche Nation und auch eine deutsche Sprache entwickeln konnten. Was vorher auf dem später deutschen Boden gesprochen wurde, war Germanisch, waren germanische Mundarten, aber es war noch kein Deutsch. Nur im Hinblick auf das spätere gemeinsame Schicksal kann man die Stammesmundarten, die im Ostreich gesprochen wurden, als ‹vordeutsch› bezeichnen, das hochdeutsche Bairisch und Alemannisch, das in sich uneinheitlich teils hoch-, teils niederdeutsche Fränkisch und das niederdeutsche Altsächsisch. Die große Verkehrsgemeinschaft des Ostreiches und die den Stämmen gemeinsam gestellte politische und kulturelle Aufgabe lassen allmählich das Verständnis für die Verbundenheit aller entstehen. Baiern und Alemannen, Franken und Sachsen lernen, sich als Deutsche zu begreifen und die gemeinsame, wenn auch keineswegs einheitliche Sprache als die den Dialekten vorgeordnete Sprache zu verstehen.

Damit ist zu Beginn der zweiten, mittelhochdeutschen Periode das Werden der deutschen Sprache abgeschlossen. Aus den vordeutschen Mundarten ist in der althochdeutschen Zeit die deutsche Sprache als eine abendländisch-christliche Kultursprache hervorgegangen, und als solche wird sie den Sprachteilhabern mehr und mehr bewußt. Die Sprachgenossen mögen im alltäglichen Verkehr ihre angestammte Mundart gebrauchen, und sie mögen den neu erworbenen sprachlichen Kulturbesitz dialektal einfärben – das ist auch heute noch oft genug der Fall; dennoch ist der sprachliche Reichtum nun das Gemeingut aller, deren Horizont die geistige Welt jenseits des Alltags umfaßt.

Dieser Reichtum an sprachlich erfaßten Vorstellungen und Ausdrucksweisen bleibt bewahrt und mehrt sich von Generation zu Generation, auch wenn gegen Ende der mittelhochdeutschen Sprachperiode der bereits erreichte hohe Stand einer auf überdialektale Einheit bedachten deutschen Schriftsprache noch einmal in eine Vielzahl von regionalen und sogar derb lokalen Schriftdialekten zerfällt. So endet die erste Epoche der deutschen Sprachgeschichte, von der in diesem Band zu berichten war, in äußerlichem Verfall. Doch die Kontinuität des erworbenen geistigen Sprachbesitzes bleibt erhalten.

Wir haben in diesem Zusammenhang noch etwas ausführlicher auf die Periodeneinteilung der deutschen Sprachgeschichte einzugehen, über die oben auf Seite 22 nur summarische Angaben gemacht werden konnten. Lange Zeit hielt die Sprachgeschichtsforschung an der Einteilung in nur drei deutsche Sprachperioden fest, die auf den Altmeister JACOB GRIMM zurückgeht, die althochdeutsche von etwa 800 bis 1100, die mittelhochdeutsche von 1100 bis 1500 und die neuhochdeutsche seit 1500. Erst sehr viel später und nur zögernd wurde die Notwendigkeit erkannt, zwischen dem Mittel- und dem Neuhochdeutschen noch eine vierte Periode, das Frühneuhochdeutsche, einzuschalten. Davon wurden auch die zeitlichen Begrenzungen berührt. Die heute anerkannte Vorverlegung des althochdeutschen Beginns auf ca. 750 ergab sich aus der Erkenntnis, daß damals schon ernsthafte Bemühungen um ein geschriebenes Deutsch einsetzten (ARBEO, Bischof von Freising von 764 bis 783) und nicht erst mit dem Jahr der Kaiserkrönung KARLS DES GROSSEN. Daß auch die Vorverlegung des Periodenendes von 1100 auf 1050 berechtigt ist, haben wir in den Kapiteln III und IV des zweiten Buches dargelegt. Man führt den Schnitt heute derart, daß NOTKER DER DEUTSCHE als Krönung und Ende der althochdeutschen Periode angesehen wird. WILLIRAM VON EBERSBERG wird nicht mehr in erster Linie als Nachfolger NOTKERS angesehen, sondern man erkennt in ihm, wie auch in den anderen Werken der zweiten Jahrhunderthälfte (‹Ezzos Gesang› und ‹Genesis›-Dichtung), eine so neuartige, von NOTKER abweichende, nun aber weiterwirkende Sprachhaltung, daß man damit den Beginn einer neuen Sprachperiode ansetzen muß.

Schwieriger steht es um die Ansetzung des Frühneuhochdeutschen als einer selbständigen Sprachperiode und sogar als Beginn einer neuen sprachgeschichtlichen Epoche. Jacob Grimm, der erst in Luther als dem Schöpfer eines neuen «protestantischen Dialekts» den Beginn einer neuen Sprachperiode ansetzen wollte, konnte noch nicht wissen, daß Luthers Sprache auf lange vorbereiteten Grundlagen ruhte, und heute noch sehen einige Forscher die Zeit von 1350 bis 1500 als Ausklang der mittelhochdeutschen Periode an. Das ist insofern ein möglicher Standpunkt, als sprachliche Wandlungen sich immer nur in kleinen Schritten langsam und in fortwährendem Fluß vollziehen.

Gleichwohl ist man heute geneigt, die sprachlichen Neuerungen stärker zu betonen als das allmähliche Verklingen des Alten. Vor allem ist es eine historische Tatsache, daß um 1350 mit der Wahl des aus dem Hause Luxemburg stammenden Böhmenkönigs Karl IV. zum deutschen König (1346; Kaiserkrönung 1355) das politische Gewicht sich nach dem mitteldeutschen Osten verlagerte und daß die ostmitteldeutsche Sprache der Prager Reichskanzlei seitdem zum Vorbild anderer Kanzleien und zum Ausgangspunkt der neuen Sprachentwicklung wurde. Das geschah lange vor Luther, und darum zieht man mit Recht die Grenze hier und nicht erst beim Jahre 1500.

Schon die Verlagerung der weiteren Entwicklung auf neue sprachliche Grundlagen würde es rechtfertigen, um das Jahr 1350 nicht nur den Beginn einer neuen Sprachperiode, sondern einer neuen Epoche der Sprachgeschichte anzusetzen. Ein weiterer schwerwiegender Grund dafür liegt im Wandel der sozialen Verhältnisse des Reichs. Die gesellschaftliche Verfassung des deutschen Mittelalters war die einer reinen Agrargesellschaft. Auch die adligen Familien lebten und wirtschafteten als Gutsbesitzer, mochten sie ihre Ländereien nun zu eigen oder als Lehen besitzen. Selbst die deutschen Könige und Kaiser waren gezwungen, im Jahreslauf von Pfalz zu Pfalz, d. h. von Hofgut zu Hofgut zu reisen, um jeweils einige Zeit von den im Laufe des Jahres dort gesammelten Agrarerträgen sich selbst, ihre Familien und den großen Hofstaat zu ernähren. Dagegen konnte Karl IV. die Stadt Prag zu seiner ständigen Residenz und Hofhaltung wählen, und seitdem erst kann man von Residenz- und Hauptstädten reden.

Denn erst seit dem Anfang des 12. Jahrhunderts hatten die Städte begonnen aufzublühen, und fortan war ihnen ständig mehr Wirtschaftsmacht und politisches Gewicht zugewachsen. Handel und Handwerk wurden zu bis dahin nicht gekannten Möglichkeiten des Nahrungserwerbs, und an die Seite der agrarischen Naturalwirtschaft trat die Geldwirtschaft. Um die Mitte des 14. Jahrhunderts, also zu Beginn der frühneuhochdeutschen Sprachperiode, waren die reichen Städte schon zu einem bedeutenden Kultur- und Wirtschaftsfaktor geworden.

Bis dahin hatten die Patrizier, in die Stadt übergesiedelte Abkömmlinge der ländlichen Adelsfamilien, das Stadtregiment nach aristokratischer Tradition geführt. Erst in den Jahrzehnten um 1350 regte sich der Widerstand dagegen, und jetzt forderten und erreichten die Zünfte der Handwerker, oftmals in blutigen Auseinandersetzungen, ihren Anteil am Stadtregiment. Im Verlauf dieses Prozesses entstehen eine neue, städtische Gesellschaftsordnung und ein eigenes, ständisches Selbstbewußtsein des Bürgertums.

Auch im öffentlichen Leben des Reichs spielen die Stadtbürger bald eine geachtete Rolle. Unter den neuen weltlichen Gelehrten, den Humanisten, finden sich mehr Bürger als Adlige, und auch in den großen Kanzleien sind Männer bürgerlicher Herkunft oft an einflußreicher Stelle tätig. Die einer Umwälzung gleichkommenden Wandlungen der Gesellschaftsstruktur haben natürlich einschneidende Folgen für die innere Weiterentwicklung der Sprache, die allein schon für den Ansatz einer neuen Sprachepoche sprechen würden. Die historische Tatsache, daß eben zu dieser Zeit die sprachgestaltenden Kräfte vom Rhein zur Elbe, aus der alemannisch-fränkischen Tradition des alten Reichs auf die jungen ostmitteldeutschen Territorien übergehen, markiert auch in den äußeren Sprachformen den Wandel. Darüber wird in Band 2 dieser Sprachgeschichte zu berichten sein.

In der ersten Periode der deutschen Sprachgeschichte war alleiniger Träger der Sprachentwicklung die agrarisch verfaßte Adelsgesellschaft, und zwar ihr mit geistlicher Bildung ausgestatteter Zweig. Zwar pflegen Historiker die beiden Stände der Geistlichkeit und des Adels zu unterscheiden, aber auch die hohe Geistlichkeit der Domkirchen und die Mönche und Nonnen der Benediktinerklöster rekrutierten sich fast ausschließlich aus Söhnen und Töchtern des Adels. Im Gegensatz zu ihren weltlichen Vettern genossen sie nach sorgfältiger Erziehung in Dom- oder Klosterschule die Muße, sich in beschaulichem Leben der Gelehrsamkeit zu widmen, sofern eigene Veranlagung, Begabung und kulturelles Interesse sie dazu drängte. In Erfüllung des karolingischen Kulturprogramms wurden daher die gelehrten Geistlichen in althochdeutscher Zeit die führenden Träger der Aneignung des christlich-lateinischen Kulturerbes und durch die Übersetzungsarbeit die Schöpfer der christlichen deutschen Kultursprache.

In der mittelhochdeutschen Periode wird das Bild der an der Sprachbildung beteiligten sozialen Gruppen vielfältiger. Die Stimme des gelehrten Mönchs tönt nicht mehr so laut im Chor neuer Stimmen, aber seine wissenschaftliche Arbeit an der Glossierung und Übersetzung lateinischer Texte fließt als Unterströmung ständig fort und liefert gewissermaßen die Konstante in der Fortentwicklung einer intellektuellen Prosa. Darüber aber fließt, kräftig aus dieser Unterströmung gespeist, der Strom einer mehr zeitgebundenen Literatur, der neue sprachliche Ausdrucksmöglichkeiten erschließt. Nochmals sind es zunächst Geistliche, die an den Höfen geistlicher Fürsten in ausdrucksstarkem Deutsch zu ihresgleichen reden, bald auch Pfarrpriester, die in schlichten Worten eine große gläubige Gemeinde zu erreichen suchen. Bibelerzählungen, Christus- und Marienleben und Legenden zeugen während der ganzen mittelhochdeutschen Periode (und noch länger) von den Bemühungen um die christliche Gemeinde. Je nach Ansprüchen und Aufnahmefähigkeit des erwarteten Hörerkreises ändern sich die sprachlichen Mittel. Wer die feingebildete, intellektuelle Zuhörerschaft an einem Bischofssitz zu fesseln hofft, muß eine anspruchsvollere Sprache führen, als wer eine vielköpfige, einfältige Gemeinde erbauen will.

Selbst historische Stoffe werden, den Interessen einer sich wandelnden Zeit entgegenkommend, seit etwa 1150 zuerst von Geistlichen behandelt. Sie erwecken die alten Erzählungen von Alexander dem Grossen und von Roland nach französischem Vorbild zu volkssprachlichem Leben und schaffen die große Regensburger ‹Kaiserchronik›. Dabei werden die handelnden Helden, ihre sittlichen Vorstellungen und alles, was sie tun und treiben, als Ritter und in ritterlichem Gewande geschildert. Denn ein neuer, ritterlicher Adelsstand, der Dienstadel der Ministerialen, ist nach der Karolingerzeit entstanden und damit eine neue soziale Schicht, zu der die Hintersassen der großen Herren, zum Teil aus der Unfreiheit, aufgestiegen sind. Im Reiterdienst mit der Waffe sind sie zu den neuen ritterlichen Adelsehren gelangt. Der Waffen- und der Hofdienst binden sie eng an die Lehensherren aus altem Geburtsadel, sie machen sich das ritterliche Ethos ihrer Herren zu eigen, und beide Teile sehen das Waffenhandwerk als das den jetzt erweiterten Adelsstand auszeichnende Merkmal an.

Das Selbstbewußtsein des weltlichen Adelsstandes zeigt sich bald auch darin, daß seine Mitglieder anfangen, selbst die neuen Ideale im dichterischen Wort zu verkündigen. Dabei ist der französische Einfluß nicht zu verkennen; denn in Frankreich haben die ritterlichen Dichter bereits eine Generation früher als in Deutschland das Wort ergriffen. Im höfischen Minnesang ergreifen nach französischem Vorbild Geburts- und Dienstadlige gleichermaßen das Wort; dagegen ist die epische Dichtung die Domäne des Dienstadels. Eilhart von Oberg, Heinrich von Veldeke, Hartmann von Aue, Wolfram von Eschenbach und andere Epiker sind Ministeriale und ihres adligen Standes sehr bewußte Dichter. Durch Verkündung ihrer neuen, weltlichen Ideale, durch die Schilderung ritterlichen Heldentums und feiner höfischer Sitte und überhaupt durch die Darstellung einer vorher nicht beschriebenen Welt eröffnen sie der deutschen Sprache eine neue Dimension.

Auch die ältesten Mystiker sind noch adliger Abstammung, und das aristokratische Element in ihrer Geisteshaltung und Sprache ist nicht zu verkennen. Doch auch die städtische Gesellschaft macht sich gegen Ende der mittelhochdeutschen Zeit schon bemerkbar. Unter den Bettelorden sind es vor allem die Franziskaner, mit Abstand aber auch die Dominikaner, die die Aufnahme nicht mehr vom Adelsstand abhängig machen. Ihre Klöster errichten sie nicht mehr in der Weltabgeschiedenheit wie die Benediktiner und die in ihrer Nachfolge entstandenen Mönchsorden, sondern in den Städten. Dort suchen sie ihren Wirkungskreis, dort finden sie das Publikum für ihre Predigten, und dort finden sie auch in erster Linie den Nachwuchs für ihre Brüderschaft. Berthold von Regensburg, um nur einen zu nennen, der Franziskaner, war in Regensburg um 1210 bis 1220 geboren, also stadtbürgerlicher Abkunft, und in seinen Predigten spiegelt sich mit Arten und Unarten das städtische Leben seiner Zeit.

Schon Gottfried von Strassburg stammte vermutlich aus dem städtischen Adelspatriziat, und der um 1225 in Würzburg geborene Konrad von Würzburg fand seine Gönner im Patriziat der Stadt Basel. Beide richten sich in ihren Werken an die gehobenen Schichten des geistlichen und weltlichen Adels der großen Städte. Aber ihre Schaffenszeit fällt noch in die der uneingeschränkten Adelsgesellschaft, die damals noch Stadt und Land verband. Später erst kommen Dichter zu Wort, deren städtische Herkunft sicher ist, nicht aber ihre adlige Abstammung, und in ihrer Sprachgestaltung richten sie sich, wenn auch mit sehr unterschiedlichem Können, nach den von der Adelsgesellschaft geschaffenen Normen. Wir haben mehrfach betont, daß sich alle Übergänge im Bereich der Sprache sehr langsam vollziehen und daß jede im nachhinein zum Zwecke der historischen Erörterung festgelegte Periodeneinteilung etwas Gewaltsames hat. Trotzdem darf man sagen, daß es die Aristokratie war, die die deutsche Kultursprache geschaffen und in der ersten Epoche der deutschen Sprachgeschichte den Gang der Entwicklung wesentlich bestimmt hat. Mit ihrem Zurücktreten aus der kulturell führenden Rolle wandelt sich auch die Sprache, deren zweite große Epoche im großen ganzen unter dem führenden Einfluß des Bürgertums steht.

REGISTER ZU BAND 1

Personenregister

Sachregister

Wortregister

(Vulgärlateinische Wörter sind nicht besonders gekennzeichnet. Lehnwörter aus dem Griechischen sind eingereiht. Einige griechische Wörter, die nicht ins Lateinische entlehnt wurden, sind eingereiht, aber durch *griech.* kenntlich gemacht. Die althochdeutschen Wörter sind in der Rechtschreibung tunlichst vereinheitlicht. Wörter aus anderen germanischen Sprachen sind nur gelegentlich aufgenommen und durch *got.*, *as.*, *ae.* gekennzeichnet.)

a. Lateinisch

b. Altfranzösisch

c. Althochdeutsch

d. Mittelhochdeutsch

e. Neuhochdeutsch

rowohlts enzyklopädie

Jean Delumeau
Angst im Abendland
Die Geschichte kollektiver Ängste
im Europa des 14. bis 18. Jahrhunderts
(kulturen und ideen 503)

Dieter Düding / Peter Friedemann / Paul Münch (Hg.)
Öffentliche Festkultur
Politische Feste in Deutschland von der Aufklärung bis zum
Ersten Weltkrieg
(kulturen und ideen 462)

Hans Ebeling
Martin Heidegger
Philosophie und Ideologie (520)

Hans Eggers
Deutsche Sprachgeschichte
Band 1: Das Althochdeutsche und das Mittelhochdeutsche (425)
Band 2: Das Frühneuhochdeutsche und das Neuhochdeutsche (426)

Martin Esslin
Das Theater des Absurden
Von Beckett bis Pinter (414)
Die Zeichen des Dramas
Theater, Film, Fernsehen (502)

Iring Fetscher / Herfried Münkler (Hg.)
Politikwissenschaft
Begriffe – Analysen – Theorien. Ein Grundkurs (418)

James George Frazer
Der goldene Zweig
Das Geheimnis von Glauben und Sitten der Völker
(kulturen und ideen 483)

Hugo Friedrich
Die Struktur der modernen Lyrik
Von der Mitte des 19. bis zur Mitte des 20. Jahrhunderts (420)

Peter Garnsey / Richard Saller
Das römische Kaiserreich
Wirtschaft, Gesellschaft, Kultur (501)

Marcel Gauchet
Die Erklärung der Menschenrechte
Die Debatte um die bürgerlichen Freiheiten 1789
(kulturen und ideen 512)

Gebauer / Kamper / Lenzen / Mattenklott / Wulf / Wünsche
Historische Anthropologie
Zum Problem der Humanwissenschaften heute
oder Versuche einer Neubegründung (486)

rororo

rowohlts enzyklopädie

Klaus-Jürgen Tillmann
Sozialisationstheorien
Eine Einführung in den Zusammenhang von Gesellschaft, Institution und Subjektwerdung (476)

Leo Trepp
Die Juden
Volk, Geschichte, Religion (452)

Karl Vorländer
Geschichte der Philosophie
mit Quellentexten
Band 1: Altertum (492)
Band 2: Mittelalter und Renaissance (493)
Band 3: Neuzeit bis Kant (494)

Monika Wagner (Hg.)
Moderne Kunst
Das Funkkolleg zum Verständnis der Gegenwartskunst
Band 1 (516)
Band 2 (517)

Sigrid Weigel
Die Stimme der Medusa
Schreibweisen in der Gegenwartsliteratur von Frauen (490)
Topographien der Geschlechter
Kulturgeschichtliche Studien zur Literatur (514)

Benjamin Lee Whorf
Sprache – Denken – Wirklichkeit
Beiträge zur Metalinguistik und Sprachphilosophie (403)

Hans-Jörg Zerwas
Arbeit als Besitz
Das ehrbare Handwerk zwischen Bruderliebe und Klassenkampf 1848 (kulturen und ideen 482)

Siegfried Zielinski
Audiovisionen
Kino und Fernsehen als Zwischenspiele in der Geschichte (kulturen und ideen 489)

Hans Zygowski (Hg.)
Psychotherapie und Gesellschaft
Therapeutische Schulen in der Kritik (440)

ro
ro
ro

rowohlts bildmonographien

Thema Literatur

Jean de la Varende
Gustave Flaubert (20)

Helmuth Nürnberger
Theodor Fontane (145)

Volker Hage
Max Frisch (321)

Franz Schonauer
Stefan George (44)

Claude Martin
André Gide (89)

Peter Boerner
Johann Wolfgang von Goethe (100)

Rolf-Dietrich Keil
Nikolai W. Gogol (342)

Nina Gourfinkel
Maxim Gorki (9)

Georg Bollenbeck
Oskar Maria Graf (337)

Heinrich Vormweg
Günter Grass (359)

Hermann Gerstner
Brüder Grimm (201)

Curt Hohoff
Johann Jakob Christoph von Grimmelshausen (267)

Martin Beheim-Schwarzbach
Knut Hamsun (3)

Kurt Lothar Tank
Gerhart Hauptmann (27)

Hayo Matthiesen
Friedrich Hebbel (160)

Detlef Brennecke
Sven Hedin (355)

Ludwig Marcuse
Heinrich Heine (41)

Georges-Albert Astre
Ernest Hemingway (73)

Bernhard Zeller
Hermann Hesse (85)

Ulrich Häussermann
Friedrich Hölderlin (53)

Gabrielle Wittkop-Ménardeau
E.T.A. Hoffmann (113)

Werner Volke
Hugo von Hofmannsthal (127)

Herbert Bannert
Homer (272)

Dieter Hildebrandt
Ödön von Horváth (231)

Theo Schumacher
Aldous Huxley (368)

Gerd Enno Rieger
Henrik Ibsen (295)

Francois Bondy
Eugène Ionesco (223)

Jean Paris
James Joyce (40)

Luiselotte Enderle
Erich Kästner (120)

Klaus Wagenbach
Franz Kafka (91)

Bernd Breitenbruch
Gottfried Keller (136)

bildmono rororo graphien

C 2058/7 a